Ações Eleitorais

Teoria e Prática

Amaury Silva

Ações Eleitorais

Teoria e Prática

5ª EDIÇÃO | revista atualizada ampliada

2024

EDITORA *Jus*PODIVM
www.editorajuspodivm.com.br

EDITORA
*Jus*PODIVM
www.editorajuspodivm.com.br

Rua Canuto Saraiva, 131 – Mooca – CEP: 03113-010 – São Paulo – São Paulo
Tel: (11) 3582.5757
Contato: www.editorajuspodivm.com.br/central-de-relacionamento

Diagramação: Equipe *Jus*PODIVM

Capa: Ana Caquetti

S586a Silva, Amaury
Ações Eleitorais: Teoria e Prática / Amaury Silva – 5.ed., rev., atual. e ampl. - São Paulo: Editora JusPodivm, 2024.

496 p.

ISBN: 978-85-442-5179-9

1. Direito Eleitoral. 2. Direito de Ação. 3. Propaganda Eleitoral. I. Silva, Amaury. II. Título.
CDD 341.28

Bibliotecária responsável:
Ana Carolina Ribeiro Mois – CRB7 – RJ 007348/0

5.ª ed., *2.ª tir.:* ago./2024.

Eu não amava que botassem data na minha existência.
A gente usava mais era encher o tempo. Nossa data
maior era o quando. O quando mandava em nós.
A gente era o que quisesse ser só usando esse advérbio.
(Manoel de Barros)

AGRADECIMENTO ESPECIAL,

Ao Prof. Rosângelo Rodrigues de Miranda,
Por suas constantes iluminuras jurídicas.

APRESENTAÇÃO À 1ª EDIÇÃO

O debate na área do Direito Eleitoral, mais do que em outros setores, exige uma capacidade de assimilação do novo e a certeza de sua permanente transformação. Justifica-se esse quadro pela necessidade de incorporação ao campo normativo dos valores filosóficos e sociais, sempre dinâmicos, envolvendo a própria base de organização do Estado e da sociedade.

Em *Ações Eleitorais – Teoria e Prática*, o autor concentra seu esforço na estruturação de um conjunto de informações que exterioriza o pensamento mais atualizado sobre a matéria eleitoral. A partir de uma aguda observação das necessidades do intérprete eleitoral, os capítulos, itens e tópicos foram organizados de modo sistemático para permitir uma visão completa dos temas.

A introdução cuida de elucidar os compassos rítmicos entre a própria definição do Direito Eleitoral, a polissemia sobre o processo e sua específica função eleitoral.

Destaca-se a construção de uma conjuntura com aptidão para se compreender em essência o significado universal do direito à ação e seu afunilamento na cena eleitoral. E sobre esse argumento desenvolvem-se pilares e arquiteturas (enfoques teóricos) das mais diversas hipóteses.

ELEIÇÕES 2012! A obra contempla uma cuidadosa atenção ao pleito eleitoral, sem dispensar os parâmetros ordinários sobre os diversos institutos e assuntos da liturgia eleitoral. Em cada sequência, a complementação é seguida de um conjunto de articulações práticas, como modelos de peças e questionamentos objetivos.

O registro de candidatura e todos os seus desdobramentos são tratados de maneira compatível com a Lei 12.034/2009 e a mais atualizada referência doutrinária e jurisprudencial.

A propaganda eleitoral é assunto investigado em pormenores à luz de um referencial compatível com a sua importância e a elasticidade de sua abrangência. As condutas vedadas aos agentes públicos e a captação indevida de sufrágio são temas igualmente abordados com uma perfeita comparação entre suas interfaces.

No campo dos gastos eleitorais, a emblemática acepção da terminologia é explicitada, facilitando a compreensão e desmistificando a complexidade da presente matéria.

Os meios processuais da AIRC, AIJE e AIME são considerados em todos os seus detalhes e variantes.

O recurso contra a expedição de diploma, recursos eleitorais, agravos e outras manifestações são analisados em todos os seus contornos e potencialidades.

LEI DA FICHA LIMPA! A mudança de paradigmas é observada e debatida na sua plenitude, refletindo as origens históricas, base conceitual e repercussões concretas, a partir da decisão do Supremo Tribunal Federal que afastou os apontamentos de inconstitucionalidade sobre a Lei Complementar 135/2010.

Fidelidade partidária, crimes eleitorais e prestação de contas constituem ainda foco de atenção em *Ações Eleitorais*, sempre com a cautela de equilibrar o informe doutrinário com o acompanhamento da atual jurisprudência, fazendo-se uma aliança ponderada entre teoria e prática. Como complemento, o autor organizou um quadro contendo a legislação eleitoral atualizada.

Ações Eleitorais - Teoria e Prática tem, assim, a missão de levar os temas eleitorais ao alcance de todos que pretendam lidar com o Direito Eleitoral, sem a complexidade de entendimento que, à primeira vista, a matéria possa sugerir.

O autor

APRESENTAÇÃO À 2ª EDIÇÃO

Foi com grande honra que recebi o convite de Amaury Silva para apresentar esta segunda edição do seu livro *Ações Eleitorais: Teoria e Prática.*

Ele me concedeu, de fato, uma grande oportunidade: tive a sorte de ter em minhas mãos a principal obra de referência em matéria de Direito Processual Eleitoral disponível no mercado editorial brasileiro.

Amaury conseguiu superar com grande êxito uma tarefa realmente muito difícil, que é a de aliar um profundo conhecimento teórico a capacidade de orientar os profissionais no exercício diário de sua lida. Isso não se consegue sem uma profunda erudição, por um lado, e sem a experiência pessoal no convívio com as demandas eleitorais.

Essa cultura jurídica a que me refiro pode ser constatada no perfeito manejo dos alicerces da Teoria Geral do Processo, aliado a um conhecimento profundo das notas que singularizam a processualística eleitoral, esta plantada sobre uma base dúplice: Administração - Jurisdição.

A isso se acresça a visão de quem conhece o processo desde uma perspectiva próxima, aquela que só se adquire no labor diário. Nessa senda, chama a atenção a posição do magistrado que se converte em doutrinador: a equidistância com que se apresenta entre as partes se faz notar na exposição do seu saber jurídico. Daí sua capacidade rara de apresentar elementos que podem ser úteis tanto para os proponentes de demandas, como igualmente para os que exercitam a defesa em feitos eleitorais.

Outro valor vem à tona ante a leitura dessa inestimável obra: a sua atualidade. Já bastaria, a esse respeito, observar que Amaury Silva foi em busca das normas eleitorais mais recentemente editadas, com relevo para a Lei n. 13.165, de 29 de setembro de 2015. Mais que isso, consultou as Resoluções baixadas pelo Tribunal Superior Eleitoral para orientar a aplicação das normas nestas eleições de 2016. Realizou um trabalho minucioso e percuciente.

Mas se eu tivesse que destacar um ponto em particular entre tantos outros méritos detidos pela obra, esse certamente seria o relativo à confrontação do processo eleitoral com a dinâmica impressa pelo Novo Código de Processo Civil. O que mais me impressiona foi o modo como o autor se desincumbiu dessa tarefa. Atento ao art. 15 do novo Diploma Processual Civil, tratou ver tudo que, por aplicação supletiva ou subsidiária, teria pertinência no foro eleitoral.

Não é tarefa fácil, nem seria realizável por muitos. Os resultados alcançados foram os melhores. Mas tudo isso se tornou possível em virtude do respeito devotado pelo autor aos princípios que informam o Direito Processual Eleitoral. É o conhecimento das matrizes principiológicas da matéria a cujo estudo se devota que torna Amaury capaz de realizar uma escolha motivada entre os institutos do NCPC que podem ou não ter aplicabilidade nas barras dos tribunais eleitorais.

A obra, por outro lado, não poderia vir a lume em tempo mais oportuno. Espera-se das eleições que se avinham, que se constituam numa verdadeira explosão de demandas. Teremos sem dúvida, em breve, o processo eleitoral mais litigioso de que já tivemos notícia.

A quem me perguntar qual a melhor ferramenta hermenêutica para quem tiver que laborar em meio a esse imenso desafio, responderei: leia *Ações Eleitorais: Teoria e Prática*, do magistrado Amaury Silva.

Nem mesmo a alteração introduzida na lei com o novo § 3º do art. 224 do CE poderá inibir esse intenso quadro de judicialização. A norma foi festejada em meios conservadores como "o fim do terceiro turno", numa alusão jocosa a quantos se ocupam de levar a debate judicial a prática de possíveis desvios de conduta por parte dos candidatos.

O autor, entretanto, aduz precisa crítica ao novo dispositivo, afirmando que a aplicação de regras elementares de hermenêutica deve conduzir ao seu não acolhimento pela Justiça.

Comungo do seu entendimento. As nulidades previstas nos arts. 220 e 221 do CE reclamam a realização das eleições suplementares a que se reporta o art. 187 do CE. Então, os casos restantes, decorrentes da aplicação da regra geral contida no art. 222 do CE, sempre se referirão a perda de registros, diplomas ou mandatos. Logo, o novo § 3º do art. 224 não representa uma exceção ao comando contido no *caput* do dispositivo, mas uma escancarada afronta a seus postulados. Dá-se a isso o nome de antinomia, resolvida no caso pela inaplicabilidade da norma hierarquicamente inferior. O parágrafo não pode se contrapor ao enunciado principal da norma.

Amaury Silva demonstra atenção a cada um desses detalhes.

Concluo afirmando que o Direito Eleitoral está vivendo o seu apogeu. Antes matéria relegada ao desinteresse dos estudiosos, ela agora dispõe de uma doutrina autorizada e complexa. Multiplicam-se os estudos acadêmicos em grau de mestrado e doutorado. Já na graduação, muitos são os que buscam concluir seus estudos com uma monografia sobre esse campo do saber jurídico.

Tudo isso é muito alvissareiro, pois estamos diante do estudo dos pilares, da espinha dorsal da República. Esta obra vem se somar à boa doutrina eleitoral brasileira.

Foi um prazer ler este livro e uma grande honra poder apresentar sua nova edição ao público leitor. Ele doravante influenciará meus próprios escritos, além das palestras e aulas que tenho por ministrar.

Marlon Reis
Juiz Eleitoral

APRESENTAÇÃO À 3ª EDIÇÃO

Observando-se com muita acuidade e reflexão os novos paradigmas e perspectivas do Direito Eleitoral, realizamos nessa edição de *Ações Eleitorais – Teoria e Prática*, uma verificação criteriosa dos apontamentos teóricos e esboços práticos contidos nas versões anteriores. Fizemos correções, alterações e acréscimos, buscando fornecer uma coesão e equilíbrio para que o leitor, independentemente da natureza de sua atividade ou objetivo específico, encontre nessa obra um referencial denso sobre o Direito Eleitoral, mais propriamente no desenvolvimento da sua aplicação.

Assim, selecionamos os temas de maior atualidade e incidência no campo eleitoral, como a discussão sobre as *fakes news*, compra de apoio político, abuso de poder religioso, cotas de gênero e candidaturas laranjas, doações, fim das coligações, propaganda eleitoral na *internet*, enfim, todos os assuntos que permeiam o espectro de preocupação e objeto de análise na lida efetiva com o Direito Eleitoral.

Esse trabalho consistiu na adequação das peças processuais (petições e decisões) como sugestões de modelos às alterações legislativas ocorridas em decorrências da vigência de diversas leis novas. Fortalecemos os argumentos e os fundamentos com a doutrina eleitoral qualificada e os julgados da Justiça Eleitoral, sobretudo do TSE buscando traduzir sob o prisma do contemporâneo, o que se tem verdadeiramente como significativo na aplicação do Direito Eleitoral.

E a tarefa não é fácil e não pode ser dar por cumprida. Trata-se de um processo de aprimoramento e ajustes, cumprindo-se nessa ocasião mais uma jornada. Vislumbrando-se o processo eleitoral de 2020, os textos foram adequados ao conjunto das Resoluções editadas pelo TSE. Em decorrência da vastidão e complexidade dos assuntos que constroem a dimensão do Direito Eleitoral, desde as questões administrativas à propaganda eleitoral; novo crime de denunciação caluniosa eleitoral e compartilhamento de *fakes news* até a recente alteração do art. 262, Código Eleitoral, sobre o recurso contra a expedição de diploma, foram elementos que contaram com encaminhamentos analíticos específicos.

Todo esse esforço busca condicionar o livro como ferramenta confiável para apoio e busca do estudante, professor, assessores, juízes, promotores, advogados e pesquisadores, ou seja, tantos quantos tiverem a necessidade ou o interesse em manter contato com esse grande segmento do Direito Público, que é o Direito Eleitoral, instrumento indispensável para a realização efetiva da política e a preservação do Estado Democrático de Direito.

O autor reuniu para essa realização, os subsídios advindos de sua atuação como Juiz Eleitoral no Estado de Minas Gerais, e para somar ao caráter dialético no trato com as questões jurídicas, a sua experiência como professor da disciplina Direito Eleitoral em cursos universitários e de especialização em Direito e, ainda, sua participação como conteudista, tutor e facilitador em cursos sobre o Direito Eleitoral, promovido pela Escola Judiciária Eleitoral - Min. Sálvio de Figueiredo Teixeira, no Tribunal Regional Eleitoral do Estado de Minas Gerais.

Certo de que as questões que se desenvolvem a partir da aplicação do Direito Eleitoral são amplas e permanentes, enriquecendo-se esse saber jurídico na troca de reflexões, experiências e visões, o autor, utilizando-se da facilidade das redes sociais, registra sua disponibilidade de contato com os amigos e leitores para tratar de temas e assuntos eleitorais nas suas redes sociais: *LinkedIn* - Amaury Silva e *Youtube* - Canal do Professor Amaury Silva.

Que o trabalho realizado em *Ações Eleitorais - Teoria e Prática - 3ª edição* contribua para uma aplicação cada vez mais adequada do Direito Eleitoral. Contamos com a participação e o envolvimento de todos.

APRESENTAÇÃO À 4ª EDIÇÃO

A edição anterior de *Ações Eleitorais – Teoria e Prática* (3ª edição) foi objeto de um singular reconhecimento editorial, esgotando-se os exemplares produzidos em duas tiragens sucessivas e sem que as etapas do processo eleitoral em 2020 fossem finalizadas.

A propósito da EC 107/2020, que impactou diretamente no certame eleitoral em decorrência dos entraves, dificuldades e desafios trazidos com a pandemia de Covid-19, bem como o encaminhamento de outras questões relevantes pela jurisprudência do TSE, como a definição sobre a repercussão do abuso de poder religioso e cotas raciais eleitorais, o autor e a Editora Juspodivm, em respeito ao compromisso com o público destinatário do conteúdo, resolveram lançar a 4ª edição com a atualização que se fazia exigível.

Assim, houve a inserção de um Capítulo próprio e específico para cuidar da Emenda Constitucional 107/2020 e dos temas acima destacados, agregando-se ainda ampliações pontuais que foram consideradas como avanços para fins de melhor aproveitamento da informação, permitindo uma aplicação compatível com o avanço sempre dinâmico das temáticas eleitorais.

Dessa forma, há uma projeção de expectativa no sentido de que esses esforços resultem de enorme proveito para aqueles que confiam no trabalho articulado entre autor e Editora, para permitir que um conteúdo sempre atualizado possa contemplar as necessidades para a instrumentalização do Direito Eleitoral nas suas mais diversas aplicabilidades, desde o estudo, preparação para concurso e a prática forense.

APRESENTAÇÃO À 5ª EDIÇÃO

Nos momentos cruciais de uma crise que exige a intervenção jurídica para seu controle, superação ou gestão, é que surge a grande oportunidade de medição quanto à eficiência de um determinado sistema jurídico. Quando esses paroxismos se relacionam às questões políticas, do Estado e da sociedade que se projetam sobre os valores da democracia e da liberdade, interligados às eleições e o seu respectivo processo, é inevitável o receio de um tombamento do campo jurídico para o excesso ou sua descaracterização para que, formalmente, outras normatividades simulem substituição quando na realidade preconizam o Direito apenas como meio de consecução de finalidades ilegítimas, sem respeito à sua condição de autonomia como área do saber, a serviço do bem comum.

O Brasil vive nos últimos anos um clima que leva a essa instabilidade, quando maior do que o teste ou experimentos de funcionalidade das suas instituições democráticas, cuida-se de verificar a resistência do Direito Eleitoral. E como, talvez, a mais expressiva manifestação do Direito Constitucional e do Estado Democrático de Direito, a disciplina tem correspondido a essa exigência brasileira à altura de uma vocação e inspiração democrática. A serviço da hermenêutica que prestigia a plenitude dos direitos políticos, disponibiliza aos juristas e intérpretes, às instituições públicas e privadas, envolvidas direta ou indiretamente com o processo eleitoral, à sociedade e ao cidadão as ferramentas imprescindíveis para se garantir a normalidade: seus princípios inderrogáveis, sua sistematização madura em categorias e institutos jurídicos (não obstante o espraiamento dos diplomas legislativos) e, fundamentalmente, o credenciamento da Justiça Eleitoral como o setor essencial para a preservação democrática e o equilíbrio como decorrência natural, atuando em todas as funções que lhes são atribuídas de modo a não permitir retrocessos, aventuras e descalabros autoritários ou mesmo uma desconfiguração do próprio Direito Eleitoral.

Ao chegarmos às Eleições Municipais de 2024, mesmo que os horizontes não estejam a indicar calmaria e a contínua tensão sobre o Direito Eleitoral pareça um caminho imprescindível para a democracia brasileira em permanente consolidação, há pelo menos uma certeza de que o aparato da disciplina eleitoral está a serviço dessa complexa, mas formidável tarefa, o que faz sem concessões às investidas arbitrárias. E é o direito de ação, mais propriamente da ação eleitoral, em todos os seus fluxos e modalidades, que disponibiliza a forma para que o compromisso do poder público democrático na seara da jurisdição eleitoral, cumpra, sucessiva e historicamente seu dever de permitir às presentes e futuras gerações, o usufruto democrático.

Na revisão, atualização e ampliação a essa obra, na sua 5ª edição, cuidamos assim de valorizar o Direito Eleitoral. Fizemos novas análises de proposições doutrinárias; revisamos e atualizamos as pedagógicas lições jurisprudenciais, sobretudo, do TSE. Debruçamos sobre as Resoluções do TSE para as Eleições Municipais - 2024, tanto as novas quanto aquelas que atualizaram os diplomas antigos para dar enfoque às modificações fundamentais para a disputa em curso, como a Desinformação na Propaganda Eleitoral e todo um regime de regulamentos complementares à Lei 9.504/97 e Código Eleitoral, quanto à propaganda eleitoral na Internet. Observamos também os efeitos, a partir de julgamentos vinculantes do STF e do TSE, quanto à violação da regra referente à cota de gênero, o que se desdobra em caso de não efetividade em desconstituição da regularidade do registro da agremiação partidária ou federação, anulação dos registros com cassação de diplomas dos eleitos, outrossim, redistribuindo as vagas para os outros partidos, observando-se o coeficiente eleitoral (eleições proporcionais).

Incluímos algumas peças processuais, revisamos as anteriores com atualizações e também os problemas práticos. Todo esse esforço foi desenvolvido na crença de que a aplicação adequada do Direito Eleitoral é o sintoma essencial para que as Eleições no Brasil continuem em prol de uma alegria democrática, como destino inerente à condição humana. De resto, para o lamento quanto à afetação democrática e o presságio de que nada nos afasta da vocação pela Democracia, nada melhor do que uma palavra poética.

8 DE JANEIRO

Não foi um susto
Mas, a torpeza que emergiu
Entre a dialética do senhor e do escravo
Que não se viu reconhecida
Na liberdade

Não foi uma turbulência
E sim estrondos destrutivos
Que pretendiam quebrar as duas asas
Calar, impor o ímpio a todos os setores

Que País é este, Trovador Solitário?
É a borra do Brasil

Na profundidade do máximo excesso
Sem o filtro suficiente
Para consolidar o paratodos

Marcha escabrosa dos esqueletos de Cilón
Avançaram sem notar o museu desenhado por Oscar
Para que a memória coletiva sempre soubesse
Entender a "res" pública
Regurgitou o caos dos insensíveis

Passou cega pela Catedral de vidro
Surda, muda para a Padroeira
Por mais que tenham obrado como vermes
Não retiram de nós o jeito de olhar
A mulher mulata, ensinamento de Di

Mesmo que os estilhaços tenham cortado
As vestes de Themis
O télos dos seus alfaiates
Como Evandro e o cavaleiro incansável
Montado destemido no seu Bucéfalo
Para conduzir intacto o Livro Constitucional
Garantem com a venda e a espada
A consumação da atitude virtuosa

Apesar do espaço Ágora
Ter sofrido o sopro de um furor cortante

As vozes de Ulysses e Tancredo
Entonam a resistência da coragem e do diálogo

Ainda que arrogantes, tenham os descarados
Atravessado o Rubicão
Há um jeito JK, de elegância candanga

Da luta, fé, trabalho e alegria
Que sempre insistirá em rimar
Brasil com Democracia
Dia após dia, como se o calendário
Tivesse sequestrado o cotidiano
E devolvido o tempo restante
Pago o resgate com a grandeza do povo

O AUTOR

SUMÁRIO

1

DIREITO ELEITORAL

Para a definição conceitual do Direito Eleitoral é indispensável a reflexão em torno de uma ideia que abranja a perspectiva dos direitos políticos, pleitos eleitorais e suas implicações diretas como sistemas eleitorais, infrações eleitorais e procedimentos. Com isso, temos uma visão de que o Direito Eleitoral é concebido como um conjunto de normas inserido no âmbito do Direito Público que cuida dos direitos políticos e da sua efetivação por meio da realização de eleições, disciplinando todo o procedimento e estruturas indispensáveis a esse objetivo.

Em uma visão amplificada pela fórmula acima, o Direito Eleitoral abriga tanto o conjunto normativo que se reputa como um direito material (substantivo) como o aspecto formal (processual). A partir de uma relação dialética dependente, cria-se a metáfora de um ambiente gramatical em que o adjetivo só existe em função do substantivo, podendo ser dito que as normas processuais só se justificam em razão das normas substantivas.

A permanente lição de Moacyr Amaral Santos esclarece:

> Leis processuais ou leis do processo, e que forma o direito processual, são aquelas que regulam o exercício da função jurisdicional. Como a finalidade da função jurisdicional é a atuação da lei material ao caso concreto, e como essa atuação se dá no processo, e não fora dele, pode-se dizer que leis processuais são as que regulam a atuação da lei material no processo. Enquanto as leis materiais criam direitos e obrigações ou definem situações, ou seja, tutelam determinadas categorias de interesses e, quando em conflito, declaram qual dos interesses em conflito se acha protegido pelo direito, as leis processuais se destinam a realizar aquelas leis em face de um concreto conflito de interesses. (*In*: *Primeiras Linhas de Direito Processual Civil*, volume 1, Saraiva, 15. ed., p. 24/5)

O Direito Eleitoral deve ser tratado com essa dicotomia, distinção que eleva e constrói critérios de hermenêutica diversos, conforme se tratar a norma em análise ou aplicação de conteúdo material ou processual. Em decorrência dessa observação, o arcabouço normativo que envolve a matéria eleitoral muitas vezes se apresenta como diplomas legais que recebem a compleição de institutos unos, como o Código Eleitoral (Lei 4.737/65), Lei das Eleições (Lei 9.504/97) e Lei de Inelegibilidades (Lei Complementar 64/90).

Como institutos unos são entendidas as leis que, de acordo com Paulo Nader, simultaneamente reúnem normas substantivas e adjetivas. (*In*: *Introdução ao Estudo do Direito*, Ed. Forense, 16. ed., p. 172).

A variação de tratamento interpretativo da lei eleitoral pode ser medida, por exemplo, em consideração ao princípio da anualidade previsto no art. 16 da Constituição Federal. O dispositivo constitucional reserva uma anterioridade para aplicação da lei eleitoral que alterar o respectivo processo eleitoral, vedada sua incidência para a eleição que venha a ocorrer até 01 ano, contado da sua entrada em vigor.

Todavia, a alteração da lei eleitoral que implicar tão somente em modificação do panorama de direito material não se insere na restrição imposta pelo princípio da anualidade ou anterioridade, como foi a hipótese de compreensão da temática da Lei da Ficha Limpa pelo Tribunal Superior Eleitoral:

> "RO - Recurso Ordinário nº 229362 – São Paulo/SP – Acórdão de 26/05/2011 – Relator(a) Min. ALDIR GUIMARÃES PASSARINHO JUNIOR –Publicação: DJE - Diário da Justiça Eletrônico, 20/06/2011, p. 45
>
> Ementa:
>
> RECURSO ORDINÁRIO. ELEIÇÕES 2010. DEPUTADO ESTADUAL. INELEGIBILIDADE. APLICAÇÃO DA LEI COMPLEMENTAR Nº 135/2010 ÀS ELEIÇÕES 2010. CONDENAÇÃO COLEGIADA POR ATO DE IMPROBIDADE ADMINISTRATIVA. ART. 1º, I, 'l', DA LEI COMPLEMENTAR Nº 64/90. NECESSIDADE DE PRÁTICA DE ATO DOLOSO DE IMPROBIDADE QUE IMPORTE, SIMULTANEAMENTE, ENRIQUECIMENTO ILÍCITO DO CANDIDATO E LESÃO AO ERÁRIO. ARTS. 9º E 10 DA LEI Nº 8.429/92. PROVIMENTO. 1. A aplicação da Lei Complementar nº 135/2010 às Eleições 2010 não importa violação ao art. 16 da Constituição Federal por se tratar de norma de direito eleitoral material, que não altera, portanto, o processo eleitoral. Precedentes. 2. A inelegibilidade não constitui pena, mas sim requisito a ser aferido pela Justiça Eleitoral no momento do pedido de registro de candidatura, razão pela qual a ela não se aplicam os princípios constitucionais atinentes à eficácia da lei penal no tempo. Precedentes. 3. A Lei Complementar nº 135/2010 atende ao princípio constitucional da presunção de não culpabilidade, porquanto resultou da ponderação de tal princípio com o da moralidade e probidade para o exercício do mandato eletivo, considerada a vida pregressa do candidato. Precedente. 4. O ato de improbidade capaz de autorizar a incidência da causa de inelegibilidade do art. 1, I, 'l', da Lei Complementar nº 64/90 deve caracterizar-se por conduta do candidato de "auferir qualquer tipo de vantagem patrimonial indevida" (art. 9º, *caput*, da Lei nº 8.429/92) para a prática de ato que cause "perda patrimonial, desvio, apropriação, malbaratamento ou dilapidação dos bens ou haveres" do erário (art. 10, *caput*, da Lei nº 8.429/92). 5. Recurso ordinário provido. (In www.tse.jus.br/jurisprudencia)

Em sentido oposto, o STF, no julgamento do Recurso Extraordinário n. 633703/2010, Rel. Min. Gilmar Mendes, reconheceu a pertinência do princípio da anualidade e seu respaldo como postulado constitucional intransponível, em referência à Lei Complementar n. 135/2010 e sua aplicação nas Eleições de 2010.

Os argumentos foram fundamentados com a seguinte concepção:

> "RECURSO EXTRAORDINÁRIO. DIREITO ELEITORAL. INELEGIBILIDADE DECORRENTE DA LEI COMPLEMENTAR Nº135/10. INDEFERIMENTO DE REGISTRO DE CANDIDATURA A DEPUTADO ESTADUAL. CONDENAÇÃO JUDICIAL, POR ÓRGÃO COLEGIADO, PELA PRÁTICA DE ATO DE IMPROBIDADE ADMINISTRATIVA (ART.1º, I, 'l', DA LEI COMPLEMENTAR Nº 64/90, NA REDAÇÃO QUE LHE CONFERIU A LEI COMPLEMENTAR Nº 135/10). PRINCÍPIO DA MORALIDADE ADMINISTRATIVA. LIMITES TEMPORAIS DA APLICAÇÃO DA COGNOMINADA "LEI DA FICHA LIMPA". ART. 16 DA CONSTITUIÇÃO FEDERAL. REGRA DA ANTERIORIDADE ELEITORAL. ALTERAÇÃO DO PROCESSO ELEITORAL. STATUS DE CLÁUSULA PÉTREA. DEVIDO PROCESSO LEGAL ELEITORAL. PRESERVAÇÃO DA IGUALDADE DE CHANCES NAS ELEIÇÕES. MÉTODO DE INTERPRETAÇÃO E DE APLICAÇÃO DAS REGRAS E DOS PRINCÍPIOS JURÍDICOS. POSTULADOS DA UNIDADE E DA CONCORDÂNCIA PRÁTICA DAS NORMAS CONSTITUCIONAIS. SEGURANÇA JURÍDICA. PRINCÍPIO DA PROTEÇÃO DA CONFIANÇA. COMPORTAMENTO ESTATAL QUE ENSEJA A FRUSTRAÇÃO DAS EXPECTATIVAS LEGÍTIMAS DOS ENVOLVIDOS NO PLEITO ELEITORAL. IMPOSSIBILIDADE DE A LEI COMPLEMENTAR Nº 135/10 ATINGIR AS ELEIÇÕES OCORRIDAS NO ANO DE SUA ENTRADA EM VIGOR. NECESSÁRIA OBSERVÂNCIA DO ART. 16 DA CONSTITUIÇÃO FEDERAL. PROVIMENTO DO RECURSO EXTRAORDINÁRIO.
>
> 1. A "Lei da Ficha Limpa" representa um dos mais belos espetáculos democráticos experimentados após a Carta de 1988, porquanto lei de iniciativa popular com o escopo de purificação do mundo político, *habitat* dos representantes do povo, fundada nos princípios constitucionais da probidade e da moralidade administrativa (CF, art. 14, § 9º).
>
> 2. Os postulados da unidade e da concordância prática das normas constitucionais, que impõem a vedação a que o intérprete inutilize comandos normativos estabelecidos na Carta Constitucional de 1988, têm por consequência jusfilosófica que mesmo o melhor dos direitos não pode ser aplicado contra a Constituição.
>
> 3. A regra da anualidade eleitoral, fixada no art. 16 da Constituição Federal, determina que "a lei que alterar o processo eleitoral entrará em vigor na data de sua publicação, não se aplicando à eleição que ocorra até um ano da data de sua vigência".
>
> 4. O processo eleitoral, cuja estabilidade é assegurada pela regra da anualidade, compõe-se de três fases: fase pré-eleitoral, com as convenções partidárias e a definição do candidato; fase eleitoral, com o início, a realização e o

encerramento da votação; e fase pós-eleitoral, com a apuração e contagem dos votos, seguida da diplomação dos candidatos (ADIn nº 3.345, Rel. Min. Celso de Mello).

5. A expressão processo eleitoral, utilizada no dispositivo, abarca normas de conteúdo procedimental e material, dada a finalidade de preservar o devido processo legal eleitoral, interditando a eficácia imediata de inovações legislativas abruptas, porquanto são justamente as regras de direito material no domínio eleitoral que mais podem influenciar a isonomia e a igualdade de chances nas eleições.

6. A restrição do âmbito de legitimados a concorrem no pleito, veiculada por normas de inelegibilidade, como fez a LC nº 135/10, configura inequívoca alteração no processo eleitoral, entendido como a série concatenada de atos dirigidos à definição dos mandatários políticos através do jogo democrático. Entendimento diverso conduziria ao paradoxo de consentir fosse dado aos titulares do poder a edição, em conflito com o princípio do pluralismo político (CF, art. 1º, V), de regras de exceção restritivas do ponto de vista subjetivo, interferindo na igualdade de chances de acesso aos cargos públicos.

7. Trata-se de recurso extraordinário em que questionada a aplicação da cognominada "Lei da Ficha Limpa" (LC nº 135/10) às eleições ocorridas no ano de 2010, mormente por conta da previsão, na nova redação do art. 1º, I, 'l', da LC nº 64/90, de novel hipótese de inelegibilidade, configurada diante de condenação, por órgão judicial colegiado, pela prática de ato de improbidade administrativa.

8. O sistema constitucional de inelegibilidade, quando da entrada em vigor da LC nº 135/10, já havia sido integralizado, há vinte anos, pela LC nº 64/90, descabendo falar, no caso *"sub judice"*, de risco de configuração de vácuo legislativo, porquanto a "Lei da Ficha Limpa", apesar de todos os seus inquestionáveis méritos, alterou – para usar a expressão literal do art. 16 da CF – o regime das inelegibilidades já em vigor no direito brasileiro.

9. Consequentemente, inexistentes, *in casu*, as mesmas razões de decidir que presidiram o julgamento do RE nº 129.392/DF, relator o Min. Sepúlveda Pertence, apreciado na sessão de 17/06/1992.

10. O art. 16 da Constituição Federal, como decorre da moderna teoria geral do direito e, mais particularmente, da novel teoria da interpretação constitucional, consubstancia uma regra jurídica, e não um princípio jurídico; constatação que impõe não seja possível simplesmente desconsiderar seu enunciado lingüístico para buscar desde logo as razões que lhe são subjacentes.

11. À Suprema Corte brasileira descabe simplesmente reescrever o art. 16 da Constituição Federal, no sentido de que, onde se lê "não se aplicando à eleição que ocorra até um ano da data de sua vigência", seja lido como marco temporal a data da realização das convenções partidárias, ou a data em que ocorrido o registro da candidatura, porquanto já tomada a decisão, pelo legislador constitucional, a respeito do marco inicial para a segurança jurídica no processo eleitoral, qual a inteireza do ano em que ocorrem as eleições.

12. A dinâmica eleitoral não se inicia apenas formalmente na convenção partidária: há movimentos políticos de estratégia que ocorrem antes, pela conjugação e harmonização de forças, como é notório, e *notoria non egent probationem*, por isso que esse fato não pode ser simplesmente desconsiderado na identificação da razão subjacente ao art. 16.

13. Deveras, se há razões para condicionar à regra da anterioridade a eficácia de Emenda à Constituição publicada no mês de março – também antes, portanto, do período das convenções partidárias –, tal como decidido por este STF no julgamento da ADIn nº 3.685/DF, não há como entender diferente quanto à lei complementar publicada no mês de junho.

14. Os efeitos imediatos da Lei Complementar nº 135, de 04 de junho de 2010, infringem o princípio da proteção da confiança, difundido no Direito germânico e que, mais recentemente, ganha espaço no cenário jurídico brasileiro. Consectariamente, a ampliação das atividades estatais faz crescer uma exigência por parte dos cidadãos de maior constância e estabilidade das decisões que lhes afetam, de modo que um cidadão não consegue planejar sua vida se o Estado não atuar de forma estável e consistente. Mudança e constância são, dessa forma, duas expressões que colidem no mundo pós-moderno.

15. O princípio da proteção da confiança, imanente ao nosso sistema constitucional, visa a proteger o indivíduo contra alterações súbitas e injustas em sua esfera patrimonial e de liberdade, e deve fazer irradiar um direito de reação contra um comportamento descontínuo e contraditório do Estado.

16. O art. 16 da Carta de 88 materializou o que a doutrina alemã denomina de disposições de transição; vale dizer: dispositivo constitucional que, ao deslocar, para um momento futuro, os efeitos de uma nova lei capaz de interferir no processo eleitoral, amortece os efeitos da nova norma, viabilizando a coesão social e a tutela da confiança que os indivíduos depositaram no Estado brasileiro.

17. A aplicação imediata da novel lei agride o princípio da proteção da confiança, dimensão subjetiva do princípio da segurança jurídica, tornando incerto o que certo, instável o que o texto constitucional buscou preservar. Como corolário do dispositivo, todo e qualquer candidato ou eleitor não esperavam ser afetados pelas mudanças encartadas na LC nº 135/10 em relação às eleições de 2010.

18. A Lei da Ficha Limpa é a lei do futuro, é a aspiração legítima da nação brasileira, mas não pode ser um desejo saciado no presente, em homenagem à Constituição Brasileira, que garante a liberdade para respirarmos o ar que respiramos, que protege a nossa família desde o berço dos nossos filhos até o túmulo dos nossos antepassados.

19. Recurso extraordinário provido."

Assinala-se, com isso, que a posição consagrada pela Corte Suprema em reflexão sobre o princípio da anterioridade da lei eleitoral é a não concretização entre conteúdo de direito material ou processual, respeitando-se assim o interregno da anualidade como adotado no art. 16, Carta Política.

Registre-se, por ser de extrema importância, que foi integral a aplicação da Lei da Ficha Limpa para as Eleições 2012, nos termos do que decidiu o Supremo Tribunal Federal nos julgamentos: ADC 29 e 30 / DF - Rel. Min. Luiz Fux, j. 16/02/2012, Tribunal Pleno, DJe-127 DIVULG 28-06-2012 PUBLIC 29-06-2012 RTJ VOL-00221- PP-00011.

Nesse contexto, o princípio da anualidade também veio a ser considerado pela Corte Suprema no julgamento da ADI 4.307 para impedir a retroatividade de norma que alterou a referência de composição quantitativa de câmaras municipais no Brasil:

> "EC 58/2009. Alteração na composição dos limites máximos das câmaras municipais. Inciso IV do art. 29 da CR. (...) Posse de novos vereadores: impossibilidade. Alteração do resultado de processo eleitoral encerrado: inconstitucionalidade. Contrariedade ao art. 16 da CR. (...) Norma que determina a retroação dos efeitos de regras constitucionais de composição das câmaras municipais em pleito ocorrido e encerrado: afronta à garantia do exercício da cidadania popular (arts. 1º, parágrafo único, e 14 da Constituição) e a segurança jurídica. Os eleitos foram diplomados pela Justiça Eleitoral até 18-12-2009 e tomaram posse em 2009. Posse de suplentes para legislatura em curso, em relação a eleição finda e acabada, descumpre o princípio democrático da soberania popular. Impossibilidade de compatibilizar a posse do suplente: não eleito pelo sufrágio secreto e universal. Voto: instrumento da democracia construída pelo cidadão; impossibilidade de afronta a essa liberdade de manifestação. A aplicação da regra questionada significaria vereadores com mandatos diferentes: afronta ao processo político juridicamente perfeito. Na CR não há referência a suplente de vereador. Suplente de deputado ou de senador: convocação apenas para substituição definitiva; inviável criação de mandato por aumento da representação." (ADI 4.307, rel. min. Cármen Lúcia, julgamento em 11-4-2013, Plenário, DJE de 1º-10-2013.)

Estende-se a tutela preconizada pelo princípio da anualidade no processo eleitoral, às diretrizes de natureza jurisprudencial estabelecidas pelo TSE, isto é, havendo alteração do panorama de orientação jurisprudencial no curso do processo eleitoral ou, de imediato ao seu encerramento, a nova orientação do órgão de cúpula da Justiça Eleitoral, só deve ser observada no pleito posterior, como decidiu o STF no RE 637.485, - Repercussão Geral, Rel. Min. Gilmar Mendes, julgado em 01/08/2012. No entanto, a vedação para a incidência no processo eleitoral em curso, se limita às hipóteses de afetação ao *microprocesso eleitoral*, não se aplicando aos efeitos posteriores à diplomação, como no caso de relativização do princípio da indivisibilidade das chapas majoritárias, permitindo a permanência do titular dependendo das circunstâncias do caso concreto, como decidiu o TSE no julgamento do Agravo Regimental no Recurso Especial Eleitoral n. 93.09.2016.6.05.0113, Riacho de Santana/BA, Rel. Min. Luís Roberto Barroso, julgado em 13/06/2019.

A ausência de repercussão no processo eleitoral e não interferência na igualdade de condições dos candidatos para a disputa constituem parâmetros que levam ao afastamento da restrição com base no princípio da anualidade. Essa configuração de incidência da vedação do entendimento jurisdicional, sem respeito ao interstício da estabilidade, não é aplicável em circunstâncias que reflitam apenas a ocorrência de ampliação da sanção aplicada.

O TSE referendou esse posicionamento em hipótese de exame a respeito da divulgação de fatos inverídicos em propaganda eleitoral. Comparou-se a vedação já existente no art. 9º-A, Resolução – TSE 23.610/2019 que autorizava a aplicação de medida para fazer cessar de imediato o ilícito por decisão judicial, com a previsão da Resolução – TSE 23.714/2022 que vedava o ato de divulgar ou compartilhar fatos sabidamente inverídicos ou gravemente descontextualizados que alcancem a integridade do processo eleitoral. Foi o que restou decidido no âmbito da Rec-Rp nº 060180731 Acórdão BRASÍLIA – DF – Relator(a): Min. Alexandre de Moraes, j. 19/09/2023 Publicação: 27/10/2023 – www.jurisprudencia.tse.jus.br – acesso em 06/03/2024:

> *(...)*
>
> *5. O entendimento veiculado na decisão monocrática se mostra passível de aplicação imediata, não se submetendo ao princípio da anualidade, previsto no art. 16 da Constituição Federal, tendo em vista a circunstância de que a interpretação conferida pelo ato decisório recorrido não implica mudança de compreensão a respeito do caráter lícito ou ilícito da conduta, mas, sim, somente quanto à extensão da sanção aplicada, o que não apresenta repercussão no processo eleitoral e nem interfere na igualdade de condições dos candidatos.*
>
> *(...)*

O princípio da anualidade deve assim, ser reconhecido como garante, autêntico instrumento da estabilidade eleitoral, para que estratégias abruptas e rupturas surpreendentes não levem à corrosão da segurança jurídica. No entanto, não pode ser utilizado como argumento útil ou de autoridade hermenêutica para permitir que o sentido finalístico de proteção das normas eleitorais restritivas seja inibido pelo aprimoramento técnico, atualização exegética ou adequação temporal de seu conteúdo. É a dinâmica do seu objeto jurídico que permite tal tratamento em relação à anualidade, se não ocorre qualquer desnaturalização da ideia nuclear que sustenta determinada proibição, mesmo que as medidas restaurativas e de sanções sejam modificadas.

E por óbvio, que a revisão da legislação eleitoral e, para tanto, o crivo de aplicação da jurisprudência eleitoral, permanece em disponibilidade para modificações de entendimento, em sua integral amplitude, obedecendo-se o parâmetro ânuo. Trata-se de cuidar da preservação de equilíbrio, que a própria Constituição Federal compreendeu como intrínseco à normalidade democrática, conforme o estabelecido no art. 16, CF.

2

PROCESSO ELEITORAL

A expressão *processo eleitoral* adquire um significado polissêmico, quando se pensa em toda a vastidão de seu emprego e importância no cenário do Direito Eleitoral. Em primeira fonte, temos que o processo eleitoral se exterioriza pelo vínculo estabelecido entre os diversos sujeitos envolvidos na materialização do direito de sufrágio, que se dá por intermédio das eleições, ou seja, formado pelas relações entre eleitores, candidatos, agremiações partidárias, Poder Judiciário Eleitoral, Ministério Público Eleitoral, atores envolvidos na processualidade da comunicação eleitoral, integrantes de mesas receptoras de votos, enfim, todos os componentes da grandiosa estrutura que se ergue para a concretização da finalidade eleitoral.

Essa visão ampla do processo eleitoral é a aglutinação de todos os sentidos da expressão a partir de elementos compartimentados, o que autoriza concluir por um cenário de caráter administrativo e jurisdicional, partindo-se de um parâmetro de atuação da Justiça Eleitoral nos dois âmbitos propostos. Além disso, no caráter jurisdicional haverá acentuações de processo eleitoral cível (impugnação de mandato eletivo, investigação judicial eleitoral, etc.) e processo eleitoral criminal (ações penais).

As particularidades das áreas que se vinculam à temática eleitoral estabelecerão os princípios, diretrizes e normas subsidiárias que serão empregadas em casuísmos que exijam a interação entre as diversas disciplinas, como, por exemplo, a aplicação subsidiária do Código de Processo Civil ou Código de Processo Penal.

A doutrina sobre o marco inicial do processo eleitoral enfatiza, segundo lição de José Jairo Gomes:

> O início do processo eleitoral - em sentido amplo - coincide com as convenções partidárias para escolha de candidatos e deliberação sobre coligação. Concluída a convenção, já se pode pleitear o registro de candidaturas. Assim, seu marco inicial pode ser fixado em 10 de junho do ano das eleições. A partir daí é que efetivamente começa a marcha rumo ao pleito. (*In*: *Direito Eleitoral*. Editora Del Rey, 4. ed.)

Seria pertinente a afirmação da existência de um permanente processo eleitoral?

Acreditamos que sim, não obstante o entendimento de que a visão ampla do processo eleitoral esteja efetivamente voltada para a realização de um certame eleitoral. Nota-se que o processo eleitoral é predominantemente de caráter administrativo, sobretudo na concretude dos serviços de responsabilidade da Justiça Eleitoral, que não conta com qualquer cessação de continuidade, em anos intermitentes com ou sem calendários de eleições.

Essas atividades administrativas funcionam de maneira permanente e são *conditio sine qua non* para que, nos períodos de eleições, possam concorrer todos os requisitos para a atividade-fim, que é a perspectiva da realização das eleições em clima de lisura e normalidade. Assim, a manutenção e controle de dados atinentes ao cadastro nacional de eleitores, com todas as suas intercorrências, como alistamentos, transferências, cancelamentos, revisões e outras, compõem uma fatia do processo eleitoral administrativo que são suspensas de maneira tópica, mas tem franca atuação em anos que não sejam necessariamente eleitorais.

Há de se dizer em homenagem à ideia de permanente existência do processo eleitoral, agora em seu conteúdo jurisdicional, a possibilidade de ações eleitorais declaratórias de perda de cargo eletivo ou justificação em decorrência de desfiliação partidária, tratadas pela Resolução 22.610/2007 do TSE e art. 22-A, Lei 9.096/95. Tais pedidos podem ser intentados fora do período tradicionalmente acolhido como interregno da deflagração ao final do processo eleitoral.

Deve ser sublinhado que a resolução em apreço foi reputada constitucional pelo STF, no julgamento da ADI 3999/DF, rel. Min. Joaquim Barbosa, j. 12/11/2008, Tribunal Pleno, DJe 071, p. 17/04/2009. Posteriormente, a Lei 13.165/2015 cuidou de introduzir na Lei Orgânica dos Partidos Políticos, o art. 22-A (Lei 9.096/95), regulamentando as hipóteses de infidelidade partidária e casos de justificação para desfiliação que constituem os fundamentos de fato e de direito das ações referidas.

2.1 PROCESSO ELEITORAL E APLICAÇÃO SUBSIDIÁRIA DO PROCESSO CIVIL - CPC - LEI 13.105/2015

O art. 15, CPC fixa a obrigatoriedade da aplicação das normas processuais civis aos processos eleitorais, trabalhistas ou administrativos. O critério escolhido é a necessidade supletiva e subsidiária, isto é, somente se aplicam disposições do CPC para suprir lacuna e como auxílio para a integração do conjunto normativo.

Necessário se refletir que o suprimento e o auxílio não tem o mesmo sentido, como registra na doutrina Teresa Arruda Alvim Wambier, Maria Lúcia Lins Conceição, Leonardo Ferres da Silva Ribeiro e Rogério Licastro Torres de Mello:

> *O legislador disse menos do que queria. Não se trata somente de aplicar as normas processuais aos processos administrativos, trabalhistas e eleitorais quando não houver normas, nestes ramos do direito, que resolvam a situação. A aplicação*

> *subsidiária ocorre também em situações nas quais não há omissão. Trata-se, como sugere a expressão 'subsidiária', de uma possibilidade de enriquecimento, de leitura de um dispositivo sob outro viés, de extrair-se da norma processual eleitoral, trabalhista ou administrativa um sentido diferente, iluminado pelos princípios fundamentais do processo civil. A aplicação supletiva é que supõe omissão. Aliás, o legislador, deixando de lado a preocupação com a própria expressão, precisão da linguagem, serve-se das duas expressões. Não deve ter suposto que significam a mesma coisa, se não, não teria usado as duas. Mas como empregou também a mais rica, mais abrangente, deve o intérprete entender que é disso que se trata."* (Primeiros comentários ao Novo Código de Processo Civil. *Artigo por artigo. São Paulo: RT, 2015, p. 75).*

Dessa forma, as normas do CPC podem ser utilizadas naqueles processos para preenchimento de lacunas ou para a congregação com normas específicas daqueles âmbitos.

A repercussão de maior expansividade quanto à aplicação supletiva e subsidiária do CPC se projeta sobre o processo eleitoral. É que o processo eleitoral se apresenta multifacetado. Existem os procedimentos referentes às representações, registro de candidaturas, impugnações, impugnação de mandato eletivo, recursos eleitorais, previstos em diplomas legais diversos (Código Eleitoral, Lei 9.096/95, Lei 9.504/97 e LC 64/90), contando-se ainda com as resoluções do TSE que têm caráter normativo por força do art. 23, IX, Código Eleitoral.

A jurisprudência do TSE tem admitido a aplicação subsidiária e nas ocasiões em que tal instrumentalização não colidir com a necessidade de solução célere dos feitos eleitorais:

> *109-79.2012.620.0017 – REspe – Recurso Especial Eleitoral nº 10979 – Caiçara do Rio do Vento/RN – Acórdão de 18/12/2012 - Relator(a) Min. HENRIQUE NEVES DA SILVA – Publicação: DJE – Tomo 44, Data 06/03/2013, Página 116/117 –* ***Ementa:*** *Eleições 2012. Registro. Candidatura. Suspeição. Suspensão do processo. Especificidade do processo eleitoral. Não aplicação. Inelegibilidade. Parentesco. Terceiro mandato. Exceção de suspeição. Nulidade. Sentença. Não-configuração. 1. Em razão das peculiaridades específicas do processo de registro de candidatura, cujo rito está previsto nos arts. 3º e seguintes da Lei Complementar nº 64/90, as regras gerais do Código de Processo Civil não podem ser a ele aplicadas de forma integral, mas apenas em caráter subsidiário e naquilo que for compatível com a celeridade e continuidade da prestação jurisdicional, nos termos dos arts. 16 da LC nº 64/90 e 16 da Lei nº 9.504/97. 2. Inexiste nulidade quando a decisão é proferida por juíza substituta na pendência de exceção de suspeição contra a titular. Na composição da Justiça Eleitoral, por definição constitucional, a figura do juiz substituto está prevista e sua atuação se dá de forma bem mais pontual do que normalmente ocorre em outros órgãos do Poder Judiciário. Inelegibilidade. Parentesco. Mandatos sucessivos do núcleo familiar. 1. Não pode se candidatar nas eleições de 2012 o filho do prefeito que foi eleito em 2004 e reeleito em 2008. Nos termos do*

*art. 14, §§ 5º e 7º, da Constituição Federal e da jurisprudência firmada sobre a matéria, o cônjuge e os parentes do chefe do Executivo são elegíveis para o mesmo cargo do titular, apenas quando este for reelegível. Recurso especial não provido. (*www.tse.jus.br/jurisprudencia*)*

A partir da previsão expressa em lei (CPC) a orientação jurisprudencial eleitoral adquire maior relevo e torna a questão indiscutível, com o advento da aplicação tanto supletiva quanto subsidiária das normas processuais civis ao processo eleitoral. Não há como se construir validamente, argumento jurídico em sentido contrário. Deve conviver o princípio da especialidade da legislação processual eleitoral com a integração ao CPC, se atendidas as necessidades singulares das eleições.

Podemos assim, entender que na total ausência de uma referência no processo eleitoral quanto a determinado tema, seja utilizado o padrão da norma processual civil para preenchimento da lacuna. Exemplifico: o art. 96-A, Lei 9.504/97 prevê que durante o período eleitoral, em relação às reclamações e representações quanto ao descumprimento do que prevê aquele diploma legal, as respectivas intimações aos candidatos deverão ser feitas no *fac simile* por ele, obrigatoriamente indicado na ocasião do requerimento de registro de sua candidatura. Assim, em relação a essa norma não há lacuna, o que afasta a aplicação supletiva. Poderia se cogitar de aplicação subsidiária? Sim, em tese. Isso porque, essa regra poderia ser articulada com as normas previstas para a intimação no CPC angariando uma melhor qualidade na comunicação dos atos processuais. Contudo, não há como se admitir tal aglutinação dos processos, já que implicaria em retenção da celeridade no trâmite dos processos eleitorais, cujos prazos nessa singularidade são contados em horas e existe um calendário para realização do processo eleitoral, cujo descumprimento inviabiliza o próprio certame.

Ao se considerar em outra linha de pensamento, que não haja qualquer repercussão à razoabilidade do prazo eleitoral, as normas do CPC devem ser aplicadas no processo eleitoral. É o que pode ser verificado em relação à audiência para oitiva de testemunhas em uma investigação judicial eleitoral (art. 22, V, Lei Complementar 64/90). A norma não menciona como deve ser colhido o depoimento da testemunha, no que tange a ordem e forma da realização das perguntas. Logo, há um hiato que deve ser preenchido pela utilização supletiva do CPC, que inevitavelmente traz a qualificação do subsídio, permitindo uma melhor qualidade na coleta da prova. Assim, deve ser observado que pelo art. 459, CPC, as perguntas são formuladas pelas partes diretamente à testemunha, iniciando-se pela parte que fez o arrolamento. Com isso, o sistema a ser adotado em regra para a inquirição não é o presidencialista (perguntas feitas pelo advogado da parte ou pelo Ministério Público ao juiz e redirecionadas ao depoente), mas o direto ou *cross examination.*

Hipótese de aplicação supletiva e subsidiária também nesse contexto das normas do CPC ao procedimento do art. 22, V, LC 64/90, com grande destaque para o caráter subsidiário é a autorização do art. 455, CPC de que a intimação possa ser feita diretamente pelo advogado com aviso postal de recebimento. Ora, o inciso V, art. 22, LC 64/90 dispõe que as testemunhas comparecerão independentemente de intimação, o que induz à conclusão de que as partes deverão comunicá-las. Dessa maneira, curial que a comunicação seja formalizada por intermédio de um padrão procedimental trazido pelo CPC. Agrega-se com isso, a qualidade pela aplicação do subsídio do CPC ao processo eleitoral, sem qualquer arranhão à sua especificidade. Garante-se a formalização da ciência à testemunha, cuja ausência para ser inquirida, pode implicar na sua condução coercitiva.

Como alerta Elpídio Donizetti, a norma tem por finalidade o saneamento de eventual irregularidade, o que não pode ser contido ante a uma possível dificuldade na diferenciação entre o supletivo e o subsidiário:

> Importante ressaltar que pouco acresce a inserção dos advérbios "supletiva e subsidiariamente". Precária é a diferença existente entre os dois conceitos. Ambos seguem o sentido de "supletório", isto é, aquilo que preenche lacunas, que completa algo, que sana irregularidade. (In: Novo Código de Processo Civil Comentado, São Paulo, Atlas, 2015, p. 13).

Como fonte hermenêutica de primeira grandeza a fim de se comparar a perspectiva de aplicação do CPC ao processo eleitoral, o TSE, utilizando-se da função normativa da Justiça Eleitoral prevista no art. 23, IX, Código Eleitoral, editou a Resolução n. 23.478/2016 que traça as diretrizes centrais para essa funcionalidade. Na realidade o texto regulamentar cuidou de estabelecer casuísticas que admitem e que não admitem a aplicação CPC ao processo eleitoral, a partir de uma lógica de assimilação e afastamento em virtude de sua singularidade. Com isso, contribuiu de forma significativa para a segurança jurídica e regularidade dos atos processuais eleitorais. Contudo, não se pode supor que a Resolução tenha como incumbência resolver plenamente todos os casos, sendo que à obviedade e diante da previsibilidade, regulou os mais comuns, pois a prática processual eleitoral dá ensejo a uma dinâmica sempre capaz de suscitar novas reflexões e hipóteses.

Não se mostra consistente a alegação de inconstitucionalidade da indigitada Resolução 23.478/2016, ao argumento de ofensa ao princípio da legalidade, por se tratar de regra derivada da função normativa da Justiça Eleitoral, posto que cuidou apenas de permitir a comunicabilidade do CPC à legislação eleitoral que desenvolve aplicação de natureza peculiar no processo eleitoral, ou seja, construiu as vias de compatibilidade para funcionamento dos dois sistemas processuais que se acoplam: processo civil e processo eleitoral, para alcançarem uma finalidade determinada, qual seja, o resultado útil do processo. Esse entendimento foi sufragado pelo TSE: AI - Agravo Regimental em Agravo de Instrumento nº 50089 – NOVA IGUAÇU – RJ, Relator(a) Min. Edson Fachin, DJE – 02/12/2019, p. 43.

O módulo para definir a aplicação da legislação processual civil no processo eleitoral como prevista no art. 15, CPC, sem que se leve em consideração a eventual dúvida conceitual entre as expressões 'supletiva' e 'subsidiariamente' consiste em uma operação hermenêutica que a par da sua distinção leve à integração processual. Elucidativa a lição doutrinária de Paulo Rubens Salomão Caputo, a esse propósito, *in* Novo Código de Processo Civil Articulado, 2ª edição, Editora Mizuno, 2016, p. 41:

> ***Suplementar*** *que significar que, em complemento a eventuais disposições já encontradas na disciplina legislativa que eventualmente cuidade de procedimento em* ***matéria eleitoral****, trabalhista e administrativa (e parece que aqui só se pode estar referindo ao chamado processo administrativo), o Código deve a elas ser aplicado.*
>
> *Por outro lado, sob pena de se tratar das expressões do art. 15 quase como sinônimas, ter-se-á de entender que, para quando* ***não houver disposições procedimentais em matéria eleitoral****, trabalhista e administrativa,* ***subsidiariamente*** *(em apoio do principal ou secundariamente, como dizem os dicionários) servirá o Código. (destaques não constam do original)*

3

PROCESSO: CONCEITO E FINALIDADE

O entendimento conceitual do processo nos remete ao termo latino *procedere*, alcançando a ideia de deslocamento para a frente, caminhada, sequência composta por um grupo de etapas ou atos, até que se atinja determinada finalidade, ou seja, uma decisão estabilizada resolvendo-se determinado impasse, declarando-se ou reconhecendo-se direitos.

Pois bem. O processo assume uma carga resolutiva de conflitos e situações em que urge determinada intervenção do Estado para formalização e reconhecimento de interesses. Adquire com isso, a forma de instrumento e mecanismo que tenha aquela aptidão.

3.1 PROCESSO ELEITORAL E SEU CARÁTER PÚBLICO

Em uma reflexão sobre a clássica divisão proposta por Ulpiano entre direito público e direito privado, a toda obviedade que o direito processual no plano da generalidade deve receber o rótulo condizente com o seu conteúdo próprio de direito público, pois a resolução jurisdicional ou administrativa, que se quer buscar pelo instrumento processual, encontra-se de modo inextricável vinculado à obrigação do Estado de velar pela ordem pública, paz social, segurança jurídica, isonomia, liberdade, entre outros parâmetros que alicerçam a civilidade e a convivência social.

Relativamente ao processo eleitoral, com maior ênfase o teor público de sua incidência é preponderante.

Pinto Ferreira esclarece, em prestigiada abordagem:

> A vocação publicística do processo eleitoral se evidencia. Ele inclui ainda o processo eleitoral-penal, daí a riqueza e a variedade dos seus princípios. O Estado tem interesse em dar legitimidade e inspirar confiança nas eleições, que, realizadas livre e periodicamente, fundamentam a essência da democracia. Uma democracia baseada no medo, na mistificação das consciências não existe, é uma falsa democracia ou um despotismo.
>
> Daí a necessidade de uma legislação eleitoral aperfeiçoada. É o que dizia J. F. de Assis Brasil, profundo conhecedor da filosofia do direito eleitoral, quando afirmava em seu livro, *Ditadura, parlamentarismo, democracia* (cit., p. 173), que ainda hoje pode ser lido com interesse pelo leitor moderno, não obstante

a mutabilidade do regime eleitoral, pois foi talvez o único pensador político brasileiro a estudar-lhe as bases filosóficas: "Uma boa lei eleitoral não é tudo, mas é muito".

Há, por conseguinte, uma vocação publicística do procedimento eleitoral, muito mais viva e atuante do que no processo civil em si e no processo penal. É que na legislação eleitoral se condensam ademais os preceitos dominantes no processo civil-eleitoral e penal-eleitoral, visto que o Código Eleitoral vigente define os crimes eleitorais, as penas cominadas, a ação penal-eleitoral que é sempre pública e os recursos no procedimento dos crimes eleitorais. (*In*: *Código Eleitoral Comentado*. Saraiva, 4. ed., p.25/6)

3.2 PROCESSO COLETIVO

A problemática de se aferir a efetividade dos direitos transindividuais constitui na atualidade um dos prementes desafios para a administração da justiça, voltada a preocupação para o estabelecimento de uma pacificação social por intermédio da composição do litígio plural. As incontáveis e diversificadas situações conflituosas com pontos comuns realiza um tormentoso contraponto a uma estrutura de resolução jurisdicional que jamais conseguirá responder com a mesma dimensão e proporção da chamada taxa de ajuizamento de feitos (número absoluto de judicialização de conflitos).

O encaminhamento de uma abordagem para se superar essa turbulência conta atualmente com o componente do processo coletivo, capaz de trazer uma maior eficácia funcional à administração da justiça, sem derrogar ou submergir os princípios e diretrizes democráticas, inerentes a um processo democrático.

Gregório Assagra de Almeida, a respeito do direito processual coletivo, assevera:

> É o ramo do direito processual que possui natureza de direito processual--constitucional-social, cujo conjunto de normas e princípios a ele pertinente visa disciplinar a ação coletiva, o processo coletivo, a jurisdição coletiva, a defesa no processo coletivo e a coisa julgada coletiva, de forma a tutelar, no plano abstrato, a congruência do ordenamento jurídico em relação à Constituição e, no plano concreto, pretensões coletivas em sentido lato, decorrentes dos conflitos coletivos ocorridos no dia-a-dia da conflituosidade social. (*In*: *Direito Processual Coletivo Brasileiro - Um novo ramo do direito processual*. Editora Saraiva, 2003, p. 22)

Diante desse cenário, deve se destacar que o foco do processo coletivo se encontra dirigido aos direitos e interesses difusos (titulares integrados a uma comunidade como pessoas indeterminadas, sendo indivisível o seu objeto. Ex., meio ambiente - art. 225, Constituição Federal; coletivos (apontamento adotado pelo art. 81, parágrafo único, II, CDC, ou seja, pertencentes a grupo, classe ou categoria de pessoas indeterminadas, mas determináveis); individuais homogêneos (titulares são pessoas determinadas ou indeterminadas, mas possibilitando sem maiores estorvos a identificação da titularidade, sendo divisível o seu objeto - art. 81, parágrafo único, III, CDC); e individuais puros (o titular é individualizado, ocorrendo a expansão da coisa julgada para alcançar determinada coletividade - art. 103, § 3º, CDC).

Existe a possibilidade de um processo coletivo eleitoral?

Certamente, desde que a modalidade de direitos ou interesses possa ser concebida e catalogada como difusos ou coletivos, isto é, o objeto do processo coletivo eleitoral deve recair sobre aqueles enunciados.

A indumentária processual comumente usada no processo coletivo visando ao reconhecimento de inconstitucionalidade ou constitucionalidade de leis pelo Supremo Tribunal Federal é formada pela ADIN (Ação Direta de Inconstitucionalidade por ação ou por omissão), ADC (Ação Direta de Constitucionalidade) e ADPF (Arguição de descumprimento de preceito fundamental).

Logicamente que o denso conteúdo do direito eleitoral tem vasos próximos e comunicantes com matéria constitucional, por se vincular ao exercício das prerrogativas da cidadania, enfim, do próprio Estado Democrático de Direito. Desse modo, como instância extraordinária do Judiciário Eleitoral, a quem cabe a última palavra em temas constitucionais, o STF pode conhecer de questões alusivas ao direito eleitoral, seja em virtude da atuação administrativa ou judicial da Justiça Eleitoral, podendo assim se registrar a existência de um processo coletivo eleitoral.

Nas eleições de 2010, a exigência para que o cidadão, no momento do voto, simultaneamente apresentasse como condição indispensável ao exercício do sufrágio o título de eleitor e documento de identificação com fotografia, consubstanciada no art. 91-A, *caput*, Lei Geral das Eleições (Lei 9.504/97, com redação dada pela Lei 12.034, de 29 de setembro de 2009) e art. 47, § 1º, Resolução 23.218, de 02 de março de 2010-TSE desafiou discussão em torno de sua constitucionalidade, com pronunciamento do STF em caráter cautelar, conforme autorização do art. 10, § 3º, Lei 9.868/99:

> "ADI 4467 MC / DF - DISTRITO FEDERAL
>
> MEDIDA CAUTELAR NA AÇÃO DIRETA DE INCONSTITUCIONALIDADE
>
> Relator(a): Min. ELLEN GRACIE
>
> Julgamento: 30/09/2010 - Órgão Julgador: Tribunal Pleno AÇÃO DIRETA DE INCONSTITUCIONALIDADE. MEDIDA CAUTELAR. ART. 91-A, *CAPUT*, DA LEI 9.504, DE 30.9.1997, INSERIDO PELA LEI 12.034, DE 29.9.2009. ART. 47, § 1º, DA RESOLUÇÃO 23.218, DE 02.03.2010, DO TRIBUNAL SUPERIOR ELEITORAL. OBRIGATORIEDADE DA EXIBIÇÃO CONCOMITANTE, NO MOMENTO DA VOTAÇÃO, DO TÍTULO ELEITORAL E DE DOCUMENTO OFICIAL DE IDENTIFICAÇÃO COM

> FOTOGRAFIA. ALEGAÇÃO DE OFENSA AO POSTULADO DO LIVRE EXERCÍCIO DA SOBERANIA E AOS PRINCÍPIOS CONSTITUCIONAIS DA PROPORCIONALIDADE, DA RAZOABILIDADE E DA EFICIÊNCIA. NECESSIDADE DE FIXAÇÃO DE INTERPRETAÇÃO CONFORME À CONSTITUIÇÃO FEDERAL DAS NORMAS IMPUGNADAS. PERIGO NA DEMORA CONSUBSTANCIADO NA IMINÊNCIA DAS ELEIÇÕES GERAIS MARCADAS PARA O DIA 3 DE OUTUBRO DE 2010. 1. A proximidade das eleições gerais de 3 de outubro de 2010 e a invulgar importância do tema enfrentado na presente ação direta, relativo ao livre exercício da cidadania pela expressão do voto, autorizam o procedimento de urgência previsto no art. 10, § 3º, da Lei 9.868/99, a fim de que o Tribunal possa se manifestar antes de eventual perecimento de direito. 2. A segurança do procedimento de identificação dos eleitores brasileiros no ato de votação ainda apresenta deficiências que não foram definitivamente solucionadas. A postergação do implemento de projetos como a unificação das identidades civil e eleitoral num só documento propiciou, até os dias atuais, a ocorrência de inúmeras fraudes ligadas ao exercício do voto. 3. A apresentação do atual título de eleitor, por si só, já não oferece qualquer garantia de lisura nesse momento crucial de revelação da vontade do eleitorado. Por outro lado, as experiências das últimas eleições realizadas no Brasil demonstraram uma maior confiabilidade na identificação aferida com base em documentos oficiais de identidade dotados de fotografia, a saber: as carteiras de identidade, de trabalho e de motorista, o certificado de reservista e o passaporte. 4. A norma contestada, surgida com a edição da Lei 12.034/2009, teve o propósito de alcançar maior segurança no processo de reconhecimento dos eleitores. Por isso, estabeleceu, já para as eleições gerais de 2010, a obrigatoriedade da apresentação, no momento da votação, de documento oficial de identificação com foto. 5. Reconhecimento, em exame prefacial, de plausibilidade jurídica da alegação de ofensa ao princípio constitucional da razoabilidade na interpretação dos dispositivos impugnados que impeça de votar o eleitor que, embora apto a prestar identificação mediante a apresentação de documento oficial com fotografia, não esteja portando seu título eleitoral. 6. Medida cautelar deferida para dar às normas ora impugnadas interpretação conforme à Constituição Federal, no sentido de que apenas a ausência de documento oficial de identidade com fotografia impede o exercício do direito de voto." (*In*: DJe-104 Divulg. 31/05/2011, Public. 01/06/2011)

O mandado de segurança coletivo é outro meio apropriado ao desenvolvimento e concretização do processo coletivo eleitoral. Concebido como garantia constitucional - art. 5º, LXX, "a" e "b", Constituição Federal –, a segurança coletiva é tratada nos arts. 21 e seguintes da Lei 12.016, de 07 de agosto de 2009.

Seu aproveitamento em matéria eleitoral pode ser viabilizado, por exemplo, em decorrência do interesse de filiados no julgamento da prestação de contas de determinada agremiação partidária (art. 21, Lei 12.016/2009).

Essa perspectiva já foi objeto de reflexão, em que expressamos:

> O tema discutido como condição para o manuseio do Mandado de Segurança por partido político vem disciplinado pelo dispositivo, que invoca em primeiro lugar a defesa dos interesses de seus integrantes. Nessa concepção, o ato impugnado para ser objeto de combate, via ação mandamental, deve revelar efeitos que incidam sobre o interesse comum, aquele que congrega a reunião dos cidadãos em torno de determinada plataforma política, assimilada pelo partido político.
>
> Assim, por exemplo, se a Justiça Eleitoral julga desaprovadas total ou parcialmente as contas de determinado diretório de partido político, com fundamento no art. 37 da Lei 9.096/95 e mesmo esgotados os recursos contra aquela decisão administrativa, sobrevém o apontamento de que os defeitos das contas se referem a irregularidades formais, sem prejuízos ao seu conteúdo, a decisão acertada seria pela aprovação com ressalvas. Esse reconhecimento pode ser buscado via Mandado de Segurança, pois não se fala em coisa julgada material a respeito das prestações de contas e o ato pode ser impugnado via *mandamus*, localizado o legítimo interesse dos filiados e da estrutura administrativa do partido, porquanto, a desaprovação das contas implica na suspensão do recebimento pelo indigitado diretório das cotas do fundo partidário e o cancelamento do registro civil e estatuto partidários, conforme determina o art. 28, III, Lei 9.096/95, sujeitando-se os responsáveis a outras sanções. (*In*: *O Novo Mandado de Segurança*. Editora JH Mizuno, 2010, p. 229/30)

Há se cunhar com plena possibilidade o utilitário do processo coletivo na seara eleitoral, o que contribui sobremodo para se conter o negativo fenômeno da repetição de demandas idênticas, que provoca o estrangulamento do sistema judiciário, criando-se uma diretiva em prol da segurança jurídica pela rejeição de decisões conflitantes ou contraditórias e, o que se faz mais relevante, traz ao campo da efetividade o direito à razoável duração do processo como garantia fundamental – art. 5º, LXXVIII, Constituição Federal.

Em se tratando de processo eleitoral, o alcance das decisões judiciais definitivas é, sem sombra de dúvida, um fator extremamente condutor da estabilização das relações políticas e sociais, evitando-se situações dúbias, contempladas por incertezas e revezamentos na ocupação de cargos eletivos, não poucas vezes proporcionadas por efeitos de decisões liminares. Por isso, o processo coletivo nessa área deve ser enxergado e admitido como mais um instrumento posto à disposição dos legitimados para a discussão com maior amplitude sobre os assuntos que tiverem os pressupostos da dimensão difusa ou coletiva eleitorais.

Sob esse ângulo, destacamos duas hipóteses de cabimento de discussão em torno de mandado de segurança coletivo eleitoral. Na primeira consideração, tem-se a perspectiva de impetração para a tutela do direito político ao desempenho do voto de todas as pessoas portadoras de necessidades especiais, quer sejam consideradas em toda a vastidão do território nacional ou em parcialmente, observando-se os critérios de divisão geográfica e funcional em circunscrição, zona ou seção eleitoral.

A proibição ou dificuldade de acesso dos eleitores em condições especiais poderiam constituir elementos fáticos a ser alvo de abordagem no *mandamus*.

O TSE, em exame da Resolução 21.920/2004 que conteria hipoteticamente norma de caráter restritivo ao exercício do voto, materializada pela antecipada justificativa do não comparecimento às urnas pelo eleitor especial, afastou no mérito essa repercussão da norma questionada, o que não inibe que se reconheça em outras situações os direitos difusos ou coletivos dos eleitores portadores de necessidades especiais, autorizando a utilização do mandado de segurança coletivo:

> "MSCOL - MANDADO DE SEGURANÇA COLETIVO nº 3203 - São Paulo/SP - Acórdão nº 3203 de 03/11/2005 - Relator(a) Min. HUMBERTO GOMES DE BARROS Pub. DJ - Diário de Justiça, Data 09/12/2005, Página 142. RJTSE - Revista de jurisprudência do TSE, Volume 17, Tomo 2, P. 223.
>
> Ementa: MANDADO DE SEGURANÇA COLETIVO PREVENTIVO. Ato do TSE. Portador de deficiência física. Direito de votar. Cerceamento. Não-ocorrência. Segurança negada.
>
> A Resolução-TSE nº 21.920/2004 não impede o portador de deficiência de exercer o direito de votar, antes, faculta-lhe o de requerer, motivadamente, a dispensa da obrigação, dadas as peculiaridades de sua situação.
>
> Decisão: O Tribunal, por unanimidade, denegou a segurança, nos termos do voto do relator." (*In*: www.tse.jus.br/jurisprudencia)

O segundo caso que pode ser apresentado como modelo é invocação via ação mandamental coletiva de meios para ser assegurado também o direito de voto de adolescentes internados ou presos provisórios. O TSE, em *writ* impetrado pela Defensoria Pública, não reconheceu sua legitimidade para a interposição, conforme julgado a seguir explanado.

Todavia, nesse contexto fático, desde que suscitada a questão por quem tenha reconhecida legitimidade é passível de ser ventilada no mandado de segurança coletivo de caráter eleitoral, sobretudo, porque a execução do direito de sufrágio nos estabelecimentos de internação ou reeducação exige uma série de providências, como cadastramento dos eleitores aptos, com transferências transitórias ou não do domicílio eleitoral, meios e forma de propaganda eleitoral, estruturação da mesa receptora de votos, enfim, um conjunto de medidas que podem efetivamente suscitar aferições valorativas sobre a aplicação do direito constitucional/eleitoral.

Eis o julgado referido:

> "MS - Mandado de Segurança nº 100250 - Campo Grande/MS
>
> Acórdão de 29/09/2010 – Relator(a) Min. MARCO AURÉLIO MENDES DE FARIAS MELLO – P. DJE - Diário da Justiça Eletrônico, Data 29/10/2010, P. 43.
>
> Ementa:

> LEGITIMIDADE – MANDADO DE SEGURANÇA COLETIVO – DEFENSORIA PÚBLICA. A Defensoria Pública não é parte legítima à impetração coletiva. Decisão: O Tribunal, por unanimidade, assentou a carência da ação proposta, nos termos do voto do Relator." (*In*: www.tse.jus.br/jurisprudencia).

A questão da legitimação para a impetração do mandado de segurança coletivo tem norma gênese no art. 5º, LXX, "a" e "b", da Constituição Federal.

Na primeira alínea, que importa mais diretamente ao direito eleitoral, é reconhecida a legitimidade do partido político com representação no Congresso Nacional. Durante muito tempo discutiu-se a limitação desse exercício, que se limitaria aos direitos dos filiados e, apenas circunstancialmente, a questões políticas pontuais.

J. J. Calmon de Passos argumenta:

> A legitimação sem fronteiras que seja reconhecida aos partidos políticos significará o caos, além de transferir para o âmbito do Judiciário (arena inadequada) a luta política que deve ser levada a cabo em outro campo.
>
> (...)
>
> Os partidos não poderão atuar se a entidade constituída para certo interesse coletivo em determinada unidade administrativa ou política do país não atuou, porque não lhe é dado expressar essa vontade coletiva, que já dispõe de órgão legitimado para isso, mas poderá defender esse mesmo interesse em determinada unidade administrativa ou política do país na qual inexiste entidade representativa desse interesse. Ele supre a deficiência da organização e mobilização política local, mas não pode se sobrepor à vontade social já organizada em condições de se manifestar legitimamente na esfera jurídica da organização estatal. (*In*: *Mandado de Segurança Coletivo, Mandado de Injunção e "Habeas Data": constituição e processo.* Rio de Janeiro: Forense, 1989, p. 21)

Idêntica visualização sobre o assunto foi desenvolvida por Hely Lopes Meirelles: "O partido político só pode impetrar mandado de segurança coletivo para a defesa de seus próprios filiados, em questões políticas, quando autorizado pela lei e pelo estatuto" (*In*: *Mandado de Segurança, Ação Popular, Ação Civil Pública, Mandado de Injunção, "Habeas Data"*. 18 ed., São Paulo: Malheiros, 1997, p. 27).

Depois da edição da Lei 12.016, de 07 de agosto de 2009, implementou-se a regulamentação do dispositivo constitucional sob enfoque e no art. 21, Lei do Mandado de Segurança, atuando a agremiação partidária como legitimada, desde que tenha representação no Congresso Nacional e a matéria a ser examinada judicialmente se refira a interesses de seus integrantes ou corresponda à finalidade partidária.

Reputamos assim que a expressão *finalidade partidária* legitima o partido ao ingresso com o mandado de segurança coletivo em questões eleitorais, o que se mostra perfeitamente assimilável à necessidade permanente de avanços consolidados das instituições democráticas, dessa feita, em prol dos partidos políticos para o fortalecimento da democracia.

Sobre esse tópico da legitimidade da agremiação partidária, com amparo na sua respectiva finalidade, desenvolvemos o subsequente raciocínio:

> A finalidade partidária é outro tema a ser considerado como suporte para a impetração do Mandado de Segurança Coletivo. Diz o art. 14, Lei 9.096/95, que, observados os parâmetros constitucionais e da própria lei em questão, há total liberdade para os partidos políticos traçarem seus respectivos objetivos. Posta a questão aos olhos constitucionais, enxergam-se nas vedações do art. 17, Constituição Federal, os limites para a elaboração do respectivo programa partidário.
>
> Dessa maneira, chancelou a lei o entendimento que autoriza o manejo do Mandado de Segurança Coletivo pelos partidos políticos, relativo a questões ligadas à finalidade de sua existência como entidade política. Esse reconhecimento é de fundamental importância para o amadurecimento das instituições partidárias no país, desafiando uma maior proximidade com os interesses dos cidadãos, enfim, colaborando de maneira decisiva para a participação popular, erguendo-se mais um pilar para o progresso da democracia, pois o processo de consolidação já foi percorrido.
>
> (...)
>
> Deve se atentar, no entanto, que o conteúdo do art. 21, Lei 12.016/2009, não pode impedir o partido político de discutir em Mandado de Segurança outros temas, mesmo que não constem de seu programa. A finalidade partidária deve ser lida à luz da Constituição Federal, art. 5º, LXX, "a", que não a restringe ao conteúdo programático.
>
> Como a agremiação partidária se destina a assegurar, no interesse do regime democrático, a autenticidade do sistema representativo e a defender os direitos fundamentais definidos na Constituição Federal – art. 1º, Lei 9.096/95, desde que o Mandado de Segurança se refira a esses temas, visível será a legitimidade do partido político.
>
> Compreender a finalidade partidária de maneira diversa acarretará a inconstitucionalidade do dispositivo ora comentado, nessa particularidade. (Ob. cit., p. 231/2)

Ora, o regime democrático, seu sistema representativo e muitos dos direitos fundamentais são exteriorizados por regras e normas inseridas no âmbito do direito eleitoral, o que por via remota faz resplandecer o legítimo interesse do partido político na sua abordagem, justificando o emprego do mandado de segurança coletivo.

Em análise a um mandado de segurança coletivo impetrado pela ABRACRIM – Associação Brasileira dos Advogados Criminalistas, o TRE/RJ admitiu o ajuizamento, embora no mérito tenha denegado a segurança. A matéria dizia respeito a possível direito de resposta ante a divulgação de conteúdos de interceptação de conversas com autorização judicial, entre cliente e advogado. O TSE em sede de agravo regimental confirmou o entendimento consubstanciado no acerto da decisão recorrida em razão da ausência de elementos que pudessem de forma automática (prova documental) demonstrar a violação de direito líquido e certo da impetrante e de forma mediata de um dos seus associados:

> *AgR-RMS nº 49381 Acórdão CAMPOS DOS GOYTACAZES - RJ Relator(a): Min. Tarcisio Vieira De Carvalho Neto, j: 14/09/2017 Publicação: 20/10/2017. Ementa: AGRAVO REGIMENTAL. RECURSO ORDINÁRIO. MANDADO DE SEGURANÇA COLETIVO. DIREITO DE RESPOSTA COM FUNDAMENTO NA VIOLAÇÃO DO SIGILO PROFISSIONAL DO ADVOGADO. DIREITO LÍQUIDO E CERTO. AUSÊNCIA. VIABILIDADE DE DILAÇÃO PROBATÓRIA. PRETENSÃO QUE DEVE SER ALCANÇADA POR PROCEDIMENTO PRÓPRIO DE RITO ESPECIAL. DESPROVIMENTO.1. In casu, a Associação Brasileira dos Advogados Criminalistas ABRACRIM impetrou mandado de segurança coletivo pleiteando o exercício do direito de resposta, ante a divulgação de conversas interceptadas com autorização judicial, nos autos da ação penal nº 34-70, entre Anthony William Garotinho Matheus de Oliveira e seu advogado. 2. Como assentado na decisão agravada, evidente a inadequação da via eleita, porquanto a pretensão ao direito de resposta deve ser alcançada por meio de procedimento próprio, com rito especial, previsto na Lei nº 13.188/2015.3. A quaestio iuris que aqui se cogita* não é peculiar ao *mandado de segurança, uma vez que a caracterização do direito líquido e certo obedece à especial condição da alegação de fato no processo, cuja veracidade deve ser idoneamente aferida mediante prova documental pré-constituída, o que não ocorre na espécie.4. Ademais, a simples reiteração de argumentos já analisados na decisão agravada e o reforço de alguns pontos, sem que haja no agravo regimental nenhum elemento novo apto a infirmá-la, atraem a incidência do Enunciado Sumular nº 26 do TSE. Agravo regimental desprovido. (jurisprudencia.tse.jus.br – acesso em 07/03/2024)*

Dessa maneira, pode-se concluir que a discussão própria do mandado de segurança coletivo em matéria eleitoral pode ser deflagrada, abrindo-se uma perspectiva de utilização de instrumentos próprios do processo coletivo. Sintomático de que a ampliação para o âmbito coletivo de construção das normas e decisões eleitorais é uma tendência alvissareira e capaz de potencializar a própria jurisdição eleitoral, aperfeiçoando a função consultiva e normativa da Justiça Eleitoral ante a dinâmica e exigências da vida atual, foi a deliberação do TSE pela realização de um ciclo de audiências públicas para a preparação dos textos que compuseram as Resoluções daquela Corte para as Eleições/2024 (Portaria-TSE nº 729/2023, Min. Cármen Lúcia, p. 19/12/2023, DJE, Edição Extraordinária, Ano 2023, n. 250).

A providência atendeu diretriz estabelecida na Resolução 23.472/2016 (regulamenta o processo de elaboração de resoluções do Tribunal e a realização de audiências públicas). O resultado dessa proximidade com o coletivo foi a constatação de um recorde de contribuições e participações. (https://www.tse.jus.br/comunicacao/noticias/2024/Janeiro/eleicoes-2024-audiencias-publicas-sobre-resolucoes-tiveram-quase-80-participacoes - acesso em 07/03/2024).

4

DIREITO DE AÇÃO

A violação de interesses e direitos é uma permanente constatação que se extrai da reunião social, capitaneada pelos homens na organização da civilização e composição do conjunto da sociedade, agrupados e submetidos à orientação e tutela do Estado. O fundamento do contrato social é verdadeiramente a alocação de antagônicos, que não se desprendem totalmente dos caracteres naturais, mas cuja catarse para um aperfeiçoamento e moldura é objetivo linear, sob pena de comprometimento da própria pacificação do aglomerado.

Assim, a história terrestre do homem é constituída por sua incessante busca pela melhor acomodação com o seu semelhante, desenvolvimento que implica, mesmo sob o aparato do contrato social, em variadas formas de conflitos e atritos, exigindo que o mecanismo de controle e resolução de tais impasses seja também administrável pela instituição organizacional do Estado.

A integração pacificada da humanidade e com absoluto respeito aos interesses e direitos alheios, nesse aspecto constitui a necessidade de contorno e superação a um obstáculo, talvez o maior ou mais difícil na trajetória humana.

Sobre o movimento de difração, eis a preciosa lição de Goffredo Telles Júnior:

> Difração, como se sabe, é o movimento de contornar os obstáculos e de seguir adiante, por detrás do obstáculo rodeado, apenas mudando a direção da trajetória.
>
> De todos os seres conhecidos, o homem é, sem dúvida, o que possui, com mais evidência, a propriedade de contornar obstáculos e de seguir adiante, por detrás do obstáculo rodeado, mudando a direção da trajetória, escolhendo seu novo caminho, em conformidade com as influências ou "informações" recebidas do obstáculo, pelo qual passou.
>
> No homem, essa propriedade de contornar obstáculos, que é, também, a propriedade de sujeitar meios a fins, constitui, precisamente, a inteligência humana.
>
> Devido a sua imensa velocidade, a micropartícula adquire propriedades que não são dos corpos, como, por exemplo, a propriedade de difratar e a de se conduzir de maneira indeterminável e imprevisível. Por causa destas propriedades, a micropartícula não pode ser considerada apenas como um corpo, mas deve ser tida como corpo e onda.

> Devido a sua imensa complexidade, o ser muito evoluído, como o homem, adquire propriedades que não são da matéria, como, por exemplo, a propriedade de escolher e a de se conduzir com autonomia. Por causa destas propriedades, o homem não pode ser considerado apenas como matéria, mas deve ser tido como matéria e inteligência.
>
> A união de matéria e inteligência no homem ainda é um mistério tão profundo quanto o da união do corpo e onda na micropartícula. (*In*: *O Direito Quântico – Ensaio sobre o fundamento da Ordem Jurídica*. Ed. Max Limonad, São Paulo, p. 161)

O obstáculo a ser contornado pode ser formatado como a própria dimensão humana, imperfeita e bélica; resistente e autoritária; impulsiva e agressiva, enfim, todas as fontes ou origens de proposições experimentadas nas relações sociais e humanas, derivadas do modo de ser, agir e pensar do homem.

O consenso da necessidade de preservação da assembleia popular que forma sociedade transfere ao organismo da jurisdição, como item imprescindível à manutenção do contrato social, praticamente o apanágio de soluções aos confrontos instaurados, para que sejam superados e a perspectiva de continuidade da convivência não venha a ser suprimida.

Nesse cenário, o Estado surge como o garantidor dessa solução, verdadeiro prestamista, pavimentando uma via suasória das implicações decorrentes das violações ou ofensas aos interesses e direitos.

A propósito de se definir o que seja o direito de ação, a doutrina de Moacyr Amaral Santos articula:

> Concebida a ação como direito de provocar a prestação jurisdicional do Estado, está afastada a idéia de ação no sentido concreto. Provocando a jurisdição a um pronunciamento, a ação não pode exigir senão isso e não uma decisão de determinado conteúdo. É por isso um direito abstrato, porque exercível por quem tenha ou não razão, o que será apurado tão-somente na sentença, e, além do mais, genérico, pois não varia, é sempre o mesmo, por mais diversos sejam os interesses a que, em cada caso, possam os seus titulares aspirar.
>
> A ação, em suma, é um direito subjetivo público, distinto do direito subjetivo privado invocado, ao qual não pressupõe necessariamente, e, pois, neste sentido, abstrato: genérico, porque não varia, é sempre o mesmo; tem por sujeito passivo o Estado, do qual visa a prestação jurisdicional num caso concreto. É o direito de pedir ao Estado a prestação de sua atividade jurisdicional num caso concreto. Ou, simplesmente, o direito de invocar o exercício da função jurisdicional. (Ob. cit., p. 155)

O direito de ação funciona como uma prerrogativa do cidadão em expor ao Estado determinada pretensão que recebe por parte de outrem uma rejeição, para que, mediante o exame dos fatos e do ordenamento jurídico, ocorra o apontamento definidor da prevalência ou não do determinado interesse ou direito, solução obrigatória de ser seguida e obedecida por todos, inclusive aqueles que se apresentam em linha conflituosa. Na expressão de José Roberto dos Santos Bedaque, na atualidade, deve ser considerada a ação como o direito ao processo, o que dispensaria a ideia concebida a partir do direito material: *A moderna doutrina processual identifica a ação como direito ao processo, cujo conteúdo mínimo encontra-se nas garantias constitucionais. (...) Embora respeitável e fundada em sólidos argumentos, dispensável à compreensão dessa categoria processual a construção sobre ação de direito material, com todas as suas consequências. (In Efetividade do Processo e Técnica Processual, São Paulo: Malheiros Editores, 2006, p. 231 e 233).*

5

AÇÕES ELEITORAIS

Como *ação eleitoral* pode ser entendido o direito à invocação da tutela jurisdicional do Estado, cuja pretensão resistida tenha como causa de pedir o fundamento jurídico vinculado ao direito eleitoral.

Ao se salientar a função administrativa da Justiça Eleitoral, no sentido de gerenciar a plena efetivação da realização dos pleitos, em uma dimensão mais ampla, no contexto das ações eleitorais podem ser incorporadas algumas medidas ou providências de caráter administrativo, que não se enquadrem no conceito estrito de ação, mas que serão tratadas no presente trabalho. Em tais casos, ocorre a jurisdição não contenciosa ou administrativa, bem própria do Judiciário Eleitoral. Como exemplo, pode ser mencionado o pedido de registro de candidatura para determinado certame eleitoral ou a prestação de contas.

5.1 PROCESSO E PROCEDIMENTO

Interessante a ampliação fixadora da definição de processo, antes de se esmiuçar sobre os componentes peculiares das ações eleitorais, sobretudo pela importância quanto à compreensão que distingue processo e procedimento. Segundo o magistério de Misael Montenegro Filho:

> O processo, assim, é o instrumento de que se utiliza a parte que exercitou o direito de ação na busca de uma resposta judicial que ponha fim ao conflito de interesses instaurado ou em vias de sê-lo. Inúmeros atos serão praticados no curso do processo para que o citado objetivo seja alcançado. (*In*: *Curso de Direito Processual Civil*. Editora Atlas, 2005, p. 188/9)

Para Vicente Grecco Filho, a delineação do processo exibe a seguinte compleição: "O processo é uma entidade complexa que apresenta dois aspectos: o intrínseco ou essencial e o exterior. Na essência, o processo é a relação jurídica que se instaura e se desenvolve entre o autor, juiz e réu" (*In*: *Direito Processual Civil Brasileiro*, Volume 2, Editora Saraiva, 17. ed., p. 87).

Em contrapartida, o procedimento é projeção de efetividade do processo, sua feição e compartimentação.

No dizer extremamente didático de Humberto Theodoro Júnior:

> Enquanto o processo é uma unidade, como relação processual em busca da prestação jurisdicional, o procedimento é a exteriorização dessa relação e, por isso, pode assumir diversas feições ou modos de ser. A essas várias formas exteriores de se movimentar o processo aplica-se a denominação de procedimento. (*In*: *Curso de Direito Processual Civil*, Volume 1, Editora Forense, 44. ed., p. 364)

Resumindo-se com a reflexão de Marcelo Abelha Rodrigues: "O procedimento é apenas o modo e a forma com que estes atos sucedem e encadeiam" (*In*: *Elementos de Direito Processual Civil*, Volume 2, Editora Revista dos Tribunais, 2. ed., p. 27).

Pode-se dizer em conclusão que processo e procedimento são institutos distintos, componentes de uma aglutinação imprescindível ao exercício do direito de ação, formada por uma aliança entre o instrumento e forma de atuação da jurisdição.

Transmitido esse pensamento para o âmbito do processo eleitoral, verifica-se que as diversas possibilidades de ações eleitorais contam com procedimentos ou ritos específicos, aplicando-se em caráter supletivo/complementar as regras processuais civis.

5.2 MODALIDADES DE AÇÕES ELEITORAIS

A seguir é estampada uma relação com as ações eleitorais a serem desenvolvidas de maneira individual e pormenorizadamente no plano teórico e prático.

Com o objetivo de harmonizar e completar a análise sobre os temas eleitorais, no elenco estão englobadas as mais comuns e importantes medidas ou providências de caráter administrativo/eleitoral e ainda os recursos eleitorais:

1 - registro de candidatura;

2 - impugnação ao registro de candidatura (AIRC);

3 - representações – propaganda eleitoral e direito de resposta;

4 - representações – condutas vedadas;

5 - representações – captação indevida de sufrágio;

6 - representações – captação ou gastos eleitorais ilícitos;

7 - investigação judicial eleitoral – abusos do poder econômico, político, meios de comunicação (AIJE);

8 - impugnação ao mandato eletivo (AIME);

9 - recurso contra a diplomação;

10 - declaratória de justa causa para desfiliação partidária;

11 - perda do cargo eletivo por infidelidade partidária; perda do mandato por desfiliação partidária sem justa causa;

12 - recursos eleitorais;

13 - crimes eleitorais.

6

REGISTRO DE CANDIDATURA

É a formalização do direito político de ser votado perante a Justiça Eleitoral por determinado cidadão, mediante a outorga de autorização por agremiação partidária ou coligação, demonstrando o preenchimento dos requisitos de elegibilidade e a ausência de impedimentos.

O pedido é apresentado através de um formulário/requerimento conhecido como RCAN (Registro de Candidatura). O processo do registro de candidatura se afeiçoa a uma jurisdição não contenciosa, explicitando o caráter administrativo da Justiça Eleitoral, na sua missão de gerir as eleições.

A Lei das Eleições (Lei 9.504/97) disciplina o registro de candidatura nos arts. 10 a 16-B, sendo que, para o pleito de 2024, a Resolução n. 23.609/2019 - TSE estatui as normas complementares e regulamentares, à luz do art. 23, IX, XII e XVIII, do Código Eleitoral e suas alterações posteriores.

Com o registro da candidatura se reconhece, de modo formal, a condição de candidato que legitimamente aspira à obtenção da sua eleição.

A exceção constitui a inelegibilidade decorrente de abuso de poder econômico ou político – art. 1º, I, "d", LC 64/90 –, que não pode ser reconhecida de ofício, porquanto dependente de reconhecimento judicial em feito específico, com decisão transitada em julgado, salvo se já existente tal decisão.

As condições de elegibilidade são aferidas no momento da formalização do registro da candidatura – art. 11, § 10, Lei 9.504/97.

O registro de candidatura obedece ao seguinte procedimento:

1 - requerimento do registro – data-limite: 15 de agosto, até 19 horas (art. 11, Lei 9.504/97, com redação trazida pela Lei 13.165, de 29/09/2015);

2 - publicação de edital sobre o pedido;

3 - prazo para impugnação através de AIRC: 05 dias;

4 - realização de diligências no prazo de 72 horas;

5 - decisão no prazo de 03 dias após as diligências;

6 - recurso ao TRE no prazo de 03 dias;

7 - recurso ao TSE no prazo de 03 dias;

8 - recurso ao STF no prazo de 03 dias.

Na formalização do procedimento ocorre uma bifurcação do processo. Existe um processo-eixo, referente à agremiação partidária ou coligação, contendo todos os dados da convenção com indicação dos candidatos, demonstrando a regularidade daqueles quadros e, em paralelo, correm em apenso os registros individuais de todos os candidatos.

Para a autuação é confeccionado o preenchimento e assinatura de formulários específicos, como Demonstrativo de Regularidade de Atos Partidários e Requerimento de Registro de Candidatura, que constituem formas de referências a dados sobre o partido e candidato e especificação do cargo em disputa, nomes a serem apresentados na urna eletrônica e fotografia.

O requerimento do registro de candidatura é assinado pelo representante do partido, não havendo necessidade de intervenção de advogado. A apresentação é formalizada pelo sistema CANDEx, instituído pela Justiça Eleitoral, conforme dispõe o art. 19, Resolução 23.609/2019. Assim, a apresentação é eletrônica, prestigiando o processo judicial nesse formato. Deverá ainda conter toda a documentação necessária e referência às variações nominais até 03. Anota-se ainda no registro a estimativa de gastos do partido ou coligação por cargo eletivo em cada eleição.

Relação de documentos – art. 11, § 1º, Lei 9.504/97.

O candidato deve ser identificado de forma nominal e numérica – arts. 12 e 15, Lei 9.504/97. Se ocorrer homonímia gerando confusão entre candidatos ou for ultrapassado o limite de caracteres possíveis para figuração na urna eletrônica, a Justiça Eleitoral poderá determinar a adaptação, que, se negada, leva ao indeferimento do pedido, tendo preferência o candidato que exerça mandato eletivo ou o tenha exercido nos últimos 04 anos ou nesse prazo tenha concorrido com aquele mesmo nome – art. 12, § 3º, Lei 9.504/97.

Se o partido ou coligação não realizou o requerimento da candidatura de determinada pessoa, poderá esta mesma fazê-la sob a modalidade de pedido avulso, no prazo de 48 horas após a publicação de edital com a lista dos candidatos – art. 11, § 4º, Lei 9.504/97.

A candidatura nata ocorre nos termos do art. 8º, § 1º, Lei 9.504/97, especificamente para as eleições proporcionais, admitindo-se que deputados e vereadores não se submetam à disputa nas convenções para terem os nomes sufragados como candidatos à reeleição. Bastaria, na hipótese, a mera filiação ao partido.

Tal dispositivo foi objeto de suspensão da sua eficácia por uma decisão liminar na ADI 2.530-9, Rel. Min. Ilmar Galvão, consagrando a preponderância da autonomia partidária. A relatoria do referido caso por ocasião do julgamento de mérito, estava com o Ministro Nunes Marques, sendo que a Suprema Corte Brasileira julgou procedente o pedido declarando a inconstitucionalidade do dispositivo em 18/08/2021. Foi estabelecida uma modulação dos efeitos da declaração, para que tivessem incidência, apenas a partir de 24/04/2002, quando houve a suspensão da norma pela decisão cautelar no bojo daquela ADI.

O cidadão só pode concorrer a um único cargo por eleição - art. 88, CE.

Para as eleições majoritárias o registro se dá por chapas, contendo a indicação do titular e vice e, no caso do Senado, dois suplentes, além do titular.

Nas eleições proporcionais, o número de candidatos por partido depende do número de vagas na Casa Legislativa - art. 10, Lei 9.504/97. O número pode ser de até 100% mais 01 (um) do número de vagas disponíveis. A Emenda Constitucional n. 97, de 04 de outubro de 2017 conferiu nova redação ao art. 17, § 1º, Constituição Federal para proibir as coligações nas eleições proporcionais, em todas as suas vertentes (Municípios, Estados, Distrito Federal ou União). O art. 2º da referida Emenda determinou que a observância da regra teria início no pleito de 2020. Logo, atualmente se encontra em plena vigência a vedação.

O número de vagas obedece à proporcionalidade da população na circunscrição eleitoral em que há o certame - art. 27, 29, IV e 45, § 1º, Constituição Federal -, com dados auferidos junto ao IBGE. Observa-se ainda o disposto no art. 1º, Lei Complementar 78/93. Exemplo: Minas Gerais tem direito a 53 deputados federais do total da Câmara, que é de 513.

Número máximo 70, mínimo 8. Em Minas Gerais, seguindo-se o exemplo, cada partido pode registrar até 54 candidatos para deputado federal - 100% de 53 + 1 é igual a 54.

Nas Assembleias Legislativas o número de vagas também obedece à proporcionalidade da população - art. 27, CF.

O número é o triplo da representação do Estado na Câmara dos Deputados e, alcançado o número de 36, acresce-se de tantos quantos forem os deputados federais acima de 12. Exemplo, Minas Gerais. Como a representação na Câmara é de 53, o triplo seria 159; logo, acima de 36. Assim, 53 - 12 = 41, que somado ao padrão inicial de 36 alcança 77 deputados.

Com isso cada partido pode registrar 78 candidatos para deputado estadual: 100% = 77 + 1, formando 78 indicações.

Em relação à Câmara de Vereadores o critério é o do art. 29, IV, da CF, com redação pela EC n. 58/2009. Criou-se uma espécie de tabela progressiva que varia de acordo com a população, sendo que municípios com até 15 mil habitantes poderão ter no máximo 9 cadeiras de vereador, e aqueles com população acima de 8 milhões, no máximo 55.

O critério variável segundo a medida populacional pode ensejar violação à proporcionalidade, quando distanciada a população menor pelo teto ou pico do número de vereadores.

As cotas eleitorais foram estabelecidas pelo art. 10, § 3º, Lei 9.504/97, para as eleições proporcionais, sendo que cada partido ou coligação deve preencher no mínimo de 30% e o máximo de 70% para candidaturas de cada sexo. Considera-se arredondado para 01 no cômputo do percentual mínimo para cada gênero, desprezando-se a fração para o outro, como restou decidido pelo TSE (RESP.22.764) e restou assentado no art. 17, § 3º, Resolução 23.609/2019 - TSE.

A indicação do eleitor no cadastro eleitoral era fator determinante para a classificação do respectivo gênero pelo qual se orienta, para fins de alcance do percentual mínimo das cotas de gênero, como orientado pela Portaria Conjunta TSE - n. 1/2018 e art. 17, § 5º, Resolução n. 23.609/2019 - TSE. Essa compreensão é derivada do entendimento consubstanciado em método hermenêutico sociológico aplicado ao Direito Eleitoral, em relação à cota de gênero do art. 10, § 3º, Lei 9.504/97 exigindo que pelo menos 30% dos candidatos a serem registrados nas eleições proporcionais por cada partido ou coligação seja de determinado sexo. Compreendeu-se que a expressão sexo engloba o gênero, permitindo assim que nesse cômputo se incluam os transgêneros de acordo com o gênero que se identificarem - TSE - CONSULTA Nº 0604054-58.2017.6.00.0000 - DISTRITO FEDERAL (Brasília), Relator: Ministro Tarcísio Vieira de Carvalho Neto, 2017).

No entanto, a Resolução n. 23.675, de 16 de dezembro de 2021 - TSE alterou a redação do art. 17, Resolução 23.609/2019 para considerar como oficial a indicação do gênero posta no **registro de candidatura**, mesmo que divergente do Cadastro Eleitoral. Nessa hipótese, ou seja, ocorrendo a assimetria nas indicações, deverá ser adotada a diligência prevista no art. 17, § 5º-A e 36, Resolução 23.609/2019 para que a pessoa candidata se manifeste em confirmação ao gênero apontado em uma ou outra das informações (cadastro de eleitores ou registro de candidatura). Escoado o prazo sem manifestação, presume-se que houve a pretensão de alteração na indicação do gênero, prevalecendo aquela por último indicada (registro), atualizando-se o Cadastro Eleitoral na forma disciplinada pela Corregedoria Geral de Justiça.

A reflexão estabelecida para fins de registro de candidaturas nas eleições proporcionais, deve considerar a diretriz central de que a partir das Eleições 2020 é vedada a coligação para as eleições proporcionais, como decorrência da vigência da Emenda Constitucional 97/2017, que introduziu nova redação ao art. 17, § 1º, Constituição Federal:

> *É livre a criação, fusão, incorporação e extinção de partidos políticos, resguardados a soberania nacional, o regime democrático, o pluripartidarismo, os direitos fundamentais da pessoa humana e observados os seguintes preceitos: I - caráter nacional; II - proibição de recebimento de recursos financeiros de entidade ou governo estrangeiros ou de subordinação a estes; III - prestação de contas à Justiça Eleitoral; IV - funcionamento parlamentar de acordo com a lei. § 1º É assegurada aos partidos políticos autonomia para definir sua estrutura interna e estabelecer regras sobre escolha, formação e duração de seus órgãos permanentes e provisórios e sobre sua organização e funcionamento e para adotar os critérios de escolha e o regime de suas coligações nas eleições*

majoritárias, vedada a sua celebração nas eleições proporcionais, sem obrigatoriedade de vinculação entre as candidaturas em âmbito nacional, estadual, distrital ou municipal, devendo seus estatutos estabelecer normas de disciplina e fidelidade partidária.

Desse modo, as funcionalidades, regras e condições devem conduzir exclusivamente a uma reflexão de que vigoram somente em relação aos partidos isoladamente, pois concorrem como agremiações partidárias autônomas, sem vínculos entre si, quer seja para fins de cômputo de vagas, propaganda eleitoral, prestação de contas, enfim, todos os desdobramentos atinentes à campanha e o processo eleitoral.

6.1 PROPOSTAS DEFENDIDAS PELO CANDIDATO

A reforma eleitoral de 2009 introduziu o item IX ao art. 11, da Lei das Eleições, descrevendo ser requisito para o registro da candidatura aos cargos de prefeito, governador e presidente da República, a elaboração de um documento contendo as propostas defendidas pelo respectivo candidato.

Trata-se de um mecanismo que incentiva e prestigia a transparência e o controle sistemático na democracia representativa, possibilitando as cobranças de ordem política e moral, se, efetivamente, o eleito não seguir o que restou consignado naquele portifólio de suas intenções.

A Resolução n. 23.609/2019 – TSE, no seu art. 27, VII trouxe dispositivo semelhante, exigindo que as propostas sejam apresentadas devem ser anexadas ao RRC (Requerimento de Registro de Candidatura), junto ao CANDEX, que é o sistema operacional para registro de candidaturas em todo o país, adotado pelo Tribunal Superior Eleitoral.

Essa exigência deveria passar por um processo de maturação, sobretudo no seu escopo fundamental que é a criação de um ambiente de cobrança e linearidade na atuação política governamental, abandonando-se os aspectos das generalidades como ocorrido no primeiro pleito em que a regra vigorou, que se equivale a uma inocuidade da falta de propostas.

Registrou-se, na ocasião das Eleições de 2010:

> Dilma, Marina e Serra apresentam propostas genéricas ao TSE.
>
> Os três principais candidatos à Presidência pediram registro no TSE.
>
> Os três candidatos à Presidência com maiores índices de intenção de votos, Dilma Rousseff (PT), Marina Silva (PV) e José Serra (PSDB), apresentaram ao Tribunal Superior Eleitoral (TSE) propostas genéricas de governo.
>
> O tribunal determina que os candidatos à Presidência e a governador dos Estados apresentem suas propostas ao pedir o registro de candidatura. O prazo para os pedidos terminou às 19h de segunda-feira (5) e nove nomes se apresentaram para concorrer ao Planalto.

> Marina apresentou as diretrizes para o programa de governo, que havia divulgado no dia da convenção do PV à Presidência. O texto promete a "neutralização" das emissões de carbono da campanha, uma "terceira geração" de programas sociais e a manutenção da política econômica do atual governo.
>
> Dilma protocolou o programa de governo errado e depois apresentou um novo texto, mais ameno em relação a propostas polêmicas, como fim da criminalização de movimentos sociais; maior controle sobre a mídia; e confirmava apoio à jornada de trabalho de 40 horas sem redução de salários.
>
> A assessoria da campanha disse que, "por equívoco", foi entregue o documento errado, um programa de governo do PT aprovado em fevereiro. O texto das novas diretrizes da campanha é basicamente o mesmo, mas com diferenças significativas de tom. Alguns pontos considerados polêmicos foram excluídos e frases mais críticas, alteradas.
>
> Serra apresentou ao TSE um documento com dois discursos. Segundo a coordenação da campanha, os discursos "resumem as ideias, propostas e principais linhas de ação pretendidas pelo candidato. E por isso integram o pedido de registro de candidatura, atendendo à determinação legal." (In http://www.wscom.com.br/noticia/politica/PROPOSTAS+DOS+CANDIDATOS+- 9723)

Os anúncios abertos e indeterminados não permitem comparações com o programa do respectivo partido político ou grupo, pois esse ônus é determinado para as eleições majoritárias aos cargos do Poder Executivo. Assim, há um esvaziamento da providência, impedindo comparativos com a concretização da eleição do respectivo candidato e partido e a execução do seu governo.

O candidato a Vereador estaria obrigado à apresentação de documento contendo suas propostas para o registro da candidatura?

Deve ser salientado, com tal projeção sobre o tema, que a exigência de apresentação de propostas no âmbito das eleições municipais se refere de modo exclusivo ao candidato ao cargo de prefeito, não se estendendo aos vereadores, pois o art. 11, IX, Lei 9.504/97, não se refere a qualquer cargo das eleições proporcionais majoritárias.

A propósito, o TSE se manifestou pela impossibilidade da exigência para cargos proporcionais (deputados), o que pode perfeitamente ser aplicado em relação à disputa municipal:

> "Cta - Consulta nº 1703 - Brasília/DF
>
> Resolução nº 23179 de 10/11/2009
>
> Relator(a) Min. CÁRMEN LÚCIA ANTUNES ROCHA
>
> Publicação: DJE - Diário da Justiça Eletrônico, Volume -, Tomo -, Data 01/02/2010, Página 488
>
> Ementa: Consulta. Deputado Federal. Pode a Justiça Eleitoral:

> 1. Exigir que os candidatos, quando da apresentação de sua documentação, registrem, também, seus programas e/ou planos de trabalho da candidatura; 2. Disponibilizar o programa registrado pelos candidatos na página de registro de candidaturas ou em sítio específico na internet, estabelecido pela Justiça Eleitoral; e 3. Facultar aos candidatos o registro de suas respectivas propostas de trabalho e governo, em formulário próprio a ser disponibilizado pela internet. Resposta negativa às três indagações. Ausência de previsão legal. Desnecessidade de disponibilização de formulário pela Justiça Eleitoral.
>
> Decisão: O Tribunal, por unanimidade, respondeu negativamente à primeira e segunda indagações e julgou prejudicada a terceira, nos termos do voto da Relatora." (In www.tse.jus.br/jurisprudencia).

Nada impede que a própria Justiça Eleitoral, havendo apresentação de propostas ou ideias pelos candidatos com tal solicitação, lance a divulgação em seus meios de comunicação com o público, como o sítio na internet, obedecendo de modo rigoroso a isonomia de tratamento entre os concorrentes.

6.2 HOMONÍMIA NÃO RESOLVIDA ENTRE CANDIDATOS

Outro aspecto relevante e que exige bastante acuidade no ambiente prático é a verificação de homonímia entre candidatos ao mesmo cargo, nas eleições proporcionais. A solução deve ser realizada à luz do art. 12, § 1º, I a V, Lei das Eleições. O assunto veio assim tratado pelo art. 39, Resolução 23.609/2019-TSE.

Se os critérios de preferência dos incisos II e III não resolverem a pendência, ou mesmo se a situação do inciso III foi extensiva a mais de um candidato, parte-se para a resolução baseada no acordo em 02 dias, após a notificação da Justiça Eleitoral (inciso IV). Persistindo o conflito, a norma do inciso V determina que cada registro seja deferido com o nome e sobrenome do respectivo pedido, o que sem sombra de dúvida pode levar à confusão do eleitorado, se a propaganda e divulgação eleitoral forem concebidas com aquelas identificações iguais.

Acontece que o inciso IV não trata de nenhuma prioridade ou preferência, aduzindo a Súmula n. 4, TSE: "*Não havendo preferência entre candidatos que pretendam o registro da mesma variação nominal, defere-se o do que primeiro o tenha requerido*".

Com tal compreensão, tem-se que o derradeiro meio de solucionar o impasse é a ordem de apresentação do requerimento de registro de candidatura.

Não parece ser lógica a manutenção de dois nomes idênticos no mesmo cenário para visibilidade eleitoral, o que gera enorme perplexidade, incertezas e inseguranças no eleitorado.

De se registrar que não faz nenhum sentido utilizar-se o critério do primeiro registro para se resolver o impasse da variação nominal, permanecendo o registro de dois ou mais candidatos com o mesmo nome.

Interessante episódio alusivo à homonímia ocorreu há alguns anos, com uma autêntica usurpação de nome por outrem para fins de obtenção de prestígio eleitoral, o que mereceu repelência da Justiça Eleitoral:

> "RESPE - RECURSO ESPECIAL ELEITORAL nº 20156 - São Paulo/SP
>
> Acórdão nº 20156 de 12/09/2002
>
> Relator(a) Min. JOSÉ PAULO SEPÚLVEDA PERTENCE
>
> Publicação: PSESS - Publicado em Sessão, Data 12/09/2002
>
> Ementa:
>
> Clonagem eleitoral enganosa: o clone de Enéas: abuso, insolúvel no processo de registro de candidatura, a ser coibido no curso do processo eleitoral.
>
> 1. Cidadão que, aproveitando-se de sua semelhança com Enéas Ferreira Carneiro – conhecido ex-candidato à Presidência da República e a inclusão, no seu registro civil, do nome do sósia famoso, de quem imita os gestos, a voz e o modo de falar notórios –, filia-se a partido diverso do seu e candidata-se à Câmara dos Deputados, à qual também é candidato o verdadeiro Enéas.
>
> 2. Registro da candidatura do clone impugnado pelo Prona – Partido de Enéas –, mas deferido pelo TRE/SP, que, no entanto, lhe vedou a utilização, na urna e na propaganda eleitoral, do nome do candidato que imita.
>
> 3. Recursos de ambas as partes contra a decisão do TRE de inviável conhecimento como recurso especial, à falta de seus requisitos mínimos, a começar da inexistência sequer de alegação de contrariedade à lei ou de dissídio de julgados.
>
> 4. Denúncia de propaganda eleitoral enganosa do candidato-clone, que, proibido de anunciar-se como Enéas, não declina o seu próprio nome original, com o qual se lhe deferiu o registro, e continua a arremedar o modelo, tentando passar-se por ele: abuso malicioso da imagem alheia que, embora não viabilize o recurso do partido que teme sofrer prejuízos eleitorais com a farsa, pode e deve ser coibido pelos órgãos locais competentes da Justiça Eleitoral, de modo a impedir ou minimizar os efeitos da concorrência desleal e a indução a erro aos eleitores: plausibilidade, se adequadamente trilhadas as vias processuais adequadas, da determinação de providências que impeçam ou reprimam o enleio malicioso.
>
> Decisão: O Tribunal, por maioria, não conheceu dos recursos. Vencido, em parte, o Ministro Sálvio de Figueiredo que conhecia e dava provimento ao recurso do PRONA, para cassar o registro do impugnado." (In www.tse.jus.br/jurisprudencia)

O art. 39, § 3º. Resolução 23.609/2019 – TSE prestigia a regra do requerimento precedente, se constatada a homonímia posterior ao julgamento do registro. De qualquer modo, o virtual candidato ou partido que se sentir prejudicado quanto à existência de homonímia, passa a deter o ônus da prova dessa circunstância, como tem decidido o TSE (RESPE - Agravo Regimental em

Recurso Especial Eleitoral nº 25654/RJ – j. 15/12/2015, Relator(a) Min. Gilmar Mendes, Publicação: DJE, 01/03/2016.

6.3 PETIÇÃO. ENCAMINHAMENTO DE PROVA DE SER O CANDIDATO CONHECIDO POR DETERMINADA OPÇÃO NOMINAL

Para fins de reunir condições de deferimento do registro de candidatura com as variações nominais indicadas pelo candidato ou mesmo reconhecer o fenômeno da homonímia, buscando-se ulterior solução, a Justiça Eleitoral poderá determinar ao candidato, havendo dúvida, a demonstração de que seja efetivamente conhecido por determinada nomenclatura.

A comprovação pode ser realizada mediante petitório dirigido ao órgão da Justiça Eleitoral, a quem compete o respectivo registro da candidatura, explicitando a situação e anexando documentos que exaurem a comprovação. Vejamos:

EXMO. SR. JUIZ ELEITORAL DA ...ª ZONA ELEITORAL DE ..../...

Registro de candidatura n. ....

Sebastião dos Santos, candidato ao cargo de Vereador nas Eleições 2020, no Município de ...., conforme escolha em convenção partidária do P.S. (Partido da Simpatia), sob o número ...., e requerimento apresentado perante esse juízo, instado à manifestação nos termos do art. 12, § 1º, Lei 9.504/97, e art. 39, Resolução 23.609/2019 – TSE, à demonstração de ser conhecido pelo cognome TIÃO MECÂNICO, em virtude de possível homonímia com outro candidato, vem por seu advogado, perante Vossa Excelência, expor, demonstrar e requerer o seguinte:

Há mais de 25 anos o candidato requerente atua como mecânico profissional, estabelecido no Município de ..../....

A sua designação pelo apelido de Tião Mecânico decorre de uma abreviação do seu nome, agrupada à sua profissão, o que é absolutamente comum no meio social.

Conforme os anexos cartões de apresentação, confeccionados nos últimos 03 anos, sua identificação é feita de tal modo. Se tudo isso não fosse bastante, o requerente traz ainda ao conhecimento de Vossa Excelência as inclusas notas fiscais, onde constam referências a esse apelido/cognome.

Frisa ademais, o requerente, que no pleito de 2016 também disputou o cargo de Vereador neste mesmo Município de ....,utilizando-se da identificação TIÃO MECÂNICO como uma de suas variações nominais (cópias anexas de material de propaganda eleitoral e registro de candidatura), o que lhe assegura a preferência na hipótese de homonímia com outrem, nos termos do art. 12, § 1º, II, Lei 9.504/97, e art. 39, III e IV, Resolução 23.609/2019 – TSE.

ASSIM CONSIDERANDO, pleiteia a este juízo seja reconhecida como provada a sua identificação como TIÃO MECÂNICO, conforme indicação no pedido de registro de candidatura, e, em havendo a homonímia, que lhe seja assegurado o direito de utilizar-se do indigitado nome nas Eleições/2024, vedando a terceiros por ostentar a preferência legal, deferindo-se o registro de candidatura como postulado.

Se necessário, requer a oportunidade de apresentar outros meios de prova lícitos em direito, sobre o ora alegado e oportuno para a solução do incidente.

Pede e aguarda deferimento.

(Local e Data)

....

Advogado

OAB/... – nº ....

6.3.1 Prazo de domicílio eleitoral na circunscrição das eleições. Prazo de filiação partidária

O candidato a qualquer cargo eletivo para viabilizar o registro da sua candidatura deve estar necessariamente inscrito como eleitor na circunscrição eleitoral onde concorrerá, pelo prazo de 6 (seis) meses. Imprescindível ainda a filiação ao partido político, deferida pelo mesmo prazo.

Esse prazo foi objeto de redução pela Lei 13.488/2017, com a modificação articulada do art. 9º, Lei 9.504/97. As agremiações partidárias podem estabelecer ampliação de prazo para fins de filiação partidária, compreendendo ainda que diante da autonomia partidária, poderia até mesmo exigir extensão do prazo de inscrição como eleitor em determinada circunscrição eleitoral. Todavia, as alterações partidárias devem ser cobertas de publicidade, não podendo a alteração ser promovida para restringir o direito à candidatura do filiado, se promovida no ano eleitoral. Sublinha-se que o momento de averiguação das condições de elegibilidade é o momento da formalização do registro (art. 11, § 10, Lei 9.504/97).

6.3.1.1 Da Federação Partidária

Qual é o fato ou evento exigível para a comprovação do domicílio eleitoral com prazo mínimo para preencher o requisito do registro de candidatura?

Nos termos do art. 23, § 1º, da Res.-TSE nº 23.659/2021 e dos precedentes do TSE, a definição do domicílio eleitoral se materializa pela data do requerimento do alistamento ou da transferência (AgR-REspe nº 263-40/ES, rel. Min. Henrique Neves da Silva, PSESS de 11.10.2016 - jurisprudencia.tse.jus.br - acesso em 09/03/2024). Com isso, a partir daquela data deve se computar a presença do interstício de 6 (seis) meses no mínimo para viabilizar o registro.

Tempos referentes a vínculos afetivos, sociais, econômicos, políticos, familiares, entre outros, pretéritos ao requerimento de inscrição ou transferência podem ser computados para a formação do prazo mínimo de 06 (seis) meses?

Não. Aquelas circunstâncias constituem elementos que levam à configuração do domicílio eleitoral. Contudo, o sentido da norma é a definição de um parâmetro formal preciso de reconhecimento de tal domicílio, o que ocorre com a postulação da transferência ou inscrição. Nesse sentido, a abalizada orientação do TSE: *REspEl nº 060061114 Acórdão PORTO VELHO - RO, Relator(a): Min. Raul Araujo Filho, j: 27/10/2022 Publicação: 27/10/2022 - jurisprudencia.tse.jus.br - acesso em 09/03/2024.*

O que é Federação de Partidos?

É a reunião de dois ou mais partidos com abrangência nacional e registros definitivos formalizados perante o TSE, para atuação como agremiação partidária única, preservando-se a autonomia e identidade de cada ente partidário. Sua instituição se deu com a vigência da Lei 14.208, de 28 de setembro de 2021, promovendo alterações na Lei 9.096/95 (Lei dos Partidos Políticos). Com efeito, o art. 11-A, Lei 9.096/95, e art. 6º-A, Lei 9.504/97, passaram a disciplinar o instituto de direito eleitoral.

Surgida talvez, no vácuo da supressão das coligações partidárias para as eleições proporcionais, apresenta pontos de semelhança com essa forma de pluralidade da atividade partidária e eleitoral. Vânia Siciliano Aieta esclarece quanto à regência conjunta pelo grupo de partidos em reunião sob a égide da federação:

Em se tratando das federações, essa autonomia será exercida de forma conjunta pelos partidos federados e deverá abranger, necessariamente, as regras para a composição de listas para as eleições proporcionais, ressaltando que as federações podem celebrar coligações, desde que majoritárias, nas mesmas condições que os partidos politicos. (In FEDERAÇÃO DE PARTIDOS. Academia Brasileira de Direito Eleitoral e Político, Coletânea de artigos sobre a aplicação da Lei n. 14.208/2021, Volume 2, Organizadores: Ezikelly Barros e Helio Maldonado - Fidelidade e Federação Partidária: Problemas e Perspectivas, Editora ABRADEP, 2022, p. 29).

Qual o prazo mínimo de filiação do partido à Federação? Até quando pode ser constituída para participação no certame eleitoral?

Quatro anos, de acordo com o art. 11-A, § 3º, II, Lei 9.096/95. Por sua vez, o inciso III do mesmo dispositivo realça que até o prazo final para a realização das convenções, poderá ser constituída a Federação.

O descumprimento pelo partido quanto às regras da aliança em Federação geram sanções?

O descumprimento pelos partidos das determinações contidas no art. 11-A, § 3º, I a IV, Lei 9.096/95 implicam na impossibilidade de ingressar em federação, participar de coligações (eleições majoritárias), nos 02 pleitos seguintes e acesso ao fundo partidário pelo remanescente do tempo que faltar para completer o ciclo federativo ajustado, quando do abandono pela agremiação partidária.

Qual a consequência de desligamento de partido da Federação para as eleições em desenvolvimento?

Se 01 ou mais partidos se desligarem, a Federação mantém a aptidão e funcionamento até a eleição seguinte, desde que permaneçam no grupo pelo menos duas agremiações partidárias (art. 11-A, § 5º, Lei 9.096/95).

A Federação pode ser organizada para fins de participação em eleições majoritárias e proporcionais?

Sim. O estatuto comum da Federação definirá as regras a serem obedecidas em relação às eleições proporcionais (art. 11-A, § 6º, II e 7º, Lei 9.096/95).

Um partido que integre uma Federação pode apresentar de forma independente uma chapa de candidatos ao cargo de Vereador?

Não. Os registros não poderão ser procedidos. O art. 3º, §§ 1º, 2º e 3º, Resolução n. 23.609/2019 - TSE acentua o critério de autonomia conjunta entre as agremiações que integram a federação, com observância da sua abrangência nacional. Assim, a deliberação sobre a escolha e substituição de candidatos deve resultar desse consenso. Ausentes as regras nos respectivos estatutos, o órgão de direção do partido ou da federação disciplinará a forma de indicação, com divulgação no DOU em até 180 dias antes das eleições. Apresentados os registros com tal anomalia, incidirá a hipótese de indeferimento. Nessas condições, a ata em nome isolado de partido que integre federação não pode ser recebida, independente do motivo.

É possível uma federação apresentar apenas registros de candidaturas de um dos partidos que a integram, porque o outro integrante está com o diretório municipal suspenso em razão de julgamento que reconheceu a não prestação de contas anuais?

A solução é apresentada pelo art. 2º, §§ 1º e 1º-A, Resolução n. 23.609/2019 - TSE, isto é, há comunicação do impedimento entre todos os membros da federação, que não poderá registrar validamente os candidatos dos partidos com contas anuais regulares. Não poderá ainda o partido isoladamente promover os registros.

6.3.2 Idade mínima para Vereador

O exercício do mandato eletivo exige como condição de elegibilidade derivada de dispositivo constitucional, isto é, o implemento da idade mínima, conforme critérios do art. 14, § 3º, VI, a, b, c e d, Constituição Federal. O momento de aferição do preenchimento desse requisito, ao contrário da regra geral, não é o momento do registro da candidatura, mas a posse como mandatário no cargo disputado e no qual houve a eleição (art. 11, § 2º, Lei 9.504/97).

A Lei 13.165/2015 adotou uma exceção, qual seja, quando a idade mínima para o exercício do cargo for de 18 anos, o candidato deverá tê-la atingido até o prazo final para o registro de sua candidatura.

Assim, tal regra se aplica com exclusividade ao candidato ao cargo de Vereador, porquanto, a idade mínima exigida é de 18 anos (art. 14, § 3º, VI, d, CF). Com isso, o candidato a Vereador deverá ter atingido a idade mínima até o momento final do registro de candidatura.

Essa regra é compatível com uma harmonização do texto constitucional com o processo eleitoral, porquanto impede que menores de 18 anos, concorram e se engajem em uma campanha eleitoral antes de completarem o ciclo mínimo etário para a responsabilidade civil e penal.

6.3.3 Dispensa de documentação

A Justiça Eleitoral é encarregada do processamento e arquivamento de diversas informações e dados sobre assuntos eleitorais, no que tange à sua atuação administrativa em se tratando do direito e processo eleitoral. Com isso, muitos documentos indispensáveis para a instrução do processo de registro de candidatura já são de controle e posse da Justiça Eleitoral, bastando que sejam referenciados e noticiados nos respectivos autos dos registros para fins de demonstração, por intermédio de compatibilização de dados ou certidões.

Assim, o § 13, art. 11 da Lei 9.504/97 incluído pela Lei 12.891/2013 dispensa o partido e a coligação de apresentar a comprovação documental a respeito da prova de filiação partidária, prazo de inscrição como eleitor na respectiva circunscrição eleitoral para fins do art. 9º, Lei 9.504/97 e quitação eleitoral. Essa regra é corroborada pelo disposto no art. 28, Resolução 23.609/2019 - TSE que dispensa a instrução do pedido de registro de candidaturas com a mencionada documentação pelo interessado (candidato e partido político), cabendo a aferição pela própria Justiça Eleitoral com base em seus dados e informações.

6.3.4 Proibição de terceiro mandato para Prefeito em Município diverso. "Prefeito itinerante" ou "Prefeito profissional"

A reeleição para os cargos majoritários do Poder Executivo é permitida uma única vez, conforme o disposto no art. 14, § 5º, Constituição Federal. Note-se que a vedação é exclusivamente dirigida à postulação ao mesmo cargo. Assim, se determinado candidato é reeleito Prefeito, não há qualquer estorvo para que em uma terceira jornada eleitoral consecutiva venha a disputar o cargo de Governador do Estado ou Presidente da República. O inverso é perfeitamente assimilável, bem como extensível a compreensão aos três cargos do Executivo.

Pois bem. No entanto, pode ser a hipótese de se discutir em torno da possibilidade de que um detentor de mandato reeleito venha a disputar esse mesmo cargo em outro município como Prefeito: ou se reeleito como Governador venha a disputar uma terceira vez também para o cargo de Governador em outro Estado da Federação.

Ao apreciar a questão, o STF, em sede de repercussão geral, logo com efeitos vinculantes para todo o Judiciário, entendeu que *a proibição de segunda reeleição é absoluta e torna inelegível para determinado cargo de Chefe do Poder Executivo o cidadão que já exerceu dois mandatos consecutivos (reeleito uma única vez) em cargo da mesma natureza, ainda que em ente da federação diverso – (RE 637.485/RJ, Rel. Min. Gilmar Mendes, j. 01/08/2012, DJe 095, 21/05/2013.*

Dessa maneira, é totalmente imprópria a candidatura daquele que se reelegeu para o mesmo cargo do Poder Executivo e tenta uma terceira eleição para cargo idêntico, mesmo que em outro Município ou Estado da Federação, porquanto, inelegível à luz do art. 14, § 5º, CF.

6.3.5 Inelegibilidade reflexa

Segundo o art. 14, § 7º, Carta Política são considerados inelegíveis, em relação ao território da circunscrição eleitoral do respectivo titular, o seu cônjuge e os parentes consanguíneos ou afins, até o o segundo grau ou ainda por adoção, do Presidente da República, Governador do Estado ou Território, do Distrito Federal, de Prefeito ou de quem os tenha substituído dentro dos 6 meses anteriores ao pleito. No entanto, não incide a proibição, se o candidato já era titular de mandato eletivo e candidato à reeleição. Essa configuração define a denominada inelegibilidade reflexa.

O escopo dessa restrição é a inibição da captura do poder político e administrativo por grupos ou conjunto de pessoas que podem se alçar à condição de hegemonia por vínculos familiares, em detrimento da paridade de armas, isonomia e alternância de poder. Fortalece uma ideia de combate ao chamado nepotismo no ambiente da administração pública. Na prática muitas situações concretas exigem análise percuciente para a busca de um equilíbrio entre a ocorrência de excesso dessa natureza e a regular e profícua formação de lideranças e mesmo o pleno exercício dos direitos políticos.

6.3.5.1 Parentesco de Vereador Suplente com Prefeito

A verificação da posse e compromisso de assunção ao cargo eletivo de natureza parlamentar acarreta a adesão e acesso às garantias e prerrogativas dessa índole. Mesmo que esse exercício tenha a natureza supletiva ou provisória. Assim, seria coerente exigir para a hipótese a aplicação do art. 14, § 7º, CF, não havendo entrave para a disputa da reeleição ao mesmo cargo em idêntica circunscrição eleitoral.

Diante desse quadro, a ressalva já estabelecida pela própria norma constitucional e o exercício do cargo parlamentar, não implica em inexigibilidade reflexa de Vereadora em relação a Prefeito, para em caso de êxito sucedê-lo como alcaide, mesmo havendo entre ambos a relação de parentesco de cunhadio. O TSE manifestou-se segundo essa linha de perspectiva: RESPEI, n. 060044191-Nazaré/BA, Rel. Min. Sérgio Silveira Banhos, j. 10/08/2021, DJE, Tomo 191, 18/10/2021.

6.3.5.2. Candidato que é sogro do Prefeito anterior

O caso ora apresentado é muito fértil para se pensar a questão da inelegibilidade reflexa e a necessidade de uma ponderação que encontre diante de circunstâncias específicas, a solução adequada entre a preservação da moralidade eleitoral e a liberdade de participação política. Pois bem. O TSE enfrentou a questão entre um genro e sogro como Prefeitos e candidato o último à reeleição para a disputa da eleição de 2020 no Executivo Municipal.

Debruçando-se sobre os elementos de prova no caso concreto e tendo como referência substancial a norma do art. 14, § 7º, Constituição Federal observou-se que o cumprimento de dois mandatos consecutivos por um genro (2009 a 2012; 2013 a 2016) e com o acréscimo do exercício de um mandato pelo candidato sogro, surgindo a relação de parentela apenas em 2018 não implicaria em inelegibilidade reflexa – RESPEI n. 060008295 – Conceição de Canindé/PI, j. 22/04/2021, DJE, Tomo 80, 05/05/2021. Importante ressaltar que a decisão foi conduzida de maneira a prestigiar a premissa de proibição do terceiro mandato para o mesmo grupo familiar. A intermitêntica entre os mandatos, com o casamento sendo realizado em data que não permitiu somar-se no calendário a verificação de pelo menos 3 mandatos em vigência de existência da relação de parentesco, levou a uma interpretação restritiva do dispositivo constitucional, o que parece perfeitamente apropriado a uma regra com o objetivo de combater a abusos e intervenções que de algum modo possam representar a tomada do poder político por grupos ou seus fragmentos.

6.3.5.3 Candidato que não tomou posse

Não pode ser considerado como referência para o reconhecimento da inelegibilidade reflexa. O vínculo de parentesco deve se associado ao efetivo exercício do mandato nos 06 meses anteriores ao pleito – Consulta nº 060046320 Acórdão BRASÍLIA – DF, Relator(a): Min. Sergio Silveira Banhos, j: 07/05/2020 Publicação: 13/08/2020 – jurisprudencia.jus.br – acesso em 10/03/2024.

6.3.5.4 Inelegibilidade por configuração de terceiro mandato e breve período de substituição

O STF reconheceu a necessidade de fixação de tese para se definir a questão alusiva à definição do breve período para exercício do cargo que implica em inelegibilidade por terceiro mandato, no Tema 1229. A Repercussão Geral foi reconhecida no REXT n. 1355228, Rel. Min. Nunes Marques.

6.4 MODELOS

6.4.1 Petição. Acordo entre candidatos quanto à utilização do nome

EXMO. SR. JUIZ ELEITORAL DA ...ª ZONA ELEITORAL DE ..../....

Registro de candidatura n. ....

PA (Partido do Amor), PS (Partido da Simpatia), João da Silva e José da Silva, os dois últimos candidatos ao cargo de Vereador no Município de .... nas Eleições 2024, respectivamente sob os números .... e ......, escolhidos pelas mencionadas agremiações partidárias também requerentes, vêm, por seus advogados *ut* mandatos inclusos, apresentar ACORDO sobre a utilização de cognomes no pleito em desenvolvimento, evitando-se homonímia, nos termos do art. 12, § 1º, IV, Lei 9.504/97, e art. 39, V, Resolução 23.609/2019- TSE, nos termos abaixo anotados.

O candidato João da Silva apresentou no seu registro de candidatura as variações nominais JOÃO DA SILVA, JOÃO PADEIRO e SILVÃO, enquanto que o candidato José da Silva apresentou as seguintes identificações: JOSÉ DA SILVA, JOSÉ DO ASTECA e SILVÃO.

Assim, a coincidência reside no cognome SILVÃO.

Visando superar a pendência, o candidato requerente, JOÃO DA SILVA, requer a exclusão da sua identificação como SILVÃO, apontando em substituição o apelido JOÃO DO MORRO CRUZEIRO, sendo que o candidato requerente, JOSÉ DA SILVA, permanecerá com as suas identificações, inclusive SILVÃO.

Dessa maneira, achando-se perfeitamente ajustados nas condições acima, requerem a Vossa Excelência a HOMOLOGAÇÃO do ajuste, fazendo-se as necessárias adequações e retificações, inclusive para fins de informação nas urnas eletrônicas, deferindo-se assim os respectivos pedidos de registros de candidaturas.

Pedem e esperam

Favorável deferimento.

(Local e Data)

....

Advogado

OAB/... – nº ....

6.4.2 Petição. Preferência. Registro anterior

EXMO. SR. JUIZ ELEITORAL DA ...ª ZONA ELEITORAL DE ..../....

Registro de candidatura n. ....

COLIGAÇÃO AMBIENTAL e MANOEL DA ÁGUA DE COCO, candidato ao cargo de Vereador, nas Eleições 2024, sob o n. ...., nos autos do registro de candidatura em epígrafe, por intermédio do advogado abaixo assinado, vêm à ilustre presença de Vossa Excelência ratificar o requerimento do registro de sua candidatura, pleiteando o deferimento da sua identificação como MANOEL DA ÁGUA DE COCO, impedindo-se o candidato ...., em virtude de homonímia, resolvendo-se a pendência nos termos do art. 12, § 1º, V, Lei 9.504/97 e art. 39, § 3º, Resolução 23.609/2019- TSE.

Os requerentes foram notificados pela Justiça Eleitoral para fins de resolução de homonímia na indicação de nomes para a campanha eleitoral e inserção nas urnas eletrônicas, apontando-se, como paradigma da coincidência, o candidato da COLIGAÇÃO TERRA, sob o n. ...., também identificado em uma de suas variações nominais por MANOEL DA ÁGUA DE COCO.

Assevera-se que nenhum dos candidatos ostenta motivo que assegura a preferência do inciso II, art. 12, § 1º, Lei 9.504/97 e art. 39, IV, Resolução 23.609/2019 - TSE.

Em relação ao disposto no inciso III da mesma norma legal, ambos os candidatos que protagonizam a homonímia possuem vida social e profissional que lhes assegura a utilização do nome.

Após, a notificação foi concretizada uma reunião entre os interessados, não sobrevindo qualquer ajuste.

Com isso, urge solução para a questão, sendo que o candidato requerente tem direito à utilização do nome coincidente, proibindo-se o candidato paralelo e mesmo outrem de fazê-lo, pois protocolizou, antes daquele outro, o seu requerimento de registro de candidatura, conforme se verifica ID ... desses autos e da anexa cópia de documento alusivo à candidatura da COLIGAÇÃO TERRA.

Incide na hipótese a regra do inciso V, art. 12, § 1º, Lei 9.504/97 e art. 39, § 3º, Resolução 23.609/2019 - TSE.

Ademais, a questão deve ser dirimida à luz da Súmula n. 4, TSE, *in verbis*: "Não havendo preferência entre candidatos que pretendam o registro da mesma variação nominal, defere-se o do que primeiro o tenha requerido".

DIANTE DESSE ARRAZOADO, requerem a Vossa Excelência o deferimento do registro de sua candidatura, com a variação nominal MANOEL DA ÁGUA DE COCO, reconhecendo-se a preferência, nos termos do art. 12, § 1º, V, Lei 9.504/97, e art. 39, § 3º, Resolução 23.609/2019 - TSE, proibindo-se o candidato .... de utilização do mesmo nome na propaganda, excluindo-se tal variação para ele das urnas eletrônicas.

Se necessário, requerem a Vossa Excelência a oportunidade para provar suas alegações por todos os meios lícitos em direito.

(Local e Data)

....

Advogado

OAB/... – nº ....

6.5 SUBSTITUIÇÃO DE CANDIDATO

A substituição de candidato pode ocorrer na hipótese de indeferimento do registro; cassação do registro; cancelamento do registro por expulsão do partido; renúncia e falecimento.

A escolha do substituto deve ser feita em até 10 dias contados do fato ou da notificação da Justiça Eleitoral que tenha gerado o direito à substituição – art. 13, § 1º, Lei 9.504/97, e se insere na prerrogativa da liberdade e autonomia partidária.

Possível a substituição do candidato, tanto no âmbito das eleições majoritárias quanto proporcionais.

E, se o fato que gerar o direito à substituição ocorrer no interstício de 10 dias para o dia do pleito, por exemplo, na véspera ou mesmo dia das eleições?

Depende da modalidade de eleições. Se for a hipótese de Eleições proporcionais, como para os cargos de Vereador em 2024, o pedido só pode ser admitido se apresentado pelo menos 60 dias antes da votação – art. 101, § 1º, Código

Eleitoral. A Resolução n. 23.609/2019 – TSE, art. 72, § 3º, trata de igual maneira a situação, ou seja, salvo o caso de falecimento, a substituição do candidato é possível, tanto nas eleições majoritárias quanto nas proporcionais, se apresentada no prazo de 20 dias antes do pleito. Ignorou-se o disposto no art. 101, § 1º, Código Eleitoral, relativamente às eleições proporcionais. Atualizada a redação do art. 72, Resolução n. 23.609/2019 – TSE pela Resolução n. 23.675/2021 – TSE a titularidade para a substituição é do partido, federação (se for o caso de sua constituição) ou coligação (eleições majoritárias).

Além disso, o prazo peremptório de 10 dias, anotado no art. 13, § 1º, da Lei das Eleições deve ser observado, isto é, entre o motivo que autoriza a substituição e a sua formalização não pode decorrer período de tempo superior a 10 dias.

Nesse sentido, a jurisprudência do eg. TSE:

> "1519-65.2010.614.0000
>
> AgR-RO - Agravo Regimental em Recurso Ordinário nº 151965 - Belém/PA
>
> Acórdão de 06/10/2010
>
> Relator(a) Min. ALDIR GUIMARÃES PASSARINHO JUNIOR
>
> Publicação:
>
> PSESS - Publicado em Sessão, Data 6/10/2010
>
> Ementa:
>
> AGRAVO REGIMENTAL. RECURSO ORDINÁRIO. CABIMENTO. RECURSO ESPECIAL. FUNGIBILIDADE. PROVIMENTO NEGADO.
>
> 1. Nos termos do art. 49, I, da Res.-TSE nº 23.221/2010, a interposição de recurso ordinário somente é cabível naquelas hipóteses em que o acórdão recorrido versa sobre inelegibilidade, o que não ocorre no caso *sub examine*, uma vez que o indeferimento do pedido de registro de candidatura teve fundamento exclusivo na sua intempestividade.
>
> 2. Preenchidos os pressupostos de admissibilidade, é cabível o recebimento de recurso ordinário como recurso especial eleitoral.
>
> 3. Na espécie, é intempestivo o pedido de registro de candidatura substitutivo formulado somente em 13.8.2010, ou seja, após o prazo de 10 (dez) dias do fato gerador da substituição, conforme dispõe o art. 56, § 1º, da Res.-TSE nº 23.221/2010.
>
> 4. A intempestividade também se configura porque o pedido de registro de candidatura substitutivo foi realizado a menos de 60 (sessenta) dias do pleito, a teor do art. 56, § 6º, da Res.-TSE nº 23.221/2010.
>
> Agravo regimental a que se nega provimento." (In www.tse.jus.br/jurisprudencia)

Relevante salientar que não há permissividade para dilação do prazo, ou suspensão de sua contagem na hipótese de pendência de julgamento pela Justiça Eleitoral quanto a registro de candidato a ser, eventualmente substituído. É o que decididiu o TSE no AgR-REspEL nº 0600464-53/RS, Relator Ministro Edson

Fachin, DJe de 16.6.2021: *"a ausência de julgamento do registro da candidata substituída no prazo a que se refere o art. 16, § 1º, da Lei nº 9.504/1997 não afasta a previsão contida no art. 13, § 3º, da Lei nº 9.504/1997, cabendo aos partidos e às coligações a observância deste dispositivo, sobretudo porque o prazo de vinte dias nele fixado só permite mitigação em caso de falecimento do candidato, o que não se verifica na hipótese".*

Se for a hipótese de substituição para o cargo majoritário, há de se evocar a sua impossibilidade nos pleitos que comportarem o segundo turno, conforme tranquila dicção do art. 77, § 4º, Constituição Federal, e art. 2º, § 2º, Lei 9.504/97, eis que o impedimento implica na convocação do candidato remanescente mais bem classificado em termos de votação no primeiro turno.

Realmente, não faz sentido a efetivação de substituição no segundo turno das eleições majoritárias, pois esse instituto visa à depuração de tendências e projeções políticas, cuja catarse foi realizada entre os concorrentes na primeira etapa da disputa.

Quando a substituição tiver que ser implementada em eleições com turno único ou primeiro turno, o prazo de 10 dias é o fio condutor da sua admissibilidade. Assim, se o fato gerador estiver nesse interregno, não há como impedir a substituição, desde obviamente que haja utilidade na sua realização. Exemplificativamente, a substituição torna-se uma verdadeira legenda inócua e fictícia se concretizada no próprio dia das eleições.

A Resolução n. 23.609/2019 – TSE – nos arts. 69 a 73 – disciplinou a questão para as Eleições 2024.

Resumindo, como quadro de substituição de candidatos:

Eleições Majoritárias	**Eleições Proporcionais**
1º Turno – Possível (desde que apresentado o pedido à Justiça Eleitoral em até 10 dias do fato ou notificação judicial que deu origem ao direito à substituição e observada a utilidade prática da substituição)	Possível (desde que seja apresentado o requerimento até 20 dias antes do pleito e seja observado o prazo de 10 dias entre o motivo ou notificação judicial que ensejou o direito à substituição
Turno único – Possível (mesmas considerações acima)	–
2º Turno – Impossível	–

6.6 CANDIDATO "SUB JUDICE"

Considera-se como candidato "sub judice" aquele que teve o registro de sua candidatura indeferido por decisão judicial, contra a qual pende recurso para apreciação da questão.

Não havendo a definição sobre a prevalência ou não da candidatura, o concorrente não pode ser desconsiderado ou excluído do certame, podendo desenvolver sua campanha, ser votado, participar da apuração e proclamação dos resultados. Trata-se na realidade de uma condição resolúvel para o reconhecimento da validade dos atos, pertinentes àquele indigitado candidato, dependente do afastamento da decisão que tenha rejeitado a validade da candidatura.

Contemplando a decisão final, o indeferimento do registro poderá ser a hipótese de substituição, pois constitui fato gerador de tal providência, observando-se os prazos já ventilados no tópico acima.

E se as eleições já tiverem sido realizadas com candidato "sub judice"?

Os votos dados ao candidato "sub judice" são considerados inválidos. Na realidade, de forma obtusa impregna-se ao recurso eleitoral quanto à questão pendente judicialmente de um efeito suspensivo que normalmente não tem aqueles recursos – art. 257, Código Eleitoral.

A Lei 12.034/2009 introduziu o art. 16-A à Lei das Eleições, admitindo a prática pelo candidato "sub judice" de todos os atos do processo eleitoral, enquanto permanecer nessa condição, condicionada a validade dos votos, a ele atribuídos, ao deferimento de seu registro.

Fez-se ainda a incorporação à Lei das Eleições (Lei 9.504/97) do art. 16-B, por força da vigência da Lei 12.891/2013, afirmando que a mesma regra do art. 16-A, Lei das Eleições, deve ser aplicada, sem qualquer restrição, ao candidato que tenha apresentado o pedido de registro no prazo legal e tal requerimento não tenha sido apreciado pela Justiça Eleitoral.

A vantagem desse dispositivo foi estabelecer um tratamento legal específico ao candidato "sub judice".

A regra de que os recursos eleitorais não têm efeito suspensivo veio a ser flexibilizada pela vigência da Lei 13.165/2015. Na realidade uma modificação profunda foi realizada em relação à destinação dos votos dados aos candidatos "sub judice".

Pois bem. A mencionada lei acrescentou os §§ 1º, 2º e 3º ao art. 257, CE. No § 1º a lei estabelece que a execução de qualquer acórdão proferido por órgão da Justiça Eleitoral deve ser imediatamente cumprido. Recomenda-se a utilização de comunicação da decisão por ofício, telegrama ou qualquer meio mais expedito e suficiente como a própria decisão, a critério do Presidente do respectivo Tribunal.

Esse mecanismo reafirma o contido no "caput", art. 257, CE, no sentido de se compreender que os recursos cabíveis contra acórdãos não possuem efeito suspensivo. Essa perspectiva, obviamente não impede a utilização de mecanismos processuais como medidas cautelares, mandato de segurança, antecipação de tutela e outros procedimentos, visando, excepcionalmente, à obtenção específica no caso concreto de efeito suspensivo a tais recursos.

O § 2º estatui que o recurso ordinário interposto contra decisão do juiz eleitoral ou Tribunal Regional Eleitoral, que verse sobre cassação de registro, afastamento do titular ou perda de mandato eletivo terá sempre o efeito suspensivo.

Analisando-se de maneira sistemática os dois dispositivos, conclui-se que o § 1º versa exclusivamente sobre a execução de acórdão proferido pelo TSE e TREs, quanto a esses últimos Tribunais, em relação às decisões não previstas no § 2º. Com relação a tais decisões, tanto o recurso ordinário interposto contra decisão da primeira ou segunda instância se submeterá ao efeito suspensivo.

Já o § 3º firma posição de preferência para julgamento pelo Tribunal quanto aos recursos, descritos no § 2º. A redação da norma não é clara, mas, em razão dos elementos da interpretação sistemática e teleológica (utilidade do sistema como todo e finalidade da norma), conclui-se que aqueles recursos recebidos no efeito suspensivo e que digam respeito à cassação de registro, afastamento de titular ou perda de mandato eletivo, gozam de preferência de julgamento, e uma ordem de gradação, só não serão prioritários em relação aos "habeas corpus" e mandados de segurança.

Se nas eleições municipais o registro de candidatura do Prefeito estiver "sub judice", e, a final, for indeferido, o Vice-Prefeito assume o posto, se vencedora a chapa?

Não. Segundo o art. 2º, § 4º, e art. 3º, § 1º, ambos da Lei 9.504/97, há uma unidade em chapa, nos cargos das eleições majoritárias, com o titular e vice, mas resta mantida a individualidade e singularidade de cada cargo para fins eleitorais antes da assunção ao ônus governamental.

A Resolução n. 23.611/2019 – TSE esclarecia de maneira precisa os efeitos da disputa com candidato "sub judice". Inicialmente, o art. 193, § 1º denomina como *chapa*, a forma única e indivisível como se procede o registro de candidatura ao cargo de Prefeito e Vice-Prefeito por partido político ou coligação, o que pode ser extensivo à federação. Ao serem totalizados os votos, computavam-se como válidos aqueles dados à chapa deferida por decisão que ainda não tenha transitado em julgado (art. 193, II), cuja validade definitiva dependerá do resultado do julgamento (art. 193, § 3º). O art. 194 e 195 da Resolução mencionada cuida de disciplinar os consectários da nulidade dos votos, como veremos em seguida.

No entanto, para as Eleições 2024, a Resolução n. 23.736, de 27 de fevereiro de 2024 – TSE não fez idêntica previsão. Todavia, o procedimento tem a mesma metodologia quanto à destinação dos votos no caso de eleições majoritárias e pendência judicial, à luz dos arts. 175, § 3º, 222, 224, 237 e 257, Código Eleitoral.

Suponhamos que seja o vencedor, na disputa pelo cargo de Prefeito, o candidato "sub judice", que não obtém, a final, o registro de sua candidatura. É o segundo colocado quem toma posse no cargo?

Sobre o assunto, já fizemos a seguinte explanação:

> Depende. Duas situações podem ocorrer em torno da aplicação do art. 224, CE. Os votos dados ao candidato que teve o registro indeferido não são nulos em regra – art. 175, § 3º, CE. Se isso for verificado, deverá ser aferido o montante de votos dados ao candidato cujo registro foi indeferido. Ultrapassando 50% (cinquenta por cento) dos votos até então tidos como válidos, resta concluir que todos aqueles votos passam a ser nulos. Desse modo, novas eleições devem ser realizadas, conforme o previsto no art. 224, Código Eleitoral.
>
> Se a nulidade não ultrapassar a ½ dos votos até então válidos, o segundo candidato mais bem posicionado é tido como eleito, devendo ser diplomado e tomar posse.
>
> Havendo pendência de recurso para o TSE com esse quadro de indeferimento de registro de candidatura, não pode ocorrer a diplomação.
>
> (...)
>
> Em se tratando de eleições para cargos do Executivo não é aplicável o art. 175, § 4º, CE; portanto, existindo pelo menos uma decisão deferindo o registro de candidatura, ainda em regime *"sub judice"* não há aproveitamento de votos para partido ou coligação, mesmo porque, essa liturgia só é possível em eleições proporcionais. (*In*: *Reforma Eleitoral*. Editora JH Mizuno, 2010, p. 265/6).

A Justiça Eleitoral tem abordado o assunto com similar compreensão, conforme decisão do Tribunal-Regional Eleitoral de Minas Gerais:

> "11010-26.2010.613.0000
>
> PA - PROCESSO ADMINISTRATIVO nº 1101026 - Conceição do Mato Dentro/MG
>
> Acórdão de 17/11/2010
>
> Relator(a) MAURÍCIO TORRES SOARES
>
> Publicação:
>
> DJEMG - Diário de Justiça Eletrônico-TRE/MG, Data 23/11/2010
>
> Ementa:
>
> Processo Administrativo. Comunicação ao TRE de que as votações foram prejudicadas em Município em virtude de indeferimento de pedido de registro de candidatura. Nulidade da votação que atinge a mais de 50% dos votos válidos. Ocorrência de vacância no primeiro biênio do mandato. Determinação de novas eleições.
>
> Decisão: O Tribunal, à unanimidade, determinou a realização de novas eleições em Conceição do Mato Dentro, nos termos do voto do Relator." (www.tse.jus.br/jurisprudencia)

A Lei 13.165/2015 trouxe significativa mudança com relação ao panorama da invalidade, nulidade e anulabilidade eleitoral, especificamente na categoria dos votos.

Não houve qualquer alteração da redação do art. 224, "caput" e §§ 1º e 2º. Foram incluídos os §§ 3º e 4º. Tais alterações são substanciais, embora exteriorizem dificuldade exegética de compatibilização com a norma do *caput.*

Pois bem. O § 3º subverteu a orientação do "caput" no sentido de que a decisão da Justiça Eleitoral transitada em julgado, que implique em indeferimento de registro de candidatura, cassação de diploma ou perda de mandato eletivo de candidato eleito em cargo majoritário acarretará a realização de novas eleições, independentemente do número de votos nulos.

Ora, enquanto a norma no "caput" utiliza-se de um critério de dosimetria do quantitativo da nulidade para determinar a realização de novas eleições, sem qualquer articulação de desdobramento, o § 3º faz afirmação em direção diametralmente oposta, pois estabelece a regra de que a decisão da Justiça Eleitoral com aquele conteúdo implica na realização de novas eleições.

Entendemos que a conclusão pela regira de realização de novas eleições, independentemente da quantidade de votos nulos, é totalmente incongruente com a preservação do "caput". Não que o critério seja errôneo ou fora de sintonia com o propósito de escoimar a improbidade e desonestidade dos certames eleitorais. Todavia, a contradição estabelecida entre os dois parâmetros leva o intérprete à perplexidade, criando-se uma verdadeira dificuldade de solução para a questão, a partir da impossibilidade de coexistência de dispositivos impactantes.

Os princípios da razoabilidade e da proporcionalidade recomendam assim que, diante do cenário inconciliável entre as normas e em respeito ao próprio princípio da legalidade, que não aplique a norma desdobrada do artigo, inviabilizando o reconhecimento da validade do que prescreve o § 3º.

Ademais, dizem os bons propósitos da técnica legislativa, que a função dos parágrafos em um artigo é explicitar, complementar ou indicar itens para maior compreensão daquele teor contido na cabeça do próprio artigo. Não há como se condescender de um dispositivo que, isolado na sua rebeldia, pretende ignorar e fazer inoperante a norma central.

Concluímos assim que, não obstante a presença dos §§ 3º e 4º, incorporados ao art. 224, Código Eleitoral pela Lei 13.165/2015, a regra de relatividade da nulidade e novas eleições em casos de candidatos "sub judice" no pleito majoritário permanece íntegra e se orienta pela norma do art. 224, "caput", acima referido, e substrato jurisprudencial concebido até a formulação da regra.

Por sua vez, o § 4º do art. 224, CE, diz que, nos casos referidos pelo § 3º, as novas eleições correrão por conta de despesas da Justiça Eleitoral e, de acordo com o inciso do último dispositivo legal mencionado, o pleito será indireto se a vacância ocorrer a menos de 06 meses do término do mandato e, de acordo com o inciso II, direto nos demais casos.

Com um casuísmo intenso, o legislador aliviou os ônus financeiros do candidato, partido ou coligação vencidos no feito judicial que impõe as decisões que impliquem na necessidade de eleições suplementares, transferindo para a Justiça Eleitoral os custos financeiros para realização de novo pleito. Ora, adotando-se o princípio da causalidade, seria fortalecida, a compreensão de que aquele que provoca a nulidade e a consequente necessidade de sua correção, por razões ímprobas e desonestas deveria arcar com tais ônus.

Contudo, a transferência dessa obrigação ao poder público através da Justiça Eleitoral soa como inconstitucional, pois ofende a proporcionalidade, base em que se construiu a vertente do princípio da causalidade no ajuizamento de feitos, tanto no processo civil como no eleitoral, que pode utilizar-se daqueles parâmetros civilistas – art. 15, CPC.

Retornando propriamente à questão central da nulidade prevista no art. 224, CE, o STF no julgamento da ADIN n. 5525/2016 – DF (Rel. Min. Roberto Barroso, DJe 29/11/2019), reconheceu a inconstitucionalidade da locução "após o trânsito em julgado" contida no § 3º do mencionado artigo e em interpretação conforme a Constituição, estabeleceu o parâmetro de que disposição do art. 224, § 4º, CE não é aplicável à vacância dos cargos de Presidente e Vice Presidente da República e de Senador da República.

Ao ser direcionada resposta à indagação desse tópico, verificamos que o art. 217, Resolução 23.611/2019 – TSE buscou dar funcionalidade à regra trazida para o art. 224, § 3º, Código Eleitoral, ressalvando o que restou decidido pelo STF. É relevante destacarmos que existe uma distinção doutrinária e importante quanto aos termos eleições suplementares e novas eleições. Na primeira hipótese cuida-se de pleito que vise o complemento de um mandato já iniciando que não pode ser completado, exigindo-se a formulação de um novo certamente, mas com objeto fragmentado para a concretizado do respectivo período (art. 29, I, CF). Não se trata necessariamente da hipótese do art. 224, "caput", CE.

Isso porque, nessa perspectiva a realização de novas eleições diz respeito à íntegra de um mandato, independente de que tal mandato seja na efetividade do exercício administrativo inferior a um quadriênio, dependendo do momento no qual se proclama e se realiza a renovação das eleições por nulidade.

Com efeito, o art. 214, I e II, Resolução 23.611/2019 – TSE determina que a Junta Eleitoral no final do segundo turno ou no caso de turno único proclame eleito o candidato que nas eleições majoritárias obtiver o maior número de votos válidos (excluem-se brancos e nulos), desde que não haja cômputo de votos anulados "sub judice", atribuídos a candidatos com maior votação nominal, ou candidatos com somatório de votos superior a 50% da votação válida.

Se a decisão for definitiva quanto à nulidade dos votos, procede-se na forma do art. 224, § 3º, Código Eleitoral, como determina o art. 214, § 3º, Resolução 23.611/2019 – TSE. As novas eleições acontecem se os votos anulados no pleito majoritário passarem à condição de definitivos, em relação à chapa primeira colocada ou ao conjunto de chapas que juntos alcançarem mais de 50% da votação válida, aplicando-se assim, respectivamente o art. 224, § 3º e o seu *caput*, CE, na conformidade do art. 217, I e II, Resolução 23.611/2019 – TSE.

Logo, a resposta à questão posta é negativa, pois não existe um direito automático e direto do segundo colocado na assunção à condição de eleito. Mesmo que para o pleito de 2024, a Resolução n. 23.736/2024 – TSE não tenha reproduzido o Capítulo atinente ao reprocessamento e novas eleições, esse procedimento é intrínseco ao próprio reconhecimento da nulidade e a necessidade de renovação das eleições.

De acordo com esse entendimento e a preservação do princípio da maioria do eleitorado, é posição consolidada da jurisprudência do TSE, reputando ser imperiosa a realização de novo escrutínio *"independentemente do percentual de votos nominais nulos (...), em homenagem à soberania popular e ao Estado Democrático de Direito (art. 1º da CF/88)". Precedente – leading cases no ED-REspe 139-25/RS, Rel. Min. Henrique Neves, de 28.11.2016, e REspe 204-91/PR, Rel. Min. Herman Benjamin, 13.12.2016 e, ainda, RESPE – Recurso Especial Eleitoral nº 14153 – NOVO ARIPUANÃ – AM,* Acórdão de 10/10/2017, Relator(a) Min. Herman Benjamin, Publicação: DJE – 21/11/2017, p. 33/5.

Algumas questões práticas, com enorme relevância para o funcionamento administrativo e político dos Municípios, devem ser analisadas, o que fazemos em forma de indagações, para melhor ilustração.

E se houver candidato com registro indeferido, com votação nominal maior e sem pendência de recurso judicial?

Novas eleições devem ser realizadas como anotado no art. 217, I, Resolução 23.611/2019 – TSE, não obstante a sua não reprodução no novo texto para 2024 na Resolução n. 23.736/2024 – TSE, como já salientado, considerada a sedimentação do entendimento.

Pode-se concluir que nos Municípios onde não se realizam segundo turno das eleições majoritárias (menos de 200 mil eleitores), o 2º colocado em nenhuma hipótese será proclamado eleito se houver decisão em regime de definitiva, que mantenha o indeferimento de registro de outro ou mais de um candidato (nessa hipótese se o percentual global ultrapassar mais de 50% dos votos válidos), eis que peremptória a convocação de novas eleições. Cuidou o legislador eleitoral de prestigiar o princípio da maioria, não permitindo que na hipótese de nulidade que alcançasse o significativo percentual de 50% da votação (inicialmente tida como válida) pudesse conduzir a efeito a constituição de um mandato, formado por uma minoria.

Exemplo:

1 – Município da Paz

Votos válidos: 5000

Votos do candidato 1 com registro deferido: 2000

Votos do candidato 2 com registro indeferido e pendências de recurso, cuja decisão final tenha mantido o indeferimento: 1.800

Votos do candidato 3 com registro indeferido e por decisão final mantido nas eleições: 1.200

Consequência: candidato 1 estará eleito, pois a nulidade foi de 1800 votos, logo menor do que mais de 50% dos votos (2.501).

Variando o exemplo:

2 – Município da Esperança:

Votos válidos: 6000

Votos do candidato 1 com registro deferido: 1.500

Votos do candidato 2 com registro a final indeferido: 2.500

Votos do candidato 3 também com registro a final indeferido: 2.000

Consequência: realização de novas eleições. Isso porque, a totalidade de votos anulados alcançou 4.500, portanto, mais de 50% (3.001). (Observação relevante: o cálculo não pode ser feito com a exclusão dos votos que serão considerados nulos por força da decisão que indefere o registro, na dicção do art. 214, § 1º, Resolução 23.611/2019 – TSE). Importante essa referência, pois em razão da pendência de recurso judicial, teremos montante de votos nulos em dois momentos distintos: o primeiro exclui apenas os votos brancos e nulos por manifestação ou erro do eleito; no segundo, agrupam-se os votos ao candidato, cuja anulação se materializa *a posteriori* ante aos critérios legais reconhecidos na decisão judicial. No entanto, para fins dos cálculos e desdobramentos jurídicos, computam-se os votos dados a todos os candidatos participantes, ou seja, sem considerar os que foram declarados nulos judicialmente.

Na hipótese dos Municípios que tenham 2º turno, se um dos candidatos, que inicialmente se habilitou para a disputa derradeira e nela foi eleito, estiver "sub judice" e, posteriormente, seu registro for definitivamente indeferido, seria o caso de convocação de novas eleições, conforme art. 214, Resolução 23.611/2019 – TSE.

Por outro lado, na hipótese das nulidades dos votos estabilizada como definidas pelo art. 194, Resolução 23.611/2019 – TSE, por força do § 2º desse dispositivo, a circunstância de existir determinada chapa com votos nulos e que, por isso, não participará do 2º turno, as demais votações não são prejudicadas, isto é, os 2 primeiros colocados com votos válidos, disputarão o 2º turno, como regra constitucional do art. 77, §§ 4º e 5º, Constituição Federal.

Os feitos judiciais que impliquem no reconhecimento da nulidade dos votos devem ter tramitação prioritária perante os tribunais, em *regime de urgência* (art. 214, § 2º, Resolução 23.611/2019) e art. 257, § 3º, Código Eleitoral.

É cabível pedido à Justiça Eleitoral para expedição de calendário específico, objetivando a realização de novas eleições majoritárias, enquanto o candidato estiver "sub judice"?

Não. Tal orientação é emanada do Ofício Circular n. 7.594/2008, Tribunal Superior Eleitoral, que admite o agendamento das novas eleições, em caso de nulidade dos votos a candidato "sub judice", tão somente no caso de indeferimento do registro de candidatura, pendente recurso no próprio TSE.

A quem compete a nomeação ou designação de Prefeito provisório, até a definição de candidatura "sub judice" ou na hipótese de novas eleições ou eleições suplementares?

A atribuição é da Câmara Municipal de Vereadores, que deverá deliberar de acordo com as disposições de sua Lei Orgânica do Município. Não compete à Justiça Eleitoral ou Justiça Comum a mencionada tarefa.

Como a sistemática de validação / anulação dos votos impede a diplomação de candidato que tiver o registro indeferido, mesmo que "sub judice" e sem a diplomação não pode ocorrer a posse, o art. 220, parágrafo único, Resolução 23.611/2019 - TSE indica que é o Presidente da Casa Legislativa (Câmara de Vereadores), que assumirá interinamente o cargo de Chefia do Executivo. Essa regra é simétrica às Leis Orgânicas dos Municípios, Constituições Estaduais e Constituição Federal (art. 80, Constituição Federal) e não pode ser considerada como ofensiva ao limite do poder regulamentar da Justiça Eleitoral, estabelecido pelo art. 105, Lei 9.504/97. Aliás, pela não recepção expressa para o pleito de 2024 na Resolução 23.736/2024, percebe-se de modo claro, a suficiência dos dispositivos da Constituição Federal, Estadual e Lei Orgânica para tratar do assunto, justificando a reiteração da providência na Resolução TSE substituída para uma maior ênfase didática e condutora de estabilidade jurídica em matéria de enorme relevância para os interesses da sociedade e coletividade como um todo.

Eleições proporcionais

Por sua vez, o art. 16-A, parágrafo único, da Lei das Eleições trata da hipótese das eleições proporcionais, para a formação do quociente eleitoral e partidário.

Nesse cenário, há um confronto entre o precitado dispositivo da reforma eleitoral e o art. 175, § 4º, Código Eleitoral, que recomenda o aproveitamento dos votos em favor da legenda se o candidato tivesse, até a data das eleições, uma decisão favorável sobre o registro, mesmo que posteriormente modificada.

As duas normas são compatíveis e podem ser aplicadas, não havendo revogação ou prejudicialidade. Na já obra mencionada, destacamos oportunamente:

> Acontece que o novel dispositivo condicional tal validade à manutenção do registro da candidatura. Sequer deveria a lei ter disciplinado esse ponto da matéria, pois se há validade para o caso de manutenção do registro após a decisão final, aproveitam-se os votos tanto ao partido ou coligação e como em favor do próprio candidato.
>
> O confronto com o art. 175, § 4º, do CE é evidente e não houve revogação dessa norma pela lei nova.
>
> Basta lembrar os dizeres do art. 2º, §§ 1º e 2º, Lei de Introdução ao Código Civil. Não houve revogação expressa pela nova lei do que dispõe o art. 175, § 4º, CE; não há incompatibilidade da aplicação simultânea de ambos os preceitos legais e não houve regulação completa da matéria tratada pela lei anterior. Assim, trazendo a lei novas disposições especiais a par das existentes, é o caso de convivência entre elas, não havendo revogação ou modificação da lei anterior.
>
> Com tal compreensão, a aplicação do art. 175, § 4º, CE, seguirá um rumo discretamente diverso do que já vem sendo apresentado pela jurisprudência. Toma-se como parâmetro o dia das eleições; se nesse momento for o caso de candidatura "sub judice", é imperiosa a conclusão de que houve uma decisão judicial anterior que rejeitou o registro, que caso seja mantida implicará na nulidade dos votos, tanto em relação ao candidato, quanto em relação à legenda - art. 16-A, parágrafo único, Lei 9.504/97.
>
> Se, transcorrido o dia da eleição, não se verifica nenhuma decisão até então que tenha rejeitado o registro de candidatura, a superveniência de decisório com tal proclamação (posterior à data do pleito), se mantida até final julgamento, provocará a nulidade dos votos para o candidato, com o aproveitamento para o partido ou coligação. (Ob. cit., p. 267/8)

O art. 215, Resolução 23.611/2019 - TSE sedimentou esse entendimento, autorizando a diplomação dos candidatos eleitos no pleito proporcional, mesmo que pendente discussão judicial sobre anulação de votos, equiparando-se os votos nominais e aqueles dirigidos às legendas, que em função da EC 97/2017 devem ser consideradas apenas como os partidos políticos, pois proibida a coligação nas eleições proporcionais. Mesmo com a Resolução 23.736/2024 - TSE disciplinando o pleito eleitoral para 2024, não há mudança de tal panorama, à míngua de reprodução integral do texto anterior.

Havendo a confirmação da anulação dos votos a determinado candidato ou legenda, procede-se ao reprocessamento do resultado, incumbindo à Justiça Eleitoral o cancelamento dos diplomas expedidos anteriormente, se for o caso, com a expedição de novos diplomas, o que legitima o afastamento e posse perante o respectivo Poder Legislativo - art. 216, Resolução 23.611/2019 - TSE.

Relevante esclarecer que a discussão sobre a constitucionalidade do art. 16-A, parágrafo único, Lei das Eleições foi resolvida no âmbito do Excelso STF. No julgamento das ADIs 4542, Rel. Min. Luís Roberto Barroso, e 4.513, em 13/04/2023 o Plenário Virtual decidiu em acolher as pretensões para atribuir interpretação conforme a Constituição ao mencionado dispositivo da legislação eleitoral, sendo estabelecida a seguinte tese de julgamento: *Em atenção aos princípios democrático, da soberania popular e da centralidade dos partidos políticos no sistema proporcional, o parágrafo único do art. 16-A da Lei nº 9.504/1997 deve ser interpretado no sentido de excluir do cômputo para o respectivo partido apenas os votos atribuídos ao candidato cujo registro esteja indeferido sub judice no dia da eleição, não se aplicando no caso de candidatos com pedido de registro deferido ou não apreciado", tudo nos termos do voto do Relator.*

Consolidou-se o entendimento de que apenas os votos atribuídos a candidato com registro indeferido ou *sub judice* no dia do pleito não são computados ao respectivo partido ou Federação nas eleições proporcionais. Na hipótese de deferimento do registro (em qualquer instância) ou de ausência de apreciação do requerimento de registro, não se adotada idêntica sistemática. Esse mecanismo por sua condição de precedente qualificado da Suprema Corte é de aplicação imperiosa, sendo inviável qualquer outra orientação ou decisão judicial em sentido contrário. Preservou-se assim para fins de finalização dos resultados, a situação de maior concretude orientada pelo estágio do andamento processual, o que se afigura em perfeita sintonia com a segurança jurídica, sem comprometimento do exercício dos direitos dos participantes aos recursos cabíveis, em respeito ao devido processo legal.

O candidato que deu causa à anulação dos votos e à necessidade de realização de novas eleições, pode se candidatar no novo pleito? E o partido político fica inibido de apresentar candidato?

A tendência é o acolhimento de um posicionamento pela inadmissibilidade da disputa. A interpretação sistemática recomenda que se analise o conjunto normativo como um todo, ou setores desse conjunto. Deve ser articulada uma coerência entre princípios e normas, para resolver impasses de hierarquia. É o que ocorre com o art. 1º, "d", Lei Complementar 64/90 ao dizer que há inelegibilidade dos que tiverem representação acolhida pela Justiça Eleitoral para as eleições na qual concorreram e aquelas que se realizarem nos 08 anos seguintes.

Ora, as eleições suplementares ou novas eleições são realizadas posteriormente e a permissão para que dela disputasse o candidato que deu causa à sua realização por motivo de anulação de votos, representaria um prestígio àquele que se aproveita do próprio ilícito, benefício à sua torpeza. Com isso, razoável compreender que o candidato nesse caso esteja inelegível para as eleições subsequentes, realizadas em virtude de uma anulação anterior, cuja causa tenha sido mobilizada pelo pretenso candidato no segundo pleito.

O TSE anuncia acatamento a essa posição, com o julgamento do RESPE 4297/ Petrolina de Goiás/GO, Rel. Min. Napoleão Nunes Maia Filho e Rel. Designado. Min. Tarcísio Vieira de Carvalho Neto, DJE 05/04/2019. Naquela ocasião, a Corte Eleitoral entendeu que no caso concreto deveria autorizar o deferimento do registro de candidatura para as eleições suplementares majoritárias, ao candidato que teria dado causa à anulação da primeira votação. Prestigiaram-se os princípios da segurança jurídica e aproveitamento do voto – *in dubio pro sufragio*, pois nas Eleições de 2016, havia perspectiva de que o candidato nessas condições pudesse participar das eleições suplementares, o que foi considerado sob o ângulo do próprio candidato e do respectivo eleitorado que o consagrou nas urnas.

Contudo, houve uma fixação de tese para pleitos futuros, com a compreensão da inelegibilidade do candidato que deu causa às suplementares, se delas quiser participar: *Impossibilidade de participação do candidato que deu causa à nulidade da eleição ordinária nas eleições suplementares realizadas com fundamento no art. 224, § 3º, do Código Eleitoral, nas hipóteses de decisões que importem o indeferimento do registro, a cassação do diploma ou a perda do mandato de candidato eleito em pleito majoritário.*

As designações de eleições suplementares ou novas eleições devem ser adotadas aqui com sob o mesmo peso, pois a etiologia da proibição é a causalidade na produção da anulação de um pleito inicial, que acabou derivando na continuidade do processo eleitoral.

Dessa maneira, deve se responder positivamente à pergunta, concluindo-se pela impossibilidade de participação do candidato nos pleitos novos ou suplementares. Em relação aos partidos políticos, acreditamos que à míngua de um regramento específico não pode ser imposta a proibição. Os princípios do pluralismo partidário e da democracia restariam afetados, se houvesse uma inibição da disputa por agremiação partidária.

Ressalvamos, no entanto, uma posição crítica no sentido de que observada a legalidade, ou seja, a sua criação por lei, uma norma que impedisse a disputa pelo partido não poderia ser considerada como inconstitucional. É que o exercício na plenitude do pluralismo político e partidário deve ser conduzido com a estrita observância às normas eleitorais. Havendo descumprimento pelo partido e nesse aspecto, reconhecendo-se a solidariedade da grei com o seu candidato, ambos deveriam ser inibidos de se envolverem nas novas eleições ou pleitos suplementares.

Ademais, em paralelo aos princípios que resultam na relevância dos partidos políticos, incide o princípio das eleições normais e legítimas (art. 14, § 9º, Constituição Federal), que se dissolve com a ideia de que agremiações partidárias conduziram-se em estratégias ou mesmo arranjos com seus candidatos a fim de provocar ilicitudes nas eleições, acarretando a respectiva nulidade da votação que tenha angariado. Desse modo, a evolução do direito eleitoral deveria nessa reflexão direcionar-se para a previsão legal, expressa da hipótese.

Tem entendido a jurisprudência a existência de *causa estranha ao candidato*, não configurando-se a inelegibilidade, quando a chapa anterior no pleito originário foi composta por ele e outro, cuja inelegibilidade restou reconhecida, levando-se à nulidade da votação, onde sagraram-se vencedores. A compreensão é que tal decisão de composição da chapa anterior não cabia exclusivamente ao candidato que pleiteia a participação nas eleições suplementares. Observe-se a propósito:

> *AgR-REspEl nº 060007763 Acórdão JOÃO DOURADO – BA, Relator(a) Min. Benedito Gonçalves, j. 07/04/2022 Publicação: 03/05/2022. Ementa:AGRAVO INTERNO. RECURSO ESPECIAL. ELEIÇÕES 2020. PLEITO SUPLR. PREFEITO. REGISTRO DE CANDIDATURA. IMPEDIMENTO PARA CONCORRER. INOCORRÊNCIA. ANULAÇÃO DO PLEITO ORDINÁRIO. INDEFERIMENTO DE CHAPA MAJORITÁRIA POR CAUSA ESTRANHA AO CANDIDATO. NEGATIVA DE PROVIMENTO. 1. No decisum monocrático, manteve-se aresto unânime do TRE/BA quanto ao deferimento do registro de candidatura do vencedor do pleito majoritário suplementar de João Dourado/BA (Eleições 2020). 2. Ao contrário do que alega a parte agravante, verifica-se que o candidato agravado, que houvera se candidatado ao mesmo cargo no pleito originário, não deu causa à nulidade deste. No REspEl 0600204-35/BA, Rel. Min. Luis Felipe Salomão, DJE de 7/4/2021, a candidatura indeferida foi a da pretensa vice-prefeita, por inelegibilidade por parentesco. 3. Não se aplica ao caso a tese firmada no REspEl 42-97/GO, redator para acórdão Min. Tarcisio Vieira de Carvalho Neto, DJE de 5/4/2019, no sentido da "[i]mpossibilidade de participação do candidato que deu causa à nulidade da eleição ordinária nas eleições suplementares realizadas com fundamento no art. 224, § 3º, do Código Eleitoral, nas hipóteses de decisões que importem o indeferimento do registro, a cassação do diploma ou a perda do mandato de candidato eleito em pleito majoritário". Isso porque, na espécie, não se cuida de óbice pessoal atribuível ao agravado quanto à anulação das primeiras eleições. 4. A regra trazida no art. 91 do Código Eleitoral, segundo a qual "[o] registro de candidatos a presidente e vice-presidente, governador e vice-governador, ou prefeito e vice-prefeito, far-se-á sempre em chapa única e indivisível, ainda que resulte a indicação de aliança de partidos", refere-se apenas ao próprio pleito em que se dá o registro. Não há respaldo normativo para estender os efeitos da unicidade da chapa majoritária a eleições futuras, mesmo que suplementares.*
>
> *5. Não é possível afirmar que o candidato ao cargo de prefeito assumiu o risco de ver anulado o pleito originário – ao manter chapa composta por candidata cujo registro fora impugnado por inelegibilidade – porquanto não cabia exclusivamente a ele a decisão de substituí-la. 6. Manutenção do deferimento do registro, na linha do parecer da d. Procuradoria-Geral Eleitoral. 7. Agravo interno a que se nega provimento – jurisprudencia.tse.jus.br – acesso em 10/03/2024.*

7

AÇÃO DE IMPUGNAÇÃO AO REGISTRO DE CANDIDATURA (AIRC)

A impugnação ao registro de candidatura se caracteriza como procedimento que visa impedir a concretização do reconhecimento pela Justiça Eleitoral da aptidão de determinado candidato para a disputa eleitoral, em virtude da ausência de preenchimento de quaisquer das condições de elegibilidade, ou mesmo em decorrência de descumprimento de determinada providência essencial à validade e eficácia do registro. Assume a impugnação verdadeiro contorno contencioso, obrigando-se à observância estrita dos princípios do contraditório e ampla defesa.

Segundo Antonio Hélio Silva, o incidente da impugnação tem momento processual adequado para manejo depois do encaminhamento do edital com relação dos candidatos para a publicação, obedecendo-se ao prazo peremptório de 05 dias:

> Uma vez encaminhado à publicação o edital contendo pedido de registro de candidatos, para ciência dos interessados, caberá a qualquer candidato, partido político, coligação ou ao Ministério Público apresentar impugnação ao pedido de registro, por meio de petição fundamentada, no prazo de 5 (cinco) dias a contar da publicação do referido edital. (*In*: "Comentários sobre o Processo Eleitoral Brasileiro e seus Procedimentos", TRE/MG, 2004, p. 13)

7.1 LEGITIMIDADE ATIVA

São legitimados à interposição do incidente qualquer candidato, partido, coligação e o Ministério Público Eleitoral - art. 3º, Lei Complementar 64/90, sendo que a iniciativa de outro legitimado não impede a atuação do *Parquet*, conforme o disposto no § 1º da norma acima destacada.

7.2 CAPACIDADE POSTULATÓRIA

O art. 133, Constituição Federal, e o art. 1º, I, § 1º, da Lei 8.906/94 (Estatuto da Advocacia) preconizam a indispensabilidade do advogado para a administração da justiça. Assim, a capacidade postulatória instrumentalizada por advogado legalmente habilitado, e em condições do exercício profissional, constitui pressuposto de constituição e desenvolvimento válido e regular do processo, tomado em termos gerais.

A AIRC pode ser deduzida sem a intervenção de advogado?

Entendemos que não. Se as causas de inelegibilidade e mesmo as providências formais, a serem objeto de discussão no ambiente incidental da impugnação ao registro de candidatura, podem ser aferíveis de ofício ou mesmo mediante manifestação à guisa de *custos legis* pelo Ministério Público Eleitoral, é evidente que as questões eleitorais adquirem contornos importantíssimos, indispensáveis à maturação e consagração estabilizadora da democracia e da possibilidade de manifestação. Exige-se assim um aparato técnico à disposição daquele que queira enviesar a sua discordância ou apontar defeitos em determinada candidatura.

O órgão judicial deve ser, por excelência, equidistante, isento e independente, não podendo elaborar ou suprir lacunas de pontuações ou aproveitamentos técnicos em uma investida processual dessa estirpe, como adequação de pedidos, busca de provas ou outras medidas exigíveis para o feito.

Todavia, esse posicionamento não é adotado pelos tribunais pátrios, cabendo frisar uma linha de perspectiva do TSE para a exigência de advogado, apenas para a hipótese recursal:

> "RESPE - RECURSO ESPECIAL ELEITORAL nº 16694 - Iaras/SP
>
> Acórdão nº 16694 de 19/09/2000
>
> Relator(a) Min. MAURÍCIO JOSÉ CORRÊA
>
> Publicação:
>
> PSESS - Publicado em Sessão, Data 19/09/2000
>
> Ementa:
>
> RECURSO ESPECIAL. REGISTRO DE CANDIDATO. IMPUGNAÇÃO. VÍCIOS PROCEDIMENTAIS. INEXISTÊNCIA.
>
> 1. O artigo 6° da Lei Complementar n° 64/90 estabelece apenas a faculdade – e não a obrigatoriedade – de as partes apresentarem alegações finais. Em observância do princípio da economia processual, é permitido ao juiz eleitoral, nas ações de impugnação ao registro de candidatura, e passada a fase de contestação, decidir, de pronto, a ação, desde que se trate apenas de matéria de direito e as provas protestadas sejam irrelevantes.
>
> 2. Tratando-se de impugnação ao registro de candidatura perante juiz eleitoral, pode o interessado atuar sem a intermediação de um defensor legalmente habilitado. A subscrição de advogado para esse caso somente é exigível na fase recursal. Precedentes. Recurso especial não conhecido.
>
> Decisão: Por unanimidade, o Tribunal não conheceu do Recurso." (In www.tse.jus.br/jurisprudencia)

Em outro cenário, não se tem reconhecido a legitimidade ou capacidade postulatória autônoma do delegado de agremiação partidária para o manejo de recurso em nome de candidato:

> "ARESPE - AGRAVO REGIMENTAL EM RECURSO ESPECIAL ELEITORAL nº 26587 - Brasília/DF
>
> Acórdão de 20/09/2006
>
> Relator(a) Min. JOSÉ GERARDO GROSSI
>
> Publicação:
>
> PSESS - Publicado em Sessão, Data 20/09/2006
>
> Ementa:
>
> Eleições 2006. Registro de candidatura. Indeferimento. Agravo regimental. Recurso especial. Delegado de partido. Procuração. Ausência. Capacidade postulatória. Necessidade. Prequestionamento. Reexame de provas. Impossibilidade. Fundamentos não infirmados.
>
> - O art. 6º, § 3º, IV, da Lei nº 9.504/97, não confere capacidade postulatória a delegado de partido.
>
> - Para recorrer, em nome do candidato, contra acórdão que tenha indeferido pedido de registro, faz-se necessário que o delegado do partido demonstre sua condição de advogado e que seja juntada aos autos procuração lhe outorgando poderes.
>
> - Para que o agravo obtenha êxito, é necessário que todos os fundamentos da decisão agravada sejam especificamente infirmados, sob pena de subsistirem suas conclusões.
>
> - Agravo Regimental a que se nega provimento." (*In* www.tse.jus.br/jurisprudencia)

O art. 6º, Resolução 23.609 – TSE passou a exigir de maneira expressa que as representações, reclamações e pedidos de respostas devem ser formuladas por petições, assinadas por advogado ou membro do Ministério Público Eleitoral. Essa regra é adotada também para as Eleições 2024, consoante o art. 40, § 1º, da mesma Resolução, com redação atualizada pela Resolução n. 23.675/2021 – TSE.

Assim, patente a exigência da capacidade postulatória exteriorizada pela intervenção em juízo através de advogado no processo eleitoral, sob pena de nulidade nos casos acima especificados.

Para a impugnação reformulamos nossa posição, para entender como exigível essa representatividade, em relação aos legitimados (candidato, partido político, coligação), esclarecendo-se que o Ministério Público também detém tal legitimidade e, obviamente não se representa por advogado (art. 40, Resolução 23.609/2019 – TSE). Deve se ressaltar que para a notícia de inelegibilidade não há necessidade de representação por advogado, pois qualquer cidadão poderá dar notícia ao juiz eleitoral de fato que implique em inelegibilidade de candidato que se apresente registro, desde que aquele esteja em gozo de seus direitos políticos (art. 44, Resolução 23.609/2019).

Dessa forma, conclui-se que há possibilidade de processamento da arguição / denúncia de inelegibilidade, independentemente da intervenção por advogado, devendo o juiz eleitoral proceder com obediência ao rito das impugnações - art. 44, § 4º, Resolução 23.609/2019.

Em caso de recurso quanto a essa decisão, prevalece o consolidado entendimento jurisprudencial quanto à imprescindibilidade da intervenção de advogado. Saliente-se por oportuno que o processamento do feito se dá em autos digitais, utilizando-se em toda a Justiça Eleitoral a plataforma do PJe, o que exige assim o cumprimento dos requisitos e habilitações para tal atuação, como certificação digital, dispositivos com aptidão e outros pressupostos do processo eletrônico.

7.2.1 Litisconsórcio

O candidato, seu partido e coligação podem atuar no campo do polo ativo sob o signo do litisconsórcio facultativo, como enfatiza José Jairo Gomes, anotando pensamento de Adriano Soares da Costa:

> Nada impede que se forme litisconsórcio facultativo entre candidato e seu partido ou coligação para o ajuizamento da ação. Neste caso, Soares da Costa (2006:439) sustenta a incidência do artigo 191 do CPC, pelo qual: "Quando os litisconsortes tiverem diferentes procuradores, ser-lhes-ão contados em dobro os prazos para contestar, para recorrer e, de modo geral, para falar nos autos". Entretanto, é preciso convir que a celeridade peculiar ao processo em tela afasta a incidência desse dispositivo. (Ob. cit., p. 239)

Ora, não há como se aplicar a regra de dilação temporal para o procedimento específico do registro/impugnação de candidatura, sob pena de se subverter todo o calendário eleitoral, com grave implicação e comprometimento do processo eleitoral, que deve por sua natureza ser célere e fluido.

O CPC cuidou da previsão de prazo específico para os litisconsortes com procuradores distintos no art. 229, §§ 1º e 2º. O prazo dobrado se refere a todas as manifestações e intervenções processuais dos advogados, em qualquer juízo ou tribunal e, independentemente de requerimento. As disposições dos §§ 1º e 2º anotam casos de dispensa da contagem em dobro em situações óbvias: a) havendo dois réus e apenas um deles apresenta resposta. Aqui cabe frisar que mesmo sem a apresentação de defesa, pode intervir o revel em qualquer fase e aí fazer jus à dobra do prazo; b) quando se tratar de autos eletrônicos.

Mesmo diante dessas alterações, a contagem em dobro do prazo no processo eleitoral se afigura impertinente em razão da celeridade e exigida para o encerramento dos feitos como já apontado acima, de modo que a vigência do CPC não implica em alteração desse padrão, diante da harmonização do disposto no art. 15 c/c 1.046, § 2º, ambos do CPC. Esse entendimento se encontra pacificado nos termos da Súmula n. 39/TSE: *Não há formação de litisconsórcio necessário em processos de registro de candidatura.*

7.2.1.1 A esfera e o acervo de direitos

Desde que haja interesse jurídico do respectivo postulante a alcançar-lhe a esfera e acerto de direitos, pode ser a hipótese de admissão da intervenção de terceiros. Nesse compasso, o TSE já consagrou o entendimento de que pode ocorrer a participação de terceiros em ações referentes ao registro de candidatura, quando houver repercussão da decisão na formação do quociente eleitoral e tal quadro implicar-lhe em desvantagem: "*Admite-se o ingresso de candidato como assistente simples em processo de registro, desde que o deslinde da causa possa alterar o quociente eleitoral e o resultado do pleito em seu desfavor. Precedentes" (AgR-REspe 365-97, rel. Min. Herman Benjamin, DJE de 14.8.2017).* Com a mesma projeção, em outro julgado o TSE decidiu pela admissibilidade: REspEl nº 060083433 Acórdão MANAUS - AM, Relator(a): Min. Sergio Silveira Banhos, j. 02/12/2021 Publicação: 16/12/2021 - jurisprudencia.tse.jus.br - acesso em 10/03/2024.

Como assistente simples também deve ser tratada a hipótese de participação processual da agremiação partidária nas AIRCs, o que importa no afastamento de qualquer alegação de nulidade pela não intervenção do partido, federação ou coligação. Essa compreensão também está consolidada, *"nas ações de impugnação de registro de candidatura, não existe litisconsórcio necessário entre o pré-candidato e o partido político pelo qual pretende concorrer no pleito, cuja admissão deve se dar apenas na qualidade de assistente simples, tendo em vista os reflexos eleitorais decorrentes do indeferimento do registro de candidatura" (REspe nº 26979/RJ, Rel. Min. Luciana Lóssio, DJe de 28.5.2013).*

7.2.2 Legitimidade do cidadão

A norma do art. 97, § 3º, do Código Eleitoral foi derrogada pelo disposto no art. 3º, LC 64/90, que afastou a possibilidade de qualquer eleitor pleitear a impugnação, pois não foi incluído no rol ali previsto.

Entretanto, seguindo tradição histórica o Tribunal Superior Eleitoral permite e incentiva a mobilização do eleitor para fins de trazer à verificação questões atinentes à inelegibilidade que sejam do seu conhecimento, cuja repercussão possa implicar na rejeição do registro de candidatura.

A Resolução 23.609/2019 - TSE, afirma no art. 44 que qualquer cidadão no gozo de seus direitos políticos, no prazo de 05 dias da publicação do edital relativo ao registro de candidatura, poderá noticiar ao juízo eleitoral fato relativo à inelegibilidade de candidato, por meio de petição em duas vias. Assim procedido, uma das vias da informação é juntada aos autos do respectivo registro e a outra encaminhada ao Ministério Público Eleitoral.

7.3 LEGITIMIDADE PASSIVA

Reúne tal condição o cidadão que veio a ser escolhido em convenção e apresentou o seu requerimento de registro de candidatura. Sublinha-se que não há litisconsórcio passivo necessário entre o candidato, seu partido ou coligação.

Há de ser admitida a assistência ao impugnado, tanto por iniciativa do partido ou coligação.

É necessária a formação de litisconsórcio com o candidato a Vice-Prefeito, se o impugnado é o candidato ao cargo de Prefeito?

Impõe-se a resposta negativa. As condições de elegibilidade ou mesmo as formalidades a serem preenchidas, salvo se comuns a todos os candidatos de determinada agremiação partidária ou coligação, como, por exemplo, escolha em convenção partidária, assumem conteúdo estritamente pessoal e são intransferíveis e não extensíveis a outrem.

> "REspe - Recurso Especial Eleitoral nº 36974 - Itapecerica da Serra/SP
>
> Acórdão de 10/06/2010
>
> Relator(a) Min. ARNALDO VERSIANI LEITE SOARES
>
> Publicação: DJE - Diário da Justiça Eletrônico, Data 06/08/2010, Página 51
>
> Ementa:
>
> Registro de candidatura. Impugnação. Rejeição de contas. Convênio.
>
> 1. Este Tribunal já assentou que, na fase do registro de candidatura, não há falar em litisconsórcio passivo necessário entre candidatos a prefeito e vice-prefeito.
>
> 2. A ratificação do recurso especial após o julgamento de embargos de declaração é desnecessária quando esses embargos forem opostos por parte diversa, ainda que figure no mesmo polo da relação processual.
>
> 3. A aplicação de verbas federais repassadas ao município em desacordo com o convênio configura irregularidade insanável.
>
> 4. Mesmo constatada eventual impossibilidade de cumprimento do objeto do convênio, cabe ao administrador público proceder à devolução dos recursos, e não efetuar a sua aplicação em objeto diverso.
>
> Recursos especiais providos.
>
> Decisão: O Tribunal, por unanimidade, rejeitou as preliminares e proveu os Recursos, nos termos do voto do Relator." (In www.tse.jus.br/jurisprudencia)

7.4 PROCEDIMENTO

O formato procedimental para a ação de impugnação de registro de candidatura conta com a seguinte descrição: – petição inicial, com requerimento de indicação de provas, inclusive o apontamento de rol de testemunhas, limitado ao número de 06; - notificação do candidato impugnado; - ciência ao Ministério Público Eleitoral, salvo se ele próprio for o requerente/impugnante; - defesa pelo impugnado no prazo de 07 dias, com apresentação de documentos, indicação de provas, mesmo que estiverem em poder de terceiros, inclusive apresentação de rol de testemunhas; - julgamento antecipado, conforme o estado do processo, se não houver necessidade de dilação para arrecadação de provas; - despacho saneador, se não for a hipótese de julgamento imediato, designação dos 04 dias seguintes para inquirição de testemunhas, cujo comparecimento em juízo deve ser de iniciativa das partes; - realização de diligências necessárias, a requerimento das partes, Ministério Público Eleitoral ou de ofício, no prazo de 05 dias; - alegações finais no prazo comum de 05 dias; - conclusão dos autos ao juiz eleitoral para sentença no prazo de 03 dias; - cabimento de recurso eleitoral ao TRE, a ser articulado no prazo de 03 dias; - contrarrazões recursais em 03 dias; - remessa dos autos à instância superior.

Essas fases procedimentais são precisamente descritas no art. 3º ao 9º, LC 64/90.

7.5 PETIÇÃO INICIAL E FUNDAMENTOS DE FATO E DE DIREITO

Os arts. 319 e 320, ambos do CPC são em regra aplicados à petição do pórtico no feito eleitoral em espécie, apresentando o rol de testemunhas até o máximo de 06 e os outros meios de prova com os quais pretende demonstrar a veracidade de suas assertivas.

Note-se, por oportuno, o pedido deve se circunscrever à rejeição do registro de candidatura, embora os fatos alinhados como causa de pedir possam ensejar outras medidas, até mesmo de caráter criminal, hipótese em que a referência a esse pleito deve ser feita com supedâneo no art. 40, CPP, aplicado por analogia para que o magistrado eleitoral dê oportuna ciência ao Ministério Público para fins de providências que forem pertinentes.

Os fundamentos de fato possuem enorme elasticidade para enquadramento, quer seja na ausência de específica condição de elegibilidade, causa de inelegibilidade ou desacerto nos requisitos formais para o escorreito registro da candidatura.

Segundo Adriano Soares da Costa, a impugnação pode se referir a questão de abuso de poder político ou econômico sem prévio reconhecimento em feito eleitoral específico: "(...) para fustigar os fatos geradores de inelegibilidade ocorridos antes do pedido de registro de candidatura, inclusive, e com maioria de razão, aqueles previstos pela Lei Complementar 64/90, de escalão infraconstitucional, mercê da possibilidade legal de sua preclusão". (*In*: *Instituições de Direito Eleitoral.* Editora Del Rey, 6. ed., p. 423)

Contudo, esse enfoque não é seguido pela jurisprudência dominante, rejeitando-se a premissa de que na AIRC possa ser discutido o abuso de poder político e econômico antes do registro de candidatura, reservando-se tal missão para a ação de investigação judicial eleitoral (AIJE):

> "RCD - REGISTRO DE CANDIDATOS nº 28362004 - Esmeraldas/MG
>
> Acórdão nº 2368 de 04/09/2004
>
> Relator(a) WELITON MILITÃO DOS SANTOS
>
> Relator(a) designado(a) OSCAR DIAS CORRÊA JÚNIOR
>
> Publicação: PSESS - Publicado em Sessão, Data 04/09/2004
>
> Ementa: Recurso. Registro de candidatura. Eleições de 2004. Preliminar de inadequação da via eleita. Acolhida. A ação de impugnação de registro de candidatura não constitui a via própria para apuração de abuso de poder econômico. Extinção de processo sem julgamento de mérito.
>
> Decisão: O Tribunal, por maioria, acolheu preliminar de inadequação da via eleita, e extinguiu o processo. (In www.tse.jus.br/jurisprudencia)

O art. 6º, I e II, da Resolução 23.608/2019 – TSE, embora direcionada para as hipóteses de representações, reclamações e pedidos de direito de resposta, pode ser utilizado para fins de recomendar a elaboração dos petitórios iniciais de forma técnica, contendo a qualificação das partes e o endereço para a citação e o relato dos fatos, com indicação de provas, indícios e circunstâncias, em atenção ao próprio art. 319, II, CPC e art. 96, § 1º, Lei 9.504/97.

7.6 PRAZOS E COMUNICAÇÃO DOS ATOS PROCESSUAIS

No procedimento em análise os prazos são peremptórios e contínuos, fluindo em cartório. A partir do encerramento do prazo para o registro de candidaturas, não se verifica suspensão pela superveniência de sábados, domingos ou feriados, nos termos do que prescreve o art. 16, Lei Complementar 64/90. Assim, fluem de imediato e não há qualquer solução de continuidade na sua respectiva contagem.

O art. 78, Resolução 23.609/2019 – TSE estabelece de modo claro essa regra, em virtude da natureza célere do processo eleitoral.

Não se aplicam em relação ao procedimento do registro e impugnação, as disposições relativas às representações, reclamações e direito de resposta, anotadas no art. 96, Lei 9.504/97 que tem sistemática diversa, explicitada na Resolução 23. 608/2019 – TSE (art. 9º ao 16).

7.7 DEFESA

Deve ser observado, neste quesito, o princípio da concentração, ou seja, o candidato impugnado poderá articular os mais amplos meios defensivos, inclusive a defesa indireta contra o processo, arguindo as preliminares listadas no art. 337,

CPC, e causas que levam à extinção do feito, sem resolução do mérito - art. 485, CPC, desde que logicamente cabíveis em relação ao caso concreto.

E se o impugnado não apresenta defesa? Poderá ingressar no feito posteriormente?

Não há revelia, se o candidato deixa de apresentar defesa, porquanto a discussão se trava em torno de matéria de ordem pública, não se permitindo a presunção. Obviamente, a sua inércia implicará em ausência de intimação quanto aos atos praticados, mas a qualquer momento poderá ingressar no feito, recebendo-o no estado em que se encontrar.

O Ministério Público Eleitoral pode encampar e prosseguir com a AIRC se o impugnante desiste?

Entendemos que não. Formulado o pedido de desistência, sem que haja desacordo do impugnado, mesmo depois do prazo de resposta - aqui se aplica por analogia o art. 485, § 4º, CPC - automaticamente deve ser objeto de deliberação judicial pela homologação e extinção do feito sem resolução do mérito.

Não há qualquer comando legal que legitime a assunção do Ministério Público ao polo ativo no feito. José Jairo Gomes afirma que se pode invocar por analogia o disposto no artigo 9º da Lei n. 4717/65 (Lei de Ação Popular), pelo qual, se o autor popular desistir da ação ou provocar a extinção do processo, ficará assegurado ao representante do Ministério Público dar-lhe seguimento (ob. cit., p. 242).

Essa compreensão seria um indevido prolongamento do prazo para o Ministério Público Eleitoral apresentar a impugnação, pois desde o início já tinha ciência daquela candidatura, cujo registro estava sendo perseguido e poderia verificar a pertinência do aforamento do pedido.

Na ação popular a situação é diversa. O cidadão traz à tona uma questão até então não ventilada, que não se encontra no âmbito de perspectiva de conhecimento do membro do *Parquet*. Ao contrário a verificação da exata e real situação de todos os candidatos constitui medida e ônus cabível e exigível do fiscal da lei, por ocasião dos requerimentos de registro.

Há de se mencionar que o motivo invocado para o indeferimento do registro de candidatura pode ser conhecido e proclamado de ofício pelo juiz eleitoral, e, havendo elementos no feito de impugnação que levem a essa conclusão, poderá o magistrado fazê-lo, aproveitando-se do que foi trazido pelo impugnante/desistente, inclusive provas já produzidas, funcionando o Ministério Público Eleitoral na sua prerrogativa de *custos legis*, emitindo parecer prévio à definição judicial.

7.8 INSTRUÇÃO E DILIGÊNCIAS

O manancial probatório na AIRC deve constar das peças que formam a fase postulatória (petição inicial e defesa), sendo imperiosa a indicação do número de testemunhas até o limite de 06, o que se estende ao impugnado. O Ministério Público, como fiscal da lei, pode, outrossim, apresentar rol de testemunhas para oitiva na audiência instrutória. Todavia, esse ato só se realiza se não tiver condições o juiz eleitoral de conhecer toda a matéria fática com a prova documental trazida necessariamente pelas partes com as aludidas petições.

Às partes cabem os ônus de trazer as testemunhas em juízo para a audiência. Mas, essa regra não pode ser hermética ou inflexível, deve ser balizada e ponderada com o *due process of law*. Nem sempre ocorrerá a espontaneidade ou a aceitação em funcionar como testemunha, sobretudo em feitos eleitorais, em que incidem interesses de poderosos e pessoas influentes na decisão em um ou outro sentido, capaz assim de manipular a própria disposição ou lisura nos depoimentos.

Podem as partes requerer a prévia intimação das testemunhas?

Sim. Há de se ter cautela nesse ponto, pois designada a audiência e, constatando-se nesse momento o não comparecimento das testemunhas indicadas por determinada parte, não cabe mais a providência de adiamento e redesignação do ato, tudo em virtude da celeridade a que o feito eleitoral deve obedecer. Desse modo, a parte interessada na produção da prova testemunhal deve se certificar com a mais absoluta precisão sobre a certeza de comparecimento das pessoas que pretenda ouvir e que comparecerão a juízo mediante sua simples convocação e aviso, ou formular o específico requerimento para a intimação, pois só com esta ficarão obrigadas à ida e, caso não o façam, poderão vir a ser conduzidas coercitivamente, mesmo que se tenha que suspender a realização do ato processual.

O erro nessa análise, com a crença de comparecimento espontâneo de alguém que não o faça, implica na preclusão na produção da prova – art. 223, CPC.

A substituição de testemunhas não tem aplicação nesse caso, que não é contemplado no art. 451, I, II e III, CPC, hipóteses que por sua vez podem servir de base para a substituição na AIRC.

Poderá a parte se comprometer a trazer uma ou algumas das testemunhas, independentemente de intimação, e postular a intimação de outra ou outras.

Ressalte-se ser imperiosa a demonstração do motivo para que a parte não cumpra com o seu ônus, justificando assim a utilização do mecanismo estatal da intimação. Essa perspectiva não pode servir de justificativa para uma transferência indevida da obrigação processual da parte. Caberá ao juiz eleitoral a análise da plausibilidade e coerência do que foi alegado para previamente autorizar a intimação, considerando até mesmo que a designação da audiência é feita no saneamento para os 04 dias posteriores.

A falta de estrutura para atuação do Ministério Público Eleitoral pode ser razão suficiente para que se proceda à intimação via judicial, conforme restou assentado na jurisprudência pelo Tribunal-Regional Eleitoral de Sergipe:

"RCAND - REGISTRO DE CANDIDATURA nº 146156 - Aracaju/SE

Acórdão nº 270/2010 de 26/07/2010

Relator(a) JUVENAL FRANCISCO DA ROCHA NETO

Publicação: PSESS - Publicado em Sessão, Data 26/07/2010

Ementa:

REGISTRO DE CANDIDATURA. COLIGAÇÃO. AIRC. DECISÃO INTERLOCUTÓRIA. INDEFERIMENTO DE DILIGÊNCIAS. AGRAVO REGIMENTAL. DECISÃO MANTIDA EM PARTE. AGRAVO PROVIDO PARCIALMENTE.

1. Indefere-se requerimento de diligência quando desnecessárias, que em nada contribuirão para o julgamento do feito.

2. Tratando-se de julgamento de DRAP, de cujo desenrolar depende o julgamento do pedido de registro de candidatos e, ainda, considerando a ausência de estrutura do *Parquet* para trazer em Juízo as suas testemunhas, nada obstante a previsão contida no art. 5º, § 1º, LC nº 64/90, entendo devam ser intimadas a comparecer na audiência de instrução designada as testemunhas arroladas pelo MPE.

3. Agravo provido parcialmente.

Decisão: ACORDAM os Membros do Tribunal Regional Eleitoral de Sergipe, por unanimidade, em CONHECER e DAR PARCIAL PROVIMENTO AO AGRAVO." (In www.tse.jus.br/jurisprudencia)

A vigência do CPC trouxe instrumentalidade que resolve de maneira bastante satisfatória qualquer dúvida quanto ao ônus ou possibilidade de intimação da testemunha para o procedimento eleitoral em análise.

É que a regra do art. 455, CPC se aplica de maneira incisiva no processo eleitoral. Assim, a regra geral e inicial é de que o advogado da parte promova a intimação da testemunha, salvo se ela comparecer apenas com a informação por aquele prestada.

A forma da intimação é aquela preconizada no art. 455, § 1º, CPC. Se não houve manifestação da parte por seu advogado nesse sentido, opera-se a preclusão da produção da prova testemunhal, reputando-se desistente da iniciativa (art. 455, § 3º, CPC).

Somente nos casos dos incisos I, II, III, IV e V, art. 455, § 4º, CPC é que se utilizará da intimação judicial, sendo que a frustração da intimação promovida pelo advogado justifica a alteração da modalidade (inciso I).

Sobre essa significativa alteração explica Elpídio Donizetti:

> *A intimação da testemunha através do próprio juízo deixa de ser regra, sendo exigida apenas em hipóteses específicas (§ 4º). Agora a intimação é feita pelo advogado que a arrolou, que deve informá-la sobre a data, o horário e o local da audiência. A intimação deve ser feita por carta com aviso de recebimento, o qual deve ser juntado aos autos com antecedência mínima de três dias em*

relação à data da audiência (§ 1º). Se esse procedimento não for realizado, presume-se que houve desistência da inquirição (§ 3º).

Se a parte se comprometer a conduzir a testemunha à audiência, fica dispensada da intimação com posterior comprovação. Todavia, o não comparecimento para depoimento implica presunção de desistência da oitiva (§ 2º).

Como visto, a intimação judicial da testemunha é exceção, aplicando-se nas seguintes hipóteses: quando for frustrada a intimação feita pelo advogado da parte que arrolou a testemunha; quando se tratar de servidor público ou militar; quando a testemunha for arrolada pelo MP ou pela Defensoria Pública, ou quando se tratar das exceções do art. 454. (In Novo Código de Processo Civil Comentado, Atlas, 2015, p. 347/8).

O juiz eleitoral pode limitar a oitiva das testemunhas ao número de 03 pessoas?

Depende. Efetivamente, o art. 357, § 6º, CPC permite que o juiz contenha a produção da prova testemunhal redundante, isto é, limitando a 03 testemunhas para cada fato controvertido. Essa norma reflete a diretriz de que o magistrado é o destinatário da prova.

Contudo, necessário observar que essa regra aplicada subsidiariamente à AIRC deve ser precedente ao início da audiência de instrução, para que a parte, por meio de seu advogado, possa eleger, entre as testemunhas presentes, o conjunto que melhor se adapte à sua estratégia processual.

Pode o juiz eleitoral submeter o impugnado a teste ou verificação acerca do analfabetismo, se este for o fato discutido na AIRC como motivador da sua inelegibilidade, e, por consequência, a inadmissibilidade do registro de sua candidatura?

Tal procedimento é perfeitamente possível, mas deve ser desenvolvido sem criar constrangimento ou situação vexatória ao cidadão. De ofício, ou atendendo a requerimento do impugnante, assistente ou do Ministério Público Eleitoral, o magistrado poderá empreender tal providência na própria audiência de instrução.

A respeito do assunto, anotamos:

> São inelegíveis, os inalistáveis, pois seria esdrúxulo conferir a determinada pessoa a condição de capacitado eleitoral passivo, quando a posição ativa não está presente. Somente aquele que tem condições de ser eleitor e, efetivamente, exercer o direito de voto é que poderá ser candidato.
>
> Em relação aos analfabetos deve ser consignada a sua total capacidade eleitoral ativa, podendo regularmente se alistarem como eleitores e exercerem com plenitude o direito de voto.
>
> É necessária, para fins de maior luminosidade sobre o tema, uma reflexão em torno do conceito do analfabeto para fins eleitorais.

> O analfabetismo é a condição em que algumas pessoas estão inseridas, não possuindo o conhecimento para utilização satisfatória da linguagem escrita (ler e escrever), bem como a compreensão interpretativa dos textos.
>
> (...)
>
> A razão da inelegibilidade dos analfabetos consiste na precariedade da representação que o cargo político-eleitoral exige, denotando uma aridez de atributos no analfabeto, impedindo-o de exercer a atividade para a qual poderia ser eleito, que exige, em suma, um conjunto de conhecimentos, ações e posturas totalmente dependentes da utilização do sistema vigente de linguagem e comunicação.
>
> O que pode parecer a olhos menos avisados ser uma punição ao analfabeto, funciona até mesmo como mecanismos de sua proteção, não permitindo a distorção ou a manipulação em prol da própria cidadania.
>
> (...)
>
> A aferição do grau de alfabetização do candidato pode ser feita no próprio requerimento do registro de candidatura, através de diligência determinada pelo juízo eleitoral ou mesmo através de meio probatório requerido em AIRC (ação de impugnação de registro de candidatura, aforada com base no art. 3º, Lei Complementar 64/90).
>
> Não há qualquer invalidade de perícia, teste ou prova para se conhecer do grau de alfabetização do candidato por iniciativa da Justiça Eleitoral. São perfeitamente viáveis essas providências, mesmo de ofício, eis que o conteúdo tem densa carga de providência administrativa, visando à lisura e legalidade do processo eleitoral. (*In*: *Reforma Eleitoral*. Editora JH Mizuno, 2010, p. 69/71)

Poupando excessos ou mesmo espetacularização de episódios tendo como protagonistas pessoas analfabetas que almejam o certame eleitoral, como componente ínsito à cidadania, a jurisprudência tem limitado a aferição da condição de alfabetizado à postura daquele que sabe ler e escrever, impedindo-se rigor excessivo em testes ou provas.

Como o analfabetismo é uma chaga que ainda persiste no país e deverá perdurar ainda nas próximas décadas, curial que o tema seja tangenciado tal qual ponderado pela jurisprudência, evitando-se uma superdimensão da inelegibilidade.

O TSE já firmou o seguinte posicionamento:

> "AgR-REspe - Agravo Regimental em Recurso Especial Eleitoral nº 30682 - Poço das Trincheiras/AL
>
> Acórdão de 27/10/2008
>
> Relator(a) Min. JOAQUIM BENEDITO BARBOSA GOMES
>
> Publicação: PSESS - Publicado em Sessão, Data 27/10/2008
>
> Ementa: ELEIÇÕES 2008. Agravo regimental. Recurso especial. Registro de candidatura. Analfabetismo. Art. 29, IV, § 2º, da Res.-TSE nº 22.717. Declaração de próprio punho. Presença do juiz eleitoral ou de serventuário da

> Justiça Eleitoral. Exigência. Teste. Rigor excessivo. Precedente. Outros meios de aferição. Observância do fim constitucional. Agravo provido.
>
> 1. Na falta do comprovante de escolaridade, é imprescindível que o candidato firme declaração de próprio punho em cartório, na presença do juiz ou de serventuário da Justiça Eleitoral, a fim de que o magistrado possa formar sua convicção acerca da condição de alfabetizado do candidato.
>
> 2. "O rigor da aferição no que tange à alfabetização do candidato não pode configurar um cerceio ao direito atinente à inelegibilidade" (Acórdão nº 30.071, de 14.10.2008, rel. min. Arnaldo Versiani).
>
> 3. A norma inscrita no art. 14, § 4º, da Constituição Federal impõe apenas que o candidato saiba ler e escrever. Para este efeito, o teste de alfabetização deve consistir em declaração, firmada no cartório eleitoral, na qual o candidato informa que é alfabetizado, procedendo em seguida à leitura do documento.
>
> Decisão: O Tribunal, por unanimidade, proveu o Agravo Regimental para deferir o registro da candidatura do agravante, nos termos do voto do Relator." (In www.tse.jus.br/jurisprudencia).

No mesmo sentido: TSE - RESPE 234956 – S. Paulo/SP, Rel. Min.Henrique Neves da Silva, j. 23/09/2014 – www.tse.jus.br/jurisprudencia.

As diligências constituem fase procedimental autônoma, após a audiência de instrução, e servem para a complementação de captação probatória, autorizando-se nos 05 dias seguintes a sua realização, como oitiva de terceiros, cuja referência tenha origem na prova oral em audiência; requisição de documentos; busca e apreensão; enfim, qualquer providência que contribua para a formação do arcabouço probatório e que seja condizente com a temática da discussão na AIRC. A iniciativa das diligências conta com a maior elasticidade, podendo ser promovida de ofício, ou em atendimento a requerimento das partes ou Ministério Público Eleitoral, como fiscal da ordem jurídica eleitoral, se este for o caso.

Diligências inoportunas, impertinentes ou desnecessárias devem ser rejeitadas pelo juiz eleitoral, sobretudo porque o prazo para a finalização do procedimento é exíguo, não comportando prorrogação, sob pena de inviabilizar a própria segurança processual eleitoral. Há de se registrar ainda que a oportunidade das diligências não serve para ampliação indevida do rol de testemunhas ou preparação e antecipação de prova para finalidade diversa, senão o contraponto litigioso entre o fato do qual deriva a pretensão de indeferimento do registro e sua resistência pelo impugnado.

Nas situações acima descritas, não há de se falar com acerto em cerceamento de defesa, por violação ao *due process of law*, em virtude de ofensa ao contraditório e ampla defesa.

Assim, mesmo se no cenário da discussão surgir qualquer evidência ou notícia de propaganda eleitoral ilícita, abuso de poder econômico ou político, captação de sufrágio, curial que não se proceda à realização de diligência desse jaez, podendo, no entanto, para fins de preservação do interesse material na prova, a extração de cópias da informação nesse sentido, formando-se feito de providências gerais cautelares, até mesmo por iniciativa do Ministério Público Eleitoral para uma produção de prova antecipada, visando a possível pretensão em feito específico como representação ou ação de investigação judicial eleitoral ou impugnação de mandato eletivo.

Assinala-se que na fase de diligências podem ser complementadas certidões negativas sobre condenações e situações processuais alheias que afetam a elegibilidade, inclusive com seu detalhamento em face da possível incidência da Lei da Ficha Limpa (Lei Complementar 135, de 04 de junho de 2010).

Nesse sentido, *mutatis mutandis*, já decidiu o TSE:

> "RO - RECURSO ORDINÁRIO nº 1337 - São Paulo/SP
>
> Acórdão de 26/09/2006
>
> Relator(a) Min. JOSÉ AUGUSTO DELGADO
>
> Publicação: PSESS - Publicado em Sessão, Data 26/09/2006
>
> Ementa:
>
> REGISTRO DE CANDIDATO. QUITAÇÃO ELEITORAL E CERTIDÕES QUE, EM FASE DE DILIGÊNCIA, FORAM APRESENTADAS. OMISSÃO DE BENS NA DECLARAÇÃO NÃO COMPROVADA.
>
> 1. Homenagem ao entendimento de que, se, na fase de diligências, há a apresentação de certidões comprovando quitação eleitoral e existência, sem trânsito em julgado, de processos-crime, descrevendo a natureza da ação e a situação em que se encontra, regularizado está o pedido de registro de candidatura eleitoral.
>
> 2. Omissão de bens na declaração que não restou comprovada. Documentos apresentados após o prazo da impugnação, quase totalmente em língua estrangeira, sem tradução e sem conclusão definitiva sobre os bens apontados como não declarados. Inexistência de devido processo legal para a afirmação da omissão.
>
> 3. Registro de candidatura que se mantém por se considerar, da mesma forma que assumiu o acórdão recorrido, presentes os requisitos exigidos pela legislação eleitoral para o seu deferimento.
>
> 4. Apelo do Ministério Público recebido como recurso especial, parcialmente conhecido e, nesta parte, não provido, mantendo-se o deferimento do registro da candidatura.
>
> 5. Dos despachos ordinatórios não cabe recurso. Determinação judicial para reentranhamento de documentos antes mandados retirar. Ausência de qualquer prejuízo para a parte. Recurso especial que ataca agravo regimental não conhecido para reformar a decisão monocrática que assim determinou. Não-conhecimento do apelo de Paulo Salim Maluf." (In www.tse.jus.br/jurisprudencia)

Ressalte-se que a não apresentação de documento, como a certidão criminal obrigatória, sinaliza para o indeferimento do registro de candidatura, o que pode ser feito independentemente de impugnação, ou mesmo em sua sede.

É o que já proclamou a abalizada jurisprudência do Tribunal-Regional Eleitoral de São Paulo:

> "REG - REGISTRO DE CANDIDATO nº 421104 - São Paulo/SP
>
> Acórdão de 16/08/2010 - Relator(a) PAULO HENRIQUE DOS SANTOS LUCON
>
> Publicação: PSESS - Publicado em Sessão, Data 16/08/2010
>
> Ementa:
>
> REGISTRO DE CANDIDATO – IMPUGNAÇÃO – AUSÊNCIA DE DOCUMENTO: CERTIDÃO CRIMINAL – PROCEDENTE A IMPUGNAÇÃO E INDEFERIMENTO DO REGISTRO.
>
> Decisão: INDEFERIRAM O REGISTRO. V.U." (In www.tse.jus.br/jurisprudencia)

Importante salientar que, para fins do processo eleitoral, deve ser prestigiado o princípio da aquisição processual da prova ou carga dinâmica das provas, impedindo-se assim que um litigante, produzida a prova por sua iniciativa, vise a sua eliminação ou dispensa, por não mais atender aos seus interesses e posturas processuais.

Ora, o caráter publicista do processo em geral, notadamente aquele de natureza eleitoral, não pode permitir uma flutuação dos níveis e densidades probatórias, sendo sensato e lógico que todo o conjunto probatório que foi construído seja preservado, pois pertencente ao juízo para fins de sua análise, independentemente de provar favorável ou negativamente a quem teve o ônus de trazê-lo à avaliação.

Com isso, totalmente inviável em fase de diligências o acatamento de requerimento das partes para desentranhamento de documentos ou depoimentos já concretizados, sob o fundamento de que a iniciativa foi daquele demandante.

7.9 ALEGAÇÕES FINAIS E DECISÃO

Com a finalização da arrecadação probatória, surge a oportunidade das alegações finais pelas partes e o Ministério Público Eleitoral no prazo de 05 dias. O prazo é comum e corre de modo contínuo e peremptório no cartório eleitoral; resta assinalar, não há oportunidade para vista com carga sucessivamente. Essa preocupação do legislador é legítima, pois qualquer contenção ou desvio na marcha processual vulnera e compromete o calendário eleitoral, criando imensa conturbação e insegurança no processo eleitoral, com efeitos deletérios à cidadania e à democracia.

É facultativa a apresentação das alegações finais?

Sim. Trata-se de uma oportunidade processual que deve ser conferida pelo Estado Jurisdição, sob pena de nulidade, pois constitui um dos módulos de efetivação do contraditório e ampla defesa, ou seja, a influência argumentativa no conjunto probatório para que o magistrado possa analisar a pertinência e adequação dos respectivos posicionamentos e teses jurídicas.

Mas, se a parte não manifesta interesse em utilizar da faculdade processual, ocorre a preclusão nos termos do art. 223, CPC, aplicado subsidiariamente.

Pode o advogado utilizar-se do direito de carga para cópias nos termos do art. 107, § 3º, CPC?

Acreditamos que o dispositivo pode ser aplicado ao processo eleitoral, se a extração das cópias puder ser realizada no próprio interior do cartório eleitoral ou retirados os autos daquele recinto, que a providência for realizada com a presença de servidor da Justiça Eleitoral, para que o feito possa retornar imediatamente ao seu curso. Toda essa situação decorre da urgente necessidade de se imprimir a rapidez exigida para o processo eleitoral, relativo ao registro de candidatura, como já frisado.

Cumpre ressaltar que atualmente, com os avanços tecnológicos, permitindo-se a remessa de documentos eletronicamente, os depoimentos em audiência podem ser copiados de tal modo, assim como o remanescente das peças e documentos inseridos nos autos.

A norma em apreço teve origem no art. 40, § 2º, CPC (revogado) com redação pela Lei 11.969/2009 e o prazo de retirada dos autos era de uma hora.

Na disposição do CPC o prazo foi estendido para entre duas e seis horas, sem prejuízo da continuidade do prazo em andamento e independentemente de ajuste.

Assim, grande cautelar deve ter a Justiça Eleitoral ao permitir a extensão do prazo para retirada dos autos, sobretudo, aquele mais dilatado, pois a ausência poderá inviabilizar a realização de expedientes e rotinas inerentes à atividade ali desenvolvida, principalmente por causa da celeridade da fluência desses prazos que são eminentemente curtos e ainda o risco de prejudicar a parte contrária, que, eventualmente tenha idêntico interesse.

Por isso, via de regra, o prazo somente deve ser expandido além de duas horas (prazo mínimo), se houver motivo suficiente justificável.

Importante notar que o art. 107, § 4º, CPC trouxe sanção ao advogado que não restitui os autos no tempo correto, ou seja, a perda do direito de vista fora da secretaria judicial naquele mesmo processo e para a providência do § 3º.

O Ministério Público Eleitoral tem prazo em dobro e direito à intimação pessoal com vista dos autos?

Não. A regra é especial, exclusivamente pela dicção do art. 6º, Lei Complementar 64/90, que trata pontualmente das alegações finais, fazendo-se expressa referência ao *Parquet*.

Com tal dimensão já decidiu o TSE:

> "AgR-REspe - Agravo Regimental em Recurso Especial Eleitoral nº 36794 - Teresina/PI
>
> Acórdão de 18/03/2010
>
> Relator(a) Min. FELIX FISCHER
>
> Publicação: DJE - Diário da Justiça Eletrônico, Data 14/04/2010, p. 55
>
> Ementa:
>
> AGRAVO REGIMENTAL. RECURSO ESPECIAL ELEITORAL. ELEIÇÕES 2008. REGISTRO DE CANDIDATURA. MINISTÉRIO PÚBLICO ELEITORAL. INTIMAÇÃO PESSOAL. PRERROGATIVA. NÃO PROVIMENTO.
>
> 1. Nos processos de registro de candidatura, aplica-se a regra geral da intimação pessoal do Ministério Público Eleitoral, com exceção do disposto no artigo 6º, da Lei Complementar nº 64/90. Precedentes: AgR-REspe nº 29.883/SP, de minha relatoria, Rel. desig. Min. Henrique Neves, PSESS em 11.10.2008; AgR-REspe 30.322/MG, Rel. Min. Arnaldo Versiani, PSESS em 9.10.2008; AgR-REspe 32.510/PB, Rel. Min. Eros Grau, PSESS em 12.11.2008.
>
> 2. No caso, muito embora o Ministério Público Eleitoral tenha interposto o recurso eleitoral após cerca de onze meses após a publicação da sentença, há de se reconhecer a tempestividade do apelo, porquanto o *Parquet* fora intimado pessoalmente a destempo e não há prova, na moldura fática do v. acórdão regional, de que teve ciência do *decisum* à época de sua publicação.
>
> 3. Reconhecida a tempestividade do recurso interposto pelo agravado, os autos devem retornar à origem para a apreciação da matéria veiculada no apelo.
>
> 4. Agravo regimental não provido." (In www.tse.jus.br/jurisprudencia).

Essa posição foi reiterada no seguinte aresto do TSE: AI 83938 – São Lourenço/MG, Rel. Min. Henrique Neves da Silva, j. 19/05/2015 – www.tse.jus.br/jurisprudencia.

Finalizada a fase de alegações finais os autos são conclusos ao juiz eleitoral (eleições municipais) ou relator, quando for o caso de registro de candidatura tramitando em tribunais superiores com pleito presidencial, para o Congresso Nacional, governos dos Estados e Assembleias Legislativas.

A decisão deve ser proferida no prazo de 03 dias, com a apresentação do ato decisório no cartório (art. 8º, LC 64/90). Trata-se de um prazo preconcebido em virtude da rápida fluência do processo eleitoral, consignando-se, a partir da sua finalização, o prazo para recurso, pois as partes adrede estão cientes da divulgação do ato decisório. Caso não ocorra dessa forma, aplica-se o disposto no art. 9º da mesma Lei complementar, com a exigência de publicação de edital referente à decisão no cartório, contando, a partir de então, o prazo recursal.

Contudo, nesse caso a Corregedoria-Regional Eleitoral deverá verificar as razões do atraso e se for a hipótese sancionar ao magistrado, desde que não haja justa causa para a não obediência ao prazo – art. 9º, parágrafo único, LC 64/90.

O provimento judicial tem dúplice e reflexa repercussão, pois são decididos o pedido de registro e a sua respectiva impugnação. Dessa maneira, a análise judicial deve ter por início os motivos ensejadores da impugnação como primeiro enfrentamento. Se acolhidos com a procedência, declara-se o reconhecimento de uma causa de inelegibilidade, que tem como consequência o indeferimento do registro da candidatura; exemplificativamente, o analfabeto (art. 1º, I, "a", LC 64/90).

Se superada a razão que levou à impugnação, o pedido é improcedente. Analisado o exemplo dado *a contrario sensu*, se invocado o analfabetismo tal circunstância for rejeitada, passa-se então à análise do registro da candidatura, que dependerá do exame de todos os demais requisitos e pressupostos, podendo ser deferido ou não. Seguindo-se a linha do modelo proposto, afastado o analfabetismo, pode ser o caso de indeferimento por condenação criminal transitada em julgada, nos moldes da alínea "e", art. 1º, I, LC 64/90.

O ato decisório não pode deixar de analisar todos os requisitos e formalidades para o registro, mesmo quando acolhe a impugnação, pois, assim fazendo, cria um cenário propício ao fenômeno da supressão de instância. Isso, porque a questão ligada à impugnação pode ser rediscutida em sede de recurso eleitoral e decidida de modo diferente, surgindo o embaraço da ausência de provimento judicial quanto aos demais critérios para o registro de candidatura.

Enfrentando o Tribunal situações com essas injunções, a fim de não retardar em demasia o processo eleitoral pela falha em primeira instância, pode se valer da teoria da causa madura – art. 1013, § 3º, I a IV, CPC, aplicando-a ao processo eleitoral, aferindo assim os demais requisitos para o registro de candidatura.

A jurisprudência projeta com acerto essa solução:

> "RCD - REGISTRO DE CANDIDATOS nº 906 - Ipatinga/MG
>
> Acórdão nº 1685 de 29/07/2008
>
> Relator(a) SÍLVIO DE ANDRADE ABREU JÚNIOR
>
> Publicação: PSESS - Publicado em Sessão, Data 29/07/2008
>
> Ementa: Recurso Eleitoral. Registro de Candidatura. Eleições 2008. Indeferimento. Reunião de todas as condições elencadas no § 3º do art. 515 do Código de Processo Civil. Teoria da causa madura. Análise imediata do *meritum causae.*
>
> Preliminar de inconstitucionalidade. Rejeitada. O objeto da ação não constitui precipuamente a inconstitucionalidade da Lei Orgânica.
>
> Mérito. Procedência dos pedidos iniciais. Determinação de retorno dos autos à 1ª instância, para intimação da coligação para adequar o número de Vereadores. Recurso a que se dá provimento.

Decisão: Deram provimento, nos termos do voto do Relator." (In www.tse.jus.br/jurisprudencia)

E ainda: RE 351 - Doresóplis/MG, Rel. Juíza Maria Edna Fagundes Veloso - DJEMG, 23/09/2015 - www.tre-mg.jus.br. Ademais, a intimação pessoal do Ministério Público Eleitoral nos processos de registro de candidatura realiza-se pelo expediente no Processo Judicial Eletrônico (PJe), abrindo-se de maneira automática e em tempo imediato a contagem do prazo, o que se estende até depois do período eleitoral. É a dicção do art. 38, § 7º, Resolução n. 23.609/2019 - TSE com redação pela Resolução n. 23.729/2024 - TSE. Dessa forma, restou estabelecida a modalidade de intimação pessoal por via digital/eletrônica, o que é compatível com o estágio atual da técnica dos processos digitais. Como a regra é abrangente, se estende também para o trâmite da AIRC. Segue-se ainda necessário frisar que o art. 38-A, Resolução 23.609/2019 - TSE sobre a contagem de prazo no processo eletrônico deve ser estritamente observado, para respaldo do devido processo legal e garantia das partes à publicidade, ampla defesa e contraditório.

7.10 MODELOS

7.10.1 Petição. Impugnação de registro de candidatura. Inelegibilidade. Art. 1º, I, "a" (segundo caso – analfabetismo), Lei Complementar 64/90

EXMO. SR. JUIZ ELEITORAL DA ...ª ZONA ELEITORAL DE ..../...

P.A (Partido da Amizade), agremiação partidária com sede na ...., representada pelo Presidente do Diretório Municipal de ..../..., por seu advogado, conforme instrumento procuratório anexo, nos autos do registro de candidatura n. ...., alusivo ao candidato ao cargo de Prefeito pelo Partido ...., ILETRADO, *(qualificação, com endereço)*, vem respeitosamente à presença de Vossa Excelência aforar AÇÃO DE IMPUGNAÇÃO DE REGISTRO DE CANDIDATURA, em desfavor do sobredito candidato, com base no art. 1º, I, "a", LC 64/90, e, para tanto, expondo e requerendo o seguinte:

Inicialmente, frisa o impugnante a tempestividade do presente pedido, considerando que o edital com referência ao registro de candidatura do impugnado foi publicado em .../.../....., sendo o feito nesta data protocolizado.

Segundo se depreende da anexa documentação e dos autos de registro de candidatura n. ...., em trâmite perante esse juízo, o requerente é agremiação partidária com atuação no âmbito do Município de ..../..., inclusive apresentando candidatos para o cargo de Prefeito, Vice-Prefeito e Vereadores às Eleições 2024, conforme escolha em convenção partidária.

Ocorre que o requerente apresentou registro de candidatura para o cargo de Prefeito, contudo, embora seja alistável como eleitor, não é elegível, nos termos do art. 14, § 4º, Constituição Federal, e art. 1º, I, "a", segunda figura, Lei Complementar 64/90.

Ora, o requerido é analfabeto, pois não reúne condições de ler e escrever, interpretando com o mínimo de qualidade qualquer texto, compilação ou linguagem escrita, inviabilizando a sua concorrência ao pleito.

Deve ser observado, Excelência, em razão da documentação ora acostada, que o requerido apenas estudou a 1ª série do ensino fundamental, no longínquo ano de ..... (anexa certidão e declaração da escola ....). Após tal período, jamais retornou aos estudos.

Sua situação é publicamente reconhecida no âmbito do Município, tanto que é auxiliado pelos filhos na sua atividade profissional de produtor rural.

ISSO POSTO, nos termos dos arts. 3º e seguintes da Lei Complementar 64/90, requer o recebimento e processamento do presente pedido, notificando-se o impugnado, ouvindo-se o Ministério Público Eleitoral e, após instrução, que a final seja acolhida a pretensão, reconhecendo-se a inelegibilidade do impugnado e indeferindo o seu registro de candidatura ao cargo de Prefeito.

Requer a produção de todos os meios lícitos de prova, notadamente a prova documental, inclusive complementar, depoimento pessoal do impugnado, prova testemunhal, perícias e inspeções.

Considerando a necessidade de se garantir a plena produção das provas e a inviabilidade de se alcançar a presença das testemunhas de n. 01 e 02, abaixo anotadas, pela simples convocação ou convite do impugnante, requer a intimação para que compareçam em juízo para serem ouvidas, quando designada a audiência, reputando imprescindíveis os respectivos depoimentos.

Termos em que pede e
Aguarda deferimento.

(Local e Data)

....
Advogado
OAB/... – nº ....

Rol de testemunhas (até o número de 06 – qualificação completa e endereço)

7.10.2 Contestação em impugnação ao registro de candidatura

EXMO. SR. JUIZ ELEITORAL DA ____...ª ZONA ELEITORAL DE ..../...

Processo n. ....

ILETRADO, nos autos em epígrafe, referente ao registro de sua candidatura ao cargo de Prefeito do Município de ...., e no apenso referente à Ação de Impugnação ao Registro de Candidatura, movida pelo P.A., vem perante Vossa Excelência, por intermédio de seu advogado abaixo firmado, e nos termos do anexo mandato, apresentar sua CONTESTAÇÃO, com fundamento no art. 4º, Lei Complementar 64/90, fazendo-o nos termos a seguir alinhavados.

TEMPESTIVIDADE

Constata-se que a peça defensiva ora apresentada respeita o prazo legal, pois, notificado o impugnado em .../.../....., veio nesta data a juízo, refutando as assertivas iniciais. *(Obs.: O prazo de 07 dias é contado da data da notificação, e não da juntada aos autos de mandado. Embora o art. 38 combinado com 41, Resolução 23.609/2019 com redação pela Resolução n. 23.675/2021 utilize a expressão citação, deve prevalecer a notificação derivada do art. 4º, LC 64/90. Por outro lado, não sendo a hipótese de notificação ou citação, para quem entenda em empregar esse nomenclatura que não foge à adstrição da lei, o prazo da prática do ato de ciência que na era do processo eletrônico pode ser realizada por várias outras formas e não apenas a remessa postal ou a cientificação por oficial de justiça, como prevê o art. 38, Resolução 23.609/2019 (mural eletrônico, mensagem instantânea, email ou correspondência). Houve uma equiparação das formas de intimações para as citações ou notificações. Reputa-se praticado o ato eletrônico, quando certificado o êxito do envio, fluindo a partir de então, o respectivo prazo. Embora não haja previsão expressa da notificação ou citação por mandado (oficial de justiça), prestigiando a forma eletrônica, não há qualquer impedimento para sua adoção nas hipóteses em que tais providências se fizerem eventualmente necessárias, porquanto é forma prevista no processo civil, utilizado no processo eleitoral supletiva e subsidiariamente (art. 15, CPC).*

SUMÁRIO DAS ALEGAÇÕES DO IMPUGNANTE

De maneira desavisada e irresponsável, o impugnante insurge-se contra o pedido de registro de candidatura do impugnado, imputando-lhe a pecha de analfabeto, visando ao reconhecimento de sua inelegibilidade.

Assevera que o impugnado não terminou o ensinou básico, conforme documentos oriundos de escolas locais e que ainda conta na sua atividade de produtor rural com o auxílio dos filhos, para suprir sua condição de analfabeto.

Culmina por pleitear o acatamento do pedido e apresenta rol de testemunhas.

PRELIMINARES

Nessa seara, o impugnado suscita o defeito de representação processual, conquanto, segundo as certidões ora apresentadas, aquele que se afigura como presidente do partido impugnante não ostenta tal condição. Desse modo, há defeito em tal representação, urgindo assim a sua regularização em tempo hábil e condizente com a celeridade do processo eleitoral, fixado por Vossa Excelência, sob pena de extinção do feito sem resolução do mérito, nos termos do art. 76, § 1º, I, CPC.

MÉRITO

Não são verídicas as alegações assacadas contra o impugnado. A única justificativa que pode alentar tal propositura é o receio da disputa eleitoral em termos de lisura e o receio do êxito do impugnado no certame ora em desenvolvimento, por seu perfil construído sob o signo da honestidade e da ética e sua imensa capacidade administrativa.

O impugnado não é analfabeto. Embora não tenha formação em curso superior, ostenta a conclusão do ensino básico, 'antiga 8ª série'. Tal demonstrativo se faz pleno pelos documentos ora trazidos aos autos, ressaltando-se que a mera ausência desses informativos em escolas da cidade ou região não significa a ausência de sua formação educacional, exatamente porque teve a oportunidade de estudar na escola .... do Município .... entre os anos de ..... e ......

Com isso, o impugnando preenche não só essa condição de elegibilidade como todas as outras, como Vossa Excelência poderá examinar no pedido de registro de candidatura.

O impugnado reúne assim todos os pressupostos para concorrer ao pleito eleitoral, disputando legitimamente o cargo de Prefeito Municipal. Não é analfabeto. Sabe ler, escrever, interpretar, conhecendo a estrutura da linguagem escrita e desenvolve diversas atividades cotidianas há muitos anos que retratam essa condição, seja como produtor rural ou integrante de entidades religiosas e pias.

Desde já o impugnado se coloca à disposição de Vossa Excelência, para realização de teste em vossa presença ou no cartório eleitoral, consistente na confecção de declaração no sentido de sua alfabetização, assinando-a e fazendo a respectiva leitura.

LITIGÂNCIA DE MÁ-FÉ

Nitidamente, o impugnante age como litigante de má-fé – art. 80, II, CPC, eis que faz afirmações sabidamente falsas e tendenciosas, buscando a criação de um clima desfavorável ao impugnando no cenário eleitoral, urgindo assim esse reconhecimento pela decisão judicial.

CRIME DE IMPUGNAÇÃO TEMERÁRIA

Além disso, o comportamento dos representantes legais do impugnante que alvitrou o presente pedido se encaixa no tipo penal do art. 25, Lei Complementar 64/90, pugnando assim o impugnado para que, afastada a pretensão, adote o Ministério Público Eleitoral as providências cabíveis no sentido da responsabilidade penal daqueles que assim procederam.

Assim exposto, requer a Vossa Excelência o julgamento improcedente da impugnação e, preenchidos todos os requisitos legais, o deferimento do seu registro de candidatura, condenando-se a parte impugnante como litigante de má-fé.

Requer ainda a oportunidade para provar suas alegações pelos meios lícitos admitidos em direito, especialmente depoimento pessoal do impugnante, prova documental, testemunhal, pericial, inspeções e outros módulos.

Pede e espera deferimento.

(Local e Data)

....

Advogado

OAB/... – nº ....

Obs.: A anotação de valor da causa e o pedido de condenação em ônus da sucumbência são desnecessários no processo eleitoral. Em razão de seu caráter essencialmente publicista, o processo eleitoral não conta custas processuais. Por isso, a jurisprudência não admite a existência dos ônus sucumbenciais, conforme aresto abaixo consignado, originário do TSE. De se ressaltar que alguns Tribunais Regionais Eleitorais já se manifestaram no sentido de imputar ao litigante ímprobo os ônus da litigância de má-fé, que não se confundem com os ônus sucumbenciais propriamente ditos.

Jurisprudência temática sobre ausência de ônus de sucumbência no processo eleitoral:

> "RESPE - RECURSO ESPECIAL ELEITORAL nº 12783 - Pratápolis/MG
>
> Acórdão nº 12783 de 25/03/1997 - Relator(a) Min. PAULO ROBERTO SARAIVA DA COSTA LEITE
>
> Publicação: DJ - Diário de Justiça, Data 18/4/1997, Página 13862
>
> Ementa: RECURSO ESPECIAL. HONORÁRIOS ADVOCATÍCIOS.
>
> A CONDENAÇÃO EM HONORÁRIOS ADVOCATÍCIOS, EM RAZÃO DE SUCUMBÊNCIA, APRESENTA-SE INCABÍVEL EM FEITOS ELEITORAIS. PRECEDENTE: ACÓRDÃO N. 13.101, DE 06.03.97.
>
> RECURSO ESPECIAL CONHECIDO E PROVIDO.
>
> Decisão: O TRIBUNAL, À UNANIMIDADE, DEU PROVIMENTO AO RECURSO, NOS TERMOS DO VOTO DO RELATOR." (In www.tse.jus.br/jurisprudencia)

7.10.3 Petição. Impugnação de registro de candidatura. Inelegibilidade. Art. 1º, I, "e", 1 (condenação criminal por órgão colegiado), Lei Complementar 64/90, alterada pela Lei Complementar 135/2010 (Lei da Ficha Limpa)

EXMO. SR. JUIZ ELEITORAL DA ...ª ZONA ELEITORAL DE ..../...

Processo n. ....

INOCENTE, *(qualificação completa)*, candidato ao cargo de Vereador nas Eleições Municipais 2012, no Município de ..../..., pelo P.S. (Partido da Simpatia), por meio de seu advogado, na conformidade do anexo mandato, vem respeitosamente à presença de Vossa Excelência aforar AÇÃO DE IMPUGNAÇÃO DE REGISTRO DE CANDIDATURA, em contraposição a CONDENADO, *(qualificação completa)*, também candidato ao cargo de Vereador nas Eleições Municipais 2024, no Município de ...., pelo P.B. (Partido da Beleza), nos termos do art. 1º, I, "e", 1, Lei Complementar 64/90, pelo que expõe e requer com o arrazoado a seguir descrito.

Esclarece o impugnante que sua dedução se encontra no prazo legal nos termos do art. 3º, cabeço, Lei Complementar 64/90, pois, ajuizado o pedido nesta data, o edital com o respectivo registro foi publicado em ..../..../......

MOTIVO DA INELEGIBILIDADE

O impugnado não é elegível, nos termos do precitado dispositivo legal, conforme redação outorgada pela Lei da Ficha Limpa (Lei Complementar 135/2010), pois na esteira do que estampa a presente certidão de antecedentes criminais, originária da Justiça Comum Estadual, foi denunciado, processado e condenado por crime de peculato (art. 312, CP).

Em grau de recurso, a decisão condenatória foi confirmada pelo eg. Tribunal de Justiça do Estado de ...., à unanimidade. Naquele Sodalício, atualmente se encontra pendente a análise quanto à admissibilidade de Recurso Especial ao STJ.

Diante de tal quadro, o impugnado tem contra si condenação proferida por órgão judiciário colegiado, não possuindo a condição de elegibilidade, nos precisos termos do supracitado dispositivo legal, derivado da determinação constitucional do art. 14, § 9º, Constituição Federal.

ISSO POSTO, requer o processamento da presente impugnação, notificando-se o impugnado e, ouvido o IRMP, seja o pedido julgado procedente para se declarar a inelegibilidade do impugnado nos termos acima declinados, indeferindo-lhe o registro da respectiva candidatura.

Requer a produção de todos os meios de prova lícitos em direito, notadamente a documental.

Pede e aguarda deferimento.

(Local e Data)

....

Advogado

OAB/... – nº ....

Obs.: Na espécie, a prova se circunscreve à documentação, com ênfase nas certidões que retratam a situação criminal do candidato/impugnado.

7.10.4 Contestação. Impugnação de registro de candidatura

EXMO. SR. JUIZ ELEITORAL DA ...ª ZONA ELEITORAL DE ..../...

Processo n. ....

CONDENADO, qualificado nos autos acima identificados, AÇÃO DE IMPUGNAÇÃO DE REGISTRO DE CANDIDATURA que lhe move INOCENTE, em trâmite por esse h. juízo eleitoral, apresenta por intermédio de seu advogado (mandato incluso) a sua CONTESTAÇÃO ao respectivo pedido, aduzindo e requerendo o seguinte:

TEMPESTIVIDADE

Constata-se que a peça defensiva ora apresentada respeita o prazo legal, pois, notificado o impugnado em ..../..../....., veio nesta data a juízo, refutando as assertivas iniciais. *(Obs.: Sobre a contagem do prazo vide item 7.10.2 acima).*

RESUMO DA ARGUIÇÃO DO IMPUGNANTE

O impugnante, baseando-se no novel dispositivo da Lei das Inelegibilidades, alteração promovida pela Lei da Ficha Limpa, precisamente o disposto no art. 1º, inciso I, alínea "e", item 1, da LC 64/90 sustenta a inelegibilidade do impugnado, em virtude de uma transitória e ainda não definitiva situação processual acerca de uma ocorrência criminal.

Dessa maneira, pleiteia o processamento da medida para que, ao final, seja julgado procedente o pedido e, por conseguinte, indeferido o seu registro de candidatura.

REAL SITUAÇÃO PROCESSUAL DO IMPUGNADO

Em relação à noticiada condenação criminal, diga-se de passagem, um erro judiciário, cuja correção por certo irá ser procedida nas instâncias extraordinárias, não ocorreu o seu trânsito em julgado, pendentes recursos para o STJ e STF, conforme demonstrado pelas certidões que se anexam ao feito.

MOTIVOS QUE IMPEDEM O RECONHECIMENTO DA INELEGIBILIDADE

1 - Inconstitucionalidade da Lei da Ficha Limpa. Violação à presunção de não culpabilidade

Contudo, diversas são as razões que impedem o reconhecimento da indigitada inelegibilidade, espectro que se inicia pela inconstitucionalidade da Lei Complementar 135/2010, que implica grave sanção violadora dos direitos políticos, sobretudo a capacidade eleitoral passiva, a partir de uma decisão judicial flutuante que não recebeu a estabilidade da coisa julgada, logo, indubitavelmente, apenas uma perspectiva ou possibilidade de se tornar exigível.

Com tal compreensão, é garantia fundamental a presunção de inocência na área criminal e, se o nascedouro da inelegibilidade ali reside, não pode surtir quaisquer efeitos, mesmo em situação cara e importante como a probidade.

O art. 5º, LVII, da Carta Magna diz textualmente: ninguém será considerado culpado até o trânsito em julgado de sentença penal condenatória.

Ora, se a garantia fundamental assim se expressa, essa consideração de culpabilidade não pode ser aproveitada por nenhum vetor jurídico, já que a decisão provisória, embora possa resultar em alguns efeitos imediatos, jamais poderá ser equiparada à condenação definitiva.

A esse propósito, anotou Amaury Silva sobre a Lei da Ficha Limpa:

> Presunção de inocência
>
> Foi relativizada. Admitiu-se a sua observância e exaurimento com o duplo grau de jurisdição, ou seja, uma decisão inicial e no máximo mais uma, que alcance a revisão fática e jurídica, sem a necessidade de intervenção da chamada jurisdição extraordinária, provocada pelos recursos ao TSE e ao STF.
>
> Inconstitucionalidade
>
> Embora precioso o movimento que se travou em torno da aprovação da Lei da Ficha Limpa, visando criar uma consciência na cidadania apta à depuração na escolha eleitoral, com fundamentos em critérios de moralidade e ética, suficientes para afastar da atuação na Administração Pública indesejáveis mandatários, a supressão do trânsito em julgado da decisão que reconhece a inelegibilidade para se contentar apenas com o julgamento coletivo ofende em cheio o princípio de presunção de inocência, que funciona como protetor a todos indistintamente, mesmo abrigando às vezes no seu regozijo, quem a rigor não possa merecê-lo. Flexibilizá-lo é uma tentação perigosa, arriscada e açodada.
>
> Execução provisória e exaustiva
>
> Criou-se uma verdadeira 'execução provisória da inelegibilidade', com caráter exaustivo, pois se extirpa a capacidade eleitoral passiva, antes da formação da coisa julgada, sem a mínima possibilidade de reversão, se, a final, a transitória procedência da decisão colegiada for revertida. (*In*: *Reforma Eleitoral*. Editora JH Mizuno, 2010. – Adendo – Comentários à Lei da Ficha Limpa, p. 8).

O Excelso Pretório já teve oportunidade de se pronunciar nesse sentido, conforme decidido na Arguição de Descumprimento de Preceito Fundamental – ADPF n. 144/DF, Rel. Min. Celso de Mello, j. 06/08/2008, Tribunal Pleno, *in*: *DJe* 25/02/2010.

Com esse conteúdo, deve ser rejeitada a impugnação, possibilitando o registro da candidatura do impugnado, eis que tem seus direitos políticos plenamente em vigor, nos precisos termos do art. 15, III, CF.

2 - Desproporcionalidade do prazo de inelegibilidade. Inconstitucionalidade

A sanção de inelegibilidade prevista no dispositivo legal invocado pelo impugnante tem a seguinte dicção: *os que forem condenados, em decisão transitada em julgado ou proferida por órgão judicial colegiado, desde a condenação até o transcurso do prazo de 8 (oito) anos após o cumprimento da pena, pelos crimes: 1. contra a economia popular, a fé pública, a Administração Pública e o patrimônio público.*

Salta aos olhos a inconstitucionalidade da previsão de extensão dos efeitos da condenação para fins de inelegibilidade por 08 anos, após o cumprimento da pena criminal.

Como decorrência dos efeitos da decisão condenatória de natureza penal, a suspensão dos direitos políticos não pode, sob qualquer pretexto, ter a elasticidade que o legislador da Lei Complementar 135/2010 achou por bem realizar.

Tal conjuntura leva à formação de um efeito cruel à pena, o que vedado pela CF – art. 5º, XLVII, "e". Na realidade, impor tal restrição para o prolongado período de 08 anos, após o cumprimento da pena, sendo certo que no período de sua vigência os direitos políticos também estarão suspensos, constitui enorme aberração, o que não é tolerado pelo princípio da proibição do excesso, já que realiza o total alijamento do cidadão da sua perspectiva de exercício de um dos pilares básicos dos direitos humanos, que é a liberdade de escolher e de se disponibilizar como escolhido para fins eleitorais.

Esse quadro se acentua de forma draconiana, com a antecipação da suspensão dos direitos políticos do impugnado na modalidade passiva, antes que ocorra sequer o trânsito em julgado da famigerada decisão criminal em apreço.

O prazo em questão poderá ainda ser exasperado se no âmbito eleitoral for observado o contido na Súmula 19, TSE: *O prazo de inelegibilidade de três anos, por abuso de poder econômico ou político, é contado a partir da data da eleição em que se verificou.*

A norma em questão é tão desafiadoramente cruel que impede a própria perspectiva de reeducação, em razão dos fins especiais da pena serem totalmente suprimidos, pois eventual erro do condenado jamais poderá ser expiado ou mesmo superado, ante a sua definitiva exclusão do cenário eleitoral.

Assim, bate-se o impugnado pelo afastamento da tese inicial e que haja o regular deferimento de sua candidatura.

3 - Irretroatividade da Lei da Ficha Limpa. Fato ocorrido, antes de sua vigência.

Frisa por oportuno, o impugnado, que o fato que lhe foi imputado na ação penal noticiada pelo impugnante ocorreu em .../.../....., portanto, aproximadamente 03 anos antes da vigência da Lei Complementar 135/2010 (Lei da Ficha Limpa) que introduziu a eficácia da inelegibilidade para as condenações criminais por crimes contra a Administração Pública, proferidas por órgão judicial colegiado, mesmo se não tiverem transitado em julgado.

Destacado esse raciocínio, a retroatividade da lei eleitoral em questão afeta a segurança jurídica e não pode ser admitida.

4 - Aplicação do art. 26-C da Lei Complementar 64/90.

Informa, esclarece e demonstra o impugnado, pelos documentos que instruem a presente defesa, que ao interpor os recursos ao STJ e STF pleiteou, em caráter cautelar, a suspensão da inelegibilidade decorrente da decisão então recorrida, conforme o previsto no art. 26-C da Lei Complementar 64/90.

Contudo, não houve ainda apreciação daqueles Tribunais a respeito do tema, o que deve ocorrer em breve, sendo certo que a proclamação pelo juízo eleitoral nessa esfera, sem a negativa das instâncias extraordinárias, poderá acarretar grave entrechoque de jurisdições, em franco prejuízo ao impugnado e ao próprio Estado Democrático de Direito, que se fia por inteiro na seriedade e segurança advinda do Estado Juiz.

Feitas todas as ponderações acima desenvolvidas, requer o impugnado a improcedência do pedido, afastando-se a impugnação, mantendo-se hirto o seu direito à concorrência no pleito eleitoral em desenvolvimento, outrossim, com o deferimento do seu registro de candidatura, pois todos os requisitos e formalidades legais foram preenchidos.

Pugna pela prova de suas alegações mediante os mecanismos lícitos em direito, juntada de documentos e outras modalidades que se fizerem necessárias.

Pede e espera deferimento.

(Local e Data)

....

Advogado

OAB/... – nº ....

8

REPRESENTAÇÕES – PROPAGANDA ELEITORAL

A propaganda política é uma das maiores expressões da liberdade no sistema de democracia representativa, pois a partir da sua concepção cria-se um permissivo para a divulgação e propagação do pensamento voltado à administração e gestão do poder derivado do Estado, impregnado por opções a teorias e fórmulas de atuação, comumente assimilados como ideologias. Em contrapartida o direito à informação é realizado e alcançado na medida em que se possibilita o debate de ideias, os confrontos em nível ideológico, o entrechoque com os paradigmas de um ou outro segmento filosófico.

Pode-se dizer, sem o menor risco de erro, que os direitos políticos em uma democracia são, efetivamente, grandiosos e relevantes, se houver a possibilidade da propaganda política, escoimada de grilhões ou manipulações.

As vertentes da propaganda política se revelam nas seguintes modalidades: partidária externa, partidária interna, institucional e eleitoral. Em uma ligeira averiguação conceitual podemos dizer que a propaganda política partidária externa é aquela desenvolvida pelas agremiações partidárias; a manifestação é voltada para a veiculação de suas propostas e normas programáticas de seus estatutos, enfim, a exteriorização do pensamento de cunho político ideológico, tendo como destinatário toda a comunidade, respeitando-se o campo de atuação e limitações das camadas ou instâncias partidárias: federal, regional ou local.

A propaganda partidária é compreendida como aquela realizada pelas agremiações partidárias, conforme disciplinavam os art. 45 a 49, Lei 9.096/95 e Resoluções 20.034/97 e 22.503/2006 – TSE. No entanto, a Lei 13.487/2017 revogou tais disposições e extinguiu o acesso gratuito dos partidos políticos nessa modalidade de propaganda, ao rádio e a televisão. A revogação dos artigos 45 a 49, bem como do art. 52, da Lei Orgânica dos Partidos Políticos (Lei n° 9.096/95), referente à propaganda partidária gratuita mediante transmissão, por rádio e televisão, deve ser analisada e compreendida em relação direta com outra, qual seja, a criação do Fundo Especial de Financiamento de Campanha (FEFC), de forma que os valores da compensação fiscal a que os veículos de comunicação faziam jus deverão ser transferidos ao referido fundo do art. 16-C da Lei n° 9.504/1997 (chamada Lei das Eleições), incluído pela Lei n° 13.487/2017.

Os recursos do fundo ficarão à disposição dos partidos políticos somente após a definição de critérios para a sua distribuição, os quais, aprovados pela maioria absoluta dos membros do órgão de direção executiva nacional do partido, serão divulgados publicamente.

Com a revogação do acesso dos partidos políticos à propaganda gratuita no rádio e na televisão, tem sido suscitada a inconstitucionalidade da medida, por violar o direito de antena das agremiações partidárias.

Esse direito vem consagrado no art. 17, § 3º, Constituição Federal, in verbis a redação originária: *§ 3º Os partidos políticos têm direito a recursos do fundo partidário e acesso gratuito ao rádio e à televisão, na forma da lei.* No bojo da Minirreforma Eleitoral de 2017 *foi editada também* a Emenda Constitucional 97/2017 que criou uma cláusula de barreira para acesso de partidos políticos aos recursos do fundo partidário e à propaganda gratuita no rádio e TV.

Vejamos: *§ 3º Somente terão direito a recursos do fundo partidário e acesso gratuito ao rádio e à televisão, na forma da lei, os partidos políticos que alternativamente: I - obtiverem, nas eleições para a Câmara dos Deputados, no mínimo, 3% (três por cento) dos votos válidos, distribuídos em pelo menos um terço das unidades da Federação, com um mínimo de 2% (dois por cento) dos votos válidos em cada uma delas; ou II - tiverem elegido pelo menos quinze Deputados Federais distribuídos em pelo menos um terço das unidades da Federação.*

Ocorre que a própria EC 97/2017 escalonou uma graduação de desempenho para fins do acesso e projetou o ano de 2030 para a aplicação integral da norma. Confira-se: *Art. 3º O disposto no § 3º do art. 17 da Constituição Federal quanto ao acesso dos partidos políticos aos recursos do fundo partidário e à propaganda gratuita no rádio e na televisão aplicar-se-á a partir das eleições de 2030. Parágrafo único. Terão acesso aos recursos do fundo partidário e à propaganda gratuita no rádio e na televisão os partidos políticos que: I - na legislatura seguinte às eleições de 2018:a) obtiverem, nas eleições para a Câmara dos Deputados, no mínimo, 1,5% (um e meio por cento) dos votos válidos, distribuídos em pelo menos um terço das unidades da Federação, com um mínimo de 1% (um por cento) dos votos válidos em cada uma delas; ou b) tiverem elegido pelo menos nove Deputados Federais distribuídos em pelo menos um terço das unidades da Federação; II - na legislatura seguinte às eleições de 2022: a) obtiverem, nas eleições para a Câmara dos Deputados, no mínimo, 2% (dois por cento) dos votos válidos, distribuídos em pelo menos um terço das unidades da Federação, com um mínimo de 1% (um por cento) dos votos válidos em cada uma delas; ou b) tiverem elegido pelo menos onze Deputados Federais distribuídos em pelo menos um terço das unidades da Federação; III - na legislatura seguinte às eleições de 2026: a) obtiverem, nas eleições para a Câmara dos Deputados, no mínimo, 2,5% (dois e meio por cento) dos votos válidos, distribuídos em pelo menos um terço das unidades da Federação, com um mínimo de 1,5% (um e meio por cento) dos votos válidos em cada uma delas; ou b) tiverem elegido pelo menos treze Deputados Federais distribuídos em pelo menos um terço das unidades da Federação.*

Concluímos que, não obstante a criação de fundo especial para financiamento das campanhas eleitorais, conforme art. 16-C, Lei 9.504/97 pela Lei 13.487/2017 na Minirreforma Eleitoral, motivo propalado para a extinção do acesso gratuito ao rádio e a TV para fins de propaganda partidária, o direito de antena dos partidos políticos engloba, tanto a propaganda partidária como a propaganda eleitoral. Logo, a supressão da propaganda partidária gratuitamente no rádio e na TV é inconstitucional. Todavia, o TSE determinou o arquivamento de todos os pedidos para propaganda partidária no ano de 2018, em razão da modificação introduzida, por perda de objeto http://www.tse.jus.br/partidos/propaganda-partidaria/propaganda-partidaria. Esse entendimento tem orientado as decisões nos âmbitos regionais, como se percebe no julgamento proferido pelo TRE-MG, nos autos da PP 90-46.2017.6.13.0000, sessão de 27/11/2017, relator Juiz Paulo Rogério Abrantes, em relação a revogação sob análise:

> "PROPAGANDA PARTIDÁRIA. PEDIDO DE VEICULAÇÃO NO ANO DE 2018. SUPERVENIÊNCIA DA LEI 13.487/2017. PERDA DO OBJETO.
>
> 1. A decisão em procedimento de propaganda partidária, cujo escopo é a mera organização da grade de veiculação de acordo com a ordem de apresentação dos pedidos, não faz coisa julgada e pode ser revista quando constatados fatos supervenientes que afetem ou impeçam a sua execução. 2. Com a edição da Lei 13.487/2017, foi extinta a propaganda partidária a partir de 1º.1.2018, ficando os respectivos recursos destinados à composição do Fundo Especial de Financiamento de Campanha (FEFC). 3. Além do descompasso com a lei e a inviabilidade prática do pedido do partido, a eventual veiculação de propaganda partidária na espécie poderia ensejar indesejável quebra da isonomia entre as agremiações cujos pedidos já foram deferidos e aquelas cujos pedidos ainda estejam em processamento. Pedido julgado prejudicado" (PP 0600014-33, rel. Min. Admar Gonzaga, sessão de julgamento de 28/11/2017, TSE).

Esse apontamento foi objeto de confirmação pelo TSE em outra oportunidade: *"o fim do direito de antena promovido pela Lei nº 13.487/2017 ensejou a perda do objeto das demandas envolvendo cassação do tempo destinado à propaganda partidária gratuita no rádio e na televisão, em virtude do descumprimento da legislação de regência, impossibilitado o alcance da pretensão deduzida (...)" (AgR-AI nº 250-08/MG, Rel. Min. Rosa Weber, j. em 3.4.2018).*

Tal discussão quanto à permanência do direito à propaganda partidária gratuita para efetivar o direito de antena se exauriu com a vigência da Lei 14.291, de 03 de janeiro de 2022. A norma promoveu alteração na Lei 9.096/95 e de modo formal voltou a fazer a previsão expressa da propaganda partidária gratuita no rádio e TV, no art. 50-A e seguintes da referida Lei dos Partidos Políticos.

Na propaganda partidária interna tratada no art. 36, § 1º, da Lei 9.504/97 os pretensos candidatos às eleições dispõem de oportunidade para externarem seus nomes e conteúdos aos correligionários para que sejam admitidos e escolhidos em convenção partidária e consagrarem a formalização imprescindível para a disputa eleitoral como candidatos. Com isso, a mensagem propagandista deve ser limitada e exclusivamente voltada aos filiados que decidem na convenção partidária o grupo selecionado.

Vedada para tal finalidade, a utilização de rádio, televisão e *outdoor.*

O prazo de sua realização é irremediavelmente fixado para os 15 dias que antecedem a data programada para a convenção partidária - art. 36, § 1º, Lei 9.504/97.

Segundo o art. 8º da Lei 9.504/97, as convenções se realizam entre os dias 20 de julho e 05 de agosto do ano em que ocorrerem eleições. Fora desse contexto, não há de se falar regularmente em propaganda partidária interna.

A Resolução 23.610/2019 - TSE, art. 2º, §§ 1º ao 4º disciplina de modo idêntico a questão visando as Eleições 2024, sendo que a Resolução em tela foi atualizada pela Resolução n. 23.732/2024 - TSE.

Por sua vez, a propaganda política institucional tem seu substrato central no art. 37, § 1º, da Constituição Federal e diz respeito à divulgação dos atos realizados pelos órgãos públicos para fins de informação, educação e orientação aos administrados, cravando-se o efeito da impessoalidade, pois não se destina à promoção dos agentes ou servidores públicos, nem para encômios a biografias ou personalidades.

Sua realização se dá fora do eixo eleitoral, embora comumente com este confundido ilicitamente, tanto que constitui infração eleitoral a sua realização nos 03 meses anteriores ao pleito, configurando-se a conduta vedada, nos termos do art. 73, VI, "b", Lei 9.504/97, podendo ocorrer até mesmo implicação de abuso de poder político, com cassação do registro de candidatura ou do mandato eletivo do infrator ou beneficiário.

A propaganda política eleitoral objeto precípuo de nosso estudo nessa passagem, consiste na exteriorização do pensamento político-eleitoral realizado por candidatos, partidos e coligações durante o processo eleitoral na fase determinada pela legislação, visando o angariar de votos do eleitorado, que permita a eleição para determinado cargo em disputa naquela jornada.

Trata-se de um mecanismo visando ao proselitismo ou convencimento de que determinada agremiação partidária ou candidato mereça ser o destinatário do sufrágio do cidadão, para se credenciar segundo o cânone do mandato na democracia representativa, possibilitando a assunção àquela determinada investidura, suprida pela via eleitoral.

Em virtude do regramento imposto à propaganda eleitoral e a sua intensa utilização durante o processo eleitoral, a atuação da Justiça Eleitoral normalmente é chamada à solução de impasses, podendo inclusive em algumas hipóteses agir de ofício, em exercício do poder de polícia.

Para as Eleições 2024, a matéria foi regulamentada pela Resolução 23.610/2019 – TSE, a partir do art. 2º, com atualização do texto pela Resolução n. 23.732/2024 – TSE.

Com isso, a invocação do Judiciário Eleitoral é realizada para coibir as infrações, excessos e descompassos em se tratando de propaganda eleitoral. Funciona a representação com o sentido de reclamação, notícia, denúncia, imputação de determinado ilícito eleitoral para que, adotado o procedimento previsto na legislação, haja o saneamento da irregularidade e punição dos infratores.

As regras gerais para as representações derivadas de ilícitos na propaganda eleitoral estão fixadas nos arts. 96 e seguintes da Lei 9.504/97.

8.1 PROCEDIMENTO DAS REPRESENTAÇÕES POR PROPAGANDA ELEITORAL ILÍCITA

Cuida-se de um procedimento enxuto, por demais específico e que conta com aplicação supletiva de outras normas da própria legislação eleitoral e do Código de Processo Civil (Lei 13.105/2015), por força do que dispõe o art. 15 do recente Diploma Processual Civil.

O art. 40-B, Lei 9.504/97, estipula que a representação em virtude de propaganda irregular deve ser apresentada em petição, desde o início, instruída com prova da autoria ou do prévio conhecimento do beneficiário do ato de propaganda, se este não for o responsável.

Há necessidade ainda de que o requerimento se refira ao episódio que transgrediu na visão do representante os postulados da propaganda eleitoral, fazendo a descrição dos aspectos de fato e de direito. Importante frisar que a peça deve ser apresentada em 03 (três) vias, permitindo que uma delas seja utilizada como recibo/protocolo pelo próprio requerente. A finalização do requerimento deve indicar os meios de provas que o representante entende como aptos à demonstração de suas assertivas e a conclusão para o saneamento da irregularidade na propaganda, aplicação de multa e outras providências, como se verá em cada hipótese específica.

Importante salientar que os Tribunais Regionais Eleitorais podem estabelecer normas locais, a respeito da adoção e veiculação dos processos sob o formato eletrônico, como se já verifica em vários órgãos judiciários tal realidade.

Feita a distribuição, aquele que figurar como representado ou seu advogado (se houver poderes específicos para receber citação) será citado, preferencialmente por meio eletrônico para apresentar defesa em 02 dias; após, os autos são remetidos ao Ministério Público Eleitoral, que conta com o prazo de 01 dia para exarar parecer. Concluída essa etapa, os autos são conclusos ao juiz eleitoral, que deve decidir em 01 dia, decisório que desafia o recurso eleitoral inominado no prazo de 24 horas (art. 96, § 7º, Lei 9.504/97, e arts. 17 até o 21, Resolução 23.608/2019 – TSE).

A instrução, em regra, cinge-se à chamada prova pré-constituída, ou seja, aquela que se materializa e se exterioriza por elementos já palpáveis de antemão, como documentos, fotografias, arquivos em áudio ou vídeo, etc. A dilação para captação de outros meios de provas é circunstância excepcional que deve ser aferida de maneira prudente pelo magistrado, sob pena de se criar um ambiente desfavorável à rapidez com que devem ser tratadas as questões relativas à propaganda eleitoral, pois o curso do processo eleitoral não cessa e a cada momento se aproxima do seu paroxismo.

A ofensa ao contraditório e à ampla defesa, implicando em seu cerceamento e visceral nulidade, só ocorre se constatado prejuízo objetivo à parte, na negativa da designação de audiência de instrução para inquirição de testemunhas ou partes e mesmo realização de prova testemunhal.

Eis um panorama da jurisprudência, nesse sentido, do Tribunal-Regional Eleitoral do Estado de Minas Gerais:

> "RE - RECURSO ELEITORAL nº 4028 - Arinos/MG
>
> Acórdão nº 3914 de 29/09/2008
>
> Relator(a) GUTEMBERG DA MOTA E SILVA
>
> Publicação: PSESS - Publicado em Sessão, Data 29/09/2008
>
> Ementa: Recurso Eleitoral. Representação. Eleições 2008. Propaganda eleitoral. Procedência parcial. Preliminar de inadequação da via eleita e cerceamento de defesa. Rejeitada. Aplicação do art. 96 da Lei n. 9.504/97 às reclamações ou representações relativas ao seu descumprimento. Realização da audiência de instrução e julgamento. Inexistência de prejuízo para a parte.
>
> Mérito. Transmissão de pronunciamento em rádio comunitária municipal. Caracterização de propaganda eleitoral. Conduta vedada arrolada no art. 73, VI, "c", da Lei n. 9.504/97. Desproporcionalidade da pena de cassação do registro fixada na sentença. Recurso a que se dá provimento.
>
> Decisão: O Tribunal rejeitou preliminar e, no mérito, deu provimento ao recurso, nos termos do voto do Relator." (www.tse.jus.br)

Outro ponto especial e que merece atenção é a norma prevista no art. 96-A, Lei 9.504/97.

A Resolução n. 23.608/2019 – TSE – no art. 9º ao 16 especificou com muita precisão, as condições para as comunicações dos atos processuais referentes aos respectivos procedimentos. Assim, as decisões ordinárias devem ser comunicadas entre 10 às 19 horas, salvo determinação judicial em sentido contrário, enquanto aquelas que versem sobre tutela provisória entre 8 e 24 horas, salvo determinação judicial diversa.

Por sua vez, as emissoras de rádio e TV e demais órgãos, assim como os provedores de *internet* até o dia 20/07 do ano eleitoral devem apresentar os nomes, endereços, inclusive eletrônicos e telefone de seus respectivos representantes para fins de recebimento das comunicações a serem feitas pela Justiça Eleitoral (art. 10, Resolução 23.608/2019 – TSE), englobando endereço de correspondência, e-mail, número de telefone para aplicativo de mensagens instantâneas e poderão indicar procuradores com ou sem poderes para receber citação, juntando-se o respectivo instrumento de mandato. Na eventual omissão das empresas, reputam-se válidas as comunicações entregues nas respectivas portarias dos seus estabelecimentos.

Entre 15/08 e 19/12 do ano eleitoral as citações dirigidas a candidato, partido, coligação ou empresas de comunicação devem ser feitas por mensagens eletrônicas instantâneas, e-mail ou correspondência, e, ainda outro modo previsto no CPC – art. 11, Resolução 23.608/2019 – TSE. Sendo a citação destinada a pessoa diversa, deverá ser procedida por meio físico.

Ressalva-se que em relação às representações baseadas no art. 22, Lei Complementar 64/90 a citação opera-se na conformidade do previsto no CPC – art. 11, § 2º, Resolução 23.608/2019 – TSE. As intimações devem ser procedidas na forma do mural eletrônico e na hipótese de sua inviabilidade por mensagem eletrônica, *e-mail*, e correspondência (art. 12, da mencionada Resolução).

Relevante salientar que a Resolução em tablado analítico esclarece que a intimação pessoal do Ministério Público Eleitoral se realiza com o expediente respectivo no processo judicial eletrônico, inclusive com a determinação de abertura automática do respectivo prazo (art. 12, § 7º, Resolução 23.608/2019 – TSE).

O acatamento do pedido implica na adoção das providências trazidas com a representação como pretensão, como aplicação de multa, retirada da propaganda e outras medidas, sem prejuízo de que a partir do episódio se possa, por meio de algum dos legitimados, ter início verificação atinente a abuso de poder econômico ou político, a ser instrumentalizado por AIJE ou mesmo AIME.

O saneamento da irregularidade na propaganda eleitoral pode ser procedido de ofício, ou mesmo atendendo a requerimento visando à concessão de provimento de tutela provisória (art. 294, CPC), quer seja na modalidade de urgência (art. 300 e seguintes, CPC) ou evidência (art. 311, CPC).

O poder de polícia sobre a propaganda eleitoral é exercido exclusivamente pelos magistrados eleitorais, impondo-se a prerrogativa de inibir de imediato as práticas ilegais, agindo até mesmo de ofício, nos termos do art. 41 e §§ 1º, 2º, Lei 9.504/97, bem assim do art. 6º ao 8º e 107, Resolução 23.610/2019 – TSE.

8.1.1 Poder de polícia e acordo sobre a propaganda eleitoral (termo de ajustamento de conduta e compromisso homologado pelo juiz eleitoral)

A atividade de fiscalização quanto às irregularidades na propaganda eleitoral como visto pertence exclusivamente à Justiça Eleitoral. Buscando uma forma de antecipar situações de maior risco social e público na condução da propaganda eleitoral em alguns pleitos, passou a ser comum a edição de portarias ou outros atos administrativos pelo juiz eleitoral, restringindo o desenvolvimento da propaganda para além das restrições impostas legalmente.

Até mesmo ajustes entre candidatos, partidos e coligações são objeto de homologação judicial, para atender mais proximamente aqueles postulados. O Ministério Público Eleitoral no desempenho da sua atividade de fiscal da ordem jurídica eleitoral, o que a meu aviso, não contempla qualquer prerrogativa de intervenção em propaganda eleitoral, senão o direito à representação ao órgão judiciário eleitoral, passou também a editar termos de ajustamento de conduta eleitoral, inibindo ou diminuindo o exercício da propaganda eleitoral.

A jurisprudência se posiciona contrariamente a tal deliberação restritiva da propaganda eleitoral:

> *"[...]. Aos juízes eleitorais, nos termos do artigo 41, §§ 1º e 2º, da Lei nº 9.504/97, compete exercer o poder de polícia sobre a propaganda eleitoral, não lhes assiste, porém, legitimidade para instaurar portaria que comina pena por desobediência a essa Lei. [...]" (Ac. de 10.4.2012 no RMS nº 154104, rel. Min. Gilson Dipp.)*

Sobre a impossibilidade de intervenção do Ministério Público Eleitoral, o TSE no julgamento do RESPE n. 32231, Rel. Min. Henrique Neves da Silva, Município de Itaú/RN, DJe, Tomo 100, 30/05/2014, p. 60 deliberou no seguinte sentido:

> *Representação eleitoral. Descumprimento de termo de ajustamento de conduta.*
>
> *1. A realização de termos de ajustamento de conduta previstos no art. 5º, § 6º, da Lei nº 7.347/85 não é admitida para regular atos e comportamentos durante a campanha eleitoral, consoante dispõe o art. 105-A da Lei nº 9.504/97.*
>
> *2. A regulamentação da propaganda eleitoral não pode ser realizada por meio de ajuste de comportamento realizado por partidos, coligações ou candidatos, ainda que na presença do Ministério Público e do Juiz Eleitoral, nos quais sejam estipuladas sanções diferentes daquelas previstas na legislação eleitoral.*
>
> *3. A pretensão de impor sanção que não tenha previsão legal e cuja destinação não respeite a prevista na legislação vigente é juridicamente impossível.*
>
> *Recurso especial parcialmente provido para extinguir, sem julgamento do mérito, a representação, desprovido o pedido de reconhecimento de litigância de má-fé.*

Outras restrições à aplicação do poder de polícia consistem nas limitações trazidas pelo art. 54, § 2º, Resolução 23.608/2019 – TSE, ou seja, proibida a censura prévia e a imposição de sanções de natureza coercitiva, típicas de procedimentos jurisdicionais, tais como as *astreintes*. Essa posição é convergente ao teor da Súmula 18, TSE: *Conquanto investido de poder de polícia, não tem legitimidade o juiz eleitoral para, de ofício, instaurar procedimento com a finalidade de impor multa pela veiculação de propaganda eleitoral em desacordo com a Lei nº 9.504/1997.* Os excessos ou abusos praticados no âmbito do exercício do poder de polícia, à míngua de previsão específica de recurso, podem ser discutidas via mandado de segurança, como passou a prever expressamente o art. 54, § 3º, da referida Resolução.

8.1.2 Responsabilidade de candidato e partido por sanção referente à propaganda eleitoral ilícita

A Lei 13.165/2015 trouxe uma inovação buscando distinguir a responsabilidade entre o candidato e o partido, em virtude de sanção imposta pelo descumprimento da Lei das Eleições (Lei 9.504/97), o que obviamente envolve aquelas derivadas do descumprimento quanto às regras que regulamentam a propaganda eleitoral.

Pois bem. Ao art. 96 foi acrescentado o parágrafo 11, cuja dicção afirma não haver solidariedade automática entre o candidato e o partido, mesmo que tenha esse se beneficiado do respectivo comportamento. Assim, o pagamento de multa ou a obrigação de regularizar propaganda indevida seria exclusivamente do candidato e não do partido.

A intenção foi extinguir a solidariedade entre candidato e partido. Pela pretensão do dispositivo legal, as multas aplicadas por propaganda ilegal ou mesmo as ordens para retirada de determinada propaganda irregular, não poderiam alcançar o respectivo partido, mas somente o candidato.

A norma em questão só admite a responsabilidade do partido, quando tenha concorrido de modo efetivo para a conduta tida como ilícita.

Exclusivamente em relação às multas por propaganda eleitoral ilícita o dispositivo conflita com o art. 6º, § 5º, Lei 9.504/97 (redação pela Lei 12.891/2013), pois tal norma diz haver solidariedade entre o candidato e seu respectivo partido, não se alcançando outros partidos eventualmente integrantes de uma coligação.

Com isso, em relação às sanções decorrentes de propaganda eleitoral não pode ter aplicação a cisão da responsabilidade de solidária em individual. O princípio da razoabilidade autoriza concluir que o ordenamento eleitoral em casos específicos afirma que a responsabilidade entre partido e candidato é solidária e, a par de uma norma especial que mantém tal quadro, não pode se flexibilizar com tal reconhecimento.

Por outro lado, o art. 241, Código Eleitoral é claro ao estipular a solidariedade do partido com seu candidato, em razão dos excessos cometidos. Como tais excessos devem ser incluídos, os comportamentos tidos como violadores da legislação eleitoral, englobando as regras para a propaganda eleitoral e outros campos normativos.

Além disso, a concepção de responsabilidade solidária encampa a ideia de que aquele que procede de modo desidioso na escolha de outrem para representação ou atuação em seu nome, incorre na chamada *culpa in vigillando*, implicando na solidariedade em relação ao mau escolhido.

Dessa forma, o partido é responsável solidariamente pelo ato praticado por seu candidato.

8.1.3 Conexão de ações eleitorais

O art. 96-B, Lei 9.504/97 introduzido pela Lei 13.165/2015 discorre que as ações eleitorais propostas por partes diversas sobre o mesmo fato, devem ser reunidas para julgamento pelo mesmo juiz ou relator.

Com uma redação de duvidosa qualidade, o dispositivo pretende introduzir no âmbito do processo eleitoral do fenômeno da conexão de ações, mas não aborda de maneira técnica ou elementar as condições para o seu reconhecimento.

Insta assim considerar as disposições do CPC (art. 15). A finalidade básica da conexão de ações é definir o julgamento conjunto de ações e determinar a competência para tal providência, evitando-se decisões contraditórias e velando pela razoável duração do processo.

Sobre a conexão de ações no CPC, oportuna a lição de Daniel Amorim Assumpção Neves:

> *O conceito de conexão continua o mesmo (art. 55, caput, do CPC e art. 103 do CPC/1973), ainda que tenha sido substituído o termo "objeto" por pedido, confirmando-se dessa forma a interpretação do art. 103 do CPC/1973 feita pela melhor doutrina, no sentido de que a identidade do pedido ou causa de pedir gera conexão. Com a nova redação, fica consagrada legislativamente tal interpretação.*
>
> *Também o efeito da conexão continua a ser o mesmo: reunião das ações conexas para decisão conjunta perante o juízo prevento. Registre-se apenas que o art. 105 do CPC/1973, ao tratar da reunião das ações conexas, previa que as ações seriam julgadas simultaneamente, enquanto o art. 55, § 1º, do CPC prevê "decisão conjunta" das ações. Entendo que houve tão somente mudança redacional, conforme se constata da redação do art. 58 do CPC ao dispor que as ações reunidas em razão da conexão ou continência sejam "decididas simultaneamente".*
>
> *Não é preciso muito esforço para se compreender a razão do julgamento conjunto (ou simultâneo). Ocorre, entretanto, que a excepcionalmente o Superior Tribunal de Justiça vem admitindo o julgamento de ações reunidas por conexão em momentos procedimentais distintos, quando uma das ações já estiver em condições de decisão de mérito imediata e a outra ainda demandar atividade jurisdicional para atingir o mesmo patamar de desenvolvimento. Tal realidade não deve se modificar.*
>
> *O § 1º do art. 55 do Novo CPC prevê que não haverá reunião de processos de ações conexas se um deles já tiver sido sentenciado, entendimento já consagrado em súmula do Superior Tribunal de Justiça. (...)*
>
> *É importante lembrar o entendimento tranquilo do Superior Tribunal de Justiça no sentido de existir um verdadeiro juízo de conveniência baseado em discricionariedade na reunião de ações conexas, deixando suficientemente claro não ser obrigatória tal reunião no caso concreto. E essa realidade não só deve ser mantida com o novo Código de Processo Civil, como tudo leva a crer que a reunião nos termos do § 3º do art. 55 do Novo CPC seguirá a mesma lógica,*

ou seja, não será obrigatória mesmo que haja risco de decisões conflitantes e contraditórias.

(...)

A reunião de ações conexas, em continência, e agora cujos julgamentos por juízos diferentes possam gerar decisões conflitantes ou contraditórias, se dá perante o juízo prevento. No CPC/1973 havia duas regras indicando o juízo prevento, uma para ações de mesma competência territorial (art. 106) e outra para ações de competência territorial diferente (art. 219, caput, do CPC). Não havia qualquer justificativa par ao tratamento diferenciado, e nesse sentido deve ser elogiado o Novo Código de Processo Civil ao criar uma regra uniforme no art. 59: a prevenção é gerada pelo registro ou distribuição da petição inicial. (In Novo CPC – Código de Processo Civil – Lei 13.105/2015 – Inovações, Alterações, Supressões – Comentadas, Editora Método, p. 72/5)

Possível a extração de algumas conclusões quanto às regras trazidas para as ações eleitorais tratadas na Lei das Eleições. Inicialmente, mesmo que o fato seja comum, impossível se promover a reunião de ações, quando uma delas não tramitar perante a Justiça Eleitoral. Seria, por exemplo, o caso de na justiça comum um fato ali tratado como improbidade administrativa ser objeto de uma ação cível e o mesmo fato ser discutido judicialmente como propaganda eleitoral antecipada (utilização indevida de local público – prefeitura com material de propaganda).

Ora, a Justiça Eleitoral só tem a competência *intuiutu materiae* e não pode deliberar acerca, senão sobre questão eleitoral, logo, jamais poderá analisar a questão da virtual improbidade administrativa. Desse modo, inviável a reunião de ações com tais estruturas fáticas e jurídicas.

A determinação do juízo eleitoral competente deverá observar obviamente a determinação de competência interna, para melhor organização dos serviços judiciais eleitorais. Por exemplo, em determinado Município exista mais de uma zona eleitoral, sendo que as competências são estabelecidas por assunto: propaganda eleitoral, AIJE, AIME, representações por condutas vedadas, etc. Não há como se reconhecer a conexão entre os juízos que tenham competência diversa.

A conexão só pode ser proclamada, se houver simetria entre as competências dos diversos juízos onde tramitem feitos idênticos.

A determinação do juízo competente será a regra do art. 96-B, Lei 9.504/97 e art. 59, CPC, ou seja, aquele juízo ou relator que primeiro tenha recebido a matéria, através da distribuição do feito (data).

Cabe ainda frisar que o juízo de conveniência (discricionariedade) deve ser muito bem aferido pelo juiz eleitoral e relator na hipótese de conexão, porquanto se as ações eleitorais versem sobre fatos idênticos, mas os procedimentos são diversos, a reunião, ao invés de colaborar para o julgamento expedido e sem contradições, implica em restringir a razoável duração do processo. Dessa maneira, o órgão judicial deve avaliar a pertinência da reunião de ações.

O art. 96-B, § 1º, Lei 9.504/97 afirma de maneira expressa que o ajuizamento de feito eleitoral por algum dos legitimados não inibe a atuação do Ministério Público Eleitoral como autor de ação por fato idêntico, cumprindo assim seu papel de fiscal da ordem jurídica eleitoral.

Já no § 2º, art. 96- B, Lei das Eleições disciplinou-se que se eventualmente proposta uma nova ação sobre fato já em andamento em processo judicial, com decisão proferida que não tenha transitado em julgado, implicará no apensamento dos feitos, em qualquer instância e o autor funcionará como litisconsorte.

A disposição legal sob comentário é impraticável e ofende ao princípio da razoável duração do processo. Ora, como visto não há possibilidade de aplicação do instituto processual da conexão de ações, quando uma delas já tiver sido julgado (desaparecem as justificativas para a reunião como evitarem-se decisões contraditórias e economia processual).

Além disso, se o objetivo era impedir o conhecimento de questões repetitivas pelo juízo, o máximo que se poderia propor legislativamente para fins de racionalidade seria a suspensão do processo posterior, até definição do julgamento pendente. Ora, criou-se uma possibilidade de tramitação obtusa dos recursos nos Tribunais, uma parte que originariamente não interveio no feito em primeira instância, passa a funcionar como litisconsorte no recurso.

As incongruências são muitas e pode até resultar na perspectiva de que na segunda ação ajuizada, haja no polo passivo maior número de requeridos do que no feito que tenha decisão que ainda não transitou em julgado. Assim, somente uma das partes tem a prerrogativa de atuar no feito e o outra que sequer foi citada/notificada, tem conhecimento dos fatos.

Ademais, quanto ao resultado final do julgamento não há como se impor os efeitos da decisão a quem nele não interveio.

No art. 96-B, § 3º, Lei 9.504/97 existe outra aberração jurídica. O dispositivo inicialmente parece prestigiar a coisa julgada, afirmando que se a decisão transitou em julgado, o pedido novo baseado no mesmo fato não pode ser admitido pelo juiz.

Todavia, há uma relativização indevida da coisa julgada, autêntica instituição da revisão aberta das decisões da Justiça Eleitoral, permitindo-se que sejam apresentadas *outras* ou *novas* provas. A adjetivação da qualidade das provas é redundante. Se são novas, logo seriam outras. Contudo, o dispositivo não estipula quais decisões especificamente ficariam subordinadas a essa intrincada sistemática.

Pela redação da norma, mesmo aquele que em primeiro momento teve o julgamento desfavorável, poderia buscar a revitalização da instância judicial, sem passar pelos mecanismos ordinários e adequados de rescisão. A única admissibilidade dessa regra seria sublinhar a possibilidade de que afastado o reconhecimento do fato discutido por insuficiência de provas representações constantes da Lei 9.504/97, em AIRC (impugnação de registro de candidatura), poderia ser deduzido com base em novas provas em AIJE (ação de investigação judicial eleitoral) ou AIME (ação de impugnação de mandato eletivo), o mesmo ocorrendo em relação a AIJE e AIME.

8.1.4 Propaganda intrapartidária e atos de pré-campanha

Em zona tênue de distinção com a propaganda intrapartidária, situa-se a divulgação de atos de pré-campanha, com manifestações políticas por parte dos pré-candidatos, tornando-se necessário delimitar os termos e contornos da propaganda intrapartidária em comparação com a norma prevista no art. 36-A da Lei das Eleições:

> *Art. 36-A. Não configuram propaganda eleitoral antecipada, desde que não envolvam pedido explícito de voto, a menção à pretensa candidatura, a exaltação das qualidades pessoais dos pré-candidatos e os seguintes atos, que poderão ter cobertura dos meios de comunicação social, inclusive via internet: (Redação dada pela Lei nº 13.165, de 2015) I - a participação de filiados a partidos políticos ou de pré-candidatos em entrevistas, programas, encontros ou debates no rádio, na televisão e na internet, inclusive com a exposição de plataformas e projetos políticos, observado pelas emissoras de rádio e de televisão o dever de conferir tratamento isonômico; (Redação dada pela Lei nº 12.891, de 2013); II - a realização de encontros, seminários ou congressos, em ambiente fechado e a expensas dos partidos políticos, para tratar da organização dos processos eleitorais, discussão de políticas públicas, planos de governo ou alianças partidárias visando às eleições, podendo tais atividades ser divulgadas pelos instrumentos de comunicação intrapartidária; (Redação dada pela Lei nº 12.891, de 2013); III - a realização de prévias partidárias e a respectiva distribuição de material informativo, a divulgação dos nomes dos filiados que participarão da disputa e a realização de debates entre os pré-candidatos; (Redação dada pela Lei nº 13.165, de 2015); IV - a divulgação de atos de parlamentares e debates legislativos, desde que não se faça pedido de votos (Redação dada pela Lei nº 12.891, de 2013); V - a divulgação de posicionamento pessoal sobre questões políticas, inclusive nas redes sociais (Redação dada pela Lei nº 13.165, de 2015); VI - a realização, a expensas de partido político, de reuniões de iniciativa da sociedade civil, de veículo ou meio de comunicação ou do próprio partido, em qualquer localidade, para divulgar ideias, objetivos e propostas partidárias. (Incluído pela Lei nº 13.165, de 2015);*
>
> (...)

A configuração de atos de pré-campanha pode ter incidência inclusive no momento da propaganda intrapartidária, pois permeada de manifestações e divulgação de eventos, dificultando a verificação de propósitos e objetivos, não permitindo uma definição mais precisa, se se trata de um agir legítimo ou de um ato da propaganda irregular extemporânea.

A solução hermenêutica recomendada é a interpretação sistemática dos dispositivos legais, superando-se a dificuldade de se atingir o alcance da norma, uma vez que o art. 36-A, Lei 9.504/97 utilizou-se de fórmula negativa, *a contrario sensu*, dispondo dos casos que não se consideram propaganda eleitoral antecipada. De início, a primeira dúvida é se o rol previsto no sobredito artigo é *numerus clausus* (rol taxativo) ou *numerus apertus* (rol exemplificativo). A esse propósito a abordagem doutrinária no artigo "Os limites legais à pré-campanha eleitoral", (publicado em 27.1.2016, de Patrick Salgado Martins, http://jota.uol.com.br/os-limites-legais-a-pre-campanha-eleitoral).

O grande desafio, tarefa estoica, é a diferenciação entre "pedido de votos" e "exposição de plataformas e projetos políticos" ou "pedido de apoio". Em interpretação que supomos razoável - visando assegurar a igualdade de chances e coibir o abuso do poder econômico e dos meios de comunicação - compreende-se que os atos de pré-campanha devem ser observados como atos da vida política normal, em que as manifestações levem ao conhecimento da sociedade a pretensão do cidadão de se candidatar e as ações políticas que pretende desenvolver (típicas da atividade política). Nessa esteira, o uso das redes sociais para atos de pré-campanha será legitimamente considerado como canal para livre manifestação do pensamento, em assuntos político-eleitorais, desde que não caracterizem atos típicos de propaganda eleitoral na campanha.

Como elemento salutar para a análise dos casos concretos, devem ser empregados os instrumentos que permitam a verificação se houve arrecadação de recursos pelos pré-candidatos para custear as despesas, o que, em regra, somente é permitida quando destinada à propaganda de candidato em campanha eleitoral, pois para ela são necessários registro de candidatura, inscrição do CNPJ, abertura de conta bancária específica, entre outras providências. Visando a pré-campanha, a reforma eleitoral previu que, desde o dia 15 de maio do ano eleitoral, é facultada aos pré-candidatos a arrecadação de recursos na modalidade de financiamento coletivo – *crowdfunding* (chamada vaquinhas virtuais) - por meio de sítios na *internet*, aplicativos eletrônicos e outros meios similares. Entretanto, a liberação desses recursos por parte das entidades arrecadadoras fica condicionada ao registro de candidatura, e a realização de despesas de campanha deverá observar o calendário eleitoral. Todas as doações recebidas mediante financiamento coletivo deverão ser lançadas individualmente pelo valor bruto na prestação de contas de campanha eleitoral de candidatos e partidos políticos. A violação das regras sobre propaganda intrapartidária sujeitará o responsável pela divulgação da propaganda e, quando comprovado o seu prévio conhecimento, o beneficiário à multa no valor de R$5.000,00 (cinco mil reais) a R$25.000,00 (vinte e cinco mil reais), ou ao equivalente ao custo da propaganda, se este for maior – art. 36, § 3º, Lei 9.504/97.

Em relação aos atos de pré-campanha e propaganda intrapartidária, destacamos alguns julgados como amostragem sobre a compreensão jurisprudencial sobre a temática:

> *AI - Agravo Regimental em Agravo de Instrumento nº 18518 - NOVO ORIENTE DO PIAUÍ – PI Acórdão de 07/11/2017*
>
> *Relator(a) Min. Napoleão Nunes Maia Filho*
>
> *Publicação: DJE - Diário de justiça eletrônico, Tomo 241, Data 14/12/2017, Página 26/27 Ementa: ELEIÇÕES 2016. AGRAVOS REGIMENTAIS. AGRAVOS EM RECURSOS ESPECIAIS. REPRESENTAÇÃO POR PROPAGANDA ELEITORAL EXTEMPORÂNEA. PROPAGANDA INTRAPARTIDÁRIA IRREGULAR. FUNDAMENTOS DA DECISÃO QUE NEGOU TRÂNSITO AOS RECURSOS ESPECIAIS NÃO INFIRMADOS. AUSÊNCIA DE ARGUMENTOS HÁBEIS PARA MODIFICAR A DECISÃO AGRAVADA. AGRAVOS REGIMENTAIS DESPROVIDOS. 1. No caso, o Presidente do TRE do Piauí inadmitiu os Recursos Especiais manejados contra acórdão daquela Corte que manteve a sentença de procedência da Representação por propaganda irregular e condenou os agravantes ao pagamento de multa no valor de R$ 5.000,00, com base no art. 36, § 3º da Lei das Eleições, à consideração de ser vedado o reexame do contexto fático-probatório em sede de Recurso Especial, conforme as Súmulas 7/STJ e 279/STF. O Apelo Nobre foi manejado contra o acórdão que entendeu que a distribuição de convites impressos e a divulgação de convites em vídeo no Facebook, para a participação de pessoas não filiadas ao Partido em convenção antes do dia 16 de agosto de 2016, caracterizaram propaganda eleitoral antecipada. 2. Do cotejo entre as razões dos Agravos interpostos e as conclusões da decisão proferida pela Presidência do TRE Piauiense, que negou trânsito aos Recursos Especiais interpostos, depreende-se que as partes agravantes se limitaram a reiterar, de forma literal, as alegações insertas nos Recursos Especiais, não rebatendo, como lhes competia, os fundamentos da decisão de admissibilidade. 3. Na linha da jurisprudência desta Casa, o princípio da dialeticidade recursal impõe ao recorrente o ônus de evidenciar os motivos de fato e de direito capazes de infirmar todos os fundamentos do decisum que se pretende modificar, sob pena de vê-lo mantido por seus próprios fundamentos (AgR-AI 231-75/MG, Rel. Min. LUIZ FUX, DJe de 2.8.2016). 4. Alicerçado o decisum impugnado em fundamentos idôneos, merecem ser desprovidos os Agravos Internos, tendo em vista a ausência de argumentos hábeis para modificá-lo. 5. Agravos Regimentais aos quais se nega provimento.*
>
> *RESPE - Agravo Regimental em Recurso Especial Eleitoral nº 7065 - NATAL - RN*
>
> *Acórdão de 17/03/2015 - Relator(a) Min. João Otávio De Noronha*
>
> *Publicação: DJE - Diário de justiça eletrônico, Tomo 71, Data 15/04/2015, Página 28/29. Ementa: AGRAVOS REGIMENTAIS. RECURSO ESPECIAL ELEITORAL. ELEIÇÕES 2014. PROPAGANDA ELEITORAL ANTECIPADA.*

EVENTO PARTIDÁRIO. REEXAME DE FATOS E PROVAS. SÚMULA 7/STJ. 1. A participação de eleitores não filiados a determinado partido político destoa da realização de prévias partidárias e pode ensejar a realização de propaganda eleitoral extemporânea. Precedentes. 2. Na espécie, a Corte Regional afirmou que o evento realizado pelo partido antes do período permitido era de livre acesso ao público e excedeu os limites da prévia intrapartidária. Rever essa conclusão demandaria o reexame de fatos e provas, providência inviável em recurso especial, a teor da Súmula 7/STJ. 3. Agravos regimentais não providos. [...] Propaganda eleitoral antecipada configurada. Extrapolação dos limites da propaganda intrapartidária. [...] 2. A dimensão ostensiva (outdoor) da propaganda, a localização (praça pública) e os elementos nela contidos (foto, nome, número, sigla partidária e dizeres indicando os candidatos como uma escolha do povo) são suficientes para levar ao conhecimento geral a candidatura dos agravantes ao futuro pleito, o que configura a propaganda eleitoral extemporânea e afasta a tese de que se trata de propaganda intrapartidária. [...] (Ac. de 22.10.2013 nos ED-AI nº 63609, Rel. Min. Dias Toffoli.)

RE - RECURSO ELEITORAL n 11606 - Pirapora/MG

ACÓRDÃO de 19/10/2016 - Relator(a) ANTÔNIO AUGUSTO MESQUITA FONTE BOA - Relator(a) designado(a) EDGARD PENNA AMORIM

Publicação: PSESS - Publicado em Sessão, Data 19/10/2016

Ementa: Recurso Eleitoral. Representação. Propaganda eleitoral extemporânea. Pedido julgado procedente. Veiculação de propaganda por meio de vídeo e imagens, divulgadas na página pessoal do pré-candidato na rede social Facebook, bem como por carros de som. Exaltação da figura do candidato e menção a pretensa candidatura. Ausência de pedido explícito de voto que, por si só, não descaracteriza o ato como propaganda eleitoral antecipada. Necessidade de interpretação sistêmica do art. 36-A da Lei Nº 9.504/1997. Impossibilidade de realização de atos que importem custos ao pré-candidato ou a terceiros. Veiculação por carro de som e produção de jingle que implicam dispêndio financeiro. Configuração do ato como propaganda eleitoral antecipada. Aplicação da multa no mínimo legal, individualmente para cada recorrente, nos termos do art. 36, §3º, da Lei das Eleições. Recurso a que se dá provimento parcial.

RE - RECURSO ELEITORAL n 31471 - Jacinto/MG

ACÓRDÃO de 02/02/2017 - Relator(a) CLÁUDIA APARECIDA COIMBRA ALVES -Publicação: DJEMG - Diário de Justiça Eletrônico-TREMG, Data 10/02/2017. Ementa: Eleições 2016. Recurso Eleitoral. Representação. Propaganda extemporânea. Prévias. Convite. Facebook. Convenções. Carreata. Showmício. Procedência. Condenação. Multa. Prévias partidárias devem ser direcionadas exclusivamente a membros do partido. Propaganda intrapartidária é permitida, contudo deve ocorrer no âmbito do partido para o fim específico de escolher o candidato dentre àqueles que compõem a agremiação partidária para represen-

tarem a legenda. Ampla divulgação do chamamento pela rede social Facebook direcionada à população em geral associada à ostensiva carreata realizada logo após a reunião com várias pessoas de vestimentas e bandeiras vermelhas, com potencial de atingir os cidadãos em geral. Propaganda eleitoral antecipada configurada. Recurso não provido.

O art. 3º, Resolução 23.610/2019 – TSE disciplina à luz do art. 36-A, Lei 9.504/97 as hipóteses de legitimação dos atos de pré-campanha. A atualização dessa norma regulamentar, pela Resolução n. 23.671/2021 – TSE e Resolução n. 23.732/2024 – TSE, aperfeiçoou o arcabouço jurídico para uma melhor compreensão e distinção entre atos de pré-campanha que são lícitos e propaganda irregular. Nesse sentido, buscou-se uma explicitação quanto à concepção da propaganda eleitoral que contenha pedido de voto, seja expresso ou subliminar e as exigências para se considerar como legítimo o impulsionamento da comunicação de conteúdo político eleitoral em relação aos atos prévios mencionados.

8.1.5 Propaganda eleitoral na *internet*. *Fakes News*

A propaganda eleitoral na *internet* é regulada pelos arts. 39, § 5º, IV e art. 57-A e seguintes, Lei 9.504/97 e art. 27 *usque* 41, Resolução 23.610/2019 – TSE. De um modo geral, será autorizada a veiculação da propaganda eleitoral na internet após o dia 15 de agosto, em sites de partidos, candidatos, coligações e federações, desde que comunicados à Justiça Eleitoral e hospedados (direta ou indiretamente) em provedores estabelecidos no Brasil. Após essa data é permitida também a veiculação de propaganda eleitoral por meio de blogs, redes sociais, sítios de mensagens instantâneas e aplicações de internet assemelhadas, bem como por mensagens eletrônicas para endereços cadastrados gratuitamente por candidatos, partidos, federações e coligações. Todavia, a Resolução 23.671/2021 – TSE passou a exigir que nessa hipótese deve estar presente pelo menos uma forma de autorização do tratamento de dados pessoais, como previsto na Lei 13.709/2018, arts. 7º e 11, isto é, as formas de proteção e resguardo das informações do cidadão de cunho pessoal ordinário e dos dados pessoais sensíveis, reputados como *dado pessoal sobre origem racial ou étnica, convicção religiosa, opinião política, filiação a sindicato ou a organização de caráter religioso, filosófico ou político, dado referente à saúde ou à vida sexual, dado genético ou biométrico, quando vinculado a uma pessoa natural* – art. 5º, II, Lei 13.709/2018.

Ora, a referência à multiplicidade de formas de autorização para tratamento de dados pessoais não é acertada para os fins da veiculação das mensagens instantâneas. Na realidade, apenas a espécie de autorização para se tratar do dado pessoal comum e sensível, anotada no art. 7º, I e 11, I, Lei 13.709/2018 é aplicável à hipótese da propaganda eleitoral. É que o usuário deve consentir no envio de mensagens, sendo que as demais modalidades são estranhas ao escopo e ao processo eleitoral, tratando-se de situações casuísticas. Por isso, a referência à pluralidade de autorização deve ser analisada com essa prospecção, limitando-se o campo de eventual anuência por outras formas, quando se tratar da propaganda.

Os candidatos, partidos, federações e coligações podem contratar o impulsionamento dos conteúdos, o que é vedado à pessoa natural. As propagandas eleitorais veiculadas por e-mail são permitidas, mas deverão conter mecanismo que possibilite ao destinatário solicitar seu descadastramento. É permitida ainda a reprodução do jornal impresso na internet, desde que seja feita no sítio do próprio jornal, respeitado integralmente o formato e o conteúdo da versão impressa. Não se permite a remuneração, monetização ou concessão de outra vantagem econômica como retribuição à pessoa titular de canal ou perfil, como pagamento pelo beneficiário pela propaganda ou mesmo terceiro (art. 28, IV, "b", 2, Resolução n. 23.610/2019 - TSE com redação pela Resolução n. 23.732/2024 - TSE).

Considera-se como propaganda ilícita na *internet*, qualquer modalidade paga, salvo o impulsionamento de conteúdos (identificado de forma inequívoca como tal), contratado por partidos, coligações, candidatos e seus representantes. Impulsionamento de conteúdos por pessoa natural é proibido. Nem propaganda em *sites* de pessoas jurídicas, com ou sem fins lucrativos, e em *sites* oficiais ou hospedados por órgãos ou entidades da administração pública. A divulgação de propaganda e de mensagens relativas ao processo eleitoral, inclusive quando provenientes de eleitor, não pode ser impulsionada por mecanismos ou serviços que, mediante remuneração paga aos provedores de serviços, potencializem o alcance e a divulgação da informação para atingir usuários que, normalmente, não teriam acesso ao seu conteúdo. Serão aplicadas aos provedores de conteúdo ou de serviços multimídia as penalidades previstas em lei, caso não cumpram, no prazo estipulado, a determinação da Justiça Eleitoral para cessar a divulgação de propaganda irregular veiculada sob sua responsabilidade, desde que comprovado seu prévio conhecimento. Constitui crime a contratação direta ou indireta de grupo de pessoas com a finalidade específica de emitir mensagens ou comentários na *internet* para ofender a honra ou denegrir a imagem de candidato, de partido ou de coligação. Não se admite a divulgação de conteúdo de cunho eleitoral mediante cadastro de usuário de aplicação de *internet* visando falsear identidade. Ademais, é vedada a utilização de impulsionamento de conteúdos e ferramentas digitais não disponibilizadas pelo provedor da aplicação de *internet*, independentemente de serem pagas ou gratuitas, visando alterar o teor ou mesmo a repercussão de propaganda eleitoral, tanto próprios quanto de terceiros, em aspecto negativo ou positivo. O Tribunal Superior Eleitoral regulamentará as regras da propaganda eleitoral na *internet* de acordo com o cenário e as ferramentas tecnológicas existentes em cada momento eleitoral e promoverá, para os veículos, partidos e demais entidades interessadas, a formulação e a ampla divulgação de regras de boas práticas relativas a campanhas eleitorais na *internet*. No dia das eleições, não pode ser feita a publicação de novos conteúdos ou o impulsionamento de conteúdos nas aplicações de *internet*, mas, podem ser mantidos funcionando as aplicações e os conteúdos divulgados anteriormente.

Em razão da dinâmica e atualização permanente da técnica, considera-se como modo de impulsionamento, *a priorização paga de conteúdos resultantes de aplicações de busca na internet (Lei nº 9.504/1997, art. 26, § 2º)*. Acresce-se que há vedação pela Resolução n. 23.732/2024 – TSE que acrescentou o § 7º-A, Resolução n., 23.610/2019 – TSE.

Ao se constatar que vivemos em uma sociedade em vias de midiatização, com fluxos de circulação de mensagens, sem limites, sempre adiante e sem parâmetros de contenção, com a formação de conteúdos por emissores e receptores, que se tornam novos emissores e alteram, produzem novos e diversos sentidos, outrossim, verificando-se que a perspectiva comunicacional se situa como ponto sensível da liberdade de expressão e do pensamento e o direito à informação, torna-se ponto extremamente delicado para se operar e adotar normas de caráter restritivo e de controle.

Essas circunstâncias quando postas à reflexão no cenário da propaganda eleitoral e mesmo do processo eleitoral tornam-se mais graves e delicadas, quando o fenômeno das *fakes news* situa-se como um desafio ao Direito Eleitoral para sua compreensão e adoção de medidas e normas que possam assegurar a legitimidade das eleições como preconiza o art. 14, § 9º, Constituição Federal. Abordaremos com maior vastidão o fenômeno das *fakes news* no campo eleitoral, mais à frente, na análise sobre o tipo penal do art. 326-A, Código Eleitoral (denunciação caluniosa eleitoral).

No procedimento alusivo às providências processuais quanto à propaganda eleitoral na *internet* verificamos em seguida as questões da desinformação na propaganda eleitoral e da remoção de conteúdo nas redes sociais. O art. 9º, Resolução 23.610/2019 – TSE determinava que a veiculação da informação em qualquer modalidade de propaganda deve obedecer ao regime de sua fidedignidade, presumindo-se que o candidato, partido ou coligação esteja ciente dessa condição, assegurando-se aos prejudicados a adoção do direito de resposta, conforme procedimento previsto no art. 58, Lei 9.504/97.

É um pressuposto mínimo para se buscar uma equalização ou mesmo inibição quanto ao volume de informações sob as características de *fakes news*, embora diante da complexidade da questão não se possa assegurar como plenamente eficiente. Mas, de qualquer forma já era uma perspectiva que mostra os movimentos que o Direito Eleitoral tem feito para enfrentar o fenômeno midiático, nos seus encaminhamentos deletérios à normalidade das eleições, sabendo-se que uma longa e difícil trajetória ainda deve ser observada.

O referido dispositivo foi objeto de atualização redacional na aludida Resolução. Ademais, novos itens foram incorporados, o que para melhor entendimento e estudo, desenvolvemos reflexão a respeito no item abaixo n. 8.1.6.

A propaganda eleitoral veiculada pela *internet* não possui vínculo com nenhum local físico, uma vez que pode ser acessada, em tese, de qualquer local do planeta. Nesse caso, havendo mais de um Juiz Eleitoral no mesmo município, não seria possível simplesmente adotar o critério territorial de jurisdição para se estabelecer o Juízo competente para o exercício do poder de polícia em relação às propagandas veiculadas pela *internet*. Diante disso, é necessária a formatação de uma organização judiciária específica, com definições de competências para melhor abordagem ao assunto. Por exemplo, em Minas Gerais, Resoluções TRE-MG definem que a competência para o exercício do poder de polícia, nesses casos, seria dos Juízes Eleitorais atuantes na capital, Belo Horizonte/MG e com distribuição equitativa pelo sistema Denúncia *On-line*. Assim, o poder de polícia exclusivamente em relação à propaganda eleitoral na *internet* seria da competência dos Juízes Eleitorais do interior do Estado.

Essa diretriz para a competência deve ser observada nas eleições gerais, consoante o previsto no art. 8º, I, Resolução 23.610/2019 - TSE, enquanto que para o pleito municipal, a competência é do respectivo Juiz Eleitoral para fins de exercício do poder de polícia, respeitando-se onde houver mais uma Zona Eleitoral, as regras fixadas pelo Tribunal local, tudo em consonância com o mesmo art. 8º, inciso II da sobredita Resolução.

A tramitação das denúncias relativas à propaganda eleitoral veiculada pela *internet* ocorre da mesma maneira que as demais. Quando uma denúncia é formalizada pelo sistema Denúncia *On-line*, relatando a ocorrência de alguma propaganda veiculada pela *internet*, ela é automaticamente encaminhada ao Juiz Eleitoral do município ou, havendo mais de um, sorteada entre todos eles, para a constatação e providências devidas. Cabe ressaltar que a propaganda veiculada pela *internet* pode ocorrer em sites de partidos e candidatos, desde que comunicados à Justiça Eleitoral; por meio de mensagem eletrônica para endereços cadastrados gratuitamente pelo candidato, partido ou coligação; em blogs, redes sociais, sítios de mensagens instantâneas e aplicações de internet assemelhadas (como por exemplo *Twitter, Chat e WhatsApp*, etc.).

No caso de propaganda veiculada em páginas na *internet*, a constatação é feita acessando-se o *site* denunciado e lavrando-se o respectivo termo de constatação, especificando o que foi encontrado. Recomenda-se seja juntada no expediente uma cópia da página acessada, se possível com a indicação da URL (endereço eletrônico completo e específico). Há, contudo, uma peculiaridade em relação às denúncias de irregularidades na veiculação de propaganda eleitoral em redes sociais. Na maioria dos sites de relacionamento, o usuário possui um perfil, no qual registra, ao longo do tempo, diversas mensagens. Se houver irregularidade em uma, ou algumas, das mensagens, não bastará que o denunciante indique o endereço (URL) genérico do perfil do usuário na rede social. Será necessário que ele indique a URL específica da mensagem (normalmente, é possível obter esse endereço clicando com o botão direito do mouse sobre a mensagem), bem como o texto ou imagem que ele entender irregular. Essa medida possibilita que o servidor do cartório, ao fazer a apuração da denúncia, acesse diretamente a mensagem denunciada, em vez de ter que ficar procurando em meio a diversas postagens o conteúdo de alguma denúncia genérica.

No caso de propaganda veiculada por *e-mail*, não é possível que os servidores dos cartórios acessem a caixa de entrada do denunciante. Dessa maneira, o próprio sistema Denúncia *On-line* orienta o denunciante a encaminhar o e-mail com a suposta propaganda para o cartório eleitoral designado para a apuração da denúncia. Conforme mencionado acima, nos casos em que o eleitor utiliza o sistema Denúncia *On-line* para formalizar uma denúncia relativa à propaganda veiculada na *internet* (*site* ou *e-mail*), o próprio sistema encaminha essa denúncia ao Juízo Eleitoral do município (ou por sorteio, caso haja mais de um). Entretanto, há também a possibilidade de que um eleitor formalize sua denúncia por meio de protocolo no balcão de um dos cartórios eleitorais que não detenha a competência para atuar em relação a propagandas veiculadas na internet. Caso isso ocorra, o melhor caminho é tentar convencer o denunciante a utilizar o Denúncia *On-line*. Se, contudo, ele insistir em entregar a denúncia pessoalmente no cartório, o servidor deve receber o documento, registrar a denúncia no Denúncia *On-line*, entregar ao denunciante uma cópia do número de protocolo gerado pelo sistema e, por fim, encaminhar o expediente ao cartório eleitoral indicado pelo sistema.

É extremamente necessário destacar que ao Juiz Eleitoral ou qualquer servidor ou preposto da Justiça Eleitoral, a pretexto do exercício do poder de polícia sobre a propaganda eleitoral é vedada a conduta de determinação da remoção da materialidade com fundamento em eventual irregularidade de seu conteúdo ou teor. Nesse aspecto, a aferição se resume à forma ou meio de veiculação, pois se trata de mero procedimento administrativo, sem possibilidade de respeito ao contraditório e ampla defesa, portanto, inapropriado para os fins de imposição de sanção, que poderia dar relevo a uma censura judicial, proscrita como controle legítimo da propaganda eleitoral. Se a irregularidade for de natureza formal ou modal, as providências podem ser adotadas de imediato. Assim, para fins de prestígio ao devido processo legal, havendo identificação de irregularidade sob crivo do conteúdo da propaganda em *internet*, caberá ao Juiz Eleitoral remeter a notícia ao Ministério Público Eleitoral (art. 7º, §§ 1º, 2º e 3º, Resolução 23.610/2019 – TSE). Com isso, a remoção de conteúdo de propaganda eleitoral da *internet*, salvo situações concretas que suscitem a atuação de ofício da Justiça Eleitoral no poder de polícia (forma e modo) dependem de prévia representação dos legitimados, entre eles o Ministério Público Eleitoral.

Por sua vez, as regras para a remoção de conteúdo da *internet* estão dispostas no art. 38, Resolução 23.610/2019 – TSE. Importante inovação veio à vigência com a Resolução n. 23.732/2024 - TSE. As novas redações dos §§ 7º e 8º e a introdução do § 8º-A estipulam o prolongamento da vigência das ordens judiciais de remoção de conteúdo, mesmo depois de encerrado o período eleitoral, desde que não se declare a eventual perda de objeto ou que se afaste o reconhecimento de irregularidade. Em relação ao segundo turno, a decisão alusiva aos candidatos que disputam essa segunda rodada eleitoral, só poderá reconhecer a perda de objeto, após a consecução desta eleição. Em se tratamento de procedimento que vise esclarecimento quanto ao anonimato ou manifestação abusiva na propaganda eleitoral na internet, aqui considerando a disseminação de fato sabidamente inverídico ou que tenha gravidade na descontextualização para alcançar a honra ou imagem de candidato ou candidata, a finalização do pleito não autoriza a decisão pela perda de objeto e o arquivamento do expediente. Assim, deverá prosseguir em diligências e outras providências visando à identificação do autor e a elucidação completa. O direito de resposta quanto à propaganda eleitoral na *internet* é previsto no art. 32, IV, alíneas "a" a "g" e seguintes, Resolução 23.608/2019 - TSE, atualizada pela Resolução n. 23.672/2021 - TSE.

8.1.6 Desinformação na propaganda eleitoral

As Resoluções n. 23.671/2021 e 23.732/2024 - TSE promoveram o tratamento normativo quanto ao combate da desinformação na propaganda eleitoral. Muito em razão dos efeitos do fenômeno das *fakes news* e a captura do mecanismo da comunicação eleitoral com a nocividade da divulgação inverídica e deturpação de fatos, implicando na afetação direta da política e comprometendo a regularidade do processo eleitoral, essa iniciativa vem em salvaguarda à democracia. Certamente, o campo político se vê atravessado pelo regime das circulações de informações, sem um crivo de referência quanto à procedência, legitimidade, ponderação ou espontaneidade.

Essa espécie de caldo em ebulição com a intensificação de rivalidades ideológicas significa um presságio extremamente periclitante ao Estado Democrático de Direito. A irracionalidade e a desinformação quando erguidas à condição de ferramentas de propósitos de manipulação e consagração de aspirações de poder com atributos absurdos de falsidade afeta o direito negativo a não desinformação. Só com esse reconhecimento que se prestigia o autêntico direito à informação.

Dessa forma, a inserção de tais dispositivos já para o pleito de 2022 e agora em fase de maior maturação para as Eleições de 2024 é mais uma contribuição da Justiça Eleitoral ao aprimoramento da vivência democrática no Brasil, em consonância com a sua prerrogativa de regulamentação, funcionando de modo simultâneo como estímulo às discussões legislativas para melhoria dos mecanismos em prol da liberdade de informação na política e nos períodos eleitorais.

Não há direito à utilização espúria da liberdade de informação e manifestação do pensamento visando à desinformação. Assim, só a informação verdadeira tem a tutela da garantia constitucional; quanto à falsa, não se presta a invocar esse suporte. Gilmar Ferreira Mendes, Inocêncio Mártires Coelho e Paulo Gustavo Gonet Branco, *in* Curso de Direito Constitucional, IDP, Saraiva, 2ª edição, 2008, p. 372 chancelavam a seguinte conclusão: *Cabe recordar que o direito a ser informado – e não o é quem recebe notícias irreais – tem também raiz constitucional, como se vê do art. 5º, XIV, da CF.*

O art. 9º, Resolução 23.610/2019 – TSE, estabelece um pressuposto de conhecimento dos candidatos, partidos, coligações e federações quanto à checagem de circunstâncias que atestem a fidedignidade de conteúdo exposto, implicando nas sanções do art. 58, Lei 9.504/97, sem prejuízo da responsabilidade penal. Dessa maneira, cabe ao beneficiário da propaganda o controle e a verificação do que se divulga, mesmo que seja material originário de terceiro, pois detém uma presunção de tal auditoria, com perspectiva de que deveria ter impedido a veiculação de informação falsa ou indevida.

O § 1º, art. 9º da referida Resolução, menciona a possibilidade de celebração de convênios do TSE com agências de verificação de fatos, que emitam classificação de conteúdos, atuação que será realizada de forma independente por essas empresas, que assumem inteira responsabilidade pelos apontamentos resultantes das análises quanto aos conteúdos. As checagens serão divulgadas em sítios eletrônicos da Justiça Eleitoral e juntamente com outras fontes reputadas fidedignas poderão servir de base para aferição da concretude do dever de acuidade e zelo quanto à veiculação do conteúdo (§ 2º, art. 9º).

O art. 9º-B da Resolução sob exame exigiu que na propaganda eleitoral em quaisquer de suas modalidades, a utilização de conteúdo produzido, alterado, modificado, quer seja na velocidade, imagem ou som por inteligência artificial, o respectivo responsável informe de maneira clara e com ênfase, o esclarecimento de que o controle foi fabricado ou manipulado pela tecnologia em apreço. O § 1º da norma estabelece o padrão e o modo de divulgação da informação de transparência quanto à utilização da IA, enquanto que o § 2º, adota as exceções do emprego da técnica para melhor acabamento do material de propaganda, não levando à configuração de uso da IA.

De acordo com Martha Gabriel, a inteligência artificial integra a área da ciência da computação, e se encontra voltada para o estudo e desenvolvimento de máquinas treinadas para trabalhar como a inteligência humana. Por isso, segundo a autora, a IA deve necessariamente ser multidisciplinar, relacionando-se com diversas áreas do saber como computação, neurociências, sociologia, psicologia, filosofia, entre outros. Assim, a aprendizagem de máquinas – machine learning é uma dessas referências da IA, levando à atuação de computadores a habilidade do saber, sem serem programados de maneira explícita. (*In* GABRIEL, Martha. *Você, eu e os robôs.* São Paulo: Ed. Atlas, 2018, p. 185).

A delicadeza e a complexidade no trato com a comunicação eleitoral evitando-se criar espaços de artificialismos, irrealidades ou ilusões nas narrativas e veiculação das mensagens recomendaram essa cautela restritiva no emprego da IA na propaganda eleitoral. A possibilidade de criação de estados anímicos ou ficcionais, não condizentes com a realidade empírica justificam a limitação da utilização da tecnologia na relação estabelecida entre candidatos, partidos, coligações, federações e o eleitorado e a cidadania.

A ausência desses limites podem certamente contribuir para a desinformação e construção de falsidades, em comprometimento à normalidade democrática e eleitoral. Essa situação se soma ao caráter ainda inicial da divulgação e utilização pela grande massa dos mecanismos da IA e mesmo a certeza quanto à sua expansividade. Tais circunstâncias quando colocadas em linha de comparação com a necessidade de maior elaboração na formação de uma cultura digital da maior parte da humanidade, coloca em padrão de razoabilidade a normatização que reflete algum nível de controle quanto a esses mecanismos, mesmo que em futuro breve ou médio, ocorra a flexibilização e mudanças de paradigmas de regulamentação jurídica na propaganda eleitoral.

Marco dessa preocupação é a vedação do § 3º, art. 9º-B, Resolução n. 23.610/2019 - TSE quanto ao uso de chatbots (robôs com softwares que simulam a conversação humana), avatares (em se tratando de tecnologia são considerados como representações gráficas de uma pessoa em determinado território virtual, como uma imagem, desenho, símbolo, entre outros e que podem funcionar com base no mecanismo da inteligência artificial) e conteúdos sintéticos (dados e informações produzidos de modo artificial, a partir de amostragem real, que recebe ampliação com base em tratamento estatístico, simulações e algoritmos) para simulação de interlocução com candidatos ou outras pessoas naturais, sendo que a mera comunicação da campanha eleitoral com pessoas naturais, se submete à regra de transparência anotada no *caput* do art. 9º-B.

O desatendimento ao parâmetro acima autoriza a remoção do conteúdo ou indisponibilidade do serviço de internet, por iniciativa do provedor de aplicação ou por determinação judicial. Pode ainda ser adotada a apuração prevista no art. 9º-C, § 2º, da Resolução em estudo, como previsto no § 4º do art. 9º-B, ora em destaque.

Na propaganda eleitoral em nenhuma de suas formas pode ser utilizado conteúdo fabricado, manipulado para difundir fatos notoriamente inverídicos ou descontextualizados que tenham potencial para causar danos ao equilíbrio do pleito ou à integridade do processo eleitoral. O art. 9º-C traz essa vedação, trabalhando com a perspectiva de evitar que a falsidade ao inundar a informação veiculada em propaganda eleitoral afete a normalidade do pleito. As afetações podem ocorrer com base em duas formas de manipulação: difusão de fatos inverídicos de forma notória ou descontextualizados com força para desequilibrar o pleito ou a integridade do certame eleitoral.

No primeiro caso, há uma convergência por fontes fidedignas ou análises de informações indubitáveis que levam a certeza notória, quanto à inverdade divulgada. Na segunda hipótese, os fatos ou suas circunstâncias podem guardar elo ou origem com a veracidade, mas o arranjo deturpa seu sentido ou sua extensão, acrescentando ou retirando elementos de maneira que perde sua originalidade, levando ao comprometimento da lisura eleitoral. O TSE define o fato notoriamente ou sabidamente inverídico da seguinte maneira: *o fato sabidamente inverídico é aquele que não demanda investigação, ou seja, perceptível de plano – AgR-AREspE nº 060040043 Acórdão CURITIBA – PR,Relator(a): Min. Raul Araujo Filho, j. 15/08/2023 Publicação: 28/08/2023 – jurisprudencia.tse.jus.br – acesso em 11/03/2024.*

A denominada *deep fake* foi terminantemente proibida com a regra do art. 9º-C, § 1º, da sobredita Resolução. Quer seja para apoio ou prejuízo a qualquer candidatura, não se permite o uso de conteúdo sintético audiovisual ou simplesmente de áudio ou vídeo fracionado, gerado ou manipulado por forma digital, mesmo que emitida autorização para criar, substituir ou alterar imagem ou voz de pessoa viva, falecida ou fictícia. O software para aplicativos permite a troca do rosto de pessoas em vídeos, harmonizando e sincronizando movimentos e expressões, alterando uma determinada materialidade midiática, que originariamente não exibia aquelas características.

A Resolução n. 23.732/2024 – TSE se teve o grande mérito de avançar na disciplina da matéria de imensa relevância para a normalidade da eleição e valorização da comunicação eleitoral como meio de aprimoramento democrático, procedeu de modo excessivo na regra trazida com o art. 9º-C, § 2º, Resolução n. 23.610/2024 – TSE.

Remeteu à configuração do abuso de poder político e uso indevido dos meios de comunicação social quanto à violação das normas adotadas nos preceitos antecedentes ("caput" e § 1º,). Entretanto, a transgressão de norma na propaganda eleitoral por mais tutela que mereça o bem jurídico eleitoral não pode ser levada à simetria do abuso de poder político. Esse instituto possui pressupostos e regime específico, que consiste de modo basilar na utilização desviada do poder político para angariar vantagens que comprometam a legitimidade das eleições.

Deve de maneira inexorável existir um nexo com a atuação política. Sem essa ligação é impossível de se cogitar do abuso. Ademais, parte-se para uma ideia de banalização do abuso. Há de se considerar ainda que em se tratando de Resolução, cujo caráter é limitado à regulamentação, não poderia a normatização da Justiça Eleitoral invadir esfera privativa do Poder Legislativo, face ao princípio da legalidade.

A mesma situação é encontrada no que diz respeito ao uso indevido dos meios de comunicação social. Esse ilícito ocorre por abuso na propaganda oficial; atividade profissional realizada nos meios de comunicação e na própria propaganda eleitoral, atreladas ao próprio abuso de poder político e econômico. Logo, conclui-se que a norma não pode ter criado uma nova previsão abstrata de causa que leve à cassação do registro ou impugnação do mandato. No máximo, deve ser compreendida como uma exortação à exegese de que ocorrendo fatos deletérios no emprego da inteligência artificial na propaganda eleitoral, havendo a incidência de outros requisitos próprios pode ocorrer o reconhecimento do abuso de poder político ou uso indevido dos meios de comunicação, com aquela consequência de sanções.

Outra mobilização que a Resolução provocou nesse trecho é um encaminhamento de uma possível tipicidade do crime eleitoral do art. 323, § 1º, Código Eleitoral. Todavia, com os olhos postos naquela descrição típica percebe-se de maneira clara que não há enquadramento que se alinhe a essa posição de aproveitamento dos fatos para fins de realização do preceito primário do tipo. O princípio da taxatividade, que exige para preservar a legalidade, em Direito Penal, não permite que o intérprete empregue meios que estendam o alcance da incriminação. A se prestigiar esse entendimento, estará se permitindo que o próprio hermeneuta conclua qual foi o fato proibido, levando à violação do Texto Constitucional (art. 5º, XXXIX).

No art. 9º-D a Resolução sob comentário encarregou um ônus e dever ao provedor de aplicação de internet que permita a veiculação de conteúdo político-eleitoral, a adesão e formulação de estratégias de publicidade, com o objetivo de reduzir ou impedir a circulação de mensagens com fatos inverídicos sob o ponto de vista da notoriedade ou descontextualizados de forma grave, capazes de afetar a integridade do processo eleitoral. Os incisos I a VI do dispositivo principal enumeram as medidas e providências mínimas para se alcançar aquela finalidade. Entre elas a exigência de termo de uso dos serviços de acordo com a política de integridade do processo eleitoral; disponibilidade de instrumentos de notificação e denúncias, com acesso aos usuários, entidades e instituições privadas ou públicas; ações de correção e prevenção planejadas e executadas para o aprimoramento dos sistemas de recomendação de conteúdo, com a divulgação dos seus dados e resultados, sob a orientação da transparência; avaliação de impacto dos próprios serviços em ano eleitoral, quanto a afetação à integridade do processo eleitoral, com o escopo de criar e observar medidas para mitigar os riscos localizados, com especial atenção e tratamento em relação à violência política de gênero e, ainda, o aprimoramento do potencial tecnológico e operacional, visando a priorização de mecanismos que resultem na eficácia do propósito de tutela à integridade do processo eleitoral.

Esse rol não é exaustivo. Há possibilidade de que no curso do processo eleitoral, a própria Justiça Eleitoral, mediante a normatização em Resolução complementar trate de outros meios para se chegar à tutela da integridade do processo eleitoral. As próprias empresas podem desenvolver sob o aparato e objetivos da *compliance* modos de atuação e planejamento que visem à consecução da finalidade reputada indispensável para a preservação da democracia.

A expressão *compliance*, origina-se do verbo em inglês *to comply*, que exterioriza o sentido de fazer cumprir, executar, satisfazer, realizar, efetivar o que é imposto como obrigação. Extensivamente, pode ser empregado como a ideia de convergência e afinidade com a perspectiva de estar em consonância com o conjunto dos atos e normas que compõem regulamento ou acervo jurídico, aplicado a determinada área de atividade humana e social.

Segundo Flávia Safadi Ubaldo (In Lei Anticorrupção: a importância do programa de compliance no cenário atual, Porto, Vinícius; Marques Jader (Orgs.) – O compliance como instrumento de prevenção e combate à corrupção. Porto Alegre: Livraria do Advogado, 2017, p. 121), *compliance* pode ser definido como uma série de medidas no âmbito interno das instituições, cuja adoção esteja relacionada à prevenção e redução dos riscos de violação às leis e outras normas que disciplinam a atividade desenvolvida. Agrega-se a esse preceito, a existência e a utilização dos meios de identificação de alguma violação e a capacidade de rápida e eficiente correção. Com essa reflexão, perfeitamente assimilável ao contexto de tutela da integridade do processo eleitoral, a postura das empresas quanto à preparação e observância de um sistema de *compliance* como complementação às medidas já enumeradas na Resolução, desde que delas não divirjam ou sejam incompatíveis, sob pena da própria iniciativa resultar em ofensa ao padrão normativo regulamentar de competência e atribuição da Justiça Eleitoral.

Para uma mais exata compreensão da necessidade de normatização dos espaços de circulação de mensagens, associada à proteção da integridade do processo eleitoral, visada pelo artigo em análise, é indispensável uma noção do que seja o PAI (Provedor de Aplicação de Internet). O art. 5º, VI, Lei 12.965/2014 (Marco Civil da Internet) define as aplicações de internet da seguinte maneira: *o conjunto de funcionalidades que podem ser acessadas por meio de um terminal conectado à internet*. Mais, à frente o art. 15, Marco Civil da Internet atribui ao provedor de aplicações de internet constituído sob a forma de pessoa jurídica e em funcionamento organizado, profissional e com objetivos econômicos, um conjunto de obrigações e disciplina a sua atuação.

Esses referenciais legais levam à definição do provedor, como aquela que é responsável pela provisão da internet, em seus vários aspectos e funcionalidades e em relação ao PAI, este pode ser definido conforme o ensinamento de Marcel Leonardi: *"é toda pessoa natural ou jurídica que disponibiliza na Internet as informações criadas ou desenvolvidas pelos provedores de informação, utilizando para armazená-las servidores próprios ou os serviços de um provedor de hospedagem" (In Responsabilidade Civil dos Provedores de Serviço de Internet. São Paulo: Juarez de Oliveira, 2005, p. 27).*

Outro esclarecimento necessário quanto à prioridade que o texto da Resolução elegeu para ser o foco da atenção das empresas, exigindo-se a adoção de meios de redução e prevenção, na circulação das mensagens são aquelas que afetem a integridade do processo eleitoral, em função de constituírem violência política de gênero. A definição dessa ocorrência ou fenômeno encontra-se situada no art. 2º e seu parágrafo único, Lei 14.192/2021, ou seja: constitui-se por toda ação, conduta ou omissão com a finalidade de impedir, obstaculizar ou restringir os direitos políticos da mulher; bem como, a prática de qualquer distinção, exclusão ou restrição no reconhecimento, gozo ou exercício de seus direitos e de suas liberdades políticas fundamentais, em virtude do sexo.

A Lei em questão cuidou de alterar dispositivos do Código Eleitoral, Lei Geral das Eleições e Lei Orgânica dos Partidos Políticos aperfeiçoando-se o nosso sistema jurídico eleitoral de repelência à violência de gênero na política. Assim, foram criados tipos penais eleitorais, normas a serem observadas na propaganda eleitoral e na atuação partidária, sempre sob o signo da isonomia de gênero e tutela da participação efetiva e essencial da mulher na política.

Os §§ 1º ao 5º, art. 9º-D, Resolução n. 23.610/2019 – TSE estenderam a proibição de modo enfático aos impulsionamentos pelos PAIs quanto aos conteúdos proscritos das mensagens em circulação; a iniciativa por conta própria de cessar o impulsionamento, monetização e acesso, se perceber tal estado de coisas e ainda quando for notificado por usuários, ampliando-se seu dever à realização de apuração interna e proibição de reiteração de circulação dos conteúdos, indisponibilizando o impulsionamento e a monetização.

Assegurou-se ainda que decisão da Justiça Eleitoral determine aos PAIs a veiculação de conteúdo esclarecedor e informativo quanto a anterior circulação indevida, com o mesmo destaque, tempo e alcance daquele irregular que foi divulgado. Para as medidas determinadas pela Justiça Eleitoral como remoção, suspensão de perfis ou circulação de conteúdos, entre outras, quer seja em função da incidência de ações eleitorais ou do exercício do poder de polícia sobre a propaganda eleitoral, há necessidade de observância também da Resolução n. 23.608/2019 – TSE e dever dos PAIs ao cumprimento e, eventualmente, a indicação de ausência de dados que impeçam o atendimento de maneira objetiva no prazo assinalado na respectiva decisão.

O art. 9º-E da Resolução em apreço enumera as hipóteses concretas do risco à integridade ao processo eleitoral em função da propaganda eleitoral e circulação de mensagens e materialidades midiáticas, ensejando a solidariedade dos provedores de internet no campo civil e administrativo-eleitoral com os responsáveis, quando não tornar indisponíveis contas e conteúdos. Note-se por relevante, que esse dever dos provedores de aplicação de internet independe de qualquer manifestação prévia ou decisão da Justiça Eleitoral. A eles cabem a permanente e rigorosa vigilância e a obrigação de atuação inibitória por conta própria.

A primeira hipótese é a verificação de condutas ou ações relacionadas a atos antidemocráticos que ensejam a configuração dos crimes de selo ou sinal público e contra o Estado Democrático de Direito, anotados nos arts. 296, parágrafo único; 359-L, 359-M, 359-N, 359-P e 359-R do Código Penal. Muito embora exista o excelente propósito da norma, no sentido de estabelecer um encargo a quem detém o poderio da liberação e divulgação de conteúdos que podem ser drasticamente contrários aos valores democráticos, sobretudo, em épocas de processos eleitorais, a missão, certamente é complexa e de difícil execução pelos provedores. Pressupõe um juízo prévio de valoração típica da incidência dos delitos comuns, que desafiam grandes reflexões sobre análises fáticas com tensionamento de fatos e premissas jurídicas, o que conduz de forma inexorável à instalação da incerteza e da dúvida. Ademais, a restrição sem o respaldo legal, configura excesso e abuso ilegal dos provedores. Indubitavelmente, essas matizes da regra devem ser consideradas para o seu aperfeiçoamento e enquanto não ocorra tal efetividade, a sua interpretação e aplicação deve ser posta em prática de modo equilibrado e razoável, sob pena de na busca da tutela de um dos valores democráticos, outro de imprescindível fomento ser afetado, isto é, a liberdade de expressão e circulação de matérias e conteúdos nas relações sociais de comunicação.

O inciso II do artigo supramencionado indica que o compartilhamento ou divulgação de fatos notoriamente inverídicos ou descontextualizados de forma grave, atingindo a integridade do processo eleitoral também leva àquela responsabilização, se o provedor não atua para sua exclusão e contenção de perfis e contas na internet. Estende-se tal medida em referência às manifestações direcionadas aos processos de votação, apuração e totalização de votos. Logo, as críticas desarrazoadas e discrepantes de coerência e racionalidade, originárias dos chamados mitos ou lendas populares, quanto ao procedimento de recepção, apuração e totalização de votos exige a idêntica atuação dos provedores. A afirmação de que na urna eletrônica aparece a foto de um candidato ao contrário do outro; traz mensagem incentivando voto em A ou B, ou que os votos de candidato sicrano ou beltrano foram tirados da urna eletrônica, desviados no processo de apuração são exemplos de fatos que devem ser observados pelos provedores como alertas para adotar a medida exigida na norma.

Não basta que o conteúdo das mensagens e materialidades midiáticas tenham essas características. Elas precisam de afetar de alguma forma a integridade do processo eleitoral. Tal percepção exige elementos subjetivos e objetivos. A natureza da divulgação, se jocosa em tom de humor ou com senso bizarro de pilhéria, a princípio não pode ser considerada com essa aptidão. É que na ordem da subjetividade não havendo tom de seriedade quanto ao objetivo espúrio de ofender a higidez do processo eleitoral, o risco é afastado. A manifestação passa a ensejar a liberdade de expressão e manifestação do pensamento, assegurada constitucionalmente.

A crítica com base em lastros acadêmicos ou científicos sobre a estrutura do processo eleitoral, quanto às instituições ou institutos de Direito Constitucional ou Eleitoral, aspectos atinentes às Ciências Políticas, ou mesmo tecnológicos referentes ao voto eletrônico, apuração e totalização não ensejam essa restrição, sob pena de inconcebível censura. A distinção que deve ser feita é quanto à origem, a forma de exposição e os elementos que são apresentados. Aliás, não se pode impedir qualquer contribuição que se desenvolva em prol do aperfeiçoamento democrático que exige árduo trabalho permanente. Esses dois tópicos se referem ao flanco subjetivo das mensagens.

Quanto aos objetivos são originários da forma e aspectos intrínsecos ao conteúdo como vídeo, teor da mensagem e a probabilidade de engajamento que receba na internet e redes sociais. Pode ser a hipótese de um conteúdo inicialmente com aquele potencial lesivo, que à primeira vista não recebe grande repercussão, não exigindo em dado momento a restrição dos provedores, mas em situação adiante, recebe os efeitos da viralização midiática, desafiando a contenção. O acesso sob o ponto de vista quantitativo é importante elemento para essa definição, pois quanto maior a divulgação e circulação, maior potencial de danos à integridade do processo eleitoral.

Já o inciso III do dispositivo em questão trata da proteção às estruturas do Estado a quem cabem a efetivação do processo eleitoral, como se observa pela seguinte redação: *III – de grave ameaça, direta e imediata, de violência ou incitação à violência contra a integridade física de membros e servidores da Justiça eleitoral e Ministério Público eleitoral ou contra a infraestrutura física do Poder Judiciário para restringir ou impedir o exercício dos poderes constitucionais ou a abolição violenta do Estado Democrático de Direito; (Incluído pela Resolução nº 23.732/2024).* Os olhares de lince e constante fiscalização do conteúdo são incumbência dos provedores para se possibilitar que as instituições e agentes que nelas atuem, tenham condições de executar as difíceis e complexas tarefas de oferecer à cidadania um processo eleitoral com base na legitimidade, moralidade, isonomia e probidade, conforme princípios que são extraídos do art. 14, § 9º, Constituição Federal. Sem as garantias e as condições humanas necessárias, inviável a consecução do processo eleitoral.

O discurso de ódio e de arbitrariedade discriminatória e preconceituosa, também não pode gozar dos holofotes da divulgação e veiculação na internet. Os provedores de aplicação devem estar atentos a essa constatação e promover as medidas já descritas, ao se depararem com esse quadro, relacionado àquelas configurações e outras apontadas no inciso IV: *promoção de racismo, homofobia, ideologias nazistas, fascistas ou odiosas contra uma pessoa ou grupo por preconceito de origem, raça, sexo, cor, idade, religião e quaisquer outras formas de discriminação.*

Por fim, o inciso V do art. 9º-E da Resolução em tablado remete à iniciativa dos provedores para a contenção dos produtos e atuações na internet, em relação ao emprego indevido de inteligência artificial, como já esclarecido acima.

As decisões colegiadas do TSE em se tratando de temas relacionados à propaganda eleitoral na internet a respeito de fatos notoriamente inverídicos ou gravemente descontextualizados sobre o sistema eletrônico de votação, o processo eleitoral ou a Justiça Eleitoral tem o efeito vinculante em relação às decisões previstas no art. 8º, da mesma Resolução (exercício do poder de polícia na propaganda eleitoral). Exige que as decisões da Corte Eleitoral tenham determinado a remoção ou manutenção de conteúdos idênticos. Deve ser destacado que a configuração decisória do TSE nesses casos como precedente, não viola a independência ou isenção da magistratura. Ao contrário, busca o encaminhamento de uma condição de segurança jurídica e estabilidade que passa a prestigiar os conteúdos decisórios, evitando-se contradições e decisões opostas no ambiente temporal curto e com etapas sucessivas, como é o processo eleitoral, sobretudo, no ciclo referente à propaganda eleitoral. É essa a regra do art. 9º, F, Resolução n. 23.610/2019 – TSE.

Eventualmente, a vigência de um outro provimento liminar, ou decisão em contrário, até que se conceba uma reforma por instância superior, pode implicar em comprometimento severo da lisura das eleições. De tal modo, o prestígio da decisão colegiada do órgão de cúpula da Justiça Eleitoral indica o encaminhamento, pelo menos até aquela fase de debate jurídico sobre a matéria, mais escorreito a ser aplicado, evitando-se reiterações e colaborando para uma maior tranquilidade nos atos de propaganda e proteção ao eleitor, como receptor de conteúdos. Nesse itinerário, essa posição decisória quanto diz respeito à estrutura do Poder Judiciário e dos mecanismos do sistema de eletrônico de votação e apuração, a credibilidade do TSE para enunciar esclarecimentos, apontar soluções, reconhecer erros, enfim, tratar da questão universal do processo eleitoral nos seus aspectos de organização em todo o território brasileiro, tem uma capilaridade sem igual em relação a qualquer outro juízo ou Tribunal Eleitoral. Assim, é adequado reconhecer que seja o ator mais apropriado para a comunicação com todos quantos devam atuar nas eleições.

O § 1º do art. 9º-F da Resolução ora tratada amplia a possibilidade de aplicação da regra prevista no "caput", para os casos de intervenção e modificação no conteúdo veiculado, visando impedir a detecção de sistemas automáticos quanto à reprodução ou duplicação, dificultando a identificação humana. Ocorrendo a semelhança substancial entre o conteúdo proibido pelo TSE, tal proibição se estende à reprodução que se dê no âmbito da propaganda regional ou municipal. Para tanto, o exercício do poder de polícia dos juízes eleitorais exigirá a pesquisa do banco e repositório de decisões do TSE nesse sentido, conforme previsto no § 2º, desta norma. Tal acervo será organizado e disponibilizado na forma explicitada pelo art. 9º-G da sobredita Resolução. Reza, ademais, o § 4º, art. 9º-F que o exercício do poder de polícia em contrariedade a essa determinação, sujeita o magistrado eleitoral à reclamação contida nos arts. 29 e 30, Resolução n. 23.608/2019 – TSE (redação pela Resolução n. 23.733/2024 – TSE) e art. 97, Lei 9.504/97.

Fechando essa nova regulamentação sobre a propaganda eleitoral na internet, é de bom alvitre pôr em relevo o art. 9º-H, Resolução n. 23.610/2019 – TSE que precisamente afasta qualquer prejuízo quanto à aplicação de multa originária da irregularidade na veiculação, se promovida remoção dos conteúdos. Para tanto, permanece aplicável a regra do art. 57-D, Lei 9.504/97 – representação por restrição à propaganda eleitoral na internet, inclusive redes sociais ou ofensa, ataques e agressões a pretexto da propaganda eleitoral nesses mesmos ambientes.

8.1.7 Centro Integrado de Enfrentamento à Desinformação e Defesa da Democracia (CIEDDE) da Justiça Eleitoral

Com a atualização profunda das normas de propaganda eleitoral na internet realizada pela Resolução n. 23.732/2024 – TSE e a percepção da urgente necessidade de tutela à integridade do processo eleitoral em razão da desinformação, que se persistente pode levar ao comprometimento democrático, a Justiça Eleitoral passou a contar com o CIEDDE. Sua instituição foi formalizada pela Portaria TSE, n. 180, de 12 de março de 2024, com o seguinte objetivo: *cujo objetivo será auxiliar na atuação coordenada da Justiça Eleitoral junto aos Poderes, órgãos da República e instituições públicas e privadas na promoção da educação em cidadania, nos valores democráticos, nos direitos digitais e no combate à desinformação, discursos de ódio, discriminatórios e antidemocráticos, no âmbito eleitoral.*

A composição do CIEDDE é disciplinada no art. 2º, sob a Presidência do Ministro Presidente do Tribunal Superior Eleitoral, contando com integrantes da estrutura administrativa e jurisdicional da Justiça Eleitoral. Não se trata como muitos, inadvertidamente tem pensado de órgão jurisdicional. Ao contrário situa-se como estrutura de apoio para a atuação da Justiça Eleitoral, cujas funções não se resumem à consulta ou jurisdicional. Tem a difícil e hercúlea tarefa de desenvolver a administração e organização das eleições, atividades que não podem passar à margem dos fenômenos sociais, políticos ou comunicacionais, sobretudo, quando voltados à ideia de supressão no todo ou em parte dos sistemas de processo eleitoral, vulnerabilidade das garantias e dos valores democráticos.

A iniciativa é uma forma de estabelecimento de diálogo plural com a sociedade e organizações que atuam nas eleições, tanto que o art. 2º, § 1º, da Portaria em destaque, enuncia que receberão convites para a participação no Centro: a Procuradoria-Geral da República, o Ministério da Justiça e Segurança Pública, o Conselho Federal da Ordem dos Advogados do Brasil e a Agência Nacional de Telecomunicações. Na minha falível percepção faltou uma extensão dos convites à indicação de participantes pelo Congresso Nacional (Senado Federal e Câmara dos Deputados) pela densidade de sua representatividade popular, pública e eleitoral.

Segundo o art. 3º, da Portaria ora em comentário, as atribuições do CIEDDE são as seguintes, que merecem transcrição, para seguida conclusão a respeito da inovação que é trazida para aprimoramento do Estado Democrático de Direito no Brasil na atualidade: *Art. 3º O CIEDDE tem como atribuições: I – promover a cooperação entre a Justiça Eleitoral, órgãos públicos e entidades privadas, em especial as plataformas de redes sociais e serviços de mensageria privada, durante o período eleitoral, para garantir o cumprimento da Resolução TSE nº 23.610, de 18 de dezembro de 2019, com as alterações promovidas pela Resolução TSE nº 23.732, de 27 de fevereiro de 2024, inclusive auxiliando os Tribunais Regionais Eleitorais no aperfeiçoamento da regular utilização da inteligência artificial no âmbito eleitoral, o combate à desinformação e à deepfake, e a proteção à liberdade de escolha dos eleitores e eleitoras; II – coordenar a realização de cursos, seminários e estudos para a promoção de educação em cidadania, Democracia, Justiça Eleitoral, direitos digitais e combate a desinformação eleitoral; III – organizar campanhas publicitárias de educação contra a desinformação, discursos de ódio e antidemocráticos e em defesa da Democracia e da Justiça Eleitoral; IV – sugerir aos órgãos competentes as alterações normativas necessárias para o fortalecimento da Justiça Eleitoral e combate à desinformação, discursos de ódio e antidemocráticos no período eleitoral.*

Totalmente distinta da função de controle externo ou mesmo jurisdicional da função judicante dos juízes e Tribunais Eleitorais, o CIEDDE é a busca pela integração das instituições com vocação democrática para a cooperação e a preparação didática, visando a melhor compreensão dos fenômenos comunicacionais na era da sociedade midiatizada e com o propósito de criar as condições necessárias para a conscientização e a educação cidadã e digital, bem como medidas assertivas no campo da prevenção e tutela das liberdades atinentes aos direitos políticos, sobretudo, o sufrágio e o voto. Com essa disposição, o CIEDDE foi criado para o trabalho que visa de modo essencial o amadurecimento e a proteção da democracia brasileira.

8.2 MODELOS

8.2.1 Representação por propaganda extemporânea

EXMO. SR. JUIZ ELEITORAL DA ...ª ZONA ELEITORAL DE ..../...

P.E. (Partido da Elegância), por intermédio do seu diretório municipal em ..../..., representado por seu Presidente, Sr. ...., por seu advogado, incluso mandato, com endereço eletrônico ...., telefone ...., mediante os quais receberá intimações, vem respeitosamente à presença de Vossa Excelência, nos termos do art. 96, Lei 9.504/97, e art. 17, Resolução 23.608/2019 – TSE, apresentar REPRESENTAÇÃO POR PROPAGANDA IRREGULAR em desabono de POPULAR, *(qualificação completa)*, expondo e requerendo em decorrência o seguinte:

O requerente tem atuação política eleitoral no âmbito do Município de ..../..., inclusive para as Eleições de 2024 que se avizinham.

Registra que o representado é tido e falado de forma notória e insistente como virtual candidato ao cargo de Prefeito do Município de ...., no pleito acima destacado.

Acontece que a propaganda eleitoral só pode ser realizada a partir de 16 de agosto do corrente ano, nos termos precisos do art. 36, *caput*, Lei 9.504/97, e art. 2º, Resolução 23.610/2019 – TSE.

Não obstante o marco temporal para início das atividades de divulgação da campanha, o representado realizou em vasta área territorial do Município ato de propaganda eleitoral extemporânea, pois afixou diversas placas e faixas contendo sua fotografia, desfilando amplo sorriso e sinalizando gestual com os dedos como se formasse um V, da palavra vitória. Nos objetos ainda se encontram as seguintes inscrições: *Ao povo a vitória que ele merece. Popular.*

Demonstram os anexos, arquivos de fotografias e vídeo, a existência do material em questão, sendo de induvidosa autoria do representado, pois ninguém arcaria com os custos dessa propaganda se não fosse para o próprio favorecimento.

A seguir listam-se os locais onde os objetos estão afixados: ....

Indubitável que o material em questão é propaganda eleitoral intempestiva, voltada ao certame de 2024, pois exara indisfarçável mensagem de captação de votos, antes de deflagrado o período autorizado pela legislação eleitoral para a propaganda, como já frisado.

LIMINAR. PODER DE POLÍCIA

Considerando o poder de polícia sobre a propaganda eleitoral como atributo exclusivo da jurisdição eleitoral, e verificando-se os requisitos para a concessão de liminar, pugna o representante pela adoção imediata de providências inerentes a essa prerrogativa de Vossa Excelência, determinando ao representado a imediata remoção das placas e faixas espúrias. Ora, o *periculum in mora* se exterioriza pela percepção de que a permanência daquela ostentação tem o poder de contaminar a lisura do pleito, a partir da veiculação de mensagem antecipada ao eleitorado, criando-se embaraços e desequilibrando a disputa.

O *fumus boni iuris* se percebe pela simples consulta ao calendário eleitoral, demonstrando que a data autorizada para início da propaganda depende do transcurso de aproximadamente ... dias, outrossim, evidenciada a existência dos objetos clandestinos.

Com isso, deve ser utilizada a medida para regularização do ilícito, nos termos do art. 41, § 2º, Lei 9.504/97 e art. 6º, § 2º, Resolução 23.610/2019 – TSE.

ISSO POSTO, requer a citação do representado no seu endereço residencial conforme autorizado pelo art. 11, II, Resolução 23.608/2019 - TSE para, querendo, apresentar defesa no prazo de 02 dias, e, após, a oitiva do Ministério Público Eleitoral, o acolhimento do pedido para se ratificar a remoção cautelar do material de propaganda eleitoral ilícita e, ainda, condenando o representado no pagamento da multa prevista no art. 36, § 3º, Lei 9.504/97, para tanto se avaliando o valor gasto com o material de propaganda proscrita para fins de adequada apenação.

Pugna pela produção de todas as provas lícitas em direito, notadamente pericial, documental e testemunhal.

Requer, ainda, seja aberta vista dos autos ao final do julgamento para as providências referentes ao abuso de poder econômico pelo representado, viabilizando o aforamento do pedido respectivo pelo Ministério Público Eleitoral.

Termos em que pede e aguarda favorável deferimento.

(Local e Data)

....

Advogado

OAB/... – nº ....

Observação importante: Entendemos que em razão da vigência do art. 14, Resolução 23.478/2016 – TSE que prevê a aplicação de normas do CPC ao processo eleitoral, entre elas, as referentes à tutela provisória (art. 294 e seguintes do CPC), outrossim, determinando a autuação separada do feito principal, o interessado pode pedir a simples atuação do poder de polícia do Juiz Eleitoral ou o provimento jurisdicional da tutela provisória. Nesse último caso, deve aforar pedido próprio como determinado pelo art. 14, Resolução 23.478/2016, acima referida. Ou se for a hipótese, não alcançando êxito no pedido de averiguação do poder de polícia junto à representação, posteriormente busca o pleito da tutela provisória incidental, obedecendo-se dessa feita, ao disposto no parágrafo único do art. 14, da mencionada Resolução do Egrégio TSE.

8.2.2 Propaganda intempestiva. Defesa

EXMO. SR. JUIZ ELEITORAL DA ...ª ZONA ELEITORAL DE ..../...

CONCORRENTE, já devidamente qualificado nos autos n. .... – REPRESENTAÇÃO ELEITORAL –, em razão de pretensa propaganda eleitoral extemporânea, promovida pelo P.S. (Partido do Ser), por intermédio de seu advogado, mandato incluso, e-mail ...., telefone ...., vem à ilustre presença de Vossa Excelência, com substrato jurídico no art. 96, § 5º, Lei 9.504/97, apresentar sua DEFESA, o que realiza nos termos a seguir expendidos.

RESUMO DA REPRESENTAÇÃO

O representante em seu pedido inicial descortina uma série de especulações incabíveis e aleatórias, para concluir de maneira temerária pela existência de uma propaganda eleitoral intempestiva, o que não corresponde à realidade.

Segundo o representante, o representado ora defendente teria patrocinado um churrasco em sua chácara com diversos convidados, disponibilizando livre acesso a comidas e bebidas, ocasião em que teria anunciado a sua candidatura ao cargo de Prefeito, na disputa que ora se aproxima. Discorreu sobre a presença de cerca de 200 convidados no evento.

Além disso, acentua o representante que cerca de 10 faixas espalhadas pela cidade trazem mensagem do representado para o povo, o que teria conotação política eleitoral.

Culminou o representante por pleitear a retirada das faixas e a aplicação de multa, bem como a adoção de medidas investigativas para se verificar abuso de poder econômico, oportunamente.

1º FATO - EVENTO FESTIVO. REUNIÃO SOCIAL

É a mais absurda suposição do representante, assim desenvolvida na tentativa vã de arrecadar dividendos políticos, a alegação de que o encontro festivo ocorrido na chácara do representante teve o significado de ato de propaganda eleitoral. Ora, naquela ocasião se comemorou o aniversário de uma de suas filhas - vide convites anexos. Assim, houve uma reunião social, comum e familiar, contando com a presença de familiares e amigos, sendo perfeitamente aceitável a participação do representado, como pai da aniversariante.

A alegação de que em anos anteriores não se realizou ato da mesma proporção em nada aproveita ao representante, pois os festejos de aniversários e outras comemorações logicamente não são idênticos no correr dos anos, seja por questões de preferências pessoais, econômicas ou mesmo opção.

Durante a realização do ato não se cogitou de qualquer abordagem política, sendo totalmente inverídico o alegado pelo representante no sentido de que o representando realizou até um discurso, dando o pontapé inicial para a arregimentação de simpatizantes e apoiadores.

MM. Juiz Eleitoral, pedindo vênia a Vossa Excelência, o representado anexou à petição defensiva um arquivo de vídeo contando praticamente todo o desenvolvimento do evento, não havendo um registro sequer de aproveitamento político do encontro. Ademais, se necessário, poderão ser ouvidas as pessoas que estiveram na festa, sendo certo que relatarão a esse juízo, fielmente, o que ocorreu, isto é, uma mera reunião de família.

Assim considerando, sob tal fundamento não há qualquer respaldo para se apenar o representado ou mesmo adotar qualquer medida investigativa.

Frisa ainda o representado que nem sequer é reputado como pré--candidato, não se responsabilizando por qualquer especulação nesse sentido.

2º FATO – FIXAÇÃO DE FAIXAS

Repele o representado a sua responsabilidade sobre tais objetos. Assinala que não tinha ciência da existência de tais objetos. Não os viu, nem teve de notícia de sua existência. Em respeito à decisão liminar desse juízo, com fulcro no art. 40-B, parágrafo único, Lei 9.504/97, o representado determinou que alguns funcionários seus retirassem o material e o entregassem no cartório eleitoral, por entender que a medida, além de atender ao comando da v. decisão, significaria uma forma de melhor acomodação dos fatos, sem criar qualquer embaraço na comunidade e ainda efetivar a tranquilidade e segurança jurídica.

Note-se, Excelência, que as faixas foram assinadas pelo artífice que as pintou, e este, sim, certamente saberá quem as encomendou. Reputa assim, o representando, que pode ser um estratagema utilizado para aliar seu nome a esse material ilícito.

Não tendo o representado conhecimento da propaganda em questão, e não havendo nenhuma outra circunstância que conduza ao seu proveito, não se pode reputar como autor ou beneficiário, afastando-se assim qualquer penalidade ou providência em virtude da mencionada propaganda.

O eg. TSE já decidiu dessa forma:

> R-Rp nº 060006148 Acórdão BRASÍLIA - DF - Relator(a): Min. Edson Fachin - Julgamento: 23/04/2020 Publicação: 04/05/2020. Ementa. ELEIÇÕES 2018. RECURSO INOMINADO. REPRESENTAÇÃO. PROPAGANDA ELEITORAL IRREGULAR. PRÉ-CAMPANHA. MEIO PROSCRITO. OUTDOOR. ART. 39, § 8°, DA LEI N° 9.504/97. CONFIGURAÇÃO. MENSAGEM EM PROL DE PRÉ-CANDIDATO À PRESIDÊNCIA DA REPÚBLICA. TEOR ELEITORAL. PRECEDENTE. RESPONSABILIZAÇÃO. ART. 40-B DA LEI DAS ELEIÇÕES. AUSÊNCIA DE PROVAS DA AUTORIA DA SEGUNDA RECORRIDA E DO PRÉVIO CONHECIMENTO DO BENEFICIÁRIO. RECURSO PARCIALMENTE PROVIDO. 1. A realização de atos de pré-campanha por meio de outdoors importa em ofensa ao art. 39, § 8º, da Lei nº 9.504/97 e desafia a imposição da multa, independentemente da existência de pedido explícito de voto. Precedente. 2. No caso, restou comprovada a utilização de outdoor para divulgar, no período de pré-campanha, mensagem contendo nome e fotografia do então pré-candidato ao certame presidencial associados ao slogan de sua campanha e a expressões que visam enaltecer suas

> qualidades pessoais, configurando propaganda eleitoral por meio proscrito pela legislação eleitoral, nos termos do art. 39, § 8°, da Lei n° 9.504/97. 3. Conforme preconiza o art. 40-B da Lei das Eleições, a responsabilização pela divulgação de propaganda irregular pressupõe a comprovação da autoria ou do prévio conhecimento do beneficiário, quando este não é o autor da propaganda. 4. Na espécie, a responsabilidade de Pablo Viana de Sá, subscritor da mensagem divulgada no outdoor, é incontroversa nos autos, atraindo a imposição da multa. Quanto à Orletti Patrimonial Ltda., não se constata dos autos qualquer elemento de convicção que leve a crer que a empresa concorreu para veiculação do outdoor, desautorizando a aplicação da sanção. No tocante ao pré-candidato beneficiário, não há como imputar-lhe responsabilidade pela propaganda eleitoral irregular ante a ausência de prova de seu prévio conhecimento. 5. Recurso parcialmente provido para aplicar a Pablo Viana de Sá a multa prevista no art. 39, § 8°, da Lei n° 9.504/97, no valor de R$ 5.000 (cinco mil reais), patamar mínimo legal, em razão da divulgação de propaganda eleitoral por meio de outdoor em prol de pré-candidato à presidência da República no período de pré-campanha - (jurisprucencia.tse.jus.br)

Promoção pessoal nos dois fatos

Firme na coesão e juridicidade dos argumentos invocados que afastam a sua responsabilidade, por amor ao debate e em linha de sintonia com o princípio da concentração das teses defensivas, por outro lado, é inviável se cogitar da existência de propaganda eleitoral feita pelo representado ou aproveitada em seu benefício, tanto no evento festivo de sua filha como em relação às faixas em que constam o seu nome.

Ora, no máximo, o que ocorreu e de maneira involuntária foi a denominada promoção pessoal, cogitando-se o nome do representado como uma possível liderança política, mas não havendo qualquer afetação ou proposição eleitoral.

E, assim ocorrendo, não se qualifica a divulgação como propaganda eleitoral, pois incapaz de criar um ambiente de favorecimento ao proselitismo eleitoral.

O eg. TSE enfrenta a questão do seguinte modo:

> AgR-REspe nº 060035184 Acórdão TERESINA - PI, Relator(a): Min. Sergio Silveira Banhos, Julgamento: 26/09/2019 Publicação: 22/11/2019. Ementa ELEIÇÕES 2018. AGRAVO REGIMENTAL. RECURSO ESPECIAL. PROPAGANDA ELEITORAL ANTECIPADA. NÃO CONFIGURAÇÃO. 1. O Tribunal de origem manteve a sentença de improcedência da representação proposta em face dos agravados com fundamento no art. 36, § 3º, da Lei 9.504/97, por entender que os outdoors veiculados não têm conteúdo relacionado direta ou indiretamente com a disputa eleitoral, constituindo-se em

indiferente eleitoral em termos de propaganda eleitoral. 2. O Ministério Público sustenta que no caso existem critérios aptos a configurar o pedido explícito de voto, consistentes no teor e demais elementos extrínsecos da mensagem veiculada por meio de outdoor, que se utiliza de expressões semanticamente similares ao pedido de voto. 3. Apesar de a veiculação de publicidade institucional por meio de outdoors ter expressivo conteúdo econômico, não disponível ao candidato médio, é incontroverso que, no caso dos autos, não houve mensagem de promoção pessoal, referência ao pleito ou à candidatura, mas tão somente prestação de contas de atos administrativos e de obras. 4. A decisão do Tribunal Regional do Piauí está de acordo com a atual compreensão desta Corte Superior, no sentido de que, "a alusão a gestões, com enaltecimento de obras, projetos e feitos de um integrante do partido, não desborda do limite da liberdade de expressão e de informação – podendo caracterizar, inclusive, prestação de contas à sociedade –, não configurando, bem por isso, propaganda eleitoral antecipada, exceto se houver pedido expresso de votos ou menção à futura candidatura e ao pleito vindouro" (AgR–REspe 419–89, rel. Min. Luiz Fux, DJE de 12.12.2016). 5. Incidência do verbete sumular 30 do TSE, pois o entendimento da Corte de origem está alinhado à jurisprudência deste Tribunal Superior. Agravo regimental a que se nega provimento – (jurisprudencia.tse.jus.br).

Feitas tais assertivas, requer o representado que, após a oitiva do Ministério Público Eleitoral, seja o pedido julgado improcedente, afastando-se qualquer declaração de responsabilidade sua em razão dos fatos pretensamente anotados como de propaganda eleitoral intempestiva.

Para fins de provar adequadamente tudo o que alegou, requer a oportunidade de utilizar-se de todos os meios legítimos e lícitos, como prova documental, pericial, inspeção judicial, depoimento pessoal das partes, testemunhal e outras.

Pede e aguarda deferimento.

(Local e Data)

....

Advogado

OAB/... – nº ....

8.2.3 Propaganda eleitoral em bem público. Representação

EXMO. SR. JUIZ ELEITORAL DA ...ª ZONA ELEITORAL DE ..../...

DEMOCRÁTICO, *(qualificação completa)*, candidato ao cargo de Vereador nas Eleições 2020, por seu advogado, nos termos do mandato já arquivado no cartório eleitoral, consoante o disposto no art. 17, Resolução n. 23. 608/2019- TSE, vem à douta presença de Vossa Excelência, com apoio no art. 96 da Lei 9.504/97, ofertar REPRESENTAÇÃO POR PROPAGANDA ELEITORAL ILÍCITA em contraposição a AUTORITÁRIO, *(qualificação completa)*, pelo que relata e pleiteia da maneira a seguir discriminada.

Nos termos da anexa documentação, o representante teve seu registro de candidatura deferido ao cargo de Vereador, nas Eleições 2024 sob o número ...., no Município de ..../..., pela Coligação ....

Observa-se, por outro lado, que o representado também é candidato ao cargo de Vereador sob o n. ...., pela Coligação ....

Todavia, o procedimento do representado tem violado de modo flagrante a legislação eleitoral, pois se utiliza de bem de uso comum para veicular propaganda de sua candidatura, em explícita ofensa ao art. 37, *caput*, Lei 9.504/97, e art. 19, Resolução 23.610/2019 – TSE.

Com efeito, o representado afixou cartazes e faixas em ponte localizada no centro desta urbe, cujo conteúdo é dirigido à população em geral, com pedido de voto, constando o seu número e a identificação da respectiva coligação, junto com a fotografia do representado.

Mais precisamente, a ponte está localizada na Av. ...., próxima ao número ...., em frente à Loja ....

Com tal quadro, urge a providência fiscalizadora do poder de polícia de Vossa Excelência, fazendo cessar a irregularidade; para tanto, determinando a retirada imediata do material publicitário eleitoral, o que se requer preliminarmente.

Isso posto, requer seja notificado o representado para, querendo, apresentar defesa na forma do art. 96 da Lei 9.504/97, e, ouvido o Ministério Público Eleitoral, a final seja julgado procedente o pedido, impondo-se ao representado as sanções previstas no art. 37, § 1º, Lei 9.504/97.

Requer a produção de toda prova lícita em direito, especialmente a documental, testemunhal e pericial.

Salienta que anexo à petição inicial se encontram arquivos com fotografias do local onde estão expostos os materiais, demonstrando cabalmente a ilicitude perpetrada pelo representado.

Termos em que pugna pelo deferimento da sua pretensão.

(Local e Data)

....

Advogado

OAB/... – nº ....

8.2.4 Propaganda eleitoral em bem particular de uso comum. Representação

EXMO. SR. JUIZ ELEITORAL DA ...ª ZONA ELEITORAL DE ..../...

ORATÓRIO, *(qualificação completa)*, candidato ao cargo de Prefeito nas Eleições 2024, por meio de seu advogado, nos termos do mandato já arquivado no cartório eleitoral, consoante o disposto no art. 17, Resolução n. 23.608/2019 - TSE, vem à insigne presença de Vossa Excelência, com apoio no art. 96 da Lei 9.504/97, ofertar REPRESENTAÇÃO POR PROPAGANDA ELEITORAL ILÍCITA em contraposição a SENSO, *(qualificação completa)*, VOLANTE, *(qualificação completa)*, PILOTO, *(qualificação completa)*, e DA PRAÇA, *(qualificação completa)*; para tanto, descrevendo o seguinte cenário fático e jurídico.

Os documentos que acompanham a inicial demonstram de maneira taxativa que tanto o representante como o 1º representado são candidatos ao cargo de Prefeito nas Eleições vindouras de 2024, conforme deferimento pela Justiça Eleitoral.

Esclarece o representante que os demais representados são motoristas de táxi, que exercem o labor nesse Município de ....

Em total desapreço ao disposto no art. 37, *caput*, Lei 9.504/97, e art. 19 § 2º, Resolução 23.610/2019 - TSE, o 1º representado tem se utilizado dos veículos dos demais representados, que por sua vez manifestam tal apoio, não se sabendo a que título, se espontâneo ou pago, para veiculação de propaganda, mediante de adesivos afixados nos vidros dos automóveis destinados ao transporte de pessoas.

Observando-se as anexas fotografias, nota-se perfeitamente a visibilidade que tal material adquire nos veículos, que para fins eleitorais são equiparados a bens de uso comum (ar. 37, § 4º, Lei 9.504/97, e art. 19, § 2º Resolução 23.610/2019 – TSE).

O Excelso Tribunal Superior Eleitoral já repudiou a realização de propaganda eleitoral em táxis, mesmo considerando a propriedade particular sobre eles, em virtude da permissão originária do poder público para a atividade de transporte:

> "AG - AGRAVO DE INSTRUMENTO nº 2890 - Faxinal dos Guedes/SC
>
> Acórdão nº 2890 de 28/06/2001
>
> Relator(a) Min. FERNANDO NEVES DA SILVA
>
> Publicação: DJ - Diário de Justiça, Volume 1, Data 31/08/2001, Página 158
>
> RJTSE - Revista de Jurisprudência do TSE, Volume 13, Tomo 1, Página 166
>
> Ementa:
>
> Propaganda eleitoral – Táxis – Concessão do poder público – Art. 37 da Lei nº 9.504/97 – Permissão – Licença – Bem particular – Acesso público – Bem de uso comum – Restrições – Candidatos – Isonomia.
>
> 1. Para fins de propaganda eleitoral, os táxis, ainda que bens particulares, são considerados de uso comum e, portanto, abrangidos pela vedação do art. 37 da Lei nº 9.504, de 1997.
>
> 2. A permissão prevista no art. 37 inclui a licença para o serviço de táxis.
>
> 3. Possibilidade de se impor limites à propaganda eleitoral de modo a garantir a maior igualdade possível na disputa pelos cargos eletivos.
>
> 4. Agravo a que se negou provimento." (www.tse.jus.br/jurisprudencia)

No julgamento do RESPE 76996 – Belo Horizonte/MG, o TSE ratificou a consideração de que não se pode utilizar o veículo táxi para fins de propaganda eleitoral na modalidade de fixação, contudo, entendeu adequada a participação de candidato em carreata de táxis, não sendo afixado material de propaganda nos veículos – (Rel. Min. João Otávio de Noronha, j. 28/04/2015, DJE - Diário de justiça eletrônico, Tomo 90, 14/05/2015, p. 181/18 – www.tse.jus.br/jurisprudencia).

Impõe-se, a partir dessa constatação, a atuação firme da Justiça Eleitoral no sentido de coibir as práticas ilegais, pelo que se requer a Vossa Excelência, no uso das prerrogativas inerentes ao poder de polícia, consubstanciado no art. Art. 41, § 2º, Lei 9.504/97, e art. 54, § 1º, Resolução 23.608/2019- TSE determine a remoção do material de propaganda irregular dos veículos dos representados motoristas de táxis, proibindo-os de nova ostentação.

Isso posto, requer que sejam citados os representados para apresentarem defesa no prazo e forma do art. 96, Lei 9.504/97, e, ouvido o Ministério Público Eleitoral, a final seja julgado procedente o pedido, impondo-se aos representados as sanções previstas no art. 37, § 1º, da Lei 9.504/97.

Requer a produção de toda prova lícita em direito, especialmente a documental, testemunhal e pericial.

Pede deferimento.

(Local e Data)

....

Advogado

OAB/... – nº ....

8.2.5 Propaganda eleitoral em bens particulares. Locação de imóvel para sede. Defesa

EXMO. SR. DR. JUIZ ELEITORAL DA ...ª ZONA ELEITORAL DE ..../...

COLIGAÇÃO ...., nos autos do processo n. ...., em trâmite por esse r. juízo, REPRESENTAÇÃO – PROPAGANDA ELEITORAL ILÍCITA, que lhe move a COLIGAÇÃO ...., por intermédio de seu advogado (instrumento de mandato arquivado no cartório eleitoral, nos termos do art. 17, Resolução n. 23.608/2019 - TSE, com precípuo apoio jurídico no art. 96, Lei 9.504/97, vem à presença de Vossa Excelência apresentar sua DEFESA, nos termos a seguir declinados.

TEMPESTIVIDADE

A presente defesa deve ser reputada tempestiva, pois obedeceu de modo rigoroso ao prazo disposto no art. 96, § 5º, Lei 9.504/97, ou seja, recebida a notificação em .../.../....., às ..h.., o protocolo é feito em .../.../....., às ..h...

RESUMO DA ARTICULAÇÃO DA REPRESENTANTE

A arguição desenvolvida pela representante descreve que a representada estaria praticando ato ilegal na propaganda eleitoral para o certame de 2024, pois teria pago ao proprietário do imóvel localizado na Rua ...., para nele afixar cartazes, bandeiras, panfletos e outros objetos de propaganda eleitoral.

Invocou, para concluir naquele sentido, o previsto no art. 37, § 8º, Lei 9.504/97, introduzido pela Lei 12.034/2009.

IMPROPRIEDADE DAS ALEGAÇÕES DA REPRESENTANTE

Esclarece a Representada que efetivamente fez a locação do imóvel descrito na representação, por um período de 03 meses, conforme consta no anexo contrato locatício (cópia), pagando ao locador o importe mensal de R$ ......,.., assumindo ainda os gastos com energia elétrica, água e esgoto.

Cabe esclarecer a Vossa Excelência que o procedimento em tela é perfeitamente normal e lícito, inclusive com o gasto a ser computado na respectiva prestação de contas da campanha eleitoral.

Diga-se, com acerto, que a propaganda eleitoral em bens particulares deve obedecer inicialmente ao parâmetro do art. 37, §§ 2º e 8º, da Lei 9.504/97, isto é, não depende de licença do poder público ou Justiça Eleitoral por meio de adesivo ou papel, se não excedem a 0,5m2 (meio metro quadrado) e não contrariarem a legislação eleitoral, outrossim, deve ser espontânea e graciosa.

Pois bem. No caso em espécie, não se trata a utilização do imóvel alugado de propaganda em bem particular. Ora, o imóvel foi tomado em locação para servir como sede, escritório ou comitê da campanha. Para sua identificação naquele local, há realmente afixação de cartazes e faixas alusivas à campanha partidária e de seus candidatos.

Contudo, não se confunde a plena utilização do imóvel nessas condições com propaganda eleitoral em bens particulares. Naquele local são resolvidas as questões administrativas inerentes à campanha, como apoio aos cabos eleitorais e correligionários, espaço para guarda do material, enfim, um ponto de apoio imprescindível à realização da própria campanha.

Assim, como a representada detém a posse direta do imóvel mediante o instituto da locação, não se trata de propaganda em bens particulares, mas em bens próprios. Justifica-se ainda a presença do material de campanha ali depositado para que tenha condições estruturais de funcionamento.

Imperioso salientar que não há qualquer material adesivo ou papel em dimensão não superior a 0,5m^2 (meio metro quadrado). Se fosse essa a hipótese, segundo a jurisprudência do excelso TSE, abaixo colacionada, surgiria o ilícito:

> "AgR-AI - Agravo Regimental em Agravo de Instrumento nº 385447 - Goiânia/GO
>
> Acórdão de 22/02/2011
>
> Relator(a) Min. ARNALDO VERSIANI LEITE SOARES
>
> Publicação: DJE - Diário da Justiça Eletrônico, Data 10/05/2011, Página 44
>
> Ementa:
>
> Propaganda eleitoral irregular. Placas. Comitê de candidato. Bem particular. Retirada.

1. A retirada de propaganda em bem particular, que ultrapassa a dimensão de 4m^2, não afasta a aplicação da multa e não enseja a perda superveniente do interesse de agir do autor da representação.

2. Conforme jurisprudência consolidada no Tribunal, as regras atinentes à propaganda eleitoral aplicam-se aos comitês de partidos, coligações e candidatos.

3. A permissão estabelecida no art. 244, I, do Código Eleitoral – no que se refere à designação do nome do partido em sua sede ou dependência – não pode ser invocada para afastar proibições contidas na Lei nº 9.504/97.

4. Nos termos do art. 241 do Código Eleitoral, os partidos políticos respondem solidariamente pelos excessos praticados por seus candidatos e adeptos no que tange à propaganda eleitoral, regra que objetiva assegurar o cumprimento da legislação eleitoral, obrigando as agremiações a fiscalizar seus candidatos e filiados.

5 - Agravo regimental não provido." (www.tse.jus.br/jurisprudencia)

E como não se trata de violação ao que prescreve o art. 37, §§ 3º e 8º, Lei 9.504/97, a norma do art. 244, I, do Código Eleitoral dá respaldo ao procedimento adotado pela representada.

Diante de todo esse arrazoado, requer a representada que o pedido seja julgado improcedente, mantendo-se o funcionamento regular do comitê eleitoral no endereço declinado nas condições atuais.

Pede de espera deferimento.

(Local e Data)

....

Advogado

OAB/... – nº ....

8.2.6 Propaganda eleitoral. Mesas para distribuição de material de campanha e bandeiras ao longo das vias públicas. Falta de mobilidade

EXMO. SR. DR. JUIZ ELEITORAL DA ...ª ZONA ELEITORAL DE ..../...

PH (Partido do Humor), representado por seu diretório municipal em ..../..., por meio de seu advogado (mandato incluso), vem perante Vossa Excelência apresentar REPRESENTAÇÃO CONTRA PROPAGANDA ELEITORAL ILÍCITA, nos termos do art. 96, Lei das Eleições, em desfavor de

CONCORRENTE, *(qualificação completa)*, candidato com registro deferido pela Justiça Eleitoral local ao cargo de Prefeito Municipal pela Coligação ...., sob o n. ....., expondo os pontos de fatos e de direito adiante ordenados.

Iniciado o período de propaganda eleitoral para o próximo pleito, o representado acudiu em utilizar-se de mesas para distribuição de material de campanha eleitoral e bandeiras ao longo das vias públicas. Tal comportamento, a princípio, tem autorização do art. 37, § 6º, da Lei 9.504/97.

Entretanto, o representando tem agido de modo a descaracterizar o material de propaganda, tornando-o ilícito, pois, se são bens móveis por essência, não contam com a mesma mobilidade, eis que o representado não retira tais objetos das vias públicas, como determina o § 7º do supracitado artigo da lei eleitoral.

Ora, como visto nos anexos fotográficos que instruem a presente petição, as mesas com distribuição de material ali têm permanecido em tempo integral, inclusive no horário em que deveria ser retirado (depois das 22 horas e antes da 06 horas do dia seguinte). Indica-se como ponto de permanência da propaganda sob esse módulo os seguintes locais: ....

O representado ainda tem lacrado as mesas de distribuição em bens públicos como bancos de praça, postes e até árvores.

Além disso, as bandeiras tem sido ostentadas por pessoas contratadas pelo representado, em vulneração ao limite de horário acima descrito, se estendendo pelas 24 horas e 02 (duas) horas do dia imediatamente seguinte, sobretudo em finais de semana e em locais de maior aglomeração de pessoas.

Se não bastasse a violação ao comando legal já destacado, a conduta do representado implica verdadeiramente em um monopólio do espaço público, impedindo que outros candidatos, coligações ou partidos se utilizem daquele espaço. Ora, a mobilidade desse tipo de propaganda é exigida justamente para não se criar uma reserva com relação ao local de sua veiculação, permitindo-se a utilização do espaço público então permitido à propaganda eleitoral sob o critério da igualdade de oportunidades.

Lamentavelmente, a lei eleitoral não prevê sanção pecuniária para essa infração, cabendo, no entanto, a atuação do poder de polícia inerente à douta atividade de Vossa Excelência como juiz eleitoral, nos termos do art. 41, § 2º, Lei 9.504/97.

LIMINAR

Visíveis os pressupostos para a concessão de liminar, eis que o *fumus boni iuris* se apresenta pela perspectiva objetiva de plausibilidade do direito invocado, demonstrada à saciedade pelo material fotográfico anexo, confirmando a violação ao regramento da propaganda eleitoral.

Noutro prisma, o *periculum in mora* se desenha sob a forma de que não há como aguardar o desfecho mesmo que célere do processo, pois o período de propaganda eleitoral é exíguo e a cada hora que passa a indevida reserva de mercado, com a ampliação do horário de permanência da propaganda eleitoral do representado, impediria outros legitimados à propaganda tal qual o representante em utilizar-se do espaço público autorizado.

Com esse quadro, bate-se pela expedição de mandado de busca e apreensão da propaganda eleitoral em comentário, para ser realizado se após o horário vedado pela legislação, ou seja, 22 horas, os indigitados bonecos e cavaletes ainda estiverem no local, nos termos do art. 300 c/c 15 ambos do CPC.

ISSO POSTO, requer o processamento da representação, determinando-se a notificação do representado para, querendo, apresentar defesa no prazo legal, e, após a oitiva do Ministério Público Eleitoral, que seja acolhido o pedido ratificando-se o pedido liminar para se concretizar a busca e apreensão dos materiais.

Pugna pela apresentação de todos os meios de provas admitidos em direito, como testemunhal, pericial, depoimento pessoal das partes e documental.

Pede deferimento.

(Local e Data)

....

Advogado

OAB/... – nº ....

Observações:

1 – Se as mesas para distribuição de material e bandeiras móveis forem colocados em outros bens públicos ou de uso comum, e não AO LONGO DAS VIAS PÚBLICAS, há clara infração à lei eleitoral no que pertine a proibição de utilização desses espaços. O disposto no art. 37, § 6º, da Lei 9.504/97 é uma das exceções à possibilidade de utilização de bem público para específica modalidade de propaganda eleitoral. Com isso, com a fixação daqueles materiais em jardins públicos, áreas de órgãos públicos, enfim, qualquer outra localidade sob esse signo, a propaganda deixa de ser lícita.

Outra situação é o caso da exigência de MOBILIDADE dos objetos. O conceito legal não se contenta apenas com a qualidade de o bem ser de natureza móvel, mas que haja ainda o cuidado de sua retirada dos locais onde forem dispostos nas vias públicas entre as 22 horas e 06 horas. Entendemos que a infração a esse dispositivo não dá ensejo à aplicação da multa prevista no § 1º, art. 37, Lei 9.504/97, pois, em análise sistemática de todo o dispositivo, vê-se que a mensagem da sanção está direcionada apenas à hipótese do *caput*. Na sequência após o § 7º do mesmo art. 37, Lei Eleitoral, não se faz qualquer anotação quanto à incidência de multa.

Nesse caso, a providência saneadora se limita ao poder geral de polícia do juiz eleitoral sobre a propaganda eleitoral irregular – art. 41, §§ 1º e 2º, Lei 9.504/97.

Do mesmo modo a questão é tratada no art.19, §§ 4º e 5º, Resolução 23.610/2019 - TSE, que regulamenta a propaganda eleitoral para as Eleições 2020.

Em relação à colocação de cavaletes, bonecos e cartazes em vias públicas, note-se que a Lei 12.891/2013 ao modificar a redação do art. 37, § 6º, Lei 9.504/97 excluiu a sua previsibilidade, por isso, em relação a tal modalidade e meio de propaganda deve ser reputado ilícito, pois se encaixa ao padrão de ocupação indevida e não excepcionada por lei de bens públicos.

2 – O modelo preservou o pedido de tutela provisória previsto no art. 300, CPC, embutido e incorporado à petição de representação, mesmo considerando o previsto no art. 14, Res. 23.478/2016 – TSE, posto que o Juiz Eleitoral poderá entender desnecessária a adoção daquela providência e autorizar o processamento do pedido de provimento cautelar conjuntamente. No entanto, havendo necessidade ou preferência podem ser adotados os parâmetros apontados na observação final constante do item 8.21 acima.

8.2.7 Propaganda eleitoral. Mesas para distribuição de material de propaganda e bandeiras. Apreensão. Defesa

EXMO. SR. JUIZ ELEITORAL DA ...ª ZONA ELEITORAL DE ..../...

PUBLICADO, *(qualificação completa)*, candidato ao cargo de Vereador nas Eleições 2020, no Município de ..../...,por intermédio de seu advogado, consoante o anexo instrumento procuratório nos autos da REPRESENTAÇÃO POR PROPAGANDA ELEITORAL IRREGULAR n. ...., movida por DIVULGADO, vem respeitosamente, no prazo legal, à presença de Vossa Excelência apresentar sua DEFESA, nos seguintes tópicos.

RESUMO DOS FATOS DESCRITOS NA INICIAL.

O representante envidou o presente pedido assinalando que o representado ora defendente estaria descumprindo o disposto no art. 37,

§ 7º, Lei 9.504/97, ao permanecer com mesas de distribuição de material de propaganda eleitoral e bandeiras em vias públicas em horário de 22 horas às 06 horas do dia seguinte.

LIMINAR DEFERIDA

Em decisão liminar e no exercício do poder de polícia sobre a propaganda eleitoral. foi determinada por esse r. juízo a apreensão de diversas mesas, material impresso e bandeiras de propriedade do representado, material que foi conduzido por servidores desta Justiça Especializada e se encontra no Cartório Eleitoral.

AUSÊNCIA DE VIOLAÇÃO À LEI ELEITORAL

Refuta por meio desse arrazoado a inverídica alegação de que o representado estaria sistematicamente descumprindo os horários de retirada do aludido material. Tal episódio aconteceu somente no dia .../.../....., pois o cabo eleitoral e pessoa contratada pelo representado para o controle e guarda do material de propaganda, lamentavelmente, veio a padecer de uma moléstia e não reuniu condições para o recolhimento do material (anexo atestado médico).

Com isso, apenas por um lapso e de maneira isolada, o material pernoitou nas vias públicas.

Ressalta o representado que não é de sua vocação ou feitio a transgressão à legislação eleitoral, e, diante dessa inesperada ocorrência, assume o compromisso de evitar que situações como essas se repitam, mesmo que seja apenas por 01 dia.

DEVOLUÇÃO DO MATERIAL

Necessário apontar que o material de propaganda eleitoral em tablado é lícito e pertence de modo legítimo ao representado, não podendo ser objeto de confisco ou apreensão, sob pena de afetação grave ao seu direito de propriedade e ao franco exercício do direito de anúncio na propaganda eleitoral.

Com tal compreensão, pugna pela imediata liberação do material ao representado, sob o compromisso de não permitir a sua estada nas vias públicas no horário previsto, como proibido pelo art. 37, § 7º, Lei das Eleições.

A jurisprudência do Tribunal-Regional Eleitoral de Minas Gerais recomenda a entrega do material apreendido com tais características, pois não subsiste razão para sua retenção. Vejamos:

"MS - MANDADO DE SEGURANCA nº 801625 – Governador Valadares/MG

Acórdão de 19/10/2010

Relator(a) ANTÔNIO CARLOS CRUVINEL

Publicação:

DJEMG - Diário de Justiça Eletrônico-TREMG, Data 25/10/2010

Ementa:

Mandado de segurança. Eleições 2010. Ilegalidade da decisão que indeferiu a restituição de cavaletes de propaganda eleitoral apreendidos por infração à legislação. Possibilidade de restituição, seja para utilização lícita durante o restante da campanha eleitoral ou para fins diversos, após a realização do pleito. Segurança concedida.

Decisão: O Tribunal, à unanimidade, concedeu a segurança." (www.tse.jus.br/jurisprudencia)

ISSO POSTO, requer a Vossa Excelência que, após o processamento da representação com oitiva do Ministério Público Eleitoral, seja o pedido julgado improcedente, arquivando-se ao presente expediente.

Indica para provar suas assertivas toda espécie de prova admitida como lícita em direito, notadamente a testemunhal, documental, depoimento pessoal das partes e pericial.

(Local e Data)

....

Advogado

OAB/... – nº ....

8.2.8 Propaganda eleitoral. Representação para garantia da prioridade pelo aviso na realização de comício

EXMO. SR. DR. JUIZ ELEITORAL DA ...ª ZONA ELEITORAL DE ..../...

PC (Partido da Comédia), diretório municipal de ..../..., representado por seu advogado (mandato arquivado no âmbito do cartório eleitoral desse r. juízo, nos termos do art. 17, Resolução 23.608/2019 - TSE, considerando que sob sua legenda concorre ao cargo de Prefeito Municipal, nas Eleições 2024, o candidato ...., sob o n.... cujo registro de candidatura foi devidamente apreciado e deferido pela Justiça Eleitoral, vem, respeitosamente, à presença de Vossa Excelência apresentar REPRESENTAÇÃO nos termos do art. 96, Lei 9.504/97, em contraposição ao CONCORRENTE, *(qualificação completa)*, candidato ao cargo de Prefeito

Municipal sob o n. ....., pela Coligação ...., dizendo os articulados abaixo consignados.

Diz o art. 39, *caput*, da Lei 9.504/97 que qualquer ato de propaganda eleitoral, mesmo que externo, independe de prévia licença da polícia.

Em sequência, o § 1º do mesmo dispositivo acima invocado esclarece que aquele pretendente à ocupação do espaço público para o ato de propaganda deverá comunicar à autoridade policial, no mínimo 24 horas antes de sua realização, para que lhe seja garantida a prioridade em relação a outrem que tenha a intenção de usar o mesmo local, no mesmo dia e horário.

Assim considerando, o representante comunicou com larga antecedência à autoridade policial (civil e militar) sobre a realização de um comício de sua campanha no dia .../.../....., às ..h.., na Av. ...., como se pode perceber do anexo ofício, regularmente recebido pelos destinatários.

Contudo, ao fechar os preparativos para o ato de propaganda eleitoral, recebeu o comunicado incluso das autoridades policiais, descrevendo a impossibilidade de realização do evento, pois o representado também teria agendado para a mesma hora, dia e local, um comício, no que ficaria comprometida a segurança pública e dos participantes.

Entrementes, Excelência, tem-se que a atitude do representado visa tão somente conturbar o processo eleitoral na fase importante da propaganda eleitoral, pois não agendou com a prévia antecedência a realização do ato, ficando assim inibido de fazer coincidir seu comício com aquele já projetado pelo representante.

Nos termos do anexo documento também emitido pelas autoridades policiais, vê-se que a comunicação do representado sobre a realização do ato é posterior àquela feita pelo representante e, por isso, já tinha conhecimento de tal programação.

TUTELA ANTECIPADA – LIMINAR

Deve ser destacado, com ênfase, que no limite célere do procedimento tracejado pelo art. 96, Lei 9.504/97, com prazo exíguo para defesa e mesmo o julgamento, a solução final desse pedido virá à tona depois do ato programado para o ....

Desse modo, incide o disposto no art. 300, CPC, aplicado de maneira supletivamente, autorizando Vossa Excelência a conferir a antecipação dos efeitos da tutela, o que ora se requer, à consideração de que os atos que instruem a presente dão conta de prova inequívoca do alegado. Não há ainda qualquer risco de irreversibilidade da medida, pois se trata de obrigação de não fazer, sendo certo que o representado, se for do seu interesse, poderá agendar comício para outra data, horário ou local.

Na hipótese, incide claramente a demora inerente à própria dialética processual, que não comporta solução definitiva sem a oitiva da parte contrária, outrossim, sendo certo que o impasse surgiu há pouquíssimo tempo, não havendo assim perspectiva de aforamento do pedido anteriormente.

Com tal panorama, o representante requer a antecipação dos efeitos da tutela para se reconhecer o direito do representante em realizar o comício nas condições acima apontadas, e compelir o representado a cancelar o agendamento do comício programado posteriormente àquele preparado pelo representante, proibindo-o de mobilizar seu pessoal ou praticar qualquer ato de aglomeração ou aproximação do evento inicialmente agendado, sob pena de multa no valor de ..., nos termos do art. 497 c/c 536, § 1º. CPC, além de outras medidas visando à efetividade do provimento, responsabilizando tanto o candidato quanto a esfera partidária e seus dirigentes.

Não sendo esse o entendimento de Vossa Excelência, pleiteia em sede LIMINAR, com apoio no art. 300, CPC, o mesmo provimento já delineado, pois os pressupostos de *fumus boni iuris* e *periculum in mora* funcionam na espécie como xifópagos; o primeiro pela elementar demonstração de que o ato de propaganda eleitoral é livre e o representante adotou todas as medidas acauteladoras para garantir sua execução, e, no segundo momento, não há dilação possível de ser feita sem o cabal comprometimento do interesse e pretensão do representante, em virtude da data agendada para o meio de propaganda na campanha eleitoral.

Requer, ademais, que a autoridade policial (civil e militar) seja oficiada para garantir a execução pacífica do comício, como de direito.

ISSO POSTO, requer sejam deferidos os provimentos de urgência acima postulados e notificado o representado para defesa no prazo legal, e, ouvido o Ministério Público Eleitoral, seja o pedido julgado procedente declarando seu direito à precedência na realização do comício nas condições acima, determinando ao representado que abdique de tal realização, ratificando-se as decisões de antecipação de tutela e liminar que eventualmente forem deferidas, ora reiteradas no mérito.

Requer a produção de todos os meios lícitos de prova (testemunhal, pericial, documental, etc.).

(Local e Data)

....

Advogado

OAB/... – nº ....

Observação relevante: *vide* item 8.2.6 na observação de n. 2

8.2.9 Propaganda eleitoral. *Outdoor*. Representação

EXMO. SR. JUIZ ELEITORAL DA ...ª ZONA ELEITORAL DE ..../...

VOTANTE, *(qualificação completa)*, candidato ao cargo de Vereador nas Eleições 2024, sob o n. ....., pela Coligação ...., no Município de ..../..., por intermédio de seu advogado (mandato anexo), vem, respeitosamente, à presença de Vossa Excelência alvitrar REPRESENTAÇÃO ELEITORAL POR PROPAGANDA IRREGULAR contra ESCRUTÍNIO, *(qualificação completa)*, candidato também ao mesmo cargo do representante nas Eleições em curso, sob o n. ...., pela Coligação ...., consubstanciando sua pretensão nas premissas que em seguida anota, tudo na conformidade do art. 96, Lei 9.504/97.

Na condução de sua propaganda eleitoral, o representado cometeu grave infração, ao divulgar mensagem por meio de outdoors, violando ao disposto no art. 39, § 8º, Lei 9.504/97. Efetivamente, como se enxerga pelos arquivos de vídeo inclusos à petição inicial, o representado espalhou pela cidade 03 *outdoors* nos seguintes locais: ....

O conteúdo ali inscrito é voltado à captação de sufrágio e dirigido ostensivamente aos eleitores.

Não há dúvidas de que o representado tem conhecimento e é o responsável pela propaganda proscrita, já que sua arquitetura é onerosa e se encontra ali fixada há vários dias, reputando-se assim que tenha plena ciência de sua existência.

O representado em um dois painéis ilegais utilizou-se do sistema de painel eletrônico e em outro de *backlight*, situações que se acomodam no conceito de *outdoor* e também são proibidos.

É essa a cena compreensiva do excelso TSE:

> "Cta - Consulta nº 1335 - Brasília/DF
>
> Resolução nº 23084 de 10/06/2009
>
> Relator(a) Min. JOAQUIM BENEDITO BARBOSA GOMES
>
> Publicação: DJE - Diário da Justiça Eletrônico, Data 21/09/2009, Página 29
>
> Ementa:
>
> I - Consulta. Lei no 9.504/97. Art. 26, IX. Nova redação. Lei no 11.300/06. Não conhecida. Não se conhece de questão fundada em redação não mais vigente.
>
> II - Venda de camisetas ou outro material. Arrecadação. Fundos. Campanha eleitoral. Contornos de caso concreto. Indagação não conhecida. Não se conhece da indagação quando esta apresentar contornos de caso concreto.

III Justiça Eleitoral. Transeunte. Camiseta. Chaveiro. Nome de candidato. Providências. O juiz eleitoral, no caso de propaganda irregular, deve comunicar o fato ao membro do Ministério Público, para que este tome as providências legais cabíveis. Se for o caso de material distribuído em campanhas anteriores, quando não havia vedação legal, não há possibilidade de medida coercitiva, exceto se configurada fraude por uso de material novo ou em estoque.

IV - Veículos particulares. Adesivos. Impresso de qualquer natureza. Conduta permitida. Não viola a Lei das Eleições a afixação de adesivo em veículos particulares, pois se enquadram no conceito de impressos de qualquer natureza ou tamanho.

V - Outdoor. Painel eletrônico. *Backlight*. Similares. Propaganda irregular. Enquadra-se no conceito de outdoor o uso de painel eletrônico, *backlight* ou similar, para caracterização de propaganda eleitoral irregular.

VI. Propaganda eleitoral. *Outbus*. Conduta vedada. É vedada a veiculação de propaganda eleitoral em ônibus, afixada interna ou externamente ao veículo.

Decisão: O Tribunal, por unanimidade, respondeu à Consulta nos termos do voto do Relator."

Importante esclarecer, que o material não pode ser confundido com placas, pois a definição de outdoor para fins eleitorais

Até mesmo o formato eletrônico do meio empregado não descaracteriza o *outdoor* como prescreve o art. 39, § 8º, Lei 9.504/97 com redação dada pela Lei 12.891/2013.

LIMINAR.

Ante a inconteste violação à legislação eleitoral, demonstrada à saciedade pelos arquivos anexados à presente, pugna pela adoção por Vossa Excelência das providências inerentes ao poder de polícia, nos termos do art. 41, § 2º, Lei das Eleições.

ISSO POSTO, requer a notificação do representado para defesa que tiver, adotando-se o disposto no art. 40-B e parágrafo único, Lei 9.504/97, e processada a representação, inclusive com a oitiva do Ministério Público Eleitoral, seja acolhido o pedido para se reconhecer a ilegalidade da propaganda eleitoral, determinando-se o seu saneamento e, sendo a hipótese, a aplicação de multa prevista no § 8º, art. 39, da Lei multicitada.

Requer ainda, para fins de responsabilização das empresas que divulgaram o material, não sabendo a representante nominá-las, que sejam requisitadas as necessárias informações junto ao Município de ...., e, posteriormente, encaminhadas ao Ministério Público Eleitoral para fins de providências de representação.

Requer a oportunidade para produzir as provas lícitas em direito, como a testemunhal, depoimento pessoal das partes, pericial, inspeção judicial e outras.

(Local e Data)

....

Advogado

OAB/... – nº ....

Observação relevante: *vide* item 8.2.6 na observação de n. 2

8.2.10 Propaganda eleitoral na imprensa. Divulgação na véspera das eleições. Medida cautelar de busca e apreensão. Representação

EXMO. SR. JUIZ ELEITORAL ...ª ZONA ELEITORAL DE ..../...

COLIGAÇÃO ...., formada para a disputa eleitoral nas Eleições 2024 no Município de ..../..., tendo lançado candidatos ao cargo de Prefeito e Vereador, por seu advogado (mandato arquivado no cartório eleitoral nos termos do art. 17, Resolução 23.608/2019 - TSE) vem respeitosamente à presença de Vossa Excelência, com supedâneo jurídico no art. 96 da Lei 9.504/97, ofertar REPRESENTAÇÃO ELEITORAL em desfavor de COLIGAÇÃO ...., PUBLICADO, *(qualificação completa)*, candidato ao cargo de Prefeito nas eleições referidas, sob o n. ......, e EDITORA ...., *(qualificação completa)*, em consequência fazendo o seguinte relato fático e jurídico.

A propaganda eleitoral na imprensa é regulada pelo disposto no art. 43 da Lei 9.504/97.

Segundo se depreende dos anexos documentos, isto é, edições do Jornal ...., editado pela 3ª representada, na véspera das Eleições 2020, ou seja, na data de hoje, foi feita a divulgação de propaganda, anunciando a candidatura do 2º representado, sob a égide da 1ª representada.

Ora, o prazo máximo para esse tipo de propaganda paga é a ANTEVÉSPERA das eleições, ou seja, no sábado anterior ao domingo eleitoral, não é possível se fazer esse tipo de divulgação. Ademais, a própria publicação sugere que no dia das eleições haverá nova divulgação, como se percebe de uma anotação abaixo dos anúncios propagandistas.

Dessa maneira, incorrem os representados em patente ilegalidade, conturbando o processo eleitoral em sua fase aguda.

LIMINAR

Feitas tais ponderações, urge salientar a Vossa Excelência que há elementos autorizadores de providência cautelar, ou seja, o *periculum in mora* representado pela emergente finalização do período de propaganda e sua clara violação, com grave repercussão na opinião pública dos eleitores que ainda exercerão o sufrágio no domingo. Dessa maneira, o regular processamento da representação não irá alcançar o efeito necessário, a depender da decisão final.

Noutro módulo, o *fumus boni iuris* exteriorizado pela plausibilidade do direito invocado se desenha na medida em que os demonstrativos da edição do jornal retratam a malfada propaganda, com anúncio de sua reiteração na próxima edição.

Assim, firme na prerrogativa inerente à jurisdição eleitoral do magistrado, nos termos do art. 41, § 2º, Lei das Eleições, pugna para que Vossa Excelência determine a busca e apreensão de todos os exemplares da edição de hoje, autorizando que a medida seja cumprida pelos servidores do cartório eleitoral, requisitando-se tal providência ainda às polícias civil e militar. Caso não seja esse o entendimento de Vossa Excelência, que seja verificado o conteúdo de cada edição ainda em bancas ou na sede da 3ª representada, para a supressão das páginas que contiverem a aludida propaganda.

Requer mais, a representante, que seja arbitrada multa no valor de ... aos representados, para que sejam proibidos de fazer a mesma divulgação na imprensa escrita no dia das eleições, nos termos do art. 497 c/c 536, § 1º, CPC, e que seja realizada diligência por intermédio da força policial nas dependências da 3ª representada para que, ao se distribuir o periódico do dia da votação, seja averiguada a presença do material proscrito e, se positivo, que se realize a sua apreensão.

ISSO POSTO, requer se digne Vossa Excelência deferir a liminar, como acima postulado, notificando-se os representados nos termos do art. 96, Lei 9.504/97, para apresentarem defesa e, processada a representação com a oitiva do Ministério Público Eleitoral, seja julgado procedente o pedido, ratificando-se o provimento liminar e impondo-se aos representados as sanções previstas no art. 43, § 2º, Lei das Eleições já mencionada.

Requer ainda, para demonstrar a veracidade de suas afirmações, a produção de toda prova lícita em direito, como a documental, testemunhal, pericial e outras que se fizerem necessárias.

Pede deferimento.

(Local e Data)

....

Advogado

OAB/... – nº ....

Observação relevante: *vide* item 8.2.6 na observação de n. 2

8.2.11 Propaganda eleitoral no rádio e na televisão

EXMO. SR. DR. JUIZ ELEITORAL DA ...ª ZONA ELEITORAL DE ..../...

COLECIONADOR, *(qualificação completa)*, candidato ao cargo de Prefeito sob o n. ...., pela agremiação partidária ...., no Município de ..../..., conforme decisão da Justiça Eleitoral que deferiu o registro de sua candidatura, por intermédio de seu advogado nos termos do incluso mandato, vem, à presença de Vossa Excelência aforar REPRESENTAÇÃO ELEITORAL, com apoio nos arts. 22 e 96 da Lei 9.504/97, em desfavor de EXIBIDO, *(qualificação completa)*, candidato ao cargo de Prefeito sob o n. ......, pela Coligação ...., no Município de .... , e da TV ...., *(qualificação completa)*, expondo e requerendo o seguinte.

O 1º representado teve seu registro de candidatura sob o n. ......, pela Coligação ...., deferido pela Justiça Eleitoral Local, concorrendo assim ao mesmo cargo disputado pelo representante.

Em franco desequilíbrio da disputa e apresentando um favoritismo inconcebível para uma concessionária da área de telecomunicações, a 2ª representada aderiu de maneira visível à campanha do 1º representado, violando em cheio ao disposto no art. 45, IV, Lei 9.504/97. Como visto nos anexos arquivos de áudio e vídeo, o representando tem simplesmente desfilado pela programação do mencionado canal de televisão.

Note-se que no mesmo dia .../.../..... o candidato tem sua imagem divulgada em dois telejornais, sendo inclusive entrevistado sobre assuntos corriqueiros; primeiramente, sobre maior proteção no trânsito, e, em segundo momento, sobre a infestação do mosquito transmissor do *aedes aegypt*.

Nem se diga que o candidato não recebe essa qualificação nas reportagens, pois aparece sua imagem, tem direito à fala e é identificado pelo nome.

Em outros programas da emissora, intitulados .... e ...., nos dias .... o candidato surge como um dos entrevistados e é indagado sobre diversos assuntos sobre a temática de esportes e turismo.

Diante dessas circunstâncias, evidentemente que o candidato .... tem recebido da representada um indevido tratamento privilegiado.

Segundo a Lei Complementar 135/2010, conhecida como Lei da Ficha Limpa, é causa de cassação do registro ou do diploma do candidato o seu favorecimento pelos meios de comunicação – art. 22, XIV, LC 64/90 (redação alterada pela lei supramencionada), implicando ainda em sanção de inelegibilidade para as eleições a serem realizadas nos 08 anos seguintes àqueles em que se verificou o ilícito.

É o que ocorre no caso vertente. Isso porque o art. 45, "caput", Lei 9.504/97 com redação conferida pela Lei 13.165/2015 proíbe desde o encerramento do prazo para as convenções partidárias, no ano das eleições, as condutas elencadas nos incisos I a VI, o que importa destacar a violação ao preceito do inciso IV como já enfocado acima.

O ato abusivo em tela, logicamente, além de desequilibrar a disputa, assume peculiar gravidade, ensejando assim a incidência do inciso XVI – art. 22, LC 64/90, pois a preferência da emissora, com grande penetração nos lares locais, aniquila qualquer perspectiva de se desfazer tal estado mental na população.

Por si só, o fato é muito grave, revelando circunstâncias de um apoderamento do interesse político-eleitoral local sobre os meios de comunicações, tornando-os viciados, sem dependência ou isenção, enfim, atuando não em prol da coletividade, mas de projetos pessoais e de grupos determinados, abusando-se da outorga estatal.

ISSO POSTO, requer a notificação dos representados para, querendo, apresentarem resposta no prazo legal e, admitido o processamento da representação, ouvido o Ministério Público Eleitoral, seja o pedido acatado para se impor multa à emissora representada, suspendendo ainda a sua programação normal por 24 horas, nos termos do art. 45, IV, § 2º, e art. 56 da Lei 9.504/97.

Requer ainda o reconhecimento do abuso na utilização dos meios de comunicação, cassando-se o registro do 1º representado ou seu diploma, se eventualmente eleito, impondo-se a ele e aos sócios diretores responsáveis pela 2ª representada a sanção de inelegibilidade, nos termos do art. 22, XIV, LC 64/90, redação trazida pela Lei Complementar 135/2010 e art. 45, § 1º, Lei 9.504/97.

Para fins de provar suas alegações, requer a oportunidade processual para utilizar-se de todos os meios legais, como prova testemunhal, documental, pericial, inspeção judicial, etc.

Pede deferimento.

(Local e Data)

....

Advogado

OAB/... – nº ....

8.2.12 Propaganda eleitoral. *Internet*

EXMO. SR. JUIZ ELEITORAL DA ...ª ZONA ELEITORAL DE ..../...

COLIGAÇÃO ...., formada para as Eleições 2024 no Município de ..../..., apresentando candidatos com registros de candidatura regularmente deferidos pela Justiça Eleitoral, por seu advogado (mandato arquivado no cartório eleitoral) em sintonia com o disposto no art. 17, Resolução 23.608/2019 e art. 38, Resolução 23.610/2019, ambas editadas pelo TSE vem, respeitosamente à presença de Vossa Excelência aforar REPRESENTAÇÃO ELEITORAL em desfavor de ...., *(pessoa jurídica, descrever a qualificação completa)*, e CERTEIRO, *(qualificação completa)*, candidato ao cargo de Prefeito no Município de ..../..., pela Coligação ...., sob o n. ....., nas Eleições 2024, pelo que expõe e postula o seguinte.

Como descrito no introito, a 1ª representada é uma empresa da área de .... e mantém um *site* na rede mundial de computadores (internet), enquanto que o 2º representado é candidato ao cargo de Prefeito nas Eleições em curso.

Os documentos anexos demonstram que os sócios da 1ª representada são irmãos do 2º representado.

Em total violação às diretrizes da propaganda eleitoral na internet, a 1ª representada mantém no seu *site* material de divulgação de propaganda eleitoral favorável ao 2º representado (comprovantes anexos), ofendendo ao disposto no art. 57-C, § 1º, I, Lei 9.504/97.

O material se encontra assim formatado: ....*(descrever as características e apresentar o UR para fins do art. 38, § 4º, Resolução 23.610/2019 - TSE)*

Ora, o 2º representado tem pleno conhecimento da divulgação espúria, eis que divulgado pela rede social .... uma referência a essa participação e ao respectivo *site* da rede mundial de computadores.

Com esse quadro, diante do poder de polícia de Vossa Excelência sobre a propaganda eleitoral, requer de imediato que seja removido todo o material de divulgação do 2º representado, nos termos do art. 41, § 2º, Lei 9.504/97, ordenando-se aos representados tal providência, sob pena de multa diária a ser fixada por Vossa Excelência em valor expressivo, para efetividade do provimento, com sustentáculo no ar. 497 c/c 536, § 1º, CPC, aplicado supletivamente.

ISSO POSTO, requer ainda a notificação dos representados, seguindo-se o rito do art. 96, Lei das Eleições, para apresentarem defesa e, feito o processamento com a oitiva do Ministério Público Eleitoral, que o pedido seja acatado para se impor a multa aos representados e a suspensão do acesso ao conteúdo do *site* da 1ª representada por 24 horas, nos termos do art. 57-C, § 2º, e art.57-I da Lei 9.504/97.

Requer a oportunidade processual para demonstrar, pelos meios de provas lícitos, todo o argumento trazido à apreciação judicial, assim como por meio de testemunhas, documentos, oitiva de partes, perícias e inspeções.

Pede e aguarda deferimento.

(Local e Data)

....

Advogado

OAB/... - nº ....

Observação 1: É prudente se consultar a respectiva regulamentação dos TREs sobre a competência para aferição da propaganda eleitoral em se tratando da *internet*, pois ocorre para melhor aparelhamento da estrutura funcional, atendimento e fiscalização, uma concentração em determinado juízo eleitoral, até mesmo estabelecido nas capitais do Estado, um deslocamento de cumulação da competência de outros juízes eleitorais. Desse modo, possibilita uma melhor especificação sobre a abordagem do tema.

Observação 2: *vide* item 8.2.6 na observação de n.º 2.

8.2.13 Propaganda eleitoral. Direito de resposta

EXMO. SR. JUIZ ELEITORAL DA ...ª ZONA ELEITORAL DE ..../...

PROBO, *(qualificação completa)*, candidato ao cargo de Prefeito nas Eleições 2024, pela agremiação partidária ...., sob o n. ...., conforme registro deferido por essa eg. Justiça Eleitoral, por intermédio de seu advogado nos termos do mandato ora apresentado, vem à presença de Vossa Excelência, com amparo no art. 58, § 2º, Lei 9.504/97, apresentar PEDIDO DIREITO DE RESPOSTA em desfavor de HONESTO, *(qualificação completa)*, também candidato na mesma disputa ao cargo de Prefeito, sob o n. ......, pela Coligação ...., alinhando os seguintes pontos fáticos e jurídicos.

INICIALMENTE, o representante pleiteia a tramitação prioritária da presente reclamação entre os feitos eleitorais, com base no art. 58-A da Lei 9.504/97, com redação dada pela Lei 12.034/2009.

Em .../.../....., às ..h.., no programa de propaganda eleitoral gratuita no rádio e na televisão, o representado articulou fatos inverídicos e caluniosos a respeito do representante. Efetivamente, o representado afirmou de modo categórico que no mandato anterior, exercido pelo representante, este liderou o desvio de recursos então destinados à construção de uma ponte no distrito de ....

Assim, o representado imputou de modo falso ao representante conduta que pode ser reputada como típica (art. 312, CP), circunstância que levou o representante a requerer junto à autoridade policial a abertura do devido inquérito policial por crime de calúnia (art. 138, CP).

Os anexos arquivos de áudio e vídeo demonstram de maneira cabal a infração cometida pelo representado.

Com esse raciocínio, é assegurado ao representante o direito de resposta, proporcional ao agravo, consoante a dicção do art. 58, III e suas alíneas, da Lei 9.504/97.

ISSO POSTO, requer a Vossa Excelência a notificação do representado e, ouvido o Ministério Público Eleitoral, seja o pedido acatado para se deferir ao representante o exercício do direito de resposta, a ser veiculada no horário destinado ao representado pelo tempo de 3m47s, o que foi utilizado na ofensa em duas inserções diárias, isto é, no período diurno e noturno, na propaganda veiculada no rádio e na televisão.

Deferido o pedido, requer a citação das emissoras ...., geradoras do programa do representado e seu partido ......, para atenderem ao comando da decisão e para recepcionarem o meio magnético com o conteúdo da decisão no prazo da alínea "e", III, § 3º, art. 58 da Lei 9.504/97.

Pugna pela prova do que foi alegado, por intermédio dos meios lícitos em direito, notadamente a prova testemunhal, documental, pericial e inspeção.

Pede e aguarda deferimento.

(Local e Data)

....

Advogado

OAB/... – nº ....

9

CONDUTAS VEDADAS – REPRESENTAÇÕES

As condutas vedadas aos agentes públicos em campanhas eleitorais são restrições impostas pela lei eleitoral (arts. 73 e seguintes da Lei 9.504/97) a todo aquele que, sendo candidato ou não, beneficiar-se da prerrogativa do vínculo com a Administração Pública (governo) para fins de vantagem ou proveito em eleições, afetando a igualdade de oportunidades entre os candidatos. Trata-se assim de um mecanismo que visa inibir o tão conhecido e nefasto uso da máquina pública ou máquina administrativa em desvio de finalidade, para obtenção de dividendo político-eleitoral.

Funciona também como contenção aos efeitos deletérios do instituto da reeleição. A expressão tendência ao desequilíbrio ou afetação à igualdade de oportunidade entre os concorrentes não exige necessariamente que a partir do ato ou conduta praticada se perceba de modo real e objetivo tal constatação. Basta simplesmente que a atitude discutida tenha essa probabilidade, criando um cenário de prestígio eleitoral para a captação de votos, sem a qual não ocorreria com essa aptidão.

O destinatário das proibições é todo aquele que mantiver com a Administração Pública direta, indireta ou fundacional a qualidade de ator público, conforme consagrado no art. 73, § 1º, Lei 9.504/97. Com um conceito amplo do servidor ou agente público, cria-se um interessante arcabouço de proteção à lisura e isonomia nas eleições, envolvendo desde o Presidente da República, Governadores e Prefeitos, como Parlamentares e um Chefe de Setor.

9.1 CONDUTAS VEDADAS. ANÁLISE DAS PROIBIÇÕES

1ª Hipótese

Cessão ou uso de bens públicos

Esse comportamento é taxativamente defeso, quando voltado ao benefício ou vantagem de partido político, candidato ou coligação, ainda que realizado por interposta pessoa – art. 73, I, Lei 9.504/73. A exceção cabível é a utilização em prol e em razão da realização de convenção partidária; por exemplo, pode ser cedido o espaço da sede das Câmaras de Vereadores, escolas ou outros locais considerados como bens públicos para a congregação partidária (*vide* art. 8º, § 2º, Lei 9.504/97).

O acervo patrimonial tutelado envolve os bens da Administração Pública direta e indireta, fundacional, autárquica, das empresas públicas e de economia vista, eis que seu escopo é o atendimento a uma finalidade coletiva que não se confunde com a adesão política a grupos ou pessoas. Nesse aspecto, há uma ratificação da intromissão indevida desses entes públicos nas campanhas eleitorais, conforme proibição do art. 24, II, Lei 9.504/97, isto é, não podem ser financiadores de campanhas eleitorais, o que seria alcançado pela doação ou cessão estimável em dinheiro.

O TSE já reconheceu se tratar do desvio de finalidade manifesto na proibição, a conduta de exposição pública em carreata no contexto eleitoral de veículos destinados à utilização no serviço de atendimento à saúde da população. A premissa definidora do julgamento foi a obtenção de vantagem com o anúncio e a amostragem como um produto da ação governamental imiscuída na divulgação eleitoral, o que rompe com a paridade de armas eleitorais.

> *RO nº 476687 Acórdão ARACAJU – SE,, Relator designado(a): Min. Maria Thereza de Assis Moura, Relator(a): Min. Nancy Andrighi, Julgamento: 02/12/2014 Publicação: 13/02/2015. Ementa. RECURSO ORDINÁRIO. ELEIÇÕES 2006. REPRESENTAÇÃO. CONDUTAS VEDADAS A AGENTES PÚBLICOS EM CAMPANHA. CANDIDATOS AOS CARGOS GOVERNADOR E SENADOR. PUBLICIDADE INSTITUCIONAL. AUTORIZAÇÃO. LIMITES. DESVIRTUAMENTO. ART. 73, I, DA LEI 9.504/97. CONFIGURAÇÃO. SANÇÕES. PROPORCIONALIDADE. 1. O art. 73, I, da Lei 9.504/97 estabelece a impossibilidade de cessão ou uso de bens móveis ou imóveis pertencentes à administração direta ou indireta da União, dos Estados, do Distrito Federal, dos Territórios e dos Municípios em benefício de candidato, partido político ou coligação. 2. Na espécie, o recorrido João Alves Filho – então governador e candidato à reeleição – promoveu carreatas de ambulâncias por todo o Estado de Sergipe às vésperas das eleições, vinculando os serviços do Serviço de Atendimento Móvel de Urgência do Estado de Sergipe (SAMU) a sua candidatura, em manifesto desvio de finalidade, transformando a divulgação do serviço em promoção de suas candidaturas. 3. Diante da gravidade dos fatos e da repercussão dos eventos, aplica-se a multa individual de 50.000 (cinquenta mil) UFIRs ao recorrido João Alves Filho e à Coligação Sergipe no Rumo Certo. 4. Recurso ordinário parcialmente provido. (jurisprudencia.tse.jus.br – acesso em 15/03/2024.*

2ª Hipótese

Uso de materiais ou serviços pagos pelo poder público além dos limites regimentais

Os gastos com despesas correntes referentes a materiais e serviços para se alcançar a finalidade pública de determinado segmento da administração devem ser mantidos nos patamares históricos. Contudo, o ilícito ocorrerá apenas se a regulamentação específica dos níveis e parâmetros qualitativos ou quantitativos dos gastos forem extrapolados e constatado o objetivo eleitoral para auxílio ou colaboração com partido, coligação ou candidato – art. 73, II, Lei 9.504/97.

Havendo um justificado aumento da demanda na utilização daqueles itens, não se pode falar em ocorrência da conduta vedada, o que se refere, como exemplo, o aumento em ligações telefônicas ou despesas com energia e água de determinado órgão público se em ano eleitoral enfrentou problemas para atendimento à população em virtude de inundação ou seca.

O importante para se definir sobre a regularidade ou não da conduta é aferir se houve desvio de finalidade do ato administrativo.

3ª Hipótese

Cessão de servidores para campanha eleitoral

Inconcebível que a mão de obra ou apoio dos servidores públicos sejam aproveitados para fins eleitorais. Com isso, a sua utilização em horário de expediente normal em benefício de candidato, partido ou coligação é comportando nocivo à democracia, desequilibrando a disputa, pois cria uma estrutura extremamente favorável àquele que detém o mando sob a Administração Pública na gestão contemporânea aos acontecimentos – art. 73, III, Lei 9.504/97.

Ressalta-se que não haverá o desvirtuamento se o servidor estiver licenciado ou mesmo em férias, podendo assim atuar em prol do candidato ou campanha de sua preferência, pois nessa hipótese constituiria um cerceio indevido à sua liberdade de opção e de postura.

A norma não se dirige apenas aos servidores públicos no sentido estrito, mas a todo aquele que tiver o vínculo com o Poder Público, envolvendo aqueles contratados excepcionalmente por prazo determinado para atender a relevante interesse público ou os terceirizados.

E os servidores públicos do Legislativo, Judiciário, Tribunais de Contas e Ministério Público? Podem ser cedidos para campanha eleitoral?

A norma restritiva fala tão somente em servidores e empregados do Poder Executivo.

A interpretação teleológica pode evitar o absurdo da aplicação débil da norma de alto significado para a normalidade do pleito eleitoral. Ora, o objetivo do legislador foi tecer uma camada de proteção à tomada ou invasão da estrutura pública para ser utilizada em eleições. A rigor, intenta-se levar a cabo uma distinção e impermeabilidade entre o que seja Administração Pública e interesse eleitoral, o que lamentavelmente no Brasil não se apregoa.

Com isso, nos mesmos patamares de restrição devem estar os servidores ou empregados dos Poderes Executivos, Legislativo e Judiciário, e ainda dos

Tribunais de Contas e Ministério Público, pois são órgãos públicos voltados ao atendimento de demandas da coletividade.

Todavia, a jurisprudência já sinalizou pela impossibilidade de se impor a proibição a servidor do Legislativo, como se percebe da ementa referente a julgamento pelo TRE mineiro:

> "RE - RECURSO ELEITORAL nº 6365 - Santa Cruz de Minas/MG
>
> Acórdão de 17/09/2009
>
> Relator(a) MARIA FERNANDA PIRES DE CARVALHO PEREIRA
>
> Publicação:
>
> DJEMG - Diário de Justiça Eletrônico – TER/MG, Data 02/10/2009
>
> Ementa:
>
> Recursos Eleitorais. Representação. Captação ilícita de sufrágio. Conduta vedada aos agentes públicos em campanha. Improcedência. Eleições 2008. Preliminar de licitude da prova gravada. Acolhida. Filmagens realizadas por um dos interlocutores, ou com seu consentimento, dentro de órgão público e diante de diversas pessoas. Abrandamento do direito fundamental à intimidade. Precedentes. Licitude da mídia filmada e juntada como prova. Mérito. Captação ilícita de sufrágio. Distribuição de senhas para consultas médicas no Sistema Único de Saúde (SUS) em troca de votos. Ausência de provas quanto ao pedido de votos. Condutas vedadas aos agentes públicos em campanha. Art. 73, I, III e IV da Lei nº. 9504/97. Cessão e uso de bem público em favor de candidatura. Ausência de provas. Servidor público ou empregado do Poder Executivo cedido em horário de expediente para atuar em campanha eleitoral. Empregada pertencente ao Poder Legislativo. Não-incidência da restrição do art. 73, III. Distribuição de senhas para consultas médicas no Sistema Único de Saúde em troca de votos. Prática existente desde 2005. Finalidade eleitoral não comprovada. Recursos a que se nega provimento.
>
> Decisão: O Tribunal, à unanimidade, negou provimento ao recurso." (www.tse.jus.br/jurisprudencia)

A própria temperança da norma sinaliza para a sua aplicação racional e em prestígio de seu elevado valor ético. Se o assessor de um parlamentar deseja participar da sua campanha eleitoral para reeleição, o que se afigura como legítimo interesse, que o faça fora do horário normal de expediente, ou quando em férias ou licença. O que se visualiza como uma indevida justaposição de interesses é o aproveitamento do servidor remunerado pelos cofres públicos, para fim determinado, ser aproveitado em projetos eleitorais. No mesmo sentido, em julgado mais recente, o TSE confirmou essa linha interpretativa: AgR-REspe nº 137472/RS, rel. Min. Gilmar Mendes, julgado em 1º.3.2016 e RO nº 265041 Acórdão PORTO ALEGRE – RS, Relator(a): Min. Gilmar Mendes, j. 05/04/2017 Publicação: 08/05/2017 – jurisprudencia.tse.jus.br – acesso em 15/03/2024.

4ª Hipótese

Uso promocional de distribuição gratuita de bens ou serviços

Os programas ou medidas de índole social que impliquem na distribuição gratuita à população necessitada de bens ou serviços, quer sejam custeados no todo ou subvencionados pelo poder público, não podem ser no período eleitoral utilizados de maneira promocional para subsidiar coligação, partido ou candidato – art. 73, IV e §§ 10 e 11, Lei 9.504/97.

Nota-se que não pode ocorrer cessação no atendimento social à população, sendo proibido o uso promocional e eleitoral. Necessário destacar que no ano eleitoral é proibido o incremento da atuação social, ressalvando-se os casos de calamidade pública, estado de emergência ou programas sociais autorizados em lei e já em execução orçamentária no exercício anterior, ocorrendo a fiscalização do Ministério Público sobre a execução financeira e administrativa dos respectivos projetos.

É essa a norma do art. 73, § 10, Lei 9.504/97, introduzida pela Lei 11.300/2006. Resta assim proibida a própria doação de bens, valores ou benefícios de ordem social em ano eleitoral, salvo as exceções já nominadas.

O art. 73, § 11, Lei 9.504/97, regra introduzida pela Lei 12.034/2009, determina, por sua vez, que os mencionados programas sociais em ano eleitoral sejam executados por entidade que nominalmente se vincule a candidato ou que seja por ele mantida, fechando-se assim um círculo de proteção à tentativa permanente de se utilizar a política paternalista, sobretudo em convencimento, aos eleitores de camadas mais pobres da população, de que é o personalismo de A ou B que traz determinada vantagem ou benefício, e não uma ação do Governo/Estado, como deveria ser divulgado.

A conduta do inciso IV do dispositivo em análise pode ser reconhecida antes do registro da candidatura, mesmo que seja originária de uma esfera de poder público para impactar na eleição de outro âmbito e não precisa exteriorizar finalidade eleitoral expressa, pois tem a essência da objetividade para essa repercussão. Nesse sentido, a recente orientação jurisprudencial do TSE:

> *RO-El nº 060452427 Acórdão RIO DE JANEIRO – RJ, Relator(a): Min. Raul Araujo Filho, j.9/05/2023 Publicação: 19/05/2023. Ementa. ELEIÇÕES 2018. RECURSOS ORDINÁRIOS. AÇÕES DE INVESTIGAÇÃO JUDICIAL ELEITORAL. ABUSO DO PODER POLÍTICO E CONDUTA VEDADA. AÇÕES SOCIAIS REALIZADAS PELO GOVERNO DO ESTADO. USO PROMOCIONAL. ENALTECIMENTO INDEVIDO DE CANDIDATO. PROMOÇÃO MACIÇA DE CAMPANHA ELEITORAL. OFENSA AO ART. 489, § 1º, V, DO CPC. NÃO OCORRÊNCIA. LITISCONSÓRCIO PASSIVO NECESSÁRIO ENTRE O CANDIDATO E OS AGENTES PÚBLICOS. DESNECESSIDADE. CONDUTA VEDADA. HIPÓTESE CONTIDA NO ART. 73, IV, DA LEI Nº 9.504/1997. CONFIGURAÇÃO. ABUSO DE PODER POLÍTICO. ART. 22, CAPUT, DA LEI*

COMPLR N.º 64/90. CARACTERIZAÇÃO. GRAVIDADE. VIOLAÇÃO À NORMALIDADE E LEGITIMIDADE DO PRÉLIO ELEITORAL. DESEQUILÍBRIO NA DISPUTA. NEGATIVA DE PROVIMENTO. 1. O Tribunal a quo julgou procedentes os pedidos veiculados nas ações de investigação judicial eleitoral consubstanciadas na prática de conduta vedada, disciplinada no art. 73, IV, da Lei nº 9.504/1997 – proibição do uso promocional em favor de candidato, partido político ou coligação, de distribuição gratuita de bens e serviços de caráter social custeados ou subvencionados pelo Poder Público –, e abuso de poder político, ante a utilização indevida de ações sociais ofertadas pelo Governo estadual em benefício exclusivo de candidatura, em violação à normalidade e legitimidade do pleito. 2. (omissis). 3. Este Tribunal Superior firmou compreensão no sentido da desnecessidade da formação do litisconsórcio entre o autor da imputada conduta e o beneficiário desta, tida por abusiva. Precedente. 4. A circunstância de os fatos terem sido praticados antes da existência de candidaturas registradas não inviabiliza, por si só, o reconhecimento da conduta vedada nem do abuso. Isso porque as condutas vedadas e o abuso de poder político, objetos de ação de investigação judicial eleitoral, terão termo inicial para o ajuizamento do registro de candidatura, podendo, todavia, levar a exame fatos ocorridos antes mesmo das convenções partidárias. Assim, não cabe confundir o período em que ocorre o ato ilícito com aquele no qual se admite a sua análise. Precedentes. 5. As condutas vedadas contidas no art. 73 da Lei nº 9.504/1997 se aperfeiçoam com a mera prática dos atos descritos na norma, independentemente da finalidade eleitoral, uma vez que constituem ilícitos de natureza objetiva. Precedentes. 6. No caso, são incontroversas a realização de inúmeros programas sociais de natureza assistencialista e a produção, pelo recorrente, de materiais publicitários vinculando seu nome à promoção de cada uma das ações sociais descritas nos autos, as quais foram publicadas em suas redes sociais. 7. Os vídeos, as imagens e as demais postagens ostensivamente publicadas nas redes sociais do recorrente buscavam vincular sua imagem aos programas sociais executados pelo Governo estadual na municipalidade, com vistas a enaltecer a sua figura, de modo a incutir na mente da população local que ele era o grande idealizador e responsável pelos serviços que estavam sendo oferecidos à população pelo Poder Público, realizando ativamente ações promocionais prévias aos eventos beneficentes, bem como deles participando – inclusive cumprimentando, abraçando e beijando os beneficiários –, e concedendo entrevistas nas quais transmitia a promessa de que as ações sociais continuariam. Esse cenário revela a conduta voluntária e consciente do ora recorrente em identificar-se de forma pessoal com as ações que foram realizadas por ente federado, circunstância que, comparativamente, caso fossem realizadas pelo Governador do Estado, configurariam violação direta à proibição de promoção pessoal contida no art. 37, § 1º da CRFB. 8. *O fato de as ações sociais terem sido executadas pelo Governo do Estado do Rio de Janeiro não afasta a incidência do art. 73, IV, da Lei das Eleições, pelo contrário, pois o dispositivo busca vedar justamente o uso promocional em favor de candidato, partido ou coligação, de distribuição gratuita de serviços de caráter social custeados ou subvencionados pelo Poder Público. Precedente.*

9. O arcabouço probatório demonstra que não se tratou de mera menção a ações políticas praticadas no exercício do mandato parlamentar do ora recorrente, as quais nem sequer poderiam configurar uma espécie de prestação de contas à sociedade, dado que, em verdade, os materiais publicitários produzidos pelo recorrente visaram – além da vinculação de sua imagem às ações sociais fornecidas à população carente – a incutir a ideia nos munícipes beneficiários de que era o principal agente realizador dos programas sociais promovidos pelo Governo do Estado no Município de Magé/RJ. Essa conduta constitui o próprio núcleo da vedação prevista na Lei nº 9.504/97. 10. Relativamente à sanção pecuniária aplicada no patamar máximo dadas as reiteradas práticas, observa-se estar dentro dos parâmetros legais e que o ora recorrente se limitou a tecer argumentos genéricos, sem apresentar elemento que pudesse demonstrar a não subsunção das condutas que lhe foram imputadas ao dispositivo legal ou mesmo violação aos princípios da proporcionalidade e da razoabilidade. 11. Na linha da jurisprudência deste Tribunal, para configuração do abuso de poder previsto no art. 22, caput, da Lei Complementar n.º 64/90, é necessária a demonstração segura da gravidade dos fatos imputados, (aspecto qualitativo) e de sua repercussão a fim de influenciar o pleito (aspecto quantitativo). *Precedente. 12. Especificamente, quanto ao abuso do poder político previsto no art. 22 , caput, da Lei Complementar n.º 64/90, esta Corte Superior entende que só pode ser praticado por quem detém a condição de agente público e se vale de sua condição funcional para desequilibrar o prélio eleitoral. 13. Quanto ao aspecto qualitativo, verifica-se a sistemática identificação do recorrente nas ações sociais, a evidenciar a instrumentalização dos serviços públicos ofertados pela administração em benefício exclusivo do deputado estadual, candidato à reeleição. 14. A técnica publicitária adotada nos materiais que formam o acervo probatório dos autos divulgados nas redes sociais – profissionalmente produzidos – demonstra a clara intenção de fazer do ora recorrente o protagonista principal das ações sociais, atribuindo papel secundário ao Governo do Estado na realização dos programas sociais de distribuição gratuita de bens e serviços, de modo a se autopromover politicamente na localidade, mormente porque os vídeos continham diversas entrevistas com os munícipes levadas a efeito por jornalista contratado pelo recorrente, os quais teciam elogios e agradecimentos expressamente direcionados ao recorrente, quadro a revelar a exploração do assistencialismo. 15. Revestem-se de gravidade suficiente a influenciar no resultado do prélio eleitoral a utilização de programas sociais, com forte apelo eleitoral, em evidente desvio de finalidade com o objetivo de alavancar a campanha eleitoral, uma vez que o enaltecimento da figura do recorrente, de maneira a incutir na cabeça do eleitor de ser o recorrente o grande idealizador dos serviços públicos ofertados em várias ocasiões, além de antirrepublicano – utilização de serviços constitucionalmente gratuitos –, consubstancia descumprimento do dever impostergável de prestar de forma adequada e eficiente os serviços públicos à população em geral. 16. Não obstante a aptidão da potencialidade lesiva para alterar o resultado da eleição não mais ser tida por elementar à configuração da prática abusiva, tal circunstância prossegue sendo ponderável pelo órgão julgador para ressaltar o desvalor da conduta. 17. No caso, o recorrente foi eleito deputado estadual com um total 33.597 votos, sendo que destes 24.860 foram obtidos só na localidade em que ocorreram as ações, circunstância que evidencia o impacto causado pela utilização indevida das ações sociais na normalidade e legitimidade do pleito, indicando quebra de isonomia entre os concorrentes que disputavam o mesmo cargo. 18. É inequívoca a existência da prática abusiva engendrada pelo investigado, de modo influenciar diretamente no resultado das eleições, em nítida violação à normalidade e legitimidade do pleito. 19. Recursos desprovidos. (jurisprudencia.tse.jus.br - acesso em 15/03/2024*

5ª Hipótese

Nomeação, contratação, admissão, demissão, reclassificação e movimentação de servidores públicos

Desde os 03 meses anteriores ao pleito até a posse dos eleitos, na sua circunscrição eleitoral, não pode ocorrer, sob pena de nulidade do ato, qualquer proclamação administrativa referente ao pessoal que envolver nomeação, contratação, admissão, demissão (sem justa causa), supressão, readaptação de vantagens ou outras medidas para embaraçar, dificultar ou impedir o exercício funcional, bem assim a remoção de ofício, transferência ou exoneração do servidor público - art. 73, V, Lei 9.504/97.

A vedação em exame significa a tutela do serviço público, com foco na pessoa do servidor, evitando-se que haja sua manipulação, ameaça ou constrangimento em decorrência de interesse eleitoral, não condizente com a probidade e impessoalidade que devem permear o vínculo administrativista.

Lembre-se que a circunscrição nas eleições presidenciais é todo o território nacional. Nas eleições regionais para Governador, Senador, Deputado Federal e Estadual ou Distrital, é o Estado ou Distrito Federal. E, por último, nas eleições municipais, o Município (Código Eleitoral, art. 86). Compreende-se desse modo que os atos são proscritos, na circunscrição do respectivo pleito, a partir dos 03 meses antes da sua realização, até a data da posse dos candidatos eleitos.

Para não serem desacobertados os interesses legítimos da Administração Pública, que não cessa suas atividades e funções durante o período eleitoral, obviamente que deveria existir, como de fato existe, um cenário de exceções para resolverem pendências inadiáveis ou mesmo formatar de modo equilibrado a necessidade de restrição com a própria atuação administrativa.

Assim, não incidem as vedações nos seguintes casos:

a) proibição é relativa para, a pedido do funcionário, remoção, transferência ou exoneração; b) a proibição atinge somente a circunscrição eleitoral; c) nomeação e exoneração para cargos em comissão; d) designação ou dispensa em funções de confiança (função gratificada); e) a nomeação para cargos do Poder Judiciário, do Ministério Público dos Tribunais de Contas e dos órgãos da Presidência da República; f) a nomeação dos aprovados em concurso público, desde que o resultado tenha sido homologado três meses antes da data da eleição; g) a nomeação ou contratação necessária à instalação ou funcionamento inadiável de serviços públicos essenciais, com prévia e expressa autorização do Chefe do Poder Executivo (a essencialidade pode ser contestada, ou a inadiabilidade da nomeação ou contratação; autorizada pelo Chefe do Executivo, este também será responsável pelo ato, se vier a ser desfeito pela Justiça Eleitoral, porque desbordante na realidade da autorização concedida pela lei); h) a transferência ou a remoção de militares (aí compreendidos os policiais militares), de policiais civis e de agentes carcerários; i) demissão por justa causa.

A remoção voluntária não se encontra abrangida pelo leque das proibições. Tais restrições não alcançam os funcionários de empresas públicas ou sociedades de economia mista, pois o regime jurídico funcional deles é diverso, ou seja, vinculam-se ao poder público sob a égide da Consolidação das Leis do Trabalho.

Sobre o concurso público, deve ser sublinhado que não há impedimento para a abertura ou sua sequência durante o período mencionado na norma. Pode o certame ser finalizado. O que se veda é a nomeação dos aprovados no indigitado período. Abre-se ainda outra questão: – *Se o concurso foi homologado antes do trimestre periclitante, os aprovados podem ser normalmente nomeados?*

As condutas vedadas atreladas ao período eleitoral sensível de maior exposição da prática de utilização da máquina administrativa em favor de candidatos e partidos significam a acentuação na quebra do equilíbrio entre as oportunidades dos disputantes, e podem ser catalogadas como uma modalidade de abuso, seja de poder político ou econômico. Todavia, essas anomalias abusivas podem ser identificadas mesmo fora do trimestre anterior ao pleito.

Com isso, pertinente a tese de que a contratação casuística de servidores para determinada Administração Pública, mesmo fora do período em discussão, possa ser desenhada como abuso de poder político ou até mesmo econômico. Deve-se demonstrar, no caso, o intento de se utilizar da contratação para fins eleitorais, driblando-se a real necessidade da Administração Pública para se fincar uma vantagem indevida de simpatia, empatia ou mesmo explícita corrupção eleitoral para a captação de sufrágio do contratado, seus familiares ou pessoas próximas.

O Tribunal Superior Eleitoral já admitiu essa situação como abusiva, mesmo que não configure, à luz do art. 73 da Lei das Eleições, as propaladas condutas vedadas:

> "AMS - AGRAVO REGIMENTAL EM MANDADO DE SEGURANÇA nº 3706 - Belmiro Braga/MG
>
> Acórdão de 06/03/2008
>
> Relator(a) Min. ANTONIO CEZAR PELUSO
>
> Publicação: DJ - Diário de justiça, Data 28/3/2008, Página 18

> 1. LIMINAR. Mandado de segurança. Indeferimento. Pedido de reconsideração. Conhecimento como agravo regimental. Inteligência do art. 36, § 9º, do RITSE. Súmula 622 do STF. Inaplicabilidade. Precedente. É cabível agravo regimental contra decisão que defere ou indefere liminar em mandado de segurança. 2. CASSAÇÃO DE PREFEITO E VICE. Posse dos segundos colocados. Suspensão da execução de acórdão do TRE. Recurso especial pendente de juízo de admissibilidade. Súmulas 634 e 635 do STF. Liminar. Não cabimento. Precedentes. Ainda não realizado juízo de admissibilidade do recurso especial, cabe ao Presidente do TRE conferir, ou não, efeito suspensivo àquele recurso. 3. CASSAÇÃO DE PREFEITO E VICE. Contratação irregular de servidores. Abuso dos poderes político e econômico. Prática reconhecida pelo TRE. Não limitação ao período vedado do art. 73 da Lei nº 9.504/97. Precedentes. Ausência de fumus boni iuris. Agravo desprovido. A condenação pela prática de abuso não está condicionada à limitação temporal das condutas vedadas descritas no art. 73 da Lei nº 9.504/97.
>
> Decisão: O Tribunal, por unanimidade, recebeu o Pedido de Reconsideração como Agravo Regimental e o desproveu, na forma do voto do Relator." (www.tse.jus.br/jurisprudencia)

A Justiça Eleitoral do Estado de Minas Gerais já decidiu em idêntico sentido:

> "RE - RECURSO ELEITORAL nº 4925 - Ipiaçu/MG
>
> Acórdão de 14/04/2009
>
> Relator(a) RENATO MARTINS PRATES
>
> Publicação:
>
> DJEMG - Diário de Justiça Eletrônico-TER/MG, Data 30/04/2009
>
> Ementa:
>
> Recurso. AIJE. Abuso do poder econômico e desvio do poder de autoridade. Condutas vedadas aos agentes públicos. Art. 73, IV e § 10, da Lei nº 9.504, de 1997. Utilização de programa social de distribuição gratuita de cestas básicas e outros gêneros alimentícios, custeados pelo governo municipal, para promoção eleitoral do Prefeito e Vice-Prefeito, candidatos à reeleição. Contratação de servidores temporários em período vedado. Procedência do pedido em 1º grau. Condenação dos recorrentes. Cassação dos registros de candidatura.
>
> Preliminar de cerceamento de defesa (suscitada pelos recorrentes). Rejeitada. Pedido de perícia em vídeos e fotografias acostados aos autos, embora conste na peça de defesa. Não formalização no momento próprio, previsto no art. 22, VI, da LC nº 64/90. Preclusão.
>
> Pedido de oitiva de testemunha não arrolada dentre as 06 (seis) testemunhas a que tinham direito os recorrentes, na forma do inciso V, do art. 22 da LC nº 64/90. Preclusão. Inutilidade, no caso, do testemunho requerido em diligências, ante o caráter incontroverso (assinatura da testemunha em Decretos Municipais) do fato que visaria a provar.

Perícia nos vídeos e fotos. Inutilidade, se os próprios recorrentes admitem a realização da reunião de entrega das cestas básicas, com suas participações, confirmando os fatos dele constantes.

Mérito. Distribuição gratuita de cestas básicas em ano eleitoral. Programa social autorizado em lei e já em execução orçamentária no exercício anterior. Incidência da ressalva prevista no §10, do art. 73, da Lei nº 9.504/1997.

Realização de evento público, com a presença e discurso dos recorrentes, para distribuição das cestas básicas. Utilização de programa assistencial com objetivos eleitorais. Configuração de conduta vedada, nos termos do art. 73, IV, da mesma Lei. Fornecimento gratuito de sopa. Modalidade não prevista originalmente na lei que instituiu o programa de assistência social. Previsão realizada por meio de decreto que excede o limite inicialmente traçado na lei municipal. Inexistência de critérios de necessidade para o fornecimento da sopa. Falta de controle dos beneficiários. Não-formalização da situação emergencial alegada. Não-incidência da ressalva prevista na parte final do §10, do art. 73.

Configurada a prática de distribuição proibida de bens, pela Administração Municipal, no ano em que se realizaram eleições. Contratação de servidores temporários em período vedado. Contratações que excederam em muito o número de rescisões ocorridas no período. Significativo aumento no número de servidores contratados. Não-demonstração de situação de emergência devidamente formalizada pelo Executivo Municipal. Não-incidência do permissivo legal previsto na alínea ¿d¿, do inciso V, do art. 73, da Lei nº 9.504/1997. Configurada a prática de contratação ilícita de servidores temporários, no período vedado pela legislação eleitoral. Manutenção da sentença judicial que cassou os registros de candidatura dos recorrentes, nos termos dos §§ 5º e 10, do referenciado dispositivo legal. Recurso a que se nega provimento.

Decisão: O Tribunal rejeitou a preliminar e, por unanimidade, negou provimento ao recurso, nos termos do voto do Relator." (www.tse.jus.br/jurisprudencia)

6ª Hipótese

Transferência voluntária de recursos

Prevista no art. 73, VI, "a", da Lei 9.504/97, a vedação inibe a transferência de recursos da União aos Estados e Municípios e dos Estados aos Municípios, para não se compadecer com o risco de uma barganha ou estratagema político-eleitoral, refletindo em apoio, adesão ou outra forma de conciliação entre administradores com vínculo e objetivo eleitoral. Além disso, afasta-se uma perspectiva sombria de desvios dos recursos para financiamento da própria campanha eleitoral.

O período da proibição se estende ao trimestre anterior ao pleito, prolongando-se ao 2º turno, se for o caso.

Não são englobados na limitação os recursos a serem utilizados para suprir obrigação já constituída, visando à execução de obra ou serviço em andamento e cujo cronograma já esteja estabelecido, bem como aqueles que devem ser utilizados em situações de emergência e calamidade pública – (art. 73, VI, "b" e "c", Lei 9.504/97).

As transferências obrigatórias, ou compulsórias, previstas na Constituição Federal, por exemplo, participação dos Municípios em receita de impostos da União ou Estados, têm seguimento regular, pois seria desastroso para as finanças dos entes públicos inferiores o engessamento de recursos que implicasse na paralisação de suas atividades e comprometimento do atendimento à população em diversos setores.

7ª Hipótese

Publicidade institucional

Prevista na letra "b" do inciso VI, do art. 73 da Lei nº 9.504/97, a dirimente cria uma cessação da utilização da propaganda institucional, com a exceção de justificativa imperiosa como gravidade e urgência em prol de necessidade pública, que tiver o reconhecimento da Justiça Eleitoral. Outra exceção previamente estabelecida pela lei é aquela relativa a produtos ou serviços que tenham concorrência no mercado.

A proibição engloba a publicidade e sua veiculação, visando estabelecer mecanismo de contenção ao favorecimento que os ocupantes de cargos públicos possam exteriorizar em favor das próprias candidaturas ou de terceiros, adeptos, integrantes da mesma linha partidária.

Nos exatos termos do art. 73, § 3º, Lei 9.504/97, a vedação em tela e aquela disposta na alínea "c", inciso VI, têm exclusiva aplicação em relação aos agentes públicos das esferas administrativas cujos cargos sejam objeto das eleições. Assim, nas eleições presidenciais, a proibição diz respeito aos agentes públicos da União, enquanto que nas eleições para o Senado, Câmara dos Deputados, Governos dos Estados e do Distrito Federal e Assembleias ou Câmaras Legislativas Estaduais ou Distrital, aos agentes dos Estados e do Distrito Federal.

Em continuidade, para as eleições municipais, resta defesa a publicidade referencialmente aos agentes públicos dos Municípios. Analisando-se a restrição *a contrario sensu*, permite-se a seguinte equação: em se tratando de eleições municipais não subsiste proibição à publicidade institucional dos agentes públicos da União, Estados-membros ou do Distrito Federal; e, nas eleições presidenciais, estaduais e distritais, não há qualquer estorvo para a efetivação da publicidade institucional dos Municípios.

O pensamento é construído assim em um sistema de simetria, em que não há permeabilidade do foco da publicidade diretamente com a repercussão que o âmbito das eleições provoca.

Segundo entendimento da Corte Eleitoral, o aperfeiçoamento do ilícito se dá com a simples veiculação da propaganda no período proibido, não havendo necessidade da demonstração da existência da autorização para a veiculação pelo gestor público, seja ou não candidato:

> "AgR-REspe - Agravo Regimental em Recurso Especial Eleitoral nº 35590 - Leme/SP
>
> Acórdão de 29/04/2010
>
> Relator(a) Min. ARNALDO VERSIANI LEITE SOARES
>
> Publicação:
>
> DJE - Diário da Justiça Eletrônico, Data 24/05/2010, Página 57/58
>
> Ementa:
>
> Investigação judicial. Abuso de poder. Uso indevido dos meios de comunicação social. Condutas vedadas.
>
> 1. A infração ao art. 73, VI, "b", da Lei nº 9.504/97 aperfeiçoa-se com a veiculação da publicidade institucional, não sendo exigível que haja prova de expressa autorização da divulgação no período vedado, sob pena de tornar inócua a restrição imposta na norma atinente à conduta de impacto significativo na campanha eleitoral.
>
> 2. Os agentes públicos devem zelar pelo conteúdo a ser divulgado em sítio institucional, ainda que tenham proibido a veiculação de publicidade por meio de ofícios a outros responsáveis, e tomar todas as providências para que não haja descumprimento da proibição legal.
>
> 3. Comprovadas as práticas de condutas vedadas no âmbito da municipalidade, é de se reconhecer o evidente benefício à campanha dos candidatos de chapa majoritária, com a imposição da reprimenda prevista no § 8º do art. 73 da Lei das Eleições.
>
> 4. Mesmo que a distribuição de bens não tenha caráter eleitoreiro, incide o § 10 do art. 73 da Lei das Eleições, visto que ficou provada a distribuição gratuita de bens sem que se pudesse enquadrar tal entrega de benesses na exceção prevista no dispositivo legal.
>
> 5. Se a Corte de origem, examinando os fatos narrados na investigação judicial, não indicou no acórdão regional circunstâncias que permitissem inferir a gravidade/potencialidade das infrações cometidas pelos investigados, não há como se impor a pena de cassação, recomendando-se, apenas, a aplicação das sanções pecuniárias cabíveis, observado o princípio da proporcionalidade.
>
> Agravos regimentais desprovidos.
>
> Decisão: O Tribunal, por unanimidade, desproveu o Agravo Regimental da Coligação *Leme Merece uma Chance*, nos termos do voto do Relator." (www.tse.jus.br/jurisprudencia)

8ª Hipótese

Pronunciamento em mídia radiofônica e televisiva

No trimestre anterior ao pleito, os agentes públicos não podem fazer esse tipo de aparição com mensagem ao público-alvo, não abrigando a restrição da alínea "c" do multicitado artigo da Lei Geral das Eleições o horário eleitoral gratuito, pois em tal hipótese, em se tratando de propaganda eleitoral, a participação é permitida nos limites das normas específicas sobre a propaganda.

No caso, evita-se uma deturpação da prerrogativa de direção ao público pelo agente, o que é de todo legítimo em situações necessárias para o estabelecimento dessa interlocução, mas que com a proximidade do pleito eleitoral significa uma vantagem altaneira sobre os demais candidatos que não contam com esse canal, desequilibrando a disputa ou criando-se uma perplexidade no eleitorado sobre uma falsa impressão de permanente domínio do agente público sobre a Administração Pública, afetando assim a independência no sufrágio.

A inteligência do dispositivo põe a salvo as necessidades da própria Administração Pública no atendimento às demandas urgentes e inadiáveis da população e, desde que sejam assuntos nitidamente governamentais, a Justiça Eleitoral pode autorizar o pronunciamento.

A mesma simetria adotada quanto ao tipo de eleições e a proibição, referida na abordagem à alínea "b", deve ser observada nessa singularidade.

E os programas permanentes de rádio ou televisão de Prefeituras, realizados para divulgação de atos, programas e ações governamentais? Devem ser suspensos no trimestre anterior ao pleito eleitoral?

A obediência ao disposto no art. 37, § 1º, Constituição Federal, isto é, a vedação de se expressar na propaganda institucional aspectos pessoais do gestor público ou de terceiros de forma permanente, estando ou não no período do processo eleitoral, deve ser continua e rigidamente observada, pois essa divulgação é destinada a ações e atos governamentais.

Durante o período eleitoral, os programas não podem também conter qualquer mensagem que caracterize propaganda eleitoral, direta ou indireta. As emissoras de rádio e televisão sofrem a proibição de veicularem propaganda política ou difundirem opinião favorável ou contrária a candidato, partido ou coligação, a seus órgãos ou representantes, ou de darem tratamento privilegiado a candidato, partido ou coligação, em sua programação normal, inclusive noticiários. O impedimento é contido no art. 45, Lei 9.504/97. A violação dessas proibições acarreta para as emissoras uma multa entre 20 mil e 100 mil UFIRs, podendo ainda ter a suspensão da transmissão da programação normal, pelo prazo de 24 horas - art. 45, § 2°, e art. 56 da Lei n° 9.504/97. O partido ou coligação que venha a ser beneficiado pela violação por parte da emissora também perde, de seu tempo de propaganda eleitoral gratuita no rádio e televisão, o dobro do tempo durante o qual a emissora tenha transmitido a programação que violou as proibições mencionadas. Por sua vez, o art. 74 da Lei nº 9.504/97 diz que a violação a essa regra do § 1º, do art. 37 da Constituição Federal, configura abuso de autoridade. O abuso de autoridade, praticado em campanha eleitoral, é causa de inelegibilidade, prevista pela Lei Complementar nº 64/90.

O reconhecimento dessa circunstância depende de apuração em procedimento de representação judicial eleitoral, requerido por qualquer partido, candidato ou coligação, ou Ministério Público Eleitoral. Conclui-se que a publicidade oficial com caráter personalista, destinada a obtenção de votos em eleição, caracteriza abuso do poder de autoridade e gera inelegibilidade dos responsáveis, inclusive do candidato beneficiado, não havendo necessariamente que se suprimir ou suspender durante o período a veiculação dos programas que respeitem essa dinâmica da normatividade eleitoral.

Em geral, há uma limitação pontual quanto ao destaque, notícias, referências ou alusões aos candidatos, partidos ou coligações, que venha a constituir tratamento privilegiado - art. 45, IV, Lei 9.504/97.

Há, porém, com o acirramento da disputa eleitoral no trimestre anterior às eleições, um período crítico em que se veda totalmente a publicidade institucional do art. 37, § 1º, CF, em virtude do que prevê expressamente o art. 73, VI, "b", da Lei 9.504/97.

Concluímos, com tal raciocínio, que nos 03 meses anteriores ao dia das eleições os programas permanentes de rádio ou televisão, ou mesmo outras mídias, voltados à propaganda institucional devem ser suspensos sob pena de configuração de conduta vedada a agentes públicos na campanha eleitoral, ensejando a suspensão imediata e as sanções de multa, improbidade administrativa e mesmo cancelamento do registro ou diploma do candidato, dependendo da gravidade e consequente inelegibilidade dos responsáveis, reconhecida mediante o procedimento de investigação judicial eleitoral - art. 22, Lei Complementar 64/90.

Diferentemente dos programas radiofônicos e televisivos, é a necessidade de se permanecer com as informações sobre os serviços e atuação da Administração Pública. Nesse caso, não pode haver solução de continuidade e os informes devem ser atualizados de modo constante. Com isso, os *sites* na *internet* com informativos desse conteúdo não precisam ser suspensos ou modificados, atentando-se para a restrição de se divulgar obra feita ou a ser realizada. Limitando-se à informação sobre local, horário e forma de atendimento à população dos serviços públicos e outras medidas a cargo da Administração Pública, sem qualquer conotação eleitoral, o procedimento é perfeitamente lícito.

A Justiça Eleitoral de São Paulo apreciou a matéria:

> "RE - RECURSO nº 31100 - São João da Boa Vista/SP
>
> Acórdão nº 166289 de 03/02/2009
>
> Relator(a) PAULO ALCIDES AMARAL SALLES
>
> Publicação:
>
> DOE - Diário Oficial do Estado, Data 10/02/2009, Página 03
>
> Ementa:

RECURSO ELEITORAL. REPRESENTAÇÃO. CONDUTAS VEDADAS. PROPAGANDA INSTITUCIONAL. ART. 73, INCISO VI, ALÍNEA "B", DA LEI Nº 9.504/97. "SITE" DA PREFEITURA MUNICIPAL NA "INTERNET". DISPONIBILIZAÇÃO DE NOTÍCIAS SOBRE ASSUNTOS DE INTERESSE DA COMUNIDADE. REFERÊNCIAS A DATAS FESTIVAS, APRESENTAÇÕES ARTÍSTICAS E ESPORTIVAS E REALIZAÇÕES DA ADMINISTRAÇÃO MUNICIPAL. MERO CARÁTER INFORMATIVO. AUSÊNCIA DE VINCULAÇÃO ÀS ELEIÇÕES OU À CANDIDATURA DO AGENTE PÚBLICO. NÃO IDENTIFICADA TENTATIVA DE PROMOÇÃO PESSOAL. REPRESENTAÇÃO JULGADA IMPROCEDENTE. SENTENÇA MANTIDA.

RECURSO DESPROVIDO.

Decisão: NEGARAM PROVIMENTO AO RECURSO. V.U." (www.tse.jus.br/jurisprudencia)

9ª Hipótese

Limites de gastos com publicidade institucional

A norma originária proibia de maneira rígida o aumento com gastos de publicidade do Poder Público, no primeiro semestre do ano da eleição, comparando-os à média apresentada nos primeiros semestres no triênio anterior - art. 73, VII, Lei 9.504/97. A lógica da restrição era não criar uma falaciosa ou tendenciosa visibilidade da gestão em curso, capaz de propiciar embaraço ou distorção palpáveis na escolha dos candidatos.

Constituía esse dispositivo em um instrumento para impedir a efetivação do uso da máquina estatal em eleições, notadamente em hipóteses de reeleição. A Lei 13.165/2015 alterou a redação desse tópico, reduzindo o período de cálculo para a média dos gastos, fixando-o no primeiro semestre dos três últimos anos anteriores ao pleito eleitoral. Em sequência a Lei 14.356/2022 atualizou a redação da norma, modificando o verbo "realizar" para "empenhar" as despesas em questão no aludido período eleitoral, cujo valor tenha excesso em seis vezes a média mensal dos valores empenhados e não cancelados nos últimos três anos que antecedem ao pleito.

A exata compreensão do sentido da norma implica em diferenciar a realização do gasto com o seu empenho. O Direito Administrativo e Financeiro definem o empenho com base na conceituação trazida pelo art. 58, Lei 4.320/64 (Normas Gerais de Direito Financeiro para elaboração e contrôle dos orçamentos e balanços da União, dos Estados, dos Municípios e do Distrito Federal) – *O empenho de despesa é o ato emanado de autoridade competente que cria para o Estado obrigação de pagamento pendente ou não de implemento de condição.* Desse modo, abandonado o critério de "realizar" a despesas que tinham a perpesctiva de concretizar o gasto, liquidando-o, houve na realidade uma ampliação da densidade da base de cálculo. Essa ideia inicial poderia sugerir uma maior proteção aos interesses públicos para evitar o seu atravessamento na seara das eleições, inibindo o uso indevido da máquina estatal em favor de partido, coligação, federação ou candidato. Todavia, o ponto sensível é a alteração das ações administrativas financeiras; enquanto lançados os holofotes sobre o volume dos empenhos (etapa inicial de reconhecimento da obrigação de pagar a despesa pela administração pública), figura como pretensamente liberados os gastos realizados, o que pode encaminhar uma interpretação no sentido de que não há qualquer limite de configuração do excesso, desde que obedecido o teto do que foi realizado, se acobertado pelo empenho, ou seja, só estariam fora as despesas eventualmente concretizadas sem o prévio empenho até o limite temporal descrito na norma restritiva.

Mas, não acreditamos que possa vingar essa interpretação. A finalidade da norma é estabelecer um controle dos gastos, para que não se mobilize a administração pública na sua intervenção imprópria no processo eleitoral, desfigurando-o na sua legitimidade e lisura. De tal maneira, se não houve a realização dos gastos empenhados, para que tais parcelas sejam computadas para fins de cálculo dos limites em ano eleitoral deverá ocorrer uma justificativa com plausibilidade (razoabilidade e proporcionalidade), pois caso contrário deverá ser desprezada para que o limite seja compreendido apenas em virtude do que foi efetivado como gasto (liquidação), sob pena de esvaziamento completo da regra e inundação do processo eleitoral com o vício deletério da utilização espúria da máquina pública nos certames.

O STF decidiu em sede da ADIN 7178/DF, Rel. Min. Dias Toffoli, j. 17/12/2022 que o dispositivo não seria *a priori* inconstitucional e eventuais desvios de finalidade deverão ser enfrentados diante do contexto de cada caso concreto. Por outro lado, em prestígio ao princípio da anterioridade da lei eleitoral (não permite a aplicação de norma alterada no próprio ciclo eleitoral, conforme art. 16, Constituição Federal), a diretriz não poderia ser observada nas Eleições 2022, o que implica em concluir que a partir das Eleições de 2024, não há qualquer óbice para sua incidência, ressalvadas as hipóteses concretas nas quais forem identificados os excessos por desvios de finalidade e o favorecimento de natureza eleitoral restar configurado.

O art. 73, § 14, Lei 9.504/97 introduzido também pela Lei 14.356/2022 esclarece para o cálculo da média do inciso VII (caput) do art. 73 mencionado, os gastos serão objeto de atualização pelo IPCA – IBGE, ou outro índice que o substituir. Frisa, ademais, que o termo "a quo" do cálculo é a data do empenho. Resta nítido com isso, que o intento do legislador como já asseverado acima, é a expansão da densidade de gastos em anos eleitorais, sem justificativa adequada, pois qualificou os gastos como os empenhados e não realizados, concretizados ou liquidados.

O limite de gastos nessa seara é extensivo a todas as esferas governamentais, não se observando a linha simétrica dependendo da modalidade de eleições, como nos casos anteriormente mencionados, e contida no art. 73, § 3º, Lei 9.504/97.

10ª Hipótese

Revisão geral da remuneração de servidores públicos

Pontualmente, na circunscrição da disputa eleitoral não se pode realizar a revisão geral de remuneração de servidores públicos, em patamar que ultrapasse a recomposição monetária atinente à perda do seu poder aquisitivo ao longo do período compreendido como o do ano eleitoral - art. 73, VIII, Lei 9.504/97. O que se compreende desse balizamento é a proibição de outorga do chamado ganho ou aumento real na remuneração dos servidores públicos.

O limite que foi estabelecido é aquele materializado pelas perdas decorrentes de processo inflacionário, não estando inclusas na proibição as revisões realizadas antes de 10 de junho do ano eleitoral, pois fora do trimestre sensível à confusão entre o interesse governamental e o eleitoral, cabendo salientar que a restrição se estende até a posse dos candidatos eleitos. Se a revisão exceder os fatores de medição inflacionária, autenticando uma vantagem real na composição da remuneração, não há como classificar tal acontecimento de ilícito eleitoral sob a rubrica de conduta vedada.

Chama-se a atenção para o caso de a revisão remuneratória ser realizada por ocasião das eleições gerais e destinada ao servidor público municipal, pois nesse caso a circunscrição do pleito é todo o território nacional. Em exegese finalística tem-se que a norma em estudo visa ao favorecimento com o sentido de se angariar votos e utilização indevida da máquina estatal, o que não ocorre se a revisão é limitada à faixa territorial do município em eleições gerais, pois não teria o efeito de desequilibrar a disputa, sendo, assim, irrelevante.

O Tribunal-Regional Eleitoral do Estado de Minas Gerais já respondeu a consulta com essa abordagem:

> "CONS - CONSULTA nº 1952002 - Juiz de Fora/MG
>
> Acórdão nº 356 de 10/06/2002
>
> Relator(a) MARIA DAS GRAÇAS S. ALBERGARIA S. COSTA
>
> Publicação: DJMG - Diário do Judiciário-Minas Gerais, Data 16/07/2002, Página 42
>
> Ementa:
>
> Consulta. Consulente: Presidente da Câmara Municipal de Juiz de Fora. Possibilidade de revisão de remuneração em período eleitoral. Art. 73, inciso VIII, da Lei n.º 9.504, de 1997.
>
> Para as eleições de 2002, que se darão no âmbito estadual e federal, o agente público municipal encontra-se fora da vedação contida no inciso citado, sendo-lhe possível proceder à revisão da remuneração de seus servidores.
>
> Consulta respondida.
>
> Decisão: Responderam à consulta." (www.tse.jus.br/jurisprudencia)

A reestruturação da carreira do serviço público não se enquadra na restrição, em respeito ao parâmetro da estrita legalidade que se vincula a uma determinada tipicidade das condutas, sem que haja autorização ao intérprete para ampliação ou adoção de critérios de integração como analogia ou interpretação analógica. Por isso, a aprovação por lei daquela medida não se encontrada vedada. Nesse sentido, o entendimento do TSE: AgR-REspe nº 39272 Acórdão LINHARES – ES, Relator(a): Min. Tarcisio Vieira De Carvalho Neto. J. 14/03/2019 Publicação: 01/04/2019 (jurisprudencia.tse.jus.br – acesso em 15/03/2024).

11ª Hipótese

Publicidade oficial em afronta ao art. 37, § 1º, Constituição Federal

A dicção do dispositivo constitucional se encontra assim estampada: A publicidade dos atos, programas, obras, serviços e campanhas dos órgãos públicos deverá ter caráter educativo, informativo ou de orientação social, dela não podendo constar nomes, símbolos ou imagens que caracterizem promoção social de autoridade ou servidores públicos.

Já discorremos sobre as características da propaganda institucional ao elaborarmos o estudo genérico sobre a propaganda política. Pois bem. Como tutela maior aos interesses de uma eleição sem influência do poder político para desequilibrar a igualdade de oportunidades entre os candidatos e mesmo a independência do eleitor para a escolha, o art. 74, da Lei 9.504/97 estipulou que a ofensa ao art. 37, § 1º, CF, configura o abuso de autoridade, autorizando a medida preconizada no art. 22, Lei Complementar 64/90, sujeitando o candidato, se responsável, ao cancelamento do registro ou diploma, se eleito.

O procedimento em tela é a AIJE (Ação de Investigação Judicial Eleitoral).

12ª Hipótese

Shows artísticos, inaugurações e recursos públicos

Essa iniciativa é proscrita nos 03 meses que antecedem as eleições, quando da realização de inaugurações e desde que haja pagamento de cachê, indenização ou honorários aos artistas com recursos públicos – art. 75, Lei 9.504/97.

O descumprimento implica em provimento liminar para imediata suspensão da conduta vedada, e depois de instalado o procedimento do art. 22, Lei Complementar 64/90 (AIJE), poderá ser cassado o registro ou diploma do candidato beneficiado, sendo ele agente público ou não. (art. 75, parágrafo único, Lei 9.504/97 – parágrafo único introduzido pela Lei 12.034/2009)

A lei fala de cassação com o mesmo significado de cancelamento, pressupondo a existência de um anterior registro ou diploma.

Tanto para o caso do art. 74 e 75, Lei das Eleições, partiu-se para uma baliza de responsabilidade do candidato pela teoria do benefício, permitindo-se, desse modo, que o beneficiário, mesmo não sendo o próprio agente/gestor público, sofra as sanções decorrentes da grave violação aos postulados da impessoalidade na Administração Pública, utilizada para um aproveitamento eleitoral espúrio e ilegítimo.

Existe prazo máximo para o aforamento da AIJE nos casos dos art. 74 e 75, Lei 9.504/97? E se cancelado o registro, e interposto recurso, seu julgamento ocorrer já com a diplomação?

Refletimos a esse propósito em Reforma Eleitoral:

> Como meio de se harmonizar o sistema eleitoral, entendemos que o prazo máximo para aforamento do pedido para cancelamento do mandato eletivo é aquele preconizado no art. 14, § 10, CF (15 dias). Assim, se o pedido é alvitrado antes das eleições, e sobrevindo esta e a própria diplomação e posse, havendo julgamento posterior, não há qualquer impedimento para se proclamar o cancelamento do mandato. Se antes das eleições, o comando da decisão deve se circunscrever ao cancelamento do registro.
>
> Pode ser que entre o interregno da decisão de primeira instância e o julgamento final, transcorra a finalização do processo eleitoral, encerrando-se a campanha, vindo as eleições, diplomação e posse. Desse modo, se proferida a decisão inicial cancelando-se o registro, não há qualquer impedimento para que em instâncias superiores, se for mantida a decisão, ocorra a atualização e evolução *ex lege* da decisão sem nenhuma ofensa à coisa julgada. A decisão é constitutiva e declaratória, entreaberta a uma transformativa progressão instituída por lei em respeito à dinâmica de todo o processo eleitoral. Na disposição do decisório, pode haver expressa menção dessa transição. (*In*: *Reforma Eleitoral*. Editora JH Mizuno, 2010, p. 250/1)

13ª Hipótese

Comparecimento a inaugurações de obras públicas

A Lei 12.034/2009 trouxe grande avanço ao preservar a restrição da presença de candidatos em inaugurações de obras públicas, modificando o art. 77, Lei 9.504/97, para proibir de maneira generalizada a qualquer candidato essa aproximação, evitando-se a extração de vantagem indevida a seu favor. Até essa modificação, apenas os candidatos aos cargos do Poder Executivo eram objeto da proibição.

Com a vastidão trazida pela reforma eleitoral, tanto os candidatos aos cargos parlamentares como aos do Poder Executivo devem obedecer essa limitação. Continua sendo permitida a inauguração, mas candidato não pode comparecer ao ato, nos 03 meses anteriores ao pleito.

Grande inovação foi trazida também pela Lei 12.034/2009 ao se modificar o parágrafo único do art. 77, Lei das Eleições, prevendo as sanções de cancelamento do registro ou diploma do candidato que proceder em detrimento da vedação legal. Adota-se também, no caso, o procedimento previsto no art. 22, Lei Complementar 64/90.

A mera visita ou exame com o caráter de fiscalização ou vistoria das condições da obra em andamento em seu canteiro ou local de realização não leva à restrição imposta pela Lei das Eleições. Mais uma vez, há proibição do emprego de raciocínio hermenêutico ampliativo, face à natureza de sanções e consequências atribuídas à violação. É o que tem registrado o trabalho jurisprudencial do TSE: AgR-REspe nº 40474 Acórdão CANTO DO BURITI – PI, Relator(a) Min. Jorge Mussi, j. 26/03/2019 Publicação: 03/05/2019 – (jurisprudencia.tse.jus.br – acesso em 15/03/2024).

9.2 CONDUTAS VEDADAS. PROCEDIMENTO

O procedimento para responsabilização dos infratores pelas condutas vedadas obedece ao parâmetro dos arts. 22 e seguintes da Lei Complementar 64/90, conforme textualmente aponta o art. 73, § 12, Lei 9.504/97, acrescentado pela Lei 12.034/2009.

O prazo recursal obedece ao que prevê o § 13 – art. 73, Lei 9.504/97, também trazido pela Lei 12.034/2009, ou seja, prazo de 03 dias, contados da publicação do julgamento no Diário Oficial.

Importante ressaltar que algumas condutas vedadas levam ao cancelamento do registro ou diplomação e sua imediata suspensão, enquanto que outras implicam apenas na determinação desse provimento, que pode ser inclusive de caráter liminar e aplicação de multas.

Todavia, em qualquer caso, o procedimento a ser observado é aquele previsto no art. 22, Lei Complementar 64/90, com regulamentação e complemento pelas normas do art. 44 e seguintes da Resolução 23.608/2019 – TSE, atualizada pela Resolução n. 23.733/2024 – TSE. Os principais tópicos dessa revisão é o reforço da aplicação supletiva e subsidiária do CPC ao processamento dos pedidos e normas que se aglutinam em relação a outras modalidades de representações que aderem ao rito do art. 22, Lei das Inelegibilidades.

Cabe destaque o entendimento da jurisprudencial do TSE no sentido da existência de litisconsórcio passivo necessário entre o agente público responsável pela prática e os candidatos beneficiários, sob pena de extinção do feito com base no art. 487, II, CPC (*RESPE - Recurso Especial Eleitoral nº 42270 - DIONÍSIO – MG, Relator(a) Min. Luís Roberto Barroso, p. DJE – 27/06/2019).*

9.3 CONDUTAS VEDADAS. CONFIGURAÇÃO E POTENCIALIDADE DE DESEQUILÍBRIO DO PLEITO ELEITORAL

O desequilíbrio entre as forças eleitorais é fator importantíssimo na análise da potencialidade lesiva dos episódios que configurem a prática de condutas vedadas aos agentes públicos nas campanhas eleitorais. Vigora, nesse aspecto, a observância do princípio da proporcionalidade. Efetivamente, no caso concreto, a concepção de que a infração não tenha repercutido de modo a refletir no equilíbrio da disputa – criando-se a sobreposição da importância do ilícito em face dos aspectos normais da disputa – impede uma sanção de cancelamento do registro ou do diploma.

Até a edição da Lei 12.034/2009 (reforma eleitoral de 2009), a jurisprudência vigente não afastava a configuração da conduta vedada, mesmo que não houvesse o desequilíbrio da disputa eleitoral; mas, para a imposição das penas máximas, o fato deveria se apresentar com a amplitude necessária para um reconhecimento da quebra de um eixo de estabilidade no fenômeno eleitoral.

Verifica-se, no julgado abaixo, essa linha interpretativa:

> "AgR-AI - Agravo Regimental em Agravo de Instrumento nº 12165 - Bituruna/PR
>
> Acórdão de 19/08/2010
>
> Relator(a) Min. ARNALDO VERSIANI LEITE SOARES
>
> Publicação: DJE - Diário da Justiça Eletrônico, Data 01/10/2010, Página 32-33
>
> Ementa:
>
> Representação. Conduta vedada. Art. 73, VI, "b" e § 10, da Lei nº 9.504/97.
>
> 1. Segundo a atual jurisprudência do Tribunal Superior Eleitoral, quanto ao tema das condutas vedadas do art. 73 da Lei das Eleições, deve ser observado o princípio da proporcionalidade e somente se exige a potencialidade do fato naqueles casos mais graves, em que se cogita da cassação do registro ou do diploma.
>
> 2. Caso exigida potencialidade para configuração de qualquer conduta vedada descrita na norma, poderiam ocorrer situações em que, diante de um fato de somenos importância, não se poderia sequer aplicar multa, de modo a punir o ilícito.
>
> 3. Ainda que a distribuição de bens não tenha caráter eleitoreiro, incide o § 10 do art. 73 da Lei das Eleições, visto que ficou provada a distribuição gratuita de bens sem que se pudesse enquadrar tal entrega de benesses na exceção prevista no dispositivo legal.
>
> Agravo regimental a que se nega provimento." (www.tse.jus.br/jurisprudencia)

É certo que a Lei 12.034/2009 criou um sistema de maior rigor, prevendo a pena de cancelamento do registro ou diploma, em hipóteses antes não cogitadas, como contratação de "shows" artísticos com recursos públicos para inaugurações no trimestre anterior ao pleito (art. 75, Lei 9.504/97), ou o comparecimento do candidato no mesmo período a inaugurações de obras públicas (art. 77, Lei 9.504/97).

Cremos que o princípio da proporcionalidade deverá continuar sendo aplicado para balizar a real projeção e reflexo da conduta vedada, sob pena de se criar um artificialismo no combate à corrupção eleitoral. O juízo de censura contém de maneira inseparável a proporcionalidade, somente se alimentando o controle pela pena à infração grave, o que deve vir à tona pela análise completa do contexto dos acontecimentos concretos. A gravidade dos fatos para aquele determinado cenário, em sintonia com a proporcionalidade, é que dirá sobre a presença ou não do desequilíbrio na disputa, e, tal ocorrendo, a sanção eleitoral mais severa deve ocorrer (cancelamento do registro ou diploma), reservando-se para hipótese de menor densidade, outras medidas de eficácia compatível (suspensão imediata do comportamento vedado, multa, responsabilidade segundo a Lei 8.429/92 – improbidade administrativa e mesmo a responsabilidade disciplinar, civil, penal ou tributária que o fato tiver a capacidade de desencadear, como precisamente detectado no art. 78, Lei 9.504/97).

A Lei da Ficha Limpa (Lei Complementar 135/2010), ao inserir o inciso XVI no art. 22 da Lei Complementar 64/90, buscou estabelecer um novo parâmetro para o reconhecimento do abuso do poder econômico, político ou dos meios de comunicações. Determinou a desconsideração do critério da potencialidade de o fato alterar o resultado da eleição, remetendo a solução para uma avaliação quanto à gravidade das suas circunstâncias.

Ora, emblemático o dispositivo, embora louvável a preocupação do legislador. A potencialidade lesiva para alterar a normalidade e legitimidade das eleições funciona exatamente como a principal circunstância do fato, que leva à sua gravidade.

Aliás, a própria gravidade encerra um juízo de valor proporcional.

A melhor exegese que se pode empreender para dar aplicabilidade à regra não é desprezar a repercussão no resultado das eleições. Se houver perda da legitimidade das eleições pelo reflexo no resultado, a gravidade do fato já estará aperfeiçoada. Contudo, mesmo se o episódio não tiver o condão de afetar o resultado das eleições, ou afetá-lo de modo menos intenso, a análise deverá percorrer outros elementos na composição dos fatos abusivos, como o aspecto subjetivo de intenção ou ciência do candidato beneficiário em realizá-lo (tendo prévio conhecimento acentua-se a gravidade); forma e mecanismos utilizados (emprego de recursos ou bens públicos também elevam a gravidade); mobilização e repercussão popular (quanto mais divulgação e conhecimento popular do eleitorado quanto à ocorrência, reflete um grau maior de gravidade); tempo e pessoas empregadas para a efetivação do ato abusivo (a pluralidade de pessoas ou o prolongamento no tempo da preparação e execução do ilícito são dados capazes de fomentar uma exasperação da gravidade); existência de coação ou manipulação de vontade (essa predisposição se ajusta a uma repelência mais intensa quanto à prática abusiva).

Logicamente que outros fatores devem ser considerados, pois a plena constatação da maior ou menor intensidade quanto à gravidade depende da peculiaridade de cada caso concreto.

Mais recentemente sob a égide da Lei da Ficha Limpa, o TSE exarou a seguinte compreensão:

RECURSO ORDINÁRIO. ELEIÇÕES 2006. AÇÃO DE IMPUGNAÇÃO DE MANDATO ELETIVO (AIME). SENADOR. PUBLICIDADE INSTITUCIONAL DO GOVERNO DO ESTADO REALIZADA FORA DOS LIMITES AUTORIZADOS. ABUSO DE PODER E BENEFÍCIO POTENCIALMENTE LESIVO ÀS ELEIÇÕES EM FAVOR DA SENADORA. AUSÊNCIA. RECURSO DESPROVIDO.

1. Na espécie, João Alves Filho - então governador e candidato à reeleição - promoveu carreatas deambulâncias por todo o Estado de Sergipe às vésperas das eleições, vinculando os serviços do Serviçode Atendimento Móvel de Urgência do Estado de Sergipe (SAMU) à sua candidatura à reeleição, em desvio de finalidade, transformando a divulgação do serviço em promoção de sua candidatura, fato apurado em outros autos.

2. O abuso em questão traz, em tese, benefício ao próprio governador, candidato à reeleição.

3. O fato da senadora ser esposa do então governador, bem como a ocorrência da veiculação de um boneco, representando a sua pessoa, junto a outro, representando seu esposo, na carroceria de um veículo em carro particular, em uma das carreatas, fato comprovado em um único e isolado momento pelas provas dos autos, não configuram motivos suficientes para o reconhecimento da potencialidade lesiva necessária a justificar o abuso de poder e a impugnação do mandato.

4. Recurso ordinário conhecido mas desprovido. (RO 283371 - Aracaju/SE, Rel. Min. Fátima Nancy Andrighi, j. 02/12/2014 - DJE, 13/02/2015 - www.tse.jus.br/jurisprudencia.

É necessário enfatizar que a configuração da conduta não exige a finalidade eleitoral, em razão da própria objetividade que os comandos legais proibitivas ensejam. Nesse sentido: *RESPE - Agravo Regimental em Recurso Especial Eleitoral nº 19581 - GUANAMBI – BA, Acórdão de 23/04/2019, Relator(a) Min. Luís Roberto Barroso, DJE - 27/06/2019, p. 34.*

9.4 MODELOS

9.4.1 Condutas vedadas. Caso prático. Cessão de bem imóvel a partido para comitê

EXMO. SR. JUIZ ELEITORAL DA ...ª ZONA ELEITORAL DE ..../...

COLIGAÇÃO ...., constituída para fins de disputa nas Eleições 2024, Município de ..../..., tendo apresentado candidatos aos cargos de Prefeito e Vice-Prefeito, ... e ...., sob o nº ....., vem respeitosamente à presença de Vossa Excelência, por de seu advogado (mandato arquivado no cartório eleitoral nos termos do art.44., Resolução

23.608/2019 - TSE), aforar AÇÃO DE INVESTIGAÇÃO JUDICIAL ELEITORAL com base no art. 73, § 12, Lei 9.504/97, c/c art. 22 da Lei Complementar 64/90, em desfavor de TRIBUNO, *(qualificação completa)*, atual Prefeito Municipal de ..../... e candidato à reeleição pela COLIGAÇÃO ...., sob o nº ......; ...., candidato a Vice-Prefeito, (qualificação completa), contra a mesma COLIGAÇÃO .... e PARTIDOS .... e ...., em decorrência explana as considerações que abaixo anota.

Como exposto na parte inicial deste petitório, o 1º requerido ostenta a condição de Prefeito Municipal de ...., e de candidato à reeleição no pleito em desenvolvimento.

Iniciada a fase autorizada pela legislação eleitoral para a propaganda, os requeridos candidatos montaram no endereço .... seu espaço para comitê eleitoral, como se percebe dos anexos registros de áudio e vídeo. Há um intenso fluxo de pessoas naquele ambiente, que se encontra repleto de material de propaganda eleitoral, como panfletos, santinhos, etc.

Contudo, há de se ressaltar que o imóvel em questão é bem imobiliário público e foi cedido pelo 1º requerido, como alcaide, à sua própria campanha eleitoral, o que implica grave violação aos princípios da impessoalidade e moralidade públicas (art. 37, CF), e, ainda, em conduta vedada ao agente público em campanha eleitoral (art. 73, I, Lei 9.504/97).

Os documentos que acompanham esta petição e referentes ao imóvel em consideração destacam sua afetação ao patrimônio público, podendo ser destacado que se encontra abandonado sem uso e vago, mas, há menos de 03 anos, tinha como destinação a Casa da Cultura Municipal.

Para indevidamente servir como comitê eleitoral, foi realizada uma minirreforma no imóvel, que recebeu alguns reparos e pintura nova.

LIMINAR

De tudo o que foi descrito e confirmado pela documentação aparelhada, surge de modo inexorável, Excelência, a necessidade de provimento liminar que suspenda a conduta vedada.

O *periculum in mora* reside na observação de que a continuidade do comportamento extremamente lesivo aos interesses públicos e isonomia eleitoral não podem ser prorrogados, sob pena de se tornar situação irreparável.

Noutro norte, o *fumus boni iuris* se percebe pela invocação da plausibilidade do que ora se pretende, que encontra intenso respaldo normativo jurídico e ainda no condicionamento da prova que ora se molda.

Desse modo, pugna a Vossa Excelência que liminarmente determine aos requeridos que procedam *incontinenti* à devolução do imóvel ao Município de ...., desativando-se o comitê eleitoral ali fixado, sob pena de multa a ser arbitrada nos termos do art.497 c/c 536, § 1º, CPC, e, em caso de descumprimento, o despejo do prédio com a reintegração de posse ao Município de ....

Urge salientar que os requeridos, COLIGAÇÃO .... e Partidos ...., beneficiam-se do ato clandestino, pois estão envolvidos na malsinada prática na campanha eleitoral, que, inclusive, favorece aos requeridos candidatos e ainda outros candidatos que disputam o certame sob os auspícios daqueles.

Convém sublinhar que, com a estrutura montada com recursos públicos, a candidatura levada a efeito pelos requeridos ampliou em muito a sua perspectiva de contato com o público, distribuindo mensagens eleitorais, buscando adesões e arregimentando simpatizantes, enfim, a partir de uma plataforma ilegal se viu em franca vantagem, em prejuízo claro aos demais concorrentes, que, como a requerente, pautou-se pela honestidade. Dessa maneira, ocorreu irreparável desequilíbrio na disputa, afetando a normalidade das eleições, conspurcando a ideia de equidade e isonomia entre os disputantes.

ABUSO DE PODER POLÍTICO

Se não fosse suficiente esse desequilíbrio quanto ao resultado das eleições, a norma do inciso XVI, art. 22, Lei Complementar 64/90, com redação pela Lei da Ficha Limpa (Lei Complementar 135/2010), tornou desnecessário esse fenômeno. Basta que o episódio abusivo seja grave, o que ocorre no caso vertente, para se proclamar o abuso de poder político com as penalidades dispostas no supracitado artigo da Lei das Inelegibilidades.

E nessa trajetória, MM. Juiz Eleitoral, o apoderamento do bem público para finalidade diversa e eleitoral é comportamento que expressa o desapreço pela ética, probidade e respeito à coisa pública, não podendo ser tratado com penas de menor proporção, mas para fins de disciplina e alijamento dos ímprobos da cena administrativa e política brasileira, o cancelamento do registro/diploma e inelegibilidade.

ISSO POSTO, requer o processamento do pedido nos termos do art. 22, I, "a", "b", "c", e XIV, da Lei Complementar 64/90, determinando-se a notificação dos requeridos-investigados para defesa no prazo de 05 dias, e cumprimento da determinação liminar, julgando-se procedente o pedido para se ratificar a suspensão da conduta e condenar todos os requeridos no pagamento da multa prevista no art. 73, §§ 4º e 8º, Lei 9.504/97, declarando-lhes ainda a inelegibilidade para as eleições a se realizarem nos próximos 08 anos, bem assim, em relação aos requeridos candidatos, cancelando-se o seu registro de candidatura e se, tiver ocorrido sua eventual diplomação, o cancelamento do diploma, com substância no art. 73, § 5º, Lei 9.504/97, diplomando-se o 2º colocado, aplicando-se o disposto no art. 224, Código Eleitoral, se, com a procedência do pedido, a invalidação dos votos a eles conferidos não alcançar mais da metade dos votos válidos e, caso contrário, que determine o eg. TRE do Estado de .... a realização de novas eleições, renovando-se o processo eleitoral.

Requer a produção de toda a prova lícita em direito, especialmente prova documental, pericial, testemunhal e depoimento pessoal das partes.

Requer, ainda, que, com a intervenção do Ministério Público Eleitoral, em razão dos fatos apresentados, sejam adotadas as medidas necessárias sob a rubrica de improbidade administrativa do 1º requerido, nos precisos termos do art. 73, § 7º, Lei 9.504/97.

Atribui à causa o valor de R$ ....,.. (.................. reais).

Pede e espera deferimento.

(Local e Data)

....

Advogado

OAB/... – nº ....

(Rol de testemunhas)

9.4.2 Condutas vedadas. Caso Prático. Comparecimento de candidato a inauguração de obra pública

EXMO. SR. JUIZ ELEITORAL DA ...ª ZONA ELEITORAL DE ..../...

COLIGAÇÃO ...., constituída para fins de disputa nas Eleições 2024, Município de ..../..., tendo apresentado candidatos aos cargos de Prefeito e Vice-Prefeito, ... e ...., sob o nº ......, vem respeitosamente à presença de Vossa Excelência, por seu advogado (mandato arquivado no cartório eleitoral nos termos do art. 44, Resolução 23.608/2019 - TSE), aforar AÇÃO DE INVESTIGAÇÃO JUDICIAL ELEITORAL com base no art. 77, Lei 9.504/97, c/c art. 22 da Lei Complementar 64/90, em desfavor de APARECIDO, *(qualificação completa)*, candidato ao cargo de Prefeito no Município, e de ESCONDIDO, *(qualificação com-*

pleta), candidato ao cargo de Vice-Prefeito, sob o nº ...., pelo Partido ...., nas Eleições 2024, e de EMPOSSADO, atual Prefeito Municipal de ...., trazendo a juízo as seguintes considerações fáticas e jurídicas para embasar o seu pedido.

Os dois primeiros requeridos lançaram sua candidatura pelo Partido ...., cabendo asseverar que se agrega e representa o grupo político da atual situação, sendo assim apoiados e incentivados pela atual Administração Pública municipal e o Prefeito Municipal – 3º requerido –, que por sinal é filiado e milita nas mesmas hostes políticas dos atuais candidatos à sua sucessão.

Acontece que em evento nitidamente patrocinado pela máquina pública administrativa, em prol da candidatura dos primeiros requeridos, em .../.../....., portanto, dentro dos 03 meses anteriores ao pleito, foi realizada uma reunião para inauguração de uma ponte no Povoado de ...., onde estiveram presentes o Sr. Prefeito Municipal e vários secretários municipais. No local foram colocadas faixas e cartazes fazendo alusão à obra necessária àquela comunidade, sucedendo-se discursos e pronunciamentos dos presentes.

Mesmo existindo norma que veda tal postura, o 1º representado também ali compareceu, o que pode ser comprovado pelas fotografias ora trazidas e ainda por várias pessoas que estiveram no lugar e que poderão ser ouvidas como testemunhas. A mera presença do candidato no local, mesmo que não discurse ou se apresente no palco do evento, já é capaz de formatar o ilícito eleitoral em tela, que implica em abuso de autoridade, pois retrata o aproveitamento da máquina administrativa em favor de candidato, rompendo com a isonomia.

Ora, no local o então 3º requerido, como Prefeito Municipal, se fazia presente e sempre próximo ao 1º requerido, obviamente com pedidos de votos explícitos ou implícitos. Só houve essa aproximação por permissividade da própria Administração Pública, buscando ilações entre a pretensa candidatura e a vantagem que a ponte em questão pode significar para aquela comunidade.

Diga-se de passagem que aquela população aguardou por vários anos a realização da obra, que só foi concretizada às vésperas das eleições, como mote para um aproveitamento político-eleitoral, comportamento inadmissível.

O 2º requerido, como candidato ao cargo de Vice-Prefeito, mesmo não comparecendo a esse infausto evento, dele se beneficiou em face da estrutura hermética da chapa concorrente aos cargos majoritários no Brasil, como é a eleição para Prefeito e Vice.

De se ressaltar que a prática em questão provocou incorrigível desequilíbrio na disputa eleitoral em evidência. Olhando-se os documentos anexos, consistentes em certidões emanadas do cartório eleitoral, na comunidade de .... existem ... eleitores em condições de votar no dia das eleições, e a repercussão para aqueles moradores traz uma indelével, insólita, mas ilícita vinculação do representado com uma obra pública, afastando qualquer condição de debate de ideias, projetos, programas ou realizações, que deve nortear a cena política eleitoral.

Assim, irremediavelmente não há como se restabelecer a probidade e o equilíbrio de forças na disputa eleitoral, restando prejudicada a lisura, o que leva ao acatamento integral dos pleitos, conforme alhures discriminado.

O malsinado ABUSO DE PODER POLÍTICO, segundo a dicção do art. 22, XVI, LC 64/90, trazido pela Lei da Ficha Limpa (Lei Complementar 135/2010), se contenta exclusivamente com a gravidade dos fatos, independentemente da repercussão no resultado das eleições, o que obviamente também ocorrerá, como já explicado.

Por isso, a questão não pode ser tratada com simplicidade. Efetivamente, os representados buscaram uma miscelânea incabível e violadora da ética entre o governo e projetos eleitorais, para predomínio do poder em detrimento do interesse coletivo.

O fato é, em suma, de enorme gravidade, envolvendo diretamente o primeiro mandatário do Município. Deve, com isso, ser considerado abusivo, com a aplicação das penalidades oportunamente pugnadas.

ISSO POSTO, requer o processamento do pedido nos termos do art. 22, I, "a", Lei Complementar 64/90, determinando-se a notificação dos investigados para defesa no prazo de 05 dias, julgando-se procedente o pedido para condenar os requeridos no pagamento da multa prevista no art. 73, §§ 4º e 8º, Lei 9.504/97, bem assim, cancelando-se o registro de candidatura dos requeridos candidatos e, se tiver ocorrido sua eventual diplomação, o cancelamento do diploma, com substância no art. 77, parágrafo único, Lei 9.504/97, diplomando-se o 2º colocado, aplicando-se o disposto no art. 224 do Código Eleitoral, se com a procedência do pedido a invalidação dos votos conferidos ao requerido não alcançar mais da metade dos votos válidos, e, caso contrário, que determine o eg. TRE do Estado de .... a realização de novas eleições, renovando-se o processo eleitoral.

Requer ainda que incidentalmente seja proclamada a inelegibilidade dos requeridos, nos termos do art. 1º, I, "d" e art. 22, XIV, da LC 64/90, pelo prazo de 08 anos.

Requer a produção de toda a prova lícita em direito, especialmente prova documental, pericial, testemunhal e depoimento pessoal das partes.

Requer, ainda, que com a intervenção do Ministério Público Eleitoral, em razão dos fatos apresentados, sejam adotadas as medidas necessárias sob a rubrica de improbidade administrativa do requerido, nos precisos termos do art. 73, § 7º, Lei 9.504/97.

Atribui à causa o valor de R$ ....,.. (.................. reais).

Pede e espera deferimento.

(Local e Data)

....

Advogado

OAB/... – nº ....

(Rol de testemunhas)

9.4.3 Condutas vedadas. Caso prático. Defesa. Cessão de servidor

EXMO. SR. JUIZ ELEITORAL ...ª ZONA ELEITORAL DE ..../...

Autos n. ....

HEROICO e ESTOICO, *(qualificação completa)*, candidatos aos cargos de Prefeito Municipal e Vice do município de ...., pela agremiação partidária ...., sob o nº ....., com registro deferido por essa augusta Justiça Eleitoral nos autos acima referidos, AÇÃO DE INVESTIGAÇÃO JUDICIAL ELEITORAL, movida contra si por COLIGAÇÃO ...., por intermédio de seu advogado (mandato incluso), vêm à ilustre presença de Vossa Excelência apresentar sua DEFESA, com especial apoio no art. 22, I, "a", Lei Complementar 64/90, fazendo-o com base nos tópicos seguintes.

SINOPSE DAS ALEGAÇÕES DA REPRESENTANTE.

No afã de criar uma perturbação no cenário político-eleitoral no Município de ...., nas eleições em curso, já sabidamente ciente da preferência popular majoritária pela candidatura dos investigados, ora defendente, a investigante alegou que o 1º investigado, na condição de Prefeito Municipal e candidato à reeleição, determinou a cessão de dois servidores da Administração Pública, ... e ...., para atuarem em serviços de sua campanha eleitoral.

Dessa maneira, segundo a apressada e descompromissada alegação da investigante, sem vínculos com a verdade, o 1º investigado teria cometido comportamento vedado, nos termos do art. 73, III, Lei 9.504/97, pois tais servidores estariam presentes nos comitês eleitorais do investigado e distribuindo naquele local material de propaganda eleitoral.

Culminou assim por pleitear a aplicação de sanções pecuniárias e a cassação do registro de candidatura ou diploma dos investigados.

INCONSISTÊNCIA DAS ALEGAÇÕES INICIAIS. VERACIDADE DOS FATOS

MM. Juiz Eleitoral! Os requeridos pedem vênia a Vossa Excelência para trazerem argumentos sólidos e embasados em prova documental satisfatória sobre a total impertinência das assertivas da parte investigante.

Ora, não houve qualquer cessão por parte do 1º investigado, seja de modo formal ou informal, para que servidores do Executivo pudessem estar atuando em sua campanha, ou mesmo apoiando os comitês e providências de propaganda eleitoral. O investigado sempre pautou sua vida pública por inteiro respeito à probidade administrativa e lisura.

Ocorre que as pessoas mencionadas como servidores públicos municipais, e efetivamente o são, estão vinculadas à Municipalidade há mais de 15 anos, conforme demonstram os aludidos documentos de nomeação e posse, entrando em exercício por meio de concurso público. Atualmente, e na data descrita pela investigante, o servidor .... estava de licença, nos precisos termos do documento que também ora se apresenta.

Com isso, não ocorre a restrição buscada pela investigante, conforme parte final do inciso III, art. 73, Lei das Eleições.

O outro servidor público esteve atuando de maneira voluntária para a candidatura do ora investigado, mas rigorosamente fora do seu horário de trabalho, não havendo qualquer confusão nesse sentido.

Verdadeiramente, os servidores em questão, que deverão ser ouvidos por Vossa Excelência, em pleno exercício da cidadania, demonstraram seu apoio à candidatura dos investigados e, voluntariamente, assumiram algumas atribuições nos comitês eleitorais, não havendo qualquer comando legal que impeça tal providência atinente à liberdade de escolha deles, eis que não se realizaram em horário em que prestam serviços à municipalidade.

AUSÊNCIA DE DESEQUILÍBRIO NA DISPUTA

Por outro lado, cabe consignar que o episódio em questão é um adminículo, sem a menor força para macular o processo eleitoral, ou mesmo afetar, nem ligeiramente, a correspondência de forças antagônicas na cena eleitoral. Ora, nenhuma repercussão ou projeção foi desencadeada pelo episódio. A atuação de dois servidores, nas condições descritas, não agregou qualquer tipo de vantagem, supremacia ou força à campanha do investigado.

Com tal situação positivada, mesmo que subsistisse qualquer ilícito, não poderia, em homenagem ao princípio da proporcionalidade, ser considerado fato grave, a indicar a cassação do registro ou do diploma.

AUSÊNCIA DE GRAVIDADE DO FATO ANALISADO EM SEU ISOLAMENTO

Mesmo que se admita a pertinência de se discutir sobre a ausência ou não de potencialidade lesiva para o equilíbrio e legitimidade no resultado das eleições, especulando-se sobre possível gravidade dos fatos com respaldo no art. 22, XVI, LC 64/90, não se pode admitir que tenha ocorrido qualquer situação mais gravosa.

Ora, o procedimento adotado foi voluntarioso e justificado pela ideologia, sem qualquer repercussão negativa na comunidade, enfim, um mero apêndice, indiferente em razão dos assuntos mais relevantes e abordados durante o processo eleitoral.

CRIME ELEITORAL

O açodamento da parte investigante leva à total temeridade no aforamento do pedido, o que leva à configuração do tipo penal do art. 25, Lei Complementar 64/90, pois, em virtude do acatamento da pretensão, o investigado, ao se sujeitar à cassação do registro ou diploma, estaria inelegível, à luz do art. 1º, "d", LC 64/90, c/c art. 73, III, § 5º, Lei 9.504/97.

LITIGÂNCIA DE MÁ-FÉ

Do mesmo modo, configurada está a litigância de má fé, nos termos do art. 80, II, CPC, pois agiu a investigante com extrema má-fé ao deturpar os fatos de modo inverídico para buscar uma aventura jurídica, somente como tentativa de alterar o panorama político.

ISSO POSTO, requer a Vossa Excelência que seja recebida a presente defesa, e, após o regular trâmite do feito, com a captação da prova necessária, ouvido o Ministério Público Eleitoral, seja o pedido julgado improcedente, afastando-se a alegação da parte investigante, reconhecendo a sua litigância de má-fé, nos termos do art. 80, II, CPC, punindo-a como determina o sobredito diploma legal, aplicado supletivamente, outrossim, abrindo-se vista ao Ministério Público Eleitoral, nos termos do art. 40, CPP, também aplicado supletivamente para fins de serem adotadas as providências cabíveis quanto ao comportamento delituoso previsto no art. 25 da Lei Complementar 64/90.

Requer a produção de toda a prova permitida em direito, como a testemunhal (rol anexo), documental, inspeção judicial, perícias, etc.

Pede deferimento.

(Local e Data)

....

Advogado

OAB/... – nº ....

(Rol de testemunhas – devem ser incluídos os servidores públicos referidos)

10

REPRESENTAÇÕES – CAPTAÇÃO INDEVIDA DE SUFRÁGIO

A captação de sufrágio constitui uma espécie de abuso de poder político ou econômico, conforme definição pormenorizada sob a ótica da corrupção eleitoral no art. 41-A, Lei 9.504/97.

Adota-se o disposto no art. 22, LC 64/90, isto é, é desempenhado o mesmo rito da AIJE, sem prejuízo de o fato constituir ilícito com relação à propaganda eleitoral, desafiando a reclamação ou representação que irá ser deflagrada à luz do procedimento específico dos arts. 96 e seguintes da Lei 9.504/97.

O provimento para a hipótese de acolhimento da pretensão de investigação é a cassação do registro ou diploma e a imposição de multa ao infrator.

Há se apontar que a captação ilícita de sufrágio traz ínsita a sanção de inelegibilidade, como decorrência da norma constitucional do art. 14, § 9º, CF. Durante algum tempo vigorou discussão a esse respeito, que se dá por superada pela linear projeção da jurisprudência. Nessa compreensão, aplicam-se, inclusive, os novos parâmetros da Lei Complementar 135/2010 (Lei da Ficha Limpa), ao aumentar o período de inelegibilidade.

> "RO - Recurso Ordinário nº 437764 - Brasília/DF
>
> Acórdão de 17/11/2011
>
> Relator(a) Min. MARCELO HENRIQUES RIBEIRO DE OLIVEIRA
>
> Publicação:
>
> DJE - Diário da Justiça Eletrônico, Tomo 232, Data 09/12/2011, Página 34-35
>
> Ementa:
>
> RECURSO ORDINÁRIO. PROVIMENTO PARCIAL. DEPUTADO DISTRITAL. COMPRA DE VOTOS. COAÇÃO DE FUNCIONÁRIOS. MANUTENÇÃO. ABUSO DE PODER. INELEGIBILIDADE. CASSAÇÃO DE DIPLOMA. INCIDÊNCIA. LC Nº 135/2010. RECURSOS ESPECIAIS PREJUDICADOS. ASSISTENTES SIMPLES. DESISTÊNCIA. RECURSO. ASSISTIDO.
>
> 1. A utilização da estrutura de empresa de considerável porte para a realização de campanha eleitoral em favor de candidato, mediante a convocação de 1.000 (mil) funcionários para reuniões nas quais houve pedido de votos e disponibilização de material de propaganda, bem como a distribuição posterior

de fichas de cadastros nas quais cada empregado deveria indicar ao menos dez pessoas, configura abuso do poder econômico, com potencial lesivo ao pleito eleitoral.

2. Tais condutas também configuram captação ilícita de sufrágio, na linha de entendimento da Corte, com ressalva do ponto de vista do relator.

3. Aplica-se o disposto no art. 22, XIV e XVI, da LC nº 64/90, com a redação da LC nº 135/2010, que estabelece a pena de cassação por abuso de poder, independente do momento em que a ação for julgada procedente, e aumenta o prazo de inelegibilidade de 3 (três) para 8 (oito) anos.

4. Não incide na espécie o princípio da anterioridade legal insculpido no art. 16 da Constituição Federal, uma vez que o dispositivo em comento, modificado pela Lei da Ficha Limpa, não altera o processo eleitoral.

5. O pedido de desistência do recurso interposto pelo assistido acarreta o prejuízo dos recursos manejados pelos assistentes, que não podem recorrer de forma autônoma.

6. Recurso Ordinário desprovido, para manter a cassação do diploma, a imposição de multa e a declaração de inelegibilidade por 8 (oito) anos, com base nos arts. 41-A da Lei nº 9.504/97 e 22, XIV e XVI, da LC nº 64/90, com a nova redação da LC nº 135/2010, em razão da prática de abuso do poder econômico e captação ilícita de sufrágio.

7. Recursos especiais prejudicados.

Decisão: O Tribunal, por maioria, desproveu o recurso de Benício Tavares de Cunha Mello e revogou a liminar anteriormente concedida. Vencidos, em parte, os Ministros Marcelo Ribeiro (relator) e Dias Toffoli, que o proviam parcialmente apenas para afastar a incidência do artigo 41-A, da Lei nº 9.504/97." (www.tse.jus.br/jurisprudencia)

O polo passivo pode ser preenchido por pessoa jurídica, logicamente que o julgamento na aplicação das sanções deverá aplicar aquelas pertinentes a essa condição, afastando-se, por peremptória lógica, a desconstituição do registro ou do diploma.

A reforma eleitoral de 2009, através da Lei 12.034 daquele ano, acrescentou 04 parágrafos ao art. 41-A, Lei das Eleições (Lei 9.504/97), para esclarecer sobre o fundamento da infração eleitoral, buscando-se evitar as exegeses que na prática dificultavam a aplicação com maior plenitude desse importante mecanismo de assegurar-se a lisura nos pleitos e o respaldo da cidadania e da democracia.

O § 1º trouxe liturgia legal à dispensa do requisito do pedido expresso de votos pelo candidato para se configurar a captação, admitida a intervenção do candidato mesmo que não seja ostensiva, assimilando as notas jurisprudenciais sobre o assunto.

Mas, houve uma intrincada redação ao dispositivo, trazendo-se elementos do direito penal atinente à formatação do dolo específico ou especial fim de agir, para criar um balizamento mais profundo à disposição, no que incorreu na mesma dificuldade interpretativa. Exigiu-se o dolo evidente, exteriorizado pelo especial fim de agir, o que é discutível de se incorporar como elemento subjetivo penal, conforme doutrina própria das ciências penais.

Ora, bastará para o ilícito a realização das condutas atinentes à captação do voto, diretamente pelo candidato ou valendo-se de interposta pessoa. Em relação às questões de fato propriamente ditas, não há como se presumir ou elaborar juízos de valor peremptórios. Os acontecimentos que ensejam a configuração da captação ilícita de sufrágio devem estar demonstrados por prova contundente, reputada em um *standard* – para além da dúvida razoável. Nesse contexto, é o que tem decidido o TSE: AgR-AI nº 55420 Acórdão SEGREDO – RS, Relator(a): Min. Og Fernandes, j. 12/05/2020 Publicação: 19/06/2020 – jurisprudencia.tse.jus.br – acesso em 16/03/2024.

No § 2º houve a simetria das sanções do *caput* ao comportamento de violência real ou ficta, tendente à captação indevida do sufrágio, respondendo ainda os autores criminalmente. Já o § 3º, para fins de ajustamento temporal ao processo eleitoral, criou marco final da data de diplomação para o aforamento da AIJE, partindo, daí, a perspectiva de impugnação do mandato eletivo (AIME), ao comando do art. 14, § 10, Constituição Federal.

Por último, no § 4º foi estipulado que o termo inicial para a interposição de recurso seria o prazo de 03 dias, contados da publicação do julgamento no Diário Oficial, para inibir nas instâncias superiores a intimação na própria sessão e os efeitos imediatos da decisão.

Deve-se realçar – sobretudo nas hipóteses de campanhas de candidatos que buscam a reeleição, que não se confunde com a captação de sufrágio – a promessa de manutenção de benefícios, programas ou vantagens advindas de políticas públicas. Do mesmo modo, se houver tal discurso ou locução de candidatos que não buscam um segundo mandato, deverá ser verificado se o anúncio ou promessa diz respeito ao portfólio de campanha como instrumento geral de proselitismo político, ou destinada especificamente, ainda que seja com alcance coletivo, a conspurcar a vontade do eleitor.

É essa a pontuação da jurisprudência no TSE:

> "AgR-AI - Agravo Regimental em Agravo de Instrumento nº 196558 - Mozarlândia/GO
>
> Acórdão de 30/11/2010
>
> Relator(a) Min. ARNALDO VERSIANI LEITE SOARES
>
> Publicação: DJE - Diário da Justiça Eletrônico, Tomo 25, Data 4/2/2011, Página 123
>
> Ementa:
>
> Agravo regimental. Representação. Captação ilícita de sufrágio.

> 1. A exposição de plano de governo e a mera promessa de campanha feita pelo candidato relativamente ao problema de moradia, a ser cumprida após as eleições, não configura a prática de captação ilícita de sufrágio.
>
> 2. Não há como se reconhecer a conduta descrita no art. 41-A da Lei nº 9.504/97 quando, a despeito do pedido de voto, não ficou comprovado o oferecimento de bem ou vantagem pessoal de qualquer natureza.
>
> Agravo regimental não provido.
>
> Decisão: O Tribunal, por unanimidade, desproveu o agravo regimental, nos termos do voto do Relator." (www.tse.jus.br/jurisprudencia)

Em relação ao recurso cabível contra a decisão de 1º grau, deve-se atentar para uma dificuldade de elaboração linear de procedimentos, dada a marcha remendada que a legislação eleitoral recebe paulatinamente, ao longo dos anos, impedindo-se a maturação dos institutos, através da força incidente da doutrina e jurisprudência.

Em primeiro nível de compreensão, temos que o procedimento determinado pela lei é aquele previsto no art. 22, Lei Complementar 64/90. Ora, se o procedimento é esse, não se pode adaptá-lo ou aproveitá-lo de maneira fragmentada. Com tal reflexão, não seria pertinente, à luz do que dispõe o art. 15, LC 64/90, adotar a regra geral do art. 257, CE, sobre os efeitos dos recursos eleitorais, que a rigor não têm efeito suspensivo. É que o mencionado dispositivo da Lei das Inelegibilidades, ao condicionar o trânsito em julgado da representação para fins de cassação do registro ou diploma e aplicar a sanção da inelegibilidade, por linhas transversais estabelece a duplicidade de efeitos ao recurso eleitoral.

Após a edição da Lei da Ficha Limpa – Lei Complementar 135/2010, que alterou profundamente a LC 64/90, a criação da execução provisória ou antecipada do julgado proferido por órgão jurisdicional colegiado, com muito maior razão se pode defender a tese de que nos recursos eleitorais, em todas as hipóteses de AIJE, contra as decisões singulares que imponham a desconstituição de registro ou diploma, devem ser admitidos os efeitos devolutivo e suspensivo.

Prevalecendo entendimento contrário ao que foi exposto, a única solução, embora mais difícil, custosa e morosa é o aforamento de medida cautelar para a imposição de efeito suspensivo à decisão com aquele teor, o que em geral tem sido admitido para fins de não afastamento temerário do candidato eleito do cargo, criando-se um tenebroso cenário, antes da definição jurídica e forense sobre o episódio. (*Vide* AMC n. 1.784/BA, *in* DJ 23/08/2006, p. 108).

A Lei 13.165/2015 que trouxe novo arcabouço jurídico em forma de minirreforma eleitoral ao cuidar do art. 257, Código Eleitoral, introduziu-lhe os §§ 1º, 2º e 3º. Dotou o recurso eleitoral que implique em cassação de registro de candidatura, afastamento de titular de cargo eletivo ou perda de mandato eletivo do efeito suspensivo.

As consequências e desdobramentos dessa nova sistemática foram objeto de nossa abordagem no item acima **6.6 Candidato "sub judice"**.

Em relação ao prazo do recurso ocorre a mesma disparidade. Ora, se o comando legal determinou que fosse utilizado o procedimento da LC 64/90, não há autorização, mesmo que velada, para o seu emprego parcial. Desse modo, o prazo para o recurso deve ser o estabelecido naquele diploma legal, pois a fase recursal se integra ao procedimento.

Consabido que o prazo recursal para a AIJE é de 03 dias, aplicando-se supletivamente o disposto no art. 258, CE. Com isso, não há razão para a utilização do prazo do art. 96, § 8º, Lei 9.504/97. O art. 96, *caput*, da Lei das Eleições fala taxativamente que a aplicação daquele singular procedimento ocorre na hipótese de ausência de disposição contrária daquela própria lei. E a opção pelo procedimento do art. 22, LC 64/90, é determinada de maneira cabal pela Lei das Eleições.

Assim, não deveria ocorrer espaço para se compreender que o prazo recursal na AIJE por captação de sufrágio devesse ser de 24 horas.

E amplo entendimento jurisprudencial respalda a aplicação casuística do art. 96, § 8º, Lei 9.504/97, como se observa abaixo:

> "REspe - Recurso Especial Eleitoral nº 35092 - Mariana/MG
>
> Acórdão de 31/03/2009
>
> Relator(a) Min. ARNALDO VERSIANI LEITE SOARES
>
> Publicação: DJE - Diário da Justiça Eletrônico, Data 29/04/2009, Página 64
>
> Ementa:
>
> Representação. Art. 41-A da Lei nº 9.504/97.
>
> 1. Conforme reiterada jurisprudência desta Corte, o prazo para recurso contra decisão de juízo eleitoral em representação por captação ilícita de sufrágio é de 24 horas, não se aplicando o de 3 dias previsto no art. 258 do Código Eleitoral.
>
> 2. Embora a parte final do art. 41-A da Lei das Eleições estabeleça que deva ser observado o procedimento previsto no art. 22 da Lei Complementar nº 64/90, essa disposição aplica-se apenas ao rito, incidindo, para fins de recurso contra a decisão, a regra expressa do § 8º do art. 96 da Lei nº 9.504/97.
>
> Recursos providos.
>
> Decisão: O Tribunal, por unanimidade, rejeitou a preliminar de intempestividade e proveu os recursos, nos termos do voto do relator." (www.tse.jus.br/jurisprudencia)

Visando a não permitir que pereça o direito à interposição, deve ser empregada muita cautela, burilando-se condições para se observar o exíguo prazo recursal de 24 horas. Esse imbróglio é resultante da miscelânea que corporifica a legislação eleitoral, que urge ser unificada e racionalizada.

10.1 MODELOS

10.1.1 Representações. Captação indevida de sufrágio. Doação de material de construção. Inicial

EXMO. SR. JUIZ ELEITORAL DA ...ª ZONA ELEITORAL DE ..../...

PARTIDO ...., *(dados completos)*, através de seu diretório municipal de ..../..., por intermédio de seu advogado *ut* mandato anexo, vem respeitosamente aforar Ação de Investigação Judicial Eleitoral por captação indevida de sufrágio, em desfavor de CONHECIDO, *(qualificação completa)*, candidato ao cargo de Prefeito no Município de ...., nas Eleições 2024, sob o nº ....., pelo Partido ......, e o candidato a Vice-Prefeito, ..., *(qualificação completa)*, nos termos do art. 41-A, Lei 9.504/97, c/c art. 22 da Lei Completar 64/90, motivos pelos quais descreve o seguinte quadro fático e jurídico.

O investigante apresentou candidatos aos cargos de Prefeito e Vice--Prefeito, ... e ...., sob os nºs ...., e ainda a Vereadores, no pleito ora em desenvolvimento.

Todavia, houve evidência de corrupção eleitoral no cenário contemporâneo, em decorrência de espúrio comportamento dos investigados, em franca violação ao que prescreve o art. 41-A, Lei 9.504/97. Assim, ensejam--se as medidas necessárias para restauração do quadro de normalidade social e política, mediante o indeferimento dos respectivos registros de candidatura ou diplomas, se eventualmente eleitos, bem como as sanções pecuniárias e os efeitos de inelegibilidade (art. 22, XIV, LC 64/90, com redação dada pela Lei da Ficha Limpa), sem prejuízo da responsabilidade por crime eleitoral.

Os investigados, nos dias .... do mês em curso, visitaram 03 bairros da cidade, entrando em contato com diversos moradores, sobretudo aqueles com menor poder aquisitivo. A partir desse contato fizeram um levantamento daqueles que tinham como necessidade emergencial a recepção de material de construção e prometeram essa vantagem, se em contrapartida, no dia das eleições, recebessem em recompensa o voto do beneficiário e seus familiares.

Enfatiza o investigante que os moradores receberam pequenos papéis, com inscrição de vales, com anotação do tipo de material de construção que receberiam e que deveria ser apanhado na empresa .... Exemplificativamente, como demonstram 05 desses vales anexados à petição inicial, os beneficiários receberiam .... sacos de cimento, ... tijolos, e ainda ..... latas de tinta e ...... portas de madeira.

Podem ser incluídos nesse sórdido estratagema, para se corromper a vontade do eleitorado, os senhores ...., que foram vítimas de tentativa de corrupção, mas se recusaram.

Nota-se que os investigados entregaram aos eleitores os valores, constando que o material deveria ser apanhado na empresa que é de propriedade do Sr. ...., irmão do 1º investigado.

Esse comportamento se subsume à captação ilícita de sufrágio, na modalidade de doar e prometer, conforme o disposto no art. 41-A, Lei 9.504/97.

Assim procedendo, incorreram em abuso de poder econômico, estratificado na singularidade como captação ilícita de sufrágio, impondo-se o acatamento do presente pleito para que seja dada a resposta adequada a comportamento tão degradante.

Nota-se que, para a configuração do ilícito em tela, não é necessário se perquirir sobre o desequilíbrio eleitoral, que é presumido e evidente, outrossim, destacada a gravidade dos fatos, justificando-se assim as penalidades previstas, como mecanismo de recomposição dos danos à cidadania já experimentados, consoante o que estatui o art. 22, XVI, da LC 64/90.

ISSO POSTO, requer o processamento do pedido nos termos do art. 22, I, "a", Lei Complementar 64/90, determinando-se a notificação dos investigados para defesa no prazo de 05 dias, julgando-se procedente o pedido para condenar os requeridos no pagamento da multa prevista no art. 41-A, Lei 9.504/97, bem assim, cancelando-se o registro de candidatura dos requeridos e, se tiver ocorrido sua eventual diplomação, o cancelamento do diploma, diplomando-se o 2º colocado, aplicando-se o disposto no art. 224 do Código Eleitoral, se com a procedência do pedido a invalidação dos votos conferidos ao requerido não alcançar mais da metade dos votos válidos, e, caso contrário, que determine o eg. TRE do Estado de .... a realização de novas eleições, renovando-se o processo eleitoral.

Observação relevante a propósito da vigência da Lei 13.165/2015

A lei em questão introduziu os § 3º e 4º ao art. 224, Código Eleitoral, sem alterar a redação do seu "caput". Assim, incorporou-se uma antinomia entre o preceito do cabeço do artigo e seus dispositivos, pois a regra de nulidade prevista no "caput" (mais de 50% dos votos validos conseguidos pelo representado implicava em novo pleito), ao contrário dos mencionados parágrafos que não exigem para eleições suplementares, qualquer indicativo de percentual de votos válidos (Sobre o tema ver o item 6.6 Candidato "sub judice" acima).

Dessa maneira, pode ser encaminhado o pedido alternativo ou de acordo com o interesse processual do representante pura e simplesmente para realização de novas eleições, excluindo-se assim a parte da petição que condiciona tal providência à verificação do alcance de mais de metade de votos válidos em prol do representado.

A perspectiva de empossamento do 2º colocado, todavia, é improvável, em razão da compreensão consolidada da jurisprudência do TSE no sentido de ser imperiosa a realização de novo escrutínio "independentemente do percentual de votos nominais nulos (...), em homenagem à soberania popular e ao Estado Democrático de Direito (art. 1º da CF/88)". Precedente - leading cases no ED-REspe 139-25/RS, Rel. Min. Henrique Neves, de 28.11.2016, e REspe 204-91/PR, Rel. Min. Herman Benjamin, 13.12.2016 e, ainda, RESPE - Recurso Especial Eleitoral nº 14153 - NOVO ARIPUANÃ – AM, Acórdão de 10/10/2017, Relator(a) Min. Herman Benjamin, Publicação: DJE - 21/11/2017, p. 33/5.

Requer ainda que incidentalmente seja proclamada a inelegibilidade dos requeridos, nos termos do art. 1º, I, "d" e art. 22, XIV, LC 64/90, pelo prazo de 08 anos.

Requer a produção de toda a prova lícita em direito, especialmente prova documental, pericial, testemunhal e depoimento pessoal das partes.

Requer, ainda, que com a intervenção do Ministério Público Eleitoral, em razão dos fatos apresentados, sejam adotadas as medidas necessárias sob a rubrica de crime eleitoral, com base no art. 40, CPP, aplicado supletivamente.

Atribui à causa o valor de R$ ....,.. (.................. reais).

Pede e espera deferimento.

(Local e Data)

....

Advogado

OAB/... – nº ....

(Rol de testemunhas)

10.1.2 Representações. Captação indevida de sufrágio. Promessa de emprego. Inicial

EXMO. SR. JUIZ ELEITORAL DA ...ª ZONA ELEITORAL DE ..../...

COLIGAÇÃO ...., por seu advogado, mandato anexo, vem respeitosamente à presença de Vossa Excelência ajuizar AÇÃO DE INVESTIGAÇÃO JUDICIAL ELEITORAL em desfavor de PROMISSOR, *(qualificação completa),* candidato ao cargo de Vereador nas Eleições 2024, no Município de ...., sob o nº ....., pelo Partido ...., com substrato jurídico no art. 41-A, Lei 9.504/97, e art. 22, XIV, LC 64/90, utilizando-se da exposição que segue.

A investigante tomou conhecimento de que o investigado praticou ato extremamente grave na campanha eleitoral em desenvolvimento, configurador de corrupção eleitoral e captação indevida de sufrágio, o que deve ser motivo de vigorosa atuação da Justiça Eleitoral, sob pena de contaminar todo o pleito, e as eleições em questão perderem a legitimidade.

Pois bem. O investigado, a partir do contato mantido com a Associação de Moradores do Bairro ...., conforme reunião realizada no dia .../.../....., com a presença de várias pessoas, algumas delas integrante do rol de testemunhas, alhures indicado, realizou promessa de emprego na fábrica ...., se em correspondência fosse contemplado com os votos daquelas pessoas.

Frisou o investigado que, como funcionário daquela empresa, fora autorizado pela diretoria a realizar tal exposição aos eleitores, pois queriam ter um representante na Câmara de Vereadores. Com isso, o investigado teria o poder de ceder algumas vagas de emprego, desde que recebesse o voto como pagamento.

Ora, tal comportamento se insere no descabido procedimento de coagir a liberdade de escolha do eleitor, caracterizando a captação de sufrágio, como anotado no art. 41-A da Lei 9.504/97.

Os documentos que instruem o pedido demonstram de maneira suficiente o vínculo empregatício do investigado com a mencionada empresa, e ainda contêm declarações firmadas por diversos moradores, atestando a existência da reunião com a associação de moradores nas condições acima descritas. Somam-se a isso as fotografias que também integram o acervo de prova documental, registrando a presença do investigado no bairro ...., próximo à sede da Associação e em contato com moradores na localidade já indicada.

ISSO POSTO, requer o processamento do pedido nos termos do art. 22, I, "a", Lei Complementar 64/90, determinando-se a notificação do investigado para defesa no prazo de 05 dias, julgando-se procedente o pedido para condenar o requerido no pagamento da multa prevista no art. 41-A, Lei 9.504/97, bem assim, cancelando-se o registro de candidatura do requerido, e, se tiver ocorrido sua eventual diplomação, o cancelamento do diploma.

Requer ainda que, incidentalmente, seja proclamada a inelegibilidade do requerido nos termos do art. 1º, I, "d" e art. 22, XIV, LC 64/90, pelo prazo de 08 anos.

Requer a produção de toda a prova lícita em direito, especialmente prova documental, pericial, testemunhal e depoimento pessoal das partes.

Requer, ainda, que com a intervenção do Ministério Público Eleitoral, em razão dos fatos apresentados, sejam adotadas as medidas necessárias sob a rubrica de crime eleitoral, com base no art. 40, CPP, aplicado supletivamente e ainda a possibilidade de demonstração da responsabilidade da empresa empregadora do investigado e seus dirigentes.

Atribui à causa o valor de R$ ....,.. (............................ reais).

Pede e espera deferimento.

(Local e Data)

....

Advogado

OAB/... – nº ....

(Rol de testemunhas)

10.1.3 Representações. Captação indevida de sufrágio. Promessa de campanha. Defesa

EXMO. SR. JUIZ ELEITORAL DA ...ª ZONA ELEITORAL DE ..../...

Autos n. ....

PERITO, já qualificado nos autos da AÇÃO DE INVESTIGAÇÃO JUDICIAL ELEITORAL POR CAPTAÇÃO INDEVIDA DE SUFRÁGIO, movida por JURÍDICO, ali também qualificado, através de seu patrono, incluso mandato, vem tempestivamente à douta presença de Vossa Excelência apresentar sua DEFESA, conforme as razões de fato e de direito que abaixo constrói.

PRELIMINARES

- *Defeito de representação*

Suscita de início, o investigado, o defeito processual na representação do investigante, porquanto não consta dos autos qualquer procuração outorgada a seu ilustre patrono. Tampouco há no cartório eleitoral procuração arquivada para essa finalidade, nos termos do art. 44, Resolução n. 23.608/2019 – TSE e art. 22, I, "a", Lei Complementar 64/90, conforme a anexa certidão.

Desse modo, incide ausência de pressuposto para constituição e desenvolvimento válido e regular do processo, que, não preenchido, leva à sua extinção. Com tal argumento, requer a Vossa Excelência que fixe prazo improrrogável e compatível com a celeridade do processo eleitoral para que o investigante seja instado a tal regularização, sob pena de extinção do processo sem resolução do mérito, nos termos do art. 76, I c/c 485, IV, CPC.

- *Ausência de litisconsórcio passivo necessário. Decadência*

A pretensão em tela visa cumulativamente a imposição de multa, desconstituição de registro de candidatura ou diploma e sanção de inelegibilidade. No tocante à cassação de registro ou diploma, cabe destacar que o cargo disputado pelo investigado é de Prefeito Municipal, o que segundo a nossa sistemática eleitoral leva à chapa casada com o candidato ao cargo de Vice-Prefeito.

O investigante não se dignou determinar a notificação do candidato a Vice-Prefeito, ou sequer o incluiu no polo passivo, sendo tal situação irremediável.

Nesse cenário, não há como alterar os efeitos jurídicos da chapa em questão, se ambos os componentes não compuserem o polo passivo da lide, pois se trata de litisconsórcio passivo necessário – art. 114, CPC, já que a decisão é uniforme a ambos, não sendo passível tratamento diverso, em face da respectiva indivisibilidade.

No estágio atual, verificado que já houve o transcurso da diplomação, embora o ajuizamento tenha ocorrido antes, não há mais prazo para a emenda da inicial, pois o prazo em questão se esgotou em .../.../....., à luz do ordenado pelo art. 41-A, § 3º, Lei 9.504/97.

Assim ocorrendo, não se pode admitir a sequência do feito, conforme iterativa manifestação da jurisprudência do excelso TSE:

> "AgR-REspe - Agravo Regimental em Recurso Especial Eleitoral nº 955944296 - Quixeré/CE
>
> Acórdão de 01/07/2011
>
> Relator(a) Min. ARNALDO VERSIANI LEITE SOARES
>
> Publicação: DJE - Diário da Justiça Eletrônico, Data 16/08/2011, Página 36/37
>
> Ementa:
>
> Investigação judicial. Abuso de poder. Conduta vedada. Decadência.
>
> 1. A jurisprudência está consolidada no sentido de que, nas ações eleitorais em que se cogita de cassação de registro, de diploma ou de mandato, há litisconsórcio passivo necessário entre os integrantes da chapa majoritária, considerada a possibilidade de ambos os integrantes serem afetados pela eficácia da decisão.

2. Ultrapassado o prazo para ajuizamento da demanda, não subsiste a possibilidade de emenda da inicial para inclusão do vice, em razão da caracterização da decadência.

Agravo regimental não provido.

Decisão: O Tribunal, por unanimidade, desproveu o agravo regimental, nos termos do voto do Relator." (www.tse.jus.br/jurisprudencia)

Pugna o investigado pelo acatamento da preliminar, para que o feito seja extinto, com julgamento do mérito, pronunciando-se a decadência do direito à investigação judicial, nos moldes do art. 487, II, CPC.

MÉRITO

Com apoio basilar no princípio da concentração das teses defensivas, mas ciente e convencido de que as preliminares aventadas serão acatadas para a extinção do feito, o investigado, em homenagem ao debate e respeito a este juízo, apresenta sua defesa de mérito.

E, nessa senda, cumpre asseverar que os fatos trazidos com a inicial não são condizentes com a realidade, nem podem ser extraídas as conclusões tendenciosas adotadas pela requerente, buscando a criação do que se convencionou chamar de factoide. O intento desse jaez é impedir a livre manifestação da vontade popular, que aderiu maciçamente à campanha do investigado, eleito com .... votos, ou seja, ...% dos votos válidos.

Conforme exposto no registro de candidatura e por força da previsão do art. 11, § 1º, IX, Lei 9.504/97, e como item de seu programa de governo, o investigado ora defendente se comprometeu a reverter o sério problema de urbanização dos bairros periféricos da cidade, através de calçamento, saneamento e contenção contra riscos de encostas.

Ora, se assim procedeu o investigado durante a campanha, como referido pela parte requerente, sinalizou o compromisso com os eleitores e a comunidade e ainda agiu em conformidade com sua plataforma política, não podendo assim receber qualquer sanção.

O benefício à população foi dirigido sem qualquer força coativa ou de constrangimento para limitar a liberdade de escolha. O acontecimento jamais poderá ser conceituado como captação indevida de sufrágio. Nenhum eleitor sequer recebeu promessa de melhoramento de suas condições de vida de maneira individualizada. O conjunto de ações políticas do programa do investigado é que alcançou a credibilidade necessária para ser referendadas pelo voto majoritário da população.

Nessas condições, a jurisprudência de escol afasta a incidência da captação de sufrágio:

"REspe - Recurso Especial Eleitoral nº 35352 - Caraguatatuba/SP

Acórdão de 08/04/2010

Relator(a) Min. FERNANDO GONÇALVES

Publicação: DJE - Diário da Justiça Eletrônico, Data 07/06/2010, Página 30

Ementa:

ELEIÇÕES 2008. RECURSOS ESPECIAIS. OFERECIMENTO DE CESTAS BÁSICAS DURANTE DEBATE ENTRE CANDIDATOS A PREFEITO. NÃO CARACTERIZAÇÃO DE CAPTAÇÃO ILÍCITA DE SUFRÁGIO. DESPROVIMENTO.

I - Promessas de campanha dirigidas indistintamente a eleitores sem referência a pedido de voto não constituem captação ilícita de sufrágio, a que alude o art. 41-A da Lei nº 9.504/97.

II - Recursos especiais a que se nega provimento.

Decisão: O Tribunal, por unanimidade, desproveu os Recursos, nos termos do voto do Relator." (www.tse.jus.br/jurisprudencia)

Não há ainda a menor possibilidade de se valorar com o mínimo de respaldo, para formatar um convencimento judicial, a alegação de que houve doação em dinheiro no dia da votação para que algumas pessoas votassem no investigado. Ora, essas assertivas são vagas, incompatíveis, revelando o desespero pela ratificação da derrota eleitoral e a impossibilidade de sua reversão.

As declarações colhidas em cartório fora do ambiente do contraditório e ampla defesa não podem ser consideradas como prova, que tenham aptidão para reconhecer o acontecimento da gravidade que é a captação de sufrágio.

E assim se pronuncia a jurisprudência, rejeitando a condenação baseada em prova frágil e por presunção:

"RO - Recurso Ordinário nº 1539 - Poxoréu/MT

Acórdão de 23/11/2010

Relator(a) Min. JOAQUIM BENEDITO BARBOSA GOMES

Relator(a) designado(a) Min. HENRIQUE NEVES DA SILVA

Publicação: DJE - Diário da Justiça Eletrônico, Tomo 25, Data 04/02/2011, Página 117

Ementa:

CAPTAÇÃO ILÍCITA DE SUFRÁGIO. PROVA. VINCULAÇÃO. PARTICIPAÇÃO INDIRETA. CANDIDATO. PRAZO. AJUIZAMENTO. LITISCONSÓRCIO. AUSÊNCIA.

1. As representações para apuração de prática de captação ilícita de sufrágio (Lei nº 9.504/97, art. 41-A) podem ser ajuizadas até a data da diplomação. Precedentes. Preliminar rejeitada. Votação unânime.

2. Não há obrigatoriedade de formação de litisconsórcio entre o candidato e todos aqueles que teriam participado da captação ilícita de sufrágio. Preliminar rejeitada.

> 3. Ausência de prova de participação direta, indireta ou anuência do candidato em relação aos fatos apurados.
>
> 4. A aplicação das sanções previstas no art. 41-A da Lei das Eleições exige prova robusta que demonstre que o candidato participou de forma direta com a promessa ou entrega de bem em troca do voto ou, de forma indireta, com ela anuiu ou contribuiu.
>
> 5. A condenação por captação ilícita de sufrágio não pode ser baseada em mera presunção.
>
> 6. Recurso provido. Votação por maioria.
>
> Decisão: O Tribunal, por maioria, proveu o recurso, nos termos do voto do Ministro Henrique Neves, que redigirá o acórdão. Vencidos os Ministros Joaquim Barbosa (relator) e Marco Aurélio." (www.tse.jus.br/jurisprudencia)

Seguindo essa linha de entendimento, temos as seguintes decisões:

> "RE - RECURSO ELEITORAL nº 6902005 - Santa Juliana/MG
>
> Acórdão nº 1521 de 11/10/2005
>
> Relator(a) MARCELO GUIMARÃES RODRIGUES
>
> Publicação: DJMG - Diário do Judiciário-Minas Gerais, Data 30/11/2005, Página 78
>
> Ementa:
>
> Recurso Eleitoral. Ação de Investigação Judicial Eleitoral. Eleições 2004. Prefeito, Vice-Prefeito e Vereador. Improcedência. Distribuição de bens móveis e imóveis, doação em pecúnia, promessa de cargos públicos e benefícios como linhas de transporte escolar, caixas d'água e outros, em troca de votos. Declarações prestadas em Serviço Notarial. Valor probante relativo. Prova da autenticidade da declaração, mas não da veracidade dos fatos ali declarados. Depoimentos vagos e conflitantes. Prova frágil e inapta à caracterização das condutas apontadas como ilícitas. Acervo probatório analisado e valorizado minuciosamente na sentença. Não-caracterização do ilícito previsto no art. 41-A da Lei nº 9.504/97. Recurso a que se nega provimento.
>
> Decisão: O Tribunal, por unanimidade, negou provimento ao recurso." (www.tse.jus.br/jurisprudencia)
>
> "REC - RECURSO CIVEL nº 18558 - Elisiário/SP
>
> Acórdão nº 146365 de 18/02/2003
>
> Relator(a) CARLOS EDUARDO CAUDURO PADIN
>
> Publicação: DOE - Diário Oficial do Estado, Data 25/02/2003
>
> Ementa: REPRESENTAÇÃO ELEITORAL. FRAUDE E CORRUPÇÃO ELEITORAL. FORMAS DE ABUSO DO PODER ECONÔMICO. FATOS NÃO REVELADOS. CORRUPÇÃO. TROCA DE VOTOS POR DINHEIRO E OUTRAS VANTAGENS; BENEFÍCIOS OU PROMESSA DE EMPREGO. DEMONSTRAÇÃO NÃO REA-

LIZADA. INSUFICIÊNCIA DE ELEMENTOS. DECLARAÇÕES NÃO REPRODUZIDAS EM JUÍZO. AUSÊNCIA DE OITIVA DO TABELIÃO. REPRESENTAÇÃO IMPROCEDENTE. RECURSO IMPROVIDO." (www.tse.jus.br/jurisprudencia)

- *Ausência de potencialidade lesiva*

Vê-se ainda, MM. Juiz Eleitoral, que o resultado das eleições mostra de maneira contundente que os fatos articulados pela parte demandante não implicaram de modo algum em potência para desequilibrar as eleições ou influir em seu resultado. A diferença foi densa, como se pode constatar dos documentos em anexo e informações inseridas no sistema de dados da própria Justiça Eleitoral. Apenas em ..... seções eleitorais, o investigado foi derrotado na escolha para o cargo que disputou.

Esse quadro mostra uma linearidade do eleitorado que o apoiou, sem que assim pudesse concluir que agiu na exposição de sua plataforma política em detrimento da liberdade de escolha dos cidadãos.

DIANTE DESSE QUADRO, pleiteia a Vossa Excelência o acatamento das preliminares agitadas, para se decretar a extinção do processo sem resolução do mérito, se não atendida a medida para regularização da representação processual; em hipótese diversa, que se reconheça a decadência, ante a ausência de posicionamento do candidato a Vice-Prefeito no polo passivo, pronunciando conforme ditado pelo art. 487, II, CPC. Se superadas tais questões, pugna pela improcedência de todos os pedidos, mantendo-se incólume a escolha dos eleitores do Município ...., como homenagem à liberdade e à democracia.

Requer a produção de todas as provas permitidas em direito, principalmente a prova documental, testemunhal, depoimento pessoal das partes e outras.

Pede e espera deferimento.

(Local e Data)

....

Advogado

OAB/... – nº ....

(Rol de testemunhas)

Observação relevante: A jurisprudência do TSE tem exigido que a participação indireta e genérica não serve de motivo para configuração da prática de captação de sufrágio em desfavor de candidato. Exige-se a indicação expressa do comportamento que se atribui ao candidato e sua efetiva comprovação:

> *ELEIÇÕES 2012. CONDUTA VEDADA. CAPTAÇÃO ILÍCITA DE SUFRÀGIO. ESQUEMA. FURA FILA. INDIVIDUALIZAÇÃO DAS CONDUTAS. AUSÊNCIA. AGENTE. BENEFICIÁRIO. DIFERENÇA RELEVANTE. EMBARGOS DE DECLARAÇÃO. VÍCIO. OMISSÃO. NECESSIDADE DE INTEGRAÇÃO. RECURSO ESPECIAL. PROVIMENTO.*
>
> *1. A verificação e indicação da prática de ato por parte do investigado ou a sua condenação apenas como beneficiário ou em decorrência do princípio da indivisibilidade da chapa tem grande importância para a verificação das hipóteses de inelegibilidade individual, pois, de acordo com a jurisprudência deste Tribunal, "deve ser feita distinção entre o autor da conduta abusiva e o mero beneficiário dela, para fins de imposição das sanções previstas no inciso XIV do art. 22 da LC nº 64/90. Caso o candidato seja apenas beneficiário da conduta, sem participação direta ou indireta nos fatos, cabe eventualmente somente a cassação do registro ou do diploma, já que ele não contribuiu com o ato" (REspe nº 130-68, DJe de 4.9.2013).*
>
> *2. A individualização das condutas envolve a demonstração de atos pessoais de modo a identificar quando, como e quem cometeu determinado ilícito eleitoral. Para que se chegue à cassação do registro ou do mandato de um candidato a vereador, não é suficiente indicar que ele teria participado de um "grande esquema" de favorecimento. É necessário que a conduta seja especificada em relação a cada um dos candidatos, de modo a demonstrar quando, de que forma e qual ato teria sido por ele praticado ou anuído.*
>
> *3. No exame da prova, ao se desconsiderar as produzidas pela defesa e privilegiar as produzidas pela acusação, o julgador deve explicitar as razões pelas quais umas prevalecem em relação às outras.*
>
> *4. Omissões verificadas no julgamento dos embargos de declaração que caracterizam violação ao art. 275 do Código Eleitoral.*
>
> *Recursos especiais providos para anular o acórdão regional alusivo ao julgamento dos embargos de declaração e determinar que o Tribunal Regional Eleitoral sane os vícios apontados pelos recorrentes, como entender de direito.*
>
> *Votação por maioria. (RESPE 108974, Campo Belo/MG, Rel. Mn. Luiz Fux, j. 12/11/2015 - DJE, Tomo 238, 17/12/2015, p. 4/5 - www.tse.jus.br/jurisprudencia.*

As reflexões jurisprudências sobre a dinâmica dos episódios de captação de sufrágio tem sido progressivas, podendo ser frisado o seguinte quadro na atualidade: *A configuração da captação ilícita de sufrágio depende, além do requisito temporal (ato praticado em período compreendido entre o registro de candidatura e a data da eleição), de três elementos: (i) a prática de qualquer das condutas de doar, ofertar, prometer, ou entregar bem ou vantagem pessoal de qualquer natureza ao eleitor; (ii) a finalidade eleitoral da conduta; e (iii) a participação, direta ou indireta, do candidato, ou, ao menos, o consentimento, a anuência, o conheci-*

mento ou mesmo a ciência dos fatos que resultaram na prática do ilícito eleitoral – (Recurso Especial Eleitoral nº 167 – NOVA PORTEIRINHA – MG, 26/06/2019, Relator(a) Min. Luís Roberto Barroso, DJE – 10/09/2019, p. 14/5). Essa linha interpretativa encontra-se vigente e entre outros julgados foi utilizada no seguinte caso: AgR-REspEl nº 060040748 Acórdão RIO LARGO – AL, Relator(a): Min. Benedito Gonçalves, j. 16/05/2023 Publicação: 26/05/2023- jurisprudencia.tse.jus.br – acesso em 16/03/2024.

Dessa forma, a participação indireta pode ser evidenciada até mesmo pela perspectiva de uma conduta omissiva.

E a doação de combustível?

Pode ser reconhecida a captação de sufrágio em virtude de tal comportamento, desde que a entrega se destine a eleitores de forma indiscriminada, pois tem como resultante o desiderato implícito de angariar-lhes os respectivos votos. É o que decidiu o TSE: "*a doação de combustível, quando realizada indiscriminadamente a eleitores, evidencia, ainda que implicitamente, o fim de captar-lhes o voto, caracterizando o ilícito eleitoral descrito no art. 41-A da Lei nº 9.504/97" (REspe nº 355-73/MS, Rel. Min. Luiz Fux, j. em 06.09.2016).*

11

REPRESENTAÇÕES – CAPTAÇÃO OU GASTOS ELEITORAIS ILÍCITOS

A infração eleitoral está substanciada no art. 30-A da Lei 9.504/97. Sua introdução no sistema jurídico eleitoral foi realizada pela Lei 11.300/2006 e Lei 12.034/2009.

A origem da ilicitude no recolhimento dos recursos destinados a campanha eleitoral ou no emprego de tais verbas tem sede nos arts. 23, 24, 26 e 27, Lei 9.504/97. Não se tem entendido que a captação indevida acarrete o desequilíbrio da disputa eleitoral, o que restou até mesmo dispensado pela Lei da Ficha Limpa, como se observa do que dispõe o art. 22, XVI, LC 64/90, incluído pela Lei Complementar 135/2010.

Convém ponderar, entretanto, que a captação indevida dos recursos ou gastos eleitorais ilícitos, só por só, levam agora à negativa do diploma ou sua cassação, se já concedido. Claro que um juízo de valor proporcional deve ser realizado para serem evitadas situações draconianas em que a gravidade da sanção ultrapasse, em muito, a irregularidade. É que o abuso de poder econômico, ou mesmo político, pode ou não ser configurado a partir da captação ou gasto eleitoral indevido.

Digamos que uma pessoa física doe 11% de seus rendimentos brutos auferidos no ano anterior à eleição para determinada campanha eleitoral. O comportamento extrapola o limite do art. 23, § 1º, Lei 9.504/97. É um ilícito na arrecadação/captação, mas, desde que os valores absolutos não representem quantia elevada em comparativo com a respectiva campanha, não tem o poder ou efeito de gerar em termos de proporcionalidade uma afetação de fato grave, capaz de levar à desconstituição de um diploma eleitoral.

Não há ainda razões para se confundir a irregularidade da prestação de contas com a captação ou gastos ilícitos. Pode ocorrer a primeira anômala, estando hígida a normalidade quanto à origem e realização dos gastos para fins da repercussão na desconstituição do diploma.

O procedimento segue o disposto no art. 22, Lei 64/90, em estrita obediência à diretriz do art. 30-A, § 1º, da Lei 9.504/97.

Em relação ao prazo para ajuizamento, tem-se que, desde que iniciado o processo eleitoral com as convenções, pode se entender como pertinente o aforamento dessa modalidade de AIJE, até o prazo final de 15 dias, contados da diplomação.

Esse propósito é o mais razoável para se resguardar a harmonia do sistema jurídico eleitoral nesse tema, não obstante a redação do art. 30-A, Lei das Eleições, que pode levar a um equivocado entendimento, como já tivemos a oportunidade de esclarecer:

> Está proibido o aforamento da AIJE antes da diplomação?
>
> Certamente que não há essa proibição, embora possa ter sido este o objetivo do legislador.
>
> A Investigação Judicial Eleitoral se centra na perspectiva de determinado processo eleitoral, por isso, pode ser desenvolvida desde a formulação das convenções partidárias, quando se dá a deflagração do processo eleitoral até a diplomação. Sua gênese principal é o art. 22, Lei Complementar 64/90, regulamentando o disposto no art. 14, § 9º, Constituição Federal.
>
> (...)
>
> Inviável se cogitar de que apenas depois da diplomação no prazo para impugnação do mandato eletivo poderia o legitimado se valer da investigação judicial. A limitação temporal, para impugnação do mandato, tem o objetivo claro de evitar a instabilidade política e institucional, quando já consolidado o resultado das eleições pela apuração, proclamação dos eleitos e diplomação. Visando não sujeitar a Administração Pública e o parlamento a uma insegurança e reticências, quanto ao futuro de determinado mandato eletivo, prescreveu a Constituição Federal tal prazo. (*In*: *Reforma Eleitoral.* Editora JH Mizuno, 2010, 198/9)

Acolhida a pretensão será negado o diploma, em caso de ainda não ter sido outorgado, ou, em hipótese contrária, cassado aquele já entregue – art. 30-A, § 2º, Lei 9.504/97.

Cremos também que a imposição de inelegibilidade é de rigor no caso de procedência do pedido, com a nova redação do art. 22, XIV, LC 64/90. Todo o procedimento é orientado, por força de lei, àquele trazido pela Lei de Inelegibilidades que passou a fazer tal previsão.

Parece não ser adequado o entendimento de que o efeito do recurso seja meramente devolutivo. Aplica-se o art. 15, LC 64/90, pois integra o procedimento da investigação, e o art. 30-A da Lei 9.504/97 determinou tal obediência, no que couber. Ora, se para situações de maior gravidade admite-se o efeito suspensivo ao recurso, por que se estrangular uma homogeneidade do sistema recursal eleitoral que, em resumo, leva à estabilidade social pela segurança jurídica, optando-se por uma singularidade não justificada.

O prazo do recurso é de 03 dias – art. 30-A, § 3º, Lei 9.504/97, sendo de realce mencionar que a norma é específica, não havendo necessidade de se incorporar a regra geral do art. 258, CE, embora o prazo seja idêntico. (*Vide* a propósito da realização de eleições suplementares para cargos majoritários o exposto no item acima 6.6 Candidato "sub judice"). Para o pleito eleitoral de 2020, a Emenda Constitucional n. 107, de 02 de julho de 2020, alterou excepcionalmente os prazos em análise, em razão da pandemia da Covid-19.

Tema de altíssima relevância para um processo eleitoral democrático, a captação e utilização de recursos financeiros em eleições teve importante marco de regulação em setembro de 2015, quando o Excelso STF no julgamento da ADI 4650 considerou inconstitucional e proibiu a doação de recursos por empresas a campanhas eleitorais. O STF considerou inconstitucionais alguns dispositivos da Lei 9.504/97 (Lei Geral das Eleições) e Lei 9.096/95 (Lei dos Partidos Políticos).

Em razão da declaração com eficácia geral e vinculante, inviável se cogitar de que no processo eleitoral possam ocorrer validamente doações empresarias para financiamento de campanhas eleitorais, a partir do pleito de 2016.

Havendo descumprimento de tal posicionamento, certamente a situação se enquadra em captação indevida de recursos, com ampla e automática configuração de abuso de poder econômica, implicando na cassação do registro ou mesmo impugnação do mandato eletivo.

A Lei 13.165/2015 que no seu art. 2º inseria os arts. 24-A e 24-B, à Lei 9.504/97 autorizando a doação de empresas a partidos políticos ou comitês de campanhas foi objeto de veto pela Presidente da República, Dilma Rousseff. Assim, não há qualquer substrato legal que ampare a doação empresarial às campanhas eleitorais no Brasil. Caso não ocorresse o veto e mesmo se fosse derrubado pelo Congresso Nacional, a norma em questão encontraria o obstáculo da invalidade, não obstante a vigência, logo dispositivo legal inaplicável, pois seu sentido e conteúdo já foi declarado inconstitucional pela Suprema Corte.

Do mesmo modo, se em eventual Emenda Constitucional, o Congresso Nacional incluir na Constituição Federal regra de idêntico ou equivalente teor, não se pode assegurar-lhe aplicabilidade por ofensa a precedente de força vinculante pelo STF.

A Resolução 23.607/2019 – TSE cuida da matéria no âmbito das Eleições de 2020 disciplinando os limites de gastos, arrecadação e a prestação de contas.

E a utilização de "laranjas" para a arrecadação de recursos eleitorais?

Como visto a matéria pode ser discutida no âmbito da representação prevista pelo art. 22, Lei Complementar 64/90 e em virtude da mobilidade da investigação judicial eleitoral culminar na cassação do diploma, se, eventualmente o candidato tiver logrado êxito na eleição. Na hipótese do candidato se utilizar da doação de terceiros, em valores que extrapolem uma razoabilidade em relação aos respectivos perfis socioeconômicos, outrossim, observando-se uma afinidade no modo de se proceder à doação em relação a valores, datas e forma de arrecadação, configura-se a captação ilícita de recursos, que tem o condão de provocar a cassação do diploma.

Ademais, o procedimento para essa finalidade vem previsto no art. 96, Resolução 23.607/2019 – TSE.

Esse quadro se torna ainda mais acentuado no sentido do reconhecimento da irregularidade, se os doadores não justificarem, comprovando adequadamente a origem dos recursos que aportaram nas contas de campanha do respectivo candidato. Configura-se tal quadro com o "Caixa 2" de campanha, que não pode ser admitido como fonte de financiamento.

Nesse sentido, já decidiu o TSE, pelo reconhecimento da infração do art. 30-A, Lei 9.504/97, impondo-se a cassação do diploma de candidato eleito: *RES-PE - Agravo Regimental em Recurso Especial Eleitoral nº 44565 - ANGRA DOS REIS - RJ 11/04/2019, Relator(a) Min. Jorge Mussi, DJE – 27/05/2019, p. 37/8.*

Aspecto importante a ser considerado é dimensão dos valores arrecadados ilicitamente. Se forem orientados pela modicidade não podem resultar no provimento judicial de cassação do diploma, posto que restaria afetado o princípio *in dubio pro sufragio*, eis que não existiriam apontamentos objetivos que pudessem precisar de maneira mais evidente a incidência do fator econômico, materializado pela arrecadação indevida no resultado do pleito.

A modicidade se orienta pelo conjunto de elementos que fornecem balizas para o aspecto financeiro da campanha eleitoral na determinada circunscrição eleitoral, observando-se a modalidade das eleições em disputa, os limites de gastos previstos para o pleito (Resolução 23.607/2019-TSE), inclusive os quadros apresentados pelo controle concomitante, as prestações de contas dos partidos e candidatos, a propaganda eleitoral, além de outras circunstâncias que constituam subsídios para a complexa apreensão da afetação do gasto irregular na normalidade e legitimidade eleitoral.

O que não se pode reputar como peremptório é a cassação do diploma, quando os parâmetros da irregularidade na arrecadação forem insuficientes para se atingir a higidez do pleito eleitoral, posto que nessa condição ocorre um excesso que deve ser proibido, em homenagem à preservação da vontade do eleitorado.

11.1 MODELO

11.1.1 Representações – Captação ou gastos eleitorais ilícitos. Doação de entidades esportivas. Inicial

EXMO. SR. JUIZ ELEITORAL DA ...ª ZONA ELEITORAL DE ..../...

COLIGAÇÃO ...., formada pelas agremiações partidárias ...., por seu advogado, atuando nos termos do anexo mandato, vem à ilustrada presença de Vossa Excelência deduzir AÇÃO DE INVESTIGAÇÃO JUDICIAL ELEITORAL POR CAPTAÇÃO INDEVIDA DE RECURSOS ELEITORAIS, em desfavor de CAPITALIZADO e MILIONÁRIO, *(qualificação completa)*, candidatos aos cargos de Prefeito e Vice-Prefeito sob o nº ...., no Município de ..../..., pela Coligação ...., com espeque no art. 30-A, Lei 9.504/97, e art. 22 da LC 64/90, pelo que explicita e requer o seguinte:

Para a arrecadação de fundos financeiros visando ao financiamento de campanhas eleitorais, a lei eleitoral prescreve regras rígidas que devem ser obedecidas, sem a flexibilidade com a qual atuaram os investigados, provocando o disparate a seguir delineado.

É terminantemente vedada a doação/recebimento de valores originários de entidades esportivas por partido ou candidato – art. 24, IX, Lei 9.504/97.

Não obstante essa proibição explícita, os investigados receberam pelo menos o valor de R$ ....,.. (............................ reais), em .../.../....., objeto de doação feita pelo Esporte Clube ...., entidade esportiva atuante no município e região.

Além disso, o Excelso STF no julgamento da ADI 4650 reconheceu ser inconstitucional a doação empresarial de recursos para campanhas eleitorais, sendo certo que a entidade esportiva deve ser compreendida como empresa "lato sensu".

A referida quantia passou a ser utilizada para financiamento da campanha eleitoral do investigado, através do comitê instituído na forma do art. 19, Lei 9.504/97.

A veracidade da alegação ora descrita pode ser demonstrada pela análise do relatório dos recursos recebidos, conforme divulgação feita em .../.../..... pelo investigado e a Coligação .... que tutela sua candidatura, para preenchimento da determinação do art. 28, § 4º, Lei 9.504/97.

Note-se, Excelência, que o relatório se refere ao valor de R$ ....,.., e, mesmo ainda não tendo sido prestadas as contas de campanha, a doação em questão é inequívoca, pois tem sido veiculada nos meios comunitários, materializando-a através de uma transação bancária que realizou a transferência dos recursos da conta da entidade para a conta pessoal do 2º investigado, e a partir daí o seu aproveitamento na conta bancária específica, aberta para a campanha.

Registra-se, por relevante, que a indigitada entidade esportiva é presidida por ...., filho do 2º investigado e filiado ao Partido ......, integrante da Coligação ...., que sustenta a campanha dos investigados.

Diante de todo esse emaranhado de fatos, efetivamente ocorreu grave violação do preceito eleitoral que veda o financiamento de campanha por entidades esportivas, merecendo tal medida pronta rejeição pela Justiça Eleitoral.

ISSO POSTO, requer o processamento do pedido nos termos do art. 22, I, "a", Lei Complementar 64/90, determinando-se a notificação dos investigados para defesa no prazo de 05 dias, julgando-se procedente o pedido, e, com suporte no art. 30-A, Lei 9.504/97, negar-lhes o diploma; e mais, se até provimento final tiver ocorrido a eventual diplomação, o cancelamento dos diplomas.

Requer ainda que incidentalmente seja proclamada a inelegibilidade dos requeridos, nos termos do art. 1º, I, "d" e art. 22, XIV, da LC 64/90, pelo prazo de 08 anos.

Requer a produção de toda a prova lícita em direito, especialmente prova documental, pericial, testemunhal e depoimento pessoal das partes.

Requer especificamente a quebra do sigilo bancário dos investigados e da indicada entidade esportiva, visando à arrecadação de todos os dados e informações atinentes à movimentação financeira, e o rastreamento para se demonstrar o aporte indevido dos valores em favor da campanha dos requeridos.

Requer, ainda, a intervenção do Ministério Público Eleitoral.

Atribui à causa o valor de R$ ....,.. (.......................... reais).

Pede e espera deferimento.

(Local e Data)

....

Advogado

OAB/... – nº ....

(Rol de testemunhas)

12

INVESTIGAÇÃO JUDICIAL ELEITORAL – ABUSO DO PODER ECONÔMICO, POLÍTICO, MEIOS DE COMUNICAÇÃO (AIJE)

Envolve o abuso do poder econômico, político (conhecido também como de autoridade, que pode ser medido até mesmo pela ocorrência das condutas vedadas), e abuso dos meios de comunicação – verificar, por importantíssimo, que a atual redação do art. 22, XIV, Lei Complementar 64/90, determinada pela LC 135/2010, autorizou a cassação do registro ou diploma do favorecido pelos meios de comunicação.

O vértice principal do abuso de poder econômico ou político é aquele centrado na alínea "d", art. 1º, I, LC 64/90, em regulamentação ao disposto no art. 14, § 9º, da Constituição Federal.

A Constituição fala em influência, que é mais abrangente, sendo capaz de englobar até mesmo situações lícitas. A influência significaria a simples difusão ou elemento catalisador sob o prisma do poder político ou econômico. Por outro lado, o abuso se mede por um parâmetro de excesso, exagero ou extrapolação na utilização dos elementos econômicos e políticos, que certamente estão presentes em todas as disputas eleitorais.

Como diz o Prof. José Jairo Gomes:

> O que se pretende arrostar é a influência abusiva exercida por detentores de poder econômico ou político, considerando-se como tal a interferência de matiz tendencioso, realizada deliberada ou veladamente em proveito – ou em prejuízo – de determinada candidatura ou grupo político (*Direito Eleitoral*. 4. ed., Editora Del Rey, p. 441).

Ao contexto de cada caso concreto é que se poderá com acerto realizar a subsunção do fato à verificação do conceito indeterminado de abuso de poder, como capaz de retirar a legitimidade das eleições.

A fisionomia do abuso só pode ser construída a partir da detecção de parâmetros que permitam a indicação de limites.

Pedro Henrique Távora Niess busca justamente identificar o ponto desafiador da ilicitude que irá traduzir as condutas como abusivas, e, por isso, objeto de embate na AIJE:

> Nada há de errado com o poder, desde que não interfira na liberdade, respeitando o Direito.
>
> Abusar do poder é ir além do permitido.
>
> E qual é a fronteira lícita, no campo do Direito Eleitoral, do uso do poder?
>
> O objeto da tutela jurídica, no tema dissertado, é a liberdade de votar.
>
> As primeiras regras a respeito estão no art. 14, da CF.
>
> (...)
>
> Não condena a Constituição a influência do poder econômico no pleito eleitoral. O exercício do poder é lícito, tanto que é regulado. É a má influência, a excessiva intervenção do poder econômico que deve ser coibida: recusa-se a sua influência na normalidade e legitimidade das eleições. (*In*: *Ação de Impugnação de Mandato Eletivo.* Edipro, 1996, p. 24)

12.1 AIJE. PROCEDIMENTO

- petição inicial (normalmente poderá conter pedido de natureza cautelar com base no art. 294 e seguintes do CPC, ou mesmo antecipação dos efeitos da tutela (art. 300, CPC) incidente sobre a suspensão do ato discutido. Em se tratando de abuso que se materializar no emprego de propaganda política irregular, o substrato jurídico para tal determinação tem forte repercussão no art. 41 da Lei 9.504/97. A suspensão liminar pode ainda incidir sobre programa de rádio ou televisão e veiculação pela internet - art. 45, 56 e 57-I, Lei 9.504/97;
- notificação;
- defesa (prazo de 05 dias da notificação);
- oitiva do Ministério Público Eleitoral;
- julgamento antecipado da lide (extinção do processo sem resolução do mérito ou julgamento do mérito, se não houver necessidade de captação de provas);
- instrução (oitiva de testemunhas - 05 dias);
- diligências (arregimentação de novas informações ou elementos indispensáveis ao julgamento, deflagrados a partir do conteúdo da instrução - 03 dias);
- alegações finais - prazo COMUM de 02 dias;

- intervenção epíloga do MPE, salvo se for o investigante (02 dias);
- decisão (prazo de 03) dias;
- recurso ao TRE (03 dias); recurso ao TSE (03 dias) e recurso ao STF (03 dias).

Em regra, não há como se figurar no polo passivo da AIJE a pessoa jurídica, pois ela não se candidata, nem se torna inelegível.

Todavia, na hipótese de a infração eleitoral decorrer de abuso de utilização dos meios de comunicação, desafiando como agora se realiza a AIJE (art. 22, XIV, LC 64/90), deve a mesma ser inserida no polo passivo, respondendo apenas pela suspensão da programação. O que se torna impossível é sua virtual apenação, sem ter oportunidade de se defender, pois em tal hipótese restaria violado o princípio do contraditório e ampla defesa.

Em referência ao LITISCONSÓRCIO, deve ser frisado que não há formação de litisconsórcio passivo necessário em relação a todos os que eventualmente tenham colaborado para o ato ilícito.

Já em relação à presença do vice do candidato representado, quando se tratar de disputa nas eleições majoritárias, muda-se a situação. Obviamente, se o abuso foi aproveitado em favor da chapa de maneira íntegra e indissolúvel, mesmo que a sanção de inelegibilidade não seja aplicada aos dois candidatos, pois nesse aspecto a responsabilidade é pessoal, curial que ambos os candidatos estejam no polo passivo. Ainda mais de se considerar que o cancelamento do registro ou diploma, possível essa última decisão agora na AIJE (art. 22, XIV, LC 64/90), é proclamada em relação à chapa inteira (indivisível).

Havendo aforamento do pedido, apenas em relação ao candidato ao cargo titular, o juiz deve assinalar prazo para emenda da inicial, nos termos do art. 115, CPC, sob pena de seu indeferimento e extinção do feito, sem resolução do mérito.

12.1.1 Potencialidade lesiva do ato e gravidade dos fatos

O ato abusivo, segundo a literalidade da lei, pode ser configurado independentemente de a potencialidade resultar na alteração das eleições, bastando a gravidade das circunstâncias - art. 22, XVI, LC 64/90 (redação pela Lei da Ficha Limpa - Lei Complementar 135/2010).

No entanto, há uma construção jurisprudencial e doutrinária forte no sentido de se exigir a proporcionalidade do fato para retirar a legitimidade das eleições, impondo-se um desequilíbrio. Esse mesmo marco deve ser o norte de orientação em termos da agora intitulada gravidade dos fatos.

Assim, em razão da alteração legislativa destacada, a gravidade dos fatos não se associa ao aspecto quantitativa do resultado eleitoral, isto é, diferença de votos ou performance dos concorrentes em determinada região ou seção eleitoral da respectiva circunscrição. O que importa é a perspectiva de que se atinja de modo qualitativo a formação da vontade do eleitor em averiguação que se conduza pela intensidade de inibição ou cooptação em tese da vontade ou aptidão do eleitor. O critério meramente quantitativo é, verdadeiramente, uma falsa solução para um problema extremamente grave do processo eleitoral, pois não existem condições materiais de se questionar o motivo ou porque de cada voto já conferido na urna a determinado partido, coligação ou candidato, na análise de cada caso concreto. O máximo que pode ser obtido é uma presunção de feição precária.

O TSE tem se manifestado por esse método qualitativo para o escopo de se determinar a respectiva gravidade que pode impor o reconhecimento da prática abusiva:

> *é necessária a comprovação da gravidade dos fatos, e não sua potencialidade para alterar o resultado da eleição, isto é, deve-se levar em conta o critério qualitativo – a aptidão da conduta para influenciar a vontade livre do eleitor e desequilibrar a disputa entre os candidatos –, e não o quantitativo, qual seja a eventual diferença de votos entre o candidato eleito para determinado cargo e os não eleitos. (REspe nº 1-14/MG, Rel. Min. Admar Gonzaga, DJe de 25.2.2019).*

Há de se observar por outra forma de reflexão, que não existe uma dependência hermética do parâmetro quantitativo, embora seja relevante. As circunstâncias do caso concreto podem ensejar uma dinâmica que afete a lisura e a paridade de armas na disputa, preponderando sobre o aspecto de quantidade ou que com ele se justapondo. É o que decorre do julgamento proclamado pelo TSE no AREspEl nº 060023641 Acórdão JUAZEIRO DO NORTE – CE, Relator(a): Min. Sergio Silveira Banhos, j. 23/03/2023 Publicação: 12/04/2023 – jurisprudencia.tse.jus.br – acesso em 16/03/2024. A hipótese versava sobre a utilização de recursos financeiros advindos do crime de tráfico de drogas para apoio a determinado candidato ao cargo de Vereador. De tal forma, houve o pagamento de consultas e cirurgias médicas, oferta de óculos a cerca de pelo menos 12 ou 13 pessoas. Repeliu-se a ausência de potencialidade para afetar o resultado das eleições, já que o quantitativo associado à origem dos fatos e uma filantropia dirigida ao ganho eleitoral, comprometia de modo candente a moralidade e a legitimidade das eleições, princípios insculpidos no art. 14, § 9º, Constituição Federal. Com esses fundamentos, houve o reconhecimento do abuso de poder econômico e confirmação da cassação do diploma do candidato, com declaração de inelegibilidade e imposição de multa.

12.1.2 Compra de apoio político

Pode se definir a compra de apoio político como o ato empreendida por agente público, mandatário eleito, partido político ou mesmo particulares, tanto pessoa jurídica como física, com o objetivo de adesão ou rejeição à determinada proposição, ação ou projeto de natureza política, mediante a oferta de qualquer vantagem financeira ou patrimonial. Essa fórmula genérica que conduz, inicialmente a um espaço de funcionamento da administração pública, contém o ambiente da compra de apoio político ativo e passivo. No primeiro caso estariam as condutas comissivas, voltadas à execução pelo vendedor daquilo que foi exigido pelo comprador; já na segunda hipótese, o vendedor do apoio tem uma conduta de desistência ou de inércia.

Essa prática não é estranha ao processo eleitoral e nessa ambientação pode ser designada como compra de apoio político eleitoral, ressalvando-se que nesse caso, a finalidade é a repercussão em determinado processo eleitoral, admitindo--se tanto o seu viés ativo como o negativo, incorporando-se como seus sujeitos, tanto em um polo como o outro, os respectivos candidatos. Por exemplo, na modalidade ativa, o candidato a determinado cargo pode pagar a um terceiro que tenha uma certa representatividade social para manifestar publicamente o seu apoio e trabalhar no sentido de angariar votos; ou no módulo passivo, pagar um concorrente para que desista da sua candidatura, pois com esse evento, o adquirente do apoio político tem mais chances de sagrar-se vitorioso.

Nos dois segmentos, o TSE tem compreendido que a prática, não obstante, ser insuficiente para a configuração da compra de votos (captação indevida de sufrágio – art. 41-A, Lei 9.504/97), resulta na caracterização do abuso de poder econômico.

> *RESPE - Agravo Regimental em Recurso Especial Eleitoral nº 19260 - RANCHO ALEGRE - PR*
>
> *Acórdão de 09/05/2019*
>
> *Relator(a) Min. Jorge Mussi*
>
> *Publicação:*
>
> *DJE - Diário de justiça eletrônico, Data 27/06/2019*
>
> *Ementa:*
>
> *AGRAVOS REGIMENTAIS. AGRAVOS. RECURSOS ESPECIAIS. ELEIÇÕES 2016. PREFEITO. VICE. VEREADORES NÃO ELEITOS. AÇÃO DE INVESTIGAÇÃO JUDICIAL ELEITORAL (AIJE). ART. 22 DA LC 64/90. ABUSO DE PODER ECONÔMICO. COMPRA DE APOIO POLÍTICO. CONFIGURAÇÃO. DESPROVIMENTO.*
>
> *1. No decisum monocrático, mantiveram-se sentença e acórdão do TRE/PR por meio dos quais se assentou abuso de poder econômico por compra de apoio político em favor do PDT nos pleitos majoritário e proporcional de Rancho Alegre/PR em 2016, cassando-se os diplomas da Prefeita e do Vice-Prefeito e os registros de cinco candidatos ao cargo de vereador não eleitos, declarando--se, ainda, inelegíveis os agravantes, exceto a chefe do Executivo (por falta de provas de sua participação ou anuência).*
>
> *2. Não há falar em litisconsórcio passivo necessário relativamente a todos os que se candidataram pelo PDT, mas apenas entre os que praticaram o ilícito*

e seus beneficiários. O TRE/PR, de modo claro, assentou a total ausência de benefício ou de ato comissivo dos demais postulantes e consignou, a título exemplificativo, que um deles sequer disputou o pleito porque teve seu registro indeferido. Concluir de forma diversa esbarra no óbice da Súmula 24/TSE.

3. Inexistiu julgamento extra petita pelo TRE/PR. O decreto condenatório foi mantido com supedâneo em inúmeras condutas atribuídas aos agravantes, demonstradas mediante vasto conjunto probatório, e não na oferta de R$ 3.000,00 a uma das candidatas.

4. A teor da jurisprudência desta Corte, afigura-se lícita a gravação ambiental realizada em local público - no caso, reunião entre alguns dos agravantes em posto de combustível.

5. É viável reconhecer o abuso de poder econômico na hipótese de oferecimento de vantagens materiais a candidatos em troca de apoio político a quem os aliciou. Precedentes.

6. Na espécie, o Vice-Prefeito eleito, com a ciência e o apoio do então Presidente da Comissão Provisória do PDT, realizou inúmeros pagamentos e ofereceu vantagens aos demais agravantes em troca de filiação de pessoas a fim de fortalecer suas candidaturas, viciando a normalidade e a legitimidade do pleito.

7. O conjunto probatório é robusto e revela o alcance e a gravidade da conduta. O TRE/PR assentou que "as gravações [...] havidas na loja de conveniência do posto de gasolina, na qual estava presente a maioria dos [agravantes], é clara quanto à ocorrência do oferecimento de valores em dinheiro para garantir o apoio político dos recorrentes", além do que "testemunhas, informantes e depoimentos pessoais colhidos em juízo corroboraram com as alegações de que Valter Aleixo [...] possuía uma grande quantia em dinheiro, a qual seria utilizada para comprar o apoio político".

8. Concluir de modo diverso demandaria reexame de fatos e provas, inviável em sede extraordinária (Súmula 24/TSE).

9. Evidenciada conduta que comprometa a disputa eleitoral e a isonomia entre os candidatos, impõe-se cassar os registros ou diplomas de todos os beneficiários, cabendo ao órgão julgador definir a atuação de cada um deles no ilícito apenas para fim de inelegibilidade, que possui natureza personalíssima. Precedentes.

10. Agravos regimentais desprovidos.Decisão: O Tribunal, por unanimidade, negou provimento aos agravos regimentais interpostos por Alexandre Marcon e outros e por Darlene do Prado Moreira, nos termos do voto do Relator. Votaram com o Relator os Ministros Og Fernandes, Tarcisio Vieira de Carvalho Neto, Sérgio Banhos, Luís Roberto Barroso, Edson Fachin e Rosa Weber (Presidente)

RESPE - Recurso Especial Eleitoral nº 45867 - SÃO JULIÃO - PI

Acórdão de 14/11/2017

Relator(a) Min. Luiz Fux

Publicação:

DJE - Diário de justiça eletrônico, Data 15/02/2018

Ementa:

ELEIÇÕES 2012. RECURSO ESPECIAL ELEITORAL. AÇÃO DE INVESTIGAÇÃO JUDICIAL ELEITORAL. PREFEITO. VICE-PREFEITO. PRELIMINAR. CERCEAMENTO DE DEFESA. NÃO OCORRÊNCIA. MANIFESTAÇÃO SOBRE PROVAS EM ALEGAÇÕES FINAIS. MÉRITO. CAPTAÇÃO ILÍCITA DE SUFRÁGIO. COOPTAÇÃO DE LIDERANÇA POLÍTICA LOCAL. ABUSO DO PODER ECONÔMICO. REENQUADRAMENTO JURÍDICO DOS FATOS. POSSIBILIDADE. DEBILIDADE DO ACERVO FÁTICO-PROBATÓRIO QUANTO À RESPONSABILIDADE DO PREFEITO. MERO BENEFICIÁRIO. PRINCÍPIO DA UNIRRECORRIBILIDADE. SEGUNDO RECURSO NÃO CONHECIDO. PRECLUSÃO CONSUMATIVA. RECURSO ESPECIAL PARCIALMENTE PROVIDO PARA AFASTAR A MULTA IMPOSTA AO RECORRENTE. PREJUÍZO DA AÇÃO CAUTELAR Nº 477-92/PI.

1. A cooptação de apoio político, a despeito de não configurar captação ilícita de sufrágio, ostenta gravidade suficiente para ser qualificada juridicamente como abuso de poder econômico, sempre que, à luz das singularidades do caso concreto, se verificar que o acordo avençado lastreou-se em contrapartida financeira a vilipendiar os cânones fundamentais da igualdade de chances e da legitimidade e normalidade do prélio eleitoral.

2. O reenquadramento jurídico dos fatos, por tratar-se de quaestio iuris, é cognoscível na estreita via do recurso especial eleitoral.

3. No meritum causae,

a) O candidato a vice-prefeito eleito firmou contrato com liderança política local para que esta desistisse da candidatura e apoiasse politicamente o Recorrente, em troca de nomeação no cargo de Secretário Municipal por todo o período do mandato vindouro, além de estabelecer multa de R$ 20.000,00 (vinte mil reais), em caso de inobservância do contrato;

b) Como consectário, a assinatura do referido acordo qualifica-se juridicamente como prática de abuso de poder econômico, nos termos da atual jurisprudência do Tribunal Superior Eleitoral (Precedente: REspe nº 19847/RS, Rel. Min. Luciana Lóssio, DJe de 4.3.2015).

4. A causa de inelegibilidade decorrente da prática de abuso do poder econômico, nos moldes do art. 22, XIV, da LC nº 64/90, requer, para a sua incidência, que o beneficiário pela conduta abusiva tenha tido participação direta ou indireta nos fatos.

5. No caso sub examine,

a) A conduta narrada no acórdão regional (e. g. acordo para cooptação de lideranças) foi realizada exclusivamente pelo candidato a Vice-Prefeito, inexistindo qualquer conduta atribuída ao Prefeito, estando o seu conhecimento acerca do fato embasado em ilações e conjecturas.

b) Consequentemente, a ausência de participação do Recorrente na prática do ilícito eleitoral obsta o reconhecimento da sua inelegibilidade.

6. A interposição simultânea de recurso especial e embargos de declaração contra acórdão regional impede o conhecimento de novo recurso especial interposto pela mesma parte, ante a ocorrência da preclusão consumativa.

7. O cerceamento de defesa resta afastado sempre que oportunizado à parte manifestar-se acerca das provas carreadas aos autos.

8. In casu, inexistiu cerceamento de defesa, na medida em que, após a juntada de documento de ofício pelo magistrado, foi facultado à parte manifestar-se acerca dos fatos em alegações finais.

9. Recurso especial parcialmente provido para afastar a multa imposta a José Francisco de Sousa, ficando prejudicada a Ação Cautelar nº 477-92/PI, vinculada a este processo. Decisão: O Tribunal, por unanimidade, deu parcial provimento ao recurso especial eleitoral, para manter a cassação do diploma do Recorrente por abuso do poder econômico, afastando a multa aplicada, nos termos do voto do Relator. Votaram com o Relator a Ministra Rosa Weber e os Ministros Napoleão Nunes Maia Filho, Jorge Mussi, Admar Gonzaga e Tarcisio Vieira de Carvalho Neto. Ausente, ocasionalmente, o Ministro Gilmar Mendes (Presidente).

Reputo que esses dois julgados estão entre as mais importantes decisões proferidas pelo Colendo TSE na última década, pois significa adoção de entendimento firme na trajetória de que os acordos e conluios de alcova para as formações e distribuição das forças políticas eleitorais não sejam orientadas de modo abusivo pelo fator econômico. As decisões fortalecem o sentido dialético e plural da política, valorizam a ética e a probidade no processo eleitoral, contribuindo para a efetividade do princípio das eleições legítimas contra a influência do poder econômico (art. 14, § 9º, CF). A prática de destinação de valores de emendas parlamentares e convênios não configura a compra de apoio político, eis que não se subsume em uma tipicidade, nem mesmo com o vetor interpretativo extensivo, pois encontra sustentação jurídica específica (art. 166, Constituição Federal). No sentido da não incidência da mercantilização do apoio político: RO-El nº 060038425 Acórdão PALMAS – TO, Relator(a): Min. Tarcisio Vieira De Carvalho Neto, j. 06/05/2021 Publicação: 26/05/2021 – jurisprudencia.tse.jus.br – acesso em 16/03/2024.

12.1.3 Abuso de poder religioso

A vida social em suas diversas esferas de segmentos e relações que são estabelecidas pelo atravessamento e presença das múltiplas instituições e arranjos que compõem a conjuntura de seu tecido sempre foi marcada por uma relação de destaque pela relevância e reflexos produzidos, no referencial construído em torno do vínculo entre Religião e Estado.

Como esferas independentes, Religião e Estado assim consideradas como uma resultante do processo de secularização, podem efetivamente desenvolver seus pressupostos e tarefas, a rigor da autonomia que os sistemas democráticos devem assegurar nesse relacionamento que se torna inevitável.

Tal projeção suscita a necessidade de compreensão quanto à distinção entre laicidade e laicismo. A esse respeito, esclarece José Luciano Gabriel:

> É necessário esclarecer que a noção de laicidade não se confunde com a de laicismo. O Estado brasileiro é laico, "não é um Estado ateu" ou intolerante quanto ao fenômeno religioso.
>
> Na qualidade de Estado laico, o Estado se compromete a não intervir em assuntos religiosos e a não assumir nenhuma religião como oficial, responsabilizar-se pela garantia do livre exercício da crença dos indivíduos, isolada ou coletivamente. Essa espécie de neutralidade do Estado no âmbito religioso não cria a identidade de um Estado ateu e muito menos intolerante com relação às diversas experiências religiosas, ao contrário, o Estado é laico para permitir que as inúmeras possibilidades de cultos e manifestações religiosas tenham liberdade para se concretizar, bem como para garantir a liberdade de não crença e de não culto aos ateus e agnósticos. (*In*, Liberdade Religiosa e Estado laico – Uma abordagem à luz de Habermas e do Direito, Gramma Editora, 2018, p. 21/2).

O fenômeno religioso no Brasil tem ocupado cada vez mais um espaço de protagonismo, resultado em vetor extremamente relevante sob o aspecto das questões sociais e políticas, provocando de igual modo e como consequência o construto de uma nova categoria no Direito Eleitoral, que desafia uma abordagem dogmática, que permita a solução das hipóteses reais no processo eleitoral.

Dessa forma, como substância própria dos sistemas democráticos, não há como se descuidar de que o tratamento normativo e hermenêutico do Direito Eleitoral ao fenômeno religioso nas eleições deve ser desenvolvido sob a ótica da laicidade do Estado Brasileiro e não sob o enfoque do laicismo. Não se pode considerar que a questão religiosa por si mesma seja fator estranho ao processo político e, por conseguinte ao processo eleitoral. Torna-se inviável validar uma ideia de que a Religião esteja invadindo uma determinada esfera, sob pena de não se permitir a proteção da garantia constitucional da liberdade de expressão e de manifestação do pensamento - art. 5º, IV, VI e VII, Constituição Federal.

Nessa conjuntura, temos que o poder religioso, considerado na sua individualidade não pode servir de fundamento para respaldar a intervenção do Direito Eleitoral. Mesmo comparativo se faz em relação ao poder econômico e político, consideradas como canônicas e aceitáveis presenças no cenário político e eleitoral. O que deve ser considerado como anômalo e prejudicial, sobretudo, quando se destaca o art. 14, § 9º, Constituição Federal, é a atuação abusiva do poder econômico e do poder político.

Frente a essas duas categorias jurídicas existe expressa previsão legal que as condutas praticadas sob tal orientação no processo eleitoral, podem acarretar aos infratores um conjunto de sanções e consequências, entre elas com destaque a cassação do registro ou do diploma, se eleito. Quanto a um pretenso abuso de poder religioso não existe previsão legal expressa de que tais comportamentos se enquadrem em violações ou afetações que proporcionem as sanções de tão elevada magnitude.

Há de se cogitar até mesmo que pudesse ser considerada inconstitucional, o enquadramento e previsão na legislação eleitoral quanto ao abuso do poder religioso, considerado em seu isolamento, porquanto não houve essa sinalização no art. 14, § 9º, Constituição Federal, salvo a hipótese de Emenda Constitucional com tal objetivo.

Por outro lado, dinâmica da realidade implica em reconhecer que diversos episódios de cunho eleitoral com presença do poder religioso, relacionados às instituições de cunho religioso, líderes ou autoridades com esse perfil, impactam de maneira acentuada e decisiva nas campanhas eleitorais. Quer seja a declaração de apoio, a manifestação implícita ou explícita com pedido de votos, a realização de propaganda em igrejas ou templos, a propaganda negativa de adversários, enfim, inegável o protagonismo que o poder religioso exerce no processo eleitoral.

Como segmento social legítimo, não há como se considerar que os adeptos ou vinculados às religiões como seguidores ou influenciados por elas devam permanecer às margens do processo político eleitoral. Evidentemente que possuem suas pautas, suas orientações, opções e preferências. A enorme dificuldade é promover a segurança e a garantia de que o processo eleitoral se desenvolva sem um desequilíbrio decorrente de atuação abusiva.

Não havendo o enquadramento do abuso de poder religioso no processo eleitoral como fundamento independente para se cassar registro ou diploma, a jurisprudência tem considerado a possibilidade de aplicação ampliada, possivelmente com base na perspectiva hermenêutica de mutação constitucional, alargando o espectro de abrangência do art. 14, § 9º, Constituição Federal.

É o que restou decidido no RO - Recurso Ordinário nº 537003 - BELO HORIZONTE – MG Acórdão de 21/08/2018Relator(a) Min. Rosa Weber Publicação: DJE - 27/09/2018:

> (...)
>
> Da imputação de abuso de autoridade religiosa
>
> *O atual debate sobre os limites da interferência de movimentos religiosos no âmbito do eleitorado, com a possível quebra da legitimidade do pleito, é desafiador dentro de uma sociedade pluralista. A influência da religião na política e, na linha inversa, da política na religião, é via de mão dupla que se retroalimenta, reconhecidamente indissociável em diversas culturas.*
>
> *Sem a emissão de juízo de valor sobre as diferentes convicções religiosas - direito fundamental protegido pela Constituição Federal - a exercerem influência sobre as opções políticas do indivíduo e, em última análise, da comunidade a que pertence, é inegável que declarações públicas de apoio ou predileção a determinada candidatura estão resguardadas pela liberdade de manifestação*

assegurada constitucionalmente. Além disso, tendem os indivíduos a um alinhamento natural a candidatos oriundos da fé professada.

A utilização do discurso religioso como elemento propulsor de candidaturas, infundindo a orientação política adotada por líderes religiosos - personagens centrais carismáticos que exercem fascinação e imprimem confiança em seus seguidores -, a tutelar a escolha política dos fiéis, induzindo o voto não somente pela consciência pública, mas, primordialmente, pelo temor reverencial, não se coaduna com a própria laicidade que informa o Estado Brasileiro.

Diante desse cenário é que se torna imperioso perscrutar em que extensão cidadãos são compelidos a apoiar determinadas candidaturas a partir da estipulação de líderes religiosos - os quais, por vezes, vinculam essa escolha à própria vontade soberana de Deus -, em cerceio à liberdade de escolha do eleitor, de modo a interferir, em larga escala, na isonomia entre os candidatos no pleito, enfraquecendo o processo democrático.

A reiterada conclamação aos fiéis durante as celebrações religiosas, por seus líderes, para que suportem determinada campanha, cientes do seu poder de influência sobre a tomada de decisões de seus seguidores, é conduta que merece detido exame pela Justiça Eleitoral, considerada a nobre missão de que investida, pela Carta Magna, quanto ao resguardo da legitimidade do pleito.

A modificação do prisma histórico-social em que se concretiza a aplicação da norma torna imperiosa uma releitura do conceito de "autoridade", à luz da Carta Magna e da teleologia subjacente à investigação judicial eleitoral, a revelar de todo inadequada interpretação da expressão que afaste do alcance da norma situações fáticas caracterizadoras de abuso de poder em seus mais diversos matizes - as quais manifestam idênticas e nefastas consequências -, sabido que a alteração semântica dos preceitos normativos deve, tanto quanto possível, acompanhar a dinâmica da vida.

Porque insofismável o poder de influência e persuasão dos membros de comunidades religiosas - sejam eles sacerdotes, diáconos, pastores, padres etc. -, a extrapolação dessa ascendência sobre os fiéis deve ser enquadrada como abuso de autoridade - tipificado nos termos do art. 22, XII, da LC nº 64/1990, que veio a regulamentar o art. 14, § 9º, da CF - e ser sancionada como tal.

Nessa quadra, revelam-se passíveis, a princípio, de configuração do abuso de autoridade - considerada a liderança exercida e a possibilidade de interpretação ampla do conceito - os atos emanados de expoentes religiosos que subtraiam, do âmbito de incidência da norma, situações atentatórias aos bens jurídicos tutelados, a saber, a normalidade e a legitimidade das eleições e a liberdade de voto (art. 19 da LC nº 64/1990).

(...)

O próprio aresto cuidou, contudo, de basear-se o fundamento da deliberação decisória de maneira essencial no abuso de poder econômico, suscitado a partir da intervenção e participação do poder religioso, como se observa abaixo, em razão da inconsistência que o próprio abuso de poder religioso ainda se revela como motivo hábil à cassação de registro ou diploma:

Todavia, sem embargo da pungente discussão sobre o tema, a se realizar em momento oportuno, a solução da controvérsia que se põe na espécie prescinde desse debate, uma vez incontroversa a utilização, a favor da candidatura dos recorrentes, de sofisticada estrutura de evento religioso de grande proporção, à véspera do pleito, que contou com shows e performances artísticas, cujo dispêndio econômico foi estimado em R$ 929.980,00 (novecentos e vinte e nove mil e novecentos e oitenta reais) - valores não declarados em prestação de contas e integralmente custeados pela Igreja Mundial Poder de Deus -, cujas circunstâncias indicam a configuração do abuso do poder econômico.

O tema do abuso de poder religioso como categoria própria e suficiente para implicar na cassação de registro ou diploma tem incipiente movimento de respaldo no Direito Eleitoral, sobretudo na jurisprudência do TSE. Mas, o seu entrelaçamento, verdadeiro atravessamento com outras formas de abuso de poder (econômico e político) pode implicar na consequência prevista no art. 22, XIV, LC 64/90.

Dessa maneira, é a participação do poder religioso em violações à limitação da propaganda eleitoral em bens de uso comum, eventos, organizações e manifestações, inclusive em franco uso indevido dos meios de comunicação, que formatará um quadro que permita o eventual reconhecimento de motivo hábil para acolhimento da pretensão de cassação de registro ou diploma. Tal verificação não prescinde da averiguação quanto à respectiva gravidade dos fatos, como exige o art. 22, XVI, LC 64/90.

Em agosto/2020 o TSE afastou a possibilidade de reconhecimento do abuso de poder religioso como potencial para fins de cassação de registro e mandato, em situações semelhantes ao abuso do poder político e econômico. No julgamento do RESPE 8285/GO, por maioria o órgão de cúpula da Justiça Eleitoral rejeitou a tese proposta pelo Rel.Min.Edson Fachin, no sentido de que a partir do pleito de 2020 seria possível a realização da AIJE, tendo como objeto único o abuso de poder religioso de forma autônoma.

Todavia, reputamos que a matéria ainda não está exaurida e pode desafiar outros pronunciamentos da Justiça Eleitoral no âmbito das próximas eleições e, certamente, como tema que verticaliza diversos apontamentos de natureza constitucional, em termos de fixação de tese vinculante para fins precedentes, inevitável será a manifestação do STF.

A discussão doutrinária deve contribuir para esse debate, possibilitando que ele se materialize de maneira aberta nos casos forenses e sejam materiais sobre os quais a jurisprudência possa efetivamente firmar proposições que auxiliem no amadurecimento e consolidação de um prospecto de eleições limpas e democráticas no Brasil. Na sequência do tratamento da matéria, o TSE tem se posicionado no sentido de que não existe a previsão legal como ato tipificado de abuso, em relação ao poder religioso ou de autoridade religiosa. Assim, para que se reconheça tal pressuposto o caso concreto deve apresentar um entrelaçamento com as formas abusivas típicas (abuso do poder político, econômico ou dos meios de comunicação):

> *AgR-AI nº 42531 Acórdão CAMPOS DO JORDÃO – SP, Relator(a): Min. Edson Fachin, j. 09/09/2021 Publicação: 16/09/202, Ementa. ELEIÇÕES 2016. AGRAVO INTERNO. AGRAVO EM RECURSO ESPECIAL ELEITORAL. AIJE. VEREADOR. CONDENAÇÃO NA ORIGEM. DECISÃO DA PRESIDÊNCIA DO TRE. NÃO VINCULAÇÃO DO TSE. REQUISITOS DE ADMISSIBILIDADE DO RECURSO ESPECIAL. PRESENÇA. PREQUESTIONAMENTO RECONHECIDO. VIABILIDADE DA REVALORAÇÃO JURÍDICA DOS FATOS EM SEDE ESPECIAL. AGRAVO PROVIDO. MÉRITO. ABUSO DE PODER DE AUTORIDADE RELIGIOSA. NECESSIDADE DE ENTRELAÇAMENTO COM FORMAS TÍPICAS DE ABUSO DE PODER. AUSÊNCIA DE CONEXÃO NO CASO CONCRETO. RECURSO ESPECIAL A QUE SE DÁ PROVIMENTO. 1. Na esteira da jurisprudência do TSE, o juízo de admissibilidade do recurso especial está sujeito a duplo controle. Dessa forma, a aferição dos requisitos pela instância de origem não vincula o juízo que será realizado por este Tribunal Superior (AI nº 144-80/SP, Rel. Min. Laurita Vaz, DJe de 14.3.2014). 2. Não obstante a existência de ressalva de entendimento, nos termos de voto apresentado no julgamento do REspe nº 8285/GO, o presente caso é de ser examinado em consonância com a jurisprudência deste Tribunal Superior, firmada no sentido de que o abuso de poder de autoridade religiosa, porquanto falto de previsão expressa no ordenamento eleitoral, só pode ser reconhecido quando exsurgir associado a alguma forma tipificada de abuso de poder. 3. Os elementos constantes do acervo fático-probatório não permitem inferir a presença associada do abuso de poder econômico, tampouco do uso indevido dos meios de comunicação social. A moldura fática indica que o uso desvirtuado do fator religioso, conquanto inequívoco, ocorreu à margem do aporte de incentivos financeiros e sem a intervenção incisiva de veículo da indústria da informação. 4. Ausente o requisito do entrelaçamento, na linha da jurisprudência deste Tribunal Superior, revela-se impossível o reconhecimento do abuso de poder religioso como figura antijurídica autônoma. 5. Agravo interno provido para conhecer do recurso eleitoral e dar-lhe provimento, julgando improcedente a Ação de Investigação Judicial Eleitoral. (jurisprudencia.tse.jus.br – acesso em 16/03/2024)*

A precaução epistemológica e hermenêutica quanto à probabilidade do chamado abuso de poder religioso ou de autoridade religiosa em confluência com as eleições e o processo eleitoral ser considerado como causa para cassação de registro ou diploma, ou impugnação de mandato eletivo, com as consequências das sanções decorrentes de multa e inelegibilidade é razoável. Deve se ter em conta, a sensibilidade e importância da questão para a liberdade política e de manifestação de pensamento, que envolve o próprio campo religioso. Construir uma prospecção no sentido de atualizar as modalidades do abuso que o Constituinte organizou na Carta Política de 1988 para tutelar a democracia brasileira não pode se transformar em repúdio aos próprios limites trazidos pela norma constitucional.

A solução encontrada para fins de se vislumbrar em algumas ações e condutas sob o viés religioso com repercussão direta nas eleições, mas a partir da sua acomodação com outros ilícitos eleitorais, é uma fórmula condizente com o respeito à limitação que a própria Constituição Federal estabeleceu e não cria uma opacidade da tutela ao processo eleitoral e à democracia, já que permite a discussão dos fatos com essa dimensão sob a rubrica do abuso em articulação com parâmetros sólidos e definidos de outros módulos jurídicos.

12.1.4 Prazo para ajuizamento da AIJE

O prazo para ajuizamento da AIJE é desde a realização das convenções até a data da diplomação dos candidatos eleitos.

Se o julgamento definitivo da AIJE for posterior à diplomação, a decisão pode determinar o seu cancelamento - art. 22, XIV, LC 64/90, sendo desnecessário tal provimento no RCDE ou AIME.

12.1.5 Recursos

Aplicam-se as regras do Código Eleitoral, pois a matéria não é tratada na LC 64/90. Supletivamente se valem das normas do CPC.

As DECISÕES INTERLOCUTÓRIAS proferidas em ambiente de AIJE desafiam a interposição de AGRAVO DE INSTRUMENTO (arts. 1015 e seguintes do CPC). Por sua vez o CE (art. 265) prevê a recorribilidade de atos resoluções e despachos dos juízes eleitorais.

O mandado de segurança pode ser utilizado com o seu perfil de recurso extremo, ausentes outras fórmulas recursais, se inadmitido o AI.

Contra a sentença, é cabível o recurso eleitoral - arts. 265 e seguintes do CE –, cuja interposição é feita ao juiz eleitoral. Recebido o recurso, a parte recorrida é intimada para no prazo de 03 dias (igual para a interposição) apresentar as contrarrazões. Em seguida, pode ser a hipótese de manifestação do Ministério Público Eleitoral (leia-se que, em tais casos, o próprio órgão tem se abdicado de pronunciamento). Ato contínuo, o juiz eleitoral, se não se retratar da decisão, determinará a subida dos autos à instância superior.

12.1.6 Efeitos do recurso

Devolutivo e suspensivo - art. 15, LC 64/90. (*Vide* acima item 6.6 Candidato "sub judice")

Se houver decisão de conteúdo liminar ou antecipação dos efeitos da tutela, confirmadas em sede de sentença, o cumprimento do respectivo provimento dependerá da vigência daquela primeira decisão cautelar.

12.2 MODELOS

12.2.1 Abuso de poder econômico. Contratação de cabos eleitorais. Inicial

EXMO. SR. JUIZ ELEITORAL DA ...ª ZONA ELEITORAL DE ..../...

PARTIDO ......, diretório municipal de ..../..., por meio de seu advogado, regularmente constituído nos termos do incluso instrumento de procuração, vem respeitosamente à presença de Vossa Excelência aforar AÇÃO DE INVESTIGAÇÃO JUDICIAL ELEITORAL, nos termos do art. 22, Lei Complementar 64/90, em contraposição a CONTRATADOR, *(qualificação completa)*, e ADMINISTRADO *(qualificação completa)*, ambos candidatos aos cargos de Prefeito e Vice-Prefeito sob o nº ....., nas Eleições 2024 no Município de ..../..., pela agremiação partidária ...., e, nessa trajetória, constrói o seguinte arcabouço fático e jurídico.

Salienta o investigante ter lançado como candidatos aos cargos de Prefeito e Vice-Prefeito, no certame eleitoral em disputa, os Srs. ...., concorrendo com o nº ......

Destaca-se que atualmente se desenvolvem os últimos momentos da campanha eleitoral em debate.

Nos termos da pesquisa eleitoral, legítima e regularmente estabelecida, respeitando aos ditames previstos na Resolução 23.600/2019 - TSE, as intenções de votos deliberadas em favor dos candidatos do investigante apresentam superioridade em relação àquelas dirigidas aos investigados, sendo possível aferir uma diferença de 12% entre as duas candidaturas.

Pois bem. Nos últimos três dias, os investigados adotaram uma postura mais agressiva na campanha eleitoral, que constitui sem sombra de dúvidas o abuso de poder econômico nas eleições. Transcorrido mais de 2/3 do período de campanha eleitoral, os investigados contrataram como cabos eleitorais mais de ..... pessoas, isto é, ...% do eleitorado apto a votar no pleito eleitoral que se avizinha.

Note-se, por oportuno, que tal comportamento, sobretudo em momento de dificuldade para obtenção de emprego da população de ...., tal atitude enseja uma intromissão indevida do poder econômico no ambiente eleitoral, desfigurando a disputa, desequilibrando-a e tornando a adesão aos investigados, eventualmente a ser materializada no resultado final, como instrumento da perda de legitimidade eleitoral.

Ora, o aumento de pessoal a serviço da campanha dos investigados corresponde a um acréscimo de ...%, considerando-se as etapas iniciais do período de campanha eleitoral até a fase presente. Se tudo isso não fosse bastante, todas essas pessoas são remuneradas com pelo menos 01 salário-mínimo/mês, conforme depoimentos colhidos em arquivo de áudio/vídeo de alguns dos adeptos (documentos anexos).

Ocorre, dessa maneira, uma impiedosa inversão de valores, pois a partir das ideias e projetos os investigados não conseguiram a adesão popular, o que busca de maneira fraudulenta, por uma disfarçada mas gravíssima compra de votos, conspurcando a consciência dos cidadãos.

Mutatis mutandis, o entendimento do Tribunal Superior Eleitoral acolhe a tese acima invocada:

> "REspe - Recurso Especial Eleitoral nº 191868 - Filadélfia/TO
>
> Acórdão de 04/08/2011
>
> Relator(a) Min. GILSON LAGARO DIPP
>
> Publicação: DJE - Diário da Justiça Eletrônico, Data 22/08/2011, Página 14
>
> Ementa:
>
> RECURSO ESPECIAL. AÇÃO DE IMPUGNAÇÃO DE MANDATO ELETIVO. CONTRATAÇÃO DE PARCELA SIGNIFICATIVA DO ELEITORADO. ABUSO DE PODER ECONÔMICO. CARACTERIZAÇÃO. NEXO CAUSAL. DESNECESSIDADE. PRECEDENTES.
>
> 1. A utilização de recursos patrimoniais em excesso, públicos ou privados, sob poder ou gestão do candidato em seu benefício eleitoral configura o abuso de poder econômico.
>
> 2. O significativo valor empregado na campanha eleitoral e a vultosa contratação de veículos e de cabos eleitorais correspondentes à expressiva parcela do eleitorado configuram abuso de poder econômico, sendo inquestionável a potencialidade lesiva da conduta, apta a desequilibrar a disputa entre os candidatos e influir no resultado do pleito.
>
> 3. A comprovação do nexo de causalidade no abuso de poder econômico é desnecessária. Precedentes.
>
> 4. Recurso Especial conhecido e provido.
>
> Decisão: O Tribunal, por unanimidade, proveu o recurso, nos termos do voto do Relator."
>
> "AgR-AC - Agravo Regimental em Ação Cautelar nº 88037 - Jaguaré/ES
>
> Acórdão de 01/06/2010
>
> Relator(a) Min. ARNALDO VERSIANI LEITE SOARES
>
> Publicação: DJE - Diário da Justiça Eletrônico, Data 02/08/2010, Página 212
>
> Ementa:
>
> Ação de investigação judicial eleitoral. Ação de impugnação de mandato eletivo. Abuso do poder econômico. Captação ilícita de sufrágio.
>
> 1. O Tribunal Regional Eleitoral reconheceu a vultosa contratação, às vésperas da eleição, de cabos eleitorais para campanha, o que correspon-

deria à expressiva parcela do eleitorado, a configurar, portanto, abuso do poder econômico, bem como entendeu, diante do mesmo fato, provada a compra de votos, segundo depoimentos de testemunhas que foram considerados idôneos, julgando, afinal, procedentes os pedidos formulados em investigação judicial e ação de impugnação de mandato eletivo.

2. Em juízo cautelar, para afastar tais conclusões da Corte de origem, seria exigido, a princípio, o reexame do contexto fático-probatório da demanda, o que encontra óbice na Súmula nº 279 do Supremo Tribunal Federal.

Agravo regimental a que se nega provimento.

Decisão: O Tribunal, por unanimidade, desproveu o Agravo Regimental, nos termos do voto do Relator." (www.tse.jus.br/jurisprudencia)

No mesmo sentido, é o entendimento do T.R.E/MG:

Recurso Eleitoral. Ação de investigação judicial eleitoral. Eleições 2012. Abuso de poder econômico. Contratação de cabos eleitorais. Procedência. Cassação de diploma. Inelegibilidade. Contratação de 648 cabos eleitorais durante a campanha eleitoral. Inexistência de limites na legislação para a contratação de pessoal para atuar nas campanhas eleitorais. Ausência de comprovação de circunstância que demonstre desvio da finalidade normal do arregimento e contratação de cabos eleitorais. Inexistência de prova da compra indireta- de votos. Número de contratados não exorbitante. 0,95% do eleitorado na data das eleições. Percentual decontratados que não destoa de campanhas de outros municípios mineiros. Inexistência de gravidade das circunstâncias do fato investigado para comprometer a normalidade e a legitimidade das eleições, nos termos exigidos pelo inciso XVI do art. 22 da LC 64/90. Abuso de poder econômico não configurado. Incontroverso que a campanha dos recorrentes movimentou R$607.183,20 enquanto os candidatos da recorrida, segundos colocados, movimentaram R$738.862,00. Litigância de má-fé. Não caracterizada. Expedientes para falsear dados e manipular o juízo. Má-fé da parte em alterar a verdade dos fatos não evidenciada. Meros erros materiais insignificantes e inferências extraídas dos documentos juntados. Exercício do contraditório. Dados irrelevantes para a fundamentação da sentença. Não configuração das hipóteses previstas no art. 17 do CPC. Recurso provido, para julgar improcedentes os pedidos iniciais e afastar as sanções aplicadas. (RE 108710, Lavras/MG, Rel. Juíza Alice de Souza Birchal, j. 29/08/2013 – DJEMG, 12/09/2013 – www.tre-mg.jus.br/jurisprudencia.

ISSO POSTO, requer o processamento do pedido nos termos do art. 22, I, "a" e inciso XIV, da Lei Complementar 64/90, determinando-se a notificação dos investigados para defesa no prazo de 05 dias, julgando-se procedente o pedido para cassar o registro dos investigados, e, se até provimento final tiver ocorrido a eventual diplomação, o cancelamento dos diplomas.

Requer ainda que incidentalmente seja proclamada a inelegibilidade dos requeridos, nos termos do art. 1º, I, "d" e art. 22, XIV, LC 64/90, pelo prazo de 08 anos.

Postula pela produção dos meios de prova lícitos juridicamente, como a prova por documentos já apresentados e outros supervenientemente trazidos, perícias, testemunhas e depoimento pessoal das partes.

Requer, ainda, a intervenção do Ministério Público Eleitoral.

Atribui à causa o valor de R$ .... (........................... reais).

Pede e espera deferimento.

(Local e Data)

....

Advogado

OAB/... – nº ....

(Rol de testemunhas)

12.2.2 Abuso de poder econômico. Intervenção de empresas com a utilização de recursos financeiros para favorecer candidato. Inicial

EXMO. SR. JUIZ ELEITORAL DA ...ª ZONA ELEITORAL DE ..../...

COLIGAÇÃO ...., por seu advogado, anexo instrumento de mandato, vem à ilustre presença de Vossa Excelência alvitrar AÇÃO DE INVESTIGAÇÃO JUDICIAL ELEITORAL, em desfavor de CONVENIENTE e CONVENIADO, *(qualificações completas)*, candidatos à Eleição 2024 aos cargos de Prefeito e Vice-Prefeito sob o nº ...., no Município de ..../..., pela COLIGAÇÃO ...., e ainda em desfavor de EMPRESÁRIO e EMPREENDEDOR, *(qualificação completa)*, sócios das empresas ...., nos precisos termos do art. 22 da Lei Complementar 64/90, razão pela qual expõe e deduz os requerimentos seguintes.

Os investigados, no curso do processo eleitoral em discussão, praticaram de modo ostensivo e indisfarçável um abuso de poder econômico, suprimindo a estabilidade das relações democráticas e com atos potencialmente lesivos ao resultado do pleito, além de serem suficientemente graves para, à luz do art. 22, XVI, LC 64/90, impor-lhes as penalidades que se pleiteia na conclusão desse petitório.

Assim, ao praticarem o abuso a seguir delineado, atuaram de modo lesivo aos interesses da cidadania e legitimidade das eleições, não podendo subsistir os respectivos registros ou mesmo os diplomas dos requeridos candidatos, se eventualmente vierem a ser eleitos.

A prática do abuso ocorreu em virtude do aproveitamento pela campanha dos investigados candidatos, obviamente em conluio com a empresa .... e os investigados seus sócios para, que fora da regularidade de captação ou gastos financeiros com a campanha eleitoral, introduzirem o elemento financeiro como mecanismo para empatia em favor dos investigados.

A indigitada empresa .... – cujo principal sócio, ..., é pai do 1º investigado, isto é, o 3º investigado – atua no Município no ramo de .... Acontece que de maneira inédita, nos últimos 60 dias, adotou posturas de cunho social, visando criar uma proximidade do eleitorado com os investigados.

Assim, os investigados sócios da empresa ...., que tem cerca de .... empregados, realizou 04 encontros de lazer e entretenimento, nas seguintes datas e locais: .... Em tais eventos foram disponibilizados diversos serviços e formas de atendimento aos funcionários da empresa e seus familiares, como brincadeiras para crianças, guloseimas, contadores de histórias, palhaços, cortes de cabelo, enfim, tudo para criar um quadro de integração entre a empresa e seus funcionários.

Todavia, não atuaram os investigados empresários sob o motivo de aproximação, mobilização ou agradecimento gratuito aos seus funcionários. Jamais tiveram comportamento idêntico. Atuaram do modo já descrito, com intuito de apresentarem os candidatos investigados àquele grupo.

Registre-se, Excelência, por ser relevante, que os dois candidatos estiveram presentes nos dois primeiros encontros e deixaram o local no momento em que os adeptos da investigante registraram ocorrência policial acerca dos fatos (documentos anexos).

Deve ainda ser mencionado que, durante as apresentações e encontros programados por iniciativa da empresa, houve farta distribuição de material de propaganda eleitoral dos investigados candidatos, o que torna inequívoca a utilização da subordinação típica da relação de trabalho, como meio abusivo do poder econômico.

Pertinente anotar que, em reuniões fechadas com os trabalhadores da empresa ...., os superiores hierárquicos pedem de maneira direta voto em favor dos investigados candidatos, salientando que, na hipótese de não eleição deles, a empresa entraria em desacerto financeiro, correndo sério risco de fechamento.

Ora, tal quadro é extremamente grave, pois não há nenhum risco concreto e objetivo de danos nas atividades da empresa ...., pois o setor que explora se encontra em franco crescimento, como se percebe da notícia econômica de jornal especializado (documento anexo).

Com isso, imperiosa a tomada de providências pela Justiça Eleitoral.

ISSO POSTO, requer o processamento do pedido nos termos do art. 22, I, "a" e inciso XIV, Lei Complementar 64/90, determinando-se a notificação dos investigados para defesa no prazo de 05 dias, ouvindo-se em seguida o Ministério Público Eleitoral, e, colhendo-se as provas necessárias, sejam julgados procedentes os pedidos para cassar o registro dos investigados candidatos, e, se até provimento final, tiver ocorrido a eventual diplomação, o cancelamento dos diplomas.

Requer ainda que incidentalmente seja proclamada a inelegibilidade de todos os requeridos, nos termos do art. 1º, I, "d" e art. 22, XIV, LC 64/90, pelo prazo de 08 anos.

Pede a oportunidade para produzir todos os meios de prova lícitos em direito, como documental, pericial, inspeção judicial, testemunhal e depoimento pessoal.

Atribui à causa o valor de R$ ....,.. (........................... reais).

Pede e espera deferimento.

(Local e Data)

....

Advogado

OAB/... – nº ....

(Rol de testemunhas)

12.2.3 Abuso de poder econômico. Doação por terceiros de dinheiro e cestas básicas para entidade beneficente atender a famílias carentes. Defesa

EXMO. SR. JUIZ ELEITORAL DA ...ª ZONA ELEITORAL DE ..../...

Autos nº ....

SÉRIO e SÉRIO VICE, candidatos aos cargos de Prefeito e Vice-Prefeito nas Eleições 2024, no Município de ..../..., pela COLIGAÇÃO ...., concorrendo com o nº ......, nos autos em epígrafe, pedido de INVESTIGAÇÃO JUDICIAL ELEITORAL formulado pela COLIGAÇÃO ...., respeitosamente, por intermédio de seu advogado (incluso mandato), vem à presença de Vossa Excelência apresentar sua DEFESA, no prazo legal, pelo que repercute os seguintes argumentos jurídicos e fáticos.

SINOPSE DO ALEGADO NA PETIÇÃO INICIAL DA INVESTIGAÇÃO

A Coligação Investigante referiu-se a fatos inverídicos no ápice do desespero eleitoral, frente à fragorosa derrota que irá se desenhar nas urnas, rejeitando as propostas de seus candidatos e, assim, corroborando a aprovação popular dos investigados, que são candidatos à reeleição e desenvolveram no último mandato no Município de .... uma verdadeira modificação na qualidade de vida dos munícipes, dotando com toda a estrutura necessária a oportunidade para o crescimento e desenvolvimento de toda a municipalidade.

Segundo a Investigante, os investigados se beneficiaram da atitude realizada por um grupo de produtores rurais no Município de ...., que arrecadaram determinado valor e promoveram o rateio entre um grupo de pessoas, inseridas nos cadastros e dados da entidade beneficente ....

Tais valores, segundo a inconsequente alegação exordial, serviu para criar meios de convencimentos àquelas famílias pobres e que dependem desse tipo de assistência social para votarem nos investigados e que teria sido liderado pelo candidato à reeleição ao cargo de Vereador, o Sr. ...., que congrega o mesmo partido dos investigados.

REALIDADE DOS FATOS

Rechaçam os Investigados a total falta de lastro verdadeiro do que foi a eles imputado. Primeiramente, os Investigados sequer tiveram conhecimento se algum grupo ou associação de produtores rurais agiram de modo a beneficiar pessoas pobres, através da entidade ....

Apenas e após as notificações relativas a essa Investigação, é que ficaram sabendo do que hipoteticamente poderia ter acontecido.

Assim, passaram a verificar a realidade do que fora alegado, pois não pediram tal comportamento àquelas pessoas, dele não tiveram conhecimento e sequer anuíram de maneira explícita ou velada. Com isso, chegaram à conclusão que a atitude foi orientada por motivos pios e que sistematicamente era feita pelos produtores rurais, independentemente de ser período eleitoral, atendendo a pedido de eclesiásticos e religiosos da cidade.

Com essa concepção, não há como se configurar o abuso de poder econômico, pois se tratou de atividade há muito tempo empreendida em favor de pessoas desfavorecidas e que não poderiam mesmo ser paralisadas, mas concretizadas em paralelo com o período eleitoral e não tiveram qualquer aproveitamento político-eleitoral pelos investigados.

Tais injunções podem ser demonstradas pela oitiva de alguns dos produtores rurais que participam desse trabalho beneficente, conforme constam no rol de testemunhas, abaixo consignado.

Inviável se cogitar de que o episódio em questão tenha potencialidade lesiva para desequilibrar o pleito, pois não foi alçado como um ingrediente da campanha eleitoral, só invocado pela Investigante com o abjeto intuito de extrair proveito político da miséria alheia e das medidas realizadas para sua diminuição e apaziguamento das necessidades de pessoas idosas, crianças e doentes.

IMPOSSIBILIDADE DE O FATO SER CONFIGURADO COMO GRAVE – ART. 22, XVI, LC 64/90.

Não há como admitir que os acontecimentos promovidos pelo grupo de produtores rurais venham a receber a compleição de gravidade, mínima que se queira, para balizar o fundamento da acepção utilizada pela legislação eleitoral e configurar o abuso do poder econômico.

Em primeiro ponto, tem-se que realmente as necessidades daquelas pessoas eram prementes e, mesmo com os programas sociais do Governo Federal, não eram preenchidas todas as suas necessidades. As famílias eram cadastradas em entidade de atendimento pio, como já asseverado e demonstrado pelos documentos juntados.

O número de pessoas assistidas pela mencionada entidade foi de ..... A própria organização admite não ter recebido mais do que R$ ....,.. em dinheiro para aquisição de produtos e remédios, e ainda ..... cestas básicas. Esse volume, conforme atestado pela mesma entidade, é suficiente apenas para .... famílias, durante ....

Com isso, conclui-se ser inexpressiva a repercussão do material entregue às famílias carentes, que significam ...% do eleitorado. Além disso, tudo o que se realizou não foi associado à campanha dos Investigados.

Ora, também no juízo de valor quanto à gravidade dos fatos, se afastada a potencialidade lesiva do episódio, prepondera a proporcionalidade, sob pena de se instaurar o terror e as penas e sanções desarrazoadas, estremecendo as instituições democráticas e o processo eleitoral brasileiro.

EVENTUALIDADE DO BENEFÍCIO. AUSÊNCIA DE PARTICIPAÇÃO DOS INVESTIGADOS. IMPOSSIBILIDADE DE RECONHECIMENTO DO ABUSO

MM. Juiz Eleitoral! Pedindo-se vênia a esse douto juízo, os Investigados destacam novamente que não tinham conhecimento da ação de comiseração intentada por um grupo de produtores rurais, e, por isso, eventual decorrência de repercussão eleitoral não pode atingir-lhes. De maneira alguma contribuíram, pediram, sugeriram ou cogitaram de tal atitude.

Na realidade, nem sequer existe um vínculo dos Investigados, sua Coligação e demais correligionários, com os integrantes do grupo de produtores rurais, a desafiar um proveito pelos requeridos de maneira direta ou indireta.

Assim, não podem ser apenados, conforme já se manifestou o Excelso TSE:

> "RCED - Recurso Contra Expedição de Diploma nº 739 - Porto Velho/RO
>
> Acórdão de 16/03/2010
>
> Relator(a) Min. ARNALDO VERSIANI LEITE SOARES
>
> Publicação: DJE - Diário da Justiça Eletrônico, Data 20/5/2010, Página 11/12
>
> Ementa:
>
> Recurso contra expedição de diploma. Captação ilícita de sufrágio. Abuso do poder econômico.
>
> 1. As evidências e as circunstâncias averiguadas nos autos comprovam a montagem de esquema de compra de votos dentro de empresa de vigilância voltado à eleição de familiares do administrador desse negócio - beneficiários diretos e inequívocos do ilícito; essas mesmas evidências e circunstâncias, todavia, não permitem concluir pela participação, direta ou indireta, nem mesmo pela anuência do candidato a governador quanto à captação ilícita de sufrágio.
>
> 2. A afinidade política existente entre o candidato a governador e o candidato a senador não acarreta, por si só, a ciência por aquele de todos os atos de campanha praticados por pessoas ligadas ao parlamentar, porquanto, do contrário, a responsabilidade no que tange ao art. 41-A da Lei nº 9.504/97 não seria subjetiva, mas, sim, objetiva, apenas pelo fato de o esquema de compra de votos ter sido montado dentro da empresa de vigilância administrada pelo irmão do senador, em tese, a beneficiá-lo em virtude da prova de que também teriam sido pedidos votos a favor do candidato à Chefia do Poder Executivo.
>
> 3. A condição de eventual beneficiário de abuso do poder econômico, sem qualquer participação do candidato a governador, deve ser sopesada com prudência e cautela, sobretudo em face das circunstâncias de ele ser candidato à reeleição e ter sido eleito em primeiro turno, não se podendo, do conjunto probatório, cogitar que o esquema de compra de votos tenha tido significativa repercussão na sua campanha, de modo a conspurcar o resultado do pleito e a exigir a aplicação da grave pena de cassação de mandato.

Recurso contra expedição de diploma desprovido

Decisão: O Tribunal, por maioria, desproveu o Recurso, nos termos do voto do Relator. Vencidos os Ministros Ayres Britto (Presidente) e Cármen Lúcia." (www.tse.jus.br/jurisprudencia)

ISSO POSTO, requer seja admitida a presente peça defensiva e realizada a instrução necessária, ouvido o Ministério Público Eleitoral, seja o pedido julgado totalmente improcedente, afastando os apontamentos da Investigante para aplicação de penalidades/sanções aos Investigados.

Requer a oportunidade processual para demonstrar suas assertivas pelos meios de provas em direito admitidos, como prova testemunhal (rol anexo), documental, inclusive superveniente, pericial e outras.

Pede e aguarda deferimento.

(Local e Data)

....

Advogado

OAB/... – nº ....

(Rol de testemunhas)

12.2.4 Abuso de poder político. Vereador-Presidente da Câmara Municipal que condiciona a inclusão em pauta, de projeto de lei que interessa a determinada empresa, à doação de valores para sua campanha eleitoral. Inicial

EXMO. SR. JUIZ DE DIREITO DA ...ª ZONA ELEITORAL DE ..../...

COLIGAÇÃO ...., por seu advogado abaixo assinado, e nos termos do anexo mandato, vem à presença de Vossa Excelência ajuizar INVESTIGAÇÃO JUDICIAL ELEITORAL POR ABUSO DE PODER POLÍTICO, em desfavor de OUSADO, *(qualificação completa)*, candidato ao cargo de Vereador nas Eleições 2024, pela agremiação partidária ...., sob o nº ...., com fundamento precípuo no art. 22, LC 64/90, pelo que descreve fatos e anota bases jurídicas visando dar amparo às suas pretensões.

A Investigante apresentou candidatos aos cargos majoritários e proporcionais no âmbito das Eleições Municipais de 2020 no Município de ....

O Investigado se alçou à disputa do certame eleitoral no cargo de Vereador pela Coligação ...., sendo que atualmente ocupa o cargo de Presidência daquela honrada Casa Legislativa.

Contudo, seu comportamento se desviou dos padrões e funções inerentes à lisura como agente político, buscando de maneira acintosa a obtenção de vantagem, que configura abuso de poder político, implicando na cassação do seu registro ou diploma, se virtualmente eleito.

Inicialmente, cabe registrar que o Chefe do Executivo Municipal remeteu à Câmara de Vereadores, em .../.../....., o Projeto de Lei nº ...., visando à realização de obras de infraestrutura na área de engenharia e pavimentação nos bairros ....

A aprovação da lei é necessária para que o Município possa realizar convênios com o ente Federal e deflagrar o processo de licitação para a obra, que tanto beneficiará a comunidade da região apontada.

Com isso, a empresa .... é uma das principais interessadas na formalização de todas as condições para a licitação, para que naquele certame possa apresentar suas propostas e, sagrando-se vencedora, realizar o contrato administrativo para concretização das obras ou parte delas, dependendo do que vier consignado no edital licitatório.

Pois bem. Tendo o conhecimento de que as providências para realização da obra dependiam da aprovação da lei municipal, um advogado representando a empresa .... manteve diversos contatos com o Investigado, que no princípio informou que o projeto rapidamente seria incluído em pauta, que precisava ser desafogada.

Posteriormente, comportou-se o Investigado com evasivas, sem dar muitas explicações sobre o retardamento da providência, inclusive com o prazo regimental escoado, conforme Regimento Interno da Câmara de Vereadores de ...., art. ...

Nos últimos contatos, já com a campanha eleitoral em desenvolvimento, o Investigado, de maneira direta, condicionou o avanço na tramitação do sobredito Projeto de Lei à doação, pela empresa ...., do elevado valor de R$ ....,.. (.................... reais) à sua campanha eleitoral.

Indignada com tal comportamento, a empresa .... procurou pela Investigante, denunciando o episódio e trazendo inúmeras gravações telefônicas de conversas feitas com o seu advogado e o próprio Investigado e seus assessores, constatando o teor da chantagem e comportamento desviante.

Ora, na condição de Presidente da Câmara de Vereadores, o Investigado não pode, sob qualquer pretexto, condicionar a dinâmica da pauta dos trabalhos, em clara ofensa ao RI e à legislação eleitoral, para privilegiar seus interesses pessoais e eleitorais.

Com essa dimensão, visível o abuso de poder político, merecendo o Investigado ser exemplarmente punido.

ISSO POSTO, requer o processamento do pedido nos termos do art. 22, I, "a" e inciso XIV, Lei Complementar 64/90, determinando-se a notificação do investigado para defesa no prazo de 05 dias, e, cumpridos todos os trâmites, sejam julgados procedentes os pedidos para cassar o registro de candidatura do investigado, e, se até provimento final tiver ocorrido a eventual diplomação, o cancelamento do diploma.

Requer ainda que incidentalmente seja proclamada a inelegibilidade do requerido, nos termos do art. 1º, I, "d" e art. 22, XIV, LC 64/90, pelo prazo de 08 anos.

Outrossim, pede que se manifeste o Ministério Público Eleitoral sobre a incidência de crime, nos termos do art. 40, CPP, aplicado supletivamente, tomando-se as medidas necessárias e, ainda, sob o prisma da improbidade administrativa, com base na Lei 8.429/92, inclusive com comunicação ao Vice-Presidente da Câmara de Vereadores para a adoção de providências atinentes à responsabilidade política do Investigado, conforme disposto no art. 7º do Decreto-Lei 201/67.

Pugna pela produção de todas as provas admitidas em direito, como a testemunhal, pericial, documentos, gravações de áudio e vídeo (conforme arquivos anexos e outros supervenientes, que forem necessários), inspeção judicial e depoimento pessoal dos litigantes.

Atribui à causa o valor de R$ ....,.. (......................... reais).

Pede e espera deferimento.

(Local e Data)

....

Advogado

OAB/... – nº ....

(Rol de testemunhas)

12.2.5 Abuso de poder político. Entrelaçamento com abuso de poder econômico. Utilização indevida de servidores públicos. Inicial

EXMO. SR. JUIZ ELEITORAL DA ...ª ZONA ELEITORAL DE ..../...

PARTIDO ......, através de seu diretório municipal, conforme legítima representação em capacidade postulatória a seu advogado, constituído nos termos do aderido instrumento de procuração, vem respeitosamente à presença de Vossa Excelência propor AÇÃO DE INVESTIGAÇÃO JUDICIAL

ELEITORAL POR ABUSO DE PODER POLÍTICO, em face de EMPOSSADO e POSSUIDOR, *(qualificação completa)*, candidatos aos cargos de Prefeito e Vice-Prefeito do Município de ..../..., nas Eleições 2024, sob o nº ....., pela COLIGAÇÃO ...., com apoio no art. 22 da Lei Complementar 64/90, pelo que apresenta a exposição a seguir articulada.

O Investigante apresentou candidatos aos cargos de Prefeito e Vice--Prefeito, respectivamente, os Srs. .... e ...., concorrendo sob o nº .....

Assinala-se que os Investigantes ocupam atualmente os cargos de Prefeito e Vice-Prefeito do Município de ...., e são candidatos à reeleição.

Nessa condição, deveriam primar pelo mais absoluto respeito à probidade e moralidade na utilização da coisa pública, mas, ao revés, apoderam-se da máquina administrativa visando angariar vantagens e concretizar captação indevida de sufrágio, exteriorizando abusos simultâneos do poder econômico e político, como abaixo se explica.

Durante todo o mês de ...., o 1º Investigado, como Prefeito Municipal, determinou a todos os servidores da Secretaria Municipal de Assistência Social, cerca de ...., que percorrem todo o território do Município, realizando um malsinado cadastro de famílias, com coleta de dados e informações sobre a sua composição.

Resta dizer que tal providência não se justifica, eis que a Secretaria em tablado já reúne todas as informações necessárias à realização de suas atividades, seja por cadastro próprio ou em execução de programas sociais originários do Governo Federal.

Acontece que a estratégia nada mais significa do que a espúria utilização indevida de servidores para cooptarem eleitores a votar nos Investigados.

Os servidores do Município encarregados da insólita e ilícita missão abordam os moradores das regiões mais pobres da cidade, anotando nomes e outros dados, com a notícia de que receberão nos próximos meses, da Secretaria Municipal de Assistência Social, uma vantagem financeira no valor de R$ ....,.. (.................... reais).. Em contrapartida, registram que tal benefício social só foi possível pela iniciativa e intervenção dos Investigados como governantes, e que só será mantida caso continuem recebendo a "confiança" dos eleitorais, isto é, se forem contemplados com os votos dos beneficiários e seus familiares.

O esquema é tão asqueroso, Excelência, pedindo-lhe vênia para o registro gramatical compatível com a ausência de respeito às liberdades políticas, que os Investigados determinaram aos servidores do Município que contabilizassem o número de eleitores em cada grupo familiar, e a probabilidade de quantos cumprirão a promessa de votar nas suas candidaturas.

A prova documental que ora se encarta revela os formulários utilizados pelos servidores públicos, e ainda os arquivos em vídeo, contendo diálogos com moradores de diversas localidades, descrevem de maneira pormenorizada a ocorrência da espúria conduta dos Investigados.

Tal panorama indica que houve uma cruzada de ilícitos eleitorais, perpetrados pelos Investigados, com a superposição dos abusos de poder político e econômico, inclusive na modalidade de captação ilícita de sufrágio, além de conduta vedada a agentes públicos, nos termos do art. 73 da Lei 9.504/97.

Se não bastasse o potencial para desequilíbrio da disputa em desenvolvimento, os fatos assumem singular gravidade, pois configuram improbidade administrativa, desvio de função e finalidade do ambiente público em prol de programas e projetos pessoais eleitoreiros, conspurcando a democracia e cidadania. A Lei da Ficha Limpa, por isso, impede que concorrentes com tal postura assumam o comando da Administração Pública – art. 22, XVI, Lei Complementar 64/90, inserido pela Lei Complementar 135/2010.

A jurisprudência, em hipóteses como a descrita nesse caso, recomenda a proclamação do abuso de poder político.

> "AgR-AI - Agravo Regimental em Agravo de Instrumento nº 11708 - Carmo do Paranaíba/MG
>
> Acórdão de 18/03/2010
>
> Relator(a) Min. FELIX FISCHER
>
> Publicação: DJE - Diário da Justiça Eletrônico, Tomo 70, Data 15/04/2010, Página 18/19
>
> Ementa:
>
> AGRAVO REGIMENTAL. AGRAVO DE INSTRUMENTO. ABUSO DE PODER ECONÔMICO ENTRELAÇADO COM ABUSO DE PODER POLÍTICO. AIME. POSSIBILIDADE. CORRUPÇÃO. POTENCIALIDADE. COMPROVAÇÃO. SÚMULAS Nos 7/STJ E 279/STF. NÃO PROVIMENTO.
>
> 1. A via aclaratória não se presta à rediscussão dos fundamentos do acórdão recorrido. Os embargos de declaração utilizados para esse fim ultrapassam os limites delineados pelo art. 535, I e II, do Código de Processo Civil c.c. o art. 275 do Código Eleitoral.
>
> 2. Na espécie, não há falar em violação ao art. 275 do Código Eleitoral pelo e. Tribunal de origem uma vez que, à conta de omissão, suscitou-se a existência de supostas particularidades do caso concreto, que inexistiram, após criterioso exame das razões recursais e do acórdão regional.
>
> 3. O abuso de poder econômico entrelaçado com o abuso de poder político pode ser objeto de Ação de Impugnação de Mandato Eletivo (AIME),

porquanto abusa do poder econômico o candidato que despende recursos patrimoniais, públicos ou privados, dos quais detém o controle ou a gestão em contexto revelador de desbordamento ou excesso no emprego desses recursos em seu favorecimento eleitoral. Precedentes: REspe nº 28.581/MG, de minha relatoria, DJe de 23.9.2008; REspe nº 28.040/BA, Rel. Min. Ayres Britto, DJ de 1º.7.2008.

4. No caso, os agravantes utilizaram-se do trabalho de servidores públicos municipais e de cabos eleitorais, que visitaram residências de famílias carentes, cadastrando-as e prometendo-lhes a doação de quarenta reais mensais, caso os agravantes sagrassem-se vencedores no pleito de 2008.

5. A reiteração do compromisso de doação de dinheiro, feita individualmente a diversos eleitores, não significa que a promessa seja genérica. Pelo contrário, torna a conduta ainda mais grave, na medida em que não implica apenas desrespeito à vontade do eleitor (captação ilícita de sufrágio), mas também tende a afetar a normalidade e a legitimidade das eleições (abuso de poder econômico).

6. A jurisprudência desta c. Corte é no sentido de que o exame da potencialidade não se vincula ao resultado quantitativo das eleições (RCED nº 698/TO, de minha relatoria, DJe de 12.8.2009). De todo modo, o e. Tribunal a quo reconheceu existir elementos suficientes para a caracterização não só da captação ilícita de sufrágio, mas também do abuso de poder econômico, que influenciou a vontade popular, avaliando, implicitamente, a diferença de votos entre os candidatos.

7. Para chegar à conclusão diversa do v. acórdão regional, haveria a necessidade de revolver o conteúdo fático-probatório dos autos, procedimento inviável neste recurso especial eleitoral em virtude das Súmulas nºs 7/STJ e 279/STF.

8. Agravo regimental não provido.

Decisão: O Tribunal, por unanimidade, desproveu o Agravo Regimental, nos termos do voto do Relator." (www.tse.jus.br/jurisprudencia)

ISSO POSTO, requer o processamento do pedido nos termos do art. 22, I, "a" e inciso XIV, Lei Complementar 64/90, determinando-se a notificação dos investigados para defesa no prazo de 05 dias, e, cumpridos todos os trâmites, inclusive com a intervenção do Ministério Público Eleitoral e a instrução probatória, sejam julgados procedente os pedidos para cassar o registro de candidatura dos investigados, e, se até provimento final tiver ocorrido a eventual diplomação, o cancelamento dos diplomas.

Requer ainda que incidentalmente seja proclamada a inelegibilidade dos requeridos, nos termos do art. 1º, I, "d" e art. 22, XIV, LC 64/90, pelo prazo de 08 anos.

Com fundamental apoio no art. 40, CPP, aplicado supletivamente ao processo eleitoral e considerando ainda as disposições do Decreto-Lei

201/67, requer que se conceda específica vista dos autos ao Ministério Público Eleitoral para adoção das medidas pertinentes àquela finalidade, e, ainda, em relação à decantada improbidade administrativa para fins da Lei 8.429/92.

Requer a produção do conjunto probatório à demonstração da veracidade de suas alegações, como prova documental, testemunhal, pericial, depoimento pessoal, juntada de arquivos de áudio, vídeo e outras medidas aptas àquela finalidade.

Atribui à causa o valor de R$ ....,.. (............................ reais).

Pede e espera deferimento.

(Local e Data)

....

Advogado

OAB/... – nº ....

(Rol de testemunhas)

12.2.6 Abuso de poder político. Propaganda de terceiros. Insuficiência de provas. Defesa

EXMO. SR. JUIZ ELEITORAL DA ...ª ZONA ELEITORAL DE ..../...

Autos n. ....

PODEROSO e EXIBIDO, qualificados nos autos já identificados, respectivamente candidatos aos cargos de Prefeito e Vice-Prefeito nas Eleições 2024, no Município de ..../...,, sob o nº ...., pela COLIGAÇÃO ...., através de seu advogado (mandato anexo) a final assinado, considerando a INVESTIGAÇÃO JUDICIAL ELEITORAL proposta pelo PARTIDO ...., apresentam sua RESPOSTA sob forma de CONTESTAÇÃO, no prazo legal, expondo as seguintes razões.

TEMPESTIVIDADE

Com os olhos postos na notificação de f. ... e o disposto no art. 22, I, "a", da Lei Complementar 64/90, pois o protocolo da peça de resistência ocorre nesta data ....

RESUMO DAS ALEGAÇÕES DA INVESTIGANTE.

A Investigante, desavisadamente, acentua em seu petitório inicial que os Investigados extraíram proveito do abuso de poder político para suas candidaturas, desequilibrando o feito, pois o 1º Investigado, na condição de Prefeito Municipal e candidato à reeleição, determinou a confecção de uma revista com recursos públicos, contendo cerca de 5.000 exemplares, distribuindo-os à população em plena época de propaganda eleitoral.

Tal acontecimento teria colocado em destaque a candidatura dos Investigados, o que retiraria a paridade e igualdade entre os demais concorrentes, inclusive os candidatos que disputam o pleito sob a égide da Investigante.

REALIDADE DOS FATOS. AUSÊNCIA DE EMPREGO DE RECURSOS PÚBLICOS

Cabe asseverar, Excelência, que os fatos não se deram com a dimensão ou formato preconizado pela Investigante.

Em primeiro tom, deve-se esclarecer que não houve a aplicação de qualquer recurso público na edição e distribuição da revista noticiada. A publicação teve a iniciativa dos servidores públicos do Município de ...., através da Associação .... e Sindicato ....

Os custos com a iniciativa foram suportados por aquelas entidades e ainda arcados com a publicidade comercial que foi vendida e estampada nos exemplares.

O caráter da publicação, por outro lado, se distancia em muito de qualquer publicidade eleitoral, pois noticia o perfil no serviço público municipal, anotando os servidores mais antigos, seus perfis, interesses pessoais, habilidades e talentos, enfim, é uma homenagem ao serviço público municipal.

Os documentos que acompanham a defesa, ou seja, originários da Associação e Sindicato já identificados, demonstram que o custeio foi exclusivamente vinculado àquelas fontes.

Certo é que houve uma mínima intervenção dos Investigados como atuais Prefeito e Vice-Prefeito, sem qualquer apelo eleitoral, apenas emitindo uma opinião sobre o serviço público municipal de .... A referência feita é de cunho eminentemente administrativo e elogio ao serviço público em geral, sem qualquer conotação político-eleitoral.

A participação referida nada mais representa do que a formulação de dois textos em forma de artigos, escritos e assinados pelos Investigados, cada um deles se referindo às condições satisfatórias do serviço público municipal e uma alusão à sua importância.

INEXISTÊNCIA DE PROPAGANDA INSTITUCIONAL

Mesmo não tendo a parte Investigante cogitado da incidência de conduta vedada aos agentes públicos na campanha eleitoral, à luz da norma pormenorizada no art. 73, Lei 9.504/97, mas afirmando aleatoriamente sobre um incabível abuso de poder político, o material preparado não se confunde com propaganda institucional e como tal não merece tratamento.

Como já verberado, trata-se de uma iniciativa particular como homenagem ao serviço público municipal, que contou com a presença dos Investigantes pela inseparável condição de mandatários do Município.

POTENCIALIDADE LESIVA. NÃO OCORRÊNCIA

Ora, o fato encadeado pela Investigante não possui a menor probabilidade de desequilibrar o feito, pois irrisório e insuficiente sequer para se concluir pela existência de uma mensagem eleitoral. Em nenhuma página ou passagem da publicação se identifica o número ou nome dos Investigados como candidatos. Não há nenhuma referência ao próprio pleito eleitoral.

Assim acontecendo, é totalmente desarrazoado falar-se de desequilíbrio da disputa, pois as condições de igualdade entre os candidatos permanecem simétricas, sem qualquer conclusão de favoritismo ou vantagem aos Investigados.

GRAVIDADE DOS FATOS

Na hipótese de a respeitável análise judicial ocorrer com fundamento no art. 22, XVI, Lei Complementar 64/90, redação inserida pela Lei da Ficha Limpa - Lei Complementar 135/2010, melhor sorte não terá a Investigante. Isso, porque o fato pode ser tido como um arremedo em relação a todo o curso do processo eleitoral e, sobretudo, a envergadura da propaganda eleitoral entregue à população, inclusive o farto material divulgado pelos candidatos da Investigante.

Nenhum recurso foi extraído do erário público. Não houve conduta vedada. Nenhum aspecto de improbidade ou imoralidade no serviço público foi praticado, enfim, os Investigados participaram do evento, simplesmente, como meros articulistas, em respeito ao funcionalismo público local e a magnitude de sua atuação em prol da população, sem qualquer pedido de voto ou apoio.

O fato em si é corriqueiro, sem qualquer circunstância que possa afetar a fluência natural de todas as etapas do processo eleitoral.

AUSÊNCIA DE PROVA. REJEIÇÃO DO PEDIDO

Sabe-se que a par da necessidade de se preservar a ética e a responsabilidade proba, no âmbito das eleições se recomenda que as sanções previstas no arcabouço normativo sejam de fato impingidas a quem merecê-las. Todavia, não se pode deixar de evocar que as penalidades são severas, desconstituem opções populares, modificam posicionamentos da cidadania, enfim, traduzem uma anormalidade em busca de uma perfeição mais abrangente.

Por isso, o acatamento da desconstituição de diplomas eleitorais ou cassação de registros de candidaturas só pode ocorrer existindo prova suficiente, confiável e segura de que ocorreu o ilícito eleitoral. No caso presente, apenas especulações e irresponsabilidades da Investigante em deduzir o pedido não podem levar a tal apontamento.

Percebe-se pelos documentos apresentados que os gastos não foram originários nem da campanha dos Investigados, nem de recursos públicos, e não houve ainda qualquer abuso na utilização de meios de comunicação, apenas uma homenagem comum aos servidores públicos.

Dessa forma, em utilização das regras de distribuição dos ônus da prova, Vossa Excelência chegará à conclusão de que o disposto no art. 373, I, CPC deve ser aplicado na hipótese vertente, julgando-se improcedentes os pedidos, pois não há qualquer demonstrativo de abuso de poder político ou outra infração eleitoral.

Diga-se, ainda, que sequer o reconhecimento de conduta vedada pode ser feito no âmbito desse processo, pois não houve pedido de tal natureza.

Com tal espectro, já se pronunciou a jurisprudência eleitoral:

> "RD - RECURSO DE DIPLOMACAO nº 22 - Bilac/SP
>
> Acórdão de 02/03/2010
>
> Relator(a) PAULO HAMILTON SIQUEIRA JÚNIOR
>
> Publicação: DJESP - Diário da Justiça Eletrônico do TRE-SP, Data 30/03/2010, Página 06
>
> Ementa:
>
> RECURSO CONTRA EXPEDIÇÃO DE DIPLOMA – PREFEITO E VICE-PREFEITO – ABUSO DE PODER POLÍTICO – PRODUÇÃO DE REVISTA COM UTILIZAÇÃO DE FUNCIONÁRIOS E EQUIPAMENTOS DA PREFEITURA – CONDUTA VEDADA NÃO DEMONSTRADA – PROVA INSUFICIENTE – RECURSO NÃO PROVIDO.
>
> Decisão: NEGARAM PROVIMENTO AO RECURSO. V.U." (www.tse.jus.br/jurisprudencia)

12.2.7 Abuso de poder religioso. Entrelaçamento com abuso de poder econômico

EXMO. SR. JUIZ ELEITORAL DA ...ª ZONA ELEITORAL DE ..../...

SINCERO ......, através candidato pelo PARTIDO DA FÉ, que juntamente com outras agremiações partidárias formaram a COLIGAÇÃO ..., por intermédio de seu advogado, constituído nos termos do aderido instrumento de procuração, vem respeitosamente à presença de Vossa Excelência propor AÇÃO DE INVESTIGAÇÃO JUDICIAL ELEITORAL POR ABUSO DE RELIGIOSO E ECONÔMICO – (EM ENTRELAÇAMENTO COM O PODER ECONÔMICO), em face de SERENO e SERENO II, *(qualificação completa)*, candidatos eleitos aos cargos de Prefeito e Vice-Prefeito do Município de ..../..., nas Eleições 2024, sob o nº ....., pela COLIGAÇÃO ...., e PODEROSO (autoridade religiosa), com apoio no art. 22 da Lei Complementar 64/90, pelo que apresenta a exposição a seguir articulada.

Nos termos das anexas atas que mostram os resultados das Eleições 2020, investigante e investigado concorreram ao cargo de Prefeito e Vice-Prefeito no pleito em questão, sendo eleito o investigado por uma pequena margem de diferença (4,8%) dos votos válidos.

Nesse contexto, o resultado eleitoral está irremediavelmente maculado, porquanto procederam os investigados, seu partido, coligação e o 2º representado, além do conjunto da respectiva campanha, de modo espúrio.

ABUSO DE PODER RELIGIOSO

Como restou decidido pelo Eg. TSE, o abuso de poder religioso constitui anomalia que leva à perda de legitimidade das eleições: Recurso Ordinário nº 537003 - BELO HORIZONTE – MG Acórdão de 21/08/2018Relator(a) Min. Rosa Weber Publicação: DJE - 27/09/2018.

Trata-se de uma ampliação da previsão constitucional do arts. 14, § 9º, CF e art. 19 e 22, LC 64/90, assegurando o equilíbrio e paridade de oportunidade, entre os concorrentes, em paralelo à proibição do abuso de poder econômico, político e dos meios de comunicação.

No caso concreto, o 2º representado como líder religioso da Igreja (...) realizou um evento religioso no (....), exatamente, no sábado anterior à eleição, contando com uma reunião pública, envolvendo cerca de aproximadamente (...) participantes em local de fácil acesso e de presença de contingente expressivo da população, ou seja, (...).

Durante o evento, para o qual foi realizada uma enorme estrutura com palanques, caixas de som e transmissão por redes sociais ao vivo (mencioná-las), os investigados então candidatos em determinado momento, subiram até o palanque principal onde estava o 2º investigado. Este saudou pelo nome e informou que eles seriam candidatos no pleito em desenvolvimento.

Se tudo isso não fosse suficiente, os investigados candidatos foram indicados pelo 2º investigado como "enviados por Deus", sendo referidos como "compromissados com o Criador", "dignos de fé, logo dignos de votos", além de diversas outras expressões utilizadas para convencer os presentes e todos aqueles que tiveram conhecimento do conteúdo audiovisual que eram aqueles as melhores opções para a vitória eleitoral.

Esse quadro repercutiu de modo contundente no resultado eleitoral, posto que interferiu como mensagem de líder religioso reconhecido no meio social, às vésperas do pleito que se apresentou a todo momento como muito acirrado, outrossim, revelando o censo último do IBGE (que ....percentual da população se considera religioso e da religião A, B ou C, dependendo da hipótese concreta).

Desse modo, visível a aptidão que o episódio teve com o resultado das eleições.

ABUSO DE PODER ECONÔMICO

Na remota hipótese de Vossa Excelência não compreender como pertinente o reconhecimento do abuso de poder religioso como fundamento independente e próprio para o abuso e consequências do art. 22, XIV, LC 64/90, a hipótese descrita se enquadra no abuso do poder religioso entrelaçado com o poder econômico, suficiente para com base no último motivo, levar ao acolhimento da pretensão.

É que a realização do evento contou com gastos estimados de R$ ..., sendo realizado em mais de (...) horas, conforme se pode observar pelos registros audiovisuais que ora são anexados. Por outro lado, os investigados eleitores permaneceram no palanque por 1/3 do tempo destinado a todo o evento. Cabe ainda registrar que na mesma época dos 03 últimos anos não houve a realização de evento religioso dessa natureza, indicando assim de modo claro, que o intento eleitoral era ovacionar os preferidos pelo grupo religioso do 2º investigado.

ISSO POSTO, requer o processamento do pedido nos termos do art. 22, I, "a" e inciso XIV, Lei Complementar 64/90, determinando-se a notificação dos investigados para defesa no prazo de 05 dias, e, cumpridos todos os trâmites, inclusive com a intervenção do Ministério Público Eleitoral e a instrução probatória, sejam julgados procedente os pedidos para cassar o registro de candidatura dos investigados, e, se até provimento final tiver ocorrido a eventual diplomação, o cancelamento dos diplomas.

Requer ainda que incidentalmente seja proclamada a inelegibilidade dos requeridos, nos termos do art. 1º, I, "d" e art. 22, XIV, LC 64/90, pelo prazo de 08 anos.

Requer a produção do conjunto probatório à demonstração da veracidade de suas alegações, como prova documental, testemunhal, pericial, depoimento pessoal, juntada de arquivos de áudio, vídeo e outras medidas aptas àquela finalidade.

Atribui à causa o valor de R$ ....,.. (............................ reais).

Pede e espera deferimento.

(Local e Data)

....

Advogado

OAB/... – nº ....

(Rol de testemunhas)

12.3 AIJE. ABUSO DOS MEIOS DE COMUNICAÇÃO

Como outra modalidade imponente de abuso a ser cogitado no processo eleitoral é o abuso na utilização dos meios de comunicação. Essa anomalia é tão grave como o abuso de poder político ou econômico e na maioria das vezes se apresenta permeado por aquelas duas ilicitudes, se complementando e se conjugando, enfim, criando um cenário de interferência indevida nas eleições, que de modo taxativo prejudica a democracia.

De acordo com a compreensão de Antonio Sobreiro Neto, o abuso ou uso indevido dos meios de comunicação se apresenta por um aspecto tríplice:

> "I - propaganda oficial – relacionada com o abuso do poder político, sendo que em época eleitoral a propaganda institucional deve ser previamente autorizada pela Justiça Eleitoral; II - atividade profissional nos veículos de comunicação social – o tempo de exposição desses profissionais nos meios de comunicação geram vantagem sobre os demais candidatos, pois os meios midiáticos são extremamente influentes em nossa sociedade; III - abusos na propaganda – ligados ao abuso de poder político e econômico, como o emprego de servidores públicos como cabos eleitorais e uso indevido de automóveis públicos para transmissão de propagandas." (*In*: *Direito Eleitoral, Teoria e Prática*. 3. ed., Ed. Juruá, 2005, p. 182)

Uma das modalidades principais de implemento do abuso é a exposição indevida do candidato, pois denota um sentido diverso da liberdade de informação e expressão do pensamento. Nesse aspecto, há de se ressaltar que os órgãos de imprensa, inclusive a imprensa escrita pode aderir a determinada linha de pensamento filosófico ou de convicção, adotar plataformas de partidos políticos e apoiar candidaturas. Mas, essa flexibilidade não autoriza o uso nocivo e desproporcional da prerrogativa de informar, que se encontra protegida por dogma constitucional, transformando-se em uma estratégia de disputa eleitoral, posto que desequilibrará o certame, ante a parcialidade ostensivamente adotada e efetivada com vistas à influência direta no resultado eleitoral.

Com tais motivos, o TSE tem entendido como conduta abusiva:

> *RESPE - Agravo Regimental em Recurso Especial Eleitoral nº 80917 - RIACHÃO DO DANTAS – SE Acórdão de 23/05/2019 Relator(a) Min. Tarcisio Vieira De Carvalho Neto, Publicação: DJE - Diário de justiça eletrônico, Data 13/06/2019.*
>
> *Ementa:*
>
> *ELEIÇÕES 2016. AGRAVOS REGIMENTAIS. RECURSO ESPECIAL ELEITORAL. AÇÃO DE INVESTIGAÇÃO JUDICIAL ELEITORAL. PROCEDÊNCIA. REITERAÇÃO DE ARGUMENTOS. SÚMULA Nº 26/TSE. LITISCONSÓRCIO PASSIVO NECESSÁRIO AFASTADO. CANDIDATOS. ÚNICOS RESPONSÁVEIS PELA CONDUTA ILÍCITA. SÚMULAS Nº 30 E 24/TSE. DEFICIÊNCIA DE FUNDAMENTAÇÃO. INEXISTÊNCIA. USO INDEVIDO DOS MEIOS DE COMUNICAÇÃO. JORNAL. DIVULGAÇÃO MACIÇA. PESQUISA ELEITORAL IRREGULAR. GRAVIDADE. REPERCUSSÃO. ELEITORADO. ELEMENTOS DE PROVA. ROBUSTEZ. ASPECTOS FÁTICOS. REEXAME. IMPOSSIBILIDADE. SÚMULA Nº 24/TSE. DESPROVIMENTO.*
>
> *1. É inviável o agravo regimental que consiste, essencialmente, na reiteração literal das teses já enfrentadas de forma pormenorizada, sem impugnar, de forma específica, os fundamentos que sustentam a decisão agravada, o que atrai a incidência da Súmula nº 26/TSE.*
>
> *2. A jurisprudência do TSE, firmada para o pleito de 2016, aponta para a formação do litisconsórcio passivo necessário entre o autor do ilícito e o beneficiário nos casos de abuso de poder econômico, político e de uso indevido dos meios de comunicação social, pois, a teor do art. 22, XIV, da LC nº 64/90, aplica-se a inelegibilidade também a quem praticou o ato (Leading Case: REspe nº 843-56/MG, Rel. Min. João Otávio de Noronha, DJe de 2.9.2016. No mesmo sentido: REspe nº 624-54/SP, Rel. Min. Jorge Mussi, DJe de 11.5.2018).*
>
> *3. Não há falar em litisconsórcio passivo necessário no presente caso, porquanto a ilegalidade apurada nesta AIJE, qual seja, a ampla circulação da pesquisa fraudulenta em ato de campanha promovido na véspera da eleição com repercussão na consciência do eleitorado que teve a falsa impressão da vitória dos investigados, segundo a premissa firmada pelo TRE/SE, foi atribuída exclusivamente aos ora agravantes, não sendo possível, sem o reexame do acervo fático-*

-probatório dos autos (Súmula nº 24/TSE), concluir que os editores do jornal e o instituto de pesquisa também seriam responsáveis pela prática abusiva.

4. O entendimento exposto no acórdão regional está em consonância com a jurisprudência do TSE, o que atrai a Súmula nº 30/TSE, óbice igualmente "[...] aplicável aos recursos manejados por afronta a lei" (AgR-AI nº 82-18/RS, Rel. Min. Napoleão Nunes Maia Filho, DJe de 11.10.2018).

5. Impossível reconhecer os vícios apontados, visto que, de acordo com a pacífica jurisprudência desta Corte, "o art. 275 do Código Eleitoral, c/c o art. 93, IX, da CRFB/88, é satisfeito sempre que a Corte de origem enfrenta a matéria supostamente omissa e todas as demais questões necessárias ao deslinde da causa" (REspe nº 196-50/SC, Rel. Min. Luiz Fux, PSESS de 13.12.2016).

6. A fundamentação desenvolvida ao longo do aresto regional foi pródiga na indicação das provas - 3 (três) declarantes, 2 (duas) testemunhas (os proprietários do Instituto França de Pesquisa e do jornal A Gazeta) e documentos, inclusive mídia - que comprovam, sem nenhuma dúvida, que os agravantes, às vésperas das eleições de 2016, em meio a fogos de artifício, por interpostas pessoas, distribuíram, a partir do comitê de campanha, no Município de Riachão do Dantas/SE, uma grande quantidade de jornais com pesquisa eleitoral - quadro extremamente vantajoso - prática não permitida por esta Justiça especializada, a fim de influenciar o resultado do pleito.

7. Como anotado na decisão agravada, a gravidade do ilícito foi robustamente revelada pela distribuição maciça de exemplares de jornal contendo pesquisa eleitoral proibida, grande distorção entre os dados da pesquisa e o resultado das urnas - "[...] a conduta aqui analisada teve aptidão para influenciar no resultado das urnas" (fl. 799) -, pequena diferença entre a chapa vencedora e a segunda colocada e vasta repercussão dos fatos por se tratar de município de pequeno porte.

8. Desse modo, reafirma-se que, para acolher as teses recursais, seria necessária nova incursão no conjunto fático-probatório dos autos, providência vedada nesta instância especial, a teor da Súmula nº 24/TSE.

9. Agravos regimentais desprovidos.

ELEIÇÕES 2016. AGRAVO REGIMENTAL. AÇÃO CAUTELAR. EFEITO SUSPENSIVO. PEDIDO DE LIMINAR. INDEFERIMENTO. PROCESSO PRINCIPAL JULGADO. PERDA SUPERVENIENTE DO OBJETO. PREJUDICIALIDADE.

1. O exame do agravo em recurso especial eleitoral ao qual se pretende agregar efeito suspensivo prejudica o agravo interno pelo qual impugnada a decisão em que se negou seguimento à ação cautelar.

2. Agravo regimental prejudicado. Decisão:Julgamento conjunto dos AgR's no REspe nº 80917 e do AgR na AC nº 060135390. O Tribunal, por unanimidade, negou provimento aos agravos regimentais interpostos por Gerana Gomes Costa Silva e Luciano Góes Paul, determinou o desentranhamento da petição protocolizada sob o nº 1054/2019 (folhas 1089/1117) e julgou prejudicado o agravo regimental interposto na ação cautelar por Gerana Gomes Costa Silva, nos termos do voto do Relator. Votaram com o Relator os Ministros Sérgio Banhos, Luís Roberto Barroso, Edson Fachin, Jorge Mussi, Og Fernandes e Rosa Weber (Presidente).

A Lei da Ficha Limpa trouxe alguma inovação em relação ao abuso de poder originário do uso indevido dos meios de comunicação social?

Reputamos que sim. Tal modificação se exteriorizou por uma nova redação ao inciso XIV, art. 22, Lei Complementar 64/90, por força da Lei Complementar 135/2010 (Lei da Ficha Limpa). Se antes a referência à cassação do registro era o limite, somente na hipótese de desvio ou abuso de poder econômico ou de autoridade (político), além da dinâmica de a própria AIJE importar em cassação do diploma, se já eleito, houve o incremento do motivo expresso de abuso na utilização dos meios de comunicação social.

Com isso, se a infração eleitoral incorporar a existência do abuso na utilização dos meios de comunicação social, extrapolando, por exemplo, um mero descumprimento das regras atinentes à propaganda institucional, poderá ensejar a cassação do registro ou diploma e a própria sanção de inelegibilidade, exasperada no prazo pela Lei da Ficha Limpa, de 03 para 08 anos.

A importância do dispositivo alterado se realça com muita clareza, no que concerne ao ponto central do abuso no emprego dos meios de comunicação social nas eleições, isto é, a conformação de propaganda ou vantagem midiática para candidatos ou partidos.

O art. 45, incisos I a VI, da Lei 9.504/97 estipula comportamentos que visam inibir a prática destacada, previstas as penalidades de multa, perda de tempo de propaganda pelo candidato, coligação ou partido beneficiários na propaganda gratuita e ainda suspensão da programação – arts. 45, § 2º, c/c 55, parágrafo único, e 56, §§ 1º e 2º, todos da Lei 9.504/97.

Mas, se não ocorrer meramente a infração eleitoral às regras que devem ser respeitadas pelos meios de comunicação social, e, sim, um *plus* que constitua abuso, além das penalidades postas em estudo, incidirá o disposto no art. 22, XIV, Lei Complementar 64/90, independentemente do entrelaçamento do abuso das mídias com o poder econômico ou político, isto é, dificilmente na realidade tais abusos acontecem separadamente, porém, não será necessária a demonstração de um para reconhecimento do outro.

Qual o pressuposto para reconhecimento do abuso no uso dos meios de comunicação social?

Até o advento da Lei da Ficha Limpa a interpretação conferida ao abuso exigia, como módulo imprescindível, a potencialidade lesiva do fato, ao menos de forma indiciária.

Confira-se recente pronunciamento do Tribunal Superior Eleitoral.

"REspe - Recurso Especial Eleitoral nº 433079 - Cáceres/MT

Acórdão de 02/08/2011

Relator(a) Min. FÁTIMA NANCY ANDRIGHI

Publicação: DJE - Diário da Justiça Eletrônico, Data 30/08/2011, Página 88

Ementa:

RECURSO ESPECIAL ELEITORAL. ELEIÇÕES 2008. PREFEITO. AÇÃO DE INVESTIGAÇÃO JUDICIAL ELEITORAL (AIJE). ART. 22 DA LC 64/90. ABUSO DO PODER ECONÔMICO E USO INDEVIDO DOS MEIOS DE COMUNICAÇÃO SOCIAL. POTENCIALIDADE LESIVA. AUSÊNCIA. PROVIMENTO.

1. Consoante o art. 22 da LC 64/90, a propositura de AIJE objetiva a apuração de abuso do poder econômico ou político e de uso indevido dos meios de comunicação social, em benefício de candidato ou partido político.

2. Na espécie, o recorrente – deputado federal – concedeu entrevista à TV Descalvados em 11.9.2008, às 12h30, com duração de 26 minutos e 9 segundos, cujo conteúdo transmite, de forma subliminar, a mensagem de que o seu irmão - o candidato Ricardo Luiz Henry - seria o mais habilitado ao cargo de prefeito do Município de Cáceres/MT.

3. A conduta, apesar de irregular, não possui potencialidade lesiva para comprometer a normalidade e a legitimidade do pleito, visto que: a) a entrevista também exalta o próprio recorrente, que na época exercia o mandato de deputado federal e não era candidato a cargo eletivo; b) o candidato não participou do evento; c) a propaganda ocorreu de modo subliminar; d) não há dados concretos quanto ao alcance do sinal da TV Descalvados na área do Município; e) a entrevista foi transmitida em uma única oportunidade.

4. Ademais, o TSE entende que, em regra, a concessão de uma única entrevista não caracteriza uso indevido dos meios de comunicação social, por não comprometer efetivamente a igualdade de oportunidades entre os candidatos na eleição.

5. Recurso especial eleitoral provido.

Decisão: O Tribunal, por unanimidade, proveu o recurso, nos termos do voto da Relatora." (www.tse.jus.br/jurisprudencia)

Como já exposto em outras passagens desta obra, o legislador da Ficha Limpa substituiu o critério da potencialidade lesiva pela gravidade dos fatos. Assim, não há necessidade, para reconhecimento do ato abusivo, de se identificar um nexo de causalidade entre o fato que o configura e o resultado das eleições.

Contenta-se a novel disposição com a gravidade das circunstâncias que o caracterizam, ou seja, que caracterizam o ato abusivo. A melhor solução interpretativa que deverá incidir sobre o problema deverá considerar o juízo de proporcionalidade em torno da densidade e dimensão do episódio, sem a correspondência com os parâmetros do resultado das eleições, mas a gravidade para o processo eleitoral e suas decorrências lógicas, como tutela à cidadania, liberdade de escolha, democracia, enfim, os valores que a democracia representativa baliza como indeclináveis e que os instrumentos do direito eleitoral devam preservar.

No julgamento do AIJE nº 060138204 Acórdão BRASÍLIA – DF, Relator(a): Min. Benedito Gonçalves, j. 19/10/2023 Publicação: 27/11/2023 – jurisprudencia.tse.jus.br – acesso em 16/03/2024, o TSE estabeleceu de forma bem clara os pressupostos de fundamento para a ocorrência do abuso dessa natureza na perspectiva eleitoral. A transcrição de parte da ementa permite uma verificação didática e esclarecedora sobre o assunto, autorizando o seu tensionamento e aplicação em casos similiares:

> *(omissis)*
>
> *5. O uso indevido de meios de comunicação, tradicionalmente, caracteriza-se pela exposição midiática desproporcional de candidata ou candidato. 6. O desequilíbrio da exposição é um parâmetro que foi construído considerando-se a mídia tradicional – rádio, televisão e imprensa escrita. Esses veículos sujeitam-se à disciplina constitucional da "Comunicação Social", que concilia a liberdade e a responsabilidade jornalística, em um cenário no qual se pressupõe haver significativa concentração das fontes de informação (arts. 220 a 224 da CR/1988). 7. A gênese da qualificação dessa modalidade abusiva, portanto, é o paradigma da comunicação de massa (um-para-muitos), em que poucos veículos concentram o poder midiático e, com ele, particular capacidade de influência sobre a sociedade. Se o espaço e a credibilidade de um veículo de comunicação passam a servir para impulsionar uma candidatura ou uma plataforma político-eleitoral, há ensejo para apurar o abuso do poder. 8. As transformações das campanhas eleitorais no novo paradigma comunicacional, que é o da comunicação em rede (muitos-para-muitos), são inquestionáveis. A expansão do uso eleitoral das redes sociais amplificou a divulgação de mensagens por candidatas e candidatos de forma exponencial. Esse fator, em geral benéfico ao debate democrático, deve também ser levado em conta para se aferir a ocorrência de ilícitos eleitorais. 9. Essa premissa contextual não é novidade, pois foi assentada em precedente paradigmático das Eleições 2018, no qual se reconheceu que a internet constitui meio de comunicação para fins de apuração de abuso de poder conforme a legislação eleitoral (RO-El nº 0603975-98, Rel. Min. Luis Felipe Salomão, DJE de 10/12/2021). 10. Os veículos tradicionais de imprensa se adaptaram aos novos tempos e passaram também a se valer da internet para difundir programas e outros conteúdos, criando páginas e canais. As vedações eleitorais impostas a esses veículos com o objetivo de assegurar a isonomia entre candidaturas se aplicam a ambas as formas de comunicação de que fazem uso: em massa (um-para-muitos) e em rede (muitos-para-muitos). 11. Candidatas, candidatos e partidos políticos, ao se utilizarem de redes sociais para realizar campanha, devem se ater a regras que tenham por finalidade precípua a proteção à isonomia, à normalidade, à legitimidade eleitoral, à liberdade do voto e à moralidade pública. 12. O núcleo fático do uso indevido de meios de comunicação pode recair sobre outras condutas tipificadas na legislação, inclusive as vedações em matéria de propa-*

ganda eleitoral e os crimes eleitorais correlatos. 13. É corolário da liberdade do exercício do voto a estipulação de um "período de reflexão" ou "período de silêncio", dentro do qual se intensificam restrições à prática de atos com vistas à captação de votos. 14. Esse período é construído gradualmente pela legislação, conforme o tipo de propaganda, e finda 24 horas após o encerramento da votação. Os marcos temporais são consolidados no Calendário Eleitoral, que, para as Eleições 2022, constou da Res.-TSE nº 23.674/2021. 15. São tipificados como crime, no dia do pleito, atos destinados à conquista de votos, entre os quais a propaganda de boca de urna e a publicação de novos conteúdos ou seu impulsionamento (art. 39, § 5º, II, III e IV, Lei nº 9.504/1997). 16. Esse conjunto de vedações não impede a cobertura, pela imprensa, da agenda de candidatos ou a concessão de entrevistas no dia do pleito, que não se confundem com veiculação de propaganda eleitoral. 17. Impõe-se às emissoras de rádio e televisão conceder tratamento isonômico às candidaturas em sua programação normal e em seu noticiário (art. 45, IV, da Lei nº 9.504/1997). 18. Todavia, isso não significa garantia de "espaço idêntico a todos os candidatos na mídia, mas, sim, tratamento proporcional à participação de cada um no cenário político" (Rep nº 0601024-78, Rel. Min. Sergio Silveira Banhos, publicado em sessão em 11/09/2018). 19. Os crimes eleitorais, as demais condutas que violam o período de reflexão e o tratamento privilegiado por emissoras não equivalem a uma previsão abstrata de abuso de poder. Esse ilícito deve ser aferido concretamente, considerando seus elementos constitutivos próprios. 20. A gravidade é elemento típico das práticas abusivas, que se desdobra em um aspecto qualitativo (alto grau de reprovabilidade da conduta) e outro quantitativo (significativa repercussão em um determinado pleito). Seu exame exige a análise contextualizada da conduta, que deve ser avaliada conforme as circunstâncias da prática, a posição das pessoas envolvidas e a magnitude da disputa. 21. A produção de efeitos anti-isonômicos severos é requisito para aferir a gravidade da violação a regras eleitorais estruturadas para resguardar a igualdade de chances. O uso indevido dos meios de comunicação, nas hipóteses de alegada violação ao período de silêncio e tratamento privilegiado por emissora, comporta, assim, comparações com outras candidaturas. 22. Não se trata, no caso, de transformar o candidato investigante em investigado, mas, sim, de se constatar a impossibilidade lógica de se falar em desproporcionalidade da projeção de uma candidatura, sem dimensionar o quanto foram expostas as demais

(omissis)

12.4 MODELOS

12.4.1 AIJE. Uso abusivo dos meios de comunicação social. Entrevistas. Inicial

EXMO. SR. JUIZ ELEITORAL DA ...ª ZONA ELEITORAL DE ..../...

COLIGAÇAO ...., em invocação à tutela jurisdicional do Estado, atuando por meio de seu advogado abaixo firmado e agindo nos termos do instrumento procuratório acostado, vem à presença de Vossa Excelência aforar AÇÃO DE INVESTIGAÇÃO JUDICIAL ELEITORAL, com respaldo no art. 22 da Lei Complementar 64/90, em desfavor de APARECIDO e EXIBIDO, *(qualificação completa)*, candidatos aos cargos de Prefeito e Vice-Prefeito nas Eleições 2024, no Município de ..../..., pela Coligação ...., para tanto deduzindo os quesitos abaixo enumerados.

A Investigante, no pleito eleitoral em curso, apresentou candidatos aos cargos às eleições majoritárias e proporcionais, conforme se demonstra dos documentos anexos, com os respectivos registros de candidatura devidamente deferidos pela Justiça Eleitoral.

II - O Investigado atuou de modo a praticar abuso na utilização dos meios de comunicação social, apresentando-se e concordando em ser entrevistado em diversas emissoras do Grupo ...., como programas de rádio e televisão, em circunstâncias abaixo especificadas, gerando o desequilíbrio na disputa e ainda ostentando o acontecimento enorme gravidade, justificando a adoção das penalidades previstas em lei.

III - Justifica a parte Investigante o posicionamento do 2º Investigado no polo passivo, posto compor chapa indissolúvel e hermética para as eleições majoritárias municipais, formando-se a necessidade de litisconsórcio passivo necessário, conforme iterativa compreensão jurisprudencial:

> "Em razão da unicidade monolítica da chapa majoritária, a responsabilidade dos atos do titular repercute na situação jurídica do vice, ainda que este nada tenha feito de ilegal, comportando-se exemplarmente." (RCED 671/MA, Rel. Min. Carlos Ayres Britto, DJ de 11.12.2007; REspe 25.586/SP, Rel. Min. Carlos Ayres Britto, DJ de 6.12.2006)

IV - Salienta a esse ilustrado juízo eleitoral, a Investigante, que em feito específico tombado sob nº .... postulou a responsabilidade das emissoras de rádio e televisão que atuaram em favor da candidatura dos Investigados no cometimento dos ilícitos, nos termos dos arts. 96 e seguintes da Lei 9.504/97.

V - O 1º Investigado, concorrente ao cargo de Prefeito Municipal, após o dia 01.07.2020 compareceu a diversos programas televisivos e radiofônicos das emissoras .... e ...., ambas integrantes do Grupo .... de Comunicações, atuante no âmbito do Município de ...., onde realiza suas produções e há divulgação dos aludidos sinais.

VI - No total foram ...... aparições computadas em programas de rádio, e ..... em programas de televisão, especificamente nas seguintes datas e horários, com durações variadas conforme quadro a seguir exposto.

Rádio	Programa	Dia – Horário	Duração

Rádio	Programa	Dia – Horário	Duração

Como se extrai do conteúdo dos arquivos de áudio e vídeo apresentados com a petição ora exposta, os assuntos abordados nas entrevistas e programas disseram respeito a questões municipais, sempre com soluções tiradas pelo 1º Investigado como resolutórias de impasses e melhoria de condições de vida para a população em geral, ou aspectos ligados ao desenvolvimento da região.

Dessa maneira, houve flagrante violação ao disposto no art. 45, IV, Lei das Eleições, pois as emissoras em tablado não agiram com isonomia, à míngua de convidarem outros candidatos, como aqueles que concorrem sob o signo da legenda da Investigante, para terem a mesma oportunidade de exporem seu pensamento político. Em suma, as emissoras acataram a candidatura dos Investigados, usando de maneira indevida a concessão na área de telecomunicações para pavimentar projetos políticos de determinados grupos ou setores da sociedade.

VII - Todo esse acontecimento implica, além da infração eleitoral, já cuidada na representação com suporte no art. 96, Lei 9.504/97, em abuso no uso dos meios de comunicação social, gerando o desequilíbrio na disputa, pois foram mais de .... horas de exposição midiática, com elevada capacidade de acesso pela população em geral, capaz de compor um quadro de influência e tendência na opinião pública, como se os Investigados fossem os únicos capazes de atuar favoravelmente às demandas da Administração Pública.

Ora, se as emissoras pretendiam realizar debates, deveriam obedecer de maneira uniforme às regras inscritas na legislação eleitoral, e não, ilicitamente, adotar determinada candidatura.

Importante frisar que a repercussão no resultado das eleições deve ser admitida apenas pelo critério indiciário, não havendo necessidade de se aguardar o próprio resultado, mesmo porque as pretensões de cassação de registro e diploma são cumuladas com imposição da sanção de inelegibilidade.

VIII - Em paralelo ao reconhecimento do desequilíbrio na disputa, e não obstante sua eventual não demonstração, o juízo de proporcionalidade a ser formado e incidente sobre o episódio revela às escâncaras a sua gravidade, pois propiciou o engessamento do debate político-eleitoral, para que os destinatários do sufrágio pudessem avaliar as melhores propostas, o que foi embaçado pela presença em forma de monopólio dos Investigados, ao enfoque das telecomunicações, área que possui enorme poder de penetração e convencimento.

Assim, segundo a nova disposição da Lei da Ficha Limpa, ao introduzir o inciso XVI, art. 22, Lei Complementar 64/90, tal quadro é suficiente para serem adotadas as penalidades pugnadas.

ISSO POSTO, requer o processamento do pedido nos termos do art. 22, I, "a" e inciso XIV, Lei Complementar 64/90, determinando-se a notificação dos investigados para defesa no prazo de 05 dias e, cumpridos todos os trâmites, inclusive com a intervenção do Ministério Público Eleitoral e a instrução probatória, sejam julgados procedente os pedidos para cassar o registro de candidatura dos investigados, e, se até provimento final tiver ocorrido a eventual diplomação, o cancelamento dos diplomas.

Requer ainda que incidentalmente seja proclamada a inelegibilidade dos requeridos, nos termos do art. 1º, I, "d" e art. 22, XIV, LC 64/90, pelo prazo de 08 anos.

Pugna a parte Investigante pela apresentação de todas as provas lícitas em direito, desde já fazendo juntada de documentos, arquivos de áudio e vídeo, especificando seu interesse na produção de prova testemunhal (rol abaixo), documental superveniente, pericial, depoimento pessoal, requisições, etc.

Atribui à causa o valor de R$ ....,.. (............................ reais).

Pede e espera deferimento.

(Local e Data)

....

Advogado

OAB/... – nº ....

(Rol de testemunhas)

12.4.2 AIJE. Uso abusivo dos meios de comunicação social. Apoio de jornais. Defesa

EXMO. SR. JUIZ ELEITORAL DA ...ª ZONA ELEITORAL DE ..../...

Autos n. ....

ESCRITO e DIVULGADO, já qualificados nos autos apontados no introito, candidatos aos cargos de Prefeito e Vice-Prefeito nas Eleições 2024, pela Coligação ...., no Município de ..../..., por seu advogado abaixo assinado (mandato incluso), vem apresentar DEFESA às pretensões da investigante, COLIGAÇÃO ...., desenvolvidas em sede AÇÃO DE INVESTIGAÇÃO JUDICIAL ELEITORAL, nos termos a seguir explanados.

SUMÁRIO DAS ALEGAÇÕES PREFACIAIS

A investigante, de maneira superficial e sem base fática ou jurídica, sustentou na petição vestibular que os Investigados foram beneficiados indevidamente no tratamento conferido pela publicação Jornal ...., que circula no Município de ...., no período de ....

Segundo as aleivosas considerações da investigante, o periódico em questão conferiu espaço mais abrangente e destacado da agenda eleitoral, inclusive de propaganda eleitoral, dos defendentes/investigados; aderiu a uma linha editorial de apoio a essa candidatura em detrimento dos concorrentes e, por isso, teria ampliado o espaço destinado aos investigados.

Com isso, perpetrou-se uso abusivo dos meios de comunicação social, implicando na cassação do registro de candidatura dos investigados ou diploma, se eleitos, além da sanção de inelegibilidade.

INEXISTÊNCIA DE TRATAMENTO PRIVILEGIADO

Efetivamente, segundo pode ser analiticamente detectado em todas as edições do Jornal ...., o órgão de imprensa não atuou de modo a favorecer os investigados ou quem quer seja. Segundo o critério jornalístico da boa informação, houve cobertura de todas as campanhas eleitorais, divulgando-se o dia a dia dos candidatos e sua programação, desde que informados pelos responsáveis legais. Se a candidatura patrocinada pela investigante não se interessou em levar ao conhecimento do jornal, para a necessária publicação, a agenda de campanha, não pode exigir punição para os investigados que contaram com essa possibilidade que se reveste de inteira licitude.

A cobertura em questão foi feita de maneira profissional, segundo princípios do jornalismo e da boa informação, mesmo porque o compromisso da imprensa é com o seu público. Não houve qualquer distinção, salvo a ausência de informativos por parte dos outros concorrentes, que inviabilizava, na maioria das vezes, o noticiário atinente ao calendário das respectivas campanhas.

Com tal parâmetro fático, não se pode reconhecer que houve abuso, mesmo porque não se desenha qualquer perspectiva de desequilíbrio das eleições ou mesmo gravidade dos fatos. Assim acontecendo, é de ser rejeitada a postulação como ensina a jurisprudência da Corte Superior Eleitoral.

> "RCED - Recurso Contra Expedição de Diploma nº 758 - São Paulo/SP
>
> Acórdão de 10/12/2009
>
> Relator(a) Min. MARCELO HENRIQUES RIBEIRO DE OLIVEIRA
>
> Publicação: DJE - Diário da Justiça Eletrônico, Data 12/02/2010, Página 19
>
> Ementa:
>
> RECURSO CONTRA EXPEDIÇÃO DE DIPLOMA. ELEIÇÕES 2006. IMPRENSA. JORNAL. FAVORECIMENTO. CAMPANHA. CANDIDATA. DEPUTADA ESTADUAL. USO INDEVIDO DOS MEIOS DE COMUNICAÇÃO SOCIAL. ABUSO DO PODER POLÍTICO. DESCARACTERIZAÇÃO. DESPROVIMENTO.
>
> 1. O entendimento consagrado na jurisprudência desta Corte é de que "os jornais e os demais veículos impressos de comunicação podem assumir posição em relação aos pleitos eleitorais, sem que tal, por si só, caracterize propaganda eleitoral ilícita. (REspe nº 18.802/AC, DJ de 25.5.2001, rel. Min. Fernando Neves).
>
> 2. A divulgação de matérias relativas à atividade parlamentar, bem como de atos de campanha, não apenas da recorrida, mas de outras lideranças políticas da região, não ocasiona o desequilíbrio da eleição.
>
> 3. Ausente a comprovação quanto à coação de servidores públicos para participarem da campanha ou de recrutamento para atuarem como fiscais no dia da eleição. Provada tão somente a atuação voluntária, e fora do horário de expediente, não há como reconhecer o abuso do poder político.
>
> 4. Recurso contra expedição de diploma a que se nega provimento.
>
> Decisão: O Tribunal, por unanimidade, rejeitou as preliminares e desproveu o Recurso, nos termos do voto do Relator." (www.tse.jus.br/jurisprudencia)

LINHA EDITORIAL. APOIO. INEXISTÊNCIA. POSSIBILIDADE DE OPINIÃO FAVORÁVEL QUE NÃO CONSTITUI ILÍCITO

A outra alegação feita pela investigante consiste no fato de que a linha editorial do jornal externou apoio à candidatura dos investigados. Ora, em nenhuma passagem dos editorais lançados até agora no processo eleitoral, pelo respeitável órgão de imprensa, causa essa impressão.

Basta a mera leitura daquelas mensagens, que enfatizam a necessidade de lisura no processo eleitoral, efetiva participação popular para engrandecimento da democracia e construção de pilares sólidos em prol da cidadania. Não há o direcionamento a qualquer candidato, partido político ou coligação.

Se são lançados dados que podem ser comungados com algum perfil político ideológico, essa manifestação é atinente à própria participação da imprensa escrita, que não é proibida de realizar tal tipo de adesão.

Ademais, a opinião favorável emanada da imprensa escrita não induz a tal ilicitude na propaganda eleitoral.

Eis alguns precedentes do TSE:

> "REspe - Recurso Especial Eleitoral nº 35923 - Araras/SP
>
> Acórdão de 09/03/2010
>
> Relator(a) Min. FELIX FISCHER
>
> Publicação: DJE - Diário da Justiça Eletrônico, Data 14/04/2010, Página 43/44
>
> Ementa:
>
> RECURSO ESPECIAL. USO INDEVIDO DOS MEIOS DE COMUNICAÇÃO SOCIAL. MÍDIA IMPRESSA. POTENCIALIDADE. CONFIGURAÇÃO. REEXAME DE FATOS E PROVAS. NÃO PROVIMENTO.
>
> 1. A novel jurisprudência do e. TSE considera possível a cassação de registro de candidatura mesmo que a Ação de Investigação Judicial Eleitoral (AIJE) seja julgada procedente após a realização do pleito, desde que tal julgamento seja proferido antes da diplomação (RO nº 1.362/PR, Rel. Min. José Gerardo Grossi, DJe de 6.4.2009). *In casu*, a discussão sobre a data em que proferida a sentença de procedência da AIJE ficou prejudicada, já que anterior à diplomação dos eleitos.
>
> 2. Irrelevante a alegação de que a conduta abusiva não teria causado prejuízo direto à esfera jurídica dos recorridos. A AIJE visa proteger bem jurídico de titularidade coletiva, qual seja, a estabilidade do regime democrático manifestado pela soberania do voto popular. Assim, a configuração do abuso dos meios de comunicação social exige apenas a potencialidade lesiva da conduta para interferir na lisura e no equilíbrio das eleições. (RO nº 1.460/SP, Rel. Min. Marcelo Ribeiro, DJe de 5.10.2009; RO nº 1.537/MG, de minha relatoria, DJ de 29.8.2008).
>
> 3. O e. TRE/SP, instância soberana na apreciação do acervo fático-probatório, consignou que a potencialidade lesiva no uso indevido dos meios de comunicação social decorre: a) da tiragem de 1.000 exemplares do Jornal *Já* distribuídos no Município de Araras/SP; b) de ampla quantidade de anúncios comerciais no mencionado jornal; c) de anterior utilização deste periódico como órgão de imprensa oficial na publicação de atos do Poder Executivo Municipal; d) da quantidade

de 8 (oito) edições nos meses que antecederam o pleito, com intensa propaganda negativa dos recorridos; e) da disponibilidade dos exemplares do jornal em determinados pontos da cidade. Para a adoção de entendimento contrário sob o argumento de que o aludido jornal 'Já' é editado apenas uma vez por semana e tem a menor tiragem e distribuição entre outros periódicos da cidade, como o jornal 'Opinião', que combateu as candidaturas dos recorrentes e tem uma distribuição semanal de 10.000 exemplares, assim como o jornal 'Tribuna do Povo', editado três vezes por semana com distribuição em torno de 30.000 exemplares, seria necessário o reexame de fatos e provas, atraindo o óbice das Súmulas nºs 7/STJ e 279/STF, pois nenhuma destas alegações trazidas pelos recorrentes faz parte da moldura fática delimitada pelo v. acórdão regional.

4. A discussão sobre a maior quantidade de jornais supostamente utilizados contra a campanha dos recorrentes, bem como a maior periodicidade na sua distribuição, somente teria relevância para o deslinde da causa se fosse possível afirmar, indene de dúvidas, que tal veículo de comunicação social foi usado de forma abusiva, como de fato ocorreu com o jornal utilizado pelos recorrentes. Trata-se, todavia, de matéria fática não abordada no v. acórdão regional cujo conhecimento em sede de recurso especial também esbarraria no óbice das Súmulas nºs 7/STJ e 279/STF.

5. A suposta ausência de responsabilidade dos recorrentes pela veiculação das matérias abusivas afigura-se inócua, já que, segundo a jurisprudência do e. TSE, pode vir a ser configurado o abuso de poder mesmo sem ter havido participação do candidato beneficiado, se evidente a potencialidade de influência no pleito. (RO nº 782/SP, Rel. Min. Fernando Neves, DJ de 3.9.2004).

6. O recurso contra expedição de diploma (RCED), a Ação de Investigação Judicial Eleitoral (AIJE) e a Ação de Impugnação de Mandato Eletivo (AIME) possuem causas de pedir própria e consequência jurídica distinta. Assim, o julgamento favorável ou desfavorável de cada uma dessas ações não influencia no trâmite uma das outras. (AREspe 26.276/CE, Rel. Min. Marcelo Ribeiro, DJ de 7.8.2008; REspe 28.015/RJ, Rel. Min. José Delgado, DJ de 30.4.2008).

7. Recurso especial a que se nega provimento.

Decisão: O Tribunal, por unanimidade, rejeitou as preliminares e desproveu o Recurso, nos termos do voto do Relator." (www.tse.jus.br/jurisprudencia)

"AgR-REspe - Agravo Regimental em Recurso Especial Eleitoral nº 35977 - Buritama/SP

Acórdão de 15/10/2009

Relator(a) Min. FELIX FISCHER

> Publicação: DJE - Diário da Justiça Eletrônico, Data 07/12/2009, Página 15
>
> Ementa:
>
> AGRAVO REGIMENTAL. RECURSO ESPECIAL ELEITORAL. CRIME ELEITORAL. ART. 323 DO CÓDIGO ELEITORAL. ATIPICIDADE. DIVULGAÇÃO. OPINIÃO. CANDIDATO. IMPRENSA ESCRITA. PROPAGANDA. NÃO CONFIGURAÇÃO.
>
> 1. O art. 323 do Código Eleitoral refere-se à divulgação de fatos inverídicos na propaganda, conceito que deve ser interpretado restritivamente, em razão do princípio da reserva legal.
>
> 2. O art. 20, § 3º, da Resolução TSE nº 22.718/2008 estabelece que não caracterizará propaganda eleitoral a divulgação de opinião favorável a candidato, a partido político ou a coligação pela imprensa escrita, desde que não seja matéria paga, mas os abusos e os excessos, assim como as demais formas de uso indevido dos meios de comunicação, serão apurados e punidos nos termos do art. 22 da Lei Complementar nº 64/90.
>
> 3. Na espécie, os textos jornalísticos publicados na imprensa escrita não eram matérias pagas, razão pela qual ainda que tivessem eventualmente divulgado opiniões sobre candidatos não podem ser caracterizados como propaganda eleitoral, impedindo, por consequência, a tipificação do crime previsto no art. 323 do Código Eleitoral.
>
> 4. Agravo regimental não provido.
>
> Decisão: Acordam os ministros do Tribunal Superior Eleitoral, por unanimidade, em desprover o agravo regimental, nos termos das notas taquigráficas. (www.tse.jus.br/jurisprudencia)

A matéria, como foi regulamentada, permite à imprensa a divulgação de opinião favorável a candidato, desde que não seja matéria paga, nos precisos termos do art. 30, § 4º, Resolução 23.457/2015 – TSE *in verbis*:

> "Não caracterizará propaganda eleitoral a divulgação de opinião favorável a candidato, a partido político ou a coligação pela imprensa escrita, desde que não seja matéria paga, mas os abusos e os excessos, assim como as demais formas de uso indevido do meio de comunicação, serão apurados e punidos nos termos do art. 22 da Lei Complementar nº 64/90."

Dessa maneira, não se constatando qualquer abuso ou excesso, não se trata da hipótese de se proclamar ilicitude ao comportamento do mencionado órgão jornalístico.

ISSO POSTO, requer a Vossa Excelência que, após colhidas as provas necessárias ao deslinde do feito, sejam os pedidos julgados improcedentes.

Pugna pela produção de todas as provas admitidas em direito, especialmente prova testemunhal (rol anexo), documental, pericial, inspeção, entre outras.

Pede e espera deferimento.

(Local e Data)

....
Advogado
OAB/... – nº ....

13

AIME – AÇÃO DE IMPUGNAÇÃO DE MANDATO ELETIVO

A ação de impugnação de mandato eletivo deriva da norma constitucional do art. 14, §§ 10 e 11, CF. Seu objetivo é a desconstituição do mandato eletivo, protegendo a cidadania e a democracia, com a exigência de estrita lisura e legitimidade nas eleições.

Os fundamentos para o acatamento do pedido consistem no abuso de poder econômico, corrupção e fraude, desde que haja vínculo e influência com as eleições.

A partir da Lei Complementar 135/2010 (Lei da Ficha Limpa), ocorreu um esvaziamento da AIME, mas não o seu desaparecimento. Isso, porque houve uma concentração de todos os ilícitos eleitorais na perspectiva de sua materialização processual através da AIJE, como previsto no art. 22, XIV, LC 64/90.

Anteriormente, se admitido o abuso, exemplificativamente em uma AIJE, e sucedida a diplomação, no prazo legal deveria ser aforada a AIME. Com a nova AIJE, se realizada a diplomação, o provimento se procedente implica na sua cassação ou cancelamento.

Atualmente, não será mais necessária essa duplicação de jurisdição, o que é de todo louvável e dotará o sistema de maior lógica e coerência. Adquiriu-se uma maior efetividade do provimento jurisdicional, tornando-se desnecessária a impugnação do mandato ou mesmo o recurso contra a diplomação. Tanto que a LC 135/2010 revogou o inciso XV do art. 22, da LC 64/90.

A hipótese de preservação da AIME, e será necessária a toda evidência a sua permanência, é a inércia em relação a fato acontecido e que poderia ser deduzido, a partir das convenções até o dia das eleições, ou para episódio acontecido ou conhecido, depois das eleições até os 15 dias seguintes à diplomação dos eleitos, data final do prazo para o seu manejo.

É importante acentuar que a natureza desse prazo é decadencial. Por isso, como as diplomações ocorrem em muitos casos no mês de dezembro do ano eleitoral, próximo ao período de recesso forense, onde não se computam prazos de natureza processual, impõe-se o reconhecimento de que se vencido o prazo em dia que não se considera de expediente forense, prorroga-se para o primeiro dia útil. Assim, a Resolução 244/2016 - CNJ que suspendem os prazos processuais entre 20/12 e 20/01, atendendo ao período de férias dos advogados, estabelecido pelo art. 220, CPC, não suspende ou interrompe o prazo para a ação de impugnação de mandato eletivo.

Dessa forma, se os 15 dias posteriores à diplomação tiverem como termo final o período de recesso forense (20/12 a 06/01), prorroga-se para o primeiro dia útil imediatamente seguinte, mas não se estende ao prazo referido pelo art. 220, CPC, eis que se trata de prazo processual, inconfundível com o prazo decadencial (natureza material).

Nesse sentido, já decidiu o TSE: RO - *Agravo Regimental em Recurso Ordinário nº 060003937 - SALVADOR – BA, Acórdão de 15/10/2019 Relator(a) Min. Sergio Silveira Banhos, Publicação: DJE - Diário de justiça eletrônico, Tomo 234, Data 05/12/2019.*

13.1 PROCEDIMENTO

Deve ser adotado o procedimento dos arts. 3º a 16, LC 64/90.

- petição inicial (verificar perspectiva de liminar ou antecipação dos efeitos da tutela – art. 294 e seguintes e 300, todos do CPC);
- notificação do impugnado;
- resposta do impugnado (prazo de 07 dias da notificação);
- julgamento antecipado (extinção sem resolução do mérito ou julgamento de mérito, sem dilação para provas);
- fase de instrução (realizada nos 04 após a apresentação de defesa);
- diligências (05 dias após a audiência para coleta de prova oral);
- alegações finais e parecer do Ministério Público Eleitoral (05 dias a contar do encerramento das diligências);
- decisão (03 dias);
- recurso (TRE – 03 dias); (TSE – 03 dias); (STF – 03 dias).

13.2 SEGREDO DE JUSTIÇA

Deve ser observado conforme a anotação do art. 14, § 11, da CF. Há intensa discussão jurisdicional sobre a vantagem ou desvantagem dessa restrição.

13.3 LEGITIMADOS

Os mesmos inscritos no art. 22, LC 64/90, são os legitimados para o polo passivo. Aqui fazemos uma retificação quanto à expressão "polo passivo" que constou das edições anteriores erroneamente. O alerta nos foi dado pelo Dr.

Fernando Ferreira, a quem agradecemos a acuidade e iniciativa e nessa ocasião procedemos à correção. Na realidade, o dispositivo referido diz respeito aos **legitimados para o polo ativo**. Contudo, para o polo passivo somente se cogita do candidato diplomado. Pelo menos uma exceção deve aqui ser feita, em relação à impugnação do mandato por desobediência à regra da cota de gênero, implicando em fraude. Os candidatos não diplomados devem compor o polo passivo, pois há atribuição de esvaziamento ou inexistência de campanha com o propósito de fraudar a norma em questão com participação destes. Por isso, todos devem estar no polo passivo da referida AIME, considerando que um dos resultados pretendidos é a anulação de todos os registros daquele partido ou federação.

Para o suplente diplomado, o TSE já entendeu dever ser posicionado como impugnado, dependendo da hipótese, como é o caso das eleições para o Senado Federal.

O partido político não é parte legítima para se situar no polo passivo. Poderá intervir no feito como assistente pela modalidade simples.

O vice compõe, com o titular diplomado, litisconsórcio passivo necessário. Não havendo sua intervenção, ocorre a nulidade do processo. A emenda da inicial depois do prazo de 15 dias, contados da diplomação, implicará na extinção do feito, pois o prazo é decadencial, apreciando-se o mérito – art. 487, II, CPC.

13.4 LITISPENDÊNCIA E COISA JULGADA

A litispendência com a AIME poderá ocorrer se entre AIJE anterior ainda não julgada definitivamente e a AIME houver a identidade que configura o fenômeno processual. Anote-se que agora o pedido na AIJE pode ser a própria cassação ou cancelamento do mandato, o que equivale à sua desconstituição, pedido exclusivo da AIME.

Em relação à coisa julgada também poderá ocorrer sua verificação, pois se o fato idêntico tiver sido objeto de apreciação em AIJE, e agora repetido em AIME, suscitará o impedimento de novo julgamento.

Nesse sentido, colaciona-se o seguinte aresto:

> "AgR-REspe - Agravo Regimental em Recurso Especial Eleitoral nº 25683326 - Itapecerica da Serra/SP
>
> Acórdão de 21/06/2011
>
> Relator(a) Min. ARNALDO VERSIANI LEITE SOARES
>
> Publicação: DJE - Diário da Justiça Eletrônico, Data 12/8/2011, Página 59-60
>
> Ementa:
>
> Ação de impugnação de mandato eletivo. Litispendência.
>
> - O anterior ajuizamento de ações de investigação judicial eleitoral não torna o autor da ação de impugnação de mandato eletivo carecedor da demanda,

> por falta de interesse de agir, dada a independência desses feitos e considerada a tipicidade dos meios de impugnação da Justiça Eleitoral.
>
> Agravo regimental não provido.
>
> Decisão: O Tribunal, por unanimidade, desproveu o agravo regimental, nos termos do voto do Relator" (www.tse.jus.br/jurisprudencia)

A propósito da modificação trazida pela Lei 13.165/2015 a respeito da conexão de ações eleitorais, observar o item 8.1.3 acima, Conexão de ações eleitorais.

É possível a utilização da AIME para reconhecimento de abuso de poder político e sua respectiva punição?

Parece ser razoável a resposta afirmativa. Com propriedade esclarece Antonio Hélio Silva:

> Cumpre salientar que o abuso de poder político, conquanto não esteja expresso no art. 14, § 10, da Carta Magna, constitui fundamento jurídico hábil para ensejar apuração por meio desta ação constitucional. Isso porque não há como dissociar o abuso do poder econômico do abuso do poder político. (*In*: "Considerações sobre o processo eleitoral brasileiro e seus procedimentos", 2004, Tribunal Regional Eleitoral do Estado de Minas Gerais, p. 73).

Para tal possibilidade, entretanto, deve ocorrer um entrelaçamento entre o fator econômico e o político, ou mesmo a captação ilícita do sufrágio, conforme proclama a jurisprudência do TSE:

> "AgR-AI - Agravo Regimental em Agravo de Instrumento nº 12176 - Capitão Enéas/MG
>
> Acórdão de 19/08/2010
>
> Relator(a) Min. CÁRMEN LÚCIA ANTUNES ROCHA
>
> Publicação: DJE - Diário da Justiça Eletrônico, Data 14/10/2010, Página 16
>
> Ementa:
>
> Agravo regimental em agravo de instrumento. Recurso especial inadmitido na origem. Ação de impugnação de mandato eletivo. Captação ilícita de sufrágio. Abuso de poder político.
>
> 1. Se as matérias suficientes à fundamentação da convicção do julgador foram devidamente apreciadas pelo Tribunal, não há que se falar em ofensa aos arts. 275, incs. I e II, do Código Eleitoral; e 93, inc. IX, da Constituição da República.
>
> 2. O desvirtuamento do poder político, embora pertencente ao gênero abuso, não se equipara ao abuso do poder econômico, que tem definição e regramento próprios.
>
> 3. O abuso do poder político não autoriza, por si só, o ajuizamento de ação de impugnação de mandato eletivo.
>
> 4. A aferição da ocorrência de captação ilícita de sufrágio importa em análise dos fatos e provas, cujo reexame não é possível no recurso especial (Súmulas ns. 7 do Superior Tribunal de Justiça e 279 do Supremo Tribunal Federal).

5. O dissídio jurisprudencial não se configura quando as premissas fáticas são diversas.

6. Agravo regimental ao qual se nega provimento.

Decisão: O Tribunal, por unanimidade, desproveu o agravo regimental, nos termos do voto da Relatora." (www.tse.jus.br/jurisprudencia)

Como na prática o abuso do poder político dificilmente deixará de consistir também na infração eleitoral da realização de condutas vedadas aos agentes públicos em campanhas eleitorais, se for essa a hipótese, ensejará praticamente as mesmas consequências da impugnação – art. 73, § 5º, Lei 9.504/07.

13.5 FRAUDE À COTA DE GÊNERO

Por ocasião do registro de candidatura, o equilíbrio na indicação dos candidatos impõe uma divisão com registro mínimo de candidatos de acordo com sua orientação de gênero, entre 30% como quantidade obrigatória e 70% das vagas como teto de cada gênero (masculino e feminino). O descumprimento impõe o indeferimento do registro, conforme previsto no art. 10, § 3º, Lei 9.504/97.

Mas, o cumprimento meramente oficioso da regra, que tem na sua origem o incentivo e a mobilização para o aumento da participação feminina na política, não pode ser permitido ou tolerado. De tal modo, em diversos casos houve a observação da formação das chamadas candidaturas "laranjas", apenas para permitir o deferimento do registro, sem que se transformassem em candidatos ou candidatas minimamente competitivos, sem realização de campanha, prestação de contas ou atuação de qualquer natureza.

Trata-se como se observa de um verdadeiro embuste. O TSE passou a reconhecer a incidência como motivo apto à impugnação dos mandatos eletivos da legenda, federação ou coligação que nas eleições proporcionais tenha episódio que se amolde em tal burla. Os sintomas para esse reconhecimento são a votação inexpressiva ou sem qualquer voto; não realização de prestação de contas ou com indicação de valores não condizentes com um mínimo de coerência dos gastos e vazio quanto a atos precisos de campanha.

O TSE decidiu com essa compreensão, fixando uma tese de que o desrespeito efetivo à cota de gênero, induz a consequência do acatamento à impugnação dos mandatos, obtidos com essa mácula: Jacobina/BA (Agr-ARESPE 0600651-94, red. para o acórdão Min. Alexandre de Moraes, dje de 30.6.2022), julgado que serve de paradigma para o julgamento de ações similares alusivas ao pleito de 2020 e 2024: "a jurisprudência deste tribunal tem reiteradamente assentado que "a obtenção de votação zerada ou pífia das candidatas, a prestação de contas com idêntica movimentação financeira e a ausência de atos efetivos de campanha são suficientes para evidenciar o propósito de burlar o cumprimento da norma que estabelece a cota de gênero, quando ausentes elementos que indiquem se tratar de desistência tácita da competição" (RESPEL 0600001-24, Rel. Min. Carlos Horbach, julgado em 18.8.2022) - jurisprudencia.tse.jus.br - acesso em 16/03/2024.

O STF consagrou o acerto desse entendimento no julgamento da ADI n. 6338/DF: "fraudar a cota de gênero - consubstanciada no lançamento fictício de candidaturas femininas, ou seja, são incluídos, na lista de candidatos dos partidos, nomes de mulheres tão somente para preencher o mínimo de 30% (trinta por cento), sem o empreendimento de atos de campanhas, arrecadação de recursos, dentre outros - materializa conduta transgressora da cidadania (cf, art. 1º, ii), do pluralismo político (cf, art. 1º, v), da isonomia (cf, art. 5º, i), além de, ironicamente, subverter uma política pública criada pelos próprios membros - os eleitos, é claro - das agremiações partidárias" (ADI 6.338/DF, Rel. Min. Rosa Weber, Tribunal Pleno, sessão virtual, DJE de 4.4.2023) (www.stf.jus.br/jurisprudencia , acesso em 16/03/2024). Dessa maneira, o preenchimento meramente formal da cota de gênero, sem a efetividade da participação política refletida nos atos de campanha, acarreta a desconstituição do resultado das eleições. Assim, opera-se com a decisão, a desconstituição do demonstrativo de regularidade de atos partidários (DRAP) do partido ou federação que transgredir a norma; anulação dos registros de candidatura de todos os candidatos do respectivo partido ou federação; cassação dos diplomas dos candidatos eleitos e determinação da recontagem dos votos em relação à eleição proporcional redistribuindo-se as vagas obtidas indevidamente aos demais partidos, observando-se o quociente partidário atingido nos moldes do art. 109, Código Eleitoral. Os temas referentes à cota de gênero em relação à legislação eleitoral aplicável às mulheres devem ser objeto de enfrentamento decisório pela Justiça Eleitoral, observando-se o disposto na Resolução n. 492, de 17 de março de 2023 - CNJ - Conselho Nacional de Justiça. O ato em questão *estabelece, para adoção de Perspectiva de Gênero nos julgamentos em todo o Poder Judiciário, as diretrizes do protocolo aprovado pelo Grupo de Trabalho constituído pela Portaria CNJ n. 27/2021, institui obrigatoriedade de capacitação de magistrados e magistradas, relacionada a direitos humanos, gênero, raça e etnia, em perspectiva interseccional, e cria o Comitê de Acompanhamento e Capacitação sobre Julgamento com Perspectiva de Gênero no Poder Judiciário e o Comitê de Incentivo à Participação Institucional Feminina no Poder Judiciário.* Percebe-se dessa forma, que a matéria exige a elaboração de um sistema de julgamento que contemple a apreciação das questões de fato e de direito que sejam centrais em relação à referência ao gênero, que é base intrínseca da própria existência da ação afirmativa (cotas).

Para alcançar a decisão com essa qualificação indispensável, a atuação judicial deve considerar as diretrizes referidas na Portaria do CNJ n. 27/2021, explicitada pela Resolução. A especificidade da condição da mulher candidata passa a constituir um dos vetores de maior densidade para a decisão, que a par a proteção ao interesse eleitoral do equilíbrio na oportunidade entre os gêneros, não pode ser conduzida de modo a ratificar ou estimular situações ou resultados que façam concretizar discriminações ou preconceitos. Compreendemos com essa visão amplificada sobre o conteúdo, que a recomendação do CNJ enseja a estrita consideração de que aqueles pressupostos já reconhecidos pelo TSE para a anulação dos registros, cassação dos diplomas e todas as consequências atinentes ao desrespeito à cota de gênero, devem ser estabelecidos sem que sua efetividade leve ao desrespeito à própria condição da mulher que se candidatou.

Com isso, a pesquisa e análise probatória em torno da votação pífia, ausência de campanha, prestação de contas ou participação débil no processo eleitoral como candidata, deve ser objeto da verificação da situação da pessoa como mulher. As dificuldades de projeção no meio político e social; condicionantes da dupla jornada em ambiente laborativo externo e no interior da família; a maternidade quer seja em relação à gravidez e os encargos de cuidados com os filhos, enfim, as multiplicidades de atribuições no entorno da atuação da mulher, que podem guardar nexo com o comportamento adotado no processo eleitoral, devem ser sopesados para se concluir pela afetação ou não à cota de gênero. Sem essa cautela, de fato o instituto que veio a ser inserido na lei justamente para contribuir no engendramento da busca pela isonomia, poderá culminar na consolidação de agravamento da baixa participação feminina na política.

13.6 MODELOS

13.6.1 AIME. Abuso de poder econômico. Utilização de veículos para transporte de eleitores no dia das eleições em desacordo com a Lei 6.091/74. Inicial

EXMO. SR. JUIZ ELEITORAL DA ...ª ZONA ELEITORAL DE ..../...

COLIGAÇÃO ...., por intermédio de seu patrono, nos termos do anexo mandato com cláusula *ad judicia*, vem à douta presença de Vossa Excelência ajuizar AÇÃO DE IMPUGNAÇÃO DE MANDATO ELETIVO, em face de DIRIGENTE e CONDUTOR, *(qualificação completa)*, candidatos aos cargos de Prefeito e Vice-Prefeito nas Eleições Municipais de 2024, no Município de ..../..., concorrendo pelo Partido ....., sob o nº ....., com substrato no art. 14, § 10, Constituição Federal, e art. 3º e seguintes da Lei Complementar 64/90, declinando a seguinte exposição.

TEMPESTIVIDADE

Considerando que o pleito eleitoral em discussão foi realizado no dia .../.../....., o aforamento do pedido, nesta data, preenche o requisito temporal do art. 14, § 10, CF, eis que nem sequer foi agendada a data para a diplomação dos impugnados como candidatos pretensamente eleitos na disputa acima referida.

INTERESSE DA IMPUGNANTE

Esclarece, a impugnante, que no certame eleitoral em foco apresentou candidatos aos cargos majoritários e proporcionais, o que autentica seu interesse no manejo do pedido, com forte apoio no art. 3º da Lei Complementar 64/90, e art. 262 do Código Eleitoral.

Os candidatos aos cargos de Prefeito e Vice-Prefeito, respectivamente, foram os Srs. .... e ...., que concorreram sob o nº ....., posicionando-se em 2º lugar, segundo o comprometido resultado, que se afastou da lisura e legitimidade como abaixo se verá.

Deve-se frisar que o resultado da votação em debate apontou o seguinte quadro:

1 - impugnados - .... votos - ...% dos votos válidos.

2 - candidatos apresentados pela impugnante - .... votos - ...% dos votos válidos.

3 - concorrente ...., com .... votos - ...% dos votos válidos.

.... votos brancos, correspondendo a ...%

..... votos nulos, correspondendo a ...%

TRANSPORTE DE ELEITORES NO DIA DAS ELEIÇÕES. VIOLAÇÃO À LEI 6091/74.

No âmbito do Município de ...., foi organizado o transporte de eleitores da zona rural para votarem na cidade, nos termos da Lei 6.091/74, com estruturação do quadro de veículos e motoristas credenciados, devidamente oficializada e homologada judicialmente, sem qualquer inconformismo de candidatos, partidos políticos ou coligações (documentos anexos).

Contudo, os impugnados descumpriram de maneira escancarada as restrições impostas pelo art. 5º, incisos I a IV, Lei 6.091/74, eis que em benefício de suas candidaturas, desde a véspera as eleições, e sobretudo no dia do pleito, funcionou uma frota com ..... veículos, fazendo o percurso da zona rural até os locais de votação, conduzindo de maneira anômala e ilegal os eleitores ali residentes.

Os anexos fotográficos que instruem essa petição mostram de maneira clara esse infame comportamento.

Se não fosse bastante, dentro dos veículos era distribuído farto material de campanha eleitoral dos impugnados, contando com a presença de um cabo eleitoral que induzia e ensinava como votar nos impugnados, com a promessa de vantagens econômicas e mesmo distribuição de valores em dinheiro.

O registro de ocorrência, ora incluso, aponta vários desses acontecimentos.

Entre outros veículos não identificados, podem ser seguramente indicados, como utilizados em detrimento da lisura das eleições e em favor dos impugnados, os seguintes veículos, com os responsáveis condutores:

....

ABUSO DE PODER ECONÔMICO

Ora, essa prática implicou em cheio a configuração de abuso de poder econômico, utilizado pelos impugnados, verificando-se, até mesmo, que diversos dos veículos são de aluguel e que não fariam o transporte gratuito, mas remunerados a mando e em proveito dos impugnados. Dessa maneira, recursos espúrios favoreceram a campanha dos impugnados, idealizando e concretizando prática proibida por lei, sobrepujando assim a contenção que o fator econômico deve ter como significado nas eleições.

DESEQUILÍBRIO DA DISPUTA

Comprovadamente essa proscrita artimanha afetou o equilíbrio da disputa, repercutindo diretamente no resultado das eleições, pois a diferença dos impugnados para os candidatos da impugnante não ultrapassou ...% de votos, o que seguramente seria depurado se não houvesse a coação àqueles eleitores da zona rural.

Ademais, contenta-se, essa demonstração, meramente com o juízo de proporcionalidade, afinado com elementos indiciários entre o fato e a desestruturação das eleições, em tutela importante à cidadania e à democracia.

GRAVIDADE DOS FATOS

Ao enfoque do novo dispositivo de contenção às ilicitudes eleitorais, trazido com a Lei da Ficha Limpa (Lei Complementar 135/2010), a identificação do fato ora em estudo assume o caráter de gravidade, pois desenvolvido em afronta à disciplina da Justiça Eleitoral sobre o transporte de eleitores residentes da zona rural, que visa em última análise impedir o assédio e a manipulação da vontade dessas pessoas, que dependem do apoio material para o próprio exercício do sufrágio, apresentando-se, muitas vezes, mais vulneráveis e suscetíveis de serem violados em suas consciências.

O grande esquema montado pelos impugnados, que exige um volume considerável de pessoas, com gastos com o aluguel de veículos, combustível, motoristas e outros, revelam de maneira inexorável a disposição de macularem o processo eleitoral, sendo assim, episódio de alta envergadura, não podendo ser compreendido como circunstancial ou periférico.

Em situações como a acima narrada, a jurisprudência admite o reconhecimento do abuso de poder econômico:

> "RESPE - RECURSO ESPECIAL ELEITORAL nº 28040 - Umburanas/BA
>
> Acórdão de 22/04/2008
>
> Relator(a) Min. CARLOS AUGUSTO AYRES DE FREITAS BRITTO
>
> Publicação: DJ - Diário da Justiça, Volume 1, Data 01/07/2008, Página 8
>
> Ementa: RECURSO ESPECIAL ELEITORAL. AÇÃO DE IMPUGNAÇÃO DE MANDATO ELETIVO. § 10 DO ARTIGO 14 DA CONSTITUIÇÃO FEDERAL: CAUSAS ENSEJADORAS.
>
> 1. O abuso de poder exclusivamente político não dá ensejo ao ajuizamento da ação de impugnação de mandato eletivo (§ 10 do artigo 14 da Constituição Federal).
>
> 2. Se o abuso de poder político consistir em conduta configuradora de abuso de poder econômico ou corrupção (entendida essa no sentido coloquial e não tecnicamente penal), é possível o manejo da ação de impugnação de mandato eletivo.
>
> 3. Há abuso de poder econômico ou corrupção na utilização de empresa concessionária de serviço público para o transporte de eleitores, a título gratuito, em benefício de determinada campanha eleitoral.
>
> Recurso desprovido.
>
> Decisão: Colhido o voto de desempate, o Tribunal, por maioria, desproveu o Recurso, na forma do voto do Relator. Vencidos os Ministros Marcelo Ribeiro, Ari Pargendler e Caputo Bastos." (www.tse.jus.br/jurisprudencia)

Isso posto, requer a Vossa Excelência seja determinada a notificação dos impugnados para, querendo, no prazo de 07 dias apresentarem contestação e, a seguir, seja designada audiência para inquirição das testemunhas (rol anexo), prosseguindo o feito em seus ulteriores termos, e, a final, julgado procedente o pedido para se reconhecer o abuso de poder econômico, desconstituindo-se os mandatos dos impugnados e nomeando-se os segundos colocados, respectivamente os Srs. .... e ...., nos cargos de Prefeito e Vice-Prefeito, nos termos do art. 224, Código Eleitoral, analisado *a contrario sensu* ao se considerar anulados os votos conferidos aos impugnados, que não atingiram mais de 50% do percentual de votos válidos. (*Obs.:* 1 - Se for a hipótese de os votos conferidos aos impugnados ultrapassarem 50% dos votos válidos, a conclusão do requerimento poderia ser assim confeccionada: *e determinando a realização de novas eleições no âmbito do Município para os cargos majoritários, nos termos do art. 224 do Código Eleitoral, considerando que os votos dados aos impugnados atingem percentual superior a 50% dos votos válidos). ; 2 – Verificar alternativa de eventual interesse processual ser direcionado à pretensão de eleições suplementares, independentemente da quantidade de votos válidos dados aos representados conforme disposto no art. 224, Código Eleitoral (redação pela Lei 13.165/2015) e já exposto nos itens 6.6 e 10.1.1 acima.*

Requer a produção de todas as provas possíveis e lícitas em direito, como a documental, testemunhal, pericial e outras.

Atribui à causa o valor de R$ ....,.. (........................... reais).

Pede e aguarda deferimento.

(Local e Data)

....

Advogado

OAB/... – nº ....

(Rol de testemunhas)

13.6.2 AIME. Corrupção. Captação de sufrágio. Compra de votos. Inicial

EXMO. SR. JUIZ ELEITORAL DA ...% ZONA ELEITORAL DE ..../...

PARTIDO ...., por seu diretório municipal em ..../..., por seu advogado, regularmente constituídos nos termos do incluso mandato, vem perante Vossa Excelência mover AÇÃO DE IMPUGNAÇÃO DE MANDATO ELEITORAL em desvantagem de PALADINO e HONESTO, *(qualificação completa)*, candidatos aos cargos de Prefeito e Vice-Prefeito nas Eleições Municipais de 2024, no Município de ...., concorrendo pela Coligação ...., sob o nº ...., com fundamento no art. 14, § 10, da Constituição Federal, e art. 3º e seguintes da Lei Complementar 64/90, para tanto expondo e postulando conforme os tópicos abaixo desenvolvidos.

TEMPESTIVIDADE

Considerando que o pleito eleitoral em discussão foi realizado no dia .../.../....., o aforamento do pedido, nesta data, preenche o requisito temporal do art. 14, § 10, CF, eis que nem sequer foi agendada a data para a diplomação dos impugnados como candidatos pretensamente eleitos na disputa acima referida.

INTERESSE DO IMPUGNANTE

O impugnante destaca que no certame eleitoral em foco apresentou candidatos aos cargos majoritários e proporcionais, o que autentica seu interesse no manejo do pedido, com forte apoio no art. 3º, Lei Complementar 64/90 e do Código Eleitoral.

Os candidatos aos cargos de Prefeito e Vice-Prefeito, respectivamente, foram os Srs. ...., que concorreram sob o nº ...., posicionando-se em 2º lugar segundo o comprometido resultado, que se afastou da lisura e legitimidade, como abaixo se verá.

Deve-se frisar que o resultado da votação em debate apontou o seguinte quadro:

1 - impugnados - .... votos - ...% dos votos válidos.

2 - candidatos apresentados pela impugnante - .... votos – ...% dos votos válidos.

3 - concorrente ...., com ..... votos – ...% dos votos válidos.

.... votos brancos, correspondendo a ...%

..... votos nulos, correspondendo a ...%

CORRUPÇÃO ELEITORAL. CAPTAÇÃO INDEVIDA DE SUFRÁGIO

O processo eleitoral em curso foi irremediavelmente maculado pela conduta dos impugnados e seus seguidores, que não pouparam esforços e meios para manobrar e manipular a vontade dos eleitores, em detrimento da força viva da democracia. Os arquivos em vídeo, que ora são mostrados, exteriorizam a aproximação e a proposta para conspurcar a consciência de diversos eleitores, configurando a vexatória compra de votos.

De se apontar que tais episódios se deram na véspera das eleições e no próprio dia do pleito, capitaneada por cabos eleitorais dos impugnados. Em diversas passagens dos vídeos, há completa evidência de que eleitores receberam quantias em dinheiro: R$ ..., R$ ..., R$ ... ou R$ ..., para votar nos impugnados.

Desse modo, não há como se aplacar o intenso reflexo do comportamento ignóbil no resultado das eleições, pois tais registros funcionam apenas como uma amostragem da descabida e desumana opção dos impugnados na voracidade pelo poder político.

Os fatos têm assim POTENCIAL LESIVO para desequilíbrio da disputa, ao serem cotejados os dados de votação nos impugnados e nos candidatos que disputaram sob a legenda do impugnante.

Simultaneamente, os atos praticados são graves, eis que não se espera de políticos compromissados com o ideal de respeito às opções e diversidades políticas que atuem de modo a inviabilizar a livre deliberação da opinião pública, materializada pelo voto.

A compra de votos é ainda uma chaga que insiste em permanecer e se ramificar no cenário político brasileiro, mas deve ser incessantemente atacada, até que se consiga extirpá-la definitivamente.

E a jurisprudência tem sido implacável com tal comportamento, como se mostra no seguinte aresto do Tribunal Eleitoral do Estado de Minas Gerais:

> "RE - RECURSO ELEITORAL nº 8118 - Senador José Bento/MG
>
> Acórdão de 15/09/2009
>
> Relator(a) MARIA FERNANDA PIRES DE CARVALHO PEREIRA
>
> Publicação: DJEMG - Diário de Justiça Eletrônico-TREMG, Data 21/09/2009
>
> Ementa: Recursos Eleitorais. Ação de Impugnação de Mandato Eletivo. Abuso de poder político/econômico. Corrupção eleitoral. Captação ilícita de sufrágio. Procedência. Eleições 2008.Preliminar de inadequação da via eleita. Rejeitada. Possibilidade de a prática de condutas vedadas e o abuso de poder político constituírem causa de pedir de AIME, desde que, reflexamente, configurem abuso de poder econômico.Preliminar de nulidade do processo pela reunião das ações. Rejeitada. Ações conexas. Julgamento simultâneo. Entendimento do art. 105 do Código de Processo Civil.
>
> Preliminar de cerceamento de defesa. Rejeitada. Testemunhas arroladas e ouvidas em audiência. Ausência de demonstração de prejuízo.
>
> Mérito.Doação de quantia em dinheiro em troca de votos. Captação ilícita de sufrágio. Doação de material de construção sem regulamentação pela Administração. Abuso de poder político/econômico. Prova testemunhal coesa. Potencialidade das condutas de influir no pleito. Cassação dos mandatos dos candidatos eleitos. Novas eleições. Art. 224, CE. Exercício das funções de Chefia do Executivo pelo Presidente da Câmara até realização de novas eleições. Decotada imposição de multa da sentença, pois não cabível em AIME. Manutenção da inelegibilidade. Recurso a que se dá provimento parcial.
>
> Decisão: O Tribunal rejeitou as preliminares e, deu provimento parcial ao recurso, nos termos do voto do Desembargador Baía Borges e das retificações de voto dos Juízes Mariza de Melo Porto, Maurício Soares e Ricardo Rabelo." (www.tse.jus.br/jurisprudencia)

Isso posto, requer a Vossa Excelência seja determinada a notificação dos impugnados para apresentarem contestação no prazo de 07 dias, designando-se audiência para inquirição das testemunhas (rol anexo), prosseguindo o feito em seus ulteriores termos, a final, julgado procedente o pedido para se reconhecer a corrupção eleitoral, desconstituindo-se os mandatos dos impugnados e nomeando-se os segundos colocados, respectivamente os Srs. .... e ...., para os cargos de Prefeito e Vice-Prefeito ...., nos termos do art. 224, Código Eleitoral, analisado *a contrario sensu* ao se considerar anulados os votos conferidos aos impugnados, que não atingiram mais de 50% do percentual de votos válidos. (*Obs.: 1* - Se for a hipótese de os votos conferidos aos impugnados ultrapassarem 50% dos votos válidos, a conclusão do requerimento poderia ser assim confeccionada: *e determinando a realização de novas eleições no âmbito do Município para os cargos majoritários, nos termos do art. 224, Código Eleitoral, considerando que os votos dados aos impugnados atingem percentual superior a 50% dos votos válidos ; 2 – Vide item 13.5.1.)*

Requer a produção de todas as provas possíveis e lícitas em direito, como a documental, testemunhal, pericial e outras.

Atribui à causa o valor de R$ .....,.. (................ reais).

Pede e aguarda deferimento.

(Local e Data)

....

Advogado

OAB/... – nº ....

13.6.3 AIME. Fraude. Defesa

EXMO. SR. JUIZ ELEITORAL DA ...ª ZONA ELEITORAL DE ..../...

Autos nº ....

ACIRRADO e FORRADO, qualificados nos autos identificados no preâmbulo, AÇÃO DE IMPUGNAÇÃO DE MANDATO ELETIVO, aforada COLIGAÇÃO ...., por meio do advogado que subscreve a peça e nos termos do anexo mandato, vem respeitosamente à douta presença de Vossa Excelência apresentar sua CONTESTAÇÃO, com base nos argumentos ora articulados.

TEMPESTIVIDADE

O prazo de 07 dias previsto para a apresentação da resposta foi corretamente observado pelos contestantes/impugnados, eis que receberam a notificação no dia .../.../......

PRELIMINAR. DECADÊNCIA

Não há como permitir a regular instauração da instância, com o desenvolvimento do feito para a captação de provas, eis que o direito do impugnante se encontra fulminado pela decadência, sendo o aforamento apenas uma aventura judiciária e meio para se produzir uma instabilidade no cenário político local, com grave prejuízo a toda a sociedade.

Ora, o prazo de 15 dias depois da diplomação, previsto no art. 14, § 10, Constituição Federal, como termo fatal para o manejo da AIME, foi totalmente ignorado pelo impugnante. É que, nos termos da inclusa certidão, a cerimônia de diplomação dos impugnados ocorreu em .../.../...... Desse modo, visível que decorreu o prazo cogitado, considerando que tal prazo não se suspende nem se interrompe pela superveniência de feriados, sábados e domingos. Como prazo de direito material, a decadência deve ser tratada conforme a regra do art. 132, Código Civil, e apenas se permite, na forma do § 1º daquele dispositivo, a prorrogação do vencimento se ocorrer em feriado.

Mesmo com a casuística da jurisprudência eleitoral ao estabelecer a forma de contagem do prazo decadencial da AIME, consoante o art. 224, § 1º, CPC, houve o transcurso de todo o período.

A esse propósito consta da seleta coletânea:

> "AgR-AC - Agravo Regimental em Ação Cautelar nº 428581 - Timóteo/MG
>
> Acórdão de 15/02/2011
>
> Relator(a) Min. MARCELO HENRIQUES RIBEIRO DE OLIVEIRA
>
> Publicação: DJE - Diário da Justiça Eletrônico, Data 14/03/2011, Página 13/14
>
> Ementa:
>
> AGRAVO REGIMENTAL. AÇÃO CAUTELAR. NEGATIVA DE SEGUIMENTO. CASSAÇÃO. PREFEITO. AÇÃO DE IMPUGNAÇÃO DE MANDATO ELETIVO. EFEITO IMEDIATO. DECADÊNCIA DO DIREITO. INEXISTÊNCIA. FUMUS BONI JURIS. AUSÊNCIA. DEMONSTRAÇÃO.
>
> 1. O prazo para a propositura da AIME, conquanto tenha natureza decadencial, submete-se à regra do art. 184 (refere-se ao art. 224, CPC /2015), § 1º, do CPC, segundo a qual se prorroga para o primeiro dia útil seguinte se o termo final cair em feriado ou dia em que não haja expediente normal no Tribunal. Precedentes.
>
> 2. As decisões proferidas em sede de AIME têm efeito imediato, ante a falta de previsão de efeito suspensivo recursal.
>
> 3. A ausência de demonstração da viabilidade do recurso inviabiliza a concessão de efeito suspensivo em sede cautelar.
>
> 4. Agravo regimental a que se nega provimento.

Decisão:

O Tribunal, por maioria, negou provimento ao agravo regimental, nos termos do voto do Relator. Vencido o Ministro Marco Aurélio." (www.tse.jus.br/jurisprudencia)

Com essa conclusão, deve ser acatada a preliminar de decadência, para que Vossa Excelência assim proclame, decretando a extinção do processo com resolução do mérito, com suporte no art. 487, II, primeira figura, do CPC.

FATOS ATRIBUÍDOS AOS IMPUGNADOS. AUSÊNCIA DE CONFIGURAÇÃO DE FRAUDE

Reportando-se aos pontos de mérito, em respeito a esse juízo, se, eventualmente, não acolhida a preliminar, o que não acreditam os impugnados, a imperiosa solução deve ser pela improcedência do pedido.

A parte impugnante se refere a elementos fáticos totalmente desconexos com o conceito de fraude eleitoral para balizar sua pretensão. Alude a uma aproximação dos impugnados com a comunidade local, recentemente, apenas para viabilizar a candidatura e a vitória nas eleições.

Contudo, não há como admitir tal estado de coisas, eis que os impugnados há tempos já se integraram à comunidade, e como moradores e cidadãos cumpriram todos os prazos e requisitos da legislação eleitoral, para serem elegíveis no pleito que disputaram.

Ora, o 1º impugnado, mesmo estando no município com seu comércio há menos de 03 anos, mudou-se visando melhores perspectiva de vida e se integrou ao meio local, sendo legítimo o seu interesse na participação política. Já o 2º colocado, embora tenha presença mais recente na comunidade, também apresenta o mesmo perfil, totalmente adaptado e inserido ao contexto local.

Nessas condições, é impossível falar de fraude eleitoral, que nessa versão se equipara ao ato espúrio, praticado sob o prisma engenhoso de enganar o eleitor.

"REspe - Recurso Especial Eleitoral nº 36643 - Bertolínia/PI

Acórdão de 12/05/2011

Relator(a) Min. ARNALDO VERSIANI LEITE SOARES

Publicação: DJE - Diário da Justiça Eletrônico, Data 28/06/2011, Página 54

Ementa:

Ação de impugnação de mandato eletivo. Fraude. Inelegibilidade.

1. A fraude objeto da ação de impugnação de mandato eletivo diz respeito a ardil, manobra ou ato praticado de má-fé pelo candidato, de modo a lesar ou ludibriar o eleitorado, viciando potencialmente a eleição.

2. O fato de o prefeito reeleito de município transferir seu domicílio eleitoral e concorrer ao mesmo cargo em município diverso, no mandato subsequente ao da reeleição, pode ensejar discussão sobre eventual configuração de terceiro mandato e, por via de consequência, da inelegibilidade do art. 14, § 5º, da Constituição Federal, a ser apurada por outros meios na Justiça Eleitoral, mas não por intermédio da ação de impugnação de mandato eletivo, sob o fundamento de fraude.

Recurso especial provido.

Decisão: O Tribunal, por unanimidade, proveu o recurso, nos termos do voto do Relator."

AUSÊNCIA DE POTENCIALIDADE LESIVA OU GRAVIDADE DOS FATOS

Apenas por respeito ao debate e a este augusto juízo, os impugnados enfatizam que a circunstância de estarem há menos de 04 anos radicados no Município de ..../... não lhes retira a condição de disputa eleitoral, nem se afigura como ato potencialmente possível para desequilibrar o resultado eleitoral. Se assim fosse, restaria impedido ou, no mínimo, dificultado o fluxo migratório entre as cidades brasileiras, constituindo grave violência aos direitos fundamentos de ir e vir, permanecer e estar.

Da mesma maneira, não subsiste qualquer concepção de que tal projeção se encaixe em ato de gravidade, à luz do art. 22, XVI, Lei Complementar 64/90 (redação dada pela Lei da Ficha Limpa – Lei Complementar 135/2010), com capacidade para cancelar os diplomas conferidos aos impugnados.

SIGILO JUDICIAL

Os impugnados, firmes no propósito de pouparem os efeitos deletérios da ação em curso, com repercussão negativa à Administração Pública municipal, em face das especulações e conturbações derivadas de uma pretensa alteração de poder, pugnam pela estrita observação do disposto no art. 14, § 11, da Constituição Federal, impondo-se o segredo de justiça ao presente feito eleitoral.

ISSO POSTO, requerem o acatamento da preliminar arguida, extinguindo-se o processo com resolução do mérito, e, se superada, a improcedência do pedido.

Requerem, ainda, a produção de todas as provas lícitas em direito, como a testemunhal, documental, pericial, requisição de documentos, etc.

Pedem e esperam deferimento.

(Local e Data)

....

Advogado

OAB/... – nº ....

(Rol de testemunhas)

13.6.4 AIME. Fraude à cota de gênero.

EXMO. SR. JUIZ ELEITORAL DA ... ZONA ELEITORAL DE ..../...

PARTIDO ...., por seu diretório municipal em ..../..., através de seu advogado, regularmente constituído nos termos do incluso mandato, vem perante Vossa Excelência mover AÇÃO DE IMPUGNAÇÃO DE MANDATO ELEITORAL em desvantagem de PATRIARCA, HOMENZARRÃO e demais candidatos que compuseram a relação de concorrentes, (qualificação completa), candidatos aos cargos de Vereadores nas Eleições Municipais de 2024, no Município de ....,, os dois primeiros eleitos e o PARTIDO..... concorrendo sob o nº ...., com fundamento no art. 14, § 10, da Constituição Federal, e art. 3º e seguintes da Lei Complementar 64/90, para tanto expondo e postulando conforme os tópicos abaixo desenvolvidos.

TEMPESTIVIDADE

Considerando que o pleito eleitoral em discussão foi realizado no dia .../.../....., o aforamento do pedido, nesta data, preenche o requisito temporal do art. 14, § 10, CF, eis que nem sequer foi agendada a data para a diplomação dos impugnados como candidatos pretensamente eleitos na disputa acima referida.

INTERESSE DO IMPUGNANTE

O impugnante destaca que no certame eleitoral em foco apresentou candidatos aos cargos proporcionais, o que autentica seu interesse no manejo do pedido, com forte apoio no art. 3º, Lei Complementar 64/90 e do Código Eleitoral. Esses candidatos tiveram votação considerável, alguns deles eleitos para os cargos de Vereadores. Com isso, se a final acolhida a pretensão ora apresentada, com a redistribuição das vagas, a agremiação partidária terá direito ao seu preenchimento daquelas relativas aos candidatos com diplomas que poderão ser cassados.

Segundo o resultado eleitoral, os dois primeiros impugnados foram eleitos como Vereadores, assim distribuídas as vagas por agremiação partidária e votação dos candidatos, obedecendo-se o quociente eleitoral e partidário.....(descrição dos resultados)

VIOLAÇÃO À COTA DE GÊNERO

O processo eleitoral em curso foi irremediavelmente maculado pela conduta do partido ora impugnado e das candidatas INÉRCIA e DESINTERESSADA. Note-se por relevante que para fins de cumprimento da regra do art. 10, § 3º, Lei 9.504/97 ambas figuraram no DRAP e sem os respectivos registros o padrão mínimo de participação por gênero não teria sido alcançado (30%). Todavia, conforme mostram os documentos apresentados ambas apenas estiveram a serviço do partido impugnado e por via de extensão aos demais impugnados, inclusive os candidatos eleitos, pois não realizaram nenhuma atividade de campanha, tiveram pífia votação e sequer se preocuparam em prestar contas sob os parâmetros da veracidade, minimamente.

Verifica-se que a impugnada INÉRCIA, teve apenas um único voto, em seção eleitoral que não é a sua, o que impende considerar que nem ela própria votou em si. Ademais, não apresentou prestação de contas, não formulou desistência da candidatura e não participou ou produziu nenhum ato de campanha. O impugnado partido sequer distribuiu material de propaganda eleitoral informando ao eleitorado sobre essa candidatura.

Em relação à impugnada DESINTERESSADA, a situação é praticamente idêntica, com a observação de que o volume de sua prestação de contas, faz referência apenas a utilização de R$ 500,00 e sua votação também foi nitidamente inexpressiva com 05 votos. Não houve a produção de atos de campanha e seu desinteresse é flagrante, já que sequer esteve no âmbito do Município de.... nos 45 dias destinados à propaganda eleitoral.

Segundo o *leading case* da orientação jurisprudencial do Colendo TSE: (AgR-AREspE 0600651-94, red. para o acórdão Min. Alexandre de Moraes, DJE de 30.6.2022) e ainda o entendimento do STF na (ADI 6.338/DF, rel. Min. Rosa Weber, Tribunal Pleno, sessão virtual, DJE de 4.4.2023) tal comportamento provoca a desconstituição da regularidade do DRAP, anulação dos registros de todos os candidatos que disputaram o certame pelo impugnado PARTIDO..., bem como, cassação dos diplomas dos dois primeiros impugnados (PATRIARCA e HOMENZARRÃO) e a determinação pela contagem dos votos nas eleições proporcionais, redistribuindo-se as vagas aos demais partidos na forma do art. 109, CE, observando-se o quociente partidário

Isso posto, requer a Vossa Excelência seja determinada a notificação dos impugnados para apresentarem contestação no prazo de 07 dias, designando-se audiência para inquirição das testemunhas (rol anexo), prosseguindo o feito em seus ulteriores termos, a final, julgado procedente o pedido para reconhecer a fraude à cota de gênero com o acolhimento dos pedidos acima assinalados.

Requer a produção de todas as provas possíveis e lícitas em direito, como a documental, testemunhal, pericial e outras.

Atribui à causa o valor de R$ .....,.. (................ reais).

Pede e aguarda deferimento.

(Local e Data)

....

Advogado

OAB/... – nº ....

14

RECURSO CONTRA A EXPEDIÇÃO DE DIPLOMA

O denominado recurso contra a expedição de diploma eleitoral, que é substancialmente tratado no art. 262, Código Eleitoral, constitui mais um meio processual colocado à disposição para escoimar o vício e o abuso do processo eleitoral. Embora a nomenclatura sugira, de imediato, a sua configuração como uma modalidade recursal, seu conteúdo exara uma regra de direito substantivo, sendo mais adequado o seu posicionamento como uma ação eleitoral específica.

Pois bem. Talvez a implicação de que a expedição e entrega do diploma aos candidatos eleitos signifique o ponto de exaustão da jurisdição eleitoral de primeira instância ou ordinária, foi estabelecida a convenção para o tratamento do instituto como ação declaratória/constitutiva sob a espécie de recurso.

Antônio Hélio Silva pondera, a respeito da opção do legislador eleitoral:

> Sendo assim, partiu do pressuposto de que o ato da diplomação é uma decisão judicial, quando, em verdade, é apenas um ato certificador, administrativo, sem carga decisória. Ao fazê-lo, o recurso contra expedição de diploma passou a tratar originariamente as hipóteses contidas no art. 262 do Código Eleitoral. Com isso, suprimiu a instância do Juízo de 1º grau, tirando dele a cognição ampla dos fatos ilícitos apontados, passando-os ao Tribunal Regional Eleitoral.
>
> Observe-se, ainda, que o recurso contra a expedição de diploma não visa a atacar vício existente na diplomação em si, que, como dito, é ato meramente certificador. Tem como escopo atacar o resultado eleitoral obtido com fraude à lei ou *contra legem*, ou seja, os fatos anteriores à expedição do diploma, os quais só podem ser questionados após a diplomação. (Ob. cit., p. 65)

O recurso contra a expedição de diploma deve assim ser interposto junto ao juízo eleitoral de primeira instância nas eleições municipais, mas dirigido ao respectivo Tribunal Regional Eleitoral, e, nas eleições gerais, o órgão judiciário encarregado do conhecimento é o Tribunal Superior Eleitoral.

A Minirreforma Eleitoral de 2019 alterou alguns pontos relevantes sobre o tratamento do recurso contra a expedição de diploma. Inicialmente, a Lei 13.877/2019 acrescentou o § 3º ao art. 262, Código Eleitoral, asseverando que o prazo para o manejo do recurso será de 03 dias, contados após o dia final estabelecido para a diplomação, sendo suspenso no período entre 20/12 e 20/01 (art. 220, CPC), retornando seu cômputo em seguida.

O prazo final para as diplomações dos eleitos é estabelecido pelo TSE no seu poder regulamentar sobre as Eleições, contido no calendário eleitoral. Para o pleito de 2024, a data foi fixada em 19 de dezembro de 2024, conforme Resolução n. 23.738/2024 – TSE. Essa nova regulamentação do prazo padroniza os prazos em todo o circuito nacional, porquanto as diplomações nas diversas circunscrições eleitorais recaíam em datas diferentes, facilitando a atuação dos operadores jurídicos que atuam no Direito Eleitoral, sobretudo os advogados, porquanto os prazos são curtos e fatais. Além disso, contou-se com uma expansão indireta do prazo, em virtude da suspensão no período de 20/12 a 20/01, destinado a férias dos advogados.

A postura do juiz eleitoral ao receber o recurso é realizar o seu processamento, intimando-se o recorrido para as contrarrazões e, a seguir, enviando os autos à instância superior.

Reúnem a prerrogativa para o aforamento do recurso o Ministério Público Eleitoral, partidos, coligações e os candidatos envolvidos no pleito eleitoral.

Os casos para a admissão do recurso foram racionalmente limitados para as hipóteses de inelegibilidade superveniente, constitucional ou falta de condição de elegibilidade, conforme a redação atual do art. 262, Código Eleitoral, conferida pela Lei 12.891/2013.

14.1 INELEGIBILIDADE

O recurso contra a expedição de diploma eleitoral pode ser manejado na hipótese de inelegibilidade superveniente, art. 262, do CE. Mesmo antes da Lei 12.891/2013 já se fazia uma reflexão de que a inelegibilidade ali referida, ante ao atual formato da legislação eleitoral, só pode ser entendida como a superveniente, ou seja, ocorrida após o prazo para a impugnação do registro de candidatura (AIRC), não podendo ser preexistente, sob pena de ser impossibilitada a apreciação da questão.

Observe-se a leitura jurisprudencial:

> "AgR-REspe - Agravo Regimental em Recurso Especial Eleitoral nº 35997 - São Sebastião do Passé/BA
>
> Acórdão de 06/09/2011
>
> Relator(a) Min. ARNALDO VERSIANI LEITE SOARES
>
> Publicação: DJE - Diário da Justiça Eletrônico, Data 03/10/2011, Página 59
>
> Ementa: Recurso contra expedição de diploma. Inelegibilidade superveniente.

> 1. Se o fato alusivo à configuração da inelegibilidade infraconstitucional – por ausência de desincompatibilização – é preexistente à formalização da candidatura, deve ser ele suscitado no âmbito do processo atinente ao pedido de registro.
>
> 2. O conhecimento do fato, após o pedido de registro, não enseja a possibilidade de propositura de recurso contra expedição de diploma, com base em inelegibilidade superveniente.
>
> 3. Conforme jurisprudência do Tribunal, "A inelegibilidade superveniente deve ser entendida como sendo aquela que surge após o registro e que, portanto, não poderia ter sido naquele momento alegada, mas que deve ocorrer até a eleição" (Recurso contra Expedição de Diploma nº 653).
>
> Agravo regimental não provido.
>
> Decisão: O Tribunal, por maioria, desproveu o agravo regimental, nos termos do voto do Relator. Vencido o Marco Aurélio." (www.tse.jus.br/jurisprudencia)

A modificação introduzida no art. 262, CE confirma tal posição jurisprudencial, consagrando pela legalidade uma maior segurança jurídica. Esse posicionamento foi consolidado pela Lei 13.877/2019 que criou o § 1º ao art. 262, CE, afirmando que a inelegibilidade superveniente que atraia restrição à candidatura, se foi discutida no processo de registro, não pode ser objeto de dedução no recurso contra a expedição de diploma.

Essa alteração impede a discussão amplificada de questões alusivas à inelegibilidade, próprias ao registro de candidatura e que tenham nessa fase sido discutidas, perante o RECEDE. Por outro lado, o § 2º, art. 262, CE, conforme a mencionada Lei 13.877/2019 criou uma preclusão para a discussão de temas que constituem a denominada inelegibilidade superveniente.

O marco temporal que permite o reconhecimento da inelegibilidade superveniente foi limitado à data final para apresentação de registros de candidatura por partidos e coligações (15 de agosto do ano eleitoral – art. 11, Lei 9.504/97). Com isso, a circunstância fática ou jurídica que dê sustentabilidade à inelegibilidade superveniente só pode ocorrer até o termo final e jamais, quando iniciada a campanha eleitoral respectivo.

Podemos contar assim com a seguinte situação: suponhamos a suspensão de direitos políticos (art. 15, III ou IV, CF) de determinado candidato, se materialize após o período de registro, mais exatamente em 30/08 do ano eleitoral, mesmo estando antes da diplomação e posterior ao registro, não é tema apto ao manejo do (RECEDE).

O resultado das alterações promovidas pela Lei 13.877/2019 é a limitação da utilização do recurso contra a expedição de diploma, encurtando o prazo para a configuração da inelegibilidade superveniente, flexibilizando de maneira lamentável com os níveis jurisdicionais de controle quanto à lisura e probidade no processo eleitoral.

14.2 APLICAÇÃO INDEVIDA DO SISTEMA DE PROPORCIONALIDADE ELEITORAL E ERRO QUANTO À DEFINIÇÃO DO RESULTADO

O avanço tecnológico trazendo a plena informatização do processo eleitoral, no Brasil, praticamente esvaziou as hipóteses para o recurso contra a diplomação acima destacada. Essa previsibilidade do RCEDE estava contida nos incisos II e III do art. 262, CE, redação original e foi revogada pela Lei 12.891/2013.

14.3 DIPLOMA CONCEDIDO OU NEGADO COM AFRONTA À PROVA DOS AUTOS – ART. 222, CÓDIGO ELEITORAL E ART. 41-A, LEI 9.504/97. PROVA PRÉ-CONSTITUÍDA

Os casos elencados dizem respeito a uma referência reflexa ao abuso de poder político ou econômico (art. 237, CE), emprego de ardil ou estratagema para coação, fraude no processo eleitoral e, ainda, a captação indevida de sufrágio.

Exigia-se a existência de outro feito judicial em que foram apuradas as anomalias, adequando-se ao feitio do recurso contra a diplomação, que trabalha com a perspectiva de prova pré-constituída ante a limitação para deflagração de providências probatórias. Durante muito tempo, a jurisprudência eleitoral reputava imprescindível até mesmo o trânsito em julgado de AIJE em que foram apuradas as irregularidades, para que pudesse o argumento ser discutido no recurso, dificultando-se enormemente a possibilidade de cancelamento do diploma.

Houve uma evolução nesse particular, abrindo-se uma senda para que os recursos fossem instruídos nos moldes do previsto no art. 270 do Código Eleitoral, desde que a parte expressamente requeira a providência.

Essa amostragem se insere na atual jurisprudência do TSE:

> "RCED - Recurso Contra Expedição de Diploma nº 745 - São Paulo/SP
>
> Acórdão de 24/06/2010
>
> Relator(a) Min. MARCELO HENRIQUES RIBEIRO DE OLIVEIRA
>
> Publicação: DJE - Diário da Justiça Eletrônico, Data 24/08/2010, Página 105
>
> Ementa:
>
> ELEIÇÕES 2006. RECURSO CONTRA EXPEDIÇÃO DE DIPLOMA. ART. 262, IV, DO CÓDIGO ELEITORAL. DEPUTADO ESTADUAL. ABUSO DO PODER ECONÔMICO. DOAÇÃO. FONTE VEDADA. SINDICATO. POTENCIALIDADE. AUSÊNCIA. DESPROVIMENTO.
>
> 1. A jurisprudência desta Corte firmou-se pela possibilidade de produção, no recurso contra expedição de diploma, de todos os meios lícitos de provas, desde que indicados na petição inicial, não havendo o requisito da prova pré-constituída.

> 2. Conquanto a legislação proíba a doação direta ou indireta, em dinheiro ou estimável em dinheiro, proveniente de entidades sindicais, *ex vi* do art. 24, VI, da Lei nº 9.504/97, a utilização de recursos financeiros em desacordo com o referido diploma não é suficiente, por si só, à caracterização de abuso.
>
> 3. O objetivo da campanha eleitoral é a conquista da simpatia e confiança dos eleitores por meio do histórico e perfil do candidato, não sendo vedadas referências aos feitos e realizações atinentes ao exercício da liderança sindical.
>
> 4. Embora reprováveis os atos praticados, o conjunto probatório dos autos não permite concluir que tenha havido abuso do poder econômico, em razão da falta de potencialidade daqueles para influir no resultado do pleito.
>
> 5. Recurso desprovido.
>
> Decisão: O Tribunal, por unanimidade, desproveu o Recurso, nos termos do voto do Relator." (www.tse.jus.br/jurisprudencia)

A aglutinação da temática eleitoral em torno dos efeitos nocivos dos comportamentos ilícitos em sede de AIME, sobretudo com o advento da Lei da Ficha Limpa (Lei Complementar 135/2010), modificadora do inciso XIV, art. 22, da Lei Complementar 64/90, acabará por certo em diminuir o vigor em torno dessa discussão, pois há nítida tendência à diminuição do emprego do recurso contra a expedição de diploma.

E essa percepção foi que levou o legislador à revogação do inciso III, art. 262, CE pela Lei 12.891/2013, porquanto, não há possibilidade de invocação ao RCEDE, pois até ociosa a providência, que poderá ser alcançada no bojo da AIME.

A ausência de efetiva desincompatibilização pode gerar a inelegibilidade superveniente?

A resposta afirmativa deve ser consagrada para fins de se mobilizar a aplicação do direito eleitoral em prol da ética e da seriedade. Ora, se a norma exige a desincompatibilização do candidato em virtude da influência que sua atuação possa provocar durante o processo eleitoral, destruindo-se a igualdade de oportunidade, os dribles, malabarismos ou fraudes no sentido de não acatá-la no plano objetivo e real constituem verdadeiro achaque à boa-fé.

Dessa maneira, a questão pode ser ventilada no âmbito do recurso e ser reconhecida como inelegibilidade superveniente, pois o defeito não foi suprido, com a mutação da situação anômala do candidato.

Já decidiu a abalizada jurisprudência do Egrégio Tribunal-Regional do Estado de Minas Gerais:

> "Relator(a) BENJAMIN ALVES RABELLO FILHO
>
> Publicação: DJEMG - Diário de Justiça Eletrônico-TREMG, Data 14/06/2010
>
> RDJ - Revista de Doutrina e Jurisprudência do TRE-MG, Tomo 22, Data 05/04/2011, Página 83

> Ementa:
>
> Recurso Contra Expedição de Diploma. Art. 262, I, do Código Eleitoral. Inelegibilidade infraconstitucional. Eleições 2008. Preliminar de incompetência do TRE para julgar originariamente o feito. Arguição de ofício. Rejeitada. Mérito. A Coligação autora só tomou conhecimento da inelegibilidade em 19/09/2008, ou seja, após o registro de candidatura, sendo esta superveniente. Ausência de desincompatibilização fática. Mero afastamento formal. Prova testemunhal concludente ao enumerar diversas tarefas rotineiras que o recorrido continuava a exercer no período em que estava licenciado. Inelegibilidade configurada. Pedido julgado procedente. Decisão: O Tribunal, no mérito, por maioria, julgou procedente o pedido, nos termos do voto do Relator, vencida a Juíza Maria Fernanda Pires." (www.tse.jus.br/jurisprudencia)

Necessário destacar que a redação atual do art. 262, CE anota que a inelegibilidade de origem constitucional em razão de seu intenso caráter deletério para o processo eleitoral não se condiciona ao critério da superveniência. Mesmo que não haja arguição judicial por meio de outros procedimentos anteriores à fase propícia para a interposição do RCEDE, tal manejo com tal substância poderá ser realizado de maneira regular. A Súmula 47/TSE referenda esse posicionamento.

Como exemplos de inelegibilidade de origem constitucional podemos mencionar aquelas derivadas do art. 14, §§ 4º até 8º, Constituição Federal, com a regulamentação promovida pela Lei Complementar 64/90. Assim, pode se dizer que não há preclusão de uma inelegibilidade de ordem constitucional para fins de evitar o manejo do RCEDE. Com isso, a condição de militar não alistável de um virtual eleito pode ser objeto de discussão no RCEDE.

As condições de elegibilidade estão previstas, originariamente no art. 14, § 3º, I a VI, alíneas "a" a "d", Constituição Federal. A disciplina de tais critérios para a elegibilidade se encontram previstas na Lei 9.504/97.

Com a redação atual do art. 262, CE se observa em relação às condições de elegibilidade uma contradição com o previsto no art. 11, § 10, Lei 9.504/97, pois ali se determina que o momento de tal aferição é o registro da candidatura (apresentação do pedido).

Isso porque, para fins de discussão da inelegibilidade no RCEDE, o legislador reservou o perfil da superveniência e da origem constitucional, seguindo-se em a uma referência abrangente às condições de elegibilidade. Com isso, na minha falível percepção não trouxe novo prazo para a discussão das condições de elegibilidade de uma maneira genérica, mas somente aquelas que forem de conteúdo diretamente constitucional.

Compreensão diversa seria estabelecer grave flexibilidade e insegurança ao processo eleitoral, porquanto algumas condições de elegibilidade podem ser superadas, sem graves ofensas à normalidade do pleito eleitoral, ou seja, aquelas organizadas de maneira infraconstitucional pela lei, visando dar amparo às proposições da Constituição Federal.

Dessa maneira, se houver o descumprimento do prazo de filiação mínima à agremiação partidária com relação a candidato eleito, não se pode discutir tal matéria em RCEDE, pois a Constituição Federal não traz essa exigência como condição de elegibilidade em posição central. Por exemplo, mesmo se ultrapassadas as outras processuais de impugnação quanto às idades mínimas como condição de elegibilidade (art. 14, § 3º, VI, "a" a "d", CF), a questão poderá ser invocada e deverá ser decidida pela Justiça Eleitoral no âmbito do RCEDE.

Do mesmo modo, a perda superveniente das condições de elegibilidade podem ser discutidas no bojo do RCEDE, se localizada Texto Constitucional, como é a hipótese da suspensão dos direitos políticos por condenação criminal transitada em julgado (art. 15, III c/c art. 14, § 3º, II, ambos da CF), verificada após o período de registro de candidatura e ainda não impugnável por meio de AIRC.

Todavia, essa análise deve ser atualizada, pois a literalidade do art. 262, § 1º e 2º, Código Eleitoral com redação pela Lei 13.877/2019 limitam a inelegibilidade superveniente ao termo final do registro de candidaturas, ou seja, 15 de agosto do ano das Eleições. Assim, os elementos fáticos e jurídicos que implicam na inelegibilidade devem ser ajustados a tal delimitação temporal, inclusive em relação à desincompatibilização e seu correspondente prazo. Se, obviamente deveria iniciar-se antes de 15 de agosto deve ser considerado o seu desrespeito como motivo apto à formalização do RECEDE.

14.4 MODELOS

14.4.1 Recurso contra a expedição de diploma. Petição. Inelegibilidade superveniente

EXMO. SR. JUIZ ELEITORAL DA ...ª ZONA ELEITORAL DE ....

COLIGAÇÃO ...., por intermédio de seu advogado, mandato anexo, vem respeitosamente à presença de Vossa Excelência, nos termos do art. 262, Código Eleitoral, interpor RECURSO CONTRA A EXPEDIÇÃO DE DIPLOMA ELEITORAL em desvantagem de ELEITO e REELEITO, *(qualificação completa)*, candidatos aos cargos de Prefeito e Vice-Prefeito nas Eleições Municipais de 2024, no Município de ...., pelo Partido ....., os quais na conformidade do viciado resultado as urnas eleitorais foram vitoriosos, com .... votos, representando ...% dos votos válidos no certame.

Por isso, requer a Vossa Excelência o processamento do presente recurso, com a inclusa fundamentação, determinando-se a intimação dos recorridos para apresentação de contrarrazões e, ouvido o Ministério Público Eleitoral, sejam os autos que se formarem remetidos ao Colendo Tribunal-

-Regional Eleitoral do Estado de ...., para seja devidamente apreciado e provido no seu mérito.

Termos em que pede deferimento.

(Local e Data)

....

Advogado

OAB/... – nº ....

EXMO. SR. PRESIDENTE DO COLENDO TRIBUNAL REGIONAL ELEITORAL DO ESTADO DE ....

COLIGAÇÃO ...., nos autos do RECURSO CONTRA A EXPEDIÇÃO DE DIPLOMA ELEITORAL que interpôs em relação a ELEITO e REELEITO, com espeque no art. 262, Código Eleitoral, apresenta seus articulados devidamente ordenados, visando ao provimento do indigitado recurso, nos termos a seguir expendidos.

Insigne Relator,

Nobres integrantes deste Tribunal da Justiça da Democracia!

TEMPESTIVIDADE

A recorrente obedeceu rigorosamente ao prazo de 03 dias para interposição de seu inconformismo, eis que a cerimônia de diplomação dos recorridos foi realizada no dia .../.../.....

LEGITIMIDADE E INTERESSE DA RECORRENTE

A recorrente apresentou candidatos aos cargos de Prefeito e Vice-Prefeito no cenário eleitoral de2020, no âmbito do Município de ...., isto é, os Srs. ....

Com isso, o resultado das urnas, embora comprometido pela presença espúria do 1º recorrido, que atuou sob o manto de uma inelegibilidade superveniente, mostrou que os candidatos acima referidos e atuantes pela recorrente alcançaram o 2º lugar para os cargos majoritários, com .... votos, ou seja, ...% dos votos válidos.

INELEGIBILIDADE SUPERVENIENTE

Decorrida a fase de registro de candidatura no processo eleitoral, a inelegibilidade do 1º recorrido se estampou por sua condenação em segunda instância em ação versando sobre improbidade administrativa, conforme previsto na Lei 8.429/92. Com efeito, por ocasião do registro havia uma condenação em primeira instância e pendência de recurso ao Tribunal de Justiça do Estado de ....

Todavia, nesse interregno sobreveio o julgamento do recurso, em .../.../.....

A condenação em tela provoca a inelegibilidade prevista na alínea I, art. 1º, "I", Lei Complementar 64/90, com redação outorgada pela Lei Complementar 135/2010 (Lei da Ficha Limpa). Seus efeitos são imediatos e deve ser inibida a posse dos recorridos nos cargos em questão, preservando-se o interesse público.

Ausente, assim, a capacidade eleitoral passiva, não há como se reconhecer lícita a candidatura do 1º recorrido, reputando-se nulos os votos que lhe foram conferidos, o que se estende à candidatura do 2º recorrido, eis que indissociável a formação da chapa para as eleições majoritárias do Poder Executivo.

PROVA PRÉ-CONSTITUÍDA

Embora a jurisprudência há muito já deixou de exigir esse requisito para a admissão do recurso contra a expedição de diploma, o conjunto documental trazido com o pedido demonstra, de maneira inequívoca, o acontecimento que implica a inelegibilidade superveniente, pois é constituído por certidões extraídas do mencionado processo judicial com cópias autenticadas das peças.

REQUERIMENTO DE PROVAS

Não obstante a suficiência da prova já cogitada, a parte recorrida pugna pela apresentação ulterior de documentos, se necessário, bem assim a requisição de informações ao juízo prolator da decisão a respeito da improbidade administrativa, para esclarecer pontos ou informações úteis ao deslinde do impasse, tudo nos termos do art. 270 do Código Eleitoral.

ISSO POSTO, requer seja determinado por Vossa Excelência, como Relator do feito, o seu regular processamento, inclusive com oitiva do Ministério Público Eleitoral e que o recurso seja provido por essa augusta Corte, julgando-se procedente o pedido, para se desconstituir os diplomas dos recorridos, determinando-se a realização de novo pleito eleitoral, nos precisos termos do art. 224, Código Eleitoral, eis que os votos conferidos aos recorridos ultrapassam 50% dos votos válidos, sucedendo-se o afastamento dos cargos, se, eventualmente forem empossados. (*Obs. Verificar eventual interesse processual nas novas eleições, independentemente do percentual de votos nulos – item acima 6.6 Candidato "sub judice")*

Pede e aguarda deferimento.

(Local e Data)

....

Advogado

OAB/... – nº ....

14.4.2 Recurso contra a expedição de diploma. Contrarrazões. Inelegibilidade superveniente

EXMO. SR. JUIZ ELEITORAL DA ...ª ZONA ELEITORAL DE ..../...

Autos n. ....

VITORIOSO e PRIMEIRO, qualificados nos autos identificados do RECURSO CONTRA A EXPEDIÇÃO DE DIPLOMA ELEITORAL que lhe move o PARTIDO ......, por intermédio de seu advogado, mandato a seguir acostado, vem à presença de Vossa Excelência apresentar suas contrarrazões para que, oportunamente, o colendo Tribunal-Regional Eleitoral do Estado de .... delas tome conhecimento, para se acatar a tese do desprovimento e improcedência aqui manejadas.

Pede e espera deferimento.

(Local e Data)

....

Advogado

OAB/... – nº ....

EXMO. SR. PRESIDENTE DO TRIBUNAL REGIONAL ELEITORAL DO ESTADO DE ....

VITORIOSO e PRIMEIRO, já identificados nesses autos de RECURSO CONTRA A EXPEDIÇÃO DE DIPLOMA ELEITORAL, por seu procurador abaixo firmado e agindo nos termos do anexo instrumento de procuração, apresenta suas CONTRARRAZÕES e pedidos de produção de prova, nos termos a seguir alinhados.

Nobre Relator!

Veneranda Casa da Justiça Cidadã!

De início cabe asseverar que a manifestação ora exposta é tempestiva, eis que respeitou o prazo geral de recursos no processo eleitoral, que é de 03 dias para a resposta.

Os argumentos trazidos pelo recorrente não conduzem à constatação de que sobreveio inelegibilidade superveniente ao registro de candidatura, em desfavor do 1º recorrido, retirando-lhe a condição de higidez dos direitos políticos e, logicamente, dos efeitos da votação recebida.

Sustentou a recorrente que o 1º recorrido, como médico, enfrentou processo administrativo junto ao Conselho Regional de Medicina e recebeu sanção de exclusão, em virtude de infração ético-profissional, o que pavimentaria sua inelegibilidade, nos termos do art. 1º, I, "m", Lei Complementar 64/90.

Mas, os acontecimentos não se deram como propugnados pela recorrente.

Efetivamente, o 1º recorrido dedica-se há ... anos à profissão de médico, atuando de maneira ética, responsável e solidária.

Inusitadamente foi alvo de uma representação junto ao Conselho Regional de Medicina em virtude de um possível erro médico, na condução de um caso. Não obstante não ser essa a esfera ou instância adequada para tratar dessa questão, assinala o 1º recorrido que as alegações nesse sentido são inverídicas, fruto de perseguição política-eleitoral, visando desestabilizar o quadro, impingindo ao 1º recorrido uma responsabilidade que ele não tem e nunca teve.

Com isso, a representação em questão foi julgada pelo aludido Conselho profissional e impôs uma sanção de advertência ao 1º recorrido, mas tal configuração nada tem ver com violação ético-profissional. Ademais, *data venia*, a decisão administrativa é recheada de vícios e já foi impugnada pelo remédio recursal adequado (documentos juntos).

Assim, os efeitos da decisão administrativa estão suspensos, pois, em regra, os efeitos dos recursos administrativos são devolutivo e suspensivo. Não há de se falar em exclusão do exercício da profissão, pois a decisão referenciada ainda não obteve a imutabilidade no plano administrativo.

Mesmo se tivesse ocorrido tal quadro, decerto o 1º recorrido estaria buscando solução contra a injustiça que lhe foi infligida pelos meios forenses judiciais.

Insista-se, as infrações que podem ensejar abalo à deontologia são aquelas enquadradas no Código de Ética Médica, não podendo uma débil alegação de escolha indevida de hospital para ato cirúrgico ser equiparada a tal situação.

Permanecendo o 1º recorrido com seus direitos políticos vigentes, não há de se falar em nulidade dos votos, não sendo a hipótese de inelegibilidade.

Nos termos do art. 270, Código Eleitoral, os recorridos pugnam pela oportunidade de produção de todas as provas lícitas em direito, notadamente a prova testemunhal, documental, inclusive superveniente, pericial, a se concretizar por meio de justificação ou carta de ordem ao juízo de primeiro grau para sua devida arrecadação.

Note-se ainda que o fato se concretizou em 10 de agosto do ano eleitoral e não poderia ocorrer a sua discussão em eventual impugnação ao registro de candidatura e se enquadra como inelegibilidade superveniente, limitada ao termo final previsto para o registro de candidatura, como exige o art. 262, §§ 1º e 2º, Código Eleitoral, com redação conferida pela Lei 13.877/2019.

ISSO POSTO, requerem recebimento das contrarrazões ao recurso e, após a sua instrução, seja o pedido julgado improcedente, com o desprovimento do recurso, mantidos incólumes os resultados das eleições.

Pedem deferimento.

(Local e Data)

....

Advogado

OAB/... – nº ....

(Rol de testemunhas)

15

FIDELIDADE PARTIDÁRIA – DESFILIAÇÃO – PERDA DE MANDATO ELETIVO

A fidelidade partidária é tema atual e motivo de intensos debates, não só no ambiente do direito eleitoral, mas nos mais diversos setores políticos, presente ainda como indispensável tópico de análise quando se reflete acerca da ética e probidade na condução da política, fortalecimento de partidos políticos e participação popular. Com efeito, o mandato eletivo, como instrumento da democracia representativa, funciona como verdadeira joia na distribuição do mando e do poder político, por isso, alvo de enorme interesse no seu controle e apossamento. Enfim, o mandato pertence ao partido ou ao candidato? A fidelidade partidária seria assim o compromisso inarredável de aquele mandatário eleito sob determinada legenda permanecer a ela vinculado durante todo o período do exercício do mandato, permitindo-se o desfazimento do vínculo apenas em casos justificados pelas circunstâncias.

O consenso em torno do assunto parece difícil e distante. Se por um lado o sistema eleitoral brasileiro pressupõe um berço ideológico e programático a partir do alinhamento entre o pretendente ao exercício do encargo eletivo e a estrutura partidária, não se pode desmerecer uma perspectiva de subjetividade entre eleitor e escolhido que transcende a roupagem partidária. O mandato na verdade tem dúplice gênese, representa uma agregação do elemento de organização social e política representada pela agremiação partidária, e a modulação sinérgica da pessoalidade do homem candidato.

O equilíbrio para se deliberar acerca dessa equação parece ser mais fácil de ser obtido com a criação de uma regra geral de condensação dos interesses do mandatário e do partido, ou seja, o prestígio da fidelidade partidária, mas não absoluta, e sim permeada por certa flexibilidade, possibilitando a quebra dos laços, mediante condições e motivos ponderadamente justificáveis.

A fidelidade partidária surge no planto constitucional com a referência do art. 149, Constituição Federal de 1967, que recomendava aos partidos políticos se submeterem à regência da lei, observando-se a disciplina partidária. Com a Emenda Constitucional n. 1/69 sua aparição se tornou mais nítida, com a previsão de perda do mandato no art. 152, parágrafo único, em relação aos parlamentares que não cumprissem as diretrizes partidárias ou deixassem a legenda pela qual chegaram a ser eleitos, mediante processo perante a Justiça Eleitoral, com observância do contraditório e ampla defesa.

Mais adiante, a Emenda Constitucional n. 11/78 criou, como exceção à perda do mandato pela desfiliação, a saída motivada pela participação como fundador na constituição de novo partido político. Em 1985, a Emenda Constitucional n. 25 suprimiu o tratamento constitucional sobre a fidelidade partidária.

Sua aparição surge no cenário da Constituição de 1988, remetendo aos partidos que estabelecessem em seus estatutos as normas disciplinares a respeito da fidelidade partidária - art. 17, § 1º, CF. Reduziu o Texto Constitucional de maneira drástica a perspectiva de perda de mandato por infidelidade partidária, pois as hipóteses de perda de mandato (art. 55, CF) não contemplam a sua incidência.

A Lei 9.096/95 restringe a atuação do mandatário à esfera interna do partido, não estabelecendo hipótese de perda de mandato, como não poderia de resto fazê-lo, em respeito à hierarquia constitucional. Em síntese, no arcabouço normativo constitucional ou infraconstitucional, não há possibilidade de perda de mandato por infidelidade partidária. As penalidades estabelecidas pela Lei dos Partidos Políticos não englobam a perda do mandato eletivo.

A propósito, ensina Clemerson Merlin Cleve:

> O fato de, no sistema constitucional brasileiro contemporâneo, o parlamentar não perder o mandato em virtude de filiação a outro partido ou em decorrência do cancelamento da filiação por ato de infidelidade é eloqüente. Ainda que, doutrinariamente, o regime do mandato possa sofrer crítica, é induvidoso que, à luz do sistema constitucional em vigor, o mandato não está à disposição do partido. (*In*: *Fidelidade Partidária – estudo de caso.* Curitiba, Juruá, 1998, p. 29)

A ausência de um regramento estável na ordem jurídica constitucional e eleitoral sobre a questão da fidelidade partidária, o que só poderia ser materializado depois de uma reforma política, cujas condições ideais para discussão e aprovação dependem de uma série de injunções na agenda nacional, tornou-se uma tormentosa indefinição, levando à insegurança jurídica. A solução encontrada pelo Tribunal Superior Eleitoral foi disciplinar a matéria, atuando no vácuo legislativo, buscando uma harmonização no tratamento do assunto.

Com isso, a Resolução n. 22.610/2007 - TSE disciplinou a questão da fidelidade partidária no Brasil, seguindo em suma a confluência da jurisprudência do STF.

Seria constitucional, ante a perspectiva de invasão de atribuições do Poder Legislativo, a normatização da questão pelo Poder Judiciário Eleitoral?

Modestamente reputamos que sim. De forma nenhuma o assunto pode ser inserido na atuação regulamentar ou complementar conferida à Justiça Eleitoral – art. 23, XVIII, Código Eleitoral. A resolução se reveste de maneira ostensiva de uma espécie normativa autônoma e independente, à míngua da mora legislativa em disciplinar a temática.

Mas, o Supremo Tribunal Federal entendeu de maneira diferente, escoimando de qualquer vício a indigitada Resolução:

> "EMENTA: AÇÃO DIRETA DE INCONSTITUCIONALIDADE. RESOLUÇÕES DO TRIBUNAL SUPERIOR ELEITORAL 22.610/2007 e 22.733/2008. DISCIPLINA DOS PROCEDIMENTOS DE JUSTIFICAÇÃO DA DESFILIAÇÃO PARTIDÁRIA E DA PERDA DO CARGO ELETIVO. FIDELIDADE PARTIDÁRIA. 1. Ação direta de inconstitucionalidade ajuizada contra as Resoluções 22.610/2007 e 22.733/2008, que disciplinam a perda do cargo eletivo e o processo de justificação da desfiliação partidária. 2. Síntese das violações constitucionais arguidas. Alegada contrariedade do art. 2º da Resolução ao art. 121 da Constituição, que ao atribuir a competência para examinar os pedidos de perda de cargo eletivo por infidelidade partidária ao TSE e aos Tribunais Regionais Eleitorais, teria contrariado a reserva de lei complementar para definição das competências de Tribunais, Juízes e Juntas Eleitorais (art. 121 da Constituição). Suposta usurpação de competência do Legislativo e do Executivo para dispor sobre matéria eleitoral (arts. 22, I, 48 e 84, IV da Constituição), em virtude de o art. 1º da Resolução disciplinar de maneira inovadora a perda do cargo eletivo. Por estabelecer normas de caráter processual, como a forma da petição inicial e das provas (art. 3º), o prazo para a resposta e as consequências da revelia (art. 3º, *caput* e par. ún.), os requisitos e direitos da defesa (art. 5º), o julgamento antecipado da lide (art. 6º), a disciplina e o ônus da prova (art. 7º, *caput* e par. ún., art. 8º), a Resolução também teria violado a reserva prevista nos arts. 22, I, 48 e 84, IV, da Constituição. Ainda segundo os requerentes, o texto impugnado discrepa da orientação firmada pelo Supremo Tribunal Federal nos precedentes que inspiraram a Resolução, no que se refere à atribuição ao Ministério Público eleitoral e ao terceiro interessado para, ante a omissão do Partido Político, postular a perda do cargo eletivo (art. 1º, § 2º). Para eles, a criação de nova atribuição ao MP por resolução dissocia-se da necessária reserva de lei em sentido estrito (arts. 128, § 5º e 129, IX da Constituição). Por outro lado, o suplente não estaria autorizado a postular, em nome próprio, a aplicação da sanção que assegura a fidelidade partidária, uma vez que o mandato "pertenceria" ao Partido.) Por fim, dizem os requerentes que o ato impugnado invadiu competência legislativa, violando o princípio da separação dos poderes (arts. 2º, 60, §4º, III da Constituição). 3. O Supremo Tribunal Federal, por ocasião do julgamento dos Mandados de Segurança 26.602, 26.603 e 26.604 reconheceu a existência do dever constitucional de observância do princípio da fidelidade partidária. Ressalva do entendimento então manifestado pelo ministro-relator. 4. Não faria sentido a Corte reconhecer a existência de um direito constitucional

sem prever um instrumento para assegurá-lo. 5. As resoluções impugnadas surgem em contexto excepcional e transitório, tão-somente como mecanismos para salvaguardar a observância da fidelidade partidária enquanto o Poder Legislativo, órgão legitimado para resolver as tensões típicas da matéria, não se pronunciar. 6. São constitucionais as Resoluções 22.610/2007 e 22.733/2008 do Tribunal Superior Eleitoral. Ação direta de inconstitucionalidade conhecida, mas julgada improcedente." *(ADI 3999 / DF - DISTRITO FEDERAL - AÇÃO DIRETA DE INCONSTITUCIONALIDADE - Relator(a): Min. JOAQUIM BARBOSA - Julgamento: 12/11/2008 - Órgão Julgador: Tribunal Pleno – Publicação DJe-071 - DIVULG 16-04-2009 - PUBLIC 17-04-2009)*

Não obstante o reconhecimento da indevida intromissão na matéria, pelo poder regulamentar excessivo do Judiciário, em desrespeito ao princípio da legalidade, evidentemente que o assunto exigia solução urgente em apontamentos normativos. Dessa forma, a fidelidade partidária com a repercussão de perda de mandato eletivo tem seu tratamento normativo pela Resolução 22.610/2007 - TSE.

A Resolução faz a previsão de duas ações que envolvem a matéria da perda do mandato e fidelidade partidária. A primeira se destaca como a iniciativa do partido em obter o provimento jurisdicional da perda do cargo eletivo pelo mandatário que efetivar a desfiliação partidária indevidamente ou sem justa causa.

Na ação de perda do cargo eletivo, o legitimado ativo inicialmente é a agremiação partidária pela qual foi eleito o mandatário e que, posteriormente, se desvinculou pela desfiliação partidária. A motivação é o abandono da legenda pelo filiado, por sua iniciativa e sem os motivos que a lei (resolução) enuncia como justificantes.

A Assembleia Legislativa ou Câmara dos Deputados usurpará atribuições da Justiça Eleitoral se promover a negativa a suplente do direito à assunção ao cargo de deputado, baseando-se em infidelidade partidária, conforme decidiu o TSE (AC 3233, 31/03/2009).

A Resolução também não terá aplicação nas hipóteses a seguir descritas: *Ac.-TSE, de 14.4.2009, no RMS nº 640 (vacância de cargo eletivo por nomeação do titular como secretário de Estado); Ac.-TSE, de 19.2.2009, no AgR-Rp nº 1399 (desfiliação partidária de suplente por não exercer mandato eletivo); Ac.-TSE, de 19.3.2009, no AgR-Pet nº 2980 (desfiliação imposta pelo próprio partido político); Ac.-TSE, de 24.6.2014, no AgR-Pet nº 89853 e, de 27.11.2012, no AgR-REspe nº 67303 (desfiliação autorizada pelo próprio partido); Ac.-TSE, de 23.4.2009, no AgR-Pet nº 2778 (reintegração do detentor de cargo eletivo ao partido político).*

Se o partido político desligar o detentor de cargo, filiado às suas fileiras não pode ser considerado como detentor do interesse processual no manejo da ação de perda do cargo, como já decidiu o TSE: *Ac.-TSE, de 13.12.2011, no AgR-Pet nº 143957.*

Anotamos algumas hipóteses de justa causa para o pleito de reconhecimento da infidelidade e perda do cargo, conforme evolução da jurisprudencial do TSE:

> *Ac.-TSE, de 7.10.2010 no AgR-AC nº 198464: não caracterização de justa causa por eventual resistência do partido à futura pretensão de o filiado concorrer a cargo eletivo ou pela intenção de viabilizar essa candidatura por outra agremiação; necessidade de que haja prazo razoável entre o fato e o pedido de reconhecimento da justa causa, para o reconhecimento das hipóteses previstas nesta resolução.*
>
> *Dec.-TSE s/nº, de 12.3.2009, na Pet nº 2773: "A modificação da posição do partido em relação a tema de grande relevância configura justa causa para a migração partidária de filiado".*
>
> • *Ac.-TSE, de 21.8.2014, no AgR-Pet nº 89416; e Res.-TSE, de 21.2.2008, nº 22705: caracterização de justa causa quando o partido reconhecer fatos que justifiquem a desfiliação.*

Mais, especificamente em relação à incorporação, fusão ou criação de partido, tem-se o seguinte quadro:

> • *Ac.-TSE, de 7.8.2008, na AC nº 2380: decorrido extenso lapso temporal entre o ato de incorporação e o pedido de desfiliação partidária, resta impossibilitado o reconhecimento da justa causa.*
>
> • *Res.-TSE nº 22.885/2008: a justa causa prevista neste dispositivo incide apenas quanto ao parlamentar filiado ao partido político incorporado.*
>
> • *Ac.-TSE, de 29.4.2014, na Cta nº 18226: a fusão não abre a parlamentares de partidos que não a integraram a oportunidade de migrarem*
>
> • *Ac.-TSE, de 2.6.2011, na Cta nº 75535: possibilidade da filiação partidária no novo partido somente após o registro do estatuto na Justiça Eleitoral.*

Sobre o motivo da grave discriminação pessoal também se refere a jurisprudência:

> • *Dec.-TSE s/nº, de 27.3.2008, na Pet nº 2756: "Divergência entre filiados partidários no sentido de ser alcançada projeção política não constitui justa causa para desfiliação".*

Há um prazo de decadência inicial, dirigido exclusivamente ao partido, contado a partir do momento em que ocorre a desfiliação partidária. Diz o art. 1º, § 2º, Resolução 22.610/2007, que o partido conta com o prazo de 30 dias a contar daquele evento para a iniciativa de aforamento do pedido de decretação da perda do mandato eletivo.

Transcorrido esse prazo, surge, no cenário da faculdade de agir, a legitimidade sucessiva de *quem tenha interesse* em obter tal declaração de perda do cargo, como, por exemplo, um ocupante do cargo de vice ou suplente. O prazo também é de 30 dias, computados depois do encerramento do prazo conferido ao partido político. Possui também, tal legitimidade ativa *ad causam*, o Ministério Público Eleitoral - art. 1º, § 2º, Resolução 22.610/2007.

O TSE acentuou a compreensão do prazo como sendo de natureza decadencial, em resposta a indagação consultiva:

> "Consulta nº 1503 - Brasília/DF
>
> Resolução nº 22907 de 19/08/2008
>
> Relator(a) Min. MARCELO HENRIQUES RIBEIRO DE OLIVEIRA
>
> Publicação: DJE - Diário da Justiça Eletrônico, Data 10/12/2009, Página 12
>
> Ementa: Consulta. Procedimentos. Resolução-TSE nº 22.610/2007.
>
> Pedido. Decretação. Perda. Cargo eletivo. Desfiliação partidária. Prazo. Inobservância. Decadência. Declaração. Justa causa. Âmbito. Partidário. Impossibilidade. Competência. Justiça Eleitoral. Prazos. Regulamentação. Ausência.
>
> - São decadenciais os prazos previstos no § 2º do art. 1º da Resolução nº 22.610/2007.
>
> Decisão: O Tribunal, por unanimidade, respondeu afirmativamente à primeira indagação; por maioria, vencidos os Ministros Marcelo Ribeiro (Relator) e Arnaldo Versiani, não conheceu da segunda indagação; por unanimidade, não conheceu das terceira e quarta indagações e julgou prejudicada a quinta." (www.tse.jus.br/jurisprudencia)

Qual o termo inicial do prazo de 30 dias para a ação de perda de mandato eletivo, na hipótese de a infidelidade partidária ser praticada por suplente ou vice?

O prazo de 15 dias deve ser computado da posse no respectivo cargo, pois antes, mesmo com a desfiliação partidária anterior, não se poderia falar em mandato do suplente ou vice. Não faz sentido a contagem do prazo, desde a desfiliação, como regra geral do art. 1º, § 2º, Resolução 22.610/2007, já que nessa hipótese o objetivo de se proteger a fidelidade partidária restaria debilitado em relação aos suplentes e vices. A conclusão deve ser prestigiada, pois mais adequada a uma exegese teleológica do sistema legal no trato do tema.

O Tribunal Superior Eleitoral adota essa linha de raciocínio:

> "RO - Recurso Ordinário nº 2275 - Rio de Janeiro/RJ
>
> Acórdão de 25/05/2010
>
> Relator(a) Min. MARCELO HENRIQUES RIBEIRO DE OLIVEIRA
>
> Publicação: DJE - Diário da Justiça Eletrônico, Data 02/08/2010, Página 213
>
> Ementa: RECURSO ORDINÁRIO. INFIDELIDADE PARTIDÁRIA. DEPUTADO ESTADUAL. AÇÃO EXTEMPORÂNEA. DESFILIAÇÃO. SUPLENTE. PARTIDO. INTERESSE DE AGIR. AUSÊNCIA.
>
> 1. Conta-se da data da posse do suplente no cargo eletivo o prazo de 30 dias para o ajuizamento da ação por infidelidade partidária. Precedente.

2. Falta interesse de agir ao partido na ação de decretação de perda de cargo eletivo por infidelidade partidária em desfavor de suplente que se desligou da agremiação, se tal demanda for ajuizada antes da posse do pretenso infiel.

3. Recurso ordinário provido para extinguir o feito.

Decisão: O Tribunal, por unanimidade, extinguiu o processo, nos termos do voto do Relator." (www.tse.jus.br/jurisprudencia)

A segunda ação judicial tratada na Resolução da Corte Superior Eleitoral é a declaratória de justa causa para desfiliação. Na hipótese, o interessado e único legitimado ativo para o pleito é o mandatário que se desfiliou ou pretende fazê-lo, aforando, assim, sua pretensão contra o partido pelo qual se elegeu e a que está ou esteve filiado – art. 1º, § 3º, Resolução 22.610/2007.

As razões consideradas como justificantes para a saída do filiado mandatário constam do art. 1º, § 1º, I a IV, Resolução 22.610/2007 (incorporação ou fusão do partido; criação de novo partido; mudança substancial ou desvio reiterado do programa partidário; e, grave discriminação pessoal).

Acima mencionamos um panorama da jurisprudência eleitoral quanto aos motivos a serem invocados para se delimitar a presença ou não da justa causa.

O art. 2º da sobredita Resolução estabelece a competência dos órgãos da Justiça Eleitoral para conhecer e dirimir as duas ações, ou seja, o Tribunal Superior Eleitoral, quando se tratar de mandato federal, e os Tribunais Regionais Eleitorais, em relação aos demais mandatos.

Em ambos os casos, a petição inicial deve obedecer à previsão do art. 3º do Ato Resolutivo, descrevendo o fundamento do pedido e provando documentalmente a desfiliação, especificando as provas, inclusive com apresentação de rol de testemunhas até o número de 03, bem como se mencionando outras modalidades probatórias, como requisições de documentos existentes com terceiros ou em repartições públicas.

A citação deverá consignar o prazo de 05 dias para resposta – art. 4º, da resolução multicitada –, constando a advertência de que a ausência implicará em revelia com presunção de veracidade dos articulados inicias. Ponto relevante para fins de controle do prazo é o marco inicial de sua fluência, que ocorre com a citação efetiva e não a juntada do mandado devidamente cumprido aos autos.

O partido para o qual o detentor do mandato se migrou e fez a nova filiação deve figurar no feito, como litisconsorte passivo necessário, consoante entendimento sufragado pelo TSE:

- *Ac.-TSE, de 6.8.2015, no REspe nº 23517: o partido para o qual tenha migrado o parlamentar é litisconsorte passivo necessário em ação de perda de mandato eletivo por suposta infidelidade partidária.*

O art. 5º do Ato Normativo ora examinado assegura ao requerido a mesma perspectiva de apresentação e indicação de provas, mediante manifestação na peça defensiva. Produzida a resposta, o Tribunal, por meio do ministro ou juiz-relator determina a abertura de vista dos autos ao Ministério Público Eleitoral (art. 6º, Resolução 22.610/2007). O prazo de manifestação é de 48 horas, e essa fase é suprimida se o postulante for o órgão ministerial.

Feita a intervenção, o Tribunal profere o julgamento, se a causa estiver em condições, ou seja, não depender de arrecadação de provas, conforme dispõe a parte final do dispositivo acima.

Se houver necessidade de provas, o relator fará a apreciação e definirá as espécies, designando o 5º dia útil seguinte para, em única assentada, colher depoimentos das partes e das testemunhas – art. 7º, Resolução 22.610/2007. Havendo necessidade, a oitiva pode ser determinada ao juízo eleitoral da localidade dos envolvidos (partes, testemunhas) através de carta de ordem.

Às partes compete o ônus de trazer as testemunhas para serem ouvidas. A intimação só deverá ser efetivada se houver justo motivo para que a parte não consiga tal providência, impondo-se a cabal demonstração dessa circunstância. Ora, se o litigante não consegue os meios para trazer voluntariamente as testemunhas, o Estado-Juiz deve assegurar essa consecução, pois só a ele cabe a intimação que obriga ao comparecimento e a própria condução coercitiva em caso de recalcitrância.

Finalizada a instrução, as partes e o Ministério Público Eleitoral, no prazo comum de 48 horas, poderão apresentar alegações finais escritas na forma do art. 7º, parágrafo único, Resolução 22.610/2007.

Nesse ponto, tal norma colide com o disposto no art. 41, IV, Lei 8.625/93 (Lei Orgânica Nacional do Ministério Público), que assegura aos membros do Ministério Público a intimação pessoal com a entrega dos autos em vista. Obviamente, os processos em tablado a respeito da fidelidade partidária e perda de mandato possuem tendência de se avolumarem por ocasião do encerramento do prazo mínimo de estabilidade na filiação, que possibilita a disputa eleitoral por determinado partido 06 (seis) meses antes do pleito – art. 9º, "caput", Lei 9.504/97).

Desse modo, a exiguidade na sua conclusão é um imperativo. Reputamos que em confronto estão dois valores importantes: a maximização da efetividade da jurisdição eleitoral, que não pode ser tardia; e a valorização do Ministério Público como instituição essencial à administração da justiça e defesa da sociedade, recomendando assim que se dê plenas condições a seus membros para desempenharem o relevante mister que têm.

Acreditamos que um juízo de proporcionalidade encerra conclusão de que, no processo eleitoral em questão, não deve prevalecer a regra geral da Lei 8.625/93, pois a organização da instituição do Ministério Público, que a partir da

Constituição Federal tomou formato importante, já atingiu um nível satisfatório que supera obstáculos de ordem estrutural, permitindo um tratamento igualitário com as partes. Assim, na espécie deve ser obedecida a regra do prazo comum, que por sua natureza corre em cartório.

O art. 8º da Resolução em tela reforça a regra do ônus da prova aos requeridos, derivativa do art. 373, II, CPC. Já o art. 9º disciplina a preferência do julgamento, devendo o relator pedir a inclusão do processo na sessão seguinte à preparação de seu voto, observando o prazo de 48 horas, permitida na sessão de julgamento a sustentação oral pelos advogados das partes e Ministério Público Eleitoral por 15 minutos.

O acatamento do pedido com sua procedência implica na perda do cargo, devendo o Tribunal comunicar ao presidente do respectivo Poder Legislativo para que dê posse, no prazo de 10 dias, ao vice ou suplente, conforme o caso de mandato majoritário ou proporcional - art. 10, Resolução 22.610/2007.

Cabe aqui realçar que a procedência do pedido no caso de declaração de justa causa, feita pelo mandatário que se desfiliou ou pretenda fazê-lo, envolve um provimento que declara seu direito à saída do partido sem sofrer a perda do mandato, se houver tal pretensão pelo próprio partido.

Segundo o art. 11 da Resolução em pauta, as decisões do relator são irrecorríveis, mas podem ser revistas no julgamento final. O art. 12 estabelece o prazo de 60 dias para que os processos dessa natureza tramitem nos Tribunais Regionais Eleitorais, outrossim, conferindo-lhes preferência na atuação jurisdicional.

Face à celeridade no trâmite processual como previsto na Resolução, o TSE já entendeu incabível os provimentos de antecipação do efeito da tutela nas ações em cogitação:

- *Ac.-TSE, de 27.11.2007, no MS nº 3671; dec. monocráticas, de 3.12.2007, no MS nº 3676 e, de 29.11.2007, no MS nº 3.674: a concessão da tutela antecipada encontra óbice no rito previsto nesta resolução, que contempla a celeridade processual.*

O art. 13, da Resolução 22.610/2007, normatiza os efeitos temporais do ato em relação às desfiliações ocorridas antes de sua vigência.

E se houver o arrependimento do trânsfuga que se refiliar?

Se é restabelecido o vínculo da filiação partidária, independentemente das razões, mesmo que implícitas ou intimistas, entendemos não haver necessidade de apresentação da ação de justificação. Na hipótese de pendência da ação para decretação da perda do cargo eletivo, manejada pelo partido, impõe-se a extinção do processo sem resolução do mérito (art. 485, VI, CPC), pois esse fato significa a presença da ausência de interesse de agir superveniente.

É possível o aforamento da ação declaratória de justa causa para desfiliação em sede de reconvenção à ação para decretação da perda do mandato eletivo?

Essa solução é perfeitamente viável, aplicado o disposto no art. 343, CPC, supletivamente. Embora a virtual improcedência do pedido na ação para decretação da perda do mandato acarrete, na prática, a manutenção da desfiliação - sem a consequente perda do mandato -, o filiado mandatário pode ter o legítimo interesse de ter reconhecida a justa causa para sua retirada das hostes partidárias pretéritas, o que serviria de contenção para que sob outros fundamentos pudesse responder a outro pedido com base em outros fatos, mas visando à mesma providência, sobretudo se ainda não decorridos os prazos do art. 1º, § 2º, Resolução 22.610/2007.

A infidelidade partidária implica na observância da Resolução 22.610/2007 para a perda do mandato eletivo para os cargos majoritários?

Não. Essa é a posição que veio a ser adotada pelo STF no julgamento da ADI 5081 em 27/05/2015, reconhecendo a inconstitucionalidade da expressão "ou vice", contida no art. 10 da indigitada resolução e aplicando o parâmetro da interpretação conforme a Constituição, declarar que os efeitos da resolução incidem exclusivamente sobre os cargos do sistema proporcional, não se aplicando assim aos eleitos pelo sistema majoritário.

Sim. Art. 22-A, Lei 9.096/95, redação pela Lei 13.165/2015.

Quais os reflexos da Lei 13.165/2015 em relação às ações referentes à fidelidade partidária tratadas na Resolução 22.610/2007 do TSE?

A Lei 13.165/2015 passou a disciplinar a regulamentação da fidelidade partidária, com a introdução do art. 22-A Lei 9.096/95. O dispositivo assinala que perderá o mandato o detentor de cargo eletivo, que se desfiliar sem justa causa, do partido pelo qual foi eleito.

Assim, em um primeiro momento o eleito pelo sistema majoritário também se sujeitará à disciplina da fidelidade partidária.

A justa causa só poderá ser reconhecida em relação à mudança substancial ou reiterado desvio do programa do partido; grave discriminação política pessoal e mudança de partido no prazo de 30 dias antes do prazo de filiação exigido por lei para concorrer à eleição majoritária ou proporcional, ao término do mandato vigente.

Em comparação com as previsões da Resolução 22.610/2007 - TSE temos que a incorporação, fusão ou criação de partido não seria mais motivo justo para se deixar a agremiação partidária. Certo é que a Lei 13.165/2015 ao disciplinar a matéria atinente à fidelidade partidária, no que diz respeito às migrações de filiados eleitos encurtou muito o prazo para essa providência, obrigando à permanência no partido durante o mandato como regra, possibilitando com exceção em momento de transição para outro pleito eleitoral, a possibilidade de mudança.

Entendemos que as regras estabelecidas pela Lei 13.165/2015 devem se sobrepor às normas da Resolução 22.610/2007 – TSE pelo menos no que tange aos motivos invocados para configuração da justa causa. A Resolução tem o grande mérito de deflagrar a discussão da temática, retirando o assunto do ostracismo e possibilitando que a discussão relevante fosse realizada com a sociedade. No entanto, não é função da Justiça Eleitoral legislar de maneira franca e direta em assunto que a Constituição Federal não lhe fez tal outorga.

Entretanto, deve se buscar a interpretação sistemática entre os diplomas legais em questão para possibilitar a sua aplicabilidade. Todo o procedimento das ações de perda do mandato por infidelidade partidária e justificação para a desfiliação devem seguir o rito da Resolução 22.610/2007 – TSE.

Até mesmo a previsão da ação de desfiliação (encontrada somente na Resolução) deve ser preservada, para não restringir o acesso ao Judiciário Eleitoral pelo filiado detentor de cargo eletivo que se encontre na contingência de sair do partido pelo qual se elegeu, ante as hipóteses fáticas que estão autorizadas por lei.

15.1 MODELOS

15.1.1 Declaratória de justa causa para desfiliação partidária. Inicial. Discriminação política pessoal

EXMO. SR. PRESIDENTE DO TRIBUNAL REGIONAL ELEITORAL DO ESTADO DE ..../...

FIDELINO, *(qualificação completa)*, por seu advogado, constituído nos termos do instrumento de mandato anexo e adiante assinado, vem respeitosamente à presença de Vossa Excelência aforar AÇÃO DECLARATÓRIA DE JUSTIÇA CAUSA PARA DESFILIAÇÃO PARTIDÁRIA, em contraposição ao PARTIDO ......, Município de ..../..., representado pelo Presidente da Comissão Provisória, Sr. ...., *(qualificação completa)*, descrevendo fatos e argumentos jurídicos como a seguir deliberado.

FATOS

O requerente é Vereador no Município de ...., filiado aos quadros do partido requerido desde .../.../....., eis que na ocasião compartilhava do conteúdo programático da agremiação partidária, em plena sintonia com o seu pensamento político ideológico. Assim, sucessivamente, por dois mandatos o requerente se elegeu ao cargo de Vereador pela legenda do requerido.

Durante todo esse período, atuou na Câmara Municipal sob o crivo da seriedade e responsabilidade parlamentar, visando atingir o posicionamento que melhor representasse a vontade e os interesses de seus eleitores e de toda a comunidade. Assim, na legislatura atual, ora assume postura de apoio a projetos ou proposições originárias do Executivo Municipal, ora, em sentido contrário, age de modo a demonstrar sua coerência e honestidade política.

Contudo, o requerido, por assumir politicamente o campo oposicionista ao atual mandato no Executivo Municipal, passou a discriminar o requerente de maneira incessante, em virtude de seus votos e posicionamento que às vezes vêm de encontro com as proposições do Executivo.

Ora, o requerido assumiu a atitude de alijar o requerente de toda a articulação política e organizacional do diretório municipal, inibindo sua participação, sequer convidando-o ou cientificando-lhe das atividades e movimentações partidárias. As reuniões partidárias são feitas sem comunicação ao requerente; ao contrário, manobra-se de maneira proposital para que o requerente não tenha ciência dos eventos, nem de encontros ou outros eventos da executiva partidária estadual.

Todo esse procedimento se dá em razão da atuação ética e independente do postulante como Vereador, o que vem de encontro, inclusive, com as linhas programáticas do partido.

Sofre dessa maneira, o requerente, uma cruel e injustificada perseguição e discriminação, impedido de agir como sujeito político, integrando-se com os demais filiados, enfim, permanecendo cerceado na sua condição de filiado. A situação se tornou insustentável a partir de avisos e anúncios de que sofreria processo de afastamento e mesmo pedido judicial de perda do mandato, se urgentemente não alterasse sua atitude política, passando a rejeitar, independentemente do teor, os projetos e manifestações originárias do Sr. Prefeito Municipal.

Todo esse diagnóstico leva à constatação inafastável de severa discriminação contra o autor.

FUNDAMENTOS JURÍDICOS

A desfiliação partidária é possível, sem qualquer risco de perda do mandato político ou outra restrição ao mandatário, equilibrando-se a relação candidato/partido–mandato, se o ocupante do cargo eletivo busca o afastamento da agremiação, premido por GRAVE DISCRIMINAÇÃO POLÍTICA PESSOAL. É essa a leitura do disposto no art. 1º § 1º, IV, c/c § 3º, Resolução 22.610/2007 – Tribunal Superior Eleitoral e art. 22-A, parágrafo único, II, Lei 9.096/95.

Tal circunstância é que tem movido o comportamento do requerido ao refrear a condição do requerente como um dos seus quadros políticos, desmerecendo-o na condição de parlamentar filiado. Afastadas as condições propícias para uma nova candidatura nas próximas eleições, o requerido age de maneira personalíssima, sem qualquer preocupação com a coesão ou harmonia partidária.

A jurisprudência do TSE considera como motivo apto, ao reconhecimento da justa causa, o inequívoco posicionamento do partido pela saída do filiado eleito:

> "AgR-RO - Agravo Regimental em Recurso Ordinário nº 2371 - Ipirá/BA
>
> Acórdão de 24/06/2010
>
> Relator(a) Min. ARNALDO VERSIANI LEITE SOARES
>
> Publicação: DJE - Diário da Justiça Eletrônico, Data 06/08/2010, Página 52-53
>
> Ementa:
>
> Ação declaratória de existência de justa causa. Desfiliação partidária.
>
> A correspondência enviada pela presidência de diretório regional a parlamentar evidencia o clima de animosidade existente entre as partes, a configurar grave discriminação pessoal apta para justificar a saída da legenda, o que é ainda reforçado pela sugestão do próprio partido de que se efetive a respectiva desfiliação.
>
> Agravo regimental a que se nega provimento.
>
> Decisão: O Tribunal, por unanimidade, desproveu o Agravo Regimental, nos termos do voto do Relator." (www.tse.jus.br/jurisprudencia)

REQUERIMENTOS

ANTE O EXPOSTO, O REQUERENTE POSTULA a citação do requerido para, querendo, oferecer resposta no prazo de 05 dias, sob pena de revelia, reputando-se como verdadeiros os articulados iniciais e, a final, o julgamento procedente do pedido para se declarar a existência de justa causa para que o requerente se desfilie dos quadros do requerido, sem qualquer sanção ou prejuízo, mantido o seu cargo eletivo.

Requer a produção de todas as provas lícitas em direito, notadamente a prova documental ora acostada, depoimento pessoal do requerido, prova pericial e testemunhal (rol anexo).

Atribui à causa o valor de R$ ....,.. (........................... reais).

Pede e aguarda deferimento.

(Local e Data)

....

Advogado

OAB/... - nº ....

(Rol de testemunhas)

15.1.2 Declaratória de justa causa para desfiliação partidária. Contestação. Discriminação pessoal

EXMO. SR. JUIZ DO TRIBUNAL REGIONAL ELEITORAL DO ESTADO DE ....

Autos n. ....

PARTIDO ...., por seu procurador (mandato incluso), vem respeitosamente à presença de Vossa Excelência, como relator nos autos acima destacados da AÇÃO DECLARATÓRIA DE JUSTA CAUSA PARA DESFILIAÇÃO PARTIDÁRIA, que lhe move TRAÍRA, apresentar sua resposta sob forma de contestação, o que faz com base nos tópicos elaborados nos parágrafos abaixo.

TEMPESTIVIDADE

O prazo estabelecido para a resposta no presente pedido é de 05 dias, nos termos do art. 4º, Resolução 22.610/2007 - TSE, contado da citação, que *in casu* ocorreu em .../.../.....,vindo o contestante em juízo, tempestivamente, na data de hoje.

SUMÁRIO DO PEDIDO

O requerente veio a juízo buscando o reconhecimento de legitimidade para sua desfiliação partidária, a partir de uma alegação vazia e inconsistente de que seria vítima de grave discriminação política pessoal, conforme estatuído no inciso IV, § 1º, art. 1º, Resolução 22.610/2007 - TSE e art. 22-A, parágrafo único, II, Lei 9.096/95, o que autorizaria a providência.

Segundo seus relatos, após sua eleição para o cargo de Prefeito do Município de ..../..., houve uma reviravolta na performance do diretório municipal do requerido, culminando por uma rejeição à sua pessoa, eis que na composição dos cargos do governo deixou de adotar exclusivamente o critério político de apoio, procurando perfis técnicos e compatíveis com as atribuições.

Dessa forma, teria sido tachado de traidor e infiel, pois não teria recompensado o apoio dos correligionários e, a partir de então, houve uma autêntica reunião de esforços para inviabilizar sua presença na agremiação partidária, chegando a receber comunicado de que, se não cumprisse as determinações e orientações das esferas partidárias superiores, continuando a violentar normas do estatuto do partido, seria obviamente objeto de processo visando ao seu afastamento.

Assim, segundo sua locução teria agido na conformidade de sua responsabilidade funcional como agente político e mandatário do Município de ....,deixando de atender aos interesses meramente partidários, sofrendo injusta e insistente discriminação.

FIDELIDADE PARTIDÁRIA. COMPROMISSO COM A ESTABILIDADE INSTITUCIONAL DO PAÍS

O tema da fidelidade partidária é essencialmente polêmico e conta com a lacuna da legalidade, dificultando ainda mais as soluções objetivas quanto aos seus impasses, levando à regulamentação supletiva pela Justiça Eleitoral, feita pela Resolução 22.610/2007 - T.S.E.

Ora, não há dúvidas de que no Brasil existe a premente necessidade de fortalecimento dos partidos políticos para se alcançar a plenitude na consolidação democrática, e o elemento da fidelidade partidária é fundamental para esse objetivo.

O mandato eletivo, como resultante da conjugação dos esforços do mandatário e do partido, é instituto jurídico eleitoral que merece uma absoluta proteção por ser a concretude mais precisa da liberdade na democracia representativa. O quebramento da liga entre partido e mandatário só deve ser admitido em situações inconciliáveis.

Rumando ao preenchimento da inércia constitucional/legislativa, o Ato Resolutivo do Judiciário Eleitoral só permite a troca ou abandono de partido com a continuidade do mandato em residuais casos – art. 1º, § 1º, I a IV, Resolução 22.610/2007.

GRAVE DISCRIMINAÇÃO POLÍTICA PESSOAL. CONCEITO JURÍDICO INDETERMINADO

O motivo invocado pelo requerente para se desvencilhar das fileiras partidárias do requerido é concebido como um fator reticente, que depende da intervenção maciça do intérprete para se corporificar, sob pena de não representar o verdadeiro sentido da norma.

Ora, tal situação recomenda ao intérprete um cuidadoso exame da situação fática concreta, com sua subsunção cirúrgica ao comando legal para não se fazer, da hipótese permissiva, um vasto campo de enfraquecimento do partido político.

AUSÊNCIA DOS FATOS DESCRITOS PELO REQUERENTE

O requerido, em prosseguimento à sua defesa, acentua que os fatos descritos na petição inicial não correspondem à realidade. Se divergências intrapartidárias sobre a forma de atuação e compatibilidade político partidária do requerente existem, e devem ser resolvidas, à luz de parâmetros democráticos e respeitosos soa como extremo exagero qualificar os impasses ou o posicionamento da agremiação partidária como discriminação.

Ora, esse termo deve ser tomado no seu real sentido, isto é, separar, afastar por razões sórdidas em restrição e em paralelo a outrem de igual condição. Tal não ocorreu e nem ocorre no relacionamento entre o requerido e o requerente. O que existe na seara política é uma discussão visando à melhor valia na relação filiado–mandatário, e a consecução dos objetivos partidários.

Se o requerente como Prefeito tem adotado opções para preenchimento de cargos públicos, buscando uma governabilidade técnica, com afastamento dos compromissos político-eleitorais, o alerta feito pelo requerido é apenas no sentido de serem retomadas conversações que possam resultar no equilíbrio e coerência política. Nada mais que isso.

Não houve qualquer ameaça de afastamento do requerente. Não se descarta que, no calor dos debates, pode ter ocorrido um acirramento específico entre um ou outro membro do diretório municipal com o próprio requerente, na ânsia de serem resolvidas as questões pendentes para a primazia do mandato e a força partidária.

Isso ocorre porque o requerido teve fundamental participação na construção da opção político-eleitoral que redundou na eleição do requerente. A ligação é umbilical, e não pode ser desfeita sob qualquer pretexto.

Assim, se não há discriminação, sequer pode ser agitado o adjetivo de *grave* como sinônimo de *insuportável*, para se cogitar da possibilidade de saída do requerente do partido, levando o mandato.

No máximo, teria havido uma discussão mais acalorada entre alguns correligionários filiados e o requerente, situação que não autoriza a desfiliação incólume, segundo a compreensão jurisprudencial, consoante abaixo se aponta:

> "AV - AVULSO nº 5196 - Nantes/SP
>
> Acórdão de 06/09/2011
>
> Relator(a) ALCEU PENTEADO NAVARRO
>
> Publicação: DJESP - Diário da Justiça Eletrônico do TRE-SP, Data 15/09/2011

Ementa:

AÇÃO DE PERDA DE CARGO ELETIVO POR DESFILIAÇÃO PARTIDÁRIA SEM JUSTA CAUSA OU IMOTIVADA (= INFIDELIDADE PARTIDÁRIA). PRELIMINAR DE DECADÊNCIA REJEITADA. VEREADOR ELEITO NAS ELEIÇÕES DE 2008. NECESSIDADE DE PRAZO RAZOÁVEL ENTRE OS FATOS INVOCADOS E A EFETIVA DESFILIAÇÃO OU AJUIZAMENTO DA AÇÃO, NÃO CABENDO FALAR EM JUSTA CAUSA QUANDO TRANSCORRIDO UM GRANDE LAPSO DE TEMPO. A "GRAVE DISCRIMINAÇÃO PESSOAL" EXIGE A INDIVIDUALIZAÇÃO DE ATOS QUE INDIQUEM A SEGREGAÇÃO OU PRETERIÇÃO DO PARLAMENTAR POR MOTIVOS INJUSTOS, NÃO RAZOÁVEIS OU PRECONCEITUOSOS QUE TORNEM INSUSTENTÁVEL A PERMANÊNCIA DO MANDATÁRIO NA AGREMIAÇÃO. A MUDANÇA SUBSTANCIAL DO PROGRAMA PARTIDÁRIO DEVE SER DEMONSTRADA COM O CONFRONTO DO DISPOSITIVO ESTATUTÁRIO ANTERIOR COM AQUELE RESULTANTE DA ALTERAÇÃO. NO DESVIO REITERADO, POR SUA VEZ, FAZ-SE NECESSÁRIO O COTEJO DOS ATOS, AÇÕES E DECISÕES REITERADAMENTE PRATICADOS PELO PARTIDO COM O DISPOSTO NO SEU ESTATUTO. A REJEIÇÃO DE MATÉRIAS POR QUALQUER PARLAMENTAR, AINDA QUE DE INTERESSE DA SOCIEDADE, BEM COMO A DESFILIAÇÃO DE CORRELIGIONÁRIOS E A INSATISFAÇÃO INTERNA DE ALGUNS FILIADOS COM A DIREÇÃO DO PARTIDO NÃO IMPLICAM NA MUDANÇA SUBSTANCIAL OU DESVIO REITERADO DO PROGRAMA PARTIDÁRIO. O MANDATÁRIO NÃO SE DESINCUMBIU DO ÔNUS DE PROVAR A EXISTÊNCIA DE JUSTA CAUSA PARA SUA DESFILIAÇÃO (ART.8º DA RES. TSE Nº 22.610/07), O QUE ENSEJA A PERDA DO MANDATO. PEDIDO JULGADO PROCEDENTE.

Decisão: REJEITARAM A PRELIMINAR DE DECADÊNCIA E JULGARAM PROCEDENTE A AÇÃO PARA DECRETAR A PERDA DO CARGO ELETIVO DO REQUERIDO, V.U." (www.tse.jus/jurisprudencia)

Com isso, há de se compreender que o afunilamento das discussões partidárias, mesmo que sob um clima de maior tensão ou exposição, não significa de modo algum a discriminação do filiado/mandatário, que só poderia ser reputada ocorrente, caso se partisse de um pressuposto que revelasse adesão a uma perseguição imotivada ou injusta contra o requerente.

Diante de tudo o que foi exposto, o requerido pugna pelo julgamento improcedente do pedido.

Requer, por oportuno, a admissão da remessa da presente defesa, nos termos da Lei 9.800/99.

Requer, outrossim, a oportunidade para produção dos meios de provas necessários à elucidação da verdade, e admitidos no nosso sistema jurídico-processual, como a prova documental, testemunhal (rol anexo) e outras.

Pede deferimento.

(Local e Data)

....

Advogado

OAB/... - nº ....

(Rol de testemunhas)

15.1.3 Ação de perda do mandato eletivo por desfiliação partidária sem justa causa. Inicial

EXMO. SR. PRESIDENTE DO TRIBUNAL REGIONAL ELEITORAL DO ESTADO DE ....

PARTIDO ......, por seu advogado, constituído nos termos do instrumento de mandato anexo, adiante assinado, vem à presença de Vossa Excelência e desse egrégio Tribunal propor AÇÃO DE PERDA DO MANDATO ELETIVO POR DESFILIAÇÃO PARTIDÁRIA SEM JUSTA CAUSA, em contraposição a INFIEL, *(qualificação completa)*, com escudo no art. 1º, *caput*, Resolução 22.610/2007, do TSE e art. 22-A, Lei 9.096/95, pelo que expõe o seguinte contexto fático e jurídico:

Entre as partes vigora relação jurídica de filiação partidária, estando o requerido filiado aos quadros do postulante desde .../.../..... Atualmente, o requerido ocupa o cargo de Vereador no Município de ...., eis que eleito no último pleito, enquanto filiado ao autor (documentação inclusa).

Contudo, em .../.../..... o requerido apresentou comunicado de pedido de desfiliação partidária junto ao requerente e ainda à Justiça Eleitoral (comprovantes anexos), para fins e respaldo dos arts. 21 e 22, parágrafo único, Lei 9.096/95, vinculando-se o requerido a outra agremiação partidária, através de nova filiação, ao Partido ....

Assim, no prazo assinalado pela norma do art. 1º, § 2º, da sobredita Resolução, comparece o autor em juízo visando ao acolhimento da pretensão a seguir delineada, considerando que não houve qualquer motivo ou razão que pudesse ser reputada como justa para que o requerido abandonasse o partido, atuando de maneira ignóbil, com total desprezo à plataforma e bases programáticas que sustentaram sua eleição.

Dessa maneira, incorreu em infidelidade partidária, tornando ilegítimo o seu mandato, pois a recepção de votos foi concretizada à justa verificação de que estava o requerente assumindo o compromisso de permanecer no exercício do encargo na mesma linha ideológica do requerente, motivo que o alçou à eleição.

Conclui-se que o requerido agiu sob o signo da infidelidade, apenas para melhor acomodação dos seus interesses pessoais e eleitorais, em detrimento da estabilidade institucional dos partidos políticos e, em última análise, da democracia e da cidadania.

Com isso, o art. 1º, "caput", da Resolução 22.610/2007 determina a perda do mandato eletivo ocupado pelo filiado infiel.

No caso em tablado deve ainda ser considerada a total ausência de justa causa para que o requerido deixasse as fileiras do requerente, à luz das possibilidades anotadas no art. 1º, § 1º, I a IV, da indigitada Resolução da Justiça Eleitoral e, ainda pelo que prescreve o art. 22-A, parágrafo único, incisos I, II e III, Lei 9.096/95, com redação pela Lei 13.165/2015.

A jurisprudência do Tribunal-Regional Eleitoral do Estado de São Paulo trata da perspectiva de perda do mandato eletivo nessa hipótese:

> "DIV - FEITOS NAO CLASSIFICADOS nº 901090 - Presidente Prudente/SP
>
> Acórdão de 12/05/2011
>
> Relator(a) PAULO HENRIQUE DOS SANTOS LUCON
>
> Publicação: DJESP - Diário da Justiça Eletrônico do TRE-SP, Data 19/05/2011, Página 7
>
> Ementa:
>
> PEDIDO DE DECRETAÇÃO DE PERDA DE MANDATO ELETIVO – INFIDELIDADE PARTIDÁRIA – PRELIMINAR DE DECADÊNCIA – REJEITADA – MÉRITO – ALEGAÇÃO DE GRAVE DISCRIMINAÇÃO PESSOAL – JUSTA CAUSA NÃO CARACTERIZADA – DISPUTA INTERNA NO PARTIDO – PROCEDÊNCIA.
>
> Decisão: INDEFERIRAM O PEDIDO DE ADIAMENTO REQUERIDO PELA RÉ, POR V.U. REJEITARAM A PRELIMINAR DE DECADÊNCIA E JULGARAM PROCEDENTE A AÇÃO. V.U." (www.tse.jus.br/jurisprudencia)

ISSO POSTO, requer ao ilustre Relator do feito que seja determinada a citação do requerido para, querendo, apresentar resposta no prazo e forma do art. 4º, Resolução 22.610/2007 – TSE, e, realizada a instrução necessária, colhendo-se a manifestação da douta Procuradoria-Regional Eleitoral, seja o feito colocado em pauta e julgado por este egrégio Tribunal-Regional Eleitoral, contemplando-se a procedência do pedido para se decretar a perda do cargo eletivo do requerido, cumprindo-se a providência anotada no art. 10, Resolução 22.610/2007 - TSE.

Requer a oportunidade para produção de todas as provas lícitas em direito, como a documental, testemunhal (rol incluso), pericial e outras que se fizerem necessárias.

Atribui à causa o valor de R$ ......,.. (................ reais).

(Local e Data)

....

Advogado

OAB/... - nº ....

(Rol de testemunhas)

15.1.4 Ação de perda do mandato eletivo por desfiliação partidária sem justa causa. Contestação

EXMO. SR. JUIZ RELATOR DO TRIBUNAL REGIONAL ELEITORAL DO ESTADO DE ....

Autos n. ....

PERSEGUIDO, devidamente qualificado nos autos acima destacados, AÇÃO DE PERDA DE MANDATO ELETIVO POR DESFILIAÇÃO PARTIDÁRIA, movida contra si pelo PARTIDO ......, por seu advogado, na conformidade do anexo mandato, vem respeitosamente à presença de Vossa Excelência e desse egrégio Tribunal-Regional Eleitoral apresentar sua CONTESTAÇÃO, com supedâneo no art. 4º, Resolução 22.610/2007, nos termos a seguir organizados sob forma de articulados fáticos e jurídicos.

Comparece o requerido em juízo no prazo legal, pois recebeu a citação em .../.../....., e viabiliza o protocolo de sua manifestação pelo sistema fac-símile, obedecendo ao disposto na Lei 9.800/99, se comprometendo à apresentação dos originais em 05 dias.

Invoca como preliminar a incidência do instituto da DECADÊNCIA, impedindo a obtenção do provimento visado pela parte requerente.

Ora, o art. 1º, § 2º, da Resolução 22.610/2007 estabelece o prazo de 30 dias, contados da desfiliação para fins de aforamento da ação em tela. Desse modo, conforme exposto nos documentos anexados, transcorreu prazo superior àquele cogitado na norma de regência, se comparado com a data da distribuição do pedido em .../.../.....

Pleiteia com ênfase a parte requerida que haja pronunciamento da decadência em relação ao requerente, nos termos do art. 487, II, CPC, extinguindo-se o processo com resolução do mérito.

Firme no princípio da concentração das teses de defesa, mas acreditando na insuperabilidade dos argumentos ligados à decadência, o requerido, em homenagem à dialética e a esse egrégio Tribunal Regional Eleitoral, aborda os fatos trazidos à tona pelo requerente como motivadores da perda do mandato eletivo pelo requerido, rechaçando-se na conformidade das assertivas a seguir desenvolvidas.

Inicialmente é perceptível que o requerente alega de maneira atabalhoada e sem qualquer anotação de razões os motivos periféricos que levaram o requerido à saída daquela agremiação partidária.

A partir do exaurimento de toda a projeção de que as executivas nacional e estadual pudessem intervir no ambiente municipal do partido, a fim de serem seguidos os programas e diretrizes inseridos no estatuto partidário, o requerido passou a estar na inevitável contingência de não comprometer seu passado e história política; sua ética e respeito aos valores da democracia, na permanência naquela legenda, buscando se abrigar em outro segmento que pudesse satisfazer seus transparentes propósitos como político.

Ora, a instância partidária do Município de .... passou a fechar os olhos e a atenção aos cânones partidários, adotando uma postura inconciliável com uma oposição crítica e construtiva, buscando apenas a viabilidade de vantagens diretas e pessoais, conhecidas como fisiologismo, opondo-se sistematicamente a quaisquer propostas do Poder Executivo Municipal.

Assim, o desempenho e a conduta do requerido como Vereador não podia mesmo submeter-se a esse teatro de horrores, já que se destacou pelo compromisso com a Municipalidade e eleitores, em uma atividade parlamentar independente, visando ao bem comum e a supremacia dos interesses públicos.

Dessa maneira, a desfiliação foi consectário lógico e natural de uma situação já inconciliável, tanto que o próprio requerente não tinha interesse na sua manutenção, apenas buscando agora as vias judiciais para em desespero impor a perda do mandato ao requerido, por questões de emulação e vingança.

Assumindo o impasse os contornos já descritos, o requerido optou pela filiação ao Partido ....., recentemente criado, onde encontrou as condições favoráveis para exercício do mandato em conformidade com os padrões de ética, lisura e respeito às atividades parlamentares de um Vereador.

Mesmo não sendo fundador ou participante direto no surgimento da nova agremiação partidária, a filiação a partido novo é considerada como justa causa para a desfiliação de outro partido, com respaldo no art. 1º, § 1º, II, Resolução 22.610/2007.

É de ser ressaltado que o novo partido já teve o seu estatuto registrado perante o excelso Tribunal Superior Eleitoral (*vide* documentos anexos), sucedendo a filiação do requerido nos 30 dias posteriores.

Esse é o entendimento da jurisprudência, conforme decisão proferida pelo Tribunal Regional Eleitoral do Estado de Minas Gerais:

> "PET - PETIÇÃO nº 99476 - Lagoa Santa/MG
>
> Acórdão de 16/12/2011
>
> Relator(a) MAURÍCIO TORRES SOARES
>
> Relator(a) designado(a) LUCIANA DINIZ NEPOMUCENO
>
> Publicação: DJEMG - Diário de Justiça Eletrônico - TREMG, Data 19/01/2012
>
> Ementa:
>
> Petição. Ação de perda de mandato eletivo. Infidelidade partidária.
>
> PRELIMINAR. IMPOSSIBILIDADE JURÍDICA DO PEDIDO. Impropriedade da via eleita. Os argumentos do partido se referem ao capítulo de mérito. O pedido é juridicamente possível. Rejeitada.
>
> PRELIMINAR. INCONSTITUCIONALIDADE DO ART. 1º, § 1º, II, DA RESOLUÇÃO 22.610/2007 DO TRIBUNAL SUPERIOR ELEITORAL. Os partidos políticos são essenciais à democracia e a criação deles contribui para o fortalecimento do regime democrático. A resolução do Tribunal Superior Eleitoral deu cumprimento ao que foi decidido pelo Supremo Tribunal Federal. Precedentes. Rejeitada.
>
> MÉRITO. Eventual duplicidade partidária não serve de gravame para a perda de mandato. Ocorrência de justa causa. O Tribunal Superior Eleitoral não limitou a justa causa de criação de novo partido somente àqueles que o apoiaram ou assinaram a ata de sua criação. Pedido improcedente.
>
> Decisão: O Tribunal. à unanimidade, rejeitou as preliminares de impossibilidade jurídica do pedido e de inconstitucionalidade e, no mérito, julgou improcedente o pedido, nos termos do voto do Relator." (www.tse.jus.br/jurisprudencia - destaques em negrito inseridos pelo subscritor)

Cabe ainda enfatizar que a Lei 13.165/2015 explicitou os motivos que são justa causa para autorizar a desfiliação do detentor de mandato eletivo, cuja eleição se deu por determinado partido. Assim, o art. 22-A, parágrafo único, III, Lei 9.096/95 não autoriza a migração em caso automático de criação de novo partido, somente se a filiação for realizada no período ali determinado, o que não é o caso dos autos.

ISSO TUDO POSTO, pleiteia o requerido o acatamento da exceção substancial de mérito da decadência, extinguindo-se o processo com resolução do mérito – art. 487, II, CPC, e, se eventualmente superada a questão, o julgamento improcedente do pedido, mantendo-se incólume o mandato do requerido.

Requer, por oportuno, a admissão da remessa da presente defesa, nos termos da Lei 9.800/99.

Pugna ainda pela produção de todos os meios de provas previstos como lícitos em direito, como a documental, testemunhal (rol anexo), pericial, entre outras.

Pede deferimento.

(Local e Data)

....

Advogado

OAB/... – nº ....

(Rol de testemunhas)

16

RECURSOS ELEITORAIS

A matéria recursal no âmbito eleitoral se encontra em sua maior expressão regulada pelo art. 257, *usque* 282, do Código Eleitoral. Há uma complementação desse cenário em toda a legislação eleitoral, principalmente com a Lei 9.504/97 e Lei Complementar 64/90, que, por trazerem questões processuais, automaticamente se referem à incidência de recursos, sendo que na hipótese de omissão o regime a ser adotado é o do Código Eleitoral. As situações são variáveis, como são diversos os procedimentos pertinentes ao processo eleitoral, como um verdadeiro caleidoscópio em torno dos temas que desafiam a jurisdição eleitoral, seja no âmbito administrativo ou contencioso.

Não trataremos neste trabalho dos recursos ou impugnações que podem ser opostos ao presidente da mesa receptora de votos, junta eleitoral ou ao seu presidente, em casos que cuidam da votação propriamente dita e seus desdobramentos. Isso, porque visível a completa revolução que o sistema de recepção de votos experimentou com o avanço da tecnologia na condução das eleições. Como os dispositivos do Código Eleitoral são, em razão desse fenômeno, muito anacrônicos, a sua aplicabilidade é duvidosa, outrossim, verificando o crescente ostracismo na adoção desses meios de inconformismo.

A regra central em torno dos recursos eleitorais na atribuição de efeitos é a ausência de efeito suspensivo, como previsto no art. 257, Código Eleitoral. Ainda, o prazo para a interposição e resposta será ordinariamente de 03 dias, contados da publicação do ato ou decisão da qual se queira recorrer - art. 258 do Código Eleitoral.

Como já visto setorialmente nas espécies das ações eleitorais e seus procedimentos abordados na obra, as decisões com apoio na Lei Complementar 64/90, por força do seu art. 15, comporta a obediência da espécie recursal aos efeitos devolutivo e suspensivo.

A previsibilidade do recurso ordinário eleitoral reside no art. 265, Código Eleitoral, em relação aos atos, resoluções ou despachos dos juízos ou juntas eleitorais. O recurso deve ser interposto por petição, constando os fundamentos para modificação da decisão, encaminhada ao juiz eleitoral, podendo trazer novos documentos (art. 266, Código Eleitoral).

No processamento, o juiz eleitoral ao receber a petição determina a intimação da parte recorrida para oferecimento de suas razões, podendo apresentar documentos novos (art. 267, CE). Juntados novos documentos, sucede vista à parte recorrente para manifestação em 48 horas (art. 267, § 5º, CE).

Se não estiver atuando como parte, o Ministério Público Eleitoral deve se manifestar sobre a discussão recursal, atuando como *custos legis*.

Com a preparação do recurso, os autos são conclusos ao juiz eleitoral, que poderá seguir duas direções distintas: na primeira determina a subida dos autos ao Tribunal Regional Eleitoral, motivando a manutenção da decisão, podendo inclusive promover a juntada de novos documentos, sob pena de multa e responsabilidade funcional. Caso contrário, adotada compreensão diferente, poderá em juízo de retratação reformar sua decisão, expondo os respectivos fundamentos (art. 267, § 6º, CE). Nesta última hipótese, o então recorrido poderá se manifestar pela ida do recurso ao Tribunal, no prazo de 03 dias, para ser reexaminada a decisão, logicamente apresentando as razões que motivam o seu desacerto (art. 267, § 7º, CE).

A sistemática recursal eleitoral comporta uma feição um pouco diversa da área cível, pois em regra as decisões dos juízes eleitorais ou juntas eleitorais podem ser alvo de recurso para os Tribunais Regionais Eleitorais. Por sua vez, as decisões proferidas em sede recursal, por esses Tribunais, em geral não são recorríveis.

Visando não criar uma elasticidade temporal impossível se contornar sem grave comprometimento ao calendário eleitoral, são hipóteses residuais que indicam a possibilidade do recurso especial eleitoral de decisão daquele teor para o Tribunal Superior Eleitoral.

A análise de admissibilidade do recurso especial eleitoral se vincula à previsão do art. 276, I, Código Eleitoral. Funcionando os Tribunais Regionais Eleitorais nas hipóteses de competência originária, sobretudo no âmbito das eleições regionais e federais, o recurso eleitoral ordinário é dirigido também ao Tribunal Superior Eleitoral (art. 276, II, "a" e "b", Código Eleitoral).

Os casos de cabimento do recurso especial eleitoral estão dispostos no art. 121, § 4º, Constituição Federal; I - forem proferidas contra disposição expressão desta Constituição ou de lei; II - ocorrer divergência na interpretação de lei entre dois ou mais Tribunais Eleitorais; III - versarem sobre inelegibilidade ou expedição de diplomas nas eleições federais ou estaduais; IV - anularem diplomas ou decretarem a perda de mandatos eletivos federais ou estaduais; V - denegarem "habeas corpus", mandado de segurança, "habeas data" ou mandado de injunção.

Com isso, nessa modalidade recursal, como em paralelo ao recurso especial para o Superior Tribunal de Justiça não há espaço para rediscussão da valoração probatória feita pelas instâncias ordinárias. Aplica-se a Súmula 7, STJ.

A denegação do recurso especial desafia a interposição de agravo de instrumento, como exposto no art. 279 do Código Eleitoral.

Com a alteração do art. 275, Código Eleitoral pela Lei 13.105/2015 os embargos declaratórios são cabíveis no processo eleitoral nas mesmas hipóteses previstas no CPC. Não há exigência de preparo e são oponíveis tanto em relação a decisão de primeiro grau de jurisdição proferida pelo juiz eleitoral, quanto pelo relator em instância superior e o respectivo tribunal. Na hipótese de recurso com viés protelatório o órgão julgador pode impor ao embargante o pagamento de multa que não exceda a 02 salários mínimos, elevada para o patamar de até 10 salários mínimos na hipótese de reiteração manifestamente procrastinatória (art. 275, §§ 6º e 7º, Código Eleitoral).

As decisões proferidas pelo Tribunal Superior Eleitoral em regra são irrecorríveis - art. 121, § 3º, Constituição Federal. Esse dispositivo na parte final flexibiliza com a previsão de admissibilidade de recurso extraordinário para aquelas decisões que afrontarem a própria Constituição e as que denegarem *habeas corpus* ou mandado de segurança.

O mandado de segurança, nos casos admitidos pela doutrina e jurisprudência como sucedâneo de recurso, pode ser empregado como meio recursal no processo eleitoral, ou seja, excepcionalmente, se a ausência de intervenção judicial sobre o tema implicar em risco de dano processual irreparável ou de difícil reparação e não houver outra espécie recursal prevista legalmente para enfrentamento da decisão que se pretende impugnar.

O Regimento Interno do Tribunal Superior Eleitoral, Resolução 4.510/1952, prevê a hipótese de agravo regimental - art. 36, § 8º - contra decisão monocrática do relator.

Evocamos mais uma vez, a necessidade de verificação singular da situação dos candidatos "sub judice", a partir da redação conferida pela Lei 13.165/2015 ao art. 257, Código Eleitoral como já referido acima, inclusive no item 6.6.

16.1 MODELOS

16.1.1 Recurso eleitoral. Indeferimento de registro de candidatura

EXMO. SR. JUIZ ELEITORAL DA ...ª ZONA ELEITORAL DE ..../...

Autos n. ....

CONCORRENTE, *(qualificação completa)*, nos autos do pedido de registro de candidatura sob apreciação deste juízo - Coligação ...., tendo sido indeferido pela r. decisão de f. ... seu pedido de registro para disputa do cargo de Vereador nas Eleições 2024, por seu advogado infrafirmado, vem, com fulcro no art. 265 do Código Eleitoral, combinado com art. 8º da Lei Complementar 64/90, interpor RECURSO ORDINÁRIO ELEITORAL ao egrégio Tribunal Regional Eleitoral do Estado de ...., pelo que anexa as subsequentes razões recursais.

Requer, assim, a Vossa Excelência que, procedendo de acordo com o art. 267 do Código Eleitoral, receba o presente com os documentos anexos, colha-se a manifestação do Ministério Público Eleitoral e, não havendo juízo de retratação, que sejam os autos remetidos à superior instância.

Por último, requer ainda a observância do previsto no art. 16-A da Lei 9.504/97, considerando a situação "sub judice" da candidatura do ora recorrente.

Pede deferimento.

(Local e Data)

....

Advogado

OAB/... – nº ....

RAZÕES DE RECURSO ORDINÁRIO ELEITORAL

Recorrente: Concorrente

Recorrido: Juiz Eleitoral da ...ª Zona Eleitoral de ..../...

Egrégio Tribunal,

Nobre Relator:

TEMPESTIVIDADE

A r. decisão recorrida foi proferida em .../.../....., e na mesma data foi automaticamente publicada. Cumpriu o recorrente a estrita obediência ao prazo legal, eis que protocolou sua petição recursal com as razões ora descritas em .../.../....., conforme o disposto no art. 258 do Código Eleitoral.

DECISÃO RECORRIDA

O douto juiz eleitoral, ao analisar o pedido de registro de candidatura do recorrente, proferiu decisão que indeferiu o pleito, ao fundamento de que não fora demonstrada pelas informações constantes dos bancos de dados da Justiça Eleitoral, na forma do art. 27, § 1º, Resolução 23.455/2015 - TSE, a filiação partidária do recorrente com prazo mínimo de 06 (seis) meses antes do pleito, malferindo o art. 9º e 11, § 1º, III, Lei 9.504/97.

RAZÕES DE REFORMA

Não atuou com o costumeiro acerto o honrado juízo. Isso, porque o recorrente é militar, consoante provam os documentos que instruem o pedido de registro da sua candidatura e os que agora são anexados a esse recurso.

Nessa condição, é dispensável a prévia filiação, pois o militar em atividade não pode ter essa atuação política precedente ao pleito, mas pode livremente ser escolhido em convenção partidária e, legitimamente, concorrer ao cargo eletivo.

Ora, ao militar é vedada a filiação partidária – art. 142, § 3º, V, CF.

Concilia-se tal regra com sua perspectiva de elegibilidade (art. 14, § 8º, CF) e a dispensa da prévia filiação pelo prazo cogitado na r. decisão recorrida, ocorrendo por ocasião das convenções uma específica filiação que vigora no período eleitoral e, posteriormente, se eleito o militar. Caso contrário, desfaz-se automaticamente a filiação partidária.

Feitas tais ponderações, observa-se que o recorrente atendeu a todos os requisitos legais para ter sua candidatura autorizada pela Justiça Eleitoral, não havendo qualquer óbice para esse reconhecimento.

Embora tal situação não seja expressamente prevista na Resolução 23.455/2015 - TSE, essa excepcionalidade deriva da necessidade de aplicação do dispositivo constitucional que assegura a elegibilidade ao militar alistável – art. 14, § 8º, CF. Importante frisar que em outros pleitos tal regra foi observada, como consta do art. 12, § 1º, Resolução 22.156/2006.

PREQUESTIONAMENTO

Persistindo o entendimento esposado pela r. decisão, se prolongará grave ofensa à norma constitucional referida. Assim, se prequestiona tal matéria, possibilitando que legitima e eventualmente possa ser deduzida a pretensa invocação da jurisdição constitucional por intermédio do recurso extraordinário, já que seu conteúdo impede o exercício da elegibilidade pelo cidadão militar da ativa.

ISSO POSTO, requer a este Egrégio Tribunal Regional Eleitoral que conheça do recurso, dando-lhe provimento para que a r. decisão seja reformada, deferindo-se a candidatura do recorrente para disputa do certame pela Coligação ...., sob o nº ....., ao cargo de Vereador no Município de ....

Pede e aguarda deferimento.

(Local e Data)

....
Advogado
OAB/... – nº ....

16.1.2 Recurso eleitoral. Impugnação de registro de candidatura

EXMO. SR. JUIZ ELEITORAL DA ... ª ZONA ELEITORAL DE ..../...

Autos n. ....

CÂNDIDO, *(qualificação completa)*, nos autos da AIRC – Ação de Impugnação de Registro de Candidatura, movida por PARTIDO ....., sob apreciação deste juízo, em razão da r. sentença de f. .., que julgou procedente o pedido impugnativo e indeferiu o seu registro de candidatura para disputa do cargo de Prefeito nas Eleições 2024, por seu advogado infrafirmado, vem, com fulcro no art. 265 do Código Eleitoral, combinado com o art. 8º da Lei Complementar 64/90, interpor RECURSO INOMINADO ELEITORAL ao egrégio Tribunal Regional Eleitoral do Estado de ...., nos termos da razões recursais inclusas.

Requer, assim, a Vossa Excelência que, procedendo de acordo com o art. 267 do Código Eleitoral, receba o presente com os documentos anexos, intime-se a parte recorrida para contrarrazões e, colhido o parecer do Ministério Público Eleitoral, não havendo juízo de retratação, que sejam os autos remetidos à superior instância de imediato para respaldo do art. 8º, § 2º, Lei Complementar 64/90.

Por último, requer ainda a observância do previsto no art. 16-A da Lei 9.504/97, considerando a situação "sub judice" da candidatura do ora recorrente.

Pede deferimento.

(Local e Data)

....
Advogado

OAB/... – nº ....

RAZÕES DE RECURSO INOMINADO ELEITORAL

Recorrente: Cândido

Recorrido: Partido ....

Egrégio Tribunal,

Nobre Relator:

1 - PRESSUPOSTOS DE ADMISSIBILIDADE

O presente recurso é tempestivo, pois, publicada a r. sentença recorrida em cartório na forma do art. 8º, Lei Complementar 64/90, o recorrente apresentou a petição recursal no prazo de 03 dias.

Por outro lado, o interesse recursal é visível ante a sucumbência que experimenta, já que, deduzido seu pedido de registro de candidatura, sobreveio a impugnação apresentada pela parte recorrida.

2 - SUMÁRIO DOS FATOS

(Descrição sobre o pedido de registro de candidatura e a apresentação da impugnação com referência a todos os seus fundamentos)

3 - DECISÃO RECORRIDA

(Detalhamento sobre o conteúdo da decisão, explicitando qual tese foi acatada e a conclusão pelo indeferimento do registro de candidatura, como ausência de documental, causa de inelegibilidade, etc.)

4 - RAZÕES DE MODIFICAÇÃO DO JULGADO

(Fazer menção aos motivos fáticos e jurídicos que levam ao desacerto da decisão recorrida, inserindo se for a hipótese elementos de convencimento extraídos de jurisprudência e doutrina. Importante mencionar que todos os demais requisitos para o deferimento do registro foram satisfeitos)

5 - PEDIDO DE REFORMA

(Destacar de maneira objetiva o pedido de reforma da decisão, o qual pode ser assim desenvolvido: ANTE AS RAZÕES ora expostas, requer a este egrégio Tribunal Regional Eleitoral que, agindo sob a premissa da efetiva

realização da justiça e garantia da democracia, dê provimento ao recurso, para deferir o registro de candidatura do recorrente nas condições contidas no seu pedido inicial)

Pede e aguarda deferimento.

(Local e Data)

....

Advogado

OAB/... - nº ....

16.1.3 Embargos de declaração

EXMO. SR. JUIZ ELEITORAL DA ZONA ELEITORAL ....

Autos n. ....

COLIGAÇÃO ...., nos autos encimados, pedido em que contende com AGUERRIDO, relativo à AÇÃO DE INVESTIGAÇÃO JUDICIAL ELEITORAL, considerando a prolação da r. sentença de ID. ..., que julgou improcedente o pedido, por seu advogado adiante assinado, vem respeitosamente à douta presença de Vossa Excelência apresentar recurso de EMBARGOS DECLARATÓRIOS, fazendo-o nos termos a seguir consignados.

ADMISSIBILIDADE DO RECURSO

A previsão expressa de cabimento da espécie recursal no processo eleitoral é direcionada às decisões de segunda instância, conforme dicção do art. 275, Código Eleitoral.

Não obstante, em interpretação sistemática da Codificação Eleitoral e firme no princípio da ampla defesa e contraditório, é irresistível a compreensão de que as decisões proferidas pelas juntas e juízes eleitorais possam também ser impugnadas pelos embargos declaratórios, sob pena de se consagrar iniquidades processuais, prevalecendo o recurso até mesmo como forma de economia processual.

Por outro lado, o art.1022, I, II e III, CPC faz a mesma previsão de maneira englobada a todas as decisões, quer sejam de primeira ou segunda instância, o que pode ser aplicado de maneira supletiva ao processo eleitoral.

CONTEÚDO DA DECISÃO

A r. sentença foi omissa *(descrever a situação de omissão, normalmente expressada por ausência de apreciação de uma tese ou argumento)* ou foi contraditória *(descrever a situação de contradição, normalmente relacionada à ausência de congruência nos fundamentos invocados)*.

MOTIVOS DA REFORMA

Os embargos de declaração não podem ser considerados apenas como meio crítico à decisão ou forma protelatória, mas mecanismo de enorme utilidade para se aperfeiçoar o conteúdo jurisdicional, extraindo-lhe sua plena desenvoltura e eficácia.

(Descrição da comparação entre o que se pretendeu e o ponto omissivo ou a consequência da contradição)

CONCLUSÃO

ISSO POSTO, pugna pelo recebimento do presente e seu provimento para se declarar a r. sentença, acrescentando ao seu conteúdo *(Descrição a modificação ou o teor que se pretende ver esclarecido)*.

Pede e aguarda deferimento.

(Local e Data)

....

Advogado

OAB/... – nº ....

16.1.4 Recurso eleitoral. Representação. Propaganda eleitoral

EXMO. SR. JUIZ ELEITORAL DA ...ª ZONA ELEITORAL DE ..../...

Autos n. ....

ÍDOLO, devidamente qualificado, por meio de seu advogado abaixo assinado, nos autos acima descritos, REPRESENTAÇÃO POR PROPAGANDA ELEITORAL INDEVIDA, pedido formulado pela COLIGAÇÃO ...., vem respeitosamente à presença de Vossa Excelência, não se conformando com a r. sentença ID. .., apresentar RECURSO ELEITORAL nos termos do art. 96, § 8º, Lei 9.504/97, com as razões anexas, para que dele tomando conhecimento o egrégio Tribunal Regional do Estado de .... possa dar-lhe provimento para reformar a r. decisão.

Pugna para que Vossa Excelência receba o recurso, processando-o na forma do mencionado dispositivo legal e, não exercido o juízo de retratação, que sejam os autos remetidos à superior instância.

Pede deferimento.

(Local e Data)

....

Advogado

OAB/... – nº ....

RAZÕES DE RECURSO ELEITORAL

Espécie: Representação por propaganda eleitoral indevida

Autos n. ....

Recorrente: ÍDOLO

Recorrida: COLIGAÇÃO ....

Honrado Tribunal,

Insigne Relator:

O recurso em tela é tempestivo, eis que obedecido de maneira estrita o prazo do art. 96, § 8º, da Lei 9.504/97.

A r. decisão *(descrição de seu conteúdo; por exemplo, acatou pedido para retirada de propaganda eleitoral, aplicou multa, etc.)*.

Contudo, a manutenção do r. decisório, não obstante o vasto conhecimento jurídico e honestidade de seu prolator, implicará em arrebatada injustiça contra o recorrente.

As razões de tal modificação se exteriorizam por *(Mencionar os motivos da ilegalidade ou injustiça do julgado, como, por exemplo, negativa da autoria da propaganda reputada ilícita e ausência de prévio conhecimento pelo recorrente contra a existência da propaganda irregular, tanto que de imediato sanou a irregularidade; expor elementos de convicção pela legalidade da propaganda eleitoral)*.

ISSO POSTO, requer a essa Alta Corte de Justiça que, verificando a pertinência das razões ora expostas, dê provimento ao recurso para reformar a r. sentença, afastando-se a determinação nela contida e/ou a condenação no pagamento de multa.

Pede e aguarda deferimento.

(Local e Data)

....

Advogado

OAB/... – nº ....

16.1.5 Recurso eleitoral. Representação. Conduta vedada

EXMO. SR. JUIZ ELEITORAL DA ...ª ZONA ELEITORAL DE ..../...

Autos n. ....

FAMOSO, devidamente qualificado, por seu advogado abaixo assinado, nos autos acima descritos, REPRESENTAÇÃO POR CONDUTA VEDADA A AGENTES PÚBLICOS, pedido formulado pela COLIGAÇÃO ...., vem respeitosamente à presença de Vossa Excelência, não se conformando com a r. sentença ID. ..., apresentar RECURSO ELEITORAL nos termos do art. 73, Lei 9.504/97, e para tanto deduzido as razões recursais inclusas visando a reforma do r. julgado.

Requer a Vossa Excelência que receba o recurso, processando-o na forma do mencionado dispositivo legal e, não exercido o juízo de retratação, que sejam os autos remetidos ao egrégio Tribunal Regional Eleitoral.

Pede deferimento.

(Local e Data)

....

Advogado

OAB/... – nº ....

RAZÕES DE RECURSO ELEITORAL

Espécie: Representação por conduta vedada a agentes públicos em campanha eleitoral

Autos n. ....

Recorrente: FAMOSO

Recorrida: COLIGAÇÃO ....

Egrégio Sodalício da Democracia,

Douto Relator:

O recurso em tela é tempestivo, eis que obedecido de maneira estrita o prazo do art. 73, § 13, da Lei 9.504/97.

A r. decisão *(descrição de seu conteúdo; por exemplo, acatou pedido para determinar a suspensão da conduta diversa, cassou o registro ou o diploma, aplicou multa, reconheceu inelegibilidade, etc.).*

Data venia, a subsistência da r. sentença, não obstante o brilho de seu prolator, acarretará um verdadeiro embaraço no Município de ..../..., que se verá em grave crise institucional, eis que alijado o recorrente da disputa eleitoral, sendo que conta com apoio da maioria dos eleitores.

A conclusão sentencial não pode prevalecer, pois *(Fazer descrição da ausência de comprovação dos fatos, em comparação com a prova; argumentos para descaracterizar a configuração de conduta vedada ao agente público; ausência de ciência ou benefício do recorrente; ausência de potencialidade lesiva e gravidade dos fatos ante um juízo de proporcionalidade).*

Caso seja mantida a cassação do diploma *(verificar o melhor interesse processual do recorrente quanto à aplicação do art. 224, Código Eleitoral; dependendo do caso, pugnar pela realização de novas eleições ou diplomação do segundo colocado).* (Obs. Verificar item 6.6 acima Candidato "sub judice")

ISSO POSTO, pondera pela regular tramitação do feito e que, a final, seja dado provimento ao recurso para reformar a r. sentença, afastando-se as sanções nela previstas, tudo em homenagem à mais altaneira e plena Justiça!

Pede e aguarda deferimento.

(Local e Data)

....

Advogado

OAB/... – nº ....

16.1.6 Recurso eleitoral. AIJE

EXMO. SR. JUIZ ELEITORAL DA ...ª ZONA ELEITORAL DE ..../...

Autos n. ....

EXIBIDO, devidamente qualificado, por intermédio de seu advogado abaixo assinado, nos autos identificados acima, AIJE – Ação de Investigação Judicial Eleitoral, pedido formulado pelo Partido ....., vem respeitosamente à presença de Vossa Excelência – considerando o teor da r. sentença ID. .., e entendendo que tal ato decisório não lhe fez a necessária justiça – interpor RECURSO ELEITORAL INOMINADO com fundamento no art. 265 do Código Eleitoral, visando à modificação do julgado.

Requer a Vossa Excelência que receba o recurso em ambos os efeitos, nos termos do art. 15, Lei Complementar 64/90, determinando o seu processamento e ulterior remessa dos autos ao egrégio Tribunal Regional Eleitoral, se não exercido o juízo de retratação, com as anexas razões recursais.

Pede deferimento.

(Local e Data)

....

Advogado

OAB/... – nº ....

RAZÕES DE RECURSO INOMINADO ELEITORAL

Espécie: AIJE – Ação de Investigação Judicial Eleitoral

Recorrente: Exibido

Recorrido: Partido ....

Augusto Tribunal,

Eméritos Julgadores:

A r. sentença recorrida acatou pedido formulado pelo recorrido, cassando o registro de candidatura do recorrente, impondo-lhe a inelegibilidade por 08 anos, em razão *(descrição dos fatos que caracterizem captação de sufrágio, abuso de poder econômico, político ou uso indevido dos meios de comunicação, etc., dependendo do caso concreto).*

Assinala-se, desde já, a tempestividade do recurso, eis que observado o prazo legal do art. 258 do Código Eleitoral.

Ademais, porque vencido no âmbito processual, o recorrente possui legitimidade e interesse.

Com esses elementos introdutórios, percorre a seguir o mérito.

Não obstante o zelo do ilustre julgador de primeiro grau, o ato sentencial não se sobressai mais do que uma mera peça de literatura. Os fundamentos fáticos invocados não se sustentam, à luz da prova coligida.

Ora, o reconhecimento de motivo que dê azo à cassação de registro de candidatura ou diploma eleitoral só pode ser proclamado com substrato em prova densa, certa, convincente e firme. No caso em questão, apenas um emaranhado de especulações contém a prova testemunhal, sem qualquer apontamento coerente sobre o comportamento perpetrado pelo recorrente ou em benefício de sua campanha eleitoral.

Insta considerar que, mesmo se tivesse ocorrido tal situação, não seria suficiente para o desequilíbrio da disputa, pois superficial e sem qualquer repercussão ou mobilização popular. *(Descrever situação fática)*

A potencialidade do ato para fins de influenciar no resultado é risível, pois não houve publicidade e se apresenta insignificante em forma e conteúdo.

Além do mais, invocando-se um juízo de proporcionalidade não há como se qualificar com gravidade tal acontecimento, como previsto no art. 22, XVI, Lei Complementar 64/90 (redação pela Lei da Ficha Limpa - Lei Complementar 135/2010). Dessa maneira, não se pode conceber como ato abusivo o que foi atribuído ao recorrente.

ISSO POSTO, requer a Vossas Excelências que conheçam do recurso, dando-lhe provimento para reformar a r. sentença, afastando toda a sua parte dispositiva, rejeitando-se a cassação do registro de candidatura do recorrente e o desdobramento da sua inelegibilidade.

Assim proclamando, este egrégio Tribunal mais uma vez está colaborando para se efetivar a autêntica Justiça!

Pede deferimento.

(Local e Data)

....

Advogado

OAB/... - nº ....

16.1.7 Agravo de instrumento. AIJE

EXMO. SR. PRESIDENTE DO TRIBUNAL REGIONAL ELEITORAL DO ESTADO DE ....

AGRAVO DE INSTRUMENTO

Agravante: ....
Advogada: ....
Agravado: ....
Advogado: ....
Endereço: ....
Juízo de origem: ...ª Zona Eleitoral de ....
Autos de origem: ....

......................., *(qualificação completa)*, por sua advogada (mandato incluso), vem respeitosamente à presença de Vossa Excelência, nos termos do art. 1015 e seguintes CPC, combinado com art. 265 do Código Eleitoral, interpor AGRAVO DE INSTRUMENTO em face da r. decisão que, no âmbito dos autos n. .... – ...ª Zona Eleitoral de ..../..., Ação de Investigação Judicial Eleitoral que ajuizou contra ...., indeferiu o requerimento de ....:

Insigne Relator!
Colenda Câmara:

1 - ADMISSIBILIDADE DO RECURSO NA MODALIDADE ELEITA

A decisão proferida pelo nobre juiz eleitoral deve ser configurada e reconhecida como decisão interlocutória. De tal sorte, o art. 265 do Código Eleitoral estipula que os atos, resoluções ou despachos dos juízes e juntas eleitorais são irrecorríveis.

Do mesmo modo, a situação ora analisada se encaixa na previsão do art. 1015, I, CPC, para manejo do Agravo de Instrumento, pois a r. decisão abordou questão ligada à tutela provisória, isto é, ...*(Descrever o prejuízo processual provocado pela decisão. Referência art. 294 e s. e 300 e s. todos do CPC).*

A gravidade se materializa por ...*(Descrever os fatos que levam ao reconhecimento da gravidade)*

Conclui-se que a não revisão do r. decisório, nessa exata fase processual, irá impor-lhe tal ônus e desacerto até o final da demanda pelo menos, o que faz configurar o dano de difícil reparação.

2 - EXPOSIÇÃO DO FATO E DO DIREITO

(Descrição do acontecimento em suas expressões fáticas e o enquadramento no fundamento de direito dado pela decisão recorrida, como, por exemplo, indeferimento de juntada de documentos, arquivos de vídeo, fotografias, substituição de testemunhas, intimação de testemunhas, baseando-se no cerceamento de defesa pela limitação do contraditório e ampla defesa)

3 - RAZÕES DO PEDIDO DE REFORMA

(Exposição dos pontos e argumentos que induziram ao erro na decisão recorrida, enfatizando as teses favoráveis ao provimento do recurso)

4 - ANTECIPAÇÃO DOS EFEITOS DA TUTELA RECURSAL

(Menção fundamentada nos pressupostos das cautelares para decisão imediata do Tribunal, sob pena de perecimento do direito do agravante, como a hipótese de diligência a ser realizada em razão de audiência já designada, etc.)

ISSO POSTO, requer, nos termos do art. 1019, I, CPC, ao Eminente Relator, que conceda a antecipação dos efeitos da tutela recursal, determinando-se ....

Requer ainda que, processado o presente Agravo, a colenda Câmara dê-lhe provimento para reformar a r. decisão, conferindo-se a antecipação dos efeitos da tutela como acima consignado.

Esclarece, para fins do art.1016, IV, CPC, que os nomes e endereços dos advogados das partes encontram-se inseridos na introdução desta petição.

A petição segue acompanhada das peças referidas no art. 1017, I e II, CPC, da petição inicial e de todos os documentos que instruíram a inicial (cópias).

Pede e aguarda deferimento.

(Local e Data)

....
Advogada
OAB/... – nº ....

Observação importante: embora admitido o manejo do agravo de instrumento no âmbito do processo eleitoral, inclusive na AIJE, o entendimento dominante é no sentido de que o prazo para sua interposição, em razão da celeridade que deve ser observada nos feitos eleitorais, é de 03 dias, conforme o disposto no art. 258 do Código Eleitoral. Há uma mescla entre as disposições do CE e do CPC.

EXMO. SR. DR. JUIZ ELEITORAL DA ...ª ZONA ELEITORAL DE ..../...

Processo n. ....

Ação de Investigação Judicial Eleitoral

................., qualificado nos autos acima destacados, em que contende com ...., por meio de sua advogada, nos termos da procuração constante do feito, vem à presença de Vossa Excelência, para fins e respaldo do art. 1018, CPC, informar que, não se conformando, *data venia*, com a r. decisão ID. .., que indeferiu o pedido de ...., que promoveu a interposição de recurso de agravo de instrumento ao eg. TRE/... visando a sua reforma, pelas razões constantes da peça, de cuja cópia ora requer a juntada ao feito, outrossim, para fins do exercício do juízo de retratação previsto no art. 1018, § 1º, CPC.

Esclarece que segue anexo o comprovante da interposição, e a lista dos documentos que instruíram o recurso é composta pela inicial, documentos que a instruíram, r. decisão e certidão de sua respectiva intimação.

(Local e Data)

....

Advogada

OAB/... – nº ....

16.1.8 Recurso eleitoral. AIME

EXMO. SR. JUIZ ELEITORAL DA ...ª ZONA ELEITORAL DE ..../...

Autos n. ....

VOTANTE, devidamente identificado nos autos em epígrafe, em juízo por seu advogado adiante firmado, considerando o pedido contra si deduzido por VOTADO, em AIME – Ação de Impugnação de Mandato Eletivo, vem respeitosamente à presença de Vossa Excelência interpor RECURSO ELEITORAL INOMINADO, com fundamento no art. 265 do Código Eleitoral, em relação à r. sentença ID. .. que julgou procedente o pedido para cancelar seu diploma eleitoral como Vereador, declarar sua inelegibilidade por 08 anos e ainda determinar outras providências.

Requer a Vossa Excelência que receba o recurso em ambos os efeitos, nos termos do art. 15, Lei Complementar 64/90, determinando o seu processamento e ulterior remessa dos autos ao egrégio Tribunal Regional Eleitoral, se não for exercido o juízo de retratação, com as anexas razões recursais.

Pede deferimento.

(Local e Data)

....

Advogado

OAB/... – nº ....

RAZÕES DE RECURSO INOMINADO ELEITORAL

Espécie: AIME – Ação de Impugnação de Mandato Eletivo

Recorrente: Votante

Recorrido: Votado

Colendo Tribunal,

Insignes Julgadores,

No âmbito da AIME acima identificada, após seu trâmite, veio a ser proferida a r. sentença de ID. .., julgando procedente o pedido inicial e cancelando-se o diploma eleitoral do recorrente como Vereador, impondo-lhe a inelegibilidade por 08 anos, em razão ...*(descrição dos fatos que caracterizem abuso de poder econômico, político, fraude ou corrupção).*

Assinala-se, desde já, a tempestividade do recurso, eis que observado o prazo legal do art. 258 do Código Eleitoral.

Mesmo se devotando integral respeito à instância inicial, não há como prevalecer o conteúdo da r. sentença.

DECADÊNCIA

Deve inicialmente ser analisada a exceção substancial de mérito da decadência. Isso porque, sabido por todos, o prazo para o ajuizamento da AIME é de 15 dias, contados da data diploma, que na espécie ocorreu em .../.../....., conforme ata ID. ... Contudo, o recorrido só veio a juízo em .../.../....., nos termos do protocolo ID. ...

INEXISTÊNCIA DO FATO ACOLHIDO PELO JUÍZO COMO MOTIVO PARA A PROCEDÊNCIA DO PEDIDO

(Descrição e cotejo dos pontos relevantes da prova que excluem a existência do fato que incorpore a conceituação de abuso de poder político, econômico, fraude ou corrupção, invocados como motivo para a procedência na decisão recorrida)

AUSÊNCIA DE CONFIGURAÇÃO DE FATO APTO AO CANCELAMENTO DO DIPLOMA

(Descrição de argumentos jurídicos que levam à desconstituição dos fundamentos acolhidos para fins de configuração de fato tido como capaz de configurar uma das hipóteses de impugnação do mandato)

ISSO POSTO, requer a Vossas Excelências que conheçam do recurso, dando-lhe provimento para reformar a r. sentença, afastando toda a sua parte dispositiva, rejeitando-se o cancelamento do diploma do recorrente e o desdobramento da sua inelegibilidade.

Confia ainda o recorrente nos superiores provimentos deste egrégio Tribunal, para fins de se realizar em plenitude a almejada Justiça para fins de respaldo da cidadania e da democracia.

Pede deferimento.

(Local e Data)

....

Advogado

OAB/... – nº ....

Observação importante: se for a hipótese de discussão em torno do mandato para cargo de Prefeito e Vice-Prefeito, deverá abordar-se a aplicação do art. 224, Código Eleitoral, com a alternativa de se pleitear, em caso de rejeição das teses para improcedência do pedido, a diplomação do segundo colocado ou a realização de novas eleições. Ver a propósito o conteúdo do item 6.6 acima Candidato "sub judice".

16.1.9 Recurso especial eleitoral

EXMO. SR. JUIZ RELATOR DO TRIBUNAL REGIONAL ELEITORAL DO ESTADO DE ....

Autos n. ....

RACIONAL, qualificado nos autos descritos acima – pedido de AÇÃO DE IMPUGNAÇÃO DE MANDATO ELETIVO, movida por EMOCIONAL –, por seu advogado legalmente constituído e adiante assinado, vem à ilustre presença de Vossa Excelência interpor RECURSO ESPECIAL ELEITORAL, com precípuo apoio no art. 121, § 4º *(Verificar opção de acordo com o caso concreto entre os incisos I a III)*, Constituição Federal, c/c arts. 276 e seguintes do Código Eleitoral, *data venia*, não se conformando com o v. acórdão ID. .., que .....*(descrição do conteúdo do acórdão)*.

Para tanto, requer a admissibilidade do seu inconformismo nos termos das anexas razões, determinando o seu regular processamento e remessa ao excelso Tribunal Superior Eleitoral, para a devida apreciação.

Termos em que
Pede deferimento.

(Local e Data)

....
Advogado
OAB/... – nº ....

RAZÕES DE RECURSO ESPECIAL ELEITORAL

Recorrente: Racional

Recorrido: Emocional

Excelso Tribunal Superior Eleitoral,

Ilustre Relator:

O v. acórdão ID. .. negou provimento a recurso eleitoral inominado interposto pelo ora recorrente.

Contudo, aquela r. decisão está a merecer modificação.

Isso, porque a hipótese presente enseja a ocorrência de .....*(Descrição dos fundamentos segundo os preceitos de admissibilidade da modalidade recursal – art. 121, § 4º, I a III, Constituição Federal).*

O douto órgão colegiado deixou de examinar os seguintes aspectos da legislação: ......*(Menção às violações da lei ou CF); (Divergência entre tribunais, apresentando o cotejo em fonte autorizada).*

A interpretação conferida pelo egrégio TRE/... não pode prevalecer.

Isso, porque a linha de precedentes .....*(Inserção de julgados proferidos sobre a mesma temática, com preferência para os mais recentes, em que a composição do Tribunal é a mais próxima ou mesma da atual, que possam dar substrato à tese invocada).*

ISSO POSTO, requer a Vossas Excelências que seja conhecido o presente recurso especial, dando-lhe provimento para reformar o v. acórdão, determinando-se ...*(Descrição do provimento visado com o recurso, alterando-se a conclusão do Tribunal Regional).*

Pede e aguarda favorável deferimento.

(Local e Data)

....

Advogado

OAB/... – nº ....

Observação importante: em se tratando da ação de perda de cargo eletivo por desfiliação partidária sem justa causa, ou ação declaratória de justa causa para desfiliação partidária, é cabível a modalidade de recurso do art. 121, § 4º, I, II e IV, Constituição Federal, conforme o comando do art. 11, Resolução 22.610/2007 - TSE.

16.1.10 Recurso extraordinário

EXMO. SR. MINISTRO-PRESIDENTE DO EXCELSO TRIBUNAL SUPERIOR ELEITORAL

Recurso Especial Eleitoral – Autos n. ....

Recorrente: ....

Recorrido: ....

.................., por seu procurador infra-assinado, nos autos da AÇÃO INVESTIGAÇÃO JUDICIAL ELEITORAL manejada por ...., não se conformando, *data venia*, com o v. acórdão ID. .., vem respeitosamente à presença de Vossa Excelência interpor o presente RECURSO EXTRAORDINÁRIO para o excelso SUPREMO TRIBUNAL FEDERAL, com fundamento no permissivo contido no artigo 121, § 3º, da Constituição Federal, c/c art. 43 do Regimento Interno deste colendo Tribunal Superior Eleitoral, e arts. 1029 e seguintes do CPC, baseando-se nas razões recursais a seguir organizadas.

Requer, assim, que, admitido e processado o presente recurso, seja determinada a remessa dos autos ao Pretório Excelso, a fim de ser proferida nova decisão.

(Local e Data)

....

Advogado

OAB/... – nº ....

EXCELSO SUPREMO TRIBUNAL FEDERAL

RECORRENTE: ....

RECORRIDO: ....

ORIGEM: Tribunal Superior Eleitoral

RAZÕES DE RECURSO EXTRAORDINÁRIO

Natureza: eleitoral

COLENDA TURMA JULGADORA,

INSIGNES MINISTROS:

Não obstante o elevado e notório saber jurídico dos ilustres Ministérios da Alta Corte Eleitoral do País, imperiosa é a reforma do v. acórdão recorrido, pelo que busca o recorrente o convencimento dessa Corte Constitucional com apoio nas razões de fato e de direito aduzidas na sequência.

EXPOSIÇÃO DO FATO E DO DIREITO

(Descrição sumária de todos dos aspectos fáticos e jurídicos, sublinhando o ponto de afronta ao Texto Constitucional, como, por exemplo, filiação partidária, inelegibilidade, impugnação de mandato eletivo, etc.)

Essa é a locução que justifica a interposição do Recurso Extraordinário.

CABIMENTO DO RECURSO EXTRAORDINÁRIO

A Constituição Federal, no art. 121, § 3º, prevê que em regra as decisões do excelso Tribunal Superior Eleitoral são irrecorríveis, com exceção daquelas que contrariarem o próprio Texto Constitucional.

Dessa maneira, há de se reconhecer tal afronta, pois a Corte Eleitoral, ao julgar .... *(Descrição do conteúdo do julgamento como declaração de validade de lei federal, resolução ou outra norma em confronto com a Constituição Federal; interpretação de conceito de instituto jurídico eleitoral em afronta à CF e outras formas de violação).*

DA REPERCUSSÃO GERAL

Demonstra o recorrente que a questão ora lançada à discussão recursal possui repercussão geral, pavimentando a admissibilidade do apelo extraordinário à Suprema Corte.

O eixo central da repercussão geral é a existência da transcendência, ou seja, o interesse a ser objeto da deliberação jurisdicional não se contenta apenas com o âmbito subjetivo dos envolvidos diretos no litígio ou questão.

A repercussão geral se exterioriza pelo interesse geral no desfecho da questão posta em debate judicial, configurando um interesse público naquele resultado e não singular entre os envolvidos proximamente no impasse. O recurso assume um papel de envolvimento global, passando seu conteúdo a importar como consecução do julgado a um volume mais denso do que a mera intervenção das partes na dialética processual. Esse alcance superior e elevado a outras escalas, além das partes envolvidas, reputa-se como transcendência, matéria-prima para a repercussão geral e admissibilidade da irresignação extraordinária.

A repercussão geral no caso em tela se desenha sob a perspectiva da repercussão jurídica, eis que a deliberação do Pretório servirá de precedente a ser aplicado e observando em incontáveis episódios que irão merecer o mesmo tratamento resolutivo. Por outro lado, visível a repercussão política e social, eis que o tema é altamente importante para definição de posicionamentos e posturas eleitorais, contando assim com alto significado para a própria cidadania e democracia.

Como desdobramento desse emaranhado, enxerga-se ainda, na abordagem a ser realizada pelo excelso STF, o reflexo intenso e direito no cenário econômico, pois a segurança e estabilidade dessas relações dependem em muito dos caminhos e contornos políticos a serem vislumbrados.

OFENSA AOS ARTS. ...., TODOS DA CONSTITUIÇÃO FEDERAL

(Identificação dos artigos do Texto Constitucional violados pelo acórdão do TSE, descrevendo-se o tratamento dado e aquele que deveria ser conferido, para fins de prestígio e respeito à Constituição. Importante citar precedentes, se existentes)

PEDIDO

ISSO EXPOSTO, aguarda o recorrente o pronunciamento de Vossas Excelências, no sentido de conhecerem do presente recurso, para dar-lhe provimento, reformando o v. acórdão recorrido e ....*(Descrição do provimento visado).*

Pede deferimento.

(Local e Data)

....

Advogado

OAB/... – nº ....

16.1.11 Mandado de segurança

EXCELENTÍSSIMO SENHOR PRESIDENTE DO TRIBUNAL REGIONAL ELEITORAL DO ESTADO DE .....

IMPETRANTE: Coligação ....

IMPETRADO: Juiz Eleitoral da ...ª ZONA ELEITORAL DE ..../...

COLIGAÇÃO ...., *(identificação completa)*, vem respeitosamente perante Vossa Excelência e a este egrégio Tribunal Regional Eleitoral, por intermédio de seu procurador, com amparo no artigo 1º da Lei 12.016/2009, impetrar MANDADO DE SEGURANÇA com pedido liminar, apontando como autoridade coatora o MM. Juiz Eleitoral da ...ª Zona Eleitoral, pelos fatos abaixo narrados:

Inicialmente esclarece o impetrante que o presente *mandamus* é utilizado com o objetivo da reforma da r. decisão proferida no âmbito do procedimento de providências diversas n. ....,em trâmite perante a ...ª Zona Eleitoral de ...., à míngua do cabimento de outra espécie recursal, com o respaldo da Súmula 267, Supremo Tribunal Federal.

Para fins de atuação na propaganda eleitoral alusiva às Eleições 2024, a impetrante contratou o veículo *(descrição completa do veículo como marca, modelo, placas)*, como carro de som e para divulgação da campanha de seus candidatos. Contudo, em .../.../....., o veículo foi apreendido pela polícia militar, constante do registro de ocorrência que o fora por determinação da ilustre autoridade apontada como coatora, por infringir o disposto no art. 39, § 3º, I, da Lei 9.504/97.

A impetrante, diante dessa situação, dirigiu requerimento ao impetrado, pleiteando a liberação do veículo, ao fundamento de que o poder de polícia sobre a propaganda eleitoral não poderia inibir aquela se faz de maneira lícita, o que ocorre com a circulação do veículo, obedecendo as restrições legais. Assim, não seria pertinente a permanência da apreensão em definitivo e por prazo indeterminado, notadamente, porque já se passaram mais de 15 dias da apreensão.

Contudo, o impetrado, nos termos do despacho cuja cópia se apresenta, indeferiu o requerimento ao fundamento de que estava agindo preventivamente e para moralizar o processo eleitoral.

Não obstante o respeito que se devota àquele douto magistrado, não se pode compadecer com aquela compreensão. Isso, porque a impetrante, como responsável pelo veículo, não respondeu a qualquer representação ou reclamação por propaganda irregular. Mesmo que eventualmente o veículo tenha trafegado em condições não permitidas pela lei eleitoral, o acontecimento foi instantâneo e em seguida saneado.

Dessa maneira, não há razões para a permanência da apreensão ao veículo, em claro prejuízo à impetrante, que se vê inibida de realizar plenamente a sua propaganda eleitoral. As medidas inerentes ao poder de polícia não podem significar confisco ou contenção ao direito de propriedade e mesmo de realização de todos os meios de propaganda lícitos.

Diante desse quadro, a impetrante tem direito líquido e certo na obtenção da devolução do veículo, para seu emprego na propaganda eleitoral.

Estão presentes os pressupostos para a concessão da liminar, em face da relevância do fundamento invocado, considerando que o *fumus boni iuris* se perfaz com a consagração da plausibilidade do que se sustenta no plano jurídico, bem assim, o *periculum in mora* se mostra factível, porquanto, não havendo a restituição do veículo nesse estágio, a fluência célere do período de autorizado para propaganda dentro do processo eleitoral transformará o eventual provimento final a seu favor em mera declaração de boas intenções, sem qualquer funcionalidade.

Destarte, requer seja liminarmente suspenso o ato judicial que indeferiu a devolução do veículo à impetrante, determinando a sua restituição.

Por todo o exposto, requer, ainda, seja notificada a ilustre autoridade coatora para prestar as informações de praxe, ouvida a Procuradoria Regional Eleitoral e, dando-se provimento ao recurso, concedendo-se a segurança pleiteada, para reformar a r. decisão, determinando-se em definitivo a restituição do veículo à impetrante.

Atribui à causa o valor de R$ ....,.. (......................... reais).

Termos em que pede e aguarda deferimento.

(Local e Data)

....

Advogado

OAB/... – nº ....

17

CRIMES ELEITORAIS

A singularidade do direito eleitoral constitui uma característica que leva a uma flutuação de um verdadeiro caleidoscópio que justifica a incidência interdisciplinar jurídica com outros ramos do direito. Não é diferente com o direito penal, podendo-se falar ao menos em um setor de tangência entre o direito eleitoral e o penal, com o formato de direito penal eleitoral.

O princípio da intervenção mínima, orientador maior da presença do direito penal como mecanismo de tutela aos bens jurídicos relevantes, lança suas luzes sobre as implicações eleitorais que possam ser catalogadas como conflitos sociais. E à margem e à míngua de insatisfatória resolução pelos outros meios à disposição do direito eleitoral, legitima a atuação de um direito penal, com o enfoque eleitoral.

Segundo precisa definição de Suzana de Camargo Gomes,

> a locução *crimes eleitorais* compreende todas as violações às normas que disciplinam as diversas fases e operações eleitorais e resguardam valores ínsitos à liberdade do exercício do direito de sufrágio e autenticidade do processo eleitoral, em relação às quais a lei prevê a imposição de sanções de natureza penal. (*In*: *Crimes Eleitorais*. Editora Revista dos Tribunais, p. 26).

O tratamento da questão no cenário do Código Eleitoral é formulado nos art. 283 a 354, com os dispositivos dos arts. 283 até 288, CE, referindo-se às normas preliminares e gerais, enquanto que o remanescente dos comandos diz respeito às definições dos tipos em seus preceitos primários (descrição fática) e secundários (penas). Há ainda estipulação de regras concernentes ao processo eleitoral penal nos arts. 355 *usque* 364, do Código Eleitoral.

Cabe o acréscimo de que não é somente no Código Eleitoral que existe a previsão de crimes eleitorais, em geral, podendo ser anotada em qualquer diploma componente da legislação eleitoral. Assim, verifica-se a presença da definição de tipos penais na Lei 9.504/97; Lei Complementar 64/90 e Lei 6.091/74, entre outras.

É possível a previsão de crime ou pena em Resolução do Tribunal Superior Eleitoral?

Não. O art. 1º do Código Penal e o art. 5º XXXIX da Constituição Federal tratam do princípio da legalidade que resguarda a elaboração e a previsão de crimes ou penas, apenas se houver sua previsão anterior pela espécie normativa da lei. A Resolução do TSE – embora seja modalidade normativa de cumprimento obrigatório, conforme legitimidade do poder regulamentar da Justiça Eleitoral, estabelecido pelo art. 23, IX e XII, Código Eleitoral – não pode ultrapassar os limites que justificam sua existência, ou seja, dar aplicabilidade às normas legais, e, não, contrariá-las ou extravasar seus conteúdos.

O art. 105, Lei 9.504/97, com redação pela Lei 12.034/2009, ainda proíbe a utilização do poder regulamentar para restringir direitos ou estabelecer sanções diversas daquelas previstas em lei, determinando que essa regulação seja editada até o dia 05 de março do ano eleitoral.

Já tivemos oportunidade de destacar que:

> As resoluções do TSE possuem desse modo o atributo de lei, embora não sejam tecnicamente leis, trazendo o caráter cogente e de abstração, pois têm força de lei, mas não se equiparam a esta.
>
> Com isso, a princípio as resoluções são espécies normativas de caráter inferior à lei e devem guardar respeito a elas. Trata-se de um ato regulamentar. (*In*: *Reforma Eleitoral*. Editora JH Mizuno, 2010, p. 259).

Conclui-se, assim, ser impossível a previsão de tipos ou sua modificação por Resolução, bem como a modificação do conteúdo de pena. Ressalva-se, no entanto, a possibilidade legítima de ocorrerem tipos penais eleitorais em branco, cuja norma complementar advenha de Resolução do TSE, o que não viola o princípio constitucional da legalidade ou reserva legal para o direito penal.

E a "lei seca", pode ser criminalizada?

Entende-se como "lei seca" as restrições quanto à venda, distribuição e consumo de bebida alcoólica no dia das eleições ou períodos imediatamente anterior ou posterior ao dia da votação.

A proibição daquelas condutas, se realizadas por qualquer ato normativo que não seja lei penal, jamais poderá ser reconhecida como crime de desobediência (art. 347, Código Eleitoral), independentemente da origem de sua edição pela Justiça Eleitoral ou Poder Executivo através de Ministério da Justiça, Secretaria de Justiça, Secretaria de Defesa Social ou Segurança Pública, ou, ainda, Polícias Federal, Civil ou Militar.

É de ser reconhecida como medida legítima e até mesmo, em algumas situações, recomendável e necessária, a proibição da distribuição e venda de bebida alcoólica no dia das eleições e períodos próximos, para fins de se resguardar a tranquilidade e segurança do pleito, o que pode ser realizado por aqueles entes acima citados, sob o enfoque do direito administrativo, em razão do poder de polícia, sujeitando os infratores a multa, advertência e até mesmo embargo, fechamento ou interdição do estabelecimento, com busca e apreensão de bebidas alcoólicas.

O consumo de bebida alcoólica, quer seja no dia das eleições ou não, pode trazer à formação do tipo penal do art. 62, Lei das Contravenções Penais, dependendo do caso concreto.

Pondera-se, assim, que não há como reconhecer a incidência de crime, em relação aos comportamentos acima descritos, mas infrações administrativas que podem assim estar previstas localmente.

Confira-se posição já adotada pelo Tribunal-Regional Eleitoral do Estado de Minas Gerais:

> "RO - RECURSO ORDINARIO nº 52/94 - /MG
>
> Acórdão nº 1707 de 08/11/1994
>
> Relator(a) JOSÉ NEPOMUCENO DA SILVA
>
> Publicação: DJMG - Diário do Judiciário - Minas Gerais, Data 24/2/1995
>
> RDJ - Revista de Doutrina e Jurisprudência do TRE-MG, Volume 4, Página 285
>
> Ementa:
>
> RECURSO CRIMINAL. VENDA DE BEBIDA ALCOÓLICA NO DIA DO PLEITO. CONDENAÇÃO ÀS SANÇÕES DO ART. 347 DO CPODIGO ELEITORAL.
>
> NAO HAVENDO LEI QUE DEFINA COMO CRIME A VENDA DE BEBIDA ALCOÓLICA NO DIA DAS ELEIÇÕES, NAO SE TENDO CONFIGURADO O CRIME DE DESOBEDIÊNCIA, POR NÃO CONSTAR NA DENÚNCIA A ORDEM DESRESPEITADA, E TENDO EM VISTA AINDA QUE O DESCUMPRIMENTO DE NORMA DE CONTEÚDO GENÉRICO NAO SERVE PARA CARACTERIZAÇÃO DO DELITO EM QUESTÃO, DÁ-SE PROVIMENTO AO RECURSO PARA SE ABSOLVER O REU.
>
> Decisão: DERAM PROVIMENTO AO RECURSO PARA ABSOLVER O RECORRENTE, VENCIDO O JUIZ ERNANE FIDELIS, QUE CONFIRMAVA A DECISÃO DE PRIMEIRO GRAU." (www.tse.jus.br/jurisprudencia)

O princípio da insignificância pode ser aplicado no direito penal eleitoral?

A partir de uma análise eminentemente teórica do princípio da insignificância não se colhe qualquer impeditivo para a sua proclamação no âmbito dos crimes eleitorais. Mas, deve ser evocado que a doutrina da criminalidade de bagatela tem origem no pensamento de Claus Roxin, logo com parâmetros de uma cultura e vivência prática do direito diversa da brasileira.

Os níveis de adaptação, aplicação e eficiência da norma jurídica, enfim, do controle social pelo direito penal devem ser considerados para fins de adoção do princípio da bagatela.

Basta mencionar a síntese de Assis Toledo, a respeito da teoria:

Segundo o princípio da insignificância, que se revela por inteiro pela sua própria denominação, o direito penal, por sua natureza fragmentária, só vai aonde seja necessário para a proteção do bem jurídico. Não deve ocupar-se de bagatelas. (In Princípios básicos de direito penal, Saraiva, 1994, p. 133).

Dessa maneira, a utilização da insignificância pelo direito penal brasileiro, conforme iterativa jurisprudência deve ser objeto de detida análise para não se deixar á deriva de proteção bens jurídicos relevantes.

Na linha desse raciocínio, o Excelso STJ condiciona a admissibilidade da aplicação do princípio da insignificância à reunião dos seguintes pressupostos: a) mínima ofensividade da conduta: b) ausência de periculosidade social da ação; c) reduzidíssimo grau de reprovabilidade do comportamento; e, d) inexpressividade da lesão jurídica provocada – (*AgRg no AREsp 679986 / PR, Rel. Min. Sebastião Reis Júnior, Relator p/ Acórdão, Min. Rogério Schietti Cruz, 6ª Turma, j. 01/10/2015, DJe 04/12/2015).*

O TSE sistematicamente tem repelido a incidência da bagatela ou nonada nos crimes eleitorais, baseando-se, sobretudo na gravidade e dano social que as condutas proporcionam, com perspectiva de que o bem tutela seja afetado, apresentando-se como de enorme relevância, pois de se trata do livre exercício do voto e lisura do processo de obtenção do voto.

Confira-se a propósito: TSE – RESPE n. 118.8716 e Ag. Reg. AI n. 10672, ambos tendo como Relatora a Min. Cármen Lúcia (www.tse.jus.br/jurisprudencia) e ainda AI nº 13146 Acórdão SÃO PAULO – SP, Relator(a): Min. Gilmar Mendes, j. 11/05/2017 Publicação: 02/08/2017 – jurisprudencia.tse.jus.br – acesso em 16/03/2024.

Irrepreensível a ideia de restrição de aplicação da insignificância nos crimes eleitorais, porquanto o panorama desenvolvimento sócio-político do país, não permite uma flexibilização com a legislação de contenção dos conflitos sociais desse jaez, ou seja, o direito penal eleitoral, instrumento com capacidade de enorme contribuição para o desenvolvimento do processo eleitoral sob pilares de normalidade e lisura.

Contudo, uma análise peremptória e que rechaça de plano a insignificância nos crimes eleitorais propicia um inadequado fechamento para se verificar no todo, a questão posta em juízo e abrir espaços para injustiças. Assim, essa aferição deve ser feita com base no caso concreto, sendo que os critérios utilizados pelo STJ se apresentam com equilíbrio para se verificar tal contextualização da insignificância nos crimes eleitorais.

Assim, concluímos que em regra não se pode aplicar a bagatela nos crimes eleitorais, porém, a partir de uma análise residual no caso concreto, excepcionalmente deve ser admitido o seu reconhecimento.

17.1 CONCEITO DE MEMBROS E FUNCIONÁRIOS DA JUSTIÇA ELEITORAL

O Código Eleitoral, no art. 283, traz uma locução pertinente à definição para efeitos penais da dimensão de membros e funcionários da Justiça Eleitoral, o que importa de maneira considerável para fins de subsunção do fato real e objetivo à previsão típica em abstrato, sobretudo nos chamados crimes próprios eleitorais, que só poderão ser cometidos pelo agente que tiver a condição de membro ou funcionário do Judiciário Eleitoral.

O inciso I do mencionado artigo da lei eleitoral traz a figura do magistrado como integrante da Justiça Eleitoral, desde que esteja exercendo alguma função eleitoral, por determinação de órgão superior, quer seja como juiz eleitoral, presidente de junta apuradora ou outra função, como, por exemplo, fiscalização ou julgamento de propaganda eleitoral.

No caso do número II do art. 283, CE, aparecem os cidadãos que de maneira temporária integram órgãos da Justiça Eleitoral, como os componentes das Juntas Eleitorais, que não sejam magistrados de carreira. Já no inciso III situam-se os integrantes de mesas receptoras de votos ou juntas apuradoras, em relação a estas, aqueles que não sejam magistrados de carreira.

Ainda, no inciso IV são reputados como funcionários da Justiça Eleitoral aqueles funcionários por ela requisitados, para qualquer finalidade nos trabalhos eleitorais.

Diz o art. 283, § 1º, CE, que também enseja a consideração de ser funcionário público, para fins penais, aquele que transitoriamente, com ou sem remuneração, exerça cargo, emprego ou função pública. Aqui podem ser citados, atualmente, aqueles cidadãos que atuam como técnicos de urna ou de apoio para fins de transporte de urnas e outros equipamentos. O § 2º do indigitado artigo trata da hipótese de vínculo do funcionário com entidade paraestatal ou sociedade de economia mista, recebendo assim a mesma concepção.

17.2 REGRA ESPECÍFICA DO GRAU MÍNIMO DA PENA ABSTRATA

No preceito secundário do tipo penal (previsão do quantitativo das penas), o Código Eleitoral não segue a regra utilizada no Código Penal que prevê o *quantum* mínimo e o máximo da pena em abstrato. Por exemplo, no art. 121, "caput", CP, a pena mínima é de 06 anos, e a máxima, de 20 anos de reclusão.

A legislação eleitoral determina que a ausência de indicação do mínimo da pena, no respectivo tipo penal, implica que tal piso será de 15 dias, na hipótese de a privação da liberdade ocorrer pela modalidade de detenção e 01 ano, se for reclusão (art. 284, Código Eleitoral). É o que ocorre, exemplificativamente, com o crime de prisão ou detenção ilegal por violação ao art. 236, Código Eleitoral, que está etiquetado no art. 298, CE. A pena é apresentada como reclusão até quatro (4) anos, significando esse marco como a pena máxima e a mínima de 01 de reclusão.

Essa mesma dinâmica é empregada nos casos de aumento ou diminuição de pena, se não houver a previsão específica do *quantum*, devendo ser observada uma oscilação entre 1/5 e um 1/3, respeitando-se os limites da pena que for cominada ao crime, como determina, por sua vez, o art. 285 do Código Eleitoral.

17.3 PENA DE MULTA

O art. 286, § 1º, do Código Eleitoral cuida do mesmo sistema do dia-multa previsto no Código Penal, com ascendência de 01 a 300 dias-multa e o valor a ser observado com a mesma reflexão do art. 60, CP, ou seja, as condições pessoais e econômicas do condenado, só que não pode ser inferior a 01 salário-mínimo diário da região, nem superior ao valor de um salário-mínimo mensal. A exasperação da multa pode ocorrer por determinação judicial, se entender insuficiente o valor estipulado diante da capacidade econômica do réu, limitando-se ao triplo (art. 286, § 2º, CE).

A referência ao salário-mínimo regional contida na disposição legal é obsoleta, e não há como ser aplicada, pois o salário-mínimo é nacionalmente unificado com base no art. 7º, inciso IV, da Constituição Federal. Desse modo, o parâmetro é o salário-mínimo vigente em todas as regiões brasileiras.

17.4 REGRAS GERAIS DO CP APLICÁVEIS AOS CRIMES ELEITORAIS

O art. 287 do Código Eleitoral prevê a aplicação supletiva do Código Penal em suas regras gerais aos crimes eleitorais. Ora, com isso temos que as regras específicas acima devem prevalecer em tema de crimes eleitorais, pois o legislador eleitoral assim adotou claramente essa opção. Se o assunto não veio tratado de maneira específica, socorre-se do Código Penal, que adquire assim um elevado potencial de aplicação na interpretação da norma penal eleitoral.

Sintetiza Suzana de Camargo Gomes:

> Ademais, cabe destacar que a parte geral do Código Penal tem aplicação no que concerne à temática dos crimes eleitorais, posto conter as normas basilares que informam todo o sistema penal, além de que assim o determinam o art. 287 do Código Eleitoral e o art. 12 do próprio Código Penal.
>
> Dessa forma, toda a disciplina constante do Código Penal pertinente à aplicação da lei penal, as regras relativas ao crime, bem como no que concerne à exclusão da ilicitude, à imputabilidade penal, ao concurso de pessoas, à aplicação das penas, além da extinção da punibilidade, desde que não conflitantes com as normas constantes da legislação eleitoral, tem sua incidência em se tratando de crimes eleitorais. (Ob. cit., p. 27)

17.5 CRIMES COMETIDOS POR MEIO DA IMPRENSA

Em razão dos chamados crimes de imprensa, como aqueles previstos na antiga Lei 5.250/67, o art. 288 do Código Eleitoral assegurou o caráter eminentemente de crime eleitoral, ao comportamento com esse revestimento que se materializasse pelos meios de imprensa, evitando-se assim conturbação interpretativa na sua conceituação.

O dispositivo tornou-se ocioso pela declaração de violação à Constituição Federal em relação à chamada Lei de Imprensa, pelo Supremo Tribunal Federal, ao decidir que a Lei n. 5.250/67 não foi recepcionada pela Constituição do Brasil - ADPF n. 130, Relator o Ministro Carlos Britto, DJ de 6.11.09.

17.6 CRIMES ELEITORAIS: TRANSAÇÃO PENAL E SUSPENSÃO CONDICIONAL DO PROCESSO

O art. 61, Lei 9.099/95, regulamentando o disposto no art. 98, I, da Constituição Federal, definiu que a infração penal de menor potencial ofensivo é aquela cuja pena máxima prevista em abstrato não ultrapasse 02 anos de privação da liberdade, incluindo as contravenções penais, havendo ou não cumulação de multa. Tal redação foi conferida pela Lei 11.313/2006. Antes, a definição excluía as infrações penais que a lei previa para o seu processo, o procedimento especial.

Esse quadro, em pensamento reflexivo com a questão dos crimes eleitorais, apontava à primeira vista para a impossibilidade de configuração de crimes eleitorais, cuja pena máxima em abstrato não ultrapasse o teto previsto no art. 61, LJE, pois o Código Eleitoral prevê um procedimento especial para o processo relativo a eles. Mas, o Texto Constitucional não fez a ressalva, consubstanciada na espécie procedimental. Além disso, o marco da gravidade da pena, por encerrar o juízo de proporcionalidade entre conduta e resposta como pena, é o mais adequado para se aquilatar dos objetivos estatais para o tratamento em política criminal das infrações de menor potencial ofensivo.

A figura da restrição advinda do procedimento especial não merece subsistir, já que os procedimentos tracejados pelo legislador processual em nada se vinculam à gravidade objetiva dos comportamentos típicos. Entendimento diverso leva a uma iníqua discriminação, violadora em cheio da igualdade e razoabilidade.

Esclarece com propriedade Maria Lúcia Karam:

> A inafastável obediência ao princípio da isonomia, a determinar que a definição do alcance abstrato da lei geral em relação à lei especial tenha como norte a consideração da igualdade ou desigualdade da situação de seus possíveis destinatários, já impõe uma primeira afirmação: a de que toda lei penal ou processual penal, que, posteriormente introduzida no ordenamento jurídico, traga dispositivos mais favoráveis ao réu, haverá de alcançar todos aqueles que estejam colocados em situação idêntica, a distinção, o tratamento diverso

> somente se admitindo quando é a desigualdade da situação que produz a necessidade da lei especial, o que, desde logo vale adiantar, não ocorre quando se lida com matérias concernentes à teoria do crime ou à teoria da penal.
>
> Claro, portanto, que na definição da natureza de infrações penais, concernente à dimensão de seu potencial ofensivo, estabelecida a partir da avaliação da pena máxima que lhes é cominada, se estará diante de uma lei geral, não estando autorizada a desigualdade de tratamento entre pessoas a quem atribuída a prática de infrações penais, a que, sendo cominadas penas máximas de igual quantidade, apresentam igual dimensão de ofensividade.
>
> Neste sentido, vale ressaltar que a ressalva que existia na última parte da derrogada regra do art. 61 da Lei 9.099/95, quanto à previsão de procedimentos especiais, tampouco poderia ter servido, em sua vigência, para afastar, no que concerne ao tratamento penal, o reconhecimento do menor potencial ofensivo de infrações penais, objeto de causas cujo processamento seguisse aqueles ritos especiais. (*In*: *Juizados Especiais Criminais*. Editora Revista dos Tribunais, 2004, p. 60/1)

Com o advento da Lei 11.313/2006 retirando do art. 61, Lei 9.099/95, a referência ao tipo de procedimento especial como excludente da infração penal de menor potencial ofensivo, consolida-se a percepção de que os crimes eleitorais com pena máxima cominada de até 02 anos de privação de liberdade devem ser tratados como infração penal de menor potencial ofensivo, permitindo-se a transação penal (art. 76, Lei 9.099/95). Baseando-se nos mesmos fundamentos, deve ser entendido como plenamente possível a aplicação da suspensão condicional do processo nos crimes eleitorais – art. 89, Lei 9.099/95.

A jurisprudência reconhece a possibilidade desse tratamento nos crimes eleitorais:

> "RESPE - RECURSO ESPECIAL ELEITORAL nº 25137 - Jacarezinho/PR
>
> Acórdão nº 25137 de 07/06/2005
>
> Relator(a) Min. MARCO AURÉLIO MENDES DE FARIAS MELLO
>
> Publicação: DJ - Diário de Justiça, Volume I, Data 16/09/2005, Página 173
>
> RJTSE - Revista de Jurisprudência do TSE, Volume 16, Tomo 3, Página 415
>
> Ementa:
>
> PROCESSO PENAL ELEITORAL - LEIS nºs 9.099/95 e 10.259/2001 - APLICABILIDADE. As Leis nºs 9.099/95 e 10.259/2001, no que versam o processo relativo a infrações penais de menor potencial ofensivo, são, de início, aplicáveis ao processo penal eleitoral. A exceção corre à conta de tipos penais que extravasem, sob o ângulo da apenação, a perda da liberdade e a imposição de multa para alcançarem, relativamente a candidatos, a cassação do registro, conforme é exemplo o crime do artigo 334 do Código Eleitoral.
>
> Decisão: O Tribunal, por unanimidade, conheceu do Recurso e lhe negou provimento, nos termos do voto do Relator. Votaram com o Relator os Mi-

nistros Carlos Britto, Gomes de Barros, Cesar Rocha, Luiz Carlos Madeira e Gerardo Grossi." (www.tse.jus.br/jurisprudencia)

17.6.1 Crimes eleitorais: panorama jurisprudencial

1 – Corrupção Eleitoral – art. 299, Código Eleitoral

A configuração do crime exige o dolo específico, conforme jurisprudência do TSE, inclusive com identificação dos eleitores pretensamente corrompidos na denúncia formulada pelo Ministério Público Eleitoral. O dolo deve se expressar pela solicitação de obtenção ou concessão do voto, ou ainda, conseguir ou prometer a abstenção do ato de votar.

No aresto a seguir indicado, considerou-se que a realização de bingos com distribuição de brindes e solicitação de apoio político aos presentes não realiza a tipicidade do art. 299, CE – (Ag. R-RESPE n. 445395, São Mateus/ES, Rel. Min. Dias Toffoli, j. 22/10/2013 (www.tse.jus.br/jurisprudencia).

2 – Coação Eleitoral – art. 301, Código Eleitoral

Considerou-se típico o fato de que a coação eleitoral possa ser desenvolvida por sujeito ativo que não tem o poder de gestão de programa social, posto ser pertinente a utilização de ameaça a eleitores, quanto ao risco de perda de benefício, se não votassem em determinado candidato – (TSE – Ag. RESPE n. 5163598 – Palmeirais/PI, Rel. Min. Arnaldo Versiane Leite Soares, j. 17/02/2011 – www.tse.jus.br/jurisprudencia).

3 – Mesário faltoso – art. 344, Código Eleitoral

Baseando-se no princípio de intervenção mínima e natureza fragmentária do direito penal eleitoral, bem como a impossibilidade de *bis in idem* na cumulação de sanções de natureza administrativa e penal, tem-se entendido que não constitui crime o não comparecimento de mesário no dia da votação.

A sanção administrativa está prevista no art. 124, Código Eleitoral para o comportamento desidioso do mesário – (HC n. 638, Itapetininga/SP, j. 28/04/2009, Rel. Min. Marcelo Henriques Ribeiro de Oliveira; no mesmo sentido: T.R.E/MG – RC n. 5712007 – Sete Lagoas/MG, j. 30/10/2007, Rel. Des. Joaquim Herculano Rodrigues – www.tse.jus.br/jurisprudencia). No mesmo sentido, o entendimento do TSE: AgR-AI nº 4184 Acórdão RANCHO ALEGRE – PR, Relator(a): Min. Tarcisio Vieira De Carvalho Neto, j. 17/12/2019 Publicação: 17/02/2020 – jurisprudencia.tse.jus.br – acesso em 16/03/2024.

4 – Falsidade ideológica (eleitoral) – art. 350, Código Eleitoral

O fato do sujeito ativo ter sua prestação de contas rejeitada não implica de modo automático na configuração do crime de falsidade ideológica, pois o elemento subjetivo do tipo é o dolo que contempla a finalidade eleitoral da conduta tida como omissiva – (TSE – RESPE n. 26010, Campos do Jordão/SP, Rel. Min. Marcelo Henriques Ribeiro de Oliveira, j. 08/05/2008 – www.tse.jus.

br/jurisprudencia) e (AgR-AI 0000655-48/SP, Rel. Min. Edson Fachin, DJE de 7/2/2020).

Nos termos da jurisprudência do STJ (AgRg no REsp nº 1669729/SP, Rel. Min. Felix Fischer, Quinta Turma, DJe de 29.6.2018), é desnecessária a realização de perícia para configuração do crime de falsidade ideológica, previsto no art. 299 do CP. Idêntico raciocínio há de ser empregado em caso de crime de falsidade ideológica para fins eleitorais (art. 350 do CE), o qual difere do delito comum apenas em virtude da finalidade exclusivamente eleitoral do documento que contém a declaração falsa. (RESPE - Agravo Regimental em Recurso Especial Eleitoral nº 3567 - GUARACIABA DO NORTE - CE. Relator(a) Min. Tarcisio Vieira De Carvalho Neto, DJE - 20/09/2019, p. 46/8).

5 - Boca de Urna - art. 39, § 5º, II e III, Lei 9.504/97

Considerada a conduta típica como de mera conduta. O comportamento de reunião de várias pessoas com roupas das mesmas cores e iguais às cores de determinada coligação nas imediações de local de votação implica na caracterização do ilícito - (T.R.E/MG - RC n. 3996 - Tupaciguara/MG, Rel. Juiz Wladimir Rodrigues Dias, j. 18/06/2014 - www.tre-mg.jus.br/jurisprudencia).

A utilização de uma versão de camisas da seleção brasileira de futebol com número correspondente a determinado candidato que concorre no pleito eleitoral tem o condão de configurar o crime do art. 39, § 5º, III, Lei 9.504/97, porquanto se torna propaganda eleitoral indevida no dia das eleições e não se limita à manifestação individual e silenciosa - (T.R.E/MG - RC n. 6628, Teresópolis/RJ, Rel. Juíza Ana Tereza Basília, j. 19/05/2011 - www.tre-rj.jus.br/jurisprudencia).

O envio de mensagens por SMS no dia das eleições é alcançado pelo tipo penal do art. 39, § 5º, III, da Lei nº 9.504/1997. A norma penal veda a realização de qualquer ato de propaganda partidária ou eleitoral no dia das eleições. Sobre a questão, o TSE já entendeu pela tipicidade da conduta, assentando que a regra contida no art. 57-B, III, da Lei nº 9.504/1997, invocada pelo recorrente, está restrita à propaganda realizada pela internet, não alcançando o envio de mensagens de texto entre aparelhos telefônicos. Precedentes. (Recurso Especial Eleitoral nº 1011 - PORTO ALEGRE - RS Acórdão de 04/12/2018 Relator(a) Min. Luís Roberto Barroso Publicação: DJE - 13/02/2019, p. 70-72).

O porte de bandeiras pelo eleitor de modo individual é fato atípico (art. 39-A, "caput", Lei 9.504/97), submetendo-se tal análise à interpretação pela tipicidade conglobante. No entanto, se ocorre o chamado "bandeiraço" com pluralidade de pessoas e voltada a influir na vontade do eleitor, ocorre o crime. Nesse sentido: AgR-AI nº 891 Acórdão SÃO SEBASTIÃO DO CAÍ - RS, Relator(a): Min. Luís Roberto Barroso, j. 23/10/2018 Publicação: 09/11/2018 - jurisprudencia.tse.jus.br - acesso em 16/03/2024.

6 - Transporte ilegal de eleitores - Art. 11, III, Lei 6.091/74

O crime é de mera conduta, mas exige dolo específico, isto é, a intenção de obter vantagem eleitoral, já que o bem jurídico tutelado é impedir o transporte do eleitorado para fins de aliciamento. Tal circunstância deve estar descrita na peça acusatória, sob pena de inépcia. (TSE – ARESPE n. 28517, Humberto de Campos/MA, Rel. Min. Marcelo Henriques Ribeiro de Oliveira, j. 07/08/2008 – www.tse.jus.br/jurisprudencia).

A conformação da conduta ao tipo penal do transporte irregular de eleitores exige não apenas a presença do elemento "fornecimento de transporte a eleitores", mas, também, da finalidade de aliciar eleitores, conspurcando o livre exercício do voto. Precedente do Supremo Tribunal Federal. (RESPE - Agravo Regimental em Recurso Especial Eleitoral nº 133 - NATIVIDADE – RJ Acórdão de 12/09/2017 Relator(a) Min. Admar Gonzaga, DJE - 29/09/2017, p. 50/1).

17.7 DENUNCIAÇÃO CALUNIOSA ELEITORAL. COMPARTILHAMENTO DE *FAKES NEWS* NAS ELEIÇÕES. ART. 326-A E § 3º, CÓDIGO ELEITORAL (LEI 13.834/2019)

A vigência da Lei 13.834/2019 que criou o tipo penal eleitoral do art. 326-A, Código Eleitoral objetiva suprir uma lacuna quanto à impunidade no âmbito dos crimes eleitorais em relação aos comportamentos próprios do denuncismo irresponsável e emulação. Essas circunstâncias de um modo geral sempre estiveram presentes nos processos eleitorais. Desde um *pacta corvina* – não denuncie meu ilícito, que é a recíproca será verdadeira – até uma utilização deletéria do sistema de justiça criminal eleitoral, com a mobilização das autoridades para amedrontar, confrontar e perseguir; os candidatos, correligionários ou simpatizantes sempre contaram com essa ignóbil alternativa. Adotamos aqui a expressão *pacta corvina* em um sentido amplo para designar o ajuste entre corvos que seria um esdrúxulo acordo de leniência entre infratores eleitorais, diferentemente do significado constante em Venosa (2010), para quem o termo designa o acordo que se realiza tendo como objeto a herança de pessoa viva, taxativamente proibido pelo art. 426, Código Civil.

Não que seja desejável a criação de meios repressivos e inibitórios ao apontamento de fatos ilícitos no processo eleitoral, pois limitaria o direito à liberdade de pensamento e de expressão, direito à petição e, sobretudo, o controle do sistema jurisdicional quanto às diversas infrações eleitorais. O relato de fatos e posturas para o conhecimento de quem tem a legitimidade para a adoção de providências é essencial para a preservação da democracia. No julgamento do HC 51.461/BA, já alertava o Ministro Marco Aurélio como relator, que *no âmbito da Justiça Eleitoral, o instituto da denunciação caluniosa há de ser tomado com reservas, presente a necessidade de não se inibir o cidadão na veiculação de notícia quanto a prática criminosa.* (TSE, HC – Habeas Corpus nº 51461 – DIAS D'ÁVILA – BA, Acórdão de 08/09/2011, Relator(a) Min. Marco Aurélio).

Fundamental que na atualização da legislação se busque a dinâmica do equilíbrio. E essa novidade pode ser apontada como a qualidade central da Lei 13.834/2019 que trouxe para o âmbito da legislação eleitoral, o delito de denunciação caluniosa eleitoral, com o tipo do art. 326-A, CE. Sem esse novo arranjo legislativo, nas hipóteses da prática de denunciação caluniosa eleitoral, sequer a Justiça Eleitoral seria competente para conhecer do episódio, pois exorbitaria à análise dos crimes eleitorais na sua jurisdição penal, considerando que o equivalente ao fato típico, corresponderia ao crime do art. 339, CP. Como se trata de crime contra a administração da Justiça Eleitoral, integrante da Justiça Federal, por força do art. 109, VI, Constituição Federal, a competência seria do juízo federal. Situação análoga ocorre com o crime de falso testemunho (art. 342, CP) perpetrado no âmbito de processo eleitoral ou investigação de cunho eleitoral. Não existindo sua previsão como crime eleitoral, a incidência do art. 342, CP em episódios eleitorais deve ser objeto de análise pela Justiça Federal. A propósito reiteradas as decisões que compõem a jurisprudência eleitoral, com essa conclusão. Nesse sentido: (AI - Agravo Regimental em Agravo de Instrumento nº 26717 – Lagoa da Prata – MG, Acórdão de 17/02/2011, Relator(a) Min. Arnaldo Versiani, pub: DJE - Diário de justiça eletrônico, Data 07/04/2011, p. 42).

Como definição de crimes eleitorais, Gomes (2000) desenvolve o entendimento de que merecem esse tratamento, todas as violações normativas dirigidas as mais diversas fases ou operações eleitorais e, também aquelas que se relacionem à tutela da liberdade no exercício do direito de sufrágio e que visam fornecer autenticidade ao processo eleitoral, desde que tais normas sejam tratadas sob a perspectiva penal. O Código Eleitoral em razão da especificidade da matéria que regula, não possui a mesma estrutura de topologia na distribuição e divisão dos crimes, por títulos ou capítulos, adotando-se critério de valoração do bem jurídico afetado, tal qual a organização do Código Penal. No Título IV, Disposições Penais do Código Eleitoral, o Capítulo II cuida dos crimes eleitorais, distribuídos do art. 289 ao art. 354-A. A legislação eleitoral extravagante também faz a previsão de crimes eleitorais em contextos diversos, como a Lei 9.504/97 (Lei das Eleições) que, exemplificativamente no art. 57-H, § 1º, trata do crime de contratação de pessoas para produzir mensagens ou comentários na *Internet* visando ofender honra ou denegrir imagem de candidato, partido ou coligação; a Lei Complementar 64/90 (Lei das Inelegibilidades) prevendo como crime no art. 25, a arguição temerária ou de má-fé de inelegibilidade ou impugnação de registro de candidatura e, dentre outras, o transporte indevido de eleitores residentes em zonas rurais no dia do pleito como anotado no art. 11, III, Lei 6.091/74 (fornecimento gratuito de transporte a eleitores residentes na zona rural no dia das eleições).

Cabe à doutrina eleitoral o trabalho de reunião sistemática e por critérios da natureza do delito eleitoral, a organização do conjunto dos crimes eleitorais, como propõe Gomes (2000). Nessa tarefa, obviamente que as singularidades do conteúdo eleitoral devem ser o ponto de partida, mas também indispensável que se considere um paralelismo com o Código Penal, sempre que o resultado for lógico e coerente. Dessa forma, a denunciação caluniosa eleitoral deve tutelar a administração da Justiça Eleitoral e outros bens jurídicos em jogo na disputa eleitoral.

O novo tipo penal (art. 326-A, Código Eleitoral - Lei 4737/65, introduzido pela Lei 13.834/2019), tem a seguinte construção em seus preceitos primário e secundário: *Dar causa à instauração de investigação policial, de processo judicial, de investigação administrativa, de inquérito civil ou ação de improbidade administrativa, atribuindo a alguém a prática de crime ou ato infracional de que o sabe inocente, com finalidade eleitoral: Pena - reclusão, de 2 (dois) a 8 (oito) anos, e multa. § 1º A pena é aumentada de sexta parte, se o agente se serve do anonimato ou de nome suposto. § 2º A pena é diminuída de metade, se a imputação é de prática de contravenção.*

A novidade positiva do suprimento da omissão do Código Eleitoral, outrossim, racionalizando a competência da Justiça Eleitoral, cedeu espaço para uma elaboração inócua na construção do tipo. Em geral, a redação utilizou-se da mesma fórmula do art. 339, CP, isto é, a denunciação caluniosa prevista para o direito penal comum. Trouxe assim suas virtudes e seus defeitos. Entre estes, uma severa e genuína anomalia, que leva a uma perplexidade.

Não que a busca por uma paridade ou similaridade fosse desaconselhável. O aprimoramento normativo, com base nas experiências do texto vigente ou revogado constitui mecanismo salutar para a identificação de equívocos e construção de soluções para problemas que não se reputavam relevantes por ocasião de uma aprovação legislativa, ou surgidas na aplicação dos dispositivos penais, elaboração sempre rica e que abertura para idôneas reflexões. Quando se parte da especialidade que o direito eleitoral penal se mostra em relação ao direito penal comum, perfeitamente assimilável que esse último segmento inspire e indique caminhos àquele outro ramo. Mas, ao receber esses contributos o legislador eleitoral e o intérprete devem se conduzir com a cautela de que se trata de um acionamento a temática que tem princípios, institutos e categorias próprias que devem ser consideradas.

O núcleo do tipo é "dar", causa para a instauração dos procedimentos de natureza investigativa ou processual, o que equivale a levar a notícia do fato, ajuizar ou representar, sabendo o sujeito ativo previamente da inexistência do fato ou da inocência do denunciado. A esse respeito Greco (2015) afirma que o crime não se configura, se o sujeito ativo tem dúvida a respeito de ter o imputado cometido o fato, que é considerado como infração penal. Os procedimentos comportam a seleção de investigação policial, processo judicial, investigação administrativa, inquérito civil ou ação de improbidade administrativa. Contudo, crime ou "ato infracional".

A primeira observação que leva à arrepsia consiste na perda da oportunidade pelo legislador de dotar o tipo penal eleitoral de uma lógica e dinâmica mais consentânea com a objetividade jurídica. Não é só a imputação falsa de um fato criminoso que ofende ao bem jurídico, que na hipótese é a administração pública no segmento da administração da justiça e outros vetores relevantes para as eleições e a democracia. Outros fatos que não possam ser erigidos à condição de crime também podem proporcionar o abalo à administração da justiça, se mentirosos, se capazes de mobilizar um procedimento investigativo ou judicial e, principalmente, se contém a finalística eleitoral.

Deve se alertar ainda para a circunstância de que nem sempre um processo judicial no cenário eleitoral tratará de fatos criminosos. Por exemplo, é vedada a propaganda eleitoral em bens públicos; assim se fixado um cartaz de determinado candidato em um viaduto, a propaganda é irregular (art. 37, *caput*, Lei 9.504/97). O infrator fica sujeito à restauração do bem e se não procedida, a multa entre R$ 2.000,00 a R$ 8.000,00, após notificação e comprovação dos fatos (art. 37, § 1º, Lei 9.504/97). Essa conduta, no entanto, é atípica, não constitui isoladamente crime eleitoral ou qualquer modalidade de infração penal. Se o adversário suscita um processo judicial eleitoral de caráter administrativo para a atuação da Justiça Eleitoral no seu poder de polícia sobre a propaganda eleitoral, mas a reclamação ou representação se baseia em fatos não existentes, ou seja, é caluniosa no sentido *lato*, não se pode falar da configuração do delito do art. 326-A, CE, embora, evidentemente tenha ocorrido uma afetação à administração da justiça e, uma finalidade eleitoral com a exposição indevida de um possível adversário como infrator às regras da disputa.

Reflexão análoga pode ser feita em relação à investigação administrativa, inquérito civil ou ação de improbidade administrativa (Lei 8.429/92). Os fatos que podem ser abordados no âmbito de tais aferições não são necessariamente constitutivos de crime; muitos não são típicos, mas se aperfeiçoam e se limitam como transgressão disciplinar no direito administrativo sancionador, infrações administrativas ou atos ímprobos. Por isso, se um candidato é apontado em uma verificação administrativa por ser servidor público ou de algum modo vinculado à administração pública como transgressor de norma administrativa, mas o fato é sabidamente falso e denunciado por um adversário com finalidade eleitoral, mas não constituir crime, não se aperfeiçoa a tipicidade da denunciação caluniosa eleitoral. Pode ser mencionada como exemplo dessa hipótese, a alegação falsa da ausência de assiduidade no serviço público. Não restará tipificado o crime de denunciação caluniosa eleitoral ora inaugurado pela norma em evidência, mas evidentemente uma mera verificação em sindicância ou processo administrativa pode causar consternação no âmbito da disputa eleitoral.

Semelhante comparação pode ser feita com os atos ímprobos do art. 10, III e X, Lei 8.429/92: *III - doar à pessoa física ou jurídica bem como ao ente despersonalizado, ainda que de fins educativos ou assistências, bens, rendas, verbas ou valores do patrimônio de qualquer das entidades mencionadas no art. 1º desta lei, sem observância das formalidades legais e regulamentares aplicáveis à espécie; X - agir negligentemente na arrecadação de tributo ou renda, bem como no que diz respeito à conservação do patrimônio público.* Tais condutas não podem ser consideradas isoladamente como fatos determinantes de crimes, embora sejam ímprobos e sujeite o infrator às consequências do reconhecimento da improbidade, como ressarcimento, multa, suspensão dos direitos políticos e inelegibilidade. Sendo a hipótese de uma representação com base em fatos falsos feita ao Ministério Público por um adversário do pretenso infrator que é candidato, evidenciada a finalidade eleitoral, o episódio não será enquadrado como o crime previsto no art. 326-A, CE. Em relação à improbidade administrativa o crime do art. 19, Lei 8.429/92 pode restar configurado na hipótese descrita, pois o tipo estabelece a seguinte conduta, *constitui crime a representação por ato de improbidade contra agente público ou terceiro beneficiário quando o autor da denúncia o sabe inocente.*

Não sendo crime eleitoral, residualmente a competência seria da Justiça Comum Estadual ou Federal, dependendo do contexto da representação envolver interesse ou não da União. Considerada, por outro lado, a finalidade eleitoral, que constitui o especial fim de agir do sujeito ativo no crime do art. 326-A, CE, não estaríamos diante de um concurso aparente de normas penais, para resolvê-lo com o princípio da especialidade. A ausência de atribuição de ato que constitua crime no bojo da representação para fins de improbidade administrativa resulta na atipicidade quanto à denunciação caluniosa eleitoral. Todavia, permanece em aberto a perspectiva da incidência do crime do art. 19, Lei 8.429/92, mas, evidentemente deslocando a aferição para âmbito diverso da competência da Justiça Eleitoral.

A constatação de que somente se for atribuído como falso, fato que se instale na tipicidade criminal, para a potencialidade de enquadramento na denunciação caluniosa eleitoral não pode ser considerada inédita. Esperava-se do legislador um tratamento distinto daquele conferido ao Código Penal, no delito comum de denunciação caluniosa, ou mesmo dos fatos falsos que são alentados nas temáticas cíveis ou trabalhistas e que na maioria das vezes não ultrapassam os limites da litigância de má-fé (art. 80, CPC). Ora, o fato falso que implica em fraude na imputação e que tenha a finalidade eleitoral, seja ilícito administrativo ou criminal, conspurca de tal modo a idoneidade do desenvolvimento do processo eleitoral que afeta a regularidade das eleições e, fortemente atinge o Estado Democrático de Direito. Basta breve menção ao fenômeno midiático e social da atualidade tratado como *fakes news* para se ter uma ideia da devastação ética que a mobilização de um procedimento que visa impor sanções administrativas ou penais, mas instaurado com apoio em inverdades pode acarretar ao processo eleitoral. Para Dourado e Gomes (2019), as *fakes news* designam narrativas que são pretensamente factuais, mas inventando ou alterando os fatos, com sequência de sua disseminação em larga escala nas mídias sociais, realizada por interessados na produção de consequências, principalmente no campo político.

Há uma perda consistente de material democrático com uma degradante valorização da falsidade. O capital político e eleitoral dos concorrentes e agremiações partidárias são afetados; as instituições públicas diretamente vinculadas à condução do processo eleitoral passam a ser desacreditadas, em uma perigosa inclinação à anomia e, sobretudo, a regularidade das eleições é atingida, sem poupar a vontade popular e a própria democracia como valor universal.

Como já consta na advertência do Ministro Marco Aurélio, a precaução quanto ao engessamento da manifestação em direito de petição, direito de ação e manifestação do pensamento, é indispensável e, perfeitamente possível, observando-se estritamente o elemento da falsidade exigido pelo tipo. A teoria da tipicidade conglobante na concepção de Zaffaroni e Pierangeli *apud* Masson, (2013) contribui de forma decisiva para essa cautela, admitindo como típico apenas o fato que também apresente a antinormatividade, que deve ser irremediavelmente respeitada para a definição da tipicidade. Se o sistema jurídico no seu todo autoriza a conduta de adotar as medidas de investigação ou de providências jurisdicionais, não há porque se temer um travamento das iniciativas. O excesso é que constitui o antinormativo, pois abuso de direito que se exterioriza pelo elemento da falsidade. O melhor controle é aquele que se desenvolva à luz do caso concreto.

Etiologicamente, o crime do art. 339, CP que pode ser considerado como a gênese do seu paradigma eleitoral (art. 326-A, CE) se limitou à tipicidade quando a denunciação fosse caluniosa, em ostensiva dependência da calúnia (art. 138, CP), pois considerado como o mais grave entre os delitos contra honra, justamente pela imputação que o sujeito ativo realiza falsamente em desprestígio do sujeito passivo de *fato definido como crime*. Deve se ponderar que não é só o fato falso que impute crime, que é ofensivo e causa deterioração ao processo eleitoral, quando apresentado em relação a candidatos ou outros atores que atuam na sua consecução. A calúnia como aleivosia no plano geral não se limita à falsidade de imputação de crime. É assim tratada pelo recorte do mínimo ético que orienta o direito penal, que em relação às eleições precisa ser acentuado. Estefam (2010) se refere a um histórico de atemporalidade na proteção jurídica quanto às ofensas contra a honra, sendo seu valor inscrito no Pacto de São José da Costa Rica - art. 11, §§ 1º e 2º e, na Constituição Federal - art. 5º, X, funcionando como parâmetro da dignidade da pessoa humana, fundamento da República Federativa do Brasil (art. 1º, III, CF).

A calúnia se apresenta como um dos módulos dessa construção jurídica que busca a proteção da honra. Se é a destinatária das ofensas que capitulem fatos típicos, tratados como padrões prévios que se relacionam aos regimes de verdade nos discursos jurídicos como salienta Foucault (1996). O fato criminoso é selecionado previamente como catalisador da fórmula ofensiva, que não pode se resumir a essa zona, como se a honra coubesse naquele hermetismo.

Se o legislador eleitoral se imbuísse de uma maior ousadia para assegurar uma proteção ao bem jurídico com mais amplitude, poderia excluir a exigência de que o fato falso fosse necessariamente crime, bastando que fosse falso. Hipoteticamente, poderia salvaguardar algumas hipóteses de atipicidade como a inadmissibilidade de pronto da investigação ou processo judicial pela autoridade competente, para não se permitir um travamento do direito de petição em geral, indispensável a uma condução democrática das eleições.

Na conformidade do que expusemos, a Lei 13.834/2019 não cuidou de instaurar um tratamento específico à denunciação caluniosa eleitoral, mas incorporou uma alternativa à atribuição de prática falsa de crime e contravenção, ou seja, a realização de ato infracional. A primeira dúvida quanto a essa expressão consiste na elaboração de um juízo hermenêutico sobre a intenção do legislador. Na justificativa ao Projeto de Lei Original n. 1978/2011 do Deputado Félix Mendonça Júnior não há qualquer referência à inserção do *ato infracional*.

Com o parâmetro da interpretação sistemática, literal e teleológica é possível acomodar na dicção da lei, a intenção de que a referência seja assimilada como o ato infracional análogo a infração penal (art. 103, ECA – Estatuto da Criança e do Adolescente - Lei 8.069/90), isto é, o fato criminoso ou contravencional praticado por menor inimputável em razão da menoridade (menor de 18 anos), conforme estabelecido pelo art. 228, CF, art. 27, CP e art. 104, ECA. O módulo sistemático se mostra plausível, eis que as referências aglutinativas da ideia de responsabilidade especial dos menores de 18 anos, em contraponto à imputabilidade do maior estão estruturadas nos dispositivos enfocados, a partir da Premissa Constitucional. A simetria da expressão "ato infracional" e "ato infracional análogo a crime", autoriza essa afinidade, pois o ato infracional é considerado como a *conduta descrita como crime ou contravenção penal* (art. 103, ECA). O elemento teleológico se cogita como presente, pelo intuito de abranger a modalidade de fatos que em paralelo à infração penal, tem o condão de afetar bens jurídicos, mas tratado sob uma racionalidade penal diferente, atentando-se para a lógica da pessoa em formação e desenvolvimento que é o menor de 18 anos, como se refere Shecaira (2008) um sistema de responsabilização que se estabelece em uma lógica de proporcionalidade.

A dispersão da construção legislativa acarretou uma indisfarçável inocuidade e exagero. A conduta do sujeito ativo que é elaborada como apresentação de prática de ato infracional permeada pela falsidade dificilmente terá acolhimento no processo eleitoral. A idade mais remota para se disputar um cargo eletivo no Brasil é de 18 anos para a atividade legislativa do Vereador (art. 14, § 3º, VI, *d*, CF). Evidentemente, que um pretenso candidato ao exercício dessa atividade legislativa pode ser alvo de uma denúncia falsa por ato infracional em tese cometido, pouco antes da disputa, mas nunca durante a campanha eleitoral, pois no momento final do prazo para o registro de candidatura deverá contar com 18 anos (art. 11, § 2º, Lei 9.504/97).

Como o maior volume das mobilizações para investigações e processos judiciais com finalidade eleitoral impactam sobre atos praticados pelos candidatos que são maiores de 18 anos, efetivamente não seria plausível que as imputações a eles, atribuíssem atos infracionais do art. 103, ECA. Residualmente, não se pode suprimir uma hipotética atribuição falsa de ato infracional a pessoas próximas dos candidatos, como parentes ou amigos. Essa perspectiva não retira a ociosidade do dispositivo "ato infracional", já que o sentido de finalidade eleitoral pertence mais propriamente ao direito eleitoral, apropriada como especial fim de agir pelo direito penal: suponhamos uma falsa notícia de ato infracional praticado por um menor de 18 anos, filho de um candidato a Governador, feita por pessoa adepta de seu adversário.

Não há como se entender que a finalidade eleitoral exigida pela norma penal se dirija a terceiros diversos dos candidatos ou mesmo em relação a estes, antes da deflagração do processo eleitoral. A finalidade eleitoral diz respeito à disputa, ao certame das eleições e só reconhecida com o termo inicial do processo eleitoral. O especial fim de agir que se apresenta sob o formato de finalidade eleitoral é a repercussão, incidência, impacto, mobilização, interferência ou qualquer outra maneira de tangenciar uma relevância para o embate que se desenvolve na disputa pelos cargos eletivos durante o processo eleitoral.

A expressão "processo eleitoral" tem um sentido polissêmico, estabelecido pelas diversas relações que são instauradas sob o referencial do direito eleitoral, entre eleitores, candidatos, agremiações partidárias, Poder Judiciário Eleitoral, Ministério Público Eleitoral, Advocacia, Defensoria Pública, mesários, enfim, todo o contingente que se estrutura visando a materialização do direito de sufrágio por intermédio das eleições, conforme se extrai em Silva (2016). Em uma orientação geral, o processo eleitoral é contínuo e permanente e se realiza durante todo o calendário, mesmo quando não se trata de ano eleitoral, pois persistem providências de cunho administrativo e às vezes jurisdicional relativas ao cadastro nacional de eleitores, filiações, entre outras.

A compreensão mais aceita para fins de se identificar como termo inicial do processo eleitoral é a fase da realização das convenções partidárias, nas quais se permite deliberar sobre a seleção de candidatos pelas agremiações partidárias e a formação de coligações observadas as restrições da legislação eleitoral. Com a realização das convenções abre-se a oportunidade para o registro de candidaturas. Materializa-se a disputa e é nesse momento que se pode identificar uma finalidade eleitoral, que para os fins da norma penal do art. 326 A, CE em análise estrita, se concentra na disputa entre candidatos e agremiações partidárias pelo voto do eleitor que confere o mandato eletivo. Somente a partir de 20 de julho do ano eleitoral é que se abrindo a data inicial no calendário eleitoral para as convenções e o registro de candidaturas de acordo com Gomes (2016), conforme o disposto no art. 8º, *caput*, Lei 9.504/97, se pode cogitar da finalidade eleitoral como especial fim de agir no elemento subjetivo da denunciação caluniosa eleitoral.

Exaure-se o processo eleitoral no alinhamento que reflete a finalidade eleitoral com a diplomação dos candidatos eleitos, que pode ser realizada até o dia 19 de dezembro do ano eleitoral. No período entre 20 de julho e o dia da diplomação dos eleitos no ano eleitoral é aquele no qual pode ocorrer uma conduta com o objetivo eleitoral indispensável à tipicidade da denunciação caluniosa eleitoral. Se o fato ocorre antes ou depois desses marcos, deve se considerar atípico em relação ao delito em análise, mas é possível o seu enquadramento em crimes contra a honra, a própria denunciação caluniosa do direito penal comum (art. 339, CP) ou outra infração penal dependendo do caso concreto.

A Lei Complementar 64/90 no seu art. 25 faz a previsão do crime de *arguição de inelegibilidade, ou a impugnação de registro de candidato feito por interferência do poder econômico, desvio ou abuso do poder de autoridade, deduzida de forma temerária ou de manifesta má-fé*, implicando em possibilidade de que os fatos deduzidos nessas modalidades de ações eleitorais sejam simultânea e, potencialmente enquadráveis no tipo da denunciação caluniosa. Havendo essa coincidência dos fatos, a imputação e a condenação em simetria constitui *bis in idem*. Só ocorrerá essa perspectiva se houver o ajuizamento da arguição de inelegibilidade ou a impugnação de registro de candidatura pelo sujeito ativo, que hipoteticamente pode assim ser considerado em relação à denunciação.

Como a conduta pode se enquadrar em mais de uma disposição da lei penal deve ser reconhecido o conflito, que é aparente e deve ser resolvido, pois apenas uma das normas pode ser aplicável como ensina Marques (1997). Deve prevalecer a resolução pelo princípio da especialidade, convocando-se a lição de (TOLEDO, 1994) suplantando a norma geral (denunciação) pela especial (art. 25, LC 64/90) que apresenta um *plus* ou circunstância diferenciadora da norma geral, qual seja, a discussão do fato em arguição de inelegibilidade ou impugnação de registro à candidatura, que figuram como pontos sensíveis e fundamentais das eleições, por isso, tratado o injusto penal pela Lei das Inelegibilidades.

Aprovado o texto da Lei 13.834/2019 referente à denunciação caluniosa pelo Congresso Nacional, a Presidência da República vetou o § 3º que se atribuía ao art. 326-A, Código Eleitoral. O dispositivo cuidava da propalação ou divulgação do conteúdo falso pelo qual fora "denunciado" o sujeito passivo, sabendo o agente de tal falsidade, agindo sob o signo da finalidade eleitoral. A redação foi articulada da seguinte forma: *Incorrerá nas mesmas penas deste artigo quem, comprovadamente ciente da inocência do denunciado e com finalidade eleitoral, divulga ou propala, por qualquer meio ou forma, o ato ou fato que lhe foi falsamente atribuído.* Interessante que a inspiração do legislador eleitoral na denunciação caluniosa do Código Penal (art. 339) foi abandonada e, em um giro com a intenção de identificar o ponto de conexão, fez essa especulação no art. 138, § 1º, CP, ou seja, a amplificação da calúnia perpetrada que efetivamente em se tratando desse delito contra a honra, exige a tutela ao bem jurídico honra, pelo efeito dominó, na extensão ascendente da afetação.

Mas, a compatibilidade da propalação ou divulgação do ato ou fato com a denunciação caluniosa não se afigura equilibrada. As razões do veto consistiram em uma desproporcionalidade entre as penas para a propalação e divulgação da denunciação caluniosa e a própria calúnia como crime eleitoral na propaganda eleitoral, prevista no art. 324, § 1º, CE. A justificativa é extremamente plausível, pois a previsão do tipo implicaria violação aos níveis de punição para delitos com intensidade de ofensa diversa, produzindo uma afronta à proporcionalidade estrita.

Concreto também o risco de que a proibição não resistisse a uma tipificação, sobretudo quanto cotejada com a tipicidade conglobante, vislumbrando-se que a propalação ou divulgação da denúncia apresentada, mesmo no momento em que se pende certeza quanto à falsidade (a denúncia em avaliação pelas autoridades), ensejaria afrontoso controle à atividade jornalística, informação, livre manifestação do pensamento e mesmo a sua utilização como material para a comunicação política eleitoral durante a disputa entre candidatos e agremiações partidárias. A posição acertada do veto evitou de modo contundente, o reconhecimento do *bis in idem*, com o art. 324, § 1º, CE, se o episódio de desenvolvesse no contexto da propaganda eleitoral. Conteve-se assim um excesso que se desenhava na direção de se impor uma limitação à dialética que deve estar presente nos confrontos próprios do processo eleitoral, evitando-se uma criminalização desnecessária da política.

Há de se fazer o registro de que o veto presidencial foi derrubado pelo Congresso Nacional, assim plenamente em vigor o disposto no art. 326-A, § 3º, CP, com o *nomen juris* do reconhecido como compartilhamento de *fakes news*, resultando numa perspectiva de banalização da própria criminalização da denunciação caluniosa eleitoral, porquanto se busca coibir condutas comunicacionais em um franco momento de intensidade de atuação dos atores na sociedade midiatizada.

Desenvolvidas as reflexões que ora se articulam para uma visualização das impressões iniciais sobre o novo crime eleitoral de denunciação caluniosa eleitoral, inaugurado no art. 326-A, CE, pela vigência da Lei 13.834/2019, deve se destacar como positiva a iniciativa para se suprir uma omissão quanto à proteção do bem jurídico. Com o novo delito etiquetado como crime eleitoral, tutela-se com maior potencial de efetividade a administração da justiça, durante o desenvolvimento do processo eleitoral, contribuindo-se, por conseguinte, para a lisura nas eleições brasileiras em relevante prestígio à democracia.

O legislador poderia ser mais elástico e ousado. Em razão da singularidade das questões eleitorais, a denunciação eleitoral poderia se desprender do seu arquétipo do direito penal comum, proporcionando uma maior salvaguarda com a tutela de outras fraudes ou falsidades que são comuns no processo eleitoral. Ampliando-se como crime eleitoral o falso testemunho, atualmente isolado no art. 342, CP, a atualização do Código Eleitoral resultaria em maior racionalidade, pois as conexões de fatos que implicam incidência de denunciação caluniosa e falso testemunho são próximas e muito presentes no processo eleitoral, com a vantagem da fixação da competência da Justiça Eleitoral para o processo e julgamento dos casos relativos a essas infrações penais eleitorais.

O delito de compartilhamento de mensagens falsas ou *fakes news* (art. 326-A, § 3º, CE), superado o veto presidencial não significará qualquer medida de aprimoramento do ambiente comunicacional no processo eleitoral, nem instrumento de controle quanto aos abusos, sendo discutível a própria constitucionalidade da previsão típica (art. 5º, IV e IX, Constituição Federal).

Referências anômalas e imprecisas no tipo do art. 326-A, CE resultantes de pouco apreço à taxatividade como condutora do princípio da legalidade na tarefa de construção dos tipos penais, são expressas pela abertura incomensurável ao especial fim de agir da norma, ou seja, uma vastidão do que se deve compreender como "finalidade eleitoral". Sugere-se que essa expressão esteja contida nos limites do processo eleitoral no curso das eleições, com início e fim, a partir dos marcos temporais previstos na Lei das Eleições (Lei 9.504/97). A alusão típica ao "ato infracional" deve ser entendida como o ato infracional análogo ao crime ou contravenção penal, como previsto na Lei 8.069/90 (arts. 103 e 104), ensejando uma desnecessária e contraditória previsão, em decorrência de sua inocuidade no processo eleitoral, portanto, disposição incriminadora ociosa.

17.8 PROCESSO PENAL ELEITORAL

O aparelhamento do processo penal relativo aos crimes eleitorais segue o procedimento especial previsto no Código Eleitoral – arts. 355 a 364. O primeiro tema referente às regras processuais, cravado no art. 355, CE deixa estampado que a ação penal relativa aos delitos eleitorais é pública incondicionada.

A falta de técnica e o abandono da sistemática da Lei Processual Penal Comum não disfarçam a clareza do dispositivo. Enquanto que no CPP compreende-se que a ausência de menção na lei quanto ao caráter de ação penal condicionada ou privada, leva inexoravelmente à conclusão de que o legislador pretendeu que a ação penal fosse pública incondicionada, o Código Eleitoral preferiu o critério da regra expressa.

Segundo Pinto Ferreira, não seria permitida a intervenção da vítima em face do formato da ação penal, eleita pelo Código Eleitoral:

> Como bem esclarece Antonio Tito Costa, em seu livro *Recursos em matéria eleitoral* (ob. cit., p. 119-20), "sendo procedimento de ação pública, não é admissível, no processo penal eleitoral, a intervenção da vítima, ou do 'queixoso' considerado como tal aquele que tenha levado à autoridade judiciária o conhecimento do fato criminoso. Dada a natureza do processo, a ação penal é reservada, exclusivamente, ao Ministério Público. Assim, tanto o queixoso

como o notificante do crime, ou a vítima, são considerados parte legítima para intervir no processo, em qualquer de suas fases, e em qualquer instância". (*In*: *Código Eleitoral Comentado*. Editora Saraiva, 4. ed., p. 429).

Dessa maneira, a *notitia criminis* a respeito de crime eleitoral pode ser comunicada por qualquer pessoa, ao juiz eleitoral com jurisdição na zona eleitoral do lugar da infração penal, de maneira verbal ou escrita. Feita a comunicação o magistrado deverá determinar a ciência ao Ministério Público Eleitoral, com respaldo no art. 40, CPP.

Não há, todavia, qualquer impedimento para que seja ofertada tal informação diretamente ao Ministério Público Eleitoral ou mesmo à autoridade policial, inclusive para fins de instauração de inquérito policial.

O procedimento penal eleitoral propriamente dito começa com o oferecimento da denúncia no prazo de 10 dias – art. 357, "caput", CE. Se for o caso de convencimento ministerial a respeito de ausência de justa causa para a ação penal, poderá requerer o arquivamento da comunicação sobre o crime, inclusive o inquérito policial.

Esse requerimento é dirigido ao juiz eleitoral, que, se discordar do apontamento do *Parquet*, determinará a remessa dos autos ao Procurador Regional Eleitoral, para que este, avaliando a impertinência da fundamentação do Ministério Público oficiante em primeira instância, ofereça aquele a denúncia, ou designe outro promotor de Justiça para fazê-lo. Há ainda uma terceira via, que é a ratificação do pedido de arquivamento, hipótese em que o juiz eleitoral deverá acatá-lo – art. 375, § 1º, CE.

A denúncia deve preencher os requisitos do art. 357, § 2º, CE, sob pena de ser reputada inepta. Com isso, deve conter a descrição do fato criminoso em todas as suas circunstâncias, envolvendo autoria, materialidade e tipicidade, englobando ainda a qualificação do acusado ou meios que possam ao menos levar à sua identificação. A peça acusatória deve fazer referência ao rol de testemunhas, quando pugnar por esse tipo de prova.

A lei prevê ainda a representação contra o membro do Ministério Público Eleitoral que não obedecer ao prazo em questão para oferecimento da denúncia. É o que menciona o art. 357, §§ 3º, 4º e 5º, do CE. Com efeito, se desatendido o prazo, caberá representação contra o promotor de Justiça pela autoridade judiciária, sem prejuízo de possível responsabilidade criminal.

Esse dispositivo deve ser aplicado com parcimônia para não se escancarar sua parcela implícita de inconstitucionalidade. Ora, a partir do momento que o magistrado adota a postura de convencimento antecipado sobre uma perspectiva de imputação penal, afasta-se da sua necessária posição de independência e isenção em relação aos fatos, matéria-prima do processo penal que atende aos anseios democráticos, ou seja, o processo acusatório. Não há como se admitir que o juiz da causa, entendendo relapso o promotor de Justiça, pugne por via administrativa para que aquele cumpra seu dever funcional.

E com esse comportamento, o magistrado para se aquilatar da justiça de sua reclamação deverá anunciar as razões que o levam à consideração de inércia ou recalcitrância ministerial, para tanto tendo que fazer exposição de mérito, o que envolve claro prejulgamento.

Se, contudo, admitida a validade dessa disposição, o teor da representação do magistrado deve se limitar a pedir as providências que o próprio promotor eleitoral entender cabíveis, não se fazendo alusão à justa causa para a ação penal. O pleito se limita à determinação de que o Ministério Público Eleitoral efetivamente aja em relação a determinado caso concreto.

Importante ainda frisar que o excesso de serviço, pendência de diligências ou ainda ausência de convencimento sobre a existência de justa causa para a ação penal, não podem ser entendidos como inércia ou desídia do Ministério Público Eleitoral, pois guardam os seus membros a liberdade funcional para atuarem segundo o posicionamento intelectual que tiverem.

Há ainda a legitimidade subsidiária para a representação a qualquer eleitor, se o magistrado não agir de ofício pela representação no prazo de 10 dias (art. 357, § 5º, CE).

É possível ação penal privada subsidiária da pública, em se tratando de crimes eleitorais?

O art. 5º, inciso LIX, da Constituição Federal assegura a admissão da ação penal privada nos crimes de ação pública, se decorrido o prazo legal esta não for movida. A norma constitucional não fez restrição a qualquer espécie ou modalidade de crime. Com isso, uma interpretação lógica e coerente leva à conclusão de que não seria constitucional entender que, em relação aos crimes eleitorais, existisse tal impedimento.

Ademais, o art. 364 do Código Eleitoral prevê a aplicação subsidiária do Código de Processo Penal em relação ao processo e julgamento dos crimes eleitorais. A lei processual penal comum, por sua vez, normatiza a questão da ação penal privada subsidiária da pública no art. 29 do CPP. Resulta, assim, perfeitamente cabível o manejo da ação privada em relação aos crimes eleitorais, nas mesmas condições descritas pelo regime processual penal ordinário.

Os casos de rejeição da denúncia foram contemplados no art. 358, I a III, CE, ou seja, atipicidade da conduta narrada, extinção da punibilidade e manifesta ilegitimidade da parte ou falta de condição exigida pela lei para o exercício da ação penal, situação que permite novo aforamento se suprida a deficiência, conforme locução do próprio parágrafo único do art. 358, CE.

O recebimento da denúncia é previsto no art. 359, *caput*, Código Eleitoral, o que deve ser feito em juízo de cognição sumária sobre a presença das condições da ação penal e pressupostos processuais através de despacho em que não se exige fundamentação exaustiva, mas típica de uma análise provisória e sem aprofundamento sobre o caso tratado.

Decidindo o juiz pelo recebimento da denúncia, no mesmo despacho designa o dia para o depoimento pessoal do acusado, determinando a sua citação e a notificação do Ministério Público Eleitoral. A citação deve conferir o prazo de 10 dias para as alegações escritas e apresentação de rol de testemunhas, consoante previsão do art. 359, parágrafo único, CE.

A defesa escrita nesse momento processual se equipara à defesa preliminar, prevista nos procedimentos penais inseridos no Código de Processo Penal. Deve assim se circunscrever à indicação dos meios de provas, sobretudo a prova testemunhal, reservando-se para a abordagem do mérito o momento da aferição final em alegações epilogas. Tem-se, todavia, que pode ser a hipótese de aplicação extensiva das normas do CPP ao processo penal eleitoral com a autoridade do art. 364, Código Eleitoral.

Desse modo, antes de designar a data para a audiência de instrução, fase procedimental seguinte, o juiz eleitoral pode sanear o feito, avaliando a perspectiva de absolvição sumária – art. 397, I a IV, CPP. Havendo incidência de qualquer motivo elencado e justificante da absolvição sumária, mesmo que atipicidade ou extinção da punibilidade já analisados no momento do recebimento da denúncia, pode ser pleiteado o seu reconhecimento pela defesa nessa manifestação inicial, inclusive pela facilidade de serem trazidos elementos probatórios documentais, aos quais o juiz eleitoral não teve acesso para decidir na inauguração da ação penal.

Entendemos tratar-se de impropriedade técnica a referência contida no art. 359, CE, sobre o depoimento pessoal do acusado. Refletimos a esse respeito, em outro estudo sobre o processo penal:

> Cremos que a expressão destacada foi erroneamente inserida pelo descuidado legislador, como sinonímia do interrogatório, já que a figura do depoimento pessoal é atribuída ao processo civil.
>
> (...)
>
> Ora, a afirmativa de que foi trazido do processo civil o instituto do depoimento pessoal das partes para o processo penal eleitoral, mesmo ao se enxergar o benefício da perspectiva de reperguntas às partes, seria violar sem reservas o conteúdo e consequência das alegações do acusado nesse depoimento, impondo-lhe até a confissão, se silente permanecesse, citado não comparecesse ou empregasse evasivas para as respostas, conforme clara previsão do art. 343, § 1º e 2º, e art. 345, ambos do CPC. Essa hipótese logicamente que é inadmissível com os olhos postos no art. 5º, LXIII, da Constituição Federal. Além disso, seria criada uma esdrúxula situação, se se confere o depoimento pessoal de uma das partes da relação processual, de rigor que atendendo à isonomia, a parte contrária também poderia ser levada ao depoimento, o que, no caso em comentário, seria equivalente a impor um depoimento pessoal ao

> membro do Ministério Público Eleitoral, o que é de todo exorbitante e desconexo, bem assim, ao querelante em eventual ação penal privada subsidiária da pública em matéria de crime eleitoral, o que é admissível à configuração constitucional - art. 5º, LIX, porque não há restrição ou limitação para a legitimação processual em tela, devendo a mesma ser compreendida como possível em todo tipo de ação penal, integrando-se o disposto no art. 29, CPP, e art. 364 do Código Eleitoral.
>
> Com o advento da Lei 10.792/2003, a incipiente vantagem que o tratamento do interrogatório no processo penal eleitoral fosse alavancar, com a sua realização nos moldes do depoimento pessoal do processo civil deixou de existir, porque a perspectiva de reperguntas veio a ser introduzida no âmbito do processo penal comum e, por isso, aplicável ao processo penal eleitoral, pela integração de suas normas como já aludido.
>
> Essa reflexão faz pontuar com desacerto, rogando-se vênia para esse anunciado, a conclusão no sentido de que no processo por crimes eleitorais a figura do interrogatório não existe.
>
> Vigente a Lei 10.792/2003, a realização do processo penal por crime eleitoral, se for revestida de atenção e respeito aos princípios de ampla defesa e contraditório, sob pena de nulidade visceral, deverá, obrigatoriamente, inserir a realização do interrogatório logo após o recebimento da denúncia em audiência designada pelo juiz eleitoral, observando-se na realização do ato estritamente o que dispõem os arts. 185 e seguintes do CPP, como se fosse um interrogatório do processo penal comum. (*In*: *Interrogatório*, 2. ed., Editora JH Mizuno, p. 36/8)

Concretizado o interrogatório, deve ser designada outra audiência para oitiva de testemunhas arroladas pela acusação e defesa, ao comando do art. 360, Código Eleitoral. Não há qualquer inconveniente em se realizar a audiência una, propugnada no processo penal pela Reforma de 2008 (Lei 11.719/2008), nos termos do art. 400, CPP, ouvindo-se as testemunhas, peritos e, por fim, o interrogatório do acusado. O art. 364, CE, permite de maneira tranquila tal flexibilidade, se reputa válida e eficaz, pois não há qualquer supressão de fórmula ou termo processual, mas apenas uma ligeira inversão do tempo processual em que será realizado o interrogatório.

Na audiência instrutória, realizadas as oitivas, abre-se o espaço para diligências requeridas pelas partes ou determinadas de ofício pelo juiz eleitoral, que podem ser juntadas ou requisição de documentos; oitivas de novas testemunhas referidas ou perícias decorrentes do teor da prova que se produziu na fase anterior. Superada essa etapa, consigna-se o prazo sucessivo de 05 dias para alegações finais ao Ministério Público Eleitoral e à Defesa (art. 360, CE).

Formalizadas as manifestações derradeiras das partes, os autos são conclusos ao juiz eleitoral em até 48 horas, que dispõe do prazo de 10 dias para proferir a sentença (art. 361, CE). De se realçar, por ser norma específica, a circunstância de que o recurso eleitoral dirigido ao respectivo Tribunal Regional Eleitoral, cabível contra a sentença no processo penal eleitoral, quer seja condenatória ou absolutória, vincula-se ao prazo de 10 dias (art. 362, CE).

Mantida ou imposta a condenação pelo Tribunal Regional Eleitoral, os autos devem ser baixados à instância inferior para a execução do julgado (art. 363, CE). A execução provisória da sentença penal condenatória, impondo privação da liberdade, deve obedecer às diretrizes da Resolução 113/2010, CNJ.

O dispositivo da lei eleitoral em análise impede o efeito suspensivo em relação ao recurso interposto contra a condenação emanada do Tribunal Regional Eleitoral. Todavia, essa regra é amortecida pela jurisprudência do Supremo Tribunal Federal, firme no princípio de presunção de não culpabilidade, ampla defesa e contraditório:

> "HC 107547 / SP - SÃO PAULO
>
> *HABEAS CORPUS*
>
> Relator(a): Min. GILMAR MENDES
>
> Julgamento: 17/05/2011 - Órgão Julgador: Segunda Turma
>
> Publicação
>
> PROCESSO ELETRÔNICO
>
> DJe-103 DIVULG 30-05-2011 PUBLIC 31-05-2011
>
> RB v. 23, n. 572, 2011, p. 51-54
>
> Parte(s)
>
> RELATOR: MIN. GILMAR MENDES
>
> PACTE.(S): MANOEL FERREIRA DE LIMA FILHO
>
> IMPTE.(S): SANDRA BUCCI FAVARETO
>
> COATOR(A/S)(ES): RELATORA DO HC Nº 189.627 DO SUPERIOR TRIBUNAL DE JUSTIÇA
>
> Ementa:
>
> *Habeas Corpus*. 2. Execução provisória da pena. Impossibilidade. Ofensa aos princípios constitucionais da presunção de inocência e da dignidade da pessoa humana. Precedente firmado no HC 84.078/MG de relatoria do Min. Eros Grau. 3. Superação da Súmula 691. 4. Ordem concedida." (www.stf.jus.br/jurisprudencia)

O TSE já reconheceu também que a execução provisória da sentença não importa em suspensão dos direitos políticos, pois tal consequência só pode ser verificada com o trânsito em julgado da condenação:

> "AMC - AGRAVO REGIMENTAL EM MEDIDA CAUTELAR nº 1345 - Fortaleza/CE
>
> Acórdão nº 1345 de 01/06/2004
>
> Relator(a) Min. CARLOS MÁRIO DA SILVA VELLOSO

Publicação: DJ - Diário de Justiça, Volume 1, Data 20/8/2004, Página 125

Ementa:

ELEITORAL. MEDIDA CAUTELAR. EFEITO SUSPENSIVO A AGRAVO DE INSTRUMENTO POSSIBILIDADE DE EXECUÇÃO DE SENTENÇA CONDENATÓRIA ANTES DO TRÂNSITO EM JULGADO DA DECISÃO. IMPOSSIBILIDADE DE SUSPENSÃO DOS DIREITOS POLÍTICOS (CF, Art. 15, III) Precedentes do STF.

I- A execução da sentença condenatória não autoriza emprestar efeito suspensivo a agravo de instrumento.

II - Somente com o trânsito em julgado da sentença condenatória ocorrerá a suspensão dos direitos políticos do condenado, na forma prevista pelo art. 15, III, da Constituição Federal.

Agravo regimental improvido.

Decisão: O Tribunal, por unanimidade, negou provimento ao agravo regimental, nos termos do voto do relator." (www.tse.jus.br/jurisprudencia)

O art. 363, parágrafo único, do Código Eleitoral anota responsabilidade funcional do membro do Ministério Público Eleitoral na mesma dimensão daquela prevista no art. 357, §§ 3º, 4º e 5º, do mesmo Código, se não promover a execução da sentença. No que for cabível, reportamos às mesmas considerações feitas acima em análise àquele dispositivo. Cabe acrescentar que a expressão "promover" deve ser compreendida como atuar de forma a pugnar pelo cumprimento da sentença, realizando os requerimentos e pedidos aptos a essa conclusão, bem assim fiscalizar o respectivo cumprimento da sanção criminal.

A ação penal pública por crime eleitoral pode ser objeto de divisibilidade?

A indivisibilidade da ação penal é um princípio que consagra a exigência de obrigatoriedade da propositura da ação pelo Ministério Público sempre que os pressupostos para a instauração da persecução penal estiverem presentes.

Paulo Rangel esclarece:

> *O princípio da indivisibilidade da ação penal pública é uma consequência lógica da obrigatoriedade da ação, pois se ela deve ser proposta sempre que houver ocorrência de um fato típico, ilícito e culpável, óbvio nos parece que deve ser proposta em face de todos os genuínos autores do fato-infração, formando, assim, um litisconsórcio passivo necessário simples.*
>
> *(...)*
>
> *A indivisibilidade, assim, significa que a ação deve ser proposta em face de todos que cometeram o injusto penal, não sendo permitido juízo de conveniência ou oportunidade, pelo Ministério Público, para processar este ou aquele indivíduo. (In Direito Processual Penal, 20ª edição, Atlas, p. 233).*

Com isso, viola o princípio da indivisibilidade da ação penal pública, o arquivamento implícito de inquérito policial ou outra peça informativa de *notitia criminis* pelo Ministério Público que deixa de oferecer a denúncia em relação a alguns dos autores, quando há pluralidade deles em fato determinado, mesmo que cometendo crimes diversos.

Deve se anotar que a jurisprudência do STF e do STJ se inclinam no sentido de afirmar que apenas a ação penal privada seria indivisível, em razão do comando do art. 48, CPP (STF| - RHC 95141/RJ, Rel. Min. Ricardo Lewandowski, j. 06/10/2009, 1ª Turma – www.stf.jus.br/jurisprudencia - STJ - HC 95344/RJ, Rel. Min. Jorge Mussi – Rel. p/ Acórdão Min. Laurita Vaz, j. 15/10/2009, 5ª Turma).

No processo penal eleitoral o TSE compreendeu que pode ocorrer a divisibilidade em caso de corrupção eleitoral (art. 299, CE) deixando de se buscar a responsabilidade penal de eleitores de figurarem como sujeitos ativos da corrupção, se de baixa escolaridade e menos afortunados, que receberam benefícios para votar em determinado candidato – (HC n. 78048, Senador José Bento/MG, Rel. Min. Marcelo Henriques Ribeiro de Oliveira, j. 18/08/2011 – www.tse.jus.br/jurisprudencia).

Ousamos discordar desse entendimento, porquanto o princípio da indivisibilidade da ação penal decorre da sua própria indisponibilidade, que é um dos princípios de maior envergadura na condução da persecução penal. A indivisibilidade funciona como subprincípio à indisponibilidade. Em relação à ação penal privada era necessário o legislador assegurar a indivisibilidade para não se transformar o utilitário da ação penal privada em mecanismo de vingança pessoal ou mesmo de promoção pessoal em detrimento do bem comum, visando pela atuação do Estado – Juiz.

Não impressiona que a indisponibilidade vem inicialmente tratada como impedimento à desistência da ação penal e recurso (art. 42 e 576, ambos do CPP).

Ora, ali se enfatizou a impossibilidade de desistência, porque se presentes os requisitos para a deflagração da ação penal, não poderia de início, o titular da ação penal pública deixar de agir. Com isso, a indivisibilidade é um corolário de aperfeiçoamento da própria indisponibilidade.

No caso trazido à análise da corrupção eleitoral, se for a hipótese de atipicidade por qualquer razão, até mesmo em função da aplicação do princípio da insignificância, não se afigura correto deixar de denunciar, mas em relação àqueles autores que praticaram fatos em tese típicos, antijurídicos e culpáveis promover o arquivamento (art. 28, CPP, com redação pela Lei 13.964/2019) e prosseguir na ação penal contra quem de direito (corruptores, se for o caso).

No processo penal eleitoral, em qual etapa procedimental deve ser realizado o interrogatório do acusado?

O interrogatório do réu é tratado no art. 359, Código Eleitoral como depoimento pessoal e é previsto para ser realizado, logo após o recebimento da denúncia e citação para apresentar defesa em 10 dias.

Essa previsão era compatível com a realização do interrogatório no início das etapas procedimentais, como tradicionalmente previsto no Código de Processo Penal. Com a reforma processual penal pela Lei 11.719/2008, o rito do art. 400, CPP fixou o interrogatório no momento final da instrução penal, gerando assim uma contradição com o procedimento eleitoral.

Nesse sentido, decidiu o TSE: HC 6909 – São Pedro da Cipa/MT, Rel. Min. Dias Toffoli, j. 29/10/2013 – www.tse.jus.br/jurisprudencia.

O T.R.E/MG também já sustentou que a realização do interrogatório no momento final da instrução não viola o contraditório e ampla defesa, por deixar de ser observado o disposto no art. 359, CE, mesmo porque em decisão monocrática do Min. Celso de Mello (HC 107795/SP) se reconheceu que devem ser aplicadas as garantias dos arts. 396, 396-A e 400, todos do CPP ao processo penal eleitoral – (T.R.E/MG, RC 24241 – Lavras/MG, Rel. Juíza Maria Edna Fagundes Veloso, j. 11/12/2014).

Mais recentemente, o TSE entendeu que o interrogatório deve efetivamente ser o último ato da instrução, pois mais benéfico ao réu, acolhendo entendimento do STF, a partir do disposto no art. 400, CPP, estendendo-se ao processo penal eleitoral: *(AI - Agravo Regimental em Agravo de Instrumento nº 13420 - BREJO SANTO – CE Acórdão de 27/06/2019 Relator(a) Min. Og Fernandes Publicação: DJE - 19/08/2019)* e, ainda AgR-REspEl nº 2632 Acórdão MONTE MOR – SP, Relator(a): Min. Luis Felipe Salomão, j. 26/08/2021 Publicação: 15/09/2021 – jurisprudencia.tse.jus.br – acesso em 16/03/2024.

17.9 O SISTEMA DO JUIZ DAS GARANTIAS APLICA-SE AO PROCESSO PENAL ELEITORAL?

O art. 364, Código Eleitoral tem orientação no sentido da aplicação subsidiária ou supletiva do CPP ao processo referente aos crimes eleitorais e comuns a eles conexos. Como o procedimento especial adotado pelo Código Eleitoral não aborda todo o manancial de incidentes processuais ou questões que podem ser levantadas no bojo de uma ação penal eleitoral, permanentemente o CPP é utilizado diante da lacuna ou necessidade de complemento, como elemento normativo e interpretativo.

A Lei 13.964/2019 que se destina ao aperfeiçoamento da nossa legislação penal e processual penal, conhecida mais popularmente como "Lei Anticrime" introduziu no sistema processual penal brasileiro, a figura do juiz das garantias. Essa alteração se concretizou, de modo precípuo pela introdução do art. 3º-A ao art. 3º-F ao Código de Processo Penal e alteração na redação do art. 310, CPP. Em essência, a alteração consistiu no estabelecimento de um conjunto de regras voltadas para o tratamento das questões e incidentes pré-processuais no âmbito penal, vinculadas à investigação de natureza criminal, construída sob a orientação de uma base teórica do processo penal acusatório.

Dessa forma, foram estabelecidas atribuições de atuação jurisdicional penal, dividindo-se o ambiente em dois segmentos: a investigação e a fase processual em juízo (a partir do recebimento da denúncia ou queixa – art. 399, CPP), criando-se como causa de impedimento de atuação no mesmo feito ou caso criminal do magistrado que resolver as matérias típicas das garantias na correspondente ação penal, onde não poderá atuar na instrução ou em atos decisórios.

Pondo-se em destaque o teor do art. 364, CE as novas regras para o processo penal comum, poderiam ser aplicáveis ao processo penal eleitoral, pois a Lei 13.964/2019 não excluiu tal perspectiva, já que o art. 3º-C, *caput*, CPP faz referência a uma *competência* do juiz das garantias a todas as infrações penais, exceto aquelas reputadas de menor potencial ofensivo (art. 61, Lei 9.099/95).

Ora, respeitando-se o princípio da especialidade não soa como razoável, se entender que de modo automático as regras do CPP se aplicam ao CE, mas somente na hipótese do art. 364 do último Diploma Legal mencionado. Ocorre que buscando-se uma interpretação que valorize o sistema garantista brasileiro, respaldo ao contraditório e ampla defesa, tal qual ocorreu com o reposicionamento da fase processual do interrogatório do réu no CPP, a jurisprudência eleitoral, como já referido, insere essa observação como de rigor nas ações penais eleitorais.

Como o sistema do juiz das garantias visa produzir uma maior seguridade quanto às garantias penais e processuais penais, idêntica interpretação seria previsível de que se materialize, tornando-se assim imperiosa a aplicação do juiz das garantias nos crimes eleitorais pela Justiça Eleitoral.

No entanto, e por ora, o Ministro Dias Toffoli do STF proferiu decisão liminar nas ADIs 6.298, 6.299 e 6.300, em 15/01/2020 suspendendo a eficácia do conjunto dos artigos que dispõem sobre o sistema do juiz das garantias por 180 dias e, além de outras determinações, conferiu-se interpretação conforme ao instituto do juiz das garantias, esclarecendo-se que não é aplicável *a processos de competência originária dos tribunais, os quais são regidos pela Lei nº 8.038/1990; processos de competência do Tribunal do Júri; casos de violência doméstica e familiar; e **processos criminais de competência da Justiça Eleitoral**.*

Desse modo, deve se concluir que a sistemática do juiz das garantias não é aplicável no julgamento dos crimes eleitorais e conexos pela Justiça Eleitoral.

17.10 RESOLUÇÃO N. 23.363/2011 – TRIBUNAL SUPERIOR ELEITORAL

A resolução em destaque disciplina a apuração dos crimes eleitorais.

O art. 1º desse ato regulamentar estabelece de maneira clara que o Departamento de Polícia Federal ficará à disposição da Justiça Eleitoral, sempre que ocorrerem eleições no país, com o respaldo do art. 2º, Decreto-lei 1.064/69. Esse enunciado reforça a ideia de que, em razão do caráter nacional das eleições e a repercussão em bens jurídicos da União em virtude do cometimento de crimes eleitorais, a Justiça Eleitoral ,como um segmento especial da Justiça Federal, deve contar com a estrutura de recursos humanos e materiais da polícia federal, o que se estende até mesmo, se necessário, à organização das eleições ou medidas de natureza profilática.

Por sua vez, o art. 2º, *caput*, da Resolução 23.363/2011 confere as funções de polícia judiciária, em relação aos crimes eleitorais, à polícia federal, que deverá agir de maneira prioritária em relação às suas outras atribuições. Como a presença da polícia federal abrange apenas de maneira parcial o território nacional, o parágrafo único desse dispositivo utiliza-se da regra de subsidiariedade, transferindo a função de polícia judiciária às polícias civis dos Estados do lugar da infração penal eleitoral, onde não houver a polícia federal em funcionamento.

Os arts. 3º e 4º da resolução em tablado repete o conteúdo do art. 356, Código Eleitoral, enquanto o art. 5º determina ao juiz eleitoral, que conhecer de matéria alusiva a crime eleitoral e não sendo competente, que promova a necessária declinação de competência para o correspondente juízo.

Já o art. 6º e seu parágrafo único acrescentam uma atribuição à autoridade policial que tiver conhecimento da prática de infração eleitoral, ou seja, realizar a comunicação imediata ao juiz eleitoral do lugar da infração. Essa providência pode ser útil para fins de conhecimento ao juiz eleitoral do comportamento atribuído a determinada pessoa que possa intervir no processo eleitoral, como correligionário, adepto, aliado, candidato ou de outra forma. Com essa informação, podem ser construídos reflexos em outros feitos eleitorais, inclusive por iniciativa de ofício, pois na maioria das vezes assim poderá atuar o magistrado em razão do interesse público contido na realização das eleições em condições de segurança e tranquilidade.

As providências do art. 6º, CPP, podem ser adotadas pelo delegado de polícia, se houver necessidade.

O art. 7º da resolução em estudo estipula que a prisão e aplicação de outras medidas cautelares seguem basicamente o ritual dos arts. 302 e seguintes, do CPP. Deve ser enfatizado que o art. 7º, § 8º, autoriza a lavratura de termo circunstanciado de ocorrência, seguindo-se assim o modelo da Lei 9.099/95, em se tratando de infração penal eleitoral de menor potencial ofensivo, conceito que é equiparado ao disposto no art. 61, Lei 9.099/95, isto é, aquela cuja pena máxima não ultrapassar dois anos de privação da liberdade, ou com previsão de pena de multa.

O art. 8º da Resolução 23.363/2011 restringe a instauração do inquérito policial à ocorrência de requisição do Ministério Público Eleitoral ou determinação da Justiça Eleitoral, admitindo-se também na hipótese de prisão em flagrante delito.

Reputamos que tal limitação é inconstitucional, pois não houve obediência aos limites regulamentares, os quais a resolução devia implacavelmente seguir.

Houve o decote da possibilidade de o ofendido requerer a instauração do inquérito policial, o que é previsto no art. 5º, II, CPP, e pode ser aplicado supletivamente no processo penal eleitoral – art. 364, Código Eleitoral. A expressão *processo*, inserida no dispositivo, engloba toda a fase da *persecutio criminis*, quer seja judicial ou na fase inquisitorial. De se anotar, por relevante, que muitos delitos eleitorais podem ter ofendido direitos de alguém que queira formular a sua reclamação.

Essa restrição importa também em flagrante inconstitucionalidade, pois cerceia o direito de petição, previsto no art. 5º, inciso XXXIV, "a" e inciso LIX, da Constituição Federal. Ora, se a Carta Política permite a ação penal privada subsidiária da pública, não faz sentido impedir o ofendido de requerer a instauração de inquérito policial diretamente à polícia.

Não aproveita ainda qualquer argumento que reflita em torno de o requerimento ser dirigido pelo ofendido ao Ministério Público Eleitoral ou ao juiz eleitoral, pois, mesmo nesses casos, o ofendido pode valer-se da ação privada subsidiária. Também não acreditamos que a proibição sirva de maneira útil à manipulação do inquérito policial, através da instauração de investigações temerárias e sem fundamento, para atender a interesses espúrios em torno de acontecimentos políticos.

Isso porque, como ato administrativo vinculado, o inquérito deve ter uma justa causa para seu estabelecimento e fluência; havendo anomalia que rejeite essas condições, o controle jurisdicional pode ser facilmente alcançado por intermédio de *habeas corpus*, mandado de segurança ou representações disciplinares, inclusive com a aplicação da Lei 4.898/65.

Os arts. 9º e 10 da resolução repetem as regras do art. 10, CPP, e art. 356 do CE sobre prazo para conclusão do inquérito e diligências a serem empreendidas, inclusive pela intervenção do Ministério Público Eleitoral.

A cláusula *rebus sic stantibus*, como monitora do critério para nova investigação, se arquivado o inquérito policial com falta de elementos aptos à denúncia é prestigiada pelo art. 11 da discutida resolução eleitoral, renovando-se regra da lei processual penal comum (art. 18, CPP). Seguindo a lógica do previsto nos arts. 4º e 6º da resolução, a condição para a reabertura de diligências investigativas é a existência de nova requisição, aludindo à manifestação do Ministério Público Eleitoral, o que deve ser compreendido de modo extensivo para se admitir também nova determinação da Justiça Eleitoral.

O art. 364 do Código Eleitoral é reverenciado pelo art. 12 da resolução ora debatida, de modo que o CPP é a lei supletiva a ser aplicada na hipótese de lacuna ou omissão do texto regulamentar no que tange ao inquérito policial. Por último, o art. 13 fixou a vigência da Resolução para 17.11.2011, data de sua publicação, revogando-se os atos anteriores que cuidavam da matéria, como as Resoluções 22.376/2006 e 23.222/2010, ambas do Tribunal Superior Eleitoral.

17.11 MODELOS

17.11.1 Peças criminais

17.11.1.1 Instauração de investigação policial. Crime de destruição de propaganda eleitoral. Requerimento ao delegado de polícia

ILMO. SR. DELEGADO DE POLÍCIA DE ..../...

PARTIDO ....., diretório municipal de ...., por intermédio de seu Presidente, abaixo assinado, vem respeitosamente à presença de Vossa Senhoria, nos termos do art. 364, Código Eleitoral, c/c art. 5º, II, do Código de Processo Penal, e Lei 9.099/95, requerer a instauração de termo circunstanciado de ocorrência/inquérito policial, para elucidação de autoria, materialidade e outras circunstâncias referentes ao crime do art. 331, Código Eleitoral, expondo o seguinte:

O requerente para o pleito eleitoral em curso apresentou diversos candidatos ao cargo de Vereador e ainda candidatos ao cargo de Prefeito e Vice-Prefeito.

Conforme autorizado pela legislação eleitoral, a agremiação partidária requerente distribuiu em diversos pontos da cidade cavaletes, contendo material de propaganda eleitoral.

Mas, no dia .../.../....., ao se empreender o recolhimento dos objetos, constatou-se a destruição parcial e total de alguns cavaletes que foram colocados nos endereços a seguir anotados: ....

Os anexos fotográficos mostram as condições precárias em que foram encontrados e todo o material está à disposição para perícia ou outra verificação que for recomendada para a investigação.

ISSO POSTO, requer a Vossa Senhoria que sejam adotadas as providências investigativas de caráter criminal, com a lavratura do Termo Circunstanciado de Ocorrência ou Inquérito Policial, se houver a necessidade para fins de apuração da autoria dos fatos, que prejudicam em muito a campanha eleitoral em curso, constituindo grave violação ao direito de liberdade de expressão contido na propaganda eleitoral.

Esclarece o requerente que permanece ao inteiro dispor dessa d. autoridade policial, para informações adicionais e úteis à investigação.

Pede e aguarda deferimento.

(Local e Data)

....

Advogado

OAB/... – nº ....

17.11.1.2 Defesa preliminar

EXMO. SR. JUIZ ELEITORAL DA ...ª ZONA ELEITORAL DE ..../...

Autos n. ....

Ação Penal Pública – art. 348, Código Eleitoral

Autor: Ministério Público Eleitoral

Réu: ....

................., por seu defensor, constituído nos termos do anexo instrumento de procuração, vem respeitosamente à presença de Vossa Excelência, com esteio no art. 359, parágrafo único, do Código Eleitoral apresentar sua DEFESA PRELIMINAR, nos termos a seguir descritos.

Absolvição Sumária *(Obs.: Se for a hipótese da incidência de alguma das causas previstas no art. 397, CPP, cuja aplicação se dá com a autoridade do art. 364, CE)*

O acusado invoca, nessa fase, a proclamação de sua absolvição sumária, nos termos do art. 397, III, conjugado com o art. 364, ambos do Código Eleitoral.

Os fatos aduzidos na denúncia são evidentemente atípicos e não configuram o crime do art. 348, Código Eleitoral, ou mesmo qualquer outra espécie delituosa. Ora, o documento ali descrito não foi falsificado nem alterado pelo acusado, ou por qualquer outra pessoa.

Trata-se como visto de um documento alusivo à comprovação de sua residência, originário de conta de água em nome de seu antigo locador, que foi anexado ao seu pedido de transferência de domicílio eleitoral, junto com o respectivo contrato de locação. Assim, não se trata de documento exigido pelo tipo penal.

Com isso, totalmente desarrazoada a acusação contra si deflagrada, pelo que pugna o réu pelo acatamento da sua absolvição sumária, extinguindo-se desde já o feito, com sua absolvição nos termos do art. 386, III, CPP.

Ad argumentandum tantum, caso não seja esse o entendimento desse ilustrado juízo, o acusado, em defesa preliminar, se reserva no direito de abordar o remanescente do mérito em sede de alegações finais.

Requer na oportunidade a produção de prova pericial, consistente no exame do documento para se determinar se emanado de algum órgão ou setor público.

Pugna ainda pela oitiva das testemunhas a seguir arroladas, o que é feito sob cláusula de imprescindibilidade e pela produção de outros meios probatórios para demonstração de sua inocência, em homenagem à ampla defesa e contraditório.

Pede deferimento.

(Local e Data)

....

Advogado

OAB/... – nº ....

(Rol de testemunhas)

17.11.1.3 Alegações finais. Crime do art. 309, Código Eleitoral (votar ou tentar votar mais de uma vez, ou em lugar de outrem)

EXMO. SR. JUIZ ELEITORAL DA ...ª ZONA ELEITORAL DE ..../...

Autos n. ....

Ação penal pública – art. 309, Código Eleitoral

Autor: Ministério Público Eleitoral

Réu: ....

................., qualificado nos autos em destaque, vem respeitosamente à douta presença de Vossa Excelência apresentar ALEGAÇÕES FINAIS, nos termos do art. 360, Código Eleitoral, fazendo-o no prazo legal, mediante a apresentação dos seguintes articulados:

PRELIMINARES

PRESCRIÇÃO

Deve-se compreender, na hipótese, que houve a ocorrência da prescrição. Isso, porque essa causa de extinção da punibilidade segue a normatividade do Código Penal, segundo a regra do art. 364, CE. Desse modo, o prazo em tela é regulado pelo que dispõe o art. 109, IV, Código Penal.

Ora, o episódio teria ocorrido em .../.../..... O prazo de 08 anos deve ser reduzido à metade, ou seja, para 04 anos, pois o acusado na ocasião dos acontecimentos era menor de 21 anos (art. 115, CP).

Verificando-se que a denúncia foi recebida em .../.../....., conforme despacho de f. .. constata-se que houve o decurso do indigitado prazo, devendo ser proclamada a extinção da punibilidade do acusado – art. 107, IV, CP, determinando-se o arquivamento do feito.

CERCEAMENTO DE DEFESA. VIOLAÇÃO AO CONTRADITÓRIO E AMPLA DEFESA

Em busca do melhor aparelhamento do seu direito de defesa, o acusado argui a restrição que lhe foi conferida no feito, provocando a sua visceral e insuperável nulidade.

O indeferimento do seu pedido para que fosse juntada a cópia do caderno de votação referente às eleições, em que teria tentado votar mais de uma vez, prejudicou em muito a sua abordagem ao ponto central da imputação, pois sem esse embasamento não há como avaliar as circunstâncias em que se deu a confecção daquele documento.

Com isso, não obstante o respeito que se devota a esse ilustre magistrado, tem-se que tal impedimento trouxe prejuízo irreparável à defesa do acusado.

Dessa maneira, pugna pelo reconhecimento da nulidade, determinando-se a reabertura da instrução para que em diligência se determine a juntada do mencionado documento, com renovação do prazo para manifestação das partes.

MÉRITO

Crime impossível – art. 17, CP

Em torno do mérito, acreditando o acusado não ser necessário chegar-se a esse ponto da discussão, o fazendo em franca homenagem a este juízo, agita-se como tese inicial a incidência do fenômeno do crime impossível.

A imputação veio deduzida com a alusão à conduta de tentar votar o acusado mais de uma vez.

Contudo, os documentos trazidos com a defesa preliminar não deixam dúvida de que, na seção eleitoral onde hipoteticamente teria ocorrido o fato, a votação se desenvolveu durante todo o dia das eleições pelo sistema eletrônico. E em tal mecanismo mostra-se impossível um mesmo eleitor votar duas vezes. Isso porque a conferência dos dados e identificação física pelo presidente de mesa, juntamente com a assertiva de que o próprio acusado já tinha votado anteriormente, quando ocorreu sua prisão no recinto da mesa, indicam que seria impossível a liberação da urna eletrônica novamente com o número do seu título de eleitor.

Mesmo nos chamados delitos atentados, em que o legislador iguala em gravidade e resposta penal, o comportamento consumado ou meramente tentado, para a configuração de uma ou de outra forma, como é o caso do crime do art. 309, Código Eleitoral, a consumação deve ser possível, sob pena de se instaurar o direito penal não como protetor de bens jurídicos, mas mero arcabouço moralista.

Ora, na espécie ocorreu a impossibilidade de consumação pela impropriedade absoluta do objeto, pois a urna eletrônica rechaça de maneira absoluta aquela possibilidade.

Esclarece Damásio E. de Jesus: "Dá-se o segundo caso quando inexiste o objeto material sobre o qual deveria recair a conduta, ou quando, pela sua situação ou condição, torna impossível a produção do resultado visado pelo agente". (*In*: *Direito Penal*, 1º Volume – Parte Geral. Editora Saraiva, 28. ed., p. 351)

Anote-se, por relevante, que não há qualquer sinalização ou elemento fático explícito ou implícito na denúncia que se direcione no sentido de que o acusado, ao tentar votar novamente, iria utilizar o número de inscrição eleitoral pertencente a outrem.

Pleiteia assim o acusado que seja acatada sua tese e decretada a sua absolvição, nos termos do art. 386, III, CPP, com o julgamento improcedente do pedido contido na denúncia.

DÚVIDAS QUANTO À TIPICIDADE. IMPOSIÇÃO DA ABSOLVIÇÃO

Explicita o acusado, ainda, sua total divergência da conclusão ministerial no sentido de que o acusado efetivamente quis se utilizar duplamente do direito de sufrágio, sendo impedido apenas pelo comportamento do presidente da mesa receptora de votos.

Ora, a prova arrecadada não autoriza nem de longe essa conclusão.

Segundo os relatos ID o réu, embora tivesse comparecido à mesma seção eleitoral e se dirigido à mesa, duas horas depois de ter votado, não esteve naquele ambiente para o ilícito comportamento.

Como descreveu a testemunha, cujo depoimento se encontra ID ao tomar conhecimento de que sua tia, uma idosa, doente e semianalfabeto, fora tratada com desprezo e rejeição naquele local, para lá se dirigiu a fim de dialogar com os mesários e resolver a pendência e, se fosse necessário, até adentrar com aquela, mediante sua expressa autorização (como permite a legislação eleitoral), até o recinto da cabine a fim de dar-lhe o apoio necessário para exercer o seu direito de cidadã.

Mas o presidente de mesa, lamentavelmente, em um acesso de fúria, nem sequer ouviu as ponderações que eram feitas e já foi repelindo o acusado, sob a injusta e leviana acusação de tentar violar o sistema de votação.

O acusado, como cidadão de bem, estudante, sem qualquer apontamento negativo nos seus antecedentes criminais como se percebe das anexas certidões, repele tal conclusão. Seu intuito foi exclusivamente auxiliar a sua tia, o que foi corroborado pela prova testemunhal.

Com isso, aplica-se nesse cenário o princípio do *in dubio pro reo*, só sendo legítima a condenação criminal que derivar de prova rotunda e plena, que não deixa margem a qualquer dúvida, o que não é o caso dos autos, pois a prova é reticente, recebeu o contraponto da prova produzida pelo acusado e não pode ser balizada com a aptidão de gerar um convencimento pertinente à gravidade de uma condenação.

Isso posto, requer a Vossa Excelência que sejam acolhidas as preliminares acima deduzidas e, se superadas, que seja o réu absolvido nos termos do art. 386, III e VI, CPP, por ser tal decisão a que melhor exterioriza o justo.

Pede deferimento.

(Local e Data)

....

Advogado

OAB/... – nº ....

18

DECISÕES ELEITORAIS

18.1 PRESTAÇÃO DE CONTAS. CANDIDATO. GASTOS SEM RECIBOS. DESAPROVAÇÃO

JUSTIÇA ELEITORAL

.... ZONA ELEITORAL DE ....

Autos n. ....

Prestação de contas

Interessado: ....

SENTENÇA

Trata-se de prestação de contas de candidato ao cargo de Vereador nas Eleições/2024, pela agremiação partidária ...., no Município de ...., com o expediente inicial apresentado ID

Despacho de ID determinou a aferição das contas apresentadas e ulteriores diligências de saneamento, se fosse a hipótese, com a oitiva do Ministério Público Eleitoral.

Relatório conclusivo ID pela aprovação das contas com ressalvas.

O IRMPE manifestou-se pela desaprovação das contas ID.

Expedida notificação ao interessado nos termos dos arts. 72, Resolução 23.607/2019 – TSE, transcorreu *in albis* o prazo ID com a informação de que não residiria no endereço informado.

É a concisão.

Cinge-se a controvérsia à verificação da irregularidade total ou parcial nas contas apresentadas pelo candidato, a partir da constatação de que um dos recibos eleitorais fora referido como entregue à Justiça Eleitoral, mas na realidade foi inutilizado e ainda em virtude de o valor de R$ ....,.. (.................... reais) não constar da contabilidade, bem assim, realizados gastos com combustíveis, não houve declaração de cessão ou locação de veículos, havendo ainda, segundo o parecer ministerial, diferença entre os informes dos recibos eleitorais R$ .....,.. (................ reais) e gastos no DRD como R$ .....,.. (................ reais)..

Feita a checagem das contas em questão, sobressai conclusão de que os dados apontados pelo douto RMPE preponderam, pois efetivamente há o desacerto quanto à totalidade de gastos e o conjunto dos recibos eleitorais, o que implica em projeção de ausência de lisura no encaminhamento das contas, pois capitaneadas, ao menos em parte, com recursos sem cobertura dos recibos eleitorais.

Com efeito, a organização e demonstração contábil da arrecadação dos recursos de campanhas eleitorais cria maior perspectiva de aferição pela Justiça Eleitoral quanto à legalidade e origem dos recursos, como indispensável forma de se pugnar pela regularidade, isenção e igualdade de oportunidades, preservando-se a cidadania e a democracia.

A diferença encontrada, embora não indique valor expressivo, é sintomática da utilização de meios fictícios nas informações prestadas à Justiça Eleitoral, o que impede a proclamação de regularidade, pois não se trata de mera irregularidade formal, mas total falta de compatibilidade e conciliação entre a exposição contábil.

Soma-se, a isso, a circunstância da anotação de gastos com combustíveis (exteriorizados por recibo eleitoral ID e inclusão em despesas ID sem a correspectiva demonstração da cessão ou doação de veículo.

Ainda, instado à regularização das pendências em homenagem ao contraditório e ampla defesa, o interessado, mesmo cientificado pessoalmente, optou pela inércia, não sendo saneadas as incongruências.

Pertinente a observação de João Batista Damasceno, sociólogo, professor e juiz de Direito no Estado do Rio de Janeiro, no artigo intitulado "Mensalão, financiamento de campanha e reforma política", publicado no jornal *Juízes para a Democracia* – ano 9 – n. 34 – julho-agosto/2005, p. 10, ocasião em que enfatizou:

> Mas não só de corrupção com o financiamento de campanhas sofre o processo eleitoral. O papel que vem sendo desempenhado pela Justiça Eleitoral e o modo de escolha dos Juízes Eleitorais também contaminam o processo.
>
> A criação da Justiça Eleitoral e a entrega a ela da totalidade do processo, desde o alistamento eleitoral até a proclamação dos eleitos, é tida como um marco na história eleitoral do Brasil. As decisões passaram a ser tomadas por juízes com capacidade de produzir julgamentos afastados, ao menos teoricamente, das injunções político-partidárias e interesses diretos das partes. Mas, a justiça eleitoral quase sempre exerceu o pa-

pel formal de homologar contas apresentadas, referendar os resultados e presidir cerimônias de diplomação dos eleitos. O juiz não é um ator político-partidário. Não raro lhe escapam os mecanismos utilizados num processo eleitoral. A regularidade de uma eleição pode ser garantida se regulares a origem dos recursos e a sua aplicação e com juízes comprometidos com a democracia, atuando com independência funcional e descomprometidos com o resultado do pleito... (sublinhas são do autor dessa decisão).

ISSO POSTO, julgo DESAPROVADAS as contas do candidato/interessado ....nos termos do art. 74, III, Resolução 23.607/2019 – TSE.

Deixo de aplicar as sanções do art. 25, Lei 9.504/97, ausentes elementos que indiquem a participação da agremiação partidária na irregularidade, com apoio no art. 74, § 9º, Resolução 23.607/2019 – TSE.

Observe o Cartório Eleitoral o cumprimento do disposto no art. 81, da mencionada Resolução.

PRIC.

(Local e data)

....

Juiz Eleitoral

18.2 CRIMINAL. SUBORNO A TESTEMUNHA. ART. 343, CÓDIGO PENAL. ELEITORAL. COMPETÊNCIA DA JUSTIÇA FEDERAL. DECLINAÇÃO

JUSTIÇA ELEITORAL

...ª ZONA ELEITORAL DE ..../...

Autos n. ....

Chamo o feito à ordem para evitar visceral nulidade.

É que o delito do art. 343, parágrafo único, CP, não constitui crime eleitoral.

Segundo Suzana de Camargo Gomes:

> São, assim, crimes eleitorais todas aquelas condutas levadas a efeito durante o processo eleitoral e que, por atingirem ou macularem a liberdade do direito de sufrágio, em sua acepção ampla, ou mesmo os serviços e desenvolvimento das atividades eleitorais, a lei as reprimiu, infligindo a seus autores uma pena. Consistem, dessa forma, em condutas delituosas que podem se revelar nas mais diferentes formas, indo desde aquelas que conspurcam a inscrição de eleitores, a filiação a partidos políticos, o registro de candidatos, a propaganda eleitoral, a votação, até aquelas que violam a apuração dos resultados e diplomação dos eleitos. (*Crimes Eleitorais*. Editora Revista dos Tribunais, 2000, p. 25)

Resta assinalar que na legislação eleitoral não há a previsão correspondente para a conduta típica, sendo que no rol dos arts. 289, *usque* 354-A, Código Eleitoral, inexiste qualquer tipo penal eleitoral que possa recepcionar a conduta em questão, sendo essa uma falha clamorosa da legislação penal eleitoral no Brasil, que não pode ser preenchida pela vulneração dos princípios que orientam o direito penal, sob um prisma garantista, entre eles, destacando-se a competência que revela o juiz natural.

Em nenhum outro setor da legislação eleitoral, há compatibilidade da conduta em questão, para se imprimir a competência da Justiça Eleitora, por possível utilização do princípio da especialidade, visando afastar o conflito aparente entre normas de direito penal.

Assim considerando, sobressai a competência da Justiça Federal para a hipótese vertente, eis que a conduta estaria voltada para a produção de efeitos na jurisdição eleitoral, compartimento da jurisdição federal e, logo, interesse da União, como preconizado na norma do art. 109, IV, da Constituição Federal.

Isso posto, nos termos do art. 109, CPP, aplicado por analogia, declaro a incompetência desse juízo eleitoral, determinando-se a intimação do Ministério Público e Defesa e a remessa dos autos à Justiça Federal local.

Intimem-se. Cumpra-se.

(Local e Data)

....

Juiz Eleitoral

18.3 ACESSO À CÓPIA DE PRESTAÇÃO DE CONTAS. POSSIBILIDADE

...ª ZONA ELEITORAL DE ..../...

Autos n. ....

.... formula, ID requerimento visando à obtenção de cópia da prestação de contas de ...., candidato eleito ao cargo de Prefeito Municipal em ...., em relação às eleições/2020, para fins de estudo e análise.

O Ministério Público Eleitoral bate-se, ID .., pela rejeição da providência.

Passo a conhecer do pedido, independentemente de sua veiculação por advogado, em prestígio ao direito de petição, a todos assegurado – art. 5º, XXXIV, "a", Constituição Federal.

Verifico que, em homenagem ao princípio da publicidade e moralidade eleitoral, a medida postulada deve ser atendida, com as ressalvas a seguir expostas.

Isso, porque o disposto no art. 100 e 103, Resolução 23.607/2019 - TSE, assegura a qualquer pessoa o acesso a tal conteúdo, responsabilizando-se pelo uso que dele fizer, inclusive pelos custos atinentes à confecção de cópias. Além disso, deve ser respeitado o conjunto de diretrizes para tratamento de dados pessoais, conforme previsto na Lei 13.709/2018 e Resolução n. 23.650/2021 – TSE. No caso presente, a referência nominal e dados alusivos a informações pessoais de candidatos constituem de modo intrínseco a própria informação, não havendo que se reconhecer qualquer restrição, a não ser aquelas estabelecidas previamente por norma constitucional ou legal.

Impõe-se, no entanto, o respeito ao sigilo fiscal e bancário.

ISSO POSTO, acolho o requerimento ID devendo ser procedido nos estritos termos do art. ..., Resolução ...., excelso TSE, observando o Sr. Chefe de Cartório eventuais dados e documentos acobertados por sigilo fiscal e bancário (Lei Complementar 105/2001), que não poderão ser consultados ou deles extraídas cópias).

Intimem-se, inclusive ao MPE.

Cumpra-se.

Após, arquivem-se.

(Local e Data)

....

Juiz Eleitoral

18.4 DUPLICIDADE DE FILIAÇÃO. PREVALÊNCIA DA MAIS RECENTE. CANCELAMENTO DAS DEMAIS

.... ZONA ELEITORAL DE ....

Autos n. ....
Duplicidade de filiação
Interessado: .... – Município: ..../...

SENTENÇA

Cuida-se de expediente instaurado em razão de possível dupla filiação, constando da promoção ID que o indigitado eleitor figuraria nas listas partidárias como filiado às agremiações partidárias ....

Notificado, o eleitor apresentou defesa ID com documentos ID aduzindo que o Partido ...... deixou de comunicar sua desfiliação, sendo que veio a se filiar no Partido ..... (*OU*: não apresentou defesa).

O MPE manifestou-se, ID ...., pelo reconhecimento da duplicidade e prevalência da mais recente, cancelando-se as remanescentes.

É a compilação.

Filiação partidária é trato entre o eleitor e a agremiação partidária, não dependendo de sua validade ou existência a comunicação que se faz à Justiça Eleitoral nas listas encaminhadas pelas agremiações partidárias, ao enfoque do art. 19, Lei 9.096/95, cujo objetivo único é o controle dos prazos de filiação partidária para fins de registro de candidatura e ainda, possível incidência de duplicidade, situação que gera a nulidade parcial do ato.

Como visto nos autos, o eleitor filiou-se em nova agremiação partidária sem comunicar à anterior ou ao juízo eleitoral, nos termos do art. 21, Lei 9.096/95.

Nesses casos, segundo o disposto no art. 22, parágrafo único, Lei 9.096/95, com redação dada pela Lei 12.891/2013 prevalecerá para todos os fins de direito, a filiação com data mais recente, cancelando-se as demais.

De se observar ainda, a inteligência da Súmula 20, TSE (*A prova de filiação partidária daquele cujo nome não constou da lista de filiados de que trata o art. 19 da Lei nº 9.096/1995, pode ser realizada por outros elementos de convicção, salvo quando se tratar de documentos produzidos unilateralmente, destituídos de fé pública)*.

No caso em apreço, a filiação mais recente é aquela apontada ID referente à agremiação partidária.....

Assim, tal filiação deve prevalecer, cancelando-se as remanescentes.

ISSO POSTO, resolvo o incidente e resolvo o incidente para reconhecer a validade da filiação da requerente / interessada ao Partido...e determinar o cancelamento das filiações remanescentes, nos termos do art. 22, parágrafo único, Lei 9.096/95.

Promover as anotações necessárias junto ao sistema.

(Local e Data)

....

Juiz Eleitoral

18.5 MESÁRIOS FALTOSOS

JUSTIÇA ELEITORAL

...ª ZONA ELEITORAL DE ..../...

Autos n. ....

Mesários Faltosos – Eleições 2024

Cuida-se de procedimento referente à ausência e recusa de prestação de serviço eleitoral, relativamente aos integrantes de meses receptoras de votos, nomeados e convocados para as Eleições 2024, conforme elenco ID

Decorrido o prazo para apresentação de justificativa – art. 124, cabeço, Código Eleitoral, se pronunciaram os mesários identificados com os números ...., silentes os demais.

As justificativas ID ... devem ser acatadas, isso porque ....

Rejeito, no entanto, as justificativas ID .., isso porque ....

ISSO POSTO, acolho as justificativas ID ..., isentando da multa, suspensão de atividade funcional se servidores públicos e afastando a incidência de crime eleitoral.

Rejeito as justificativas ID .. e aplico, nos termos do art. 124, cabeço e 367, CE, multa correspondente a 1,5 UFIRS, nos termos da Resolução 21.538/03, c. TSE, e Lei 8.383/91, cuja aplicação faço por analogia em razão da exasperação do percentual mínimo previsto no art. 124, CE. O recolhimento, execução e destinação obedecerão às diretrizes da Resolução 21.975/2004 - TSE.

Deixo de aplicar a pena de suspensão da atividade funcional do mesário/eleitoral servidor público, com apoio na teoria do mínimo existencial, considerando que tal decisão afrontaria o princípio da dignidade da pessoa humana, retirando-lhe as condições materiais para a sobrevivência.

Dê-se ciência ao MPE.

(Local e Data)

....

Juiz Eleitoral

18.6 PRESTAÇÃO DE CONTAS. INTEMPESTIVIDADE. CONHECIMENTO. PROPORCIONALIDADE. APROVAÇÃO

JUSTIÇA ELEITORAL

...ª ZONA ELEITORAL DE ..../...

Autos n. ....

Prestação de contas

Candidato: ....

Cargo: Vereador

Agremiação partidária: ....

SENTENÇA

Os apontamentos ID .. referem-se à apresentação de contas da campanha eleitoral de 2024 pelo interessado.

Despacho ID .. determinou a análise contábil e formal das contas, sobrevindo o relatório conclusivo ID .. pela desaprovação das contas, à consideração de que seria intempestiva a apresentação e houve declaração de arrecadação de valores estimados em dinheiro; contudo, o extrato bancário estaria a demonstrar a arrecadação e utilização de valores em espécie, o que configuraria "caixa dois".

Notificado para saneamento, o interessado teve o prazo prorrogado em mais 24 horas ID .., e apresentou contas retificadoras ID ...

Novo relatório conclusivo ID .., pela aprovação sem ressalvas das contas em questão.

Parecer do Ministério Público Eleitoral ID .., pela desaprovação das contas.

É a concisão.

Trata-se de prestação de contas de candidato a Vereador, nas Eleições de 2024.

Inicialmente cabe registrar que a prestação de contas veio a juízo em .../.../..... – *vide* protocolo ID ...

Com efeito, houve transcurso do prazo legal para a apresentação das contas, isto é, ..., conforme o disposto no art. 29, III, Lei 9.504/97, e art. 49, Resolução 23.607/2019 – TSE.

Todavia, tal circunstância não acarreta qualquer desdobramento ou impedimento para conhecimento das contas, posto que se considera hábil o tempo para tal proclamação, sobretudo porque não se trata de candidato eleito, sendo que eventuais efeitos e decorrências da decisão de mérito irão replicar para outros pleitos e consequências.

Nesse sentido, é o entendimento do c. Tribunal Superior Eleitoral:

> "Agravo regimental. Eleições 2008. Recurso Especial. Prestação de contas de campanha. Eleições 2004. Intempestiva. Tempo hábil para apreciação. Aprovação antes do pedido de registro. 1 - A apresentação de contas de campanha de forma extemporânea não foi obstáculo para o julgamento e sua respectiva aprovação. 2 - Tempo hábil para análise das contas, aprovadas antes do pedido de registro. 3 - Agravo regimental a que se dá provimento." (RESPE 33.252 – AgRESPE, j. 04/12/2008, rel. Min. Eros Roberto Grau, *in* www.tse.jus.br/jurisprudencia)

Desse modo, conheço da prestação de contas e rejeito a desaprovação peremptória em face da constatada intempestividade.

As pendências ou irregularidades verificadas no caso sob exame, não obstante o parecer do douto RMPE, não têm o condão de levar à rejeição das contas em tablado.

De se verificar, por oportuno, que em relação à ausência de conciliação entre os valores estimados e aquele movimentado em conta bancária, aferíveis na primitiva prestação de contas, não pode servir como base isolada para a conclusão pela desaprovação.

Isso, porque houve retificação pelo candidato interessado, a partir da deflagração da fase de diligências prevista pelo art. 71, I, Resolução 23.607/2019 – TSE, o que impele à substituição dos dados e informações que inicialmente orientavam a prestação de contas.

Assim, temos que a discordância ministerial não pode prevalecer, pois na novel relação de recursos arrecadados o interessado retificou o valor de R$ .....,.. (................ reais), que tramitou perante a conta-corrente, como doação dele próprio ID .., deixando de existir a distorção inicialmente apresentada.

Certo que tal quantia está desacobertada dos recibos eleitorais e em regra não poderia sê-lo, pois os recursos advindos de doação do próprio candidato devem passar sob esse crivo, como alude a norma do art. 21, Resolução 23.607/2019 – TSE.

Mas, essa injunção não induz à conclusão do famigerado "caixa dois" ou mesmo qualquer outro propósito fraudulento ou de ocultar o trâmite de recursos na campanha do interessado, sem os necessários registros, embora a alegação de não mais dispor dos recibos eleitorais indica patente desorganização.

É que o próprio candidato devolveu dois recibos eleitorais em branco ID .., exteriorizando assim que poderia contabilizar e regularizar o valor que teve curso na conta bancária através da respectiva emissão para si próprio como doador/donatário.

Creio, com isso, que não se descortina no caso em apreço qualquer resquício de abuso de poder econômico, fraude ou desiderato ilícito na anomalia meramente formal das contas.

De se concluir, que as normas que regem o controle econômico e financeiro das campanhas eleitorais devem ser rigorosamente observadas, não podendo se compadecer com irregularidades ou condutas ilícitas, mas não há como serem aplicadas sem observância dos princípios que disciplinam as próprias ciências jurídicas, sob pena de se restringirem os direitos políticos, através de um cerceamento da representatividade pela inibição do surgimento de candidaturas, em última análise, malferindo a cidadania e a democracia.

Assim, temos que pelo princípio da proporcionalidade seria extremamente draconiana a rejeição das contas do interessado, pela circunstância de ter devolvido recibos eleitorais em branco e apresentado valores em espécie que fomentaram a campanha, mas desprovidos deles, quando o mínimo de organização das contas poderia suprir esse vácuo.

Além disso, o princípio da instrumentalidade das formas, caro ao processo civil moderno CPC, art. 277), aplicado por analogia à espécie, vislumbra que, alcançado o objetivo do ato processual, não se proclama sua nulidade. É o que pode ser enxergado no caso sob julgamento, pois não há indicativos de lesão a direito substancial ou mesmo o objetivo da prestação de contas, mas inadequação da primeira apresentação dos balanceamentos contábeis e financeiros e ausência da emissão de recibos, quando poderia fazê-lo o candidato, referente a valores módicos.

Constitui, esse quadro, irregularidade que não prejudica o conhecimento e entendimento do desenvolvimento econômico e financeiro das contas da campanha em apreço.

ISSO POSTO, acolho o parecer conclusivo ID .. e aprovo as contas do candidato, sem ressalvas.

PRIC.

(Local e data)

....

Juiz Eleitoral

18.7 PRESTAÇÃO DE CONTAS. CANDIDATO. AUSÊNCIA DE RECIBOS. DESAPROVAÇÃO

JUSTIÇA ELEITORAL

...ª ZONA ELEITORAL DE ..../...

Autos n. ....
Prestação de contas
Interessado: ....

SENTENÇA

Trata-se de prestação de contas de candidato ao cargo de Vereador nas Eleições/2024 pela agremiação partidária – ......, no Município de ...., com o expediente inicial apresentado ID ....

Despacho ID .. determinou a aferição das contas apresentadas e ulteriores diligências de saneamento, se fosse a hipótese, com a oitiva do Ministério Público Eleitoral.

Relatório conclusivo ID .. apontando irregularidades.

Notificado o interessado nos termos dos art. 72, Resolução 23.607/2019 - TSE, apresentou complementação ID ...

Novo parecer conclusivo pela desaprovação das contas ID ...

Parecer ministerial pela desaprovação das contas ID ...

É a concisão.

Cinge-se a controvérsia na verificação da irregularidade total ou parcial nas contas apresentadas pelo candidato, a partir da constatação da presença de sobras de campanha no valor de R$ R$ ....,.. (............................ reais), ausência de contabilização de depósito de R$ ....,.. (............................ reais) e sem emissão do recibo eleitoral, bem como retirada de R$ ....,.. (............................ reais), sem emissão de cheque e transferência no valor de R$ ....,.. (............................ reais), sem especificação de motivo.

Com efeito, a organização e demonstração contábil da arrecadação dos recursos de campanhas eleitorais cria maior perspectiva de aferição pela Justiça Eleitoral quanto à legalidade e origem dos recursos, como indispensável forma de se pugnar pela regularidade, isenção e igualdade de oportunidades, preservando-se a cidadania e a democracia.

Ora, o financiamento das campanhas eleitorais através do mecanismo de doação de recursos próprios exige a emissão dos recibos eleitorais, como preconizado pelo art. 23, § 2º, Lei 9.504/97.

Esse sistema permite uma maior perspectiva de aferição pela Justiça Eleitoral quanto à legalidade dos recursos que fomentam as campanhas eleitorais.

A imprescindibilidade dos recibos se assenta no que dispõem os art. 7º, Resolução 23.607/2019 – TSE, preceituando sua finalidade de legitimar a arrecadação de recursos para a campanha e ainda estabelecendo-se o calendário para a entrega aos diretórios, com a finalidade de repasse aos candidatos.

Assim, não há como se acolher o argumento do interessado, lançado ID .., pois do rol de recibos eleitorais ID .. não consta o valor de R$ ....,.. (.................. reais).

Nesse aspecto, a ausência do recibo eleitoral constitui irregularidade insanável, não podendo ser suprida por recibo fora do parâmetro estabelecido pela legislação eleitoral.

A abalizada jurisprudência do eg. TRE/MG tem se manifestado desse modo:

> "Prestação de Contas. Candidato a Deputado Estadual. Eleições 2006. Movimentações financeiras irregulares durante o período eleitoral. Arrecadação de receitas anterior à distribuição de recibos eleitorais. Pagamento de despesas que não transitaram pela conta bancária. Ausência de emissão de recibos eleitorais. Irregularidades nos cadastros de pessoas físicas – CPFs – dos fornecedores. Inobservância das exigências contidas na Lei nº 9.504/97 e Resolução nº 22.250/2006/TSE. Prestação de contas rejeitada." *Ac. TRE-MG nº 337, de 08/05/2007, Rel. Juiz Luiz Carlos Abritta.*

Na mesma direção é a proclamação do excelso TSE: Ag. 6.265, 03/02/2006 e Ag n. 6.504, 18/04/2006 - *in* www.tse jus.br/jurisprudencia.

Se tudo isso não fosse bastante, houve a movimentação financeira na conta bancária sem utilização de cheque nominal, transferência, débito ou cartão de débito, desobedecendo ao disposto no art. 38, I a IV, Resolução 23.607/2019 - TSE, o que impossibilita a checagem quanto à destinação dos valores em compatibilidade com o pagamento da despesa de f. .., outrossim, ocorrendo transferência de valores sem indicação do motivo ou justificativa.

ISSO POSTO, julgo DESAPROVADAS as contas do candidato/interessado ....

Deixo de aplicar as sanções do art. 25, Lei 9.504/97, ausentes elementos que indiquem a participação da agremiação partidária na irregularidade, com apoio no art. 74, § 9º, Resolução 23.607/2019 – TSE.

Observe o Cartório Eleitoral o cumprimento do disposto no art. 81, da mencionada Resolução.

PRIC.

(Local e Data)

....

Juiz Eleitoral

18.8 PRESTAÇÃO DE CONTAS. CANDIDATO DESISTENTE. NÃO ABERTURA DE CONTA. APROVAÇÃO. RAZOABILIDADE

...ª ZONA ELEITORAL DE ..../...

Autos n. ....

Prestação de contas – Eleições 2024

Requerente: ....

SENTENÇA

Trata-se de prestação de contas, referente às Eleições 2024, do interessado em epígrafe.

O expediente inicial foi apresentado ID ...

Despacho ID .. determinou a análise da regularidade das contas.

O relatório conclusivo foi elaborado ID .., pela aprovação das contas com ressalvas.

Parecer ministerial ID .. manifestou-se pela desaprovação das contas.

É o relatório.

Observo no caso vertente que a única pendência das contas apresentadas diz respeito à não abertura de conta bancária e ausência de recibos eleitorais, contudo, tal situação não implica em qualquer comprometimento das contas, posto que há em paralelo a afirmação de que não houve nenhuma contabilização de recursos, isto é, as contas foram zeradas.

A conciliação das contas sem informes de movimentação financeira aderem à situação excepcional do candidato que não teve o registro de sua candidatura deferido pela Justiça Eleitoral ID .., presumindo-se que efetivamente não se desenvolveu campanha eleitoral e utilização de recursos.

Essa presunção não foi superada por qualquer outro argumento ou apontamento fático.

Mas, como bem aludiu a ilustre RMPE, persiste uma anomalia nas contas, pela falta da abertura da conta bancária, nos termos do art. 22, cabeço, Lei 9.504/97, sendo certo que segundo o art.45, § 8º, Resolução 23.607/2019 - TSE, trata-se de obrigação destinada inclusive aos candidatos ou comitês que não dispuseram de recursos financeiros na campanha.

O mesmo deve ser dito em relação aos recibos eleitorais, nos termos dos art. 7º e seguintes da mencionada Resolução da Corte Eleitoral.

Tenho, entretanto, que as omissões apresentadas não implicam na rejeição das contas, pois o instrumental da conta bancária e dos recibos eleitorais são índices significativos para a aferição dos recursos relativos a campanhas efetivas, e não hipotéticas ou concretizadas.

Desse modo, a prestação de contas zeradas estaria a dispensar a existência daqueles índices.

De se ressaltar que a jurisprudência do excelso Tribunal Superior Eleitoral, com a revogação da Súmula 16, enfatiza que a campanha não deflagrada não dispensa a prestação de contas, sem que com isso possa se estender a uma compreensão de que a formalidade da sua conciliação e lisura se dê com a efetiva demonstração de abertura de contas e apresentação de recibos eleitorais.

É essa interpretação que se extrai dos seguintes pronunciamentos: RESPE nº 31.212/MG, Rel. Min. Marcelo Ribeiro, sessão de 6.10.2008; RESPE nº 29.329/MG, Rel. Min. Caputo Bastos, sessão de 16.9.2008, in www.tse.jus.br

Ora, seria uma superfetação a exigibilidade de instrumentos que auxiliem na conferência da origem e destinação dos recursos da campanha, quando as contas são apresentadas com valores financeiros inerciais.

Incide nessa perspectiva o princípio da razoabilidade, não havendo como se rejeitar as contas com a proclamação da desaprovação, mas apenas a inscrição da restrição das ressalvas.

ISSO POSTO, julgo aprovadas as contas da requerente, com a ressalva da não abertura da conta bancária e apresentação de recibos eleitorais, considerando a efetiva ausência de campanha eleitoral do candidato.

PRIC.

(Local e Data)

....

Juiz Eleitoral

Observação relevante: a hipótese cuida-se de candidato que efetivamente não realizou campanha. Sendo caso diverso, com a apresentação zerada das contas, mas com candidato que efetivamente teve atuação na campanha, seria a hipótese de julgamento pela desaprovação, conforme orientação do TSE:

> *AI - Agravo Regimental em Agravo de Instrumento nº 62637 - BARRA LONGA - MG*
>
> *Acórdão de 11/06/2014*
>
> *Relator(a) Min. Henrique Neves Da Silva*
>
> *Publicação:*
>
> *DJE -04/08/2014, p. 39:*
>
> *Prestação de contas de campanha. Candidato. Eleições 2012.*
>
> *1. É inviável o agravo regimental que não infirma objetivamente os fundamentos da decisão agravada.*
>
> *2. Nos termos do art. 51, IV, alínea c e § 1º, da Res.-TSE nº 23.376, as contas serão consideradas não prestadas quando desacompanhadas de documentos que possibilitem a análise dos recursos arrecadados e dos gastos de campanha.*
>
> *3. Se o candidato não apresentou nenhum documento hábil a possibilitar a verificação da movimentação financeira da campanha, mas somente ficha de qualificação e demonstrativos com todas as colunas zeradas, está correto o entendimento do Tribunal de origem de que incide na espécie o art. 51, IV, alínea c e § 1º, da Res.-TSE nº 23.376, considerando-se as contas como não apresentadas. Precedente: AgR-REspe nº 164-57, de minha relatoria, DJe de 14.4.2014.*
>
> *Agravo regimental a que se nega provimento. Decisão: O Tribunal, por unanimidade, desproveu o agravo regimental, nos termos do voto do Relator.*

18.9 PRESTAÇÃO DE CONTAS. PARTIDO. DESAPROVAÇÃO. PROPORCIONALIDADE NA SANÇÃO

...ª ZONA ELEITORAL DE ..../...

Autos n. ....
Prestação de contas
Requerente: ....

SENTENÇA

1 - RELATÓRIO

A indigitada agremiação partidária, para fins de cumprimento ao disposto no art. 32, Lei 9.096/95, apresentou prestação de contas referente ao exercício de ....., sobrevindo despacho que determinou o seu processamento regular ID ...

Feita a aferição analítica do expediente ID .., sobreveio o parecer conclusivo pela aprovação das contas.

A zelosa RMPE, em parecer ID .., pugna pela complementação da prestação de contas.

Intimado o requerente, foi apresentada prestação de contas retificadora ID ...

Novo parecer ministerial pela desaprovação das contas ID ...

Intimado, o requerente pugna pela aprovação das contas, esclarecendo que não se portou de má-fé ID ...

Despacho ID .. determinou a realização de novo estudo analítico das contas, concretizado ID ...

Parecer ministerial em epílogo pela desaprovação das contas ID ...

É a sinopse.

2 - FUNDAMENTAÇÃO

Examinado de maneira minuciosa o presente expediente, sobressai imperiosa conclusão de que há irregularidades nas contas apresentadas pelo requerente, consubstanciadas na incompatibilidade da movimentação bancária, retratando a realidade financeira e econômica da respectiva agremiação partidária, em cotejo com a densidade das despesas.

Com efeito, como bem ponderou a nobre RMPE, não se concebe que o diretório municipal do partido tenha provimento de despesas em paralelo, com recursos que circulam fora da conta bancária, cuja obrigatoriedade é justamente permitir a pesquisa em torno da fonte e destino.

Segundo o exame ID .., o significativo montante de R$ ....,.. (............................ reais) não teve origem de trânsito na conta bancária. O balizamento do o art. 6º, Resolução 23.604/2019, não pode servir de mote a justificar tal estado de coisas. A disposição em tablado permite apenas o pagamento de pequenas despesas, parâmetro não regulamento pelo colendo TSE, mas é taxativo ao indicar a necessidade do trânsito prévio dos recursos em conta bancária.

Ademais, a mera conciliação bancária entre despesas e receitas, e a presença de notas fiscais ou recibos que comprovem a destinação dos recursos não são indicativos de boa-fé, pois a finalidade da conta bancária é justamente permitir uma aferição mais próxima da realidade quanto ao manuseio dos recursos, checando-se a veracidade da origem e destinação com maior probabilidade de acerto para o examinador.

Ademais, a abalizada jurisprudência do egrégio Tribunal Regional Eleitoral de Minas Gerais está construindo vasto entendimento no sentido de que, em situações como a presente, não se pode aprovar as contas da agremiação partidária. *Mutatis mutandis*:

"Recurso. Prestação de contas. Partido Político. Exercício de 2005. Desaprovação. Abertura intempestiva de conta bancária. Equívoco na interpretação do art. 12, § 3º, da Resolução n. 21.841/2004/TSE. Faculdade de utilização do Sistema de Prestação de Contas Partidárias, e não de abertura de conta bancária. Não-contabilização de sobras de campanha do exercício de 2.004. Ofensa ao art. 7º da Resolução n. 21.841/2004/ TSE. Procedimentos contábeis devem considerar a continuidade da entidade e não se vinculam à pessoa física de seu dirigente. Transferência de recurso que não transitou pela conta bancária. Afronta aos arts. 4º, § 2º, e 10 da Resolução 21.841/2004/TSE. Falta de movimentação das contas bancárias. Contrariedade ao art. 13, parágrafo único, da Resolução n. 21.841/2004/TSE. Existência de irregularidades referentes à alteração dos lançamentos contábeis, quando da apresentação de novas peças de prestação de contas. Constatação de vícios insanáveis que comprometem a regularidade das contas. Recurso a que se nega provimento." (RPCON n. 3588/2006, Rel. Juiz Tiago Pinto, j. 13/09/2007, *in* DJ 06/10/2007, p. 95)

Observação: A matéria atualmente é regulada pela Resolução 23.604/2019, TSE.

3 - CONCLUSÃO

ISSO POSTO, com apoio basilar no art. 27, inciso III, com apoio basilar no art. 45, III, "a", Resolução 23.604/2019 - colendo TSE, julgo desaprovadas as contas apresentadas pelo requerente ...., Município de ...., referentes ao exercício de .....

Nos termos do art. 37, *caput*, Lei 9.096/95, aplico ao requerente a sanção de devolução do valor reputado como irregular, com o acréscimo da multa de 20% (vinte por cento) sobre a indigitada quantia.

Utilizando os critérios da razoabilidade e proporcionalidade previstos no art. 37, § 3º, Lei 9.096/95, com redação conferida pela Lei 13.877/2019, observo que a medida poderá atingir a sua finalidade através do desconto do valor de R$ .....,.. (................ reais), devidamente atualizado desde a apresentação da presente prestação de contas, até a ocasião dos repasses efetivados ao requerente nos exercícios subsequentes, a partir de ....., até se atingir o total que veio a configurar a irregularidade.

Com o trânsito em julgado, em cumprimento ao disposto no art. 29, inciso III, da sobredita resolução, oficiar aos diretórios nacional e estadual da respectiva agremiação partidária.

Sem incidência de custas.

P.R.I.C.

(Local e Data)

....

Juiz Eleitoral

18.10 PROPAGANDA ELEITORAL IRREGULAR. PODER DE POLÍCIA. NOTIFICAÇÃO

...ª ZONA ELEITORAL DE ..../...

Autos n. ....

Procedida à constatação, aferiu-se a existência de propaganda eleitoral em bem público (art. 37, *caput*, Lei 9.504/97, e art. 107, § 2º, Resolução 23.610/2019 – TSE).

Assim, é de se reconhecer a ilegalidade da propaganda em questão.

Não vejo necessidade de se determinar a exclusão imediata da propaganda sem oitiva do beneficiário, ausente risco de danos, inclusive ao desenvolvimento da campanha eleitoral e ao direito de informação.

Intimar aos beneficiários e proprietário para, no prazo e forma do art. 6º, § 2º, da sobredita Resolução, remover a propaganda e restaurar o bem, se necessário.

Após, vista ao Ministério Público Eleitoral.

Cumpra-se.

(Local e Data)

....

Juiz Eleitoral

18.11 AIME. DECISÃO SANEADORA

JUSTIÇA ELEITORAL

...ª ZONA ELEITORAL DE ..../...

Autos n. ....

Passo ao saneamento do feito.

1) DECADÊNCIA

Não subsiste a assertiva. O prazo para o manejo da ação de impugnação de mandato eletivo, com previsão no art. 14, § 10, Carta Política, é de 15 dias, a partir do dia da diplomação, que no âmbito da Municipalidade de .... teve vez em .../.../....., deflagrando assim o termo *ad quem* do prazo para a propositura em .../.../......

Segundo apontado pelo zeloso Chefe de Cartório às fls. ....., em .../.../..... não houve expediente forense eleitoral e o primeiro dia em que tal ocorreu após a data última do interregno foi em .../.../......

Daí surge a aplicação do que dispõe o art.224, § 3º, CPC, no que tange à prorrogação do vencimento para o primeiro dia posterior em que houve expediente judicial, conforme consagrado entendimento do excelso TSE. *In casu*, em .../.../....., como estampado no protocolo de f. .., foi distribuída a inicial.

Desse modo, não incide a decadência no caso vertente, restando afastada a questão.

2) INADEQUAÇÃO DA VIA ELEITA – DESOBEDIÊNCIA AO DISPOSTO NO ART. 14, § 10, CF

Não pode prevalecer o dissenso do impugnado.

Note-se que não se discute, no caso em apreço, a prestação de contas do impugnado, o que não exige qualquer referência ao que dispõe o art. 30-A, Lei 9.504/97. Sua referência é posta em contexto fático para fins de se apontar uma virtual ocorrência de abuso de poder econômico, compatível com a inteligência do art. 14, § 10, CF, portanto, perfeitamente discutível a questão pelo meio escolhido.

Assim, rejeito a preliminar.

3) COISA JULGADA

Como bem asseverou o culto promotor de Justiça, no âmbito restrito da prestação de contas, o pedido e a *causa petendi* são totalmente distintos daqueles discutidos em ambiente de impugnação do mandato eletivo.

Dessa maneira, não se pode falar com acerto na existência de coisa julgada, a partir da sedimentação da decisão que aprovou em termos definitivos as contas de campanha eleitoral do impugnado, sendo perfeitamente possível a aferição em torno de pretenso abuso de poder econômico.

Sob o influxo dessas considerações, desacolho a preliminar.

4) INÉPCIA DA INICIAL

Não se verifica qualquer defeito na peça do pórtico, capaz de inviabilizar o contraditório ou ampla defesa, ou mesmo que se apontasse vício deflagrador de desrespeito aos requisitos do art. 319, CPC.

Tanto é assim que o ilustre patrono do impugnado apresentou resposta com abordagens processuais e de mérito.

Com esse quadro, inviável o acolhimento da preliminar que ora se rejeita.

5) PERMANÊNCIA DE DOCUMENTOS

Discorre o impugnado, ID ...., pelo desentranhamento ou não aferição probatória dos documentos ID ...., por possível descumprimento do rito procedimental tratado nos arts. 3º *usque* 8º, LC 64/90, isso porque deveriam ser juntados com a inicial pelo impugnante.

Vê-se que a exegese empreendida pelo impugnado quanto ao disposto no art. 3º, § 3º, LC 64/90, não pode ser aproveitada, pois a norma não menciona que a produção de prova documental deva ser exclusivamente na inicial. Ali, menciona-se que devem ser especificados os meios de prova.

Conquanto se importe do processo civil, a regra de que os documentos devem ser apresentados com a inicial e mesmo considerando que o impugnante não fez a especificação na exordial, tem-se que a juntada de documentos no decorrer da lide não exorbita à finalidade do processo, sobretudo o eleitoral, onde se busca a verdade com a maior proximidade possível.

Com isso, a juntada de documentos no decorrer da lide, mesmo que fora da oportunidade da inicial e peça de resposta, constitui mera irregularidade, desde que não se enxergue qualquer propósito de surpresa à parte adversária e se dê a ela a condição e oportunidade de refutação, o que foi preconizado no caso em tablado.

Assim, rejeito a proposição para desentranhamento, sendo que os documentos na sua carga probatória serão analisados e cotados na sua respectiva densidade.

6) NÃO INQUIRIÇÃO DE TESTEMUNHA

Pugna o impugnado pela não oitiva da testemunha arrolada ID .. pelo impugnante, porquanto fora da inicial.

Com efeito, o requerimento para sua oitiva se deu fora da inicial, mas tal panorama não significa qualquer sacrifício ao contraditório e ampla defesa, ao revés, funciona como aditamento à inicial, sempre possível de ser feito, desde que antes da notificação do impugnado, o que foi observado, tanto que sua insurgência quanto à inquirição veio manifestada na defesa ID ...

Com tal prospecto, não se pode inibir a produção da prova testemunhal, eis que respeitado o número de testemunhas, previsto no art. 3º, § 3º, LC 64/90.

Nos termos do art. 5º, cabeço, LC 64/90, designo audiência para oitiva das testemunhas em .../.../......, às ..h...

Justifico a não observância do prazo, em virtude do excessivo volume de serviço a meu cargo como Juiz de Direito da ...ª Vara .... e outras atividades jurisdicionais como ....

Promova o Sr. Chefe de Cartório o expediente necessário.

Intimem-se.

(Local e data)

....

Juiz Eleitoral

18.12 CAPTAÇÃO INDEVIDA DE RECURSO. FONTE VEDADA. AIME. INÉPCIA DA INICIAL. AUSÊNCIA DE DESCRIÇÃO QUANTO À GRAVIDADE DOS FATOS

JUSTIÇA ELEITORAL

_____ ZONA ELEITORAL DE_______________

Autos n.

AIME

Impugnante:

Impugnado:

SENTENÇA

1 – Relatório

A impugnante em tela deduziu pedido de impugnação de mandato eletivo, enfatizando que o impugnado foi eleito vereador no pleito de 2024, no âmbito do Município de ....

Asseverou que na campanha do impugnado houve captação ilícita de recursos de fontes vedadas, ou seja, pessoa jurídica que presta serviço à Municipalidade de ... .

Pugnou pela notificação, processamento do pedido e acolhimento da pretensão.

Inicial ID com documentos – ID.

Despacho inicial para emenda da petição exordial ID

A impugnante regressou ID com documentos ID

Parecer ministerial ID pelo reconhecimento da decadência.

Decisão ID afastou a incidência da decadência e determinou que a parte impugnante emendasse a inicial.

A impugnante retornou ID ... apresentando documentos e emendou ID ..

Parecer ministerial de f.pela sequência do feito.

É o breviário.

2 – Fundamentação

É a hipótese de INDEFERIMENTO DA INICIAL, ante à sua INÉPCIA, porquanto não houve no prazo assinalado, a emenda imprescindível ao desenvolvimento regular do feito.

A impressão extraída da petição introdutória era que o pedido inicial se assenta na perspectiva do procedimento da ação constitucional de impugnação de mandato eletivo - art. 14, § 10, CF. As premissas para a deflagração da pretensão devem consistir em abuso do poder econômico, corrupção ou fraude.

Cinge-se ainda na aglutinação de ABUSO ou FRAUDE, pois o campo do abuso do poder econômico pode viabilizar a sua utilização em outras modalidades de abuso, situando-se ainda a corrupção como uma das modalidades de fraude.

Pois bem. Na petição inicial ID ...e emenda ID ... não houve anotação da causa de pedir que pudesse estar vinculada àqueles eventos.

Expressamente, a partir da decisão ID a parte impugnante foi instada à emenda específica, inclusive para cumprir o disposto no art. 22, XVI, LC 64/90.

No petitório com esse objetivo ID a impugnante diz que embora as prestações de contas do impugnado tenha sido aprovada, existiram irregularidades na *captação e gastos para fins eleitorais.*

Tal situação ocorreu por doação de serviços contábeis feita pelos Srs ., que seriam, respectivamente contador e contratado do Município de ...

Pois bem. Feitas as manifestações de emenda da inicial, nessa fase, é possível identificar a exata pretensão da parte impugnante, que não se trata efetivamente de AIME, mas sim da representação de que cuida o art. 30-A, Lei 9.504/97.

Nessa trajetória, deve inclusive ser promovida eventual retificação nos registros desse feito.

Por outro lado, percebe-se que a determinação do despacho ID ... para a emenda da inicial, não foi cumprida a contento, ensejando o indeferimento da inicial e extinção do feito.

Isso porque, o art. 30-A, § 1º, Lei 9.504/97 determina que seja observado o procedimento e regras do art. 22, LC 64/90 para a representação/investigação acerca da anomalia na arrecadação e gastos eleitorais, "no que couber".

Nesse aspecto, o art. 22, XVI, LC 64/90 exige que o ato abusivo para se configurar como tal, deve apresentar uma gravidade, medida por suas circunstâncias caracterizadoras.

A parte impugnante, a par de mensurar e identificar os fatos alinhavados como abusivos e graves, não apontou de maneira objetiva a respectiva gravidade, ensejando assim uma inocuidade que não pode ser suprida, sob pena de se violentar o contraditório e ampla defesa, em tema de enorme relevância em virtude da repercussão e reflexos da temática em torno dos direitos políticos, segmento destacado dos direitos humanos.

Se a parte representante / impugnante não declina de maneira objetiva em que consiste a gravidade do episódio fático que se subsume em tese àquele conceito jurídico, impede e impossibilita o exercício do contraditório e da ampla defesa pela parte adversa, outrossim, inviabilizando que a decisão tenha como fundamento a aferição da proporcionalidade que orienta o parâmetro para o reconhecimento do abuso sob o perfil de anomalia na arrecadação e gastos de campanha.

Mutatis mutandis é a compreensão da jurisprudência do Excelso TSE:

> *AC - Ação Cautelar nº 15169 - SÃO JOÃO - PE*
>
> *Acórdão de 04/10/2016*
>
> *Relator(a) Min. Luiz Fux*
>
> *Publicação:*
>
> *DJE - Diário de justiça eletrônico, Data 19/12/2016, Página 28-29*
>
> ***Ementa:***
>
> *PEDIDO DE ASSISTÊNCIA. PARTIDO INTEGRANTE DA COLIGAÇÃO AGRAVADA. AUSÊNCIA DE DEMONSTRAÇÃO DE INTERESSE JURÍDICO. INDEFERIMENTO.*
>
> *1. A assistência reclama interesse jurídico, sendo imprescindível a comprovação, por meio de elementos concretos (e.g., demonstração específica e individualizável das consequências da alteração do resultado da eleição), de que a eventual cassação do diploma dos ora Agravantes impacte diretamente na situação jurídica do assistente. Do contrário, ausente essa prova in concrecto do interesse jurídico, resta inviabilizada a admissão no feito como assistente simples. Raciocínio diverso ao que aqui se sustenta autorizaria a todos os players do prélio eleitoral, sem qualquer exceção, a ingressar na lide na qualidade de assistente simples.*
>
> *2. Na espécie, o Requerente não logrou demonstrar, in concrecto, o aludido interesse, mormente porque já integra a Coligação Frente Popular de São João, ora Agravada, manifestando-se no feito a saciedade.*
>
> *3. Pedido de assistência indeferido.*
>
> *ELEIÇÕES 2012. RECURSO ESPECIAL. PREFEITO E VICE. REPRESENTAÇÃO. ARRECADAÇÃO E GASTO ILÍCITO DE CAMPANHA (ART. 30-A DA LEI DAS ELEIÇÕES). OMISSÃO DE GASTOS NA PRESTAÇÃO DE CONTAS. INEXISTÊNCIA DE RELEVÂNCIA JURÍDICA DA CONDUTA IMPUTADA. PRESUNÇÕES QUANTO A CARACTERIZAÇÃO DO ABUSO. INCIDÊNCIA DO PRINCÍPIO CONSTITUCIONAL DA PROPORCIONALIDADE. PROVIMENTO DO RECURSO ESPECIAL. PREJUÍZO DA AÇÃO CAUTELAR Nº 151-69/PE.*

1. A captação ou arrecadação ilícita de recursos, enquanto modalidade de ilícito eleitoral, ex vi do art. 30-A da Lei das Eleições, destina-se precipuamente a resguardar três bens jurídicos fundamentais ao Direito Eleitoral: a igualdade política, a higidez e lisura na competição eleitoral (ZÍLIO, Rodrigo Lopes. Direito Eleitoral. 2ª Ed. Curitiba: Verbo Jurídico, 2010, p. 570-571) e a transparência das campanhas (CASTRO, Edson de Resende. Curso de Direito Eleitoral. *6ª Ed. Belo Horizonte: Del Rey, 2012, p. 366).*

2. O art. 30-A da Lei das Eleições encerra instrumento de contenção do abuso do poder econômico entre partícipes do processo eleitoral, prática que, se levada a efeito, seria apta a vulnerar a normalidade e a legitimidade das eleições.

3. Consectariamente, ao interditar a captação ou a arrecadação ilícita de recursos, visou o legislador ordinário evitar ou, ao menos, refrear a cooptação do sistema político pelo poder econômico, cenário que, se admitido, trasladaria as iniquidades inerentes à esfera econômica para o campo político, em flagrante descompasso com o postulado da igualdade política entre os players do prélio eleitoral.

4. A conduta reputada como ilegal aos bens jurídicos eleitorais salvaguardados pelo art. 30-A da Lei das Eleições, deve ser analiticamente descrita pelo magistrado, vedando-se por isso, a aplicação de sanções eleitorais gravosas ancoradas em meras ilações ou presunções, sendo insuficiente a alusão genérica à (suposta) relevância jurídica do ilícito. É que, nos autos sustenta-se não ser verossímil que uma campanha vitoriosa para o cargo de Prefeito tenha despendido apenas R$ 14.406,00 (quatorze mil, quatrocentos e seis reais).

5. O postulado da razoabilidade consubstancia parâmetro normativo adequado para aferir a gravidade e a relevância jurídica do ilícito em processos envolvendo a captação ou gasto ilícito de recursos em campanhas eleitorais, a teor do art. 30-A da Lei das Eleições.

6. In casu,

a) a Corte Regional Eleitoral aplicou a sanção de cassação do diploma dos Recorrentes, em virtude da comprovação da ocorrência de receitas e despesas utilizadas na campanha dos candidatos, e não registradas na prestação de contas apresentada perante o juízo de 1º grau.

b) o aresto recorrido consignou que as falhas ensejadoras da aplicação da sanção de cassação dos diplomas consistiram na utilização de carro pelo candidato, de caminhão palanque, de jingle de campanha, de carro de som e de carros para locomoção de eleitores para eventos políticos. Constatou-se também a presença do locutor de comício conhecido como Tony França, a distribuição de DVDs e a não abertura de conta bancária específica do can didato.

c) partindo-se da premissa da incontrovérsia quanto aos fatos, não se afigura consentâneo com a axiologia constitucional reitora do processo político, que, dentre outros princípios, tem na soberania popular um dos pilares centrais, e que repudia, a meu sentir, o paternalismo judicial não justificado a sanção de cassação do diploma do candidato eleito com percentual superior a 50% dos votos.

7. A desconstituição do mandato eletivo de candidatos investidos pelo batismo popular não pode ocorrer sem a presença de lastro probatório consistente, pois, do contrário, significa impor a vontade judicial sobre as opções legítimas do eleitor, e materializadas na liberdade de escolher seus representantes.

8. As presunções como meio de prova, no sentido de que o abuso restava caracterizado ante o fato de que uma candidatura ao cargo de Prefeito não poderia custar apenas R$ 14.406,00 (quatorze mil, quatrocentos e seis reais) conquanto suficientes para a deflagração da Ação de Investigação Judicial Eleitoral, são insuficientes para atrair as penalidades do art. 30-A.

9. A aplicação da razoabilidade, em sua acepção de equivalência (ÁVILA, Humberto. Teoria dos Princípios. São Paulo: Malheiros, p. 153-162), também desautoriza a conclusão a que chegou o aresto recorrido, máxime porque se verifica a desproporção entre a medida adotada e o critério que a dimensiona. É que as falhas apontadas ausência de contabilização de gastos relativos à utilização de veículos e de carro de som, na realização de jingle de campanha, na contratação de locutor de comício e na distribuição de DVDs não demonstram de per se a existência de gravidade, à luz do cânone fundamental da razoabilidade, apta a ensejar a cassação dos diplomas dos candidatos eleitos com base no art. 30-A da Lei nº 9.504/97.

10. Recurso especial eleitoral provido, ficando prejudicada a Ação Cautelar nº 151-69/PE, vinculada a este processo.

Ademais, não pode o juízo inferir gravidade a partir da mera narrativa da parte postulante, isoladamente sobre o fato que a determinaria, sem a correspondente especificação, sob pena de se violar o princípio da inércia da jurisdição.

3 – Conclusão

ISSO POSTO, indefiro a inicial nos termos do art. 330, I c/c § 1º, I do mesmo dispositivo c/c art. 485, I, todos do CPC, decretando assim a extinção do processo sem resolução do mérito.

Sem incidência de custas.

Caso o feito esteja registrado como AIME, promover a sua retificação para a representação / investigação judicial do art. 30-A, Lei 9.504/97.

PRIC.

Local e data

Juiz Eleitoral

18.13 REPRESENTAÇÃO. DESRESPEITO AO LIMITE DE DOAÇÃO

JUSTIÇA ELEITORAL

_____ ZONA ELEITORAL DE _____________

Autos n. _______

Representação – doações eleitorais

Representante: Ministério Público Eleitoral

Representado: ________

SENTENÇA

1 – Relatório

O Ministério Público Eleitoral deduziu o pedido acima destacada, anotando que o representando ultrapassou o limite de doação de 10% dos rendimentos declarados no imposto de renda, violando ao disposto no art. 23, § 1º, Lei 9504/97.

Assim, pugnou pelo processamento da representação e acolhimento do pedido.

Inicial ID com documentos ID

Despacho ID determinou a requisição de informações fiscais do representado.

Informe ID indica que no exercício de _____ o representado não apresentou declaração de IRPF.

Despacho ID determinou a notificação.

Frustrada a notificação pessoal ID

Notificação por edital ID

Defesa preliminar por curadora especial ID

Compareceu espontaneamente e por advogada, o representado ID com documentos ID

A parte requerida não acrescentou conteúdo à peça defensiva ID conforme registro de ID

Decisão ID deu por preclusa a produção de prova oral.

Não houve diligências e as partes apresentaram alegações finais ID

É a concisão.

2 – Fundamentação

Segundo os apontamentos documentais do feito, o representado não realizou a declaração de ajuste anual do IRPJ, relativo ao exercício de referência para se pontuar o enquadramento de 10% sobre os rendimentos tributáveis, isto é, em relação ao ano de 2023.

Assim, efetivou duas doações em dinheiro no valor de R$ ... cada.

Justificou seu comportamento pelo fato de que quis colaborar com o donatário que era candidato no pleito de 2024 e, que mora no exterior e estaria episodicamente no Brasil por ocasião do pleito. Assim, agiu de boa fé e deveria ser aplicada a razoabilidade para afastar as sanções legais pretendidas na inicial.

Na apuração do limite permitido para doação, aplica-se o teto de isenção, com base no artigo 27, § 8º da Resolução TSE nº 23607/2019 - TSE c/c artigo 2º, I, da IN RFB nº ______/2024, se o doador não apresentou DIRPF à Receita Federal. O valor limite estabelecido para o recorrente efetuar doações para campanhas eleitorais em 2024 é de R$.... Todavia, realizou doações no montante total de R$ .... O excesso situa-se em R$ ..., implicando na sanção prevista no § 3º do artigo 23 da Lei 9.504/97.

Ora, não há como se acolher a tese defensiva de que o representado tenha atuado de boa-fé, porquanto a problemática do financiamento de campanhas eleitorais no Brasil é temática que enseja daquele que pretende participara democraticamente das eleições, preventivamente se acautele com relação aos marcos jurídicos, que buscam em última análise o equilíbrio da disputa e o afastamento de condutas que comprometam o funcionamento do próprio sistema democrático e de governança. Assim, é medida de precaução quanto ao abuso de poder econômico e político.

Por outro lado, não há como se compadecer de que no cenário das eleições 2020, pleito municipal, o valor do excesso pudesse ser reputado como insignificante ou escusável.

A rigor tal alegação veio desprovida de qualquer demonstrativo e, efetivamente, o financiamento de tais campanhas deve se dar sob o estrito cumprimento das restrições legais, somente admitindo-se a exclusão da responsabilidade por ausência de gravidade, se o excesso não significar valor acentuada.

Pois bem. A circunstância de residir o representado no exterior não suprime o ilícito eleitoral.

ISSO POSTO, julgo procedente o pedido inicial e condeno o representado nos termos do art. 23, § 3º, Lei 9.504/97 ao pagamento de multa no importe equivalente a 50% do valor em excesso (R$ ...), não havendo conforme anotação ID ... registro de outras infrações eleitorais cometidas pelo representado.

Ao trânsito em julgado, promover o expediente necessário para fins de pagamento da multa e seu apontamento no cadastro de eleitores para fins de eventual e futura averiguação quanto à quitação eleitoral / inelegibilidade.

PRIC.

Local e Data

Juiz Eleitoral

18.14 REPRESENTAÇÃO. DOAÇÃO ILEGAL. VALORES IRRISÓRIOS

JUSTIÇA ELEITORAL

____ ZONA ELEITORAL DE __________

Autos n.

Representação – Doação ilegal

Representante: Ministério Público Eleitoral

Representada: ________

SENTENÇA

1 - Relatório

O representante em tela, deduziu o pedido em destaque anunciado que a representada no processo eleitoral de 2024 teria ultrapassado os limites de gastos com doação para a campanha eleitoral, descumprindo o disposto no art. 24-C, Lei 9.504/97.

Pugnou pela notificação do representado e a procedência do pedido para se impor multa ao representado e a sua inelegibilidade nos termos do art. 1º, I, "p", Lei Complementar 64/90.

Inicial ID com documentos ID

Decisão ID indeferiu a liminar e determinou a notificação.

Notificação ID

Defesa ID com documentos ID sustentando que fez a doação nos limites permitidos, pois teve rendimentos em 2023 no importe de R$ ... e doou R$ ... e R$ ...

Ademais, se eventualmente ultrapassado o limite legal, o princípio da razoabilidade indicaria a perspectiva de rejeição do pedido, posto que valor insuficiente para a retirada da lisura do pleito eleitoral ou desequilíbrio na disputa.

Decisão ID manteve o indeferimento do pedido cautelar, decretou o segredo de justiça ao feito, determinou que se procedesse à certificação quanto ao volume de doações pelo SPCE e instou as partes para manifestação quanto ao interesse em outras diligências e provas.

Os dados sobre a doação foram apresentados ID

As partes não manifestaram interesse na produção de outras provas ou diligências, salvo o representante que trouxe os documentos ID com vista à parte adversa ID.

É a concisão.

2 – Fundamentação

Presentes os pressupostos de constituição e de desenvolvimento válido e regular do processo.

Não há preliminares. Analiso e decido o mérito.

Segundo os apontamentos documentais ID ... a representada fez duas doações ao candidato ...no pleito de 2024, no importe de R$ ... e R$ ..., respectivamente, totalizando R$ ... em dinheiro.

Os documentos do SPCE ID ... confirmam tais assertivas e esclarecem que a doação foi destinada ao candidato a Prefeito no Município de ...

Já pelo documento trazido pela própria representada ID, isto é, extrato do processamento de sua declaração de Imposto de Renda – calendário de 2023, acarretando a desnecessidade de quebra de seu sigilo fiscal, percebe-se que os rendimentos líquidos da representada naquele indigitado exercício fiscal de 2023 foi de R$ ....

Seu teto de doação era R$ .... Doou R$ .... Logo, o excesso se expressa por R$ ...

Esse quadro é ostensivamente conclusivo no sentido de que a exacerbação em tela não produziu qualquer desequilíbrio ou rompimento com a normalidade das eleições, que pudesse ser compreendido como interferência indevida do poder político ou econômico no pleito.

Ora, o excesso se expressa por valor com baixa densidade, pouco superior a ___% sobre o salário mínimo.

O volume da doação da campanha é demonstrativo de modicidade dos gastos realizados.

O representante cuidou de promover a juntada da prestação de contas do candidato beneficiário, que apresentou receita / arrecadação sem qualquer marco ou indicativo de volume exacerbado (R$ ... ID.

Ademais, a petição inicial não demonstra ao menos em narrativa, se o virtual excesso implicou em desequilíbrio.

Nessas condições, a jurisprudência do Excelso TSE não admite o reconhecimento da ilicitude.

Confira-se:

> *24-68.2016.613.0222*
>
> *AgR-REspe - Agravo Regimental em Recurso Especial Eleitoral nº 12468 - Brasília/DF*
>
> *Acórdão de 02/02/2017*
>
> *Relator(a) Min. ANTONIO HERMAN DE VASCONCELLOS E BENJAMIN*
>
> *Publicação:*
>
> *DJE - Diário de justiça eletrônico, Tomo 54, Data 20/03/2017, Página 93*
>
> ***Ementa:***
>
> *AGRAVO REGIMENTAL. RECURSO ESPECIAL. ELEIÇÕES 2016. VEREADOR. REGISTRO DE CANDIDATURA. INELEGIBILIDADE. ART. 1º, I, P, DA LC 64/90. DOAÇÃO ACIMA DO LIMITE LEGAL. PLEITO DE 2014. VALOR ÍNFIMO. PRECEDENTES. DESPROVIMENTO.*
>
> *1. Autos recebidos no gabinete em 29.11.2016.*
>
> *2. A teor do art. 1º, I, p, da LC 64/90, são inelegíveis, para qualquer cargo, "a pessoa física e os dirigentes de pessoas jurídicas responsáveis por doações eleitorais tidas por ilegais por decisão transitada em julgado ou proferida por órgão colegiado da Justiça Eleitoral, pelo prazo de 8 (oito) anos após a decisão, observando-se o procedimento previsto no art. 22".*
>
> *3. Referida inelegibilidade incide apenas na hipótese em que o valor doado em excesso compromete o equilíbrio e a lisura do pleito, considerando o disposto no art. 14, § 9º, da CF/88. Precedentes, em especial o AgR-REspe 274-25/CE, Rel. Min. Henrique Neves, sessão de 20.10.2016; REspe 465-57/MG, Rel. Min. Rosa Weber, publicado em 9.11.2016; e REspe 82-79/MG, Rel. Min. Luiz Fux, publicado em 17.11.2016.*
>
> *4. No caso, condenou-se Amauri Guimarães Barreiro por doar montante que excedeu em somente R$ 4.600,00 o limite estabelecido em lei, tratando-se de valor inexpressivo no contexto de eleição para o cargo de deputado estadual em 2014.*
>
> *5. Agravo regimental desprovido.*
>
> ***Decisão:*** *O Tribunal, por unanimidade, negou provimento ao agravo regimental, nos termos do voto do Relator.*

Oportuno evocar que não existem indícios de que tenha transitado recursos na campanha eleitoral donatária de valores de origem oculta ou duvidosa, ou mesmo que a representada pudesse ser utilizada doadora dissimulada para obnubilar a verdadeira origem dos valores, eis que mesmo ultrapassando o limite não implica em valores para além de uma compatibilidade com seus rendimentos tributáveis em 2023.

Diante desse contexto, a pretensão inicial deve ser rejeitada.

CONCLUSÃO

ISSO POSTO, julgo improcedentes os pedidos iniciais.

Sem custas. Ao trânsito em julgado, arquivem-se com baixa.

PRIC.

Local e Data

Juiz Eleitoral

18.15 AIME. CANDIDATURAS LARANJAS. COTAS DE GÊNERO

JUSTIÇA ELEITORAL

_____ ZONA ELEITORAL DE

Autos n.

Ação de impugnação de mandato eletivo

Município de ______

Impugnante: Ministério Público Eleitoral

Impugnados: ________

SENTENÇA

1 – Relatório

O Ministério Público Eleitoral deduziu a pretensão acima identificada, anotando que os impugnados participaram das eleições/2024 em _______ pelas agremiações partidárias ______ no certame proporcional.

Aduziu que os partidos em questão apresentaram à Justiça Eleitoral lista de seus candidatos, com 68,75% de homens e 31,25% de mulheres, preenchendo o requisito do art. 10, § 3º, Lei 9.504/97.

Houve com isso, o deferimento dos respectivos registros.

Os impugnados foram eleitos e alguns permaneceram com a suplência.

Ademais, as candidatas do sexo feminino não produziram propaganda eleitoral e nada arrecadaram ou gastaram em campanhas.

Sustentou que houve fraude no encaminhamento das candidaturas de mulheres, o que maculou todo o processo pela expressa violação ao à norma supracitada.

Discorreu sobre a incidência de abuso de poder.

Fez apontamentos quanto à legislação eleitoral, doutrina e jurisprudência, culminando por pleitear o processamento do pedido e a sua procedência desconstituindo os mandatos dos impugnados e a respectiva posição como suplentes, outrossim, reconhecendo-se a nulidade dos votos que obtiveram, aplicando-se nova elaboração do resultado para as eleições proporcionais na urbe de ..., à luz do art. 109, CE.

Inicial ID

Despacho ID determinou a notificação dos impugnados.

Notificações ID

Defesa dos impugnados com documentos ID

Sobre o mérito refutaram os argumentos exordiais.

Afirmaram que não poderiam ser afetados por atos de terceiros. Além disso, a fraude deveria ser de modo a retirar a legitimidade das eleições.

Sustentaram que as candidatas mulheres fizeram efetivas campanhas.

Audiência de instrução ID, ocasião em que as partes não manifestaram interesse em outras diligências.

As partes apresentaram alegações finais.

É a concisão.

2 – Fundamentação

Com base no princípio orientador da fundamentação das decisões judiciais (art. 93, IX, CF) pela lógica e pertinência das teses expostas em juízo, em cotejo com o caso concreto, excluindo-se aquelas não aproveitáveis, por força da via de mão dupla da cooperação entre sujeitos do processo (art. 6º, CPC), aplicado de forma supletiva ao processo eleitoral, realiza a acurada apreciação da matéria fática e jurídica do tema a ser decidido.

Sublinha-se que como razões de decidir, passa-se à adoção das teses pertinentes e resolutivas do litígio, posto ser reputar, suficientemente fundamentada a decisão em que o juiz se manifesta sobre os argumentos relevantes e pertinentes alegados pelas partes.

Presentes os pressupostos de constituição e de desenvolvimento válido e regular do processo.

Analiso a preliminar de ILEGITIMIDADE PASSIVA PARA A CAUSA, em relação ao impugnado ________.

Pois bem. Merece acatamento a questão. Isso porque, funcionou no polo passivo da presente AIME, um impugnado que não detém mandato eletivo ou mesmo se posicionou no certame eleitoral de 2024, nas eleições proporcionais de ..... como suplente de Vereador.

É o que ocorre com o indigitado impugnado, que teria atuado como representante da coligação, pela qual disputaram os demais impugnados as eleições.

Ora, se não ostenta tal qualidade, ou seja, não disputou qualquer cargo, não foi eleita ou posicionada como suplente de Vereador, a indigitada impugnada não pode situar-se no polo passivo, pois a decisão em questão não tem o condão de em tese afetar seu acervo de direitos e interesses.

Logo, sendo parte ilegítima, em relação a essa impugnada, o feito deve ser extinto sem resolução do mérito, nos precisos termos do art. 485, VI, CPC, aplicado supletivamente ao processo eleitoral.

Superada a preliminar, analiso e decido o mérito.

A ação de impugnação a mandato eletivo tem gênese e assento constitucional – art. 14, §§ 10 e 11, CF que dispõem:

> *Art.14. A soberania popular será exercida pelo sufrágio universal e pelo voto direto e secreto, com valor igual para todos, e, nos termos da lei, mediante: §10. O mandato eletivo poderá ser impugnado ante a Justiça Eleitoral no prazo de quinze dias contados da diplomação, instruída a ação com provas de abuso do poder econômico, corrupção ou fraude. §11. A ação de impugnação de mandato tramitará em segredo de justiça, respondendo o autor, na forma da lei, se temerária ou de manifesta má-fé.*

No caso sob exame judicial, a tese invocada consiste na hipótese de candidaturas femininas para as eleições proporcionais, em violação à cota de gênero, criando-se possível ambiente de candidaturas fictícias ou "laranjas", em confronto com a regra do art. 10, § 3º, Lei 9.504/97, que exige de maneira efetiva o preenchimento de pelo menos 30% de vagas para determinado sexo.

Tal perspectiva segundo o sustentado na inicial teria a força de configuração da FRAUDE ou ABUSO DE PODER, previstos no comando constitucional acerca do tema.

Em primeiro ponto de análise deve se proclamar, a partir de minudente verificação do acervo probatório que não houve a demonstração de que existiram no âmbito das eleições proporcionais/2024 em __________, candidaturas fictícias ou "laranjas" de mulheres, para fins de simular o preenchimento do percentual mínimo de 30% exigido pela legislação eleitoral.

Note-se que o relato ID, produzido por uma senhora que foi candidata ao cargo de Vereador naquele certame, exterioriza uma participação frustrada e um baixo nível de envolvimento nas questões políticas, partidárias e sociais daquela comunidade.

Há uma determinante de comportamento, a partir da relação de afetividade com o companheiro, que também disputou as eleições e seguiu-se uma reaproximação do casal.

Essa situação embora possa sugerir uma manipulação da conduta até virtual candidata, no entanto, não autoriza concluir quanto à existência de uma pseudocandidatura.

Entre as impugnadas existem pelo menos 03 mulheres que lograram êxito no posicionamento como suplentes. Logo, tiveram destaque nas eleições, pois foram consagradas com número razoável de votos.

A circunstância de que as candidatas com relato ID ... tenham desistido, não se empenhando na campanha, produzido pouca propaganda eleitoral e sequer tenha formalizado a sua desistência, com prestação de contas, deixando tudo à responsabilidade de terceiros, pode significar um indício de candidatura fictícia, mas não se pode cravar com exatidão a sua incidência nesse contexto.

Por outro lado, os motivos invocados para a desistência escapam a um quadro de teratologia, pois não se pode tachar só por só como fraude, a candidatura paralela entre companheiros e a desistência por questões de relacionamento afetivo/conjugal.

Essa candidata já seria filiada a uma das agremiações partidárias que compôs da coligação desde muito jovem.

Nesse aspecto, o balanceamento entre um único indício e diversos outros contra-indícios em projeção contrária, leva aquela consideração ao ponto de fato não provado.

Ora, as próprias candidatas desistentes fizeram campanhas, mesmo que não tenham percorrido todo o périplo para tal designado no calendário eleitoral.

Além dos relatos ID ... não terem sido colhidos sob o prisma do compromisso de testemunha, mas sim meras declarações de pessoa impedida e com interesse objetivo no desfecho da causa, o expediente em apenso 02 que diz respeito a um procedimento de averiguação, adotado administrativamente pelo Ministério Público Eleitoral consiste de um questionário submetido à então candidata de duvidosa legalidade, porquanto aparentemente busca aferir informações e dados de candidatos com subsunção às exigências da legislação eleitoral fora do procedimento regular do registro de candidatura ou se nesse âmbito, em desconformidade com as regras a ele atinentes.

A rigor uma das candidatas declarantes, Sra. . reiterou toda a descrição de seu envolvimento com a causa das eleições, adotando-se a postura de candidata em função do relacionamento conflituoso que estava mantendo com seu marido.

Obviamente que a documentação em tela não possui o caráter de prova, submetida ao crivo e controle judicial, em prestígio à ampla defesa e contraditório. Contudo, nenhuma outra informação probatória veio a ser acrescida ao feito, a partir da instrução em juízo.

Dessa maneira, consolida-se a conclusão no sentido de que não existe prova hábil à autenticação de que existiram no âmbito da discutida eleição para Vereadores, a construção de candidaturas femininas fictícias, realizadas sob a inspiração de simulação visando ao atendimento da exigência legal de cota de gênero.

Com isso, não pode subsistir a tese inicial de candidaturas femininas fictícias.

Rodrigo Nóbrega Farias define a fraude e seu intercruzamento com o abuso de poder, situação aventada na presente AIME, com as seguintes considerações:

> "o instrumento usado para cometer o próprio abuso de poder ou corrupção, consistindo no engano, no ardil, utilizados pelo infrator, para conseguir o resultado ilícito que quer, frente a uma realidade eleitoral, mas que o Direito não suporta, estando estas condutas tipificadas como crime no Código Eleitoral", *in Ação de impugnação de mandato eletivo. Curitiba: Juruá, 2005, p. 88*
>
> Ressalte-se que a par desse conceito doutrinário, deve se ressalvar que a conduta não precisa necessariamente configurar crime eleitoral, sendo suficiente que *tenha como objetivo burlar a normalidade e legitimidade nas eleições, alterando a vontade do eleitorado, José Antônio Fichtner, "in" Impugnação de mandato eletivo, Renovar, Rio de Janeiro, 1998, p. 103.*

Dessa maneira, a violação ao percentual mínimo de candidatura de determinado sexo pode romper com a legitimidade das eleições e configurar fraude ou abuso de poder político ou econômico (não especificado na petição inicial), dependendo do caso concreto.

No entanto, como já proclamado no âmbito desse feito, sequer restou demonstrada a existência de candidaturas fictícias e, por isso, não se pode reconhecer a fraude ou abuso como propugnado na inicial.

Não obstante, a necessária e premente mobilização para a efetiva participação das mulheres e outros grupos de minorias na vida política e eleitoral do país (a representatividade feminina não ultrapassa a 8% dos cargos eletivos), resta inviável a acomodação de regras cogentes e herméticas, que acabem por violar com a proporcionalidade.

A baixa participação feminina na política é chaga que não merece prosperar na vida republicana, quando se ostenta preocupação com a preservação do Estado Democrático de Direito, mas sua etiologia se prende a aspectos antropológicos e sociológicos, não havendo como o direito eleitoral estabelecer solução que em última análise promova a própria implosão do sistema.

A norma do art. 10, § 3º, Lei 9504/97 tem assim caráter mais programático do que autorizativo de imposição de sanção de uma gravidade tremenda que seria o reconhecimento de ato abusivo.

Nessa compreensão, cabe ressaltar que eventuais candidaturas desistentes não têm como induzir à gravidade das circunstâncias, como elemento indispensável à configuração do ato abusivo – art. 22, XVI, Lei Complementar 64/90.

Sobre tal ponto já tive oportunidade de frisar:

> *O ato abusivo, segundo a literalidade da lei, pode ser configurado independentemente de a potencialidade resultar na alteração das eleições, bastando a gravidade das circunstâncias – art. 22, XVI, LC 64/90 (redação pela Lei da Ficha Limpa – Lei Complementar 135/2010).*
>
> *No entanto, há uma construção jurisprudencial e doutrinária forte no sentido de se exigir a proporcionalidade do fato para retirar a legitimidade das eleições, impondo-se um desequilíbrio. Esse mesmo marco deve ser o norte de orientação em termos da agora intitulada gravidade dos fatos. (In Ações Eleitorais, Teoria e Prática, 2ª edição, Editora JH Mizuno, 2016, p. 246).*

Ora, traduzida essa perspectiva para um juízo de ponderação entre fazer as eleições proporcionais respeitando-se o percentual mínimo de gênero e não fazer as eleições, pois não atingido aquele patamar, a solução seria não realizar as eleições em prestígio autômato à norma do art. 10, § 3º, Lei 9504/97? Não nos parece, pois fulminaria em cheio, outros princípios republicanos de densa elevação, como o direito ao sufrágio, a obrigatoriedade de eleições periódicas e com voto universal, enfim, todo o panorama dos direitos políticos inserido na Carta Magna.

Logicamente que no balanceamento entre essas duas premissas, não há como se concluir pela não realização do pleito, que deve preponderar sobre o hipotético não alcance do percentual mínimo de determinado gênero.

Resultante frágil da norma de percentual mínimo é exatamente a aproximação e participação política de baixa qualidade, com vínculos ideológicos e sociais frágeis, muito propício à eclosão de episódios de desistência, retratação ou participação aquém das expectativas, como se tem percebido nas eleições proporcionais brasileiras e veio demonstrado no caso concreto.

3 – Conclusão

ISSO POSTO, em relação ao impugnado, ____________________, decreto a extinção do processo sem resolução do mérito, por reconhecer a sua ilegitimidade passiva parar a causa – art. 485, VI, CPC e em relação aos demais impugnados, julgo improcedentes os pedidos iniciais, resolvendo-se o mérito.

Ausente, qualquer indicativo de lide temerária, não se impõe ônus sucumbenciais.

Extrair cópia dessa sentença, juntando-a ao feito conexo.

Ao trânsito em julgado, arquivem-se com baixa.

PRIC.

Local e Data

Juiz Eleitoral

Observação relevante: O TSE no julgamento do RESPE 19392 / Valença do Piauí/PI, em 17/9/2019 ao reconhecer o descumprimento do percentual mínimo que indica o volume das cotas de gênero decidiu de modo diferente ao posicionamento adotado na sentença, isto é, determinou a cassação de toda a chapa que funcionou nas eleições com tal ilicitude. Embora a decisão tenha sido proferida por apertada maioria, constitui uma tendência que deve repercutir de maneira relevante no pleito eleitoral de 2024. Tal compreensão tornou-se vinculante, como já apontado no item acima 13.5 – Fraude à cota de gênero. Embora a decisão ora em modelo não subsista em razão do entendimento em vigor, resolvemos manter seu texto com essa observação para preservação dos conteúdos das edições anteriores dessa obra e para cotejar doutrinariamente compreensão em sentido divergente.

19

QUADRO REFERENTE À LEGISLAÇÃO ELEITORAL ATUALIZADA

Geral

1 - Código Eleitoral – Lei 4.737/65

2 - Lei Geral das Eleições – Lei 9.504/97

3 - Lei 9.096/95 – Lei dos Partidos Políticos

4 - Lei Complementar 64/90 – Lei das Inelegibilidades

5 - Lei 6.091/74 – Fornecimento gratuito de transporte em dias de eleições a eleitores da zona rural

6 - Lei 9.709/98 – Regulamenta o disposto no art. 14, I, II e III, Constituição Federal: plebiscito, referendo e iniciativa popular

7 - Lei 6.999/82 – Requisição de servidores públicos pela Justiça Eleitoral

Eleições 2024 – Resoluções do Tribunal Superior Eleitoral

Resolução nº 23.738/2024	Calendário Eleitoral (Eleições 2024)
Resolução nº 23.737/2024	Dispõe sobre o cronograma operacional do cadastro eleitoral para as Eleições 2024 e dá outras providências.
Resolução nº 23.607/2019	Dispõe sobre a arrecadação e os gastos de recursos por partidos políticos e candidatos e sobre a prestação de contas nas eleições.
Resolução nº 23.605/2019	Estabelece diretrizes gerais para a gestão e distribuição dos recursos do Fundo Especial de Financiamento de Campanha (FEFC).
Resolução nº 23.610/2019	Dispõe sobre propaganda eleitoral, utilização e geração do horário gratuito e condutas ilícitas em campanha eleitoral nas eleições.
Resolução nº 23.673/2021	Dispõe sobre os procedimentos de fiscalização e auditoria do sistema eletrônico de votação.

Resolução nº 23.609/2019	Dispõe sobre a escolha e o registro de candidatos para as eleições.
Resolução nº 23.608/2019	Dispõe sobre representações, reclamações e pedidos de direito de resposta previstos na Lei nº 9.504/1997 para as eleições.
Resolução nº 23.600/2019	Dispõe sobre pesquisas eleitorais.
Resolução nº 23.736/2024	Dispõe sobre os atos gerais do processo eleitoral para as Eleições 2024.

19.1 QUADRO DA LEGISLAÇÃO ELEITORAL REFERENTE AO ADIAMENTO DAS ELEIÇÕES/2020 EM RAZÃO DA COVID-19

- Emenda Constitucional 107/2020 – Adia as eleições municipais de 2020;
- Resolução 23.623/2020 – Convenções partidárias por videoconferência;
- Resolução 23.624/2020 – Ajustes normativos nas resoluções referentes às Eleições/2020 em razão da Covid-19 e EC 107/2020;
- Resolução 23.625/2020 - Altera a Resolução-TSE nº 23.611, de 19 de dezembro de 2019, que dispõe sobre os atos gerais do processo eleitoral para as Eleições 2020;
- Resolução 23.626/2020 - Altera a Resolução-TSE nº 23.601, de 12 de dezembro de 2019, que dispõe sobre o cronograma operacional do cadastro eleitoral para as Eleições 2020 e dá outras providências;
- Resolução 23.627/2020 - Institui o Calendário Eleitoral das Eleições 2020, em conformidade com a Emenda Constitucional nº 107, de 2 de julho de 2020, pela qual adiada, em razão da pandemia da Covid-19, as eleições municipais de outubro de 2020 e os prazos eleitorais respectivos;
- Resolução 23.630/2020 - Dispõe sobre o atendimento presencial nos cartórios eleitorais para a prática de atos indispensáveis ao exercício de direitos relativos ao processo de registro de candidatura, nas Eleições 2020;
- Resolução 23.631/2020 - Dispõe sobre a transferência temporária de eleitores de ofício e promove ajustes nas normas sobre recepção de votos, justificativa e fiscalização no dia da eleição, horário de funcionamento das seções eleitorais e distribuição dos eleitores no período, nos termos do art. 1º, §5º, II da Emenda Constitucional nº 107, de 2 de julho de 2020.

20

CONTEXTO DAS ELEIÇÕES/2020 E PANDEMIA PELA COVID-19. EMENDA CONSTITUCIONAL 107/2020

Os cataclismos de um modo geral sempre tiveram uma relação dúplice com a humanidade. Se de um lado o inesperado do flagelo produz afecções diversas, a ideia de sua superação constitui o fundamento das reflexões produtoras dos empreendimentos que permitem a sua gestão, com a diminuição de riscos e danos e, com a certeza da proposição de que o devir é a estrutura axial da vida.

Essa perspectiva deve ser considerada em relação à pandemia da Covid-19. Em absoluto o impacto da sua perversa incidência é global e difuso, suficiente para ser estabelecida como a maior crise da pós-modernidade; iniciada na questão sanitária avançou por todo um espectro múltiplo como os setores político, social, econômico e antropológico. A densidade de seu potencial transformador, entre afetações de ordem mais severa e oportunidades de recrudescimento do bem-estar geral compõem um quadro que ainda é situado em densidade especulativa pelos estudiosos dos mais variados campos.

A invenção da experiência, contudo, consiste no agir atuante como percebeu Camus, "Não se pode criar experiência. É preciso passar por ela", autor do célebre *A Peste*,[1] muito comovidamente, evocado em nossa época. É provável que não existam outras alternativas, senão a quebra dos parâmetros da normalidade, mesmo que desconfortável, é imperiosa a atitude pela permanência, mas que esteja inserida em uma plataforma compatível com a centralidade do respeito à dignidade da vida humana.

As tarefas a serem realizadas a serviço da consecução desse equilíbrio entre a continuidade e a racionalidade são complexas e desafiadoras. Agamben (2020) vê com preocupação que as medidas sanitárias restritivas como o isolamento social e o pânico com o anúncio do caos, sejam associadas a uma já constante e crescente naturalização do arbítrio:

1. Camus, Albert. A Peste. São Paulo: Ediora Record, 2017.

> El otro factor, no menos inquietante, es el estado demiedo que evidentemente se ha extendido en los últimos años en las conciencias de los individuos y que se traduce en una necesidad real de estados de pánico colectivo, a los que la epidemia vuelve a ofrecer el pretexto ideal. Así, en un círculo vicioso perverso, la limitación de la libertad impuesta por los gobiernos es aceptada en nombre de um deseo de seguridad que ha sido inducido por los mismos gobiernos que ahora intervienen para satisfacerla[2]

Mesmo que o filósofo italiano não tivesse condições de dimensionar a potencialidade lesiva da Covid-19 no momento daquela reflexão, deve-se recolher como brutal constatação do seu pensamento, que pandemias artificiais ou reais podem ser utilizadas para a adoção ou persistência dos totalitarismos. Assim, a missão de preservação da efetividade das ações e práticas democráticas e assecuratórias da liberdade, mesmo em ambientes de infortúnios é ininterrupta. Não se pode aquiescer com o abandono daqueles valores deixados apenas como *totens* momentaneamente inoportunos.

Toda uma sorte de articulações, cooperações e engendramentos deve ser encampada em prol de uma enérgica liturgia que valorize e exija o cumprimento cautelar das prevenções recomendadas pelas agências sanitárias, em adequada adaptação dos sistemas de proteção à cidadania, liberdade e democracia. Há de se permitir a redução e a flexibilidade nos exercícios daqueles, mas não se pode compreender o seu total comprometimento e sacrifício; o juízo de proporcionalidade é redutor, jamais excludente e, se o prognóstico for apocalíptico, a sucumbência será dupla.

Esse biombo envolve a particularidade de que adiante como menciona Boaventura de Sousa Santos, em paralelo à distinção entre estado de exceção e estado democrático, talvez tenhamos que distinguir entre estado de exceção democrático e antidemocrático.[3] É sob essa estimativa de maior ou menor amplitude das restrições sanitárias em decorrência da Covid-19 que buscamos apresentar uma reflexão sobre a realização das Eleições/2020 no Brasil, convocando-se os referenciais teóricos do campo político e midiático, compreendido em ambos como camada sedimentada e flutuante o campo jurídico, nos aspectos da propaganda e debates eleitorais e a logística dos dias de votação.

20.1 A PREVISÃO DAS ELEIÇÕES MUNICIPAIS

Segundo o art. 29, I e II, Constituição Federal (CF) as eleições municipais, englobando os mandatos do Prefeito, Vice-Prefeito e Vereadores devem ser realizadas para cumprimento de mandato de 04 anos em votação direta e simultânea em todo o território brasileiro. A época de seu desenvolvimento

2. La Invención de una epidemia, in Sopa de Wuhan – Pensamiento Contemporáneo en Tiempos de Pandemias, Editorial: ASPO (Aislamiento Social Preventivo y Obligatorio), 2020.

3. A cruel pedagogia do vírus. Coimbra: Almeida, 2020.

define toda a construção do calendário eleitoral, sendo situada no primeiro domingo do mês de outubro do ano no qual se encerra o ciclo do mandato, considerando-se ainda a eventual necessidade de segundo turno para os cargos de Prefeito e Vice-Prefeito (art. 77, CF) em relação aos Municípios com mais de 200 mil eleitores.

Esse mandamento constitucional implica na verificação de que os mandatos dos cargos eletivos dos Municípios brasileiros se encerram em 2020, decorrentes do interregno entre 2017/2020. O processo eleitoral é condicionante para a legitimidade da atuação do poder político naquela esfera pública municipal, a partir do exercício de 2021. Desde a promulgação da Constituição Federal em 1988, não houve disrupção desse processo de oferta pelo Estado Brasileiro da periodicidade da escolha eleitoral como realização mínima dos direitos políticos.

O processo eleitoral é compreendido como um arranjo de atividades englobando diversos atores, tais como agremiações partidárias, candidatos, Justiça Eleitoral, Ministério Público Eleitoral, Advocacia, estruturas públicas de atividade policial, fiscal, sociedade civil como os eleitores e o voluntariado como dos eleitores mesários, entre outros. Trata-se de uma articulação desenvolvida em etapas e fases, as posteriores sempre dependentes das estruturas pretéritas para se alcançar o resultado finalístico: a legitimidade do poder republicano emanado do povo, como fundamento estabelecido pelo art. 1º, parágrafo único, CF.

A organização e a funcionalidade desse itinerário deriva do conjunto da legislação eleitoral, podendo ser mencionados como diplomas de maior expressividade, o Código Eleitoral (Lei 4.737/65), Lei de Inelegibilidades (LC 64/90), Lei Orgânica dos Partidos Políticos (Lei 9.096/95), Lei das Eleições (Lei 9.504/97) e Resoluções do Tribunal Superior Eleitoral compreendidas, no dizer de José Jairo Gomes[4], como *ato-regra*, pois estabelecem enunciados gerais e abstratos e possuem força de lei, mas não podem contrariar a lei, como assevera o art. 105, Lei 9.504/97, reconhecendo uma atuação apenas sob a forma de regulamentação.

A Resolução n. 23.606/2019 do TSE dispunha sobre o calendário eleitoral para o pleito eleitoral de 2020, com a distribuição das etapas cronológicas para a realização dos atos inerentes à consecução das eleições, recaindo a data do primeiro turno das eleições em 04/10/2020 e segundo turno, nos Municípios onde existir a previsibilidade e for verificada a necessidade em 25/10/2020.

Para adequação do processo eleitoral à situação de pandemia pela Covid-19, o adiamento das eleições autorizado pela EC 107/2020 suscitou a edição pelo TSE da Resolução 23.627/2020 em substituição à Resolução 23.606/2019, que é abordada nos tópicos abaixo.

4. Direito Eleitoral, Atlas, 12ª edição.

20.2 A PANDEMIA COMO FATOR DE COMPROMETIMENTO DAS ELEIÇÕES

A Presidente do Tribunal Superior Eleitoral, Ministra Rosa Weber editou em 07/04/2020 a Portaria n. 242/2020 com o objetivo de instituir grupo de trabalho voltado à projeção dos impactos da pandemia Covid-19 nas atividades daquele Tribunal e em especial quanto à perspectiva de realização das eleições municipais em 2020.[5] A preocupação quanto a uma possível recomendação de ordem sanitária sobre o adiamento ou cancelamento das eleições constitui uma pauta de impacto universal, derivada das questões extraordinárias e lineares, que exijam medidas de cunho restritivo, estabelecidas de forma genérica para todo o conjunto de atividades sociais e pessoais que constituam risco à contaminação, proliferação e abalo à saúde.

20.2.1 O risco de adiamento

O impasse quanto à escolha entre eleições e preservação da saúde suscitou uma divisão de posições no parlamento brasileiro, muito permeada pelo cenário de indefinição quanto à evolução gravosa do quadro ou sua redução gradativa. O Congresso Nacional na posição de seus membros refletiu essa indecisão e o próprio Ministro do TSE, Luis Roberto Barroso, eleito Presidente daquela Corte se pronunciou de modo contrário ao adiamento, ressalvando que a solução só deveria ser adotada se os indicativos fossem direcionados ao risco grave de sua realização, o que demandaria aguardar-se mais um tempo.[6-7]

Como resultado do trabalho realizado a partir da Portaria 242/2020 do TSE, foi produzido um relatório parcial, acenando sobre a possibilidade de que o pleito eleitoral seja realizado, não obstante a questão da pandemia, destacando-se ainda o caráter temporal da análise, ou seja, os indicativos são contemporâneos e permitiriam alterações que só novas verificações analíticas poderiam manter a posição pela realização. Com isso, trata-se da posição de momento.[8]

20.2.2 A Emenda Constitucional 107/2020

O trabalho desenvolvido no âmbito da Justiça Eleitoral foi acrescido do diálogo constitucional com o Congresso Nacional, no sentido do estabelecimento de uma diretriz normativa que viabilizasse a realização do pleito, com redução de

5. http://www.tse.jus.br/legislacao/compilada/prt/2020/portaria-no-242-de-06-de-abril-de-2020

6. https://noticias.uol.com.br/politica/ultimas-noticias/2020/03/25/congresso-racha-sobre-adiar-eleicoes-e-nao--descarta-fundao-para-covid-19.htm

7. https://oglobo.globo.com/brasil/eleito-presidente-do-tse-barroso-contra-adiar-eleicoes-municipais-para-2022-24375637

8. http://www.tse.jus.br/imprensa/noticias-tse/arquivos/20-04-2020-relatorio-semanal-1/rybena_pdf?file=http://www.tse.jus.br/imprensa/noticias-tse/arquivos/20-04-2020-relatorio-semanal-1/at_download/file

danos, a partir da constatação de que mesmo no cenário negativo da pandemia, adotando-se providências adequadas quanto ao risco do contágio, seria coerente o não adiamento do pleito. Todavia, a modificação de paradigma não se limitava a uma adaptação de Resolução do TSE, ou mesmo de alterações pontuais na Lei 9.504/97 ou no Código Eleitoral.

Como a realização das eleições, obedecendo a parâmetros do calendário é conteúdo presente diretamente na Constituição Federal, indispensável que fosse realizada a transição normativa, singular para a hipótese excepcional da pandemia. Ora, a recomendação sanitária não permitia obediência estrita na aglomeração e contatos pessoais gerados por ocasião das etapas do processo, com a realização do pleito em outubro/2020.

As previsões e os prognósticos indicavam a necessidade do adiamento, ou seja, uma nova formulação quanto ao calendário eleitoral, exigindo assim uma modificação na Carta Política, abrindo-se a esfera de aperfeiçoamento do remanescente do regramento pela legislação eleitoral.

Diante desse panorama, foi publicada a Emenda Constitucional 107/2020, de 02/07/2020, cuja emenda trata do adiamento das eleições municipais de 2020 e não o seu cancelamento, em decorrência da pandemia da Covid-19, alterando-se nesse aspecto e por consequência os prazos eleitorais impactados pela providência. O texto é composto por 03 artigos, que em resumo muda a data de realização das eleições e alteraram parâmetros da legislação eleitoral para assegurar que o certame eleitoral seja realizado.

20.3 MUDANÇAS NAS DATAS DOS PLEITOS DE PRIMEIRO E SEGUNDO TURNO

O art. 1º, *caput* da EC 107/2020 transfere as eleições municipais previstas para outubro/2020, para os dias 15 e 29 de novembro de 2020, respectivamente, primeiro e segundo turno, onde houver este último. Ressalva, ainda que essa providência deve ser observada à luz do § 4º daquele mesmo art. 1º (exceção à realização da eleição universal em todo o território nacional na mesma data, em razão da possível diversidade dos indicadores sanitários da Covid-19).

Como visto, a norma de adiamento buscou compatibilizar uma data padrão que o pleito pudesse ser realizado de maneira geral no Brasil, contando-se com esse propósito, com as informações originárias da área sanitária, com a projeção dos riscos de contágio nas atividades de cunho eleitoral.

20.4 DATA FLEXÍVEL DAS ELEIÇÕES

A regra que foi estabelecida no art. 1º, § 4º, EC 107/2020 revelou uma importante preocupação sanitária da Justiça Eleitoral e do Congresso Nacional. Possibilitou que viabilidade das eleições e sua evidente necessidade para o prestígio da democracia e da cidadania, com a preservação da saúde e da vida, daqueles que, eventualmente, pudessem ser afetados pelos riscos de contaminação e contração da Covid-19.

Com essa perspectiva, se as condições sanitárias de um determinado Estado ou mesmo Município não recomendarem a realização do pleito nas datas alteradas, não será imposta o padrão estabelecido como caráter nacional. Ocorrendo a identificação desse quadro, a partir de autoridade sanitária nacional, e, havendo parecer no sentido da mudança, elaborado pela Comissão Mista, tratada no art. 2º. Decreto Legislativo n. 06/2020, o Tribunal Superior Eleitoral deverá encaminhamento de expediente específico ao Parlamento brasileiro para deliberar sobre a modificação sazonal.

Caso o Congresso Nacional acolha as razões que justifiquem a recomendação pela mudança das datas, poderá editar Decreto Legislativo, consignando as novas ocasiões do pleito, respeitando-se o limite de 27/12/2020. Em caso dessa ocorrência, o TSE deverá dispor sobre todo o mecanismo estrutural para a realização do pleito na data indicada no decreto legislativo, outrossim, implicando na adaptação dos prazos eleitorais, como por exemplo, é elaborado pelo Tribunais Regionais Eleitorais para a realização de eleições suplementares.

20.5 CALENDÁRIO ELEITORAL ESPECÍFICO DE 2020

A tarefa de realizar a eleição na adversidade da Covid-19 não é simples, mas revela uma complexidade de toda a ordem, desde a organização da legislação como a preparação logística e, obviamente de um clima de aceitação e mobilização de todos os atores que devam intervir de algum modo, cada com seu objetivo, para o resultado final de prestígio à democracia. Pois bem. Como ponto de partida, o art. 1º, § 1º, incisos I a VII, EC 107/2020 estabeleceu novas datas para algumas providências e medidas no contexto do processo eleitoral.

Em virtude desse aperfeiçoamento a data final para o pré-candidato participar como apresentador ou comentador, com vedação estabelecida às emissoras pelo art. 45, § 1º, Lei 9.504/97 passou a ser o dia 11/08/2020. O período para as convenções partidárias foi deslocado para o interregno entre 31 de agosto e 16 de setembro/2020, visando escolha de candidatos e deliberação sobre convenções em eleições majoritárias (prefeito e vice-prefeito), como anotado no art. 8º, Lei 9.504/97.

Interessante nesse aspecto, foi a permissividade para as convenções partidárias virtuais ou por videoconferência, como meio de evitar a exposição e risco de contágio do coronavírus, o que foi objeto de autorização pela Resolução 23.623/2020.

A data final para o registro de candidatura foi remanejada para o dia 26/09/2020, em observância ao que exigia o art. 11, Lei 9.504/97, enquanto a partir dessa mesma data a Justiça Eleitoral ficou autorizada à convocação de partidos e emissoras para organização do plano de mídias para a propaganda no rádio e TV (art. 52, Lei 9.504/97), autorizada também a propaganda eleitoral, inclusive na *internet.*

O dia 27/10/2020 foi designado para que partidos, coligações e candidatos *divulguem o relatório que discrimina as transferências do Fundo Partidário e do Fundo Especial de Financiamento de Campanha, os recursos em dinheiro e os estimáveis em dinheiro recebidos, bem como os gastos realizados, conforme disposto no inciso II do § 4º do art. 28 da Lei nº 9.504/1997.*

A prestação de contas da campanha (candidatos e partidos) teve a data de 15/12/2020 como dia fatal para o encaminhamento à Justiça Eleitoral, cumprindo-se o que dispõe o art. 29, Lei 9.504/97.

A adaptação é exigida para permitir a funcionalidade sucessiva das etapas que estrutura o rito do processo eleitoral, sempre com uma relação de interdependência e ajuste de afinidade. O fluxograma anterior do prazo deixou de caber na nova data, pois construído para o cenário do pleito em outubro. Por isso, foi indispensável que a norma constitucional derivada fizesse tal intervenção.

O TSE para dotar o novo Calendário Eleitoral de ressonância com o quadro trazido pela necessidade de distribuição temporal inédita para a realização do pleito, editou a Resolução n. 23.627, de 13 de agosto de 2020, contendo o Calendário Eleitoral das Eleições Municipais de 2020, em consonância com a Emenda Constitucional 107/2020.

20.6 PRAZOS REMANESCENTES DA LEI 9.504/97 E DO CÓDIGO ELEITORAL

Seguindo-se a regra construída pelo art. 1º, § 2º, EC 107/2020 os outros prazos não impactados diretamente pela remodelação do art. 1º, § 1º da mesma Emenda e, constantes da Lei Geral das Eleições e no Código Eleitoral, não transcorridos até a data de 03/07/2020 (publicação da Emenda) adquirem como referencial para a contagem, a nova data dos pleitos. Adotou-se um critério de *tempus regit actum* com uma racionalidade para a preservação da lógica na distribuição dos prazos subsequentes, vinculados à data das eleições.

A nova ressonância para o cálculo dos prazos e sua identificação no calendário, só poderia mesmo ser as novas datas das eleições, sob pena de sacrificar a própria lógica de desenvolvimento das etapas do processo, em causalidade e interdependência. Só se chega a uma etapa posterior, se alcançada a anterior, que informa e permite a construção da ulterior.

Preservou-se o que já tinha sido concretizado como prazo até a publicação da EC 107/2020, sem qualquer comprometimento ao fluxo regular, mesmo porque as fases de maior densidade teriam início justamente no mês de julho e, em função do adiamento, adquiriu uma perspectiva avançada.

Podemos mencionar como exemplo, a obrigação dos Tribunais Regionais Eleitorais de informarem ao Tribunal Superior Eleitoral, para fins de centralização e divulgação dos dados, a relação dos candidatos às eleições majoritárias e proporcionais, constando de modo obrigatório a referência ao sexo e cargo ocupado pelos candidatos. Essa previsão consta do art. 16, *caput*, Lei 9.504/97 e estipula o prazo de até 20 dias antes das eleições. Logo, não se considera o prazo previsto para as eleições adiadas e sim, a nova data (15/11/2020).

20.7 DISPOSIÇÕES ESPECIAIS DO ART. 1º, § 3º, EC 107/2020

O organograma dos prazos eleitorais é o cérebro e o coração de todo o processo eleitoral. Em razão dessa relevância, a EC 107/2020 elaborou de modo cuidadoso um conjunto de distinções para permitir que as intercorrências de uma transformação impactante na espinha dorsal do procedimento não produzisse restrições a direitos dos atores eleitorais ou mesmo insegurança jurídica.

Algumas situações singulares receberam tratamento próprio, como verificaremos em seguida.

20.7.1 Decisão de prestação de contas dos candidatos eleitos

Por força do disposto no art. 30, § 1º, Lei 9.504/97 as prestações de contas dos candidatos eleitos devem ser objeto de julgamento com publicação das respectivas decisões em sessão, até 03 dias anteriores à data agendada para o ato solene de diplomação dos eleitos, indispensável providência para assunção ao cargo eletivo. Dessa maneira, é um imperativo legal para a diplomação e, logo para a posse, o julgamento tempestivo das contas de campanha relativas aos candidatos que foram consagrados nas urnas.

Assim, a proclamação feita pela Justiça Eleitoral no diploma ao candidato, registra proposição de sua aptidão para o exercício do cargo no qual se elegeu, ausentes dúvidas quanto à integridade das eleições, o que incorpora a obrigação de prestar contas regulares, assim reconhecidas pela decisão judicial. No entanto, com o adiamento do pleito em 2020, a data precisou ser remanejada, eis que restaria inviável o julgamento das contas, com respaldo na previsão da diplomação.

Se a data da eleição foi postergada, a prestação de contas também foi objeto de dilação, surgindo a insuperável dificuldade de sua inserção no próprio exercício de 2020. Ora, não basta apenas a fixação do prazo de prestação de contas, mas a análise identificação de anomalias exige estudo sistemático e analítico, de caráter técnico com contábil, muitas vezes com necessidade de diligências e complementos. Essa situação orientou de modo excepcional que o prazo para o julgamento e publicação das decisões pela Justiça Eleitoral em relação aos candidatos eleitos, fosse estendido para o dia 12/02/2021 (art. 1º, § 3º, I, EC 107/2020).

Importante frisar que a extensão desse prazo não implica em relativização de nenhuma irregularidade ou consequência inibitória quanto às respectivas sanções pela eventual gestão financeira ilícita nas contas de campanhas dos candidatos eleitores. Tais medidas podem ser aplicadas e impostas aos candidatos eleitos, mesmo depois da posse.

20.7.2 Prazo especial para a representação relativa a conduta ilícita na arrecadação e gastos eleitorais

Em razão da reorganização especial para o pleito de 2020, quanto à prestação de contas e seu julgamento respectivo como já abordado, visando não inutilizar ou comprometer o exercício do direito de ação quanto ao controle relativo à licitude da arrecadação e gastos eleitorais, a representação sob a forma de investigação judicial eleitoral anotada no art. 30-A, Lei 9.504/97, cujo prazo ordinário seria até 15 dias depois da diplomação, foi recondicionado para o dia 01/03/2021, guardando-se o intervalo do julgamento da prestação de contas dos eleitos (12/02/2021).

Tal medida é consequência lógica da urgência de reorganização dos prazos sem dificultar ou embaraçar o pleno exercício dos meios processuais aptos à verificação da lisura e probidade no trato referente ao financiamento das campanhas eleitorais no Brasil, tema muito sensível e que deve permanecer com potencialidade de exame aberto pelo Poder Judiciário, não obstante, o quadro da Covid-19 que implicou em dificuldade para a distribuição temporal dos prazos.

O art. 1º, § 3º, II, EC 107/2020 cuidou com essa premissa de assegurar a discussão processual a respeito do assunto, compatibilizando os prazos sequenciais do processo eleitoral. O prazo da diplomação ficou descolado da prestação de contas, pois estrangulado na redefinição das etapas. Para viabilizar o complemento do processo eleitoral no próprio exercício de 2020, a data final da diplomação foi definida em 18/12/2020 (em todo o país), salvo a hipótese de alteração das datas gerais para as eleições adiadas em virtude de recrudescimento do risco da Covid-19 (art. 1º, § 3º, V, EC 107/2020).

20.7.3 Convenções partidárias e distribuição de recursos do FEFC por videoconferência

A norma do art. 1º, § 3º, III, EC 107/2020 a partir da constatação da necessidade sanitária de ações que promovam a adesão ao isolamento e distanciamento social, permitiu a realização das convenções partidárias, indispensáveis para a indicação dos candidatos pelos partidos e definição sobre coligações, por videoconferência, independentemente de previsão nos respectivos estatutos. Logo, por ocasião do registro de candidatura, a partir da demonstração de que a reunião convencional se realizou por videoconferência, não pode a Justiça Eleitoral impor qualquer negativa do reconhecimento de sua validade, com base exclusiva na forma de sua concretização.

Como já dissemos, a Resolução 23.623/2020 disciplinou a convenção partidária por videoconferência. De uma maneira geral e em virtude da alteração comportamental trazida pela pandemia da Covid-19, percebe-se que nos mais diversos setores e áreas da organização social, incrementaram-se práticas de reuniões virtuais como conferências, aulas, exposições, encontros, audiências e outros atos processuais. Acreditamos que mesmo com a superação dos riscos inerentes à malsinada doença, a forma da convenção partidária por videoconferência, com regulamentação mais própria ao período sem isolamento social, poderá ser incorporada como regra efetiva, permitindo uma participação mais maciça e democrática do maior número de quadros dos partidos políticos, eliminando barreiras de distâncias territoriais, enfim, enquadrando-se no estágio atual da técnica.

As convenções partidárias são apenas uma das diversas reuniões que a agremiação partidária deve realizar. Uma outra modalidade, que também afigura-se central para as ações partidárias voltadas à campanha também foi abordada pelo dispositivo em análise. Cuida-se da reunião destinada à distribuição dos recursos de campanha do FEFC. Para tal finalidade, observando-se os parâmetros legais e estatutários, as agremiações devem elaborar razões e critérios para a divisão dos recursos financeiros, deliberação que também pode ser realizada por videoconferência.

20.7.4 Prazos extraordinários para desincompatibilização

Não era possível com a nova definição da data dos certames eleitorais, que pudessem ser prestigiados os prazos comuns para a desincompatibilização, tratados na Lei Complementar 64/90. Com isso, o esforço empreendido pela EC 107/2020 envolveu um tratamento jurídico dúplice, a partir de um fundamento *tempus regit actum*, considerando que a alteração não poderia atingir os atos já consumados sob a égide do regime constitucional ordinário.

O art. 1º, § 3º, IV, "a" e "b", EC 107/2020 adotou duas diretrizes, considerando o prazo já vencido e o prazo a vencer, tendo-se como referencial a data de publicação da própria Emenda, isto é, 03/07/2020. Com isso, os prazos vencidos já estariam preclusos e não poderiam ser reabertos e os prazos a vencer, seriam computados sob o vínculo com a nova data das eleições.

Os prazos para desincompatibilização previstos na LC 64/90 são 6, 4 e 3 meses. Por sua vez, a data do primeiro turno inicialmente prevista, designava o dia 04/10/2020. Logo, temos o seguinte cenário. Para o prazo de 06 meses, a desincompatibilização já deveria ter se iniciado em 04/04/2020 e em relação ao interregno de 04 meses em 04/06/2020. Quanto a esses prazos estão preclusos e não poderão ser reabertos, à luz da alínea "b" do dispositivo acima mencionado.

Na prática significa que o candidato que se desincompatibilizou ficará mais tempo do que, ordinariamente exigido pela LC 64/90 afastado de suas funções ou atribuições. O único prazo que estava a vencer, quando da publicação da EC 107/2020 é o correspondente a 03 meses, que foi remanejado para 15/08/2020, em consonância com a alínea "a" da norma comentada. Importante frisar que permanece íntegra a precaução para que o afastamento seja publicado como ato administrativo, sobretudo em relação aos candidatos que tenham vínculo administrativo, com pelo menos 01 dia de antecedência do início do curso temporal exigido, para serem ventiladas dúvidas quanto ao descumprimento.

20.7.5 Limitação dos atos de propaganda eleitoral

O inciso VI, art. 1º, § 3º, EC 107/2020 trouxe importante regra de transição para o pleito eleitoral em relação à propaganda eleitoral. O poder de polícia inerente à atuação do juiz eleitoral fica limitado ao enfoque das questões de risco sanitário que justifiquem qualquer restrição, a parecer prévio de autoridade sanitária estadual ou federal.

Pois bem. Com isso, a Justiça Eleitoral não pode deliberar pela proibição ou restrição à realização de atos de campanha na propaganda eleitoral, que, eventualmente signifiquem reuniões ou aglomerações, como comícios, passeatas, carreatas ou outras aproximações, mesmo se autoridade sanitária local (Municípios) ou mesmo legislação municipal recomendem a não realização dessas atividades.

Somente poderá incidir a restrição por ato decisório, caso a respectiva decisão seja fundamentada em posicionamento sanitário que indique a necessidade de não realização do ato de propaganda eleitoral, com gênese em atuação de autoridade sanitária dos respectivos Estados ou da União. Essa medida serve à neutralidade na realização do pleito, pois a circunscrição eleitoral no embate de 2020 é a Municipal, não permitindo que eventuais interesses localizados sob o prisma da obtenção de vantagem política eleitoral por quem seja detentor do poder, possa de algum modo induzir a uma restrição da propaganda eleitoral.

20.7.6 Gastos com publicidade institucional

O art. 73, VII, Lei 9.504/97 anotada a seguinte conduta vedada aos agentes públicos em razão da campanha eleitoral:

- *nos três meses que antecedem o pleito:*

a) realizar transferência voluntária de recursos da União aos Estados e Municípios, e dos Estados aos Municípios, sob pena de nulidade de pleno direito, ressalvados os recursos destinados a cumprir obrigação formal preexistente para execução de obra ou serviço em andamento e com cronograma prefixado, e os destinados a atender situações de emergência e de calamidade pública;

b) com exceção da propaganda de produtos e serviços que tenham concorrência no mercado, autorizar publicidade institucional dos atos, programas, obras, serviços e campanhas dos órgãos públicos federais, estaduais ou municipais, ou das respectivas entidades da administração indireta, salvo em caso de grave e urgente necessidade pública, assim reconhecida pela Justiça Eleitoral;

c) fazer pronunciamento em cadeia de rádio e televisão, fora do horário eleitoral gratuito, salvo quando, a critério da Justiça Eleitoral, tratar-se de matéria urgente, relevante e característica das funções de governo;

O art. 1º, § 3º, VII, EC 107/2020 recondicionou a ferramenta que busca respaldar a igualdade de condições na disputa eleitoral, exigindo que os gastos com publicidade institucional até 15/08/2020 (3 meses antes da nova data do pleito) não excedesse a média dos gastos referentes aos 2 primeiros quadrimestres dos 03 últimos anos anteriores ao ano do pleito, considerando as exceções de gravidade e necessidade urgente, reconhecidas pela Justiça Eleitoral.

O objetivo da regra é potencializar a regulação em busca do equilíbrio e impedimento de que manipulação quanto à publicidade institucional, afetando a regularidade da disputa, evitando que em razão da dilação do prazo das eleições ainda não alcançado com a publicação da EC 107/2020 pudesse servir como proveito ilícito aos respectivos beneficiários que detém a utilização das máquinas da administração pública. A adequação foi realizada de modo a preservar a proporcionalidade do critério legal permanente quanto ao distanciamento do pleito em 03 meses.

É importante realçar que na hipótese de necessidade de ampliação dos gastos, exacerbando a média preconizada na regra, exigindo-se assim a autorização especial da Justiça Eleitoral, o simples fato do quadro da pandemia pela Covid-19 e os gastos tiverem relação direta ou indireta com esse enfrentamento, não se admite a indicação genérica de aumento de gastos, como se houvera a possibilidade de que uma liberação irrestrita para todos os atos de natureza publicitária.

Nesse sentido, a orientação jurisprudência do TRE/SP:

> RE nº 060000991 - AMERICANA - SP
>
> Acórdão de 04/08/2020
>
> Relator(a) Des. Afonso Celso da Silva
>
> Publicação:
>
> DJE - DJE, Tomo 151, Data 10/08/2020
>
> Ementa:
>
> EMENTA
>
> *Recurso eleitoral – Propaganda institucional em ano eleitoral – Pedido de autorização de flexibilização da regra contida no art. 73, VI, "b" e VII, da Lei*

das Eleições, ante a pandemia em curso, para que seja realizada propaganda institucional.

Matéria expressamente tratada na Emenda Constitucional nº 107, de 2 de julho de 2020.

Pleito formulado de forma genérica, sem a apresentação de quaisquer parâmetros dos valores cujos gastos se pretende a legitimação, de qualquer planejamento ou mesmo o mínimo conteúdo das propagandas.

Ainda que, em rara hipótese, a norma em questão comportasse suposta exceção, a pretensão, nos moldes como deduzida, equivaleria a autorização, sem restrições, para validar todos os eventuais atos publicitários veiculados no período, o que não comportaria, agasalho. Recurso desprovido - (http://www.tse.jus.br/jurisprudencia/decisoes/jurisprudencia)

Para a propaganda institucional no segundo semestre de 2020, o inciso VIII, § 3º, art. 1º. EC 107/2020 autorizou durante todo o período a publicidade institucional do poder público municipal, cujo objetivo seja o combate à pandemia da Covid-19 e a orientação da população quanto a serviços e temas afetados pela pandemia. Essa medida dispensa a autorização da Justiça Eleitoral para a realização da propaganda institucional de tal natureza. A norma visa afastar a burocracia e os entraves à celeridade que as medidas de comunicação do poder público devem dotadas para bem alcançar a finalidade de levar informações indispensáveis e que podem salvar vidas à população no infausto problema da pandemia.

Mas, essa retirada da condicionante de análise prévia da Justiça Eleitoral não significa um esvaziamento do controle ou da responsabilidade do gestor, partidos e candidatos que, eventualmente cometerem excessos na perspectiva da comunicação específica sobre a Covid-19, nem tampouco que apliquem uma diretiva de cunho eleitoral para essa propaganda institucional. Sem prejuízo das sanções penais, dependendo do caso concreto e de reconhecimento da improbidade administrativa (Lei 8.429/92), os envolvidos e beneficiários poderão responder nos termos do art. 22, Lei Complementar 64/90 por representação que se tiver o pedido acatado judicialmente, implica em reconhecimento de abuso de poder político e/ou econômico, acarretando a cassação do registro ou do mandato, com outras consequências como pagamento de multa e inelegibilidade.

Foram estabelecidos assim dois regimes para cuidar desses gastos com propaganda institucional que reflete diretamente no processo eleitoral e o impacto da pandemia pela Covid-19. Na primeira hipótese, houve o remanejamento do período e a estipulação da média reputada como razoável a partir dos cenários administrativos anteriores e uma norma especial, incidente sobre o segundo semestre de 2020, direcionada ao trato institucional e comunicação à população a respeito do enfrentamento à Covid-19, nessa particularidade e a nosso juízo, cabível uma interpretação literal e teleológica de dispensa da prévia autorização judicial, sem prejuízo do reconhecimento de ilicitude, em controle que não se realiza *a priori* de maneira inibitória, mas *a posteriori* pelos respectivos legitimados com carga consequencialista.

20.8 FUNÇÃO NORMATIVA COMPLEMENTAR DA JUSTIÇA ELEITORAL

A competência para regulamentação da legislação eleitoral é assegurada à Justiça Eleitoral, mais propriamente ao Tribunal Superior Eleitoral conforme o disposto no art. 23, IX, Código Eleitoral (Ac.-TSE, de 20.4.2017, no AgR-AI nº 143882 e, de 9.9.2014, no REspe nº 64770: a competência para regulamentar legislação eleitoral é exclusiva do Tribunal Superior Eleitoral).

Da mesma forma o art. 105, *caput*, Lei 9.504/97 poderá expedir as normas específicas até o dia 05/03 de cada ano eleitoral, a respeito das respectivas eleições, em caráter regulamentar, sem restringir ou estabelecer sanções não previstas em lei. O art. 1º, § 5º, I e II, EC 107/2020 consubstanciado no mesmo regime de regulamentação transitória cuidou se autorizar expressamente ao TSE que promova ajustes nos seguintes aspectos relacionados ao processo eleitoral: *I - prazos para fiscalização e acompanhamento dos programas de computador utilizados nas urnas eletrônicas para os processos de votação, apuração e totalização, bem como de todas as fases do processo de votação, apuração das eleições e processamento eletrônico da totalização dos resultados, para adequá-los ao novo calendário eleitoral; II - recepção de votos, justificativas, auditoria e fiscalização no dia da eleição, inclusive no tocante ao horário de funcionamento das seções eleitorais e à distribuição dos eleitores no período, de forma a propiciar a melhor segurança sanitária possível a todos os participantes do processo eleitoral.*

Assim, como o calendário eleitoral de 2020 em função da lamentável pandemia que assola o mudo pode implicar em riscos sanitários que exijam medidas que não tem a mesma homogeneidade ou capilaridade em relação a todo o território nacional, o TSE pode de modo justificado promover ajustes ante a dinâmica da questão de saúde emergencial. Esse quadro permite assim um comando normativo supletivo para o enfrentamento de situações específicas, o que exige a Resolução própria do TSE, por exemplo para a flexibilidade dos prazos eleitorais em determinada circunscrição ou Estado, o que reflete em impacto em programas de informações e processamento de dados das urnas eletrônicas para os processos de votação, apuração e totalização. Evidentemente, que essa norma traz o benefício de permitir que em tese realizem-se as eleições em todos os Municípios brasileiros ou em boa parte deles, mas chama à reflexão para a imperiosa hipótese de se realizar a mudança ocasional do calendário em respaldo à saúde pública.

Por outro lado, todo o procedimento de alteração normativa regulamentar pela Justiça Eleitoral, a partir do TSE não pode inibir ou dificultar o controle de fiscalização pelos partidos, candidatos, imprensa, OAB e Ministério Público Eleitoral, além de outros atores que tenham a legitimidade para esse acompanhamento indispensável para a credibilidade do pleito, como serviço de credibilidade e fidúcia, que, ordinariamente tem sido ofertado à coletividade pela Justiça Eleitoral.

20.9 PRINCÍPIO DA ANUALIDADE

O art. 16, Constituição Federal traz o arranjo voltado à segurança referente ao princípio da anualidade. Em razão dessa disposição, a lei que alterar o processo eleitoral vigora a partir de sua publicação, mas tem seus efeitos contidos, não sendo aplicável à eleição que ocorra até 01 ano, contado da sua vigência. Essa regra também buscar evitar que casuísmos de última hora por quem detenha o poder de legislar e sancionar a legislação possa ser utilizado para benefício próprio ou por preferências pessoais e localizadas, afastando-se o critério de generalidade que deve acompanhar toda a lei, em um Estado Republicano.

Contudo, no cenário da pandemia a EC 107/2020 não poderia mesmo restar subordinada a esse princípio, sob pena de que todos os seus cânones não pudessem ser aplicadas, levando uma inocuidade não inteligente. Por isso, a exceção contida no art. 2º da mencionada Emenda, ressalva esse aspecto, inclusive afastando-se qualquer dúvida que pudesse ser gerada pelo fato da espécie normativa ser uma Emenda Constitucional e não a lei. Como seu conteúdo altera comandos expressos da legislação eleitoral, não resta qualquer dúvida de que, tanto no que se refere ao impacto direto na Constituição Federal como na legislação infraconstitucional para fins da EC 107/2020, construída para viabilizar o processo eleitoral nas adversas condições sanitárias da Covid-19, ao seu conteúdo não se aplica o enunciado do princípio da anualidade da lei eleitoral.

20.10 PROPAGANDA ELEITORAL

A legislação eleitoral inaugurou três estágios para a flutuação da comunicação eleitoral. O primeiro é aquele da indiferença da mobilização para fins normativos, em fase ainda distante das convenções partidárias; o segundo caracterizado pelos atos de pré-campanhas e o terceiro pelo interstício da propaganda eleitoral dirigida diretamente à obtenção de votos, quando já realizados os registros das candidaturas e definidas as estratégias eleitorais das agremiações e concorrentes. Traz ainda, a lei eleitoral apenas normas genéricas para os debates eleitorais televisivos, autorizando a sua regulamentação pelas respectivas emissoras, que assim se apresentam como atores centrais na modulação dos debates para uma sociedade midiatizada.

A divulgação de atos de pré-campanha, com manifestações políticas por parte dos pré-candidatos, é delimitada pelo art. 36-A, Lei 9.504/97. O momento posterior da propaganda no universo do processo eleitoral é aquele que se desenvolve a partir do dia 16 de agosto do ano eleitoral, conforme o art. 36, Lei 9.504/97, situando-se assim dentro de regularidade normativa. A distinção que deve ser procedida entre um ambiente e outro é feita pela limitação do primeiro momento por coibir pedido explícito de voto e a menção à pretensa candidatura.

Na singularidade do universo político eleitoral a TV ainda ostenta a característica de meio de massa, identificada por Verón, ou seja, a potencialidade de uma progressiva programação da vida social. Ora, na fase intermediária do processo eleitoral, quando as conversas e os diálogos políticos são convergentes para as definições dos indicados como candidatos nas convenções das agremiações partidárias, há um interesse coletivo na sociedade quanto à compreensão dos movimentos estratégicos e de deliberações de pretensos candidatos e seus partidos políticos.

Sob a ótica jurídica, no direito eleitoral, o debate é compreendido como um ato ou evento de campanha eleitoral, realizado no período autorizado pela legislação. Essa definição é importante para se estabelecer uma distinção entre as normas dos debates eleitorais sob a perspectiva jurídica e as normas a partir das características intrínsecas em relação à televisão, quando realizado sob o enfoque dos mundos televisivos e atualizados em mídias sociais, por parâmetros teleaudiovisuais, sob o regime do estágio atual da técnica.

A definição de debate eleitoral como categoria jurídica recebeu a seguinte elaboração de Gomes:

> O debate pode ser compreendido como um encontro face a face entre candidatos concorrentes (normalmente) a cargos do Poder Executivo, em que lhes são feitas perguntas e apresentados temas e problemas diversos para suas apreciações e respostas; sua finalidade primordial é auxiliar a escolha dos eleitores no dia das eleições. O evento é realizado em uma sala ampla, palco ou estúdio, e transmitido pela televisão, rádio ou Internet, sendo objeto de grande interesse do público e larga cobertura da mídia.[9]

As normas jurídicas sobre o debate eleitoral consistem de modo precípuo na disposição do art. 46, Lei 9.504/97 – intitulada Lei das Eleições. Como conteúdo complementar a cada pleito eleitoral, o TSE (Tribunal Superior Eleitoral) edita normas sob a forma de resoluções, com o objetivo de regulamentar pontos abertos ou suprir omissões, fornecendo maior efetividade ao teor da lei. A resolução referente à propaganda eleitoral é que cuida da temática dos debates eleitorais, sendo que para as Eleições 2024, a Resolução 23.610/2019 – trata do assunto nos arts. 44 a 47.

O STF no julgamento das ADI 5487 e 5488/DF, Rel. Min. Rosa Weber e para o acórdão, Min. Roberto Barroso em 25/08/2016 reconheceu a impossibilidade dos candidatos considerados aptos para o debate terem direito à deliberação pela exclusão de candidatos cuja participação seja facultativa, quando a emissora tenha feito a opção de convidá-los. Tanto nas eleições majoritárias como proporcionais há permissão para organização e veiculação dos debates eleitorais. A Lei 14.211/2021 alterou o art. 46, II, Lei 9.504/97 e passou a assegurar nos debates das eleições proporcionais, a presença indispensável de número equivalente de candidatos de todos os partidos que realizem a disputa do mesmo cargo eleti-

9. Direito Eleitoral, 12ª edição, Atlas, 2017.

vo. Tal regra é aplicável à disputa de 2024, exigindo-se ainda nesse contexto, o respeito à cota de gênero na proporção do piso de 30%, nos termos do art. 10, § 3º, Lei das Eleições.

Na realidade, a Lei 14.211/2021 procedeu uma forma de intervenção na liberdade de organização e realização dos debates eleitorais na TV e no rádio, entre emissoras, candidatos e partidos políticos. Houve uma acentuação de padrões mínimos para se assegurar paridade de armas e isonomia. A adequação das molduras jurídicas sobre eleições e comunicacionais que refletem de modo direto no processo eleitoral foi por nós tratada com maior profundidade em *Debates Eleitorais – Direito e Comunicação, Leme: Editora Mizuno, 2022.*

No rádio e na TV, apenas há permissividade para a propaganda eleitoral gratuita, veiculada nos 35 dias anteriores à antevéspera das eleições, conforme o disposto nos arts. 44 a 57, Lei 9.504/97, e debates eleitorais como acima frisado.

A veiculação na *internet* de propaganda eleitoral pode ser desenvolvida após o dia 15 de agosto, em *sites* de partidos, candidatos e coligações, desde que comunicados à Justiça Eleitoral e hospedados (direta ou indiretamente) em provedores estabelecidos no Brasil. Após essa data é permitida também a veiculação de propaganda eleitoral por meio de *blogs*, redes sociais, sítios de mensagens instantâneas e aplicações de internet assemelhadas, bem como por mensagens eletrônicas para endereços cadastrados gratuitamente por candidatos, partidos e coligações. Os candidatos, partidos e coligações podem contratar o impulsionamento dos conteúdos, o que é vedado à pessoa natural. As propagandas eleitorais veiculadas por *e-mail* são permitidas, mas deverão conter mecanismo que possibilite ao destinatário solicitar seu descadastramento. É permitida ainda a reprodução do jornal impresso na internet, desde que seja feita no sítio do próprio jornal, respeitado integralmente o formato e o conteúdo da versão impressa.

Esse quadro é significativamente importante de que o campo midiático fornece às eleições os dispositivos e os aparatos técnicos junto com as formulações de fluxos de circulação como um duto para a comunicação eleitoral. Tais aspectos serão verificados quanto à constatação da atualização das campanhas eleitorais – deixando os meios canônicos e seguindo a rota da dispersão em meios múltiplos, sendo assim, acolhida pela midiatização.

Toda essa conjuntura deve ser adaptada e observada à luz das restrições impostas pela Covid-19 e sob a orientação jurídica trazida pela Emenda Constitucional 107/2020. Nesse ponto, a atualização midiática da propaganda eleitoral é convergente não só com o estágio atual da técnica, mas pela situação de enorme dificuldade sanitária vivenciada em 2020.

A propaganda eleitoral televisiva no percurso da midiatização experimenta a repercussão das construções tecnoculturais em rede. Nessa sociedade midiatizada, todos são produtores e não existe mais o ciclo acabado entre emissor e receptor. A interação produz, no dizer de Braga, os fluxos adiante. A dispersão na rede reflete o estágio da técnica, no qual deve ser considerado o conceito de teleaudiovisualidades em Kilpp, como uma virtualidade que se atualiza em diferentes técnicas/mídias, sendo a TV a mais sólida.

Extraímos das materialidades midiáticas da campanha eleitoral de 2016, como amostragem os conteúdos abaixo da propaganda eleitoral veiculada na TV, no horário gratuito. São relativas aos candidatos João Bico e Haddad que concorreram ao cargo de Prefeito Municipal de São Paulo/SP e João Leite que disputou o certame como candidato a Prefeito em Belo Horizonte/MG.

Os enunciados já convocam os eleitores para o contato na rede social *Facebook* e nos dispositivos eletrônicos, no sentido de múltiplas e variadas telas. A campanha eleitoral pode ser acompanhada nas redes dos candidatos.

João Bico, João Leite e Haddad

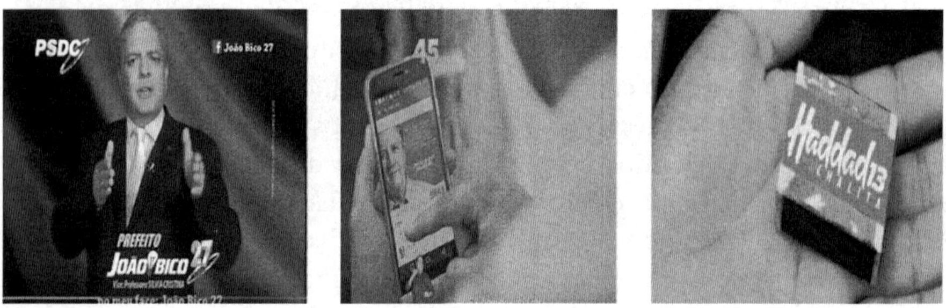

Fonte: YouTube.

Com os debates eleitorais, a sua topografia transcende a TV. Ele migra para as redes sociais, permite as apropriações pelos usuários com sentidos e disputas de narrativas que se desgarram das enunciações inaugurais. O fluxo adiante é incontido.

A transformação tecnocultural incorporando elementos do chamado ciberespaço alterou de modo profundo os limites televisivos para os programas, entre eles a construção do debate eleitoral. Não há gestão original que dê conta de estabelecer condicionantes quando migram as materialidades teleaudiovisuais para a *Internet.* Os debates se processam em uma duração infindável, com o protagonismo dos usuários das redes sociais.

É o estágio atual da técnica que permite essa atualização. O consumidor dos programas televisivos na TV e nas mídias sociais não consegue dar de costas e ignorar o vetor tecnológico na mídia. O ato de assistir televisão, pelo menos a partir dos anos 2000 é impactado frontalmente em função da Internet e das redes sociais. Não se pode pensar a audiência, em termos de quantidade ou qualidade, somente em razão do vínculo com o aparelho.

O debate eleitoral televisivo talvez guarde sua melhor parcela nas interações que são deflagradas após o encerramento do programa na TV. A grande disputa pela preferência vai se materializar nesses espaços e na conjugação deles.

Essa atualidade da propaganda eleitoral na TV e a exibição dos debates eleitorais em mídias outras que não isoladamente à TV, conduzem de forma muito apta à compreensão de que as modalidades de abordagens aos eleitores, realizadas de forma direta, no corpo a corpo, talvez estejam nos seus estertores. E na contextualização dos riscos urgentes do aumento da incidência da Covid-19 suscita uma referência para o *marketing* político e o campo jurídico eleitoral no sentido de uma valorização de adesão e ampliação das fórmulas de propaganda e debates via redes sociais, em *lives* ou outros eventos de divulgação das propostas dos candidatos por esses meios que permitirão as mais formidáveis apropriações e interações.

Ora, o comício virtual em detrimento daquela malsinada aglomeração na praça pode ser útil substituto para uma comunicação mais eficaz e direta; as carreatas ou passeatas com carros de som ou outras reuniões públicas devem ser pensadas para um cenário diverso da pandemia. Esse esforço conjuntural apresenta-se como alternativa parcimoniosa.

O interstício da propaganda eleitoral durante a campanha é a fase onde os eleitores são mobilizadas para estarem nas ruas, nas praças e nos encontros que conduzem à dinâmica eleitoral. Como recuo dessa tendência, não se inventa e nem se articula qualquer engenho que não seja perceptível e que esteja em franco desempenho: a afetação do campo político pelas novas fórmulas de interação. Não se trata assim de uma substituição arbitrária ou inconsequente da campanha, mas ante a emergência sanitária adotar o catalisador de sua acentuação como medida profilática.

Deve se considerar que na eventualidade do território brasileiro não autorizar a assertiva de uma isonomia de facilidade de acesso à *internet* em descompasso com a Lei 12.965/2014, os pontos de esvaziamento devem ser objeto de investimentos pelo poder público mesmo que episodicamente elaborados para o processo eleitoral vigente para suprir tais deficiências e permitir o acesso universal. Esses contributos, juntamente com a decisiva cautela quanto ao deslocamento dos eleitores no dia pleito são providências que a partir de seu enquadramento no regime de obediência restritivo sanitária em virtude da Covid-19 tem condições de possibilitar a construção do processo eleitoral condicionado à confirmação da opção pelo valor democrático em sintonia com a preservação da saúde.

Mesmo com uma tendência natural e afunilamento da propaganda eleitoral pela midiatização em cena, independentemente do fator Covid-19, é certo que os atos presenciais ainda são cogitados como fortes estruturas para a construção da propaganda eleitoral em um certame que sempre se apresenta acirrado como as eleições municipais. Por isso, o art. 1º, § 3º, V, EC 107/2020 não veda a possibilidade de realização dos atos canônicos de propaganda eleitoral em razão da pandemia, salvo decisão judicial no exercício do poder de polícia do juiz eleitoral, precedida de ato administrativo de autoridade sanitária estadual ou federal. Como já comentamos acima, evidencia-se um certo rompimento com a isenção e independência judicial para a análise de questões relacionadas ao risco à ordem pública sanitária, no que tange ao poder de polícia da Justiça Eleitoral. Mesmo que o ato restritivo não possa se basear em lei municipal ou de autoridade desse nível de governo, condicionar a atuação judicial tão somente a partir de uma prévia indicação de órgão sanitário, parece ofender o princípio da inafastabilidade da jurisdição (art. 5º, XXXV, CF). Não existe qualquer impedimento para que se reconheça a inconstitucionalidade do sobredito dispositivo da EC 107/2020. Trata-se aquele princípio de uma garantia fundamental. O que é evidente e deve ser frisada, é a exigência de que a decisão do juiz eleitoral, mesmo no âmbito do poder de polícia sobre a propaganda eleitoral seja fundamentada. Mas, apresentar praticamente uma regra tarifária para a sua fundamentação, além de afetar a mencionada independência, impede aos jurisdicionados envolvidos em determinados episódios e a coletividade como um todo, prejudicada por restrição encaminhada por autoridade sanitária, cujo mérito não se apresente totalmente pronto e suficiente para acolhimento. Significa tal situação em resumo, a prevalência de um posicionamento administrativo sobre a jurisdição.

E buscamos exemplificar a situação. No Estado de Minas Gerais, o procedimento do Minas Consciente orienta em faixas e ondas baseadas em referências cromáticas (vermelha, amarela e verde) os níveis de abertura e flexibilidade do distanciamento e isolamento social em razão dos indicadores sanitários a respeito da Covid-19. Suponhamos que em determinado período da campanha eleitoral, tal indicador se refira a determinada região do Estado como *vermelha*, não se recomendando a realização de comícios. Ora, esse quadro pode se basear em informações que não envolvam de modo semelhante todos os Municípios da região que estariam de modo inexorável impedidos de que nas respectivas campanhas fossem desenvolvidas atividades presenciais, com aglomeração e contato físico. Logo, reputamos perfeitamente válidos que a decisão judicial eleitoral do magistrado eleitoral pondere com outros elementos de convicção, desde que coerentes e assimiláveis ao contexto para justificar a manutenção da restrição ou a sua liberação.

O que não se afigura recomendável é o cerceamento do direito de representação dos interessados face à realização da propaganda eleitoral em tempos da Covid-19, tão somente com base em informações de ordem sanitária, que em eventual circunstância permita interpretação diversa e mais expansiva. Mesmo com a realização do processo eleitoral nos anos de 2020 e 2022 sob a perspectiva da pandemia ora tratada, resolvemos manter integralmente o Capítulo relativo à sua reflexão com o processo eleitoral para fins históricos e de exegese na compreensão quanto à sua relevância para fins de estudo do Direito Eleitoral, atualizando ainda pontos que mereciam essa cautela para fins de melhor entendimento.

21

COTAS RACIAIS ELEITORAIS

Em abordagem ao reflexo da questão racial nas eleições e as ações afirmativas como discriminação positiva em combate ao racismo em desfavor das pessoas pretas, o TSE rejeitou a determinação de reserva de cotas raciais pelas agremiações partidárias nas indicações em convenções para a disputa eleitoral. No entanto, asseverou que os recursos do Fundo Eleitoral e o tempo de propaganda eleitoral no rádio e na TV devem ser distribuídos de modo proporcional, considerando o quantitativo de candidatos negros.

Obviamente, que se pode discutir nesse aspecto, eventual extrapolação ao poder regulamentar, a partir da ideia do ativismo judicial eleitoral. Cuidou o TSE de respeitar o princípio da anualidade (art. 16, CF), de modo que tais regras só seriam aplicáveis ao pleito eleitoral de 2022. A situação não foi linear na Corte Eleitoral, tanto que a decisão foi proferida com maioria apertada (4 x 3).[1]

Não restam dúvidas que as medidas de combate ao racismo, nas suas enunciações estrutural e institucional são mecanismos que não devem ser adiados, ao contrário, cada vez mais experimentados para fins de se buscar a difícil a instalação no plano da efetividade da igualdade de condições e oportunidades. Falamos de maneira muito mais alongada sobre a temática do racismo em um viés interdisciplinar na nossa obra *Crimes de Racismo.* [2]

Por isso, é estupenda a iniciativa da Justiça Eleitoral, considerando que mobiliza mais uma pauta jurídica em prol da contribuição no sentido da emancipação da humanidade como um todo, sem tons discriminatórios. No campo da política e aí, mais propriamente do direito eleitoral, a ferramenta de ações afirmativas tem o condão de abrir uma centelha de expectativa positiva. Mesmo que haja a necessidade de que o Congresso Nacional delibere a propósito, como grande repositório da democracia representativa e tabulação da própria sociedade, a posição do TSE enseja um aspecto catalisador para que a discussão seja promovida. Exemplo de procedimento nesse aspecto foi a disciplina por Resolução do TSE, regulamentando a infidelidade partidária (Resolução 22.610/2007), que

---

1. https://www.conjur.com.br/2020-ago-26/tse-abre-espaco-definicao-legislativa-questao-racial – acesso em 05/10/2020.

2. https://www.editorajhmizuno.com.br/produto/crimes-de-racismo-teoria-e-pratica-81270 – acesso em 05/10/2020.

provocou a alteração da Lei 9.096/95 (Lei dos Partidos Políticos) tratando propriamente do tema e, por conseguinte, permitindo que a norma programática a Constituição Federal pudesse ser concretizada.

No capítulo seguinte a respeito do assunto, o STF no âmbito da Arguição de Descumprimento de Preceito Fundamental – ADPF 738, o Rel. Min. Ricardo Lewandowski proferiu decisão liminar determinando que a aplicação das ações afirmativas reconhecidas naquela Consulta julgada pelo TSE para estímulo à candidatura e participação política das pessoas pretas, ocorra no pleito de 2020.

A decisão utilizou parâmetros e fundamentos que puseram em cotejo a baixa representação política por pessoas pretas com a questão das cotas estudantis, tratada na ADPF 186, STF, também da relatoria do Ministro Ricardo Lewandovski. Como já afirmamos a tessitura da igualdade efetiva necessita de medidas concretas, mas é visível que a questão das cotas raciais, empreendidas já para as eleições de 2020, em um cenário difícil de sua organização em razão da pandemia e, ainda definida a partir de uma sobreposição jurisdicional hierárquica da Suprema Corte sobre o TSE apresenta uma dificuldade de preparação e organização pelos atores atuam no complexo processo e precisam de adaptação célere, ante a proximidade da decisão e o fluxo do processo eleitoral.

O primeiro impacto direto e objetivo quanto às duas decisões foi a inédita preponderância de pessoas pretas como candidatos em eleições brasileiras.[3] A decisão monocrática foi confirmada pelo Plenário do STF em outubro/2020. Assim, valeu para aquelas eleições municipais. Segundo a lógica da proporcionalidade e divisão igualitária, constante da decisão em análise, impõe-se a seguinte equação para a distribuição dos recursos de campanha: a separação das candidaturas em gênero. Em seguida, a identificação do percentual de 30% relativo às cotas e cada legenda opera com o cálculo do percentual de candidatas negras e candidatos negros, em relação ao todo.

Com esse resultado, é estabelecida a proporção a ser distribuída nos dois segmentos. Assim, acreditamos que possa servir como exemplo da correta divisão dos recursos: suponhamos que o partido A tenha no total de candidatos homens, 75% de pessoas brancas do sexo masculino e 25% de pessoas pretas do sexo masculino. De tal modo, obrigatoriamente pelo menos 25% dos recursos para a campanha devem ser dirigidos ao conjunto dos candidatos de cor preta. O que visou proibir as decisões do TSE e do STF é que por exemplo, no caso dado, o conjunto de candidatura de pessoas brancas recebessem, hipoteticamente 90% dos recursos e 10% apenas para as candidaturas de pessoas pretas, ou seja, aquém da respectiva representatividade na legenda. Sublinhe-se que não havendo cotas raciais como reservas de vagas para a disputa por partido.

3. https://www1.folha.uol.com.br/poder/2020/09/eleicao-tem-recorde-de-mulheres-candidatas-e-pela-1a-vez--mais-negros-que-brancos.shtml- acesso em 05/10/2020.

Note-se por relevante, que essa mesma ideia deve ser aplicada em relação às candidaturas das mulheres pretas, a partir da cota de gênero mínima de 30% do total do partido, como já mencionado. Por óbvio, que essa regra é pertinente às eleições proporcionais e não é aplicável às majoritárias. A Justiça Eleitoral no julgamento da Consulta TSE nº 0600306-47/DF, Rel. Min. Luís Roberto Barroso ao se referir a decisões do próprio TSE e do STF assegurando a distribuição afirmativa de recursos deixou registrado: *a destinação de recursos a pessoas negras deve ocorrer dentro da destinação de recursos por gênero, e não de forma global. Isso porque a evasão de investimento nas candidaturas de homens negros e o baixo investimento de recursos nas candidaturas de mulheres negras se verificou justamente a partir de desvios na aplicação prática da reserva de recursos para candidaturas femininas* e mais quanto aos recursos do FEFC e direito de antena (tempo no rádio e TV para propaganda partidária): *devem ser repartidos entre mulheres negras e brancas na exata proporção das candidaturas apresentadas pelas agremiações; (ii) os mesmos recursos públicos de financiamento e a distribuição de tempo de rádio e TV na propaganda eleitoral gratuita devem ser destinados às candidaturas de homens negros na exata proporção das candidaturas apresentadas pelas agremiações.* Acreditamos no crescimento do balizamento jurídico de modo específico a essa temática, inaugurando solução idêntica ao descumprimento das cotas de gênero, ou seja, a anulação de registros, cassação de diplomas e redistribuição de vagas em razão da eleição que não cuidar da efetividade desse parâmetro.

BIBLIOGRAFIA

AGAMBEN, Giorgio. La Invención de una epidemia, in *Sopa de Wuhan* – Pensamiento Contemporáneo en Tiempos de Pandemias, Editorial: ASPO (Aislamiento Social Preventivo y Obligatorio), 2020.

AIETA, Vânia Siciliano. FEDERAÇÃO DE PARTIDOS. Academia Brasileira de Direito Eleitoral e Político, *Coletânea de artigos sobre a aplicação da Lei n. 14.208/2021*, Volume 2, Organizadores: Ezikelly Barros e Helio Maldonado – Fidelidade e Federação Partidária: Problemas e Perspectivas, Editora ABRADEP, 2022.

ALMEIDA, Gregório Assagra. *Direito Processual Coletivo – Um novo ramo do direito processual*. Saraiva, 2003.

BEDAQUE, José Roberto dos Santos. *Efetividade do Processo e Técnica Processual*, São Paulo: Malheiros Editores, 2006

BRAGA, José Luiz. *A sociedade enfrenta sua mídia: dispositivos sociais de crítica midiática*. São Paulo: Paulus, 2006.

BRASIL. Constituição da República Federativa do Brasil de 1988. Disponível em: http://www.planalto.gov.br/ccivil_03/Constituicao/Constituicao.htm. Acesso em: 19 jul. 2019.

___________. Lei nº 13.834, de 04 de junho de 2019. Altera a Lei nº 4.737, de 15 de julho de 1965 - Código Eleitoral, para tipificar o crime de denunciação caluniosa com finalidade eleitoral. Disponível em: http://www.planalto.gov.br/ccivil_03/_ato2019-2022/2019/lei/L13834.htm. Acesso em: 19 jul. 2019.

___________. Lei nº 9.504, de 30 de setembro de 1997. Estabelece normas para as eleições. Disponível em: <http://www.planalto.gov.br/cciviL_03/leis/L9504.htm>. Acesso em: 19 jul. 2019.

___________. Lei n.º 4.737, de 15 de julho de 1965. Institui o Código Eleitoral. Disponível em: http://www.planalto.gov.br/ccivil_03/Leis/L4737.htm. Acesso em: 19 jul. 2019.

___________. Lei nº 10.406, de 10 de janeiro de 2002. Institui o Código Civil. Disponível em: http://www.planalto.gov.br/ccivil_03/Leis/2002/L10406.htm. Acesso em: 19 jul. 2019.

__________. Decreto-Lei nº 2848, de 07 de dezembro de 1940. Código Penal. Disponível em: http://www.planalto.gov.br/CCIVIL_03/Decreto-Lei/Del2848.htm. Acesso em: 19 jul. 2019.

__________. Lei nº 8.429, de 02 de junho de 1992. Dispõe sobre as sanções aplicáveis aos agentes públicos nos casos de enriquecimento ilícito no exercício de mandato, cargo, emprego ou função na administração pública direta, indireta ou fundacional e dá outras providências. Disponível em: http://www.planalto.gov.br/ccivil_03/Leis/L8429.htm. Acesso em: 19 jul.2019.

__________. Lei nº 13.105, de 16 de março de 2015. Código de Processo Civil. Disponível em: http://www.planalto.gov.br/ccivil_03/_ato2015-2018/2015/lei/L13105.htm. Acesso em: 19 jul. 2019.

__________. Lei nº 8.069, de 13 de julho de 1990. Dispõe sobre o Estatuto da Criança e do Adolescente e dá outras providências. Disponível em: http://www.planalto.gov.br/ccivil_03/Leis/L8069.htm. Acesso em: 19 jul. 2019.

__________. Lei Complementar nº 64, de 18 de maio de 1990. Estabelece, de acordo com o art. 14, § 9º da Constituição Federal, casos de inelegibilidade, prazos de cessação, e determina outras providências. Disponível em: http://www.planalto.gov.br/ccivil_03/leis/lcp/Lcp64.htm. Acesso em: 19 jul. 2019.

__________. Decreto nº 678, de 06 de novembro de 1992. Promulga a Convenção Americana sobre Direitos Humanos (Pacto de São José da Costa Rica), de 22 de novembro de 1969. Disponível em: http://www.planalto.gov.br/ccivil_03/decreto/d0678.htm. Acesso em: 19 jul. 2019.

____________Lei n º 4.320, de 17 de março de 1964. Estatui Normas Gerais de Direito Financeiro para elaboração e contrôle dos orçamentos e balanços da União, dos Estados, dos Municípios e do Distrito Federal. Disponível: https://www.planalto.gov.br/ccivil_03/leis/l4320.htm – Acesso: março/2024.

____________Lei nº 13.709, de 14 de agosto de 2018. Lei Geral de Proteção de Dados Pessoais (LGPD). Disponível em: https://www.planalto.gov.br/ccivil_03/_ato2015-2018/2018/lei/l13709.htm. Acesso: março/2024.

____________Lei nº 12.965, de 23 de abril de 2014. Estabelece princípios, garantias, direitos e deveres para o uso da Internet no Brasil. Disponível em: https://www.planalto.gov.br/ccivil_03/_ato2011-2014/2014/lei/l12965.htm. Acesso: março/2024.

CAMUS, Albert. *A Peste.* São Paulo: Editora Record, 2017.

CAPUTO, Paulo Rubens Salomão. *Novo Código de Processo Civil Articulado.* Leme. 2ª edição, Editora Mizuno, 2016.

CLEVE, Clemerson Merlin. *Fidelidade partidária – Estudo de caso*. Ed. Juruá, 1998.

COSTA, Adriano Soares da. *Instituições de Direito Eleitoral*, Editora Del Rey, 6. ed.

DAMASCENO, João Batista. "Mensalão, financiamento de campanha e reforma política". *Jornal Juízes para a Democracia*, Ano 9, n. 34, julho/agosto-2005.

DONIZETTI, Elpídio. *Novo Código de Processo Civil Comentado*, Atlas, 2015.

DOURADO, Tatiana e GOMES, Wilson. O que são, afinal, *fake news*, enquanto fenômeno de comunicação política? COMPOLÍTICA 8, Brasília, FAC UnB, 15 a 17/maio/2019. Associação Brasileira de Pesquisadores em Comunicação e Política – Compolítica. http://ctpol.unb.br/compolitica2019/GT6/gt6_Dourado_Gomes.pdf.

ESTEFAM, André. *Direito Penal. Parte Especial*. São Paulo: Editora Saraiva, 2010.

FERREIRA, Pinto. *Código Eleitoral Comentado*. Saraiva, 4. ed.

FARIAS, Rodrigo Nóbrega. *Ação de impugnação de mandato eletivo*. Curitiba: Juruá, 2005.

FICHTNER, José Antônio. *Impugnação de mandato eletivo*. Renovar, Rio de Janeiro, 1998.

FILHO, Misael Montenegro. *Curso de Direito Processual Civil*. Editora Atlas, 2005.

FILHO, Vicente Grecco. *Direito Processual Civil Brasil*, Vol.2. Saraiva, 17. ed.

FOUCAULT, M. *A verdade e as formas jurídicas*. Rio de Janeiro: Nau Editora, 1996.

GABRIEL, José Luciano. *Liberdade Religiosa e Estado Laico Brasileiro: Uma abordagem à luz de Habermas e do Direito*. Rio de Janeiro, Gramma Editora, 2018.

GABRIEL, Martha. *Você, eu e os robôs*. São Paulo: Ed. Atlas, 2018.

GOMES, Suzana de Camargo. *Crimes Eleitorais*. Ed. Revista dos Tribunais, 2000.

GOMES, José Jairo. *Direito Eleitoral*. Editora Del Rey, 4. ed.

___________. *Direito Eleitoral*. 12ª edição. São Paulo: Editora Atlas, 2016.

GRECO, Rogério. *Curso de Direito Penal. Parte Especial*. Volume IV. 11ª edição. Niteroi: Editora Impetus, 2015.

JESUS, Damásio E. de. *Direito Penal*, 1º volume – Parte Geral, Saraiva, 28. ed.

KARAM, Maria Lúcia. *Juizados Especiais Criminais*. Ed. Revista dos Tribunais, 2004.

KILPP, Suzana. *Imagem-Duração e teleaudiovisualidades na internet*. Curitiba: Appris, 2018.

LEONARDI, Marcel. *Responsabilidade Civil dos Provedores de Serviço de Internet*. São Paulo: Juarez de Oliveira, 2005.

MARQUES, José Frederico. *Tratado de Direito Penal*. Volume II. Campinas: Editora BookSeller, 1997.

MASSON, Cleber. *Direito Penal*. Vol. 1. Parte Geral (Esquematizado). 7ª edição. São Paulo: Editora Método, 2013.

MEIRELLES, Hely Lopes. *Mandado de Segurança, Ação Popular, Ação Civil Pública, Mandado de Injunção, "Habeas Data"*. Malheiros, 18. ed.

MENDES, Gilmar Ferreira, COELHO, Inocêncio Mártires e BRANCO, Paulo Gustavo Gonet in *Curso de Direito Constitucional,* IDP, Saraiva, 2ª edição, 2008.

NADER, Paulo. *Introdução ao Estudo do Direito*. Ed. Forense, 16. ed.

NEVES, Daniel Amorim Assumpção. *Novo CPC. Código de Processo Civil – Lei 13.105/2015 – Inovações, Alterações, Supressões – Comentadas.* Método, 2015.

NIESS, Pedro Henrique Távora. *Ação de impugnação de mandato eletivo*. Edipro, 1996.

PASSOS, J. J. Calmon de. *Mandado de Segurança Coletivo, Mandado de Injunção, "Habeas Data": constituição e processo*. Ed. Forense, 1989.

RANGEL, Paulo. *Direito Processual Penal.* Atlas, 20ª edição.

RODRIGUES, Marcelo Abelha. *Elementos de Direito Processual Civil,* Vol. 2. Ed. Revista dos Tribunais, 2. ed.

SANTOS, Boaventura de Sousa. *A cruel pedagogia do vírus.* Coimbra: Almeida, 2020.

SANTOS, Moacyr Amaral. *Primeiras Linhas de Direito Processual Civil,* 1 volume. Saraiva, 15. ed.

SHECAIRA, Sergio Salomão. *Sistema de garantias e o direito penal juvenil.* São Paulo: Editora RT, 2008.

SILVA, Amaury. *O Novo Mandado de Segurança*, JH Mizuno, 2010; *Reforma Eleitoral*, JH Mizuno, 2010; *Interrogatório*, JH Mizuno, 2. ed.

__________________ SILVA, Artur Carlos. *Crimes de Racismo,* 2ª edição, Editora Mizuno, 2020.

____________-____ *Debates Eleitorais. – Direito e Comunicação.* Leme: Editora Mizuno, 2022.

SILVA, Antonio Hélio. "Comentários sobre o processo eleitoral brasileiro e seus procedimentos". TRE/MG, 2004.

SOBREIRO NETO, Antonio. *Direito Eleitoral – Teoria e Prática*. Juruá, 3. ed.

TELLES JÚNIOR, Goffredo. *O Direito Quântico – Ensaio sobre o fundamento da ordem jurídica.* Max Limonad, São Paulo.

TOLEDO, Assis. *Princípios Básicos de Direito Penal.* Saraiva, 1994.

THEODORO JÚNIOR, Humberto. *Curso de Direito Processual Civil,* Vol. 1. Ed. Forense, 44. ed.

VENOSA, Sílvio de Salvo. *Direito das sucessões.* 10 ed. São Paulo: Atlas, 2010.

VERÓN, Eliseo. Esquema para el analisis de la mediatización. In: *Diálogos de la Comunicación*, Lima: Felafacs, 1997.

UBALDO, Flávia Safadi. Lei Anticorrupção: a importância do programa de compliance no cenárioatual, Porto, Vinícius; Marques Jader (Orgs.) – *O compliance como instrumento de prevenção e combate à corrupção*. Porto Alegre: Livraria do Advogado, 2017.

WAMBIER, Teresa Arruda Alvim, *et al. Primeiros Comentários ao Novo Código de Processo Civil – Artigo por Artigo*, São Paulo, RT, 2015.

ANOTAÇÕES

ANOTAÇÕES

ANOTAÇÕES

ANOTAÇÕES

ANOTAÇÕES

JUS3513

EDITORA *Jus*PODIVM
www.editorajuspodivm.com.br

Impresso por:

Docuprint
CNPJ 01.036.332/0001-99